'서술' 로서의

모세오경 하

J. H. 세일해머 지음

김동진 · 정충하 공역

'서술' 로서의

모세오경 하

The Pentateuch as Narrative

by John H. Sailhamer

Originally published in the U.S.A. under the title The Pentateuch as Narrative

Grand Rapids, Michigan

Translated and used by the permission of Zondervan
through the arrangement of KCBS Literary Agency.

한국어판에 보내는 서문

나의 제자인 김동진목사에 의해서 이 책이 번역된 것을 보게 되는 것은 나에게 있어서 큰 영광이다. 모세오경은 히브리 성경에서 가장 중요한 책이며, 또한 신약 연구에 있어서 기초가 된다. 구약의 선지자들과 신약의 사도들은 모세오경 연구에 있어서 능통하였다. 그들은 그 주제와 중심 사상을 알고 있었다. 하나님의 계시에 대한 그들의 관점은 모세오경의 주제에 근거한다. 우리는 모세오경의 의미와 신학에 대하여 완전하게 파악하지 않고서는 성경의 나머지 부분을 이해할 것을 기대할 수 없다. 이 책이 쓰여진 것은 바로 이 목적을 위해서이다.

창세기, 출애굽기, 레위기, 민수기, 그리고 신명기는 사실상 모세에 의해서 기록된 한 권의 책의 부분들이라는 사실이 때때로 간과되고 있다. 이렇게 함으로써 모세오경의 중요한 주제들을 놓치게 되고, 또한 그렇게 함으로써 그 세부 사항들 역시 잃게 되기 쉽다. 독자가 이 책을 통하여 모세오경의 보다 큰 그림과 그것의 큰 주제들, 그리고 그것의 중심 초점을 보도록 인도함을 받는 것이 우리의 소원이며, 기도이다. 아울러서 이 책의 독자가 모세오경의 중요한 취지, 곧 승리의 왕이신 메시야의 도래에 대한 기대를 놓치지 않기를 또한 바라는 바이다(창 49:10).

이 기회를 통하여 이 책을 번역한 김동진목사의 수고에 감사를 표한다. 이것은 크게 찬사를 받을 작업이다. 나는 이 책이 감수성 있고, 감사를 표할 줄 아는 독자를 찾게 되리라고 믿는다.

존 에이취 세일해머

역자 서문

내가 Sailhamer교수를 처음 만난 것은 1990년 가을이었다. 유학 생활을 막 시작해서 잔뜩 긴장하고 있는 나에게 나타난 그의 첫 모습은 전혀 예상밖의 것이었다. 나이에 앞서서 훤하게 벗어진 앞 이마는 그가 입고 있는 청바지와 묘한 대조를 이루고 있었으며, 어린 아이와 같이 맑은 미소는 순식간에 나의 긴장감을 풀어주었다. 더군다나 연구실 책꽂이 앞에 세워진 그가 즐겨 타는 자전거는 마치 내가 지금 장난감을 가지고 노는 어린 아이와 함께 있는 것이 아닌가 하는 착각을 불러일으킬 정도였다.

그의 강의의 특징은 단순하고 명확하다는 것이다. 그는 자신의 관점 뿐만아니라 어떠한 신학자나 신학 사상에 대해서도 그 핵심적인 내용을 그가 개발한 단순한 도표를 통하여 설명하길 좋아한다. 한 번은 Walter Kaiser교수와의 연합강의가 있었는데 (이럴 때면 강의실은 초만원을 이루며 학생들의 눈빛은 빛나게 마련이다), 그는 Kaiser교수의 관점을 한 장의 도표를 통하여 표현하였는데, 당사자인 Kaiser교수도 그것을 인정하였다. 또한 그의 강의는 동시에 매우 깊이가 있었다. 이러한 깊이는 히브리 성경 본문에 대한 철저한 고찰에서부터 나온 것이다. 나는 솔직히 그의 강의를 통하여 가장 기본적인 '성경 영감'의 개념을 확립할 수 있었고 히브리 성경 본문(특별히 모세오경)에 대하여 눈을 뜨게 되었다.

이 책이 처음 출판되어서 모세오경에 대한 그의 해석을 글을 통하여 접하게 되었을 때에, 나는 마치 내가 처음 주님을 믿었을 때에 성경 말씀을 통하여 받았던 놀라운 감동이 되살아나는 것을 느꼈다. 이 책의 특징은 모세오경의 내용을 철저하게 저자의 관점에서 일관성있게 해석하고 있다는 점이다. 그는 특별히 모세오경내에서의 모형론을 통하여 이를 설명한다. 그는 세대주의의 배경을 가지고 있지만 그 장단점을 어느 누구보다도 잘 알고 있다. 이러한 그의 관점은 특별히 출애굽기 19장 이후의 주석에서 잘 드러나는데, 이 부분은 나에게 있어서도 계속 연구해야할 과제이기도 하다. 전통적으로 '언약신학'의 배경을 가지고 있는 한국의 독자들은 이 부분에 대하여 깊은 주의를 기울일 필요가 있다. 특별히 이 부분에 대해서는 히브리 성경과 면밀히 대조해 가면서 그 진위를 독자 스스로 판단하길 바란다. 내가 신학원 과정에서 모세오경을 공부하면서 복음주의적 입장의 적절한 교재를 다룰 수 없었던 것을 생각해볼 때에, 이 책은 모세오경을 공부하는 신학생 뿐만 아니라 모세오경의 중심 메시지를 연구하기 원하는 목회자에게 있어서도 매우 유익한 교재가 될 것을 믿는다.

끝으로 이 책의 출판을 위하여 물심양면으로 도와주신 새순 출판사의 문영탁장로님과 직원들, 그리고 계속해서 후반부를 맡아서 번역에 수고하신 학우 정충하목사께 감사를 드린다.

1994년 2월
시카고에서 역자

약어표(ABBREVIATIONS)

ad loc.	In a commentary, under the verse discussed
BZAW	*Beiheft zur Zeitschrift für die alttestamentliche Wissenschaft*
EBC	*The Expositor's Bible Commentary*
EvT	*Evangelische Theologie*
EVV	English versions of the Bible
GKC	Gesenius, Kautzsch, and Cowley, *Hebrew Grammar*
HALAT	*Hebräisches und Aramäisches Lexikon zum Alten Testament*
ICC	International Critical Commentary
IDBS	*Interpreter's Dictionary of the Bible: Supplement*
KAT	Kommentar zum alten Testament
KJV	King James Version
LSJ	Liddell, Scott, Jones *Greek-English Lexicon*
LXX	The Greek Septuagint
M.	Maimonides' interpretation
MT	The Hebrew Masoretic Text
NASB	New American Standard Bible
NICOT	New International Commentary on the Old Testament
NIV	New International Version
(N)JPS	The (New) Jewish Publication Society
(N)RSV	(New) Revised Standard Version
OTL	Old Testament Library

RB	*Reoue Biblique*
RE	*Realencyclopddie*
RGG	*Die Religion in Geschichte und Gegenwart*
SBL	Society of Biblical Literature
THAT	*Theologisches Handwörterbuch zum alten Testament*
Trinj	*The Trinity Journal*
VT	*Vetus Testamentum*
VTSup	*Supplements to Vetus Testamentum*
WTJ	*Westminster Theological Journal*
ZAW	*Zeitschrift für die alttestamentliche Wissenschaft*
ZDMG	*Zeitschrift der deutschen morgenländischen Gesellschaft*

차 례

레위기

민수기

신명기

머리말

이 책의 목적은 모세오경의 내용에 있어서의 전략(strategy)을 추적하는 것이다. 우리는 모세오경이 원래 한 권의 책으로 구성되었다는 문학적, 역사적인 주장을 신빙성있게 받아들이면서 창세기의 첫 부분부터 신명기의 마지막 부분까지 모세오경의 구조를 분석하고 묘사하려고 시도하였다. 우리는 모세오경을 읽으면서 그 이야기 전개의 방대함과 창조로부터 시작하여 시내 산 언약, 그리고 가나안 정복에 이르기까지의 장구한 시간등을 고려해볼 때에 현재 우리가 가지고 있는 성경에서처럼 편리에 따라서 모세오경이 창세기, 출애굽기, 레위기, 민수기, 그리고 신명기로 나누어질 수 없음이 분명함을 믿는다.

우리가 창세기의 이야기들을 시내와 가나안 정복에까지 이르는 모든 내용과 연결시켜 보지 않을 때에 우리는 많은 의미를 잃게 된다. 이와 마찬가지로 우리가 출애굽, 광야, 그리고 가나안 정복의 이야기들을 창세기의 이야기들과 분리시켜 읽으려고 할 때에 우리는 더 많은 의미를 잃게 된다. 예를 들어 우리가 출애굽기의 이야기들을 창세기의 이야기들과 분리해서 읽는다면 우리는 태초에 하나님의 창조 사역과 시내 산에서의 하나님의 언약 사역을 연결시키려는 저자의 의도를 쉽게 지나칠 수 있다. 뿐만 아니라 성막을 에덴동산으로의 복귀로 보거나, 홍해 통과를 노아 홍수로 말미암는 하나님의 심판과 구원의 큰 역사에 대한 재언급으로 보려는 저자의 관점을 놓치게 된다.

또한 우리가 만일 레위기, 민수기, 그리고 신명기에 나오는 율법들을 모세오경 전체 문맥의 배경으로부터 분리시켜 읽는다면 우리는 그 율법들과 그것을 포함하고 있는 이야기의 구조 사이에서 많고도 다양한 연관성을 쉽게 놓치게 된다. 예를 들어서, 우리가 레위기 11-16장에서의 율법의 배열을 비교해볼 때에 우리는 모세오경의 저자가 태초에 하나님의 선한 피조물 안에서의 죄악의 관영과, 그러한 죄악과 오염이 이스라엘 영내에 퍼지는 것을 막기 위하여 이스라엘이 취해야 할 수단 사이를 의도적으로 연결시키고 있음을 알 수 있다. 우리는 또한 시내 산 언약의 목적은 '땅의 모든 족속'(창 12:3)이 구원 받고 복을 얻는 것이라는 저자의 의도를 놓칠 수 있다.

이 주석은 위에서 언급된 전체 목적 안에서 살펴보는 것이 매우 중요하다. 이 책을 저술함에 있어서 우리는 세 가지 불가피한 제한에 직면하게 되었다.

첫째, 우리는 모세오경 전체에 대한 주석이 한 권으로 출판될 필요성을 느꼈다. 모세오경과 같은 방대한 책을 한 권으로 출판한다는 것은 극도의 공간적 제한을 의미한다.

둘째, 우리는 모세오경의 모든 부분에 적절한 주의를 기울일 수 있는 방향으로 모세오경 전체의 문학적 구조를 추적할 필요성을 느꼈다. 예를 들면, 우리는 율법과 같이 큰 부분에 대하여 단순한 요약을 제시하거나 평행을 이루는 부분에 대한 논의를 생략하기를 원하지 않는다. 모세오경의 각 부분을 현재의 모양 그대로 다루는 것이 매우 중요하다. 예를 들면 출애굽기 20장의 십계명만을 다루고 신명기 5장의 십계명에 관한 논의를 생략하는 것은 충분하지 않다. 이처럼 평행을 이루는 부분에 대해서는 왜 저자가 모세오경이라는 한 권의 문학 작품 속에 두 개의 십계명을 포함시켰을까에 관하여 의문을 제기할 필요가 있다.

셋째, 이 책을 저술함에 있어서 우리는 모세오경 전체의 중심 사상과 주제에 계속해서 우리의 시선을 집중시키는 것의 중요성을 믿는다. 그러므로 다양한 율법들을 논의함에 있어서 우리는 이러 저러한 율법들이 고대 이스라엘의 사회에 있어서 어떤 특별한 역할을 담당했을까에 대한 의문을 제기하려는 의도는 없다. 오히려 우리는 어느 특별한 계명이나 율법들이 모세오경을 구성하는 저자의 전략에 있어서 어떠한 역할을 담당하는가에 더 관심이 있다. 예를 들면, 우리는 어린 송아지를 죽이는 것이 고대 이스라엘의 종교생활에 있어서 어떤 역할을 담당했는가를 설명하기 보다는 왜 저자가 모세오경의 바로 그 부분에 그 의식을 포함시켰는가에 더 관심이 있다. 더욱 중요한 것은 만일 그것이 존재한다면 그러한 의식에 관한 설명과 그 이전의 내용들 사이에는 어떠한 문학적 관계가 존재하는가? 또 다른 예를 들자면 저자의 전략적인 관점에서 볼 때에 비록 그것들이 모세가 시내산 위에 있을 때에 이스라엘에게 주어졌지만, 출애굽기 21:1-23:12의 '판결들'은 출애굽기 25-31장에 나오는 성막에 관한 규례와는 전혀 다른 예배 형태를 묘사하고 있다는 잘 알려진 사실을 설명하는 것이 중요하다. 이러한 차이점에 직면할 때에 성경학자들은 전통적으로 적어도 세 가지 방법으로 대응하였다.

첫째, 전통적인 성경학자들은 차이점들을 조화시키려고 노력하였다. 우리는 이러한 접근에 공감을 느끼는 것을 고백한다. 그러나 우리는 그러한 길을 택하지 않을 것임을 또한 강조하고자 한다. 이 책에서 우리는 이러한 차이점들을 설명하기보다는 왜 그러한 차이점들이 그곳에 존재하는가를 설명하는데 관심을 기울일 것이다.

둘째, 현대 복음주의 신학자들은 본문 속의 어려움들 앞에서 때때로 본문을 넘어서서 역사적 사실들을 바라보는 반응을 보여왔다. 복음주의 신학자들은 역사적인 사실들을 일관성있고 의미있는 방법으로 설명함으로써 본문 속의 그러한 어려움을 완화시켰다고 느끼고 있다. 우리도 역시 본문에 기록된 역사적 사건들의 일관성을 설명하고 그것들이 믿을만하게 기록되었음을 보여주려는 시도에 동의한다. 그러나 우리의 관점에서 볼 때에 그러한 시도는 진정한 문제를 놓치고 있다. 진정으로 설명되어야 하는 것은 본문과 그 의미이다.

셋째, 현대의 비평주의는 모세오경내의 그러한 차이점들 속에 반영되고 있는 다양한 문학적 단계에 끊임없이 그 촛점을 맞추어왔다. 이들은 그러한 차이점이 모세오경이 편집되는 과정에서 사용된 다양한 구술적 혹은 문학적 자료들에 기인한다고 설명한다. 우리는 이러한 시도 역시 진정한 문제에 해답을 주지 못한다고 믿는다. 우리가 현재 가지고 있는 본문을 설명함에 있어서 우리의 촛점은 그러한 차이점들 뒤에 놓여있을 수도 있고 그렇지 않을 수도 있는 문학적 단계에 맞추어지지 않을 것이다. 오히려 우리의 촛점은 이러한 차이점들 안에 반영되고 있는 문학적 전략에 맞추어질 것이다.

우리는 우리가 택하고 있는 접근에 있어서 어떠한 독창성도 주장하지 않는다. 그러나 우리는 그것을 더 설명하고 정당화시킬 필요성은 느끼고 있다. 우리는 이 책의 서론 부분에서 이러한 필요성을 충족시키려고 시도하였다. 이 책의 서론의 목적은 역사적 배경이나 상황보다는 성경의 서술과 문학적 연속성에 그 촛점을 맞추는 접근을 기술하고 변호하는 것이다. 이제 곧 독자에게 드러날 것이지만 이 책의 서론은 주석과는 다른 단계에서 쓰여졌다. 과연 우리가 모세오경에 대한 우리의 접근을 적절하게 변호해 왔으며, 또한 주석 전체를 통하여 우리의 접근을 적절하게 펼쳐왔는가는 독자의 판단에 맡기겠다.

이 주석은 히브리 원어성경에 철저하게 근거하기 때문에 우리는 때때로 특별한 해석을 반영하기 위하여 우리들 자신의 번역에 의존하였다. 이렇게 함에 있어서 우리는 표준영어역(즉, NIV)이 적절하지 않다거나 우리의 해석을 반영하지 않는다고 주장하는 것은 아니다. 물론 그러한 경우가 있기도하다. 우리들 자신의 번역을 제시함에 있어서 우리는 단지 우리의 관점을 보다 더 명확하게 하거나 강조하기 위하여 시도하고 있을 뿐이다. 덧붙여서 말하자면 이 주석은 비블리아 헤브라이카(스투트가르트 판)에 제시된 맛소라 사본(MT)에 근거한다. 우리는 이 사본이 모든 면에 있어서 최고의 본문이라고 생각하지 않는다. 그러나 이것은 우리 앞에 놓여진 본문이며 그렇기 때문에 그것의 해석이 우리의 주요 목표이다.

나는 이 책을 저술하도록 도와주고 격려해준 모든 분들께 감사를 표하고 싶다. 첫째로, 내가 가르쳤던 모세오경 과목의 학생들과 신약 및 구약학과의 동료 교수들이 모세오경에 대한 나의 해석을 듣고 질문 해 주었다. 나는 나의 동료 교수이며 학장인 월터 씨 카이저 Ⅱ세에게 특별한 감사를 표하고 싶다. 둘째로, 존덜번출판사의 편집자들, 특별히 에드 M. 반델 마스, 베린 D. 벨브루게, 그리고 스탠리 N. 건드리와 개리가 계속해서 많은 도움이 되는 제안들을 해 주었다.

마지막으로 나는 나의 아내이며 친구인 패티, 그리고 우리들의 네 자녀인.데이비드, 벳시, 존, 그리고 피터에게 고마움을 표하고 싶다.

제 1 장

출 애 굽 기

I. 이스라엘 백성들의 억압(1:1-22)

출애굽기의 이야기는 애굽에 내려온 야곱의 아들들의 족보목록을 열거함으로써 창세기로부터 아무런 단절없이 계속 이어진다(1:1-5; 창 46:3 참조). 여기에 제시된 사람들의 총계는 70명이다. 이것은 창세기 10장에 열거된 열방들(나라들), 즉 아담과 노아의 자손들의 숫자와 동일하다(창 46:8-27에 대한 해석을 참조하라).

출애굽기 1:6은 이후에 나오는 일련의 사건들에 대한 중요한 출발점이 된다. 그것은 옛 세대가 지나갔음을 가리킨다. 이어서 7절은 이스라엘이 애굽에 있었던 400년간의 대부분을 망라하는 전환점적인 구절이다(출 12:40 참조). 본 설화(說話, narrative)의 구조는 이와 같이 창세기 15:13에서 아브라함에게 제시된 이스라엘의 미래에 대한 예언적 말씀을 따르고 있다: "여호와께서 아브람에게 이르시되 너는 정녕히 알라 네 자손이 이방에서 객이 되어 그들을 섬기겠고 그들은 사백년 동안 네 자손을 괴롭게 하리니." 이 기간 동안 이스라엘은 하나의 나라로 성장했다: "그 땅은 그들로 채워졌다"(애굽땅 전체가 아니라 '고센땅'을 지칭하면서; 창 47:6 참조).

출애굽기 1:8은 우리를 이 책의 주요한 사건들의 시간틀 속으로 데리고 간다. 여러 세대가 지나갔고, 이스라엘 백성들은 엄청나게 불어났으며(창 12:2 참조), 또 '한 새 왕'이 애굽에서 일어났다. 성경은 이 '새 왕'의 정체를 밝히지 않는다. 여기서 언급되고 있는 것은 아마도 새로운 왕조인 것 같다. 많은 학자들은 애굽에 나타난 새로운 왕조를 두번째 중간시대(the Second Intermediate Period, 1786-1558 B.C.) 동안 애굽을 통치했던 아시아 계통의 힉소스 왕조와 동일시한다.[1] 그러나 오경 저자에게 있어 그 왕의 정체는 아무런 관심의 대상도 아니었다.

오경 저자는 다만 그 새로운 왕이 만에 하나 이스라엘 백성이 자유를 찾기 위해 무력을 사용할 가능성을 일찌감치 차단하기 위해 재빨리 움직였음을 보여주고자 한다. 그 왕이 사용한 첫번째 방법은 아무런 효과가 없음이 입증되었다. 사실상 설화가 진전되어감과 함께 우리는 그 왕의 노력이 아무런 결실을 맺지 못하고 오히려 백성들의 숫자를 더 증가시키는데 도움이 되고 말았음을 볼 수 있다(1:12).

출애굽기 1장과 2장의 설화 뒤에는 하나의 명백한 아이러니가 있다. 왕이 하나님의 축복을 방해하려고 하면 할수록 그만큼 하나님의 축복은 증가하고 있다는 것이다. 이러한 사건들 속에 섭리적 아이러니(providential irony)의 주제가 있는 것이다. 저자의 관점은 분명하다: 하나님께서 자신의 계획을 이루기 위하여 이러한 사건들 속에서 활동하고 계신다. 따라서 아무도 심지어 이방 나라의 최고 권력자 조차도 그의 길을 막을 수는 없다(사 45장 참조).

우리는 모든 히브리인의 사내 아이를 나일 강 속에 던져 버리라는 왕의 명령 속에서도 역시 이러한 아이러니를 볼 수 있다(출 1:22). 비록 모세의 어머니가 이러한 명령에 순종하고 있다 할지라도 그녀는 홍수 때에 하나님께서 노아를 구원하시는 사건을

---

1) Carl G. Rasmussen, *NIV Atlas of the Bible* (Grand Rapids: Zondervan, 1989), 85를 보라.

회상시키는 방식으로 그렇게 하고 있는 것이다. 그 아기는 '방주'에 놓여지고 그 후에 물에 던져진다. 이러한 설화 구성은 분명히 주권적인 하나님이 이스라엘의 역사 속에 활동하고 계심을 보여주기 위해 의도된 것이다.[2)]

저자가 두 개의 매우 유사한 설화를 출애굽과 광야방랑에 각각 하나씩 배치시키고 있는 사실을 주목하는 것은 매우 흥미로운 일이다. 두 개의 설화는 애굽왕이 이스라엘을 억압하고자 시도하는 출애굽기 1-2장과 모압왕이 이스라엘을 억압하고자 시도하는 민수기 22-24장이다. 두 설화는 아브라함의 씨를 축복하시는 하나님의 계획을 방해하려는 열방의 시도에 그 초점이 맞추어진다(본서의 서론과 민 22-24장에 대한 해석을 참조하라).

---

2) 이러한 관점은 최근 Erhard Blum에 의해 제기되었다, *Studien zur Komposition des Pentateuch*, BZAW 189 (Berlin: de Gruyter, 1990), 10.

Ⅱ. 구원자 모세를 준비하심(2:1-25)

A. 모세의 탄생(2:1-10)

출애굽기 2장은 바로의 칙령으로부터 새로 태어난 아기를 보호하는 한 가정의 이야기를 보여준다. 그 아이가 바로 구원자 모세였다. 그의 어머니는 아들을 석달간 감추었다. 그리고 그녀가 아이를 더이상 감출 수 없게 되었을 때, 그녀는 갈대 상자(방주)를 만들어 아들을 넣고 '나일강에'(출 2:3) 그 아기를 놓았다. 아이러니칼하게도 바로가 칙령을 내린대로(1:22). 더구나 그 아기는 바로의 칙령을 이행한 것에 의하여서 뿐만 아니라 바로 그 자신의 딸을 통하여 구원받았다.

저자는 백성들의 일반적인 고난의 모습을 이야기하는데 많은 지면을 할애하지 않는다. 오히려 그는 한 어린 아이의 삶에 초점을 맞춘다. 그 히브리인 아이는 애굽왕이 죽이고자 했던 아이만이 아니었다. 그 아이는 주께서 자기 백성을 그 땅에서 이끌어내는데 사용하고자 뜻하신 아이였다. 바로 이 일이야말로 애굽왕이 그토록 두려워했던 것이다(1:10). 그러나 왕의 거대한 계획은 단순한 우연으로 보이는 사건에 의해 좌절되었다. 다행스럽게도 우리들은 전체 사건의 진행을 볼 수 있는 특권을 부여받았다.

이러한 아이러니의 사용은 구약의 설화들에서 보편적으로 나타나는 현상이다. 그것은 하나님께서 이 세상의 사건들 속에서 활동하고 계시며, 또 그것을 방해하려는 인간들의 노력에도 불구하고 그분은 자신의 목적을 이루고야 말 것임을 보여준다. 이것은 결코 단순한 우연이 아니었다. 거기에 하나님께서 활동하고 계셨던 것이다.

B. 모세의 초기 생활(2:11-22)

모세의 탄생과 소명 사이에는 그의 초기 생활(early life)을 보여주는 두개의 짧은 설화가 놓여져 있다. 모세가 살았던 총 연수는 120년이었다(신 34:7). 오경의 거의 대부분이 모세의 마지막 40년에 초점이 맞추어져 있기 때문에(민 14:34; 20:12 참조), 그의 생애의 처음 두 기간 역시 각각 40년씩으로 구성되었다고 일반적으로 주장된다(행 7:23,30 참조). 그러나 본문이 문맥 가운데 모세의 나이를 분명하게 언급하고 있는 것은 아니다.

이러한 두 개의 짧은 설화들은 이후에 나오는 설화들 속에서 모세가 차지하는 중심적인 역할을 예조(豫照)해 준다. 모세가 애굽 사람에게 얻어맞고 있는 이스라엘 사람을 구해주었던 것처럼(2:11-15), 가까운 장래에 그는 이스라엘 백성들을 애굽의 압제자들로부터 구원할 것이다(3:10). 또 모세가 이드로의 딸들과 그들의 양떼들에게 물을 제공한 것처럼(출 2:17-19), 그는 광야 생활을 통하여 하나님의 백성들과 그들의 양떼들에게 물을 공급할 것이다(17:6; 민 20:7-11).

이러한 두 가지 설화들은 또한 모세의 사역에 있어 하나님의 힘이 차지하는 역할이 얼마나 중요한가 하는 것을 보여준다. 첫 번째 설화(11-15절)는 모세가 출애굽기 3장에서 받은 하나님의 특별한 부르심이 없었다면 그는 결코 백성들의 신뢰를 얻지 못했을 것임을 보여준다. 동족끼리 싸우는 두 사람을 말렸을 때 그 가운데 잘못한 사람이 모세에게 다음과 같이 질문했다: "누가 너로 우리의 지도자와 재판관을 삼았느냐?" (2:14). 이러한 체험을 한 바 있는 모세는 3장에서 하나님의 부르심(소명)을 받을 때 이렇게 질문한다: "내가 누구관대 바로에게 가며 이스라엘 자손을 애굽에서 인도하여 내리이까?" (3:11). 오직 하나님께서 그와 더불어 함께 계시겠다고 약속한 이후에야 비로소(3:12) 모세는 백성들의 신뢰를 얻을 수 있었던 것이다(3:16-18; 4:31).

모세가 우물가(well)에서 십보라를 만나는 것(2:17)은 야곱이 라헬을 만나는 이야기(창 29:2-14)와 아브라함의 종이 리브가를 만나는 이야기(창 24:10-28)와 매우 밀접한 병행관계를 갖는다. 유다가 "샘물가"(springs)에서 다말을 만나는 것(창 38:14; NIV는 지명 '에나임'을 '샘물가'로 번역한다) 역시 비슷하다.

	이삭	야곱	유다	모세
그 땅 밖에서 벌어짐	창 24:10	29:1	38:1	출 2:15
아버지	창 24:15	29:5	38:1	출 2:16
딸들	창 24:13	29:16	38:2	출 2:16
우물가	창 24:11	29:2	38:14	출 2:15
딸들이 아버지의 양떼에 물을 먹임	창 24:13	29:9		출 2:16
목자들이 모임		창 29:2		출 2:17
시험	창 24:12	29:8	38:11	출 2:17
딸들을 구함		창 29:10		출 2:17
양떼에게 물을 먹임	창 24:18	29:11		출 2:17
딸들이 그 일에 대해 이야기함	창 24:28	29:12	38:24	출 2:18
족장이 머물기를 초청함	창 24:31	29:13-14	(38:26)	출 2:20-21
딸이 결혼함	창 24:67	29:23,28	(38:26)	출 2:21
아들(들)을 낳음	창 25:21	29:31-30:23	38:27-30	출 2:22

이상과 같은 기본적인 패턴 외에도, 각각의 설화들 가운데 오경의 지도적인 족장들 가운데 한 사람이 선택된 백성과 연결되지 않는 백성과 땅으로부터 아내를 취한다. 이러한 설화들에서

이것은 매우 중요한 특징일런지도 모른다. 우리는 이러한 사실을 출애굽기 본문의 결말 가운데 모세의 아들의 이름이 약속의 땅 밖에서 살아가는 그(모세)의 삶을 강조하고 있는 사실에서 암시받을 수 있다. 게르솜이란 이름은 "내가 타국에서 객이 되었다"를 의미한다(2:22).

우리는 이것이 오경의 중심적인 족장들의 중요한 특징임을 주목하여야만 한다. 오직 아브라함만이 가까운 친족으로부터 아내를 취한다. 자신의 아내가 "우물가의 여인" 설화로부터 취하여지지 않은 사람은 오직 아브라함 뿐이라는 사실은 매우 의미있는 것일 수 있다. 요셉 역시 약속의 땅과 선택된 백성 밖에서 아내를 취한다(창 41:45). 그러나 아브라함 이후의 다른 족장들과는 대조적으로 그는 아내를 우물가에서 만나지는 않는다. 그러나 요셉과 그의 씨는 하나님 백성의 약속된 축복과 지도력(leadership)의 중심노선(central line) 밖에 있는 것일런지 모른다(대상 5:2 참조).

창세기 12:1-3의 약속 이후에, 축복의 중심노선 안에 있는 사람들(즉 이삭, 야곱, 유다, 그리고 모세)은 약속의 땅과 선택된 백성 밖에서 아내를 취한다. 각각의 경우에 아내는 우물가의 무대 위에서 소개되고 만나진다. 각 설화들의 이러한 병행관계의 빛에 비추어 우리는 전반적인 오경의 목적이 무엇인지 의문을 제기할 필요가 있다. 우리는 창세기 24장의 사건에서 이러한 의문에 대한 중요한 실마리를 찾을 수 있다. 이 설화에서 반복적으로 강조되고 있는 것은 아브라함의 종이 적합한 여자를 찾음에 있어 그 일을 주도적으로 이끌어간 이가 바로 하나님이란 사실이다(창 24:27). 그러므로 이러한 우물가 설화들에 의해 세워지는 패턴은 다른 땅과 백성으로부터 아내를 취하는 중요한 족장들의 명백한 변칙 뒤에 하나님의 영원한 뜻이 놓여져 있음을 보여주고자 의도된 것일 수 있다. 이러한 설화들 가운데 반복적인 패턴들은 종종 하나님의 지속적인 활동을 강조하는데 사용된다.

C. 하나님께서 기억하시다(2:23-25)

출애굽기 2:23은 이 책의 제반 사건들에 있어 또 하나의 중요한 전환점을 이루는 무대의 역할을 한다. 1:8에서와 마찬가지로 새로운 무대는 새로운 왕의 일어남에 의해 특징지워진다. 모세는 생존을 위해 피신했던 광야에 있었고, 이제 애굽에 돌아옴에 있어 자유로운 위치에 있었다.

24절에서 저자는 자신이 설명하려고 하는 사건들의 의미에 대한 대단히 중요한 실마리를 우리에게 준다. 이스라엘 백성들이 하나님께 도움을 호소하여 부르짖을 때, 하나님은 그들의 부르짖음을 들으셨을 뿐만 아니라 또한 아브라함과 이삭과 야곱에게 세운 "그의 언약을 기억하셨다"(레 26:42 참조). 하나님께서 방주 안에 있는 노아를 "기억하시고" 그를 구원하셨던 것처럼(창 8:1), 마찬가지로 이제 하나님은 자기 백성들을 그 땅의 멍에로부터 돌이켜 조상들에게 약속한 땅으로 데려가신다. 설화의 요점은 하나님께서 이스라엘을 다루시는 기초가 아브라함에게 약속하신 언약이라는 사실을 보여주는 것이다.

이러한 설화들 가운데 분명하게 언급되고 있는 이와 같은 하나님의 언약에 대한 강조는 후기의 선지자들의 메시지에서 또한 반복적으로 나타난다. 예를 들어 미가는 아브라함과 야곱에 대한 하나님의 약속을 하나님의 미래의 구원에 대한 이스라엘의 소망이 놓여지는 기초로 보았다: "다시 우리를 긍휼히 여기셔서 우리의 죄악을 발로 밟으시고 우리의 모든 죄를 깊은 바다에 던지시리이다 주께서 옛적에 우리 열조에게 맹세하신대로 야곱에게 성실을 베푸시며 아브라함에게 인애를 더하시리이다"(미 7:19-20). 나아가서 신약은 아들 예수를 보내시는 것에서 나타난 하나님의 구속사역을 아브라함과 조상들에게 대한 이러한 동일한 약속들의 성취로써 본다: "그 종 이스라엘을 도우사 긍휼히 여기시고 기억 하시되 우리 조상에게 말씀하신 것과 같이 아브라함과 및 그 자손에게 영원히 하시리로다 하니라"(눅 1:54-55).

이와 같이 출애굽은 자신의 약속을 기억하시고 구원자를 보냄으로써 하나님의 신실하심에 대한 중요한 성경적 표상이 된다. 출애굽 자체에 대한 이러한 설명에서 우리는 동일한 관심들이 이미 활동하고 있음을 볼 수 있다. 이와 관련하여 모세의 소명은 이미 미래의 구속자를 예기(豫期)하고 또한 예조(豫照)한다. 이제부터 중보자 모세가 메시야적 소망을 묘사함에 있어 중심적인 대화 수단 가운데 하나가 되는 것은 결코 우연이 아니다(그후에는 이스라엘에 모세와 같은 선지자가 일어나지 못하였나니 모세는 여호와께서 대면하여 아시던 자요, 신 34:10 참조).

Ⅲ. 모세의 소명(3:1-4:31)

A. 하나님께서 모세를 부르심(3:1-10)

하나님께서 아브라함과 더불어 맺은 '자신의 언약을 기억하신' 첫 번째 결과는 구원자 모세를 부르시는 것이었다. 하나님은 모세로 하여금 가까이 오지 말도록 경고하심으로써(왜냐하면 자신이 거룩하기 때문에) 대화를 시작한다(5절). 우리가 나중에 보게 되겠지만, 하나님의 거룩하심의 개념은 이 책의 나머지 전체에 흐르는 중심적인 주제이다. 실로 성막에서 벌어지는 하나님 예배의 전체적인 구조는 이스라엘 가운데 들어오셔서 거하시는 절대적으로 거룩하신 자로서의 하나님의 관점 위에 세워진다. 그러나 우리는 하나님께서 모세에게 멀리 떨어져 있으라고 경고하심과 동시에 그분이 또한 그와 더불어 '대면하여'(민 12:8 참조) 이야기하는 사실을 놓쳐서는 안된다. 하나님이 거룩하신 하나님이시라는 사실이 곧 그가 비인격적인 힘(impersonal force)이라는 것을 의미하는 것으로 이해되어서는 안된다. 하나님은 거룩하시지만 그러나 인격적이시다. 바로 이것이 뒤이어 나오는 시내 산 언약의 설화들의 중심적인 주제인 것이다.

이제 하나님은 모세에게 자신의 정체를 "네 조상의 하나님 곧 아브라함의 하나님, 이삭의 하나님, 야곱의 하나님"(6절)이라고 밝히면서 그에게 자신의 계획을 말씀하는 데에로 나아간다. 모세는 이스라엘 백성들을 애굽의 굴레로부터 구원하여 그들을 조상들에게 약속한 땅으로 데려가는 구원자가 될 것이다(7-10절). 그는 이스라엘 백성들을 하나님 예배에 최고의 관심을 갖는 백성으로 만들 것이다.

B. 하나님의 소명에 대한 모세의 응답(3:11-4:31)

1. 첫 번째 반론: 내가 누구관대(3:11-12)

하나님의 소명에 대한 모세의 반응은 그가 자신이 맡게 될 일의 책임을 즉시로 깨달았음을 보여준다. 그는 하나님께 반문한다: "내가 누구관대 바로에게 가며 이스라엘 자손을 애굽에서 인도하여 내리이까?" 우리는 그의 질문을 의문과 두려움을 표현하는 것으로 이해하여서는 안된다. 오히려 그것은 진정한 겸손으로부터 우러나온 것이다. 지금 모세는 목자이다. 그리고 우리는 앞의 설화들로부터 애굽사람들이 목자와는 상종치 않았음을 안다(창 46:34 참조). 모세는 자신이 애굽사람들 사이에서 아무런 공적 인정도 받지 못할 것임을 잘 알고 있었던 것이다.

하나님은 모세의 질문에 대하여 그의 믿음을 증진시켜줌으로써가 아니라 그의 일을 수행함에 있어 자신이 그와 함께 있을 것임을 재확인함으로써 대답하신다. 이와 같은 하나님의 말씀은 요셉 설화의 교훈을 다시금 반복하는 것이다. 요셉의 경우와 마찬가지로 하나님은 자신이 모세를 통해 이루실 "표적과 큰 기사들"을 통하여 모세가 바로 앞에서 필요로 하는 인정을 제공하신다. 모세가 백성들과 바로에게 줄 표적들은 하나님의 권능을 시위하는 이적적인 표적들이었다.

그러나 우리는 출애굽기 3:12에서 모세에게 주어진 표적 자체가 믿음을 요구하는 것임을 주목할 필요가 있다: "네가 백성을 애굽에서 인도하여 낸 후에 너희가 이 산에서 하나님을 섬기리니." 나아가서 우리는 오경의 설화들 안에서 독자들이 이러한 특별한 표적이 출애굽기 19장에서 성취되었음을 잘 안다는 사실을 주목하여야만 한다. 이와 같이 본문의 요소로써 볼 때 모세에게 대한 하나님의 보증의 말씀은 처음 나타났을 때보다 더 큰 확실성을 가지고 있다. 그것은 모세에게와 마찬가지로 또한 독자에게 대한 표적인 것이다.

2. 두 번째 반론: 당신의 이름이 무엇입니까? (3:13-22)

모세의 다음 번 반응은 성경 학자들과 신학자들 사이에서 빈번한 논란을 야기시켜왔다: "내가 이스라엘 자손에게 가서 이르기를 너희 조상의 하나님이 나를 너희에게 보내셨다 하면 그들이 내게 묻기를 그의 이름이 무엇이냐 하리니 내가 무엇이라고 그들에게 말하리이까?" 다시 말해서 모세는 자신이 부름받은 일이 애굽에서 반대에 부딪힐 것임을 깨달았던 것이다. 더우기 그러한 반대의 성격은 신학적인 것일 것이다. 백성들은 자신들의 광야생활을 이끌어갈 하나님에 관해서 알기를 원할 것이다.

모세가 하나님의 '이름'에 관하여 질문하였을 때, 그는 단순한 하나님의 정체(identity) 이상의 것을 묻고 있었던 것이다. 그는 하나님의 진정한 본질에 관하여 묻고 있었던 것이다. 성경본문의 세계 속에서, 이름은 그것을 가진 자의 본질을 표현하는 것이였다(삼상 25:25 참조). 아담이 동물들의 이름을 지어준 것은 그가 그것들의 본질적인 성격을 찾고 있었음을 의미한다. 실제로 그는 "적합한 배필"(창 2:20)을 찾고 있었다. 즉 '이름'은 그 이름을 가지고 있는 자의 진정한 본질을 표현하는 것이었다. 그러므로 모세가 하나님의 이름을 물었을 때, 그가 받은 이름은 우리가 기대한 것과 같지 않을런지 모른다. 몇몇 역본들에서 하나님의 대답은 질문에 대한 회피처럼 들린다. 하나님의 대답은 이것이었다: "나는 스스로 있는 자니라" (I am who I am).

만일 모세가 하나님의 이름을 질문함에 있어 실제로 그분의 본질적인 성격을 알고자 했던 것이었다면, 그가 주님으로부터 받은 대답은 그가 목적했던 것과 정확하게 일치하는 것이었다. 주님의 대답 "I am who I am"은 "It is I who am with you" (나는 너와 함께 있을 자니라)로 풀어쓸 수 있다.[3] 그러므로 모세의 질문에 대한 답변 속에서 하나님은 이스라엘 백성들에게 '〈그들

3) Cassuto, *A Commentary on the Book of Exodus*, trans. Israel Abrahams (Jerusalem: Magnes, 1967), 38.

과〉 함께 하기로 약속한 자'가 그들에게 모세를 보냈음을 알게 하였던 것이다.

다음 구절(15절)은 하나님의 실제 이름인 '야훼' 혹은 '여호와'를 사용한다.[4] 이것이 '나는 스스로 있는 자니라'(I am who I am)란 표현과 연결되는 사실은 하나님의 이름 '야훼'가 '지금 계시는 자'(he who is present) 혹은 '자기 백성과 함께 계시기로 약속한 자'(he who has promised to be present with his people)란 의미를 전달하고자 의도된 것임을 암시한다. 그러므로 하나님은 모세에게 자신의 이름을 주심으로써 모세 및 그 백성들과 함께 계실 것을 약속하셨을 뿐만 아니라 또한 약속 그 자체를 회상시키셨던 것이다: '우리와 함께 계시는 그분.'

출애굽기 3:16-22의 하나님의 말씀은 오경 설화들의 구조 속에서 매우 중요한 연결고리가 된다. 하나님의 말씀은 먼저 족장들에 대한 하나님의 약속을 되돌아 보게 하는데, 그것은 "너희 조상들의 하나님 곧 아브라함의 하나님, 이삭의 하나님, 야곱의 하나님" 이란 언급에서 나타난다(3:16) 이어서 하나님은 자신의 관심을 '뒤이어 언급될 사건들' - 모세와 바로의 대면 - 로 옮긴다. 다른 많은 성경 설화들에서와 마찬가지로, 하나님께서 이러한 사건들을 그것들이 실제로 일어나기에 앞서 제시하는 묘사는 그것들이 설화에 기록된 것과 실제로 거의 꼭같은 진행으로 이루어진다(예컨대 창 12:10-20을 참조하라). 설화의 이러한 특성을 주목하는 것은 매우 중요하다. 왜냐하면 이것은 성경이 오경에 기록된 모든 다양한 사건들을 통한 하나님의 주권적인 통제를 보여주기 위한 방식들 가운데 하나이기 때문이다. 우리들

---

4) 영어성경에서 '야웨'란 이름은 종종 'Yahweh'가 아니라 'LORD'로 번역된다. 그 이유는 무엇일까? 그것은 번역가들이 하나님의 이름을 발음하지 않으려고 하는 고대 유대 관습을 따른 결과이다. 유대인들은 회당이나 혹은 혼자 성경을 읽을 때 '야웨'라고 발음하는 대신 하나님의 이름을 '주'(히브리어, 아도나이) 라는 호칭으로 대체시켰다. 영어의 'LORD'란 번역은 이러한 관습을 따르고 또 하나님의 이름(야웨)과 주(Lord, 아도나이)를 구별하고자 하는 시도의 결과이다. 히브리 본문의 야웨는 LORD로 아도나이는 Lord로 사용되었다. 나의 'Genesis,' EBC 2:146을 보라.

독자들은 사건들을 신적 관점(divine perspective)에서 보도록 허용된다. 하나님은 무엇이 일어날 것인지를 묘사하고, 설화는 그 사건들을 묘사함에 있어 동일한 패턴을 따른다.

그러나 우리는 그러한 가운데에서도 종종 사건들의 서술 속에서 중요한 수정들(modifications)이 나타난다는 사실을 주목해야만 한다. 사건들의 실제적인 기록이 그러한 수정들을 포함하고 있다는 사실은 성경 설화들의 전반적인 효과와 의미에 한층 더 기여하는 바가 있다. 이러한 설화들 가운데 그러한 수정들이 나타날 때 우리는 그것들이 통상적으로 처음에는 예기(豫期)되지 않았던 인간의 행동들의 결과라는 사실을 주목하여야만 한다. 모세나 이스라엘 백성 혹은 애굽사람들은 가끔 예기치 못한 어떤 일을 행한다. 그러므로 설화들은 사건들을 펼쳐감에 따라 인간의 행동에 대하여 개방된 것으로 남는다. 기술된 사건들은 단순히 하나님에 의해 결정된 것이 아니다. 하나님은 무엇이 일어날지를 아신다. 그러나 설화들은 인간 존재들의 행동을 위한 여지(餘地)를 남기고 있는 것이다.

예를 들어 우리가 지금 다루고 있는 설화 속에서 하나님이 모세에게 그가 바로 앞에 갈 때 무엇이 일어날 것인지를 처음으로 묘사함에 있어 모세의 대변자로서의 아론의 역할은 특별하게 언급되지 않는다. 아론은 단지 모세가 하나님의 소명에 순종하기를 꺼려하는 것 때문에 등장하고 있을 뿐이다. 더우기 하나님이 앞으로 일어날 일에 대하여 설명할 때, 그는 백성들의 순종을 예기하신다(출 3:18). 그러나 이러한 순종은 오직 4장에서 모세가 그들에게 표적을 보여준 연후에야 비로소 분명하게 실현된다(4:31). 그러나 설화가 보여주고 있는 것처럼 백성들의 순종은 그리 길지 못했다. 6장은 백성들이 '마음의 상함을 인하여(6:9)' (because of a lack of spirit) 불순종하게 되었음을 이야기한다. 이와 같이 비록 하나님의 말씀이 설화의 사건들에 있어 결정적인 것으로 나타난다 할지라도, 그것이 인간의 행동들에 의하여 야기되는 새로운 방향을 배제시키는 것은 결코 아니다. 설화의 이러한 특성은 매우 미묘하다. 그러나 그것은 성경 설화들의 개념과 의미를 평가함에 있어 매우 중요한 이정표가 되는 것이다.

본 항목(3:13-22)은 이중적인 측면에서 중요성을 갖는다. 첫째로 그것은 독자들에게 앞으로 이야기될 사건들의 개관과 그 결과의 개요를 제공해 준다. 그리고 둘째로는 이것이 보다 더 중요하다. 실제로 일어나기 전에 언급된 이러한 말씀들은 하나님이 결과를 조정하고 계심을 보여준다. 하나님께서 모세를 바로에게 보낼 때, 그는 이미 바로가 그 백성들을 보내지 않을 것임을 알고 계신다. 나아가서 하나님의 말씀은 결국 바로가 그분의 백성들을 가게 할 것임을 보여준다. 그러나 그것은 하나님이 그들 가운데 자신의 '이적들'을 시위하심을 통하여 그렇게 되는 것이다(3:20). 이와 같이 출애굽은 이미 처음부터 결정되어 있는 것이다. 설화들의 이러한 구조는 심지어 사건들이 설화 속에서 예기된 것과는 다르게 나타나는 영역에서조차도(이스라엘의 불순종의 경우에서처럼) 하나님이 여전히 최종적인 결과 뿐만 아니라 제반 사건들을 조정하고 계심을 보여준다.

본 항목은 그의 백성들이 큰 재물을 가지고 애굽을 나갈 것이란 창세기 14:14의 아브라함에 대한 하나님의 약속을 언급하는 것으로써 끝난다(출 3:22). 그리고 이것은 출애굽기 12:35에서 성취되었다: "이스라엘 자손이 모세의 말대로 하여 애굽 사람에게 은금 패물과 의복을 구하매."

3. 세 번째 반론: 만일 그들이 나를 믿지 아니하면? (4:1-9)

4:1에서 모세는 또 하나의 질문을 하는데 그것은 하나님이 그에게 주신 사역의 참된 중요성을 그가 이해하고 있었음을 보여준다: "그러나 그들이 나를 믿지 아니하며 내 말을 듣지 아니하고 이르기를 여호와께서 네게 나타나지 아니하셨다 하리이다." 이러한 질문에 답변하는 가운데 하나님은 모세에게 세 가지 '표적들'들을 주셨다: (1) 그의 지팡이가 뱀이 됨(2-5절); (2) 그의

손에 문둥병이 발함; (3) 나일강에서 떠온 물이 피가 됨(9절). 이러한 각각의 표적들은 하나님의 창조적인 능력에 대한 분명한 증표가 된다. 이러한 표적들은 애굽사람들을 위해 의도된 것이 아니라 이스라엘 백성들을 위해 의도된 것이다. 그것들은 주께서 모세에게 주신 표적들이고 또한 이스라엘 백성들로 하여금 모세가 하나님에 의해 보냄 받았다고 하는 사실을 믿도록 하기 위해 의도된 것들이다. 그 표적들은 결국 이러한 목적을 이루었다("백성들이 믿으며 여호와께서 이스라엘 자손을 돌아보시고 그 고난을 감찰하셨다 함을 듣고 머리 숙여 경배하였더라", 31절).

4. 네 번째 반론: 나는 말에 능치 못한 자라 (4:10-17)

모세는 마지막 반론을 제기한다. 그는 달변자가 아니었다. 다시 한번 하나님의 대답은 자신의 창조적인 능력에 대한 호소였다. "누가 사람의 입을 지었느뇨 누가 벙어리나 귀머거리나 눈 밝은 자나 소경이 되었느뇨 나 여호와가 아니뇨?" 그리고 나서 주님은 자신의 약속을 되풀이한다: "내가 네 입과 함께 있어서 할 말을 가르치리라"(12절).

여기에서 모세는 한도를 넘어 지나치게 저항하였다. 이에 주님은 진노하셨으나 다시금 모세의 반론에 대하여 답변을 제시했다. 아론이 그와 함께 가고 그를 위해 말할 것이다.

전체 설화를 통하여 모세는 처음에는 마지 못해 억지로 맡았으나 나중에는 기꺼이 그 일을 맡은 지도자로서 묘사된다. 저자는 모세의 지도력이 권력에의 갈망에 의해 동기유발된 것이 아니었음을 보여준다. 그것은 하나님의 부르심이었으며, 오직 하나님만이 그 일을 성취하실 수 있다. 그러한 지도력으로써 하나님은 자신의 일을 하실 것이고 백성들은 믿음으로 따를 것이다(31절).

5. 애굽으로 돌아옴(4:18-31)

모세가 하나님의 백성들을 구원하기 위해 애굽으로 돌아갈 준비를 하고 있을 때, 하나님은 그에게 자신의 목적을 알리셨다: "내가 그〈바로〉의 마음을 강퍅케 한즉 그가 백성을 놓지 아니하리라"(21절). 뒤에서 바로의 마음을 강퍅하게 하는 목적이 제시된다: "애굽사람이 나를 여호와인줄 알리라"(출 7:3-5 참조). 하나님의 뜻은 애굽인들로 하여금 자신을 알도록 하는 것이었다.

모세가 애굽으로 돌아오는 짤막한 설화 속에 매우 이상한 사건이 일어난다(4:24-26). 모세가 밤에 유숙하는 동안 여호와께서 그를 죽이려고 하였다. 히브리 본문에 따르면, 하나님은 모세의 생명이 아니라 어린 아이의 생명을 찾았다. 이리하여 그 아이의 생명은 모세의 아내 십보라 때문에 보존되게 되었는데, 그녀는 즉시로 아들에게 할례를 행하고 양피를 모세의 발 앞에 던졌던 것이다. 그녀가 이 일을 행할 때 그녀는 이렇게 말했다, "당신은 내게 피 남편(bridegroom of bloodshed)이로다"(26절). 그러자 주님은 그로부터 물러나셨고 그의 생명은 보존되었다.

우리는 이 사건을 할례의 계명을 지킬 필요성과 관련한 일종의 심판이나 혹은 경고로써 보아야 할 것이다(창 17:10-14). 여기에 기록된 사건의 세부사항들을 재구성하는 것은 불가능하다. 그러나 다행스럽게도 그렇게 해야 할 필요는 없다. 다만 이것이 가르치는 요점은 분명하다. 곧 하나님은 자신의 말씀을 진지하게 받아들이시므로 그에게는 오직 순종만이 있을 뿐이라는 것이다. 여기 곧 하나님께 대한 이스라엘의 언약의 출발점에서 그 지도자(모세)는 순종의 중요성과 불순종의 무서운 결과를 다시금 되새겨야 하였다. 우리는 이 사건 직전의 구절에서(4:23) 하나님이 바로가 불순종할 때 그의 장자를 죽일 것이라고 말씀하셨음을 주목해야만 한다.

오경 설화들의 몇몇 다른 지점들에서 저자는 이와 유사한 사건들을 포함시켜 왔다. 예를 들어 야곱이 하나님의 말씀대로 많은 재물을 가지고 가나안 땅에 되돌아올 때(창 31:3), 그는 밤에 사람 혹은 천사의 형상을 한 하나님을 만나서(32:24 〈MT 25〉; 호 12:5 참조) 날이 새도록 그와 더불어 씨름을 하였다. 금송아지의 죄를 범한 직후에 하나님은 이스라엘에게 이렇게 경고하였다: "내가 사자를 네 앞서 보내어..... 나는 너희와 함께 올라가지 아니하리니 너희는 목이 곧은 백성인즉 내가 중로에서 너희를 진멸할까 염려함이니라"(출 33:2-3). 또한 이스라엘 백성들이 시내 산을 떠나 그 땅으로 돌아가라는 말을 들었을 때(민 10:5), 그들은 '불평하였고' 하나님은 그들의 진에 불을 보냈다(민 11:1-3). 이와 같이 설화가 진행되는 각각의 주요한 전환점들에서 저자는 독자로 하여금 이스라엘이 하나님의 계명들을 순종하고 그분의 길을 걷는 것에 대한 하나님의 진지한 관심을 일깨우기 위하여 그와 같이 불길한 설화를 사용한다(민 11:1-3에 대한 해석을 참조하라).

그 이야기를 이렇게 읽는 것의 정당성은 뒤이어 나오는 설화에 의해 확증된다. 모세와 아론이 바로에게 자기 백성들로 하여금 광야로 가도록 허락함으로써 하나님께 대하여 예배하고 또 희생을 드리도록 요구하였을 때, 그들이 제시한 이유는 "그가 우리를 온역이나 칼로써 만나지〈 פגע 〉 않도록" 하는 것이었다(출 5:3). 출애굽기 4:24-26의 설화는 그들이 제시한 이유가 전혀 근거가 없는 것이 결코 아니었음을 보여준다. 주님은 이미 모세를 치기 위하여 그를 "만났다"〈 פגע 〉. 그러므로 거기에 그분이 온역과 칼로써 그들을 만나지〈 פגע 〉 않을까 하는 두려움의 충분한 근거가 있었던 것이다. 또한 이러한 짧막한 설화는 모세가 자신의 가족을 미디안에 있는 장인에게 돌려보냈던 상황을 설명하기 위해 의도된 것일 수도 있다(출 18:1-27의 해석을 보라).

Ⅳ. 애굽으로부터의 구원(5:1-15:21)

A. 가중되는 억압과 약속의 갱신(5:1-6:30)

1. 하나님의 백성을 자유케하는 것에 대한 바로의 거부(5:1-3)

4:27-31의 사건, 곧 백성들이 모세가 행하는 표적들을 믿고 그의 지도력을 받아들이게 된 사건 이후에, 모세와 아론은 애굽을 떠날 허락을 받기 위해 바로에게로 들어갔다. 그들의 요청에 대한 바로의 부정적인 반응은 이후의 설화들을 위한 신학적 배경을 마련해 준다: "여호와가 누구관대 내가 그 말을 듣고 이스라엘을 보내겠느냐 나는 여호와를 알지 못하니……" (5:2). 이러한 말은 이후에 펼쳐질 사건들, 곧 여호와가 누구인지를 시위하기 위해 의도된 사건들에 동기를 부여한다.

설화들 자체 안에서 교훈을 얻는 것은 바로와 애굽사람들이다. 그러나 설화들의 목적은 물론 독자로 하여금 이와 동일한 교훈을 배우도록 하는 것이다. 이리하여 온역설화(瘟疫說話)들이 시작됨과 함께, 온역들의 목적이 분명하게 언급된다: "애굽사람들로 하여금 내가 여호와인줄 알도록 하기 위하여" (7:5). 온역설화들을 통하여 우리는 애굽사람들이 이러한 교훈을 정확하게 배우는 것을 본다(8:19; 9:20, 27; 10:7). 설화들이 진행되어 감에 따라 보다 큰 목적이 또한 나타난다. 하나님이 애굽사람들에게 보낸 온역(瘟疫)들의 보다 큰 목적은 이것이다: "너로 내가 애굽에서 행한 일들 곧 내가 그 가운데서 행한 표징을 네 아들과 네 자손의 귀에 전하게 하려 함이라 너희가 나를 여호와인줄 알리라" (10:2).

2. 이스라엘의 가중되는 억압(5:4-18)

바로의 두 번째 반응 또한 뒤따르는 사건들을 위한 무대가 된다. 그는 벽돌을 만들기 위한 짚의 공급을 중단함으로써 이스라엘 백성들의 노동량을 크게 증가시켰다. 이와 같이 하여 이 책(출애굽기)의 첫머리에서 처럼 바로는 이스라엘의 노동을 보다 더 어렵게 만들었고 백성들은 고통 가운데 부르짖었다(2:23과 5:15 참조). 2:23에서 백성들의 부르짖음은 하나님 앞에 상달되었다. 한편 5:15에서는 대조적으로 백성들의 부르짖음이 바로(Pharaoh) 앞에 있었다. 이것은 마치 저자가, 바로가 하나님 자리에 서 있었으며 그럼으로써 그가 뒤따르는 온역들을 위한 또 하나의 동기를 제공하고 있음을 보여주고자 한 것 같다.

3. 하나님의 계획이 선언됨(5:19-6:1)

이스라엘의 지도자들은 바로 앞에서 아무런 힘이 없었다. 설화는 이것을 묘사함으로써 모세에게서 예증된 지도력의 중요성을 강조하기 시작하였다. 모세는 하나님에 의해 지명되어 그의 사역을 수행함에 있어 권능을 부여받은 지도자였다. 모세의 효과적인 사역의 열쇠가 여기의 초두에서 매우 분명하게 나타난다: "여호와께서 모세에게 이르시되 이제 내가 바로에게 하는 일을 네가 보리라"(6:1). 모세의 일은 곧 하나님의 일이었다. 하나님이 모세를 사용하셨지만 그러나 그 일을 행하는 자는 하나님이셨다. 그러므로 여기에서 모세가 '이적을 행하는 자'(miracle worker)로서 묘사되고 있지 않다는 사실을 주목하는 것이 중요하다. 오히려 그는 여호와의 종으로서 묘사되고 있다. 설화의 이러한 측면을 강조하기나 하려는 것처럼, 여호와는 모세에게 그를 통해 행하여질 일이 자신의 "강한 손에 의해" 되어지는 것임을 두 번이나 반복하여 이야기한다(6:1).

5:22-23의 하나님께 대한 모세 자신의 말도 역시 그 일에 있어서의 하나님의 역할을 강조한다. 그는 하나님께 이야기한다, "주여 어찌하여 이 백성으로 학대를 당케 하셨나이까 어찌하여

나를 보내셨나이까 …… 주께서 주의 백성을 구원치 아니하시나이다.” 우리로 하여금 하나님께 대한 모세의 기도를 듣도록 함으로써, 저자는 모세의 소명에 대한 그 자신의 관점을 보여준다. 그것은 하나님의 일이다. 그리고 모세는 그 일을 하도록 하나님으로부터 보냄을 받았다.

4. 하나님, 모세 그리고 족장들(6:2-8)

앞의 설화들이 모세를 통하여 자신의 일을 행하시는 이가 바로 하나님 그 자신임을 수차례 반복하여 강조하였기 때문에 저자는 모세에 대한 하나님의 관계의 성격을 보다 분명하게 밝히고 나아가서 그분의 계획을 자세히 이야기하기 위하여 잠시 이야기를 중단한다. 하나님은 이미 3장에서 자신의 이름을 모세에게 알리셨다. 이제 여기 6장에서 하나님과 모세 사이의 이러한 관계는 족장들에 대한 하나님의 이전의 관계와 비교된다. 족장들은 모세와 지금의 이스라엘 백성들과는 대조적으로 하나님을 ‘야훼라는 이름으로는’ 알지 못했다. 족장들 - 아브라함, 이삭, 야곱 - 은 하나님을 ‘엘 샤다이(EL Shaddai)’로서 알았다. 이러한 하나님의 말씀을 이해하는 열쇠는 그가 족장들이 하나님의 이름(즉, 야훼)을 알지 못했다고 말하고 있는 것이 아니라는 사실에 놓여 있다. 그분은 다만 자신이 ‘엘 샤다이라는 이름으로’ 알려졌음을 말할 뿐이다(출 6:3).

창세기에서 족장들이 ‘야훼’라는 이름을 사용한다는 사실(창 15:2, 7)이 이 구절을 이해하는데 도움을 준다 - 하나님이 족장들에게 ‘나타났을’ 때(예컨대 창 17:3) 그는 ‘엘 샤다이’로서 알려졌음을 염두에 둔다 할지라도 - 아브라함이 ‘이상 가운데’ 하나님을 보았을 때 그는 그분에 대하여 ‘야훼’라고 부른다(창 15:12). 그러므로 출애굽기 6:3 - “나는 아브라함에게 ... 엘 샤다이로서 〈야훼가 아니라〉 나타났다” - 은 창세기 설화들의 어법(wording)을 정확하게 반영하고 있는 것이다. 창세기에서 하나님이 아브라함에게 ‘나타났을’ 때 그는 자신을 엘 샤다이로서 부르셨다. 그러나 아브라함이 하나님을 '이상 가운데' 보았을 때 그는 그분을 야훼라고 지칭했던 것이다. 그러므로 본문의 의도는 모세가 족장들과는 달리 이상(異像)을 통해서가 아니라 '대면하여(face to face) 야훼를 알았음'을 보여주고자 하는 것이다(신 34:10 참조).

본 설화 항목(6:2-8)은 또한 오경 전체의 주장(argument)을 개관한다. 하나님은 가나안 땅을 주기로 족장들과 언약을 세우셨다(출 6:4). 그가 애굽의 굴레 가운데 있는 이스라엘 백성들의 부르짖음을 들었을 때, 그는 자신의 언약을 기억하셨다(5절). 이제 그는 이스라엘을 억압으로부터 구원하셔서 그들로 자신의 백성이 되게 하고 자신은 그들의 하나님이 되실 것이다(6절). 그는 또한 그들의 조상들에게 맹세하신 땅으로 그들을 데리고 들어가실 것이다(8절). 이제 오경에 서술된 나머지 사건들을 위한 주사위는 던져졌다.

5. 모세의 또 한번의 거절과 하나님의 또 한번의 명령(6:9-13)

4:31에서 이스라엘 백성들이 하나님을 순종하고 모세에게 귀를 기울였던 사실에 비추어, 그들이 그토록 빨리 불순종의 자리에 빠지고 만 것은 실로 놀랄만한 일이 아닐 수 없다(6:9). 그러나 저자는 재빨리 그것이 그들의 '마음의 상함'(shortness of spirit)으로 인한 것이고 또 힘겨운 일이 그들의 불순종을 초래케 했음을 이야기한다. 심지어 모세조차도 심각한 의문에 빠져버리고 말았다. 이스라엘 백성조차도 자신에게 귀기울이지 않거늘 하물며 바로는 어떻겠는가?

모세 자신도 백성들과 함께 머뭇거리면서 지금까지의 설화들의 중심 주제가 무엇인지 잊어버리고 있는 것으로 나타난다. 백성들을 애굽으로부터 이끌어낼 자는 모세가 아니라 하나님이시다. "이스라엘 자손도 나를 듣지 아니하였거든 바로가 어찌 들으리이까 나는 입이 둔한 자니이다"(12절). 4장에서와는 달리 여기에서의 모세의 반론은 하나님의 명령에 의해 즉시로 차단된다: "여호와께서 모세와 아론에게 말씀하사 그들로 이스라엘 자손과 애굽왕 바로에게 명을 전하고 이스라엘 자손을 애굽땅에서 인도하여 내게 하시니라"(6:13, 26). 출애굽기 4장에서와 같은 표적들이나 믿음의 요구같은 것은 아무것도 없었다. 이제 하나님은 단지 그들에게 가라고 명령하실 뿐이다.

출애굽은 하나님의 일이었다. 모세와 아론은 다만 그 일을 수행하라고 명령받고 있을 뿐이다. 이러한 패턴은 오경의 나머지 설화들을 통하여 여러 차례 반복된다. 하나님의 최초의 믿음과 신뢰에의 부르심은 회의와 두려움에 직면한다. 그러자 하나님은 동일한 순종에의 부르심으로 응답한다. 그러나 이러한 순종에의 부르심은 믿음과 신뢰의 필요성을 배제하거나 대체하지 않는다. 또한 그것은 '표적들'을 불필요한 것으로 만들지도 않는다(7:3; 10:1 참조).

6. 모세와 아론의 가계(6:14-27)

본 항목의 결말부에서 요약문이 제시하고 있는 바와 같이, 이러한 이름목록의 목적은 뒤따르는 설화들의 지도적인 인물인 모세와 아론의 정체를 밝히는 것이다. 그러한 목록의 목적이 특별히 모세와 아론을 소개하는 것이라는 사실은 그러한 이름목록이 단지 야곱의 열두 아들의 목록의 한 조각에 불과하다는 사실에서 나타난다(창 49:1-27 참조). 지파별 이름목록은 처음부터 축약되어 있으며, 또한 레위 즉 모세와 아론의 가계 이후로 급작스럽게 종결된다. 본 항목에서 모세와 아론의 직계가족의 간단한 설명이 제기되어 있는데(민 26:59 참조), 설화의 중심 인물들의 족보에 대한 이러한 관심은 오경의 처음부터 계속 있어 온 것이다(창 5장; 10장; 46장 참조).

2:1에서 모세의 어머니의 이름은 주어지지 않았다. 그녀는 단지 '레위의 딸'로 불려졌을 뿐이다. 비록 본문이 아므람과 요게벳을 모세와 아론의 부모로서 제시하고 있는 것으로 나타난다

할지라도, 어쩌면 그들은 직계부모가 아니라 이전의 조상들이었을런지도 모른다. 모세 당시에 이미 수백명의 '아므람 사람들'(Amramites)이 있었다는 사실(민 3:28)은 출애굽기 6장에서의 모세와 아론의 탄생의 묘사가 축약된 것임을 암시한다.

7. 요약(6:28-30)

이름목록을 끼워넣은(6:14-27) 이후에 저자는 앞의 설화 자료를 요약함으로써 다시 한번 반복한다. 우리는 다시금 모세의 반론으로 되돌려진다: "모세가 여호와 앞에서 고하되 나는 입이 둔한 자이오니 바로가 어찌 나를 들으리이까?"(6:30). 바로 앞에 가라는 하나님의 단순한 명령으로서 앞에서 주어졌던 것(13절)은 이제 애굽사람들에 대하여 '표적들'을 행하라는 지시로 확대된다. 비록 애굽사람들에 대한 하나님의 '표적들'이 때때로 "재앙"(plagues, 혹은 瘟疫)으로서 불려진다 할지라도(예컨대 11:1), 그것들은 본 설화를 통하여 자연을 뛰어넘는 하나님의 힘의 표적들로서 던져진다.

B. 열가지 재앙(표적)(7:1-12:36)

1. 재앙의 목적(7:1-7)

'재앙들'(표적들)의 목적이 7:3-5에 제시되어 있는데, 여기에서 하나님은 모세에게 자신이 바로의 마음을 강퍅하게 할 것이고 그로 말미암아 애굽에 표적과 기사들을 보낼 것임을 말씀하신다. 이러한 표적들은 이스라엘 백성들에게 대하여(9:16) 뿐만 아니라 애굽사람들에게 대하여(5절) 하나님의 힘을 시위(示威, demonstration)하는 것이 될 것이다. 본문은 이 문제에 있어 분명하다. 하나님의 궁극적인 목적이 애굽사람들을 멸망시키는 것은 아니었던 것이다. 성경이 반복해서 강조하고 있는 바와 같이, 하나님의 계획과 목적은 모든 나라들(열방)의 구원과 축복에로 향하여져 있는 것이다(창 12:3 참조).

이사야 19:16-25 역시 이와 동일한 신학적 소망을 가지고 있다. 이스라엘과 열방을 다루는 하나님의 계획과 목적에 대하여 이야기하면서 이사야는 이렇게 언급한다, "여호와께서 자기를 애굽에 알게 하시리니 그날에 애굽인이 여호와를 알고 제물과 예물을 그에게 드리고 경배할 것이요……. 여호와께서 애굽을 치실 것이라도 치시고는 고치실 것인 고로 그들이 여호와께로 돌아올 것이라 여호와께서 그 간구함을 들으시고 그를 고쳐 주시리라 그날에 애굽에서 앗수르로 통하는 대로가 있어 앗수르 사람은 애굽으로 가겠고 애굽 사람은 앗수르로 갈 것이며 애굽 사람이 앗수르 사람과 함께 경배하리라 그날에 이스라엘이 애굽과 앗수르로 더불어 셋이 세계 중에 복이 되리니 이는 만군의 여호와께서 복을 주어 가라사대 나의 백성 애굽이여 나의 손으로 지은 앗수르여 나의 산업 이스라엘이여 복이 있을지어다 하실 것임이니라"(사 19:21-25).

'표적들' 자체의 성격이 애굽사람들의 우주관(宇宙觀)과 역행하는 방향으로 나아간다고 보는 것은 상당히 가능한 시각이다. 애굽사람들의 종교적인 시각으로 볼 때 우주는 조화로운 전체로서 존재하는 것으로써, 각각의 부분들은 잘 균형잡힌 체계(well-balanced system)에 공헌하는 것이었다. 이것을 지칭하는 애굽 단어는 '마아트(ma'at)'였다. 이러한 균형(마아트)을 유지하는 것이 바로 지상에 성육신한 신으로서의 바로(Pharaoh)의 책임이었다. 그러므로 '재앙들'(표적들)의 목적은 바로가 언약의 하나님 야훼 앞에 무력한 존재임을 보여줌으로써 이러한 기본적인 개념을 깨뜨리는 것이었다(출 12:12).

그렇다면 재앙들을 통하여 우리가 보는 것은, 자신이 신적 존재이며 또한 우주를 통치한다고 하는 바로의 주장의 허구성을 폭로하는 것이다. 바로는 실제로 전혀 사실 무근의 헛된 명성을 차지하고 있었던 것이다. 그러므로 이러한 시각에 의할 때, 모세가 행한 표적들은 애굽사람들과 이스라엘 백성들에 대하여 바로의 그러한 거짓된 가면을 벗겨버리는 것이었다. 이러한 사건들을 기록함에 있어, 저자는 오직 야훼만에 참된 하나님이심을 보여주고자 의도한 것이다: "여호와께서 모세에게 이르시되 바로에게 들어가라 내가 그의 마음과 그 신하들의 마음을 완강케 함은 나의 표징을 그들 중에 보이기 위함이며 너로 내가 애굽에서 행한 일들 곧 내가 그 가운데서 행한 표징을 네 아들과 네 자손의 귀에 전하게 하려 함이라 너희가 나를 여호와인줄 알리라" (10:1-2). 궁극적으로 각각의 재앙들은 마지막 재앙으로 향하여 진다 - 장자를 죽이는 재앙. 바로의 장자는 제 2의 성육신한 신(second incarnate god)으로 생각되어졌다. 그러므로 그의 죽음은 애굽의 안정에 대한 보다 큰 위협을 의미하는 것이었다.

재앙의 목적에 대한 이러한 평가는 어느 정도 진리의 요소를 가지고 있을 것이다. 그러나 우리는 저자가 독자로 하여금 재앙의 목적을 이러한 방식으로 보도록 의도한 명시적인 증거를 아무데서도 찾을 수 없다는 사실을 기억해야만 한다. 본문 자체는 애굽의 마아트 개념에 대하여 아무런 언급도 하지 않는다. 또한 본문에는 저자가 자신의 독자들이 애굽종교의 신학(혹은 神觀)에 대하여 매우 익숙해 있다고 생각했음에 대한 아무런 암시도 나타나지 않는다. 저자는 재앙 사건들을 일차적으로 이스라엘 청중들에게 혹은 적어도 오경 자체의 신학의 관점에서 세계를 이해했던 자들에게 묘사하고 있는 것으로 보인다. 그러므로 이러한 일련의 재앙들은 언약의 하나님이요 우주의 하나님이 열방의 힘들(powers)보다 우월하다고 하는 일반적이지만 그러나 지극히 중요한 관점 이상을 의도할 필요가 없는 것이다. 그러한 힘들이 단순히 정치적이고 군사적인 힘이거나 혹은 마술적이며 '비밀스런 기술'에 의존하고 있는 힘이거나 간에.

2. 표적들(7:8-13)

모세와 아론이 바로에게 나아갔을 때, 그들에게는 그들의 사명의 진실성을 입증하기 위하여 바로 앞에서 행할 표적이 주어졌다. 아론은 바로 앞에 자신의 지팡이를 던졌고, 그러자 그것은 뱀이 되었다(보다 정확하게 말하면 악어, 10절). 설화는 이러한 행동을, 아론 편에서의 어떤 마술의 결과가 아니라 전적으로 하나님의 표적으로서 제시한다. 반면 우리는 바로의 마술가들 역시 그들의 '비밀스러운 기술'(secret arts)을 사용함으로써 그러한 표적을 반복할 수 있었음을 듣는다(11절).

이러한 설화는 마술이 고대인들의 세계에서 중요한 역할을 맡고 있었음을 보여준다. 이러한 차원에서 아론의 표적은 그들의 삶의 이러한 측면에 향하여진 것으로 보인다. 그러나 보다 중요하게 본 설화는, 모세가 행한 일이 애굽인들의 그것과 본질적으로 달랐다고 하는 사실을 독자들에게 분명하게 보여준다. 하나님께서 자신의 계획을 이루시기 위하여 모세를 통해 일하셨다. 비록 애굽의 마술사들이 그러한 표적을 재생시킬 수 있었다 할지라도, 주님은 그들의 뱀이 모세와 아론의 뱀에 의해 삼키움을 당했던 사실에서 자신의 권능을 보다 분명하게 드러내셨던 것이다(12절).[5)]

저자는 자신이 기록하고 있는 사건들을, 하나님께서 그것들이 이루어지기에 앞서 이미 알고 계셨음을 주의깊게 지적한다. 7:3에서 주님은 모세에게 이렇게 말씀하셨다. "내가 바로의 마음을 강퍅케하고 나의 표징과 나의 이적을 애굽땅에 많이 행하리라마는 바로가 너희를 듣지 아니할 터인즉……" 그리고 본 설화는 이렇게 결말지어진다. "그러나 바로의 마음이 강퍅하여 그들을 듣지 아니하니"(13a). 이어서 저자는 다음과 같이 덧붙인다. "여호와의 말씀과 같더라"(13b). 하나님께서 바로의 마음을 강퍅케하는 것에 대한 이러한 강조는 열가지 재앙이 시작됨에 있어서의 바로의 상태를 설명하기 위해 의도된 것이다. 하나님께서 첫번째 재앙을 보내시는 14절에서, 우리는 "바로의 마음이 완강했다"는 말씀을 듣게 된다.

---

5) K. A. Kitchen에 따를 때, 애굽 마술사들의 기술은 뱀에게 최면을 걸어 움직이지 못하는 경직상태로 만든 것이었다 ("Magic and Sorcery," *New Bible Dictionary*, ed, J. D. Douglas <Grand Rapids: Eerdmans, 1962>, 769).

이러한 서론적인 설화는 하나님께서 바로의 마음을 강퍅케한 것이 열 가지 재앙의 설화에서 결코 간과되지 않음을 확증한다. 전체 설화를 통하여 이스라엘 백성을 내어보내는 것에 대한 바로의 거절은 여호와께서 그의 마음을 강퍅케하신 것으로 소급된다. 다음의 반복어를 주목하라: "여호와의 말씀과 같더라" (13a, 22b; 8:15, 19 〈MT 11, 15〉; 9:12).

3. 첫 번째 재앙: 나일강이 피가 됨(7:14-25)

이 설화의 의미는 나일강의 물들이 실제로 피가 된 것이다. 본문의 이러한 명백한 의미와는 달리, 키친(Kitchen)은 단순히 나일강의 색깔이 마치 피처럼 붉은 색으로 변한 것을 의미하는 것이라고 생각한다 - 예컨대 달이 피로 변할 것이라고 말한 요엘 2:31(MT 3:4)처럼. 키친에 따르면 그것은 나일강에 '붉은 조수'(red tide)가 있었음을 의미한다. 그것은 나일 계곡의 범람에 의해 야기된 나일강의 오염을 뜻하는데, 상류로부터의 붉은 먼지들의 거대한 침전물과 아마도 엄청난 양의 미생물(편모충)들이 물의 색깔을 붉게 만들었다는 것이다.[6] 비록 그러한 붉은 조수들이 나일강에서 종종 발생한다 할지라도, 발생한 사건이 단순한 자연현상이라고 말 할 수는 없다. 설화의 요지는 언약의 하나님 야훼가 - 애굽의 왕 바로가 아니라 - 자연의 균형을 통제한다고 하는 것이다. 나일강이 붉게 변한 것은 아마도 애굽사람들에게 있어 새로운 것이 아니었을 것이다. 다만 그들에게 있어 새로운 것은 바로가 아닌 야훼가 그것을 붉게 바꿀 수 있었다는 사실이다.

그러나 그 재앙에 대한 계속되는 설명은 나일강에 단순한 '붉은 조수' 이상의 어떤 것이 개입되었음을 나타내준다. 왜냐하면 단지 나일강 뿐만 아니라 애굽의 모든 물 근원이(모든 연못과 물동이까지 포함하여) 감염되었기 때문이다. 이것은 설화가 애굽

6) K. A. Kitchen, "Plagues of Egypt," *New Bible Dictionary*, ed. J. D. Douglas (Grand Rapids: Eerdmans, 1962), 1002.

사람들의 물이 실제로 피가 되었음을 가르치고자 의도했음을 보여준다. 이 본문을 은유적인 것으로 설명하기 위해 요엘 2:23(MT 3:4)에 호소하는 것은, 요엘서의 그 구절이 시(詩)이며 따라서 그것이 이미지로써 이해되어야 하는 반면 출애굽기 본문의 구절은 설화(說話, narrative)이며 그렇기 때문에 사실적으로(realistically) 읽혀져야만 한다는 사실을 간과하는 것이다.

그러나 기묘하게도 애굽의 마술사들도 역시 그 표적을 반복할 수 있었는데(22절), 이러한 사실은 애굽의 '모든 물'이 감염된 것이었던 것은 아니었음을 보여준다. 성경 설화들의 일상적인 어법이 종종 그러한 것처럼, '모든'(all)의 의미는 인접한 문맥에 의해 제한될 수 있다. 어쨌든 애굽의 마술사들이 그 표적을 흉내내는 일을 행한 후에 애굽에는 마실 수 있는 '신선한 물'이 없었다(24절). 결국 애굽사람들은 마실 물을 얻기 위해 나일강 둑을 팔 수 밖에 없었다(24절).

4. 두 번째 재앙: 개구리(8:1-15 〈MT 7:26-8:11〉)

자연계의 대부분의 생물들에게 대하여 그러했던 것처럼, 고대 애굽인들은 개구리를 숭배하였다. 그들은 개구리가 생명의 호흡을 주는 것으로 믿었고, 그렇기 때문에 그것은 생명의 상징이 되었다. 하나님의 말씀에 따라 개구리들이 온 애굽사람들을 뒤덮었고, 그럼으로써 바로는 모세에게 그것들을 제거해 달라고 간청하지 않을 수 없었다. 다음 날 모세의 기도에 대한 응답으로 그 땅에 있는 모든 개구리들이 죽었다. 바로는 이 재앙으로 말미암아 모세의 요청을 수락할 표징을 보였다(8:8 〈MT 4〉). 그러나 이 재앙이 지나가자 바로는 자신의 마음을 바꾸었다. 본문은 여기에서 다시 한번 그의 마음의 강퍅함이 "여호와의 말씀대로" 된 것이라는 사실을 지적한다(15절 〈MT 11〉).

5. 세 번째 재앙: 이(8:16-19 〈MT 12-15〉)

본 재앙의 중요성은 애굽사람들이 그것을 따라 할 수 없었다는 사실에 놓여있다. 그들이 본 재앙을 재생하는 일에 실패하자, 마술사들은 '이것은 하나님의 손가락'(this is the finger of God)이라고 결론짓는다. "하나님이 이 표적을 참으로 행하고 계시다, 이것은 우리들이 행한 것과 같은 속임수(trick)가 아니다(8:19 〈MT 15〉)." 여기에서 우리는 애굽 마술사들이 앞의 표적들에서 속임수를 사용했다는 사실을 알게 된다. 이러한 마술사들의 고백은 이러한 사건들을 이야기하는 저자의 실제적인 목적을 이해하는데 매우 중요한 역할을 한다.

6. 네 번째 재앙: 파리떼(8:20-32 〈MT 16-28〉)

본 재앙에서 또 하나의 새로운 요소가 도입되는데, 그것은 오직 애굽사람들만 파리떼를 만나고 이스라엘 백성들은 그것으로부터 분리되었다고 하는 사실이다(22절 〈MT 18〉). 히브리어 본문에서 이것은 이스라엘 백성을 위한 '구원'(delivernce)으로 불린다(NIV 난외 주를 참조하라). 이것은 이사야 50:2의 용례와 동일한 것이다: "내 손이 어찌 짧아 구원(한글 개역성경에서는 '구속'으로 되어 있다 - 역자주)하지 못하겠느냐?"

다시금 바로는 그 백성으로 하여금 하나님을 경배하도록 내어보내라는 요청에 굴복할 준비가 되어 있는 것으로 나타난다. 그러나 그는 제한을 가하기를, "그 땅을 떠나지 말고 그렇게 하라"고 한다(출 8:25 〈MT 21〉). 이에 대하여 모세가 반론을 제기하자, 그는 자신이 의도한 한계를 분명히 하지 않은 채 조금 더 양보하였다: "너무 멀리는 가지 말라"(28절 〈MT 24〉). 비록 모세가 이미 바로의 변심을 예상했다 할지라도(29절 〈MT 25〉), 그럼에도 불구하고 그는 파리떼가 제거될 것을 위해 기도하였다(30-31 〈MT 26-27〉). 예상했던 것처럼 바로는 자신의 마음을 강퍅하게 하였다. 여기에서 7:3의 언급(바로가 마음을 강퍅케할 것에 대한 하나님의 예언)이 다시금 반복되지는 않는다 할지라도, 그 내용은 이미 충분하게 내재해 있는 것이다.

7. 다섯 번째 재앙: 생축 위에 임한 악질(9:1-7)

바로에게 대한 모세의 말은 사실로 입증되었다. 애굽의 모든 생축이 병으로 죽은 반면, 이스라엘의 생축은 한마리도 영향받지 않았다. 바로는 이번에는 모세를 부르지 않았다. 그는 또다시 마음을 강팍하게 하였고 이스라엘 백성들을 가도록 허락하지 않았다.

8. 여섯 번째 재앙: 애굽사람들에게 임한 독종(9:8-12)

여섯 번째 재앙의 보도는, 바로의 마음을 강팍케하겠다는 하나님의 약속으로 마무리되는 앞의 재앙들의 패턴을 다시금 회복시킨다(7:3 참조). 더욱이 저자는 "여호와께서 바로의 마음을 강팍케했다"(9:12)고 분명하게 진술한다. 그럼에도 불구하고 본 재앙 가운데 나타난 모세의 행동의 성격은 매우 특이하였다. 그는 그것이 모든 애굽사람들에게 독종(종기)이 되도록 공중에 재를 뿌려야만 하였다.

본 재앙 이야기에서 우리는 마술사들이 여전히 모세의 표적들에 대항하여 열심이었음을 본다. 그러나 여기에서 그들의 사역과 관련하여 새로운 전환점이 세워진다. 이제 그들의 문제는 더 이상 모세의 표적을 재생시킬 수 없다는 사실이 아니었다. 오히려 그들은 '독종들 때문에 모세 앞에 설 수 없었다.' 이것은 분명히 독종 재앙이 - 앞의 재앙들과 마찬가지로 - 여기에서 모세와 아론으로 대표되는 이스라엘 백성들에게 아무런 영향도 미치지 않았음을 보여주고자 의도된 것이다. 또한 그것은 모세와 아론의 사역을 방해하고자 했던 마술사들의 궁극적인 실패에 대한 완전한 그림인 것이다. 마술사들은 모세와 아론의 사역 앞에서 스스로 침상에 누워 끙끙 앓을 뿐 아무런 일도 할 수 없었던 것이다.

9. 일곱 번째 재앙: 우박(9:13-35)

우박 재앙의 결과는 애굽의 농작물과 생축들, 곧 '들에 남은 모든 것'(25절)을 파멸시키는 것이었다. 다시 한번 이스라엘 백성들은 고센 땅에서 안전하였다(26절).

본 재앙에서 언급된 바로에 대한 하나님의 말씀은 지금까지 펼쳐지고 발전된 재앙의 목적을 크게 확장시킨다. 지금까지 재앙의 목적은 다음과 같이 일반적으로 묘사되어 왔다: "애굽사람들로 하여금 내가 여호와인 줄 알도록 하기 위하여"(7:5). 이제 그 목적은 "너희<바로와 애굽사람들>로 온 천하에 나와 같은 자가 없음을 알게 하는 것"(9:14) - 첫째 계명의 의미와 밀접한 개념 - 과 "내 이름이 온 천하에 전파되는 것"(9:16) - 셋째 계명(너는 너의 하나님 여호와의 이름을 망령되이 일컫지 말라)과 닮은 개념 - 으로 확장된다. 이와 같이 본 설화는 계명들을 '출애굽기에 나타난 하나님의 역사적 행동들'에 근거시키는 것으로 나타난다.

10. 여덟 번째 재앙: 메뚜기(10:1-20)

여덟 번째 재앙은 재앙의 목적에 대하여 새로운 요소를 도입한다. 앞에서 처럼 하나님은 바로의 마음을 강퍅케하심으로써 표적을 행하신다. 그러나 이번에는 애굽과 바로를 위한 것이 아니다. 그것은 오히려 이스라엘 백성들과 그들의 자손들을 위한 것이다. "내가 너로 애굽에서 행한 일들 곧 내가 그 가운데서 행한 표징을 네 아들과 네 자손의 귀에 전하게 하려 함이라 너희가 나를 여호와인줄 알리라"(10:2).

본 설화는 바로의 매우 변덕스러운 모습을 제시한다. 처음에 바로는 모든 재물과 가족을 데리고 그 땅을 떠나겠다는 이스라엘 백성들의 요청에 동의하는 것으로 나타났다(8-10절). 그는 모세에게 문자적으로 이렇게 말했다, "내가 너희와 너희 자녀들을 보냄과 같이 여호와께서 너희와 함께 있을지로다 보라 너희 앞에 악이 있느니라"(May the LORD thus be with you as I send your and your children. See, there is evil before you. 10절). 그러나 그리고 나서 즉시로 바로의 의도는 이스라엘 백성들의 가족들을 남겨두고 오직 남자들만을 보내고자 한 것이었음이 분명하게 나타난다(11절). 이로써 모세와 아론은 바로의 면전에서 쫓겨나고 메뚜기 재앙이 애굽사람들에게 내려오게 된다.

몇몇 역본들은 바로의 말을 마치 그가 빈정거리는 투로 이야기하고 있었던 것으로 번역한다: "만일 내가 너희와 너희 자녀들을 보낸다면(너희가 요구하는 대로) 여호와께서 너희와 함께 계실지로다" (May the LORD be with you, if I were to send away you and your children). 이것이 맞을런지도 모른다. 그러나 본문을 이렇게 읽을 수 있는 근거가 다소 빈약하다. 망설임과 혼란 가운데 빠져있는 바로의 모습이 재앙 설화들의 결말부에 잘 나타나는데, 이것은 모세와 아론이 그의 신경을 건드리기 시작하고 있었음을 보여주는 것이다.

11. 아홉 번째 재앙: 암흑(10:21-29)

아홉 번째 재앙에는 마지막의 개념이 몇 가지로 나타난다. 첫째로 바로는 마지막 책략을 제시한다: '여자들과 아이들은 갈 수 있지만 짐승들은 안된다.' 모세는 이것을 받아들일 수 없었다. 왜냐하면 짐승들은 제물로써 필요하였기 때문이다. 둘째로 암흑(흑암)은 재앙의 종결(마지막)을 알리는 것이었다. 세상이 전적인 암흑(창 1:2)에서 시작했던 것처럼, 이제 애굽땅은 그러한 상태로 돌아갔다. 이와 같이 아홉번째 재앙에는 최종성의 개념이 나타나고 있는 것이다. 셋째로 바로는 모세와 아론에게 다시는 자신에게 돌아오지 말 것을 경고한다. 표적을 위한 미래의 모든 기회들은 이제 제거되었다.

그러나 아직 '또 하나의 재앙'이 남아있다. 모세에게 대한 바로 자신의 말이 그 재앙에 암시의 빛을 던진다. 모세에 대한 마지막 양보로써 그는 "너희 어린 것은 너희와 함께 갈지니라" (출 10:24)라고 말한다. 이러한 그의 말 속에 쓰디쓴 아이러니가 들어있을 줄은 그 자신도 전혀 알지 못했다. 그러나 독자는 그의 말이 가지고 있는 의미를 잘 안다. 이스라엘의 자녀들은 자유롭게 나갈 것이다. 그러나 "애굽의 모든 장자는 죽을 것이다" (11:5). 바로에게 다시는 돌아오지 말라는 경고를 받은 사실에도 불구하고, 모세와 아론은 애굽사람들에게 마지막 경고를 발하기 위해 돌아와야만 하였다(11:4-8 참조). 모세가 "내가 다시는 당신의 얼굴을 보지 아니하리이다" (10:29) 라고 말했을 때, 그는 자신이 다시금 바로에게 말할 때는 여전히 암흑일 것이라고 생각했을런지 모른다(삼일 후, 23절). 이러한 모세의 말에 대한 전통적인 설명은, 마지막 재앙의 선언이 '아홉째 재앙과 동시에' 말하여졌다는 것이다.[7]

여덟 번째 재앙과 아홉 번째 재앙으로써 설화는 바로가 모든 합리적인 한계를 뛰어넘어 모세의 요청에 저항하고 있었음을 보여준다. 심지어 그의 신하들조차도 그에게 탄원하고 있는 것으로 나타난다, "왕은 아직도 애굽이 망한 줄을 알지 못하시나이까?" (10:7). 그러나 바로는 여전히 고집을 꺾지 아니하였는데, 그것은 - 설화가 강조하고 있는 바와 같이 - 여호와께서 그의 마음을 강퍅케하셨기 때문이다. 왕이 저항하면 할수록 설화의 메시지는 그만큼 더 강렬해지는 것이다. 재앙들은 하나님의 힘(power)을 보여주기 위한 표적들이었다. 바로가 저항하면 할수록 그만큼 더 이러한 '표적들'은 그 의미를 분명하게 드러내었던 것이다.

12. 마지막 재앙(11:1-12:36)

a. 장자의 죽음*(11:1-10)*

마지막 재앙은 개인적으로나 혹은 신학적으로나 가장 격렬한 것이었음을 우리는 쉽게 알 수 있다. 그것은 장자를 잃은 애굽의 가정들에게만 강력한 타격을 가한 것이 아니라, 또한 애굽사람들의 왕위 계승 사상에 대하여서도 역시 강력한 타격을 가하였

---

7) *Rashi's Commentry on the Torah* (Hebrew) (Jerusalem: Mossad Harav Kook, 1988), 202; Keil, *Pentateuch*, 1:499 를 보라.

다. 고대 애굽인들은 왕의 장자를 신으로 간주하였다. 출애굽 당시의 바로의 왕위를 계승한 자, 곧 투트모스 Ⅳ세가 장자가 아니었다는 사실은 매우 흥미로운 일이다. 그의 비문 가운데 그는 어떻게 신들에 의해 자신의 왕위가 약속되었는지를 설명한다. 그 비문은 설명하기를, 투트모스는 "그의 아버지의 상속자가 명백히 아니었다. 그러나 그는 이를테면 형의 죽음과 같은 예기치 못한 운명의 전환으로 보좌를 얻었다."[8)]

그러나 성경 설화의 문맥 속에서 우리는 마지막 재앙이 이스라엘을 다루시는 하나님에 그 초점이 맞추어져 있음을 볼 수 있다. 마지막 재앙은 이스라엘 백성들에게 있어 유월절(출 12장)과 무교절(출 13장)의 절기 가운데 기념되었다. 나아가서 하나님이 자신을 위하여 '장자'(firstborn, 초태생)를 요구하시고 또 이스라엘의 장자를 대신하여 레위지파의 제사장직을 세우실 수 있었던 것도 바로 마지막 재앙에 근거해서였던 것이다(출 13:1-2; 민 3:13, 41).

이와 마찬가지로 저자가 죄와 죽음으로부터의 구속의 개념을 분명하고도 정확한 방식으로 출애굽의 설화 가운데 도입시킬 수 있는 것도 이러한 마지막 재앙의 설명을 통하여서인 것이다. 노예상태로부터의 구원과 애굽으로부터의 구출의 개념이 출애굽기의 초기 장들(early chapters)을 통하여 명백하게 나타난다. 그러나 죽음으로부터의 구속과 구원의 개념은 마지막 재앙의 특별한 공헌인 것이다. 그러므로 유월절 기념잔치는 노예상태와 억압으로부터 하나님이 이스라엘을 구원한 것 이상을 기념하는 것이었다. 그것은 또한 유월절 안으로 들어가지 않았던 사람들에게 보내어졌던 '죽음의 천사'로부터의 구원을 기념하는 것이었던 것이다.

이와 같이 마지막 재앙을 통하여 저자는 출애굽의 설화들을 오경의 보다 큰 틀과 특별히 창세기의 초기 장들(early chapters of

---

8) William C. Hayes, in *Cambridge Ancient History*, 3d ed. (Cambridge: Cambridge Univ. Press, 1973), 2/1:321.

Genesis)의 틀 속으로 끌고 갈 수 있게 된 것이다. 죽음의 심판의 한가운데에서, 하나님은 약속의 씨를 위하여 구원의 길을 준비하셨다(창 3:15). 에녹(5:22-24), 노아(6:9), 그리고 롯(19:16-19)처럼, 하나님의 길을 걸어가는 사람들은 죽음과 멸망으로부터 구원받을 것이다.[9)]

b. 유월절*(12:1-36; 민 9장 참조)*

우리는 유월절을 묘사하는 성경 본문들을 대함에 있어 상당한 주의를 기울일 필요가 있다. 그것은 설화(narrative)와 교훈(instruction)이 혼합된 것이다. 저자가 출애굽의 사건들을 설명함과 동시에, 그는 또한 이후의 세대들이 어떻게 유월절 사건을 기념할 것인지에 관한 교훈들을 삽입시킨다. 이스라엘 백성들은 애굽을 떠나기에 앞서 첫번째 유월절을 기념하였다. 그러므로 그들은 자신들과 관련된 부분의 교훈들을 알 필요가 있었다. 그러나 이 구절 가운데 포함된 유월절 잔치의 부가적인 특성들은 나중 세대들을 위하여 여기에 특별하게 기록된다.

> **명령 #153.** 출 12:2. **하나님을 예배하기 위하여 그 해의 달들을 성별하고 계산하라: "이 달로 너희에게 달의 시작 곧 해의 첫 달이 되게 하고"**

(1) 사건들의 연대기

출애굽은 아빕월에 일어났는데(13:4), 그 달은 후에 니산월로 불렀다(느 2:1). 이 달은 오늘날의 3월\4월에 해당된다. 출애굽기 23:16에 따를 때, 달력의 해(calendar year)는 통상적으로 일곱 달 이전의 티스리월(9월\10월)에 시작되었다.[10)] 그러나 출애

9) 이러한 각 설화들은 오경에서 " חן "('은혜' 혹은 '호의')이란 핵심적인 단어에 의해 연결된다: 창 6:8, חן 과 נח (노아); 5:22-24, חנוך(에녹); 그리고 19:19 חן .

10) 초기 전승에 따를 때, 세상은 티스리월에 창조되었고 그럼으로써 그 달이 해의 첫번째 달로 간주되었다. 따라서 유명한 웃서(James Usser)의 연대기에 따를 때, 창세기의 천지창조는 주전 4,004년 10월 23일로 계산된다 (*Annales Veteris Testamenti* <London, 1650>, 1).

굽 후 유월절의 달(아빕월)이 새로운 달력의 첫번째 달이 되었다(민 29:1에 대한 해석을 참조하라).

아빕월 제 10일에 각 가정은 한 마리의 어린 양을 희생제물로 택하였다. 그리고 그것은 4일 동안 지켜져야만 하였다. 본문은 어째서 그 짐승이 그 달의 제 10일에서 14일까지 지켜져야 하는지에 대한 이유를 제공해 주지 않는다. 이 문제에 답변하기 위하여 전통적으로 여러가지 제안들이 제시되었다 할지라도, 그것들 가운데 본래적으로 신뢰할 만한 것은 아무것도 없다. 종종, 어린 양들은 마지막 순간의 혼잡과 애굽을 떠남에 있어서의 최종 준비의 번잡함을 피하기 위하여 며칠 일찍 택하여진 것이라고 설명되기도 한다. 혹은 그것은 그 동물의 '흠없음'(without blemish)을 확인하기 위한 충분한 시간을 주기 위함이었다고도 설명된다. 또는 그것은 출애굽에 나타난 하나님의 구원과 은혜에 대하여 묵상할 시간을 갖기 위한 것이라고 설명되기도 한다.[11] 그런가 하면 아홉 번째 재앙, 곧 삼일간의 암흑과 연결된 견해도 있다(출 10:22). 그 동물을 제 10일 택함으로써 암흑의 삼일간(열한 번째, 열두 번째, 열세 번째 날)은 피하여져야만 하였다는 것이다. 그러므로 열네 번째 날은 빛이 있게 된 다음날이 될 것이다. 어린 양은 암흑의 시간 동안 택하여져서는 안되었던 것이다.

어린 양은 아빕월 제 14일 '해질 무렵에' 죽임을 당하고 사람들은 그것을 먹었다. 해질 무렵이 그 날의 끝을 가리켰기 때문에, 주께서 애굽의 장자들을 치시고(한밤중에, 출 12:29) 애굽사람들이 이스라엘 백성을 그 땅에서 내어보낸 것은 아빕월 제 15일이 될 것이다(민 33:3).[12] 그들은 라암세스로부터 출발하여 가나안 땅에 이르는 가장 가까운 길을 택하는 대신에 숙곳(12:37)과 에담(13:20)을 거쳐 시내 산으로 향하였다(14:2).

이 사건에 대한 미래의 기념잔치에서, 무교절은 출애굽의 날과 동일한 날, 곧 아빕월 제 15일에 시작될 것이다(12:17; 레

11) Paul Fagius, *Critici Sacri*, 1:202를 보라.

12) Rashi, ad loc.를 보라.

23:6; 민 28:17; 33:3). 이것은 또 아빕월 제 14일의 '저녁'으로도 간주될 것인데(출 12:18), 그것은 제 14일 해질 무렵에 기념되었던 유월절에 뒤이은 것이었기 때문이다. 이와 같이 무교절 잔치는 아빕월 15일부터 그 달 21일까지 계속되었다(12:18).

(2) 유월절의 의미

유월절 축제(잔치)는 이스라엘 국가의 탄생을 기념하기 위하여 거행되었다. 이것이 새로운 시작을 의미하는 것이었다는 사실은, 이 사건을 일년의 첫 사건으로 규정한 새로운 달력의 출범에서 보여질 수 있다. 유월절 축제는 또한 이스라엘로 하여금 주님의 구원, 곧 그가 그들의 집을 '넘어감으로써' 그들의 장자를 구원한 사실을 일깨워 주기 위하여 의도되었다(12:13, 27). 음식과 함께 먹었던 쓴 나물은 이스라엘로 하여금 애굽의 굴레에서의 고통스러웠던 시절을 일깨워주기 위한 것이었으며,[13] 부풀려지지 않는 빵은 그들로 하여금 하나님의 재빠른 구원을 일깨워주기 위한 것이었다(33-34절). 그들은 자신들의 빵 반죽이 적당하게 부풀려지기도 전에 급하게 애굽을 떠났던 것이다(39절).

후대의 성경 기록자들은 우리로 하여금 성경의 핵심적인 사건들이 유월절을 기념하는 기간 동안 일어났음을 주의깊게 일깨워준다.[14] 예를 들어, 여호수아는 바로 유월절 축제 기간 동안 이스라엘을 이끌고 요단강을 건너 약속의 땅으로 인도하였다(수 4:19). 또한 유월절 축제를 예비할 때에, 예수님은 다음과 같이 소리치는 큰 무리의 백성들 사이로 예루살렘에 입성하였다: "호산나 찬송하리로다 주의 이름으로 오시는 이여" (요 12:1, 12). 유대인들은 유월절이 위대한 주님의 구원의 날을 기념하는 것이기 때문에, 메시야가 하나님의 백성들을 구원하기 위해 오실 날이 또한 그날일 것이라는 전승(전통, tradition)을 가지고 있다.[15]

13) Fagius, *Critici Sacri*, 1:203을 보라.

14) 아브라함이 가나안을 떠난 것(창 12장)이나 야곱이 애굽을 향해 출발한 것(창 46장) 그리고 이삭의 탄생(창 21장) 등과 같은 과거의 중요한 사건들을 유월절과 연결시키려는 시도가 있어왔다.

그리고 복음서들은 일제히 그러한 기대를 성취시킨 자로서의 예수를 보여준다.

그는 유월절 잔치가 벌어지고 있는 동안 죽임을 당한 하나님의 어린 양이다(요 18:28). 바울에 따르면, "우리의 유월절 양 곧 그리스도께서 회생이 되셨느니라 이러므로 우리가 명절을 지키되 묵은 누룩도 말고 괴악하고 악독한 누룩도 말고 오직 순전함과 진실함의 누룩없는 떡으로 하자"(고전 5:7-8). 베드로에게 있어, 그리스도는 '창세 전에 택하여진 흠 없고 점 없는 어린 양'이다(벧전 1:19-20).

"하루가 천년 같다"고 한 베드로의 셈(벧후 3:8)은 매우 의미있는 것일런지 모른다. 만일 베드로가 성경의 전통적인 연대기, 곧 그리스도가 창조 후 4,000년에 올 것이라고 계산한 연대기 안에서 활동하였다면, '창세 전에 택하여진' 어린 양이라고 하는 그의 그리스도관은 유월절 나흘 전에 택하여진 어린 양의 요구에 맞아 떨어진다. 성경의 마지막에 있는 요한 계시록에서, 유월절 어린 양인 그리스도는 하늘과 땅의 미래 구속에 대한 요한의 이상의 중심에 서 있다. 그때 하늘과 땅에 있는 모든 생물(피조물)들이 이렇게 노래할 것이다. "죽임을 당하신 어린 양이 능력과 부와 지혜와 힘과 존귀와 영광과 찬송을 받으시기에 합당하도다"(계 5:12).

성경에는 일곱 번의 유명한 유월절들이 기록되어 있다. 첫번째 것은 이스라엘이 애굽에서 지킨 것이다. 두번째는 그들이 광야에서 지킨 것으로서 민수기 9장에 기록된 것이다. 세번째는 여호수아 5:10에 기록되어 있는 것으로써, 그가 이스라엘 백성들을 새롭게 가나안 땅으로 데리고 들어갔을 때에 이스라엘과 더불어 지킨 것이다. 네번째는 역대하 30장에 기록된 것으로, 히스기야 왕에 의한 이스라엘의 개혁 가운데 지킨 것이다. 다섯번째는 역대하 35장에 기록된 요시야 왕 하에서 지켜진 것이고, 여섯번째는 에스라 6:

15) Fagius, *Critici Sacri*, 1:203 을 보라.

19에 기록된 것으로서 이스라엘이 바벨론 포로에서 돌아와 지킨 것이다. 그리고 일곱번째는 우리 주님 예수께서 그토록 열망하셨던 것으로 그 고난 받기에 앞서 제자들과 함께 잡수신 것이다(눅 22:15 등). 그리고 이로써 합법적인 유월절은 끝나게 되었고, 주의 만찬 곧 우리를 위해 희생을 당하신 우리의 유월절 양 그리스도를 기념하는 잔치가 그 자리를 대신하게 되었다.[16]

(3) 유월절과 관련된 명령들

명령 #55. 출 12:6. 사람들은 니산월 제 14일에 유월절 어린 양을 잡아야 한다: "이 달 십사일까지 간직하였다가 해질 때에 이스라엘 회중이 그 양을 잡고."

명령 #56. 출 12:8. 사람들은 니산월 제 15일 밤에 불에 구운 유월절 어린 양을, 예컨대 한 집에서, 무교병 및 쓴 나물과 함께 등 몇 가지 지침을 따라 먹어야 한다: "그 밤에 그 고기를 불에 구워 무교병과 쓴 나물과 아울러 먹되."

명령 #156. 출 12:15. 모든 누룩을 제거하라(니산월 제 14일에): "그 첫날에 누룩을 너희 집에서 제하라."

명령 #159. 출 12:16. 유월절의 첫째 날에 쉬어라: "너희에게 첫날에도 성회요..."

명령 #160. 출 12:16. 유월절의 일곱째 날에 쉬어라: "제 칠일에도 성회가 되리니...."

명령 #158. 출 12:18. 니산월 제 15일 밤에 무교병을 먹으라: "저녁에 너희는 무교병을 먹을 것이요."

유월절과 관련된 금지들

금지 #125. 출 12:9. 사람들은 유월절 어린 양을 날 것으로나 혹은 삶아서 먹어서는 안된다: "날로나 물에 삶아서 먹지 말고 그 머리와 정강이와 내장을 다 불에 구워 먹고...."

금지 #117. 출 12:10. 유월절 어린 양의 고기는 아침까지 남겨서는 안된다: "아침까지 남겨두지 말며...."

---

16) Henry Ainsworth, *Annotations upon the Five Books of Moses* (London: M. Parsons, 1639), 40.

금지 #323. 출 12:16. 사람들은 유월절 첫날에 일하지 말아야 한다: "너희에게 첫날에도 …… 아무 일도 하지 말고."

금지 #324. 출 12:16. 사람들은 유월절 일곱째날에 일하지 말아야 한다: "제 칠일에도 …… 아무 일도 하지 말고."

금지 #201. 출 12:19. 유월절을 기념하는 동안 집에 어떠한 누룩도 없어야 한다: "칠일 동안은 누룩을 너희 집에 있지 않게 하라."

금지 #198. 출 12:20. 유월절 날에는 누룩이 든 음식은 어떤 것이든 먹어서는 안된다. "너희는 아무 유교물이든 먹지 말고."

금지 #128. 출 12:43. 이방인에게 유월절 먹는 것이 허용되어서는 안된다: "이방 사람은 먹지 못할 것이나...."

금지 #126. 출 12:45. 거류인에게 유월절 먹는 것이 허용되어서는 안된다: "거류인과 타국 품꾼은 먹지 못하리라."

금지 #121. 출 12:46. 사람들은 유월절 어린 양의 뼈를 꺾어서는 안된다: "뼈도 꺾지 말지며 ...."

금지 #123. 출 12:46. 사람들은 유월절 어린 양의 고기를 먹던 집 밖으로 옮겨서는 안된다: "그 고기를 조금도 집 밖으로 내지 말며 ..."

금지 #127. 출 12:48. 할례받지 못한 사람은 유월절을 먹는 것이 허락되어서는 안된다: "너희와 함께 거하는 타국인이 여호와의 유월절을 지키고자 하거든 그 모든 남자는 할례를 받은 후에야 가까이하여 지킬지니 곧 그는 본토인과 같이 될 것이나 할례받지 못한 자는 먹지 못할 것이니라."

금지 #197. 출 13:3. 사람들은 유월절 날에 누룩을 먹어서는 안된다: "너희는 애굽에서 곧 종되었던 집에서 나온 그날을 기념하여 유교병을 먹지 말라."

금지 #200. 출 13:7. 유월절을 기념하는 동안 어떠한 누룩도 눈에 띄어서는 안된다: "유교병을 너희 곳에 있게 하지 말며 네 지경 안에서 누룩을 네게 보이지도 말게 하며 ...."

(4) 첫번째 유월절과 무교절을 기념하는 지침들(12:1-20)

(a) 유월절과 관련한 지침들*(12:1-13)*

출애굽 전야에 모세와 이스라엘에게 준 지침들은 미래의 모든 세대들이 유월절을 기념함에 있어 따라야 할 지침들을 제공하는 것이었다. 그리고 오로지 미래의 세대들에게만 적용되는 세부적인 조항들이 첫번째 유월절이 기념된 이후인 본 장 후반부(43-51절)에 기록되어 있다(28절).

비록 후대의 전승들이 유월절을 기념함에 있어 많은 것을 덧붙였다 할지라도, 여기에서 주어진 지침들은 매우 단순한 것이었다. 흠없는 일년된 수컷 어린 양이 죽임을 당하고 그 피가 문설주에 뿌려진다. 그리고 그 고기가 적당하게 불에 구워졌을 때, 사람들은 그것을 부풀지 않은 빵과 쓴 나물과 함께 먹었다. 먹고 남은 것은 아침까지 불에 태워져야만 했다. 이러한 식사는 여행을 위하여 떠날 준비를 갖춘 채 이루어져야만 했다. (후대의 유월절 기념과 관련한 지침들을 위하여는, 12:43-49과 그에 대한 주석을 참조하라.)

유대 전승에 따를 때, 여기에서 주어진 몇 가지 지침들은 오직 애굽에서의 첫번째 유월절 만을 위하여 의도된 것이었을 뿐 이후에는 실행되지 않았다고 한다. 그런 것들로는 다음과 같은 것들이 있다. (1) 제 10일에 어린 양을 취하는 것; (2) 피를 문설주에 바르는 것; (3) 급하게 식사를 하는 것. 마이모니데스(Maimonides)에 따르면, "이러한 것들은 오직 애굽땅에 있었던 사람들만을 위한 것이었을 뿐 후대의 세대들에게는 요구되지 않는다."[17] 이것은 오경에 나와 있는 이후의 유월절 기념에 대한 묘사에 어째서 이러한 요소들이 빠져있는지에 대한 이유를 설명해 준다(레 23:5; 민 2-5장; 28:16-17; 신 16:1-8). 이것은 또한 신약에서 그리스도와 제자들이 어째서 유월절을 손에 지팡이를 잡고서 급하게 먹지 않고 '의자에 기대어' 먹었는가 하는 데에 대한 이유를 설명해 준다(눅 22:14).[18]

한편 본문에 따를 때 각각의 어린 양들은 그것을 먹는 집에서 잡아야 하는 것으로 나타난다. 그러나 모세 율법 하에서, 성막

---

17) Maimonides, *Qorbenot*, 10.15.

18) Ainsworth, *Annotations*, 40.

에서의 제사장직과 무관하게 희생제물이 드려지는 것은 금지되어 있다(레 17:1-6). 그러므로 신명기 16:5-6은 분명하게 언급하기를, 유월절 어린 양은 각각의 가정에서 잡은 것이 아니라 오히려 모든 회중이 모인 장소에서 잡은 것이라고 한다. 마찬가지로 후대의 성경 본문에서 우리는 유월절이 성전에서 기념되었다는 사실을 발견한다. 각각의 어린 양들은 제사장들에게 이끌려 가서 제단에서 죽임을 당하고(대하 35:1-11), 그리고 나서 유월절을 기념하기 위해 가정으로 옮겨졌다. 이러한 관습은 신약 시대에도 역시 그대로 행하여졌다(눅 22:1-38).

주후 70년 두 번째 성전이 무너짐과 함께, 유월절을 위한 성경의 지침들은 더 이상 수행될 수 없게 되었다. 왜냐하면 그러한 지침들은 예루살렘에서의 성전예배를 전제로 하는 것이었기 때문이다. 그럼으로 이제 무교절 축제가 유월절 밤을 기념함에 있어서의 주요한 방편이 되게 되었다(출 13:3-7을 보라).

(b) 무교절 축제*(12:14-20)*

유월절의 밤은 무교절 축제(the Feast of Unleavened Bread: 부풀리지 않은 빵의 축제)로서 모든 세대를 통하여 기억되어야만 하였다. 무교절 축제와 관련된 지침들은 첫번째 유월절의 밤에 지켜져야 하는 것으로서 주어진 것이 아니라, 다만 이 축제가 후에 유월절을 기념함에 있어 중요한 역할을 맡게 될 것이기 때문에 여기의 본문 속에 포함된 것임이 거의 분명하다. 왜냐하면 이스라엘 백성들이 출애굽의 날에 총회로 모인 것으로 보이지도 않을 뿐만 아니라, 또한 그들이 본문의 지침들을 행한 것도 아니었기 때문이다.

유월절이 그러했던 것처럼 무교절의 지침들 역시 매우 단순하다. 아빕월 제 14일의 어두움 이후로부터 시작하여(유대인의 하루는 저녁 때로부터 시작하기 때문에 그것은 사실상 아빕월 제 15일이다), 그들은 칠일 동안 누룩없는 음식을 먹으며 살아야 한다. 첫째 날(아빕월 제 15일)과 일곱째 날(아빕월 제 21일)은 특별한 날로써, 그들은 모든 불필요한 일을 중지하고 거룩한 총회로 모여야 한다. 이와 유사한 일련의 지침들이 13:3-7에 제시되어 있는데(23:15 참조), 이러한 지침들은 유월절 식사의 몇 가지 특징들을 무교절 축제의 몇 가지 특징들과 결합시킨다.

(5) 이스라엘이 이러한 지침들을 실행함(12:21-28)

(a) 문설주에 피를 바름(12:21-23)

이스라엘 백성들은, '그 멸하는 자'를 피할 수 있는 유일한 길이 어린 양의 피를 자신들의 집 문설주에 바르는 것이라는 가르침을 받았다. 비록 본문이 명백하게 밝히고 있지는 않다 할지라도 모세오경의 전체적인 주장(앞의 서론을 참조하라)은 하나님의 말씀에 대한 순종이야말로 그분에 대한 믿음과 신뢰의 증거임을 제시한다. 신약 또한 본문을 이러한 방식으로 읽는다: "믿음으로 그〈모세〉는 유월절과 피 뿌리는 예를 지켰으니 이는 장자를 멸하는 자로 저희를 건드리지 않게 한 것이며"(히 11:28).

(b) 미래 세대들을 위한 교훈(12:24-27)

유월절을 기념하는 목적은 하나님의 백성으로 하여금 그분의 은혜로운 구원 행동을 기억하도록 하려는 것이다. 자녀들이 그 축제를 볼 때, 그들은 질문할 것이다: "이것은 무엇을 의미하는 것인가요?" 그러면 부모들은 자녀들에게 하나님의 은혜와 사랑에 대하여 말해야만 하였다. 그러나 불행하게도 이스라엘이 그 땅에 정착한 이후로, 유월절은 마땅히 그래야 했음에도 불구하고 항상 지켜졌던 것은 아니었다(왕하 23:22-23; 대하 35:18; 30:2-3, 17-20 참조). 이와 같이 하나님의 위대한 행동을 가르치기 위한 중요한 행사가 소홀히 되었다. 예를 들어 여호수아와 그 시대의 장로들이 죽자 벌써 다음과 같은 급격한 변화가 발생하게 되었다: "그후에 일어난 다른 세대는 여호와를 알지 못하며 여호와께서 이스라엘을 위하여 행하신 일도 알지 못하였더라"(삿 2:10).

(c) 유월절이 기념됨(12:28)

이스라엘 백성들의 순종이, 그들이 "여호와께서 모세와 아론에게 명하신 모든 것을 행하였더라"는 장엄한 선언으로 강조된다(12:28).

(6) 죽음의 천사(12:29-30)

유월절 밤에 주님은 애굽사람들의 장자를 치기 위해 그 땅 전역을 돌아다니셨다. 다시 말해서 그는 자신의 '멸하는 자'(12:23)를 어린 양의 피로써 표시되어 있지 않은 집에 보내신 것이다. 성경의 다른 곳에서 처럼, 주님의 사역은 천사들에 의해 수행되었다. "그 맹렬한 노와 분과 분노와 고난 곧 벌하는 사자들〈destroying angels〉을 저희에게 보내셨으며"(시 78:49). 하나님이 천사를 이러한 방식으로 사용하는 또 다른 예가 사무엘하 24:15-16에 기록되어 있다: "이에 여호와께서 … 온역을 이스라엘에게 내리시니 … 천사가 예루살렘을 향하여 그 손을 들어 멸하려 하더니 여호와께서 이 재앙 내림을 뉘우치사 백성을 멸하는 천사에게 이르시되 족하다 이제는 네 손을 거두라 하시니"

출애굽기 앞 부분에서 애굽이 이스라엘을 대한 것과 지금 하나님께서 애굽을 대하는 것 사이에 어떤 대칭(symmetry)이 존재함을 많은 학자들이 오래 전부터 지적해 왔다. 애굽이 모든 이스라엘의 아들들을 죽이고(출 1:22) 또 하나님의 장자 이스라엘을 억압했던(4:22-23) 것처럼, 이제 애굽의 장자들이 심판을 받고 있는 것이다.

(7) 떠남(12:31-36)

저자는 애굽 사람들이 이스라엘 백성들에게 준 부(wealth)와 하나님께서 족장들에게 약속하신 부와 축복 사이의 연결관계를 주의 깊게 도출한다. 이와 같이 아브라함에게 주신 약속이 성취되었다. "그들이 큰 재물을 이끌고 나오리라"(창 15:14).

C. 여행 혼합된 무리, 그리고 미래의 준수(12:37-51)

1. 애굽으로부터의 여행(12:37)

이스라엘 백성들은 애굽의 델타 지역(나일강 하류의 삼각주 지역)에 있었던 고대 도시 라암셋에서 살고 있었다(1:11). 이곳은 요셉의 때에 애굽사람들이 그들에게 할당해 주었던 고센 지역이었다(창 47:11). 이곳으로부터 이스라엘은 숙곳으로 여행하였다. 이 길을 여행함에 있어 그들은 라암셋으로부터 출발하여 대략 하룻 길 정도 동남쪽으로 이동하였을 것이다. 광야를 여행하는 동안 그들이 진을 친 위치가 시내 산 자체의 위치까지도 포함하여 오늘날 어디에 해당하는가 하는 문제는 여전히 불확실한 채 남아 있다. 그러나 일반 역사와 그 지역 전체의 지리가 매우 잘 알려져 있음을 주목하는 것이 중요하다. 그러므로 비록 우리가 본문에 명명된 대부분의 지역의 위치를 확인할 수는 없다 할지라도, 우리는 그들의 여행의 형편이 어떠했었는가에 대한 정확한 그림을 그릴 수 있는 것이다.

대부분의 경우 그들이 애굽과 동방지역을 연결하는 기존의 교역로를 사용했을 것으로 추정하는 것은 상당히 합리적이다. 그 지역의 연간 강우량은 매우 적기 때문에, 그들은 아마도 건조하고 먼지가 많은 평지나 혹은 험한 산간지역을 통과했을 것이다. 그 지역의 역사를 통하여 그곳의 인구가 매우 희박했음이 입증하고 있는 바와 같이, 그 지역은 출애굽 당시의 이스라엘 백성들의 숫자(대략 이백만명 이상)는 말할 것도 없고 심지어 소수의 정착민 조차도 그런대로 살아갈 수 있을만한 지역이 아니었다. 성경의 설화가 분명히 밝히고 있는 것처럼, 그들은 물과 음식 그리고 의복에 대한 기적적인 공급이 없었다면 결코 살아남을 수 없었던 것이다. (신 8:2-5).

2. 혼합된 무리(12:38)

저자는 매우 많은 숫자의 비 이스라엘 백성들이 그들과 함께 갔음을 간략하게 언급한다. 이러한 무리의 정체와 이스라엘에 대한 그들의 관계는 깊이 논의해 봄직한 주제이다. 통상적인 해석은, 그들이 이스라엘의 하나님을 따르기 위해 자신들의 이방신들을 버린 '개종자들'(proselytes)이었다는 것이다.[19] 그러나 저자가 우리로 하여금, 그들을 진정한 개종자라기 보다는 모세가 행한 이적들에 깊은 인상을 받은 사람들로서 이해하도록 의도했다고 보는 것이 보다 합당할 듯하다. 나중에 민수기 11:4은 이들을 '오합지졸'(rabble)로서 부르고 있는데, 이들은 하나님의 선하신 공급에 대항한 이스라엘의 끊임없는 불평의 원인으로 나타난다. 마치 아브라함이 갈대아 우르로부터 롯을 데리고 나왔던 것처럼(창 12:5), 이스라엘은 이와 같이 '혼합된 무리'를 데리고 나왔던 것이다. 마찬가지로 이스라엘이 후에 바벨론 포로로부터 돌아왔을 때, 그들은 다시금 자신들을 '혼합된 무리'와 결합시켰다(느 13장 참조).

주께서 아브라함을 애굽으로부터 많은 재물과 상급을 가지고 이끌어 내셨던 것처럼(창 13:1-2), 우리는 다시금 이스라엘이 많은 소유를 가지고 애굽을 떠났음을 보게 된다.

3. 무교병(12:39)

전날 밤 너무도 급하게 애굽을 떠나온 바람에, 이스라엘 백성들은 숙곳에서 이제 무교병(unleavened bread, 부풀지 않은 빵)으로 음식을 준비하지 않을 수 없었다. 우리는 여기에서 저자가 무교절 축제의 의미를 설명하고 있음을 주목해야만 한다. 앞에서 그는 무교절 축제를 기념하는 지침들을 제공하였지만, 그러나 그는 비로소 여기에서 그것에 대한 설명을 주고 있는 것이다. 이어지는 지침들은 이스라엘이 숙곳에 있는 동안 모세가 그들에게 준 것들이다.

4. 연대 계산(12:40-41)

이스라엘이 애굽에 거주하였던 기간은 정확하게 430년으로 산출되어 있다. 이와 관련하여 창세기 15:13은 개략적인 숫자로써

19) 예컨대, Rashi, ad loc.; Münster, *Critici Sacri*, 1:201 을 보라.

400년이란 기간을 제시하였었다.[20] 한편 열왕기 6:1은 출애굽으로부터 성전을 건축할 때까지의 기간을 480년으로 계산하는데, 이 숫자는 성경의 연대기를 계산함에 있어 매우 중요한 빛을 던져준다. 만일 성전을 건축한 때가 주전 960년이었다면, 출애굽의 연대는 B.C. 960년 + 480년, 곧 주전 1440년이 될 것이다. 그리고 우리가 여기에다가 이스라엘이 애굽에서 머물렀던 430년을 더한다면, 야곱이 애굽에 내려갔을 때는 B.C. 1440년 + 430년, 곧 주전 1870년이 되는 것이다.[21]

5. 미래의 준수를 위한 지침들(12:42-51)

유월절 축제를 위한 이러한 부가적인 지침들은 이스라엘이 자신의 땅에 거하며 또 주변 세계와의 긴밀한 접촉 속에서 자신들의 성읍과 마을에 살 때를 바라본다. 이러한 가운데 근본적인 문제는 '이방인들'이 또한 유월절 음식을 먹을 수 있는가 하는 것이다. 이에 대한 답변은 "그럴 수 없다" (no) 이다. 오직 하나님 백성의 공동체에 속한 영원한 지체들만이 그 자리에 참석할 수 있는 것이다.

---

20) 그러나 430년이란 숫자는 성경의 다른 연대기들에 있어 중요한 것으로 나타난다. 사사시대로부터 언약궤를 예루살렘으로 옮긴 때(삼상 7:2)까지의 햇수를 더하면 - 중복되는 기간은 고려하지 아니하고 - 그 총 햇수는 430년이 된다 (사사시대 410년에다가 언약궤가 기럇 여아림에 있었던 20년을 더하여, 삼상 7:2). 또 성전을 건축한 때로부터 유다 열왕들의 햇수를 더하면 역시 그 총수는 430년이 된다.

언약궤 이전의 기간	성전 이전의 기간	성전재건 이전의 기간	
◀---- 430 ---▶	◀--- 430 ---▶	◀--- 430 ---▶	= 1,290

흥미롭게도 이 숫자는 다니엘서에서 새로운 성전이 건축되기 전의 날들의 숫자와 동일하다: "매일 드리는 제사를 폐하며 멸망케 할 미운 물건을 세울 때부터 일천 이백 구십 일을 지낼 것이요" (단 12:11). 다니엘은 아마도 미래 성전을 건축하기 전의 때를 계산함에 있어 이와 동일한 구조를 사용하고 있었을 것이다.

21) 어떤 학자들(Rashi, ad loc.; Ainsworth, *Annotations*, 44)에 따를 때, 430년은 이스라엘이 애굽에서 살았던 때 뿐만 아니라 족장들이 가나안에서 살았던 때까지를 포함한다. 이와 관련하여 사마리아 오경과 70인경은 이렇게 읽는다: "이스라엘 백성들이 가나안 땅과 애굽 땅에 살았던 기간은 430년이었다." 갈 3:17에서 바울은 430년을 족장들의 약속의 언약으로부터 모세 율법까지로 말한다.

여기에 언급된 유월절 의식 가운데 한가지가 나중에 예수님을 유월절 어린 양으로서 동일시하는데 중요한 요소가 된다: "어떠한 뼈도 꺾지 말라" (출 12:46). 유월절의 이러한 요소에 근거하여 요한복음은 예수님과 유월절 어린 양 사이의 관계를 이끌어 낸다:

> 이 날은 예비일이라 유대인들은 그 안식일이 큰 날이므로 그 안식일에 시체들을 십자가에 두지 아니하려 하여 빌라도에게 그들의 다리를 꺾어 시체를 치워 달라 하니 군병들이 가서 예수와 함께 못박힌 첫째 사람과 또 그 다른 사람의 다리를 꺾고 예수께 이르러는 이미 죽은 것을 보고 다리를 꺾지 아니하고 그 중 한 군병이 창으로 옆구리를 찌르니 곧 피와 물이 나오더라…… 이 일이 이룬 것은 그 뼈가 하나도 꺾이우지 아니하리라 한 성경을 응하게 하려 함이라(요 19:31-36)

요한이 본문을 이렇게 인용한 사실은, 신약 기자들이 종종 이러한 구약 본문들을 그것들이 예수의 생애의 사건들 속에서 어떤 의미를 갖는지를 추구하는 관점에서 읽었음을 분명하게 보여준다.

D. 장자와 무교절(13:1-16)

1. 이스라엘의 장자가 구별됨(13:1-2)

본문으로부터 우리는 장자(초태생)가 주님을 위하여 구별된 것은 그분이 애굽의 장자를 멸하는 가운데 그들이 '넘어갔기'때문이라고 결론내릴 수 있다. 그러므로 그들은 주님께 속했다. 그리고 나중에 레위인과 관련하여 보게 되겠지만, 그들은 예배의 일로 그분을 섬겨야 하였다. 이러한 결론은 13:11-16에 의하여 확증된다(민 3:13, 41 참조)

'주님께 대한 성별'은 두 가지 방식으로 수행되었다. 한편으로 장자는 일상적인 일로부터 구별되어 하나님을 섬기는(예배하는) 일에 드려졌다. 이들은 분명히 출애굽기 19:22; 24:5에 언급된 제사장들이었다. 이러한 성별은 후에 레위의 아들들이 제사장이 될 때 행하여졌다(민 3:41). 다른 편으로, 장자는 소정의 돈을 지불함으로써 '구속될 수'(redeemed) 있었다(민 18:15-17).

명령 #79, 출 13:2, 초태생(firstborn)을 성별할 것: "초태생은 다 거룩히 구별하여 내게 돌리라."

2. 무교절을 기념하기 위한 지침들(13:3-10)

이와 비슷한 일련의 지침들이 이미 12:14-20에 주어졌었다. 그러나 양 본문은 그 강조점에 있어 몇 가지 차이점을 가지고 있다. 이러한 차이들 가운데 어떤 것들은, 현재의 본문(13:3-10)이 유월절 밤과 애굽에서의 탈출을 기념함에 있어 무교절 축제에 보다 더 탁월한 위치를 부여하기 위한 것임을 암시한다. 유월절 축제를 기념할 가능성이 없을 때(예컨대 주후 70년 두번째 성전이 파괴된 이후), 무교절 축제가 하나님께서 이스라엘을 위해 행하셨던 것을 기억케 하는 기능을 수행할 수 있었다. 이와 같이 유월절 축제가 이전에 아이들로 하여금 이스라엘을 애굽으로부터 구해내신 하나님의 위대한 행동을 배우게 하는 행사가 되어왔던 반면(12:26-27), 이제는 13:8을 따를 때, 무교절 축제가 또한 그 목적을 이루는데 사용되게 되었다.

한편 다른 차이들은 무교절 축제의 다양한 국면에 관심을 집중시킨다. 예를 들어, 앞의 12장에서는 유교병(발효된 빵)을 먹는 것에 대한 엄중한 징벌을 강조함으로써 무교절 축제를 올바로 기념하는 것이 얼마나 중요한 것인가 하는 것에 그 강조점이 놓여졌었다: "무릇 유교물을 먹는 자는 타국인이든지 본국에서 난 자든지 무론하고 이스라엘 회중에서 끊쳐지리니" (19절). 그러나 13장에서는 그것이 "연년이 기한이 이그러" (at the appointed time year after year, 매년 규정된 때에) 지켜져야 한다고 언급함으로써 무교절 축제의 지속적인 기념에 강조점이 놓여진다.

유월절 식사 동안에는 이스라엘을 구원하신 하나님의 위대한 행동이 아이들의 질문에 대한 답변으로써 반복해서 가르쳐져야 했던 반면(26절), 무교절 축제는 그 자체가 그러한 하나님의 행동을 반복해서 가르치는 기회였다. 그러므로 그때에는 아이들의 질문을 기다릴 필요가 없었다. 그 이야기는 무교절 축제의 한 부분으로써 보존되고 주어진다. 마이모니데스가 이야기한 바와 같이, "아이들이 아무런 질문을 안한다 할지라도 아이들에게 알려주는 것이 사람의 의무이다."[22)]

명령 #157, 출 13:8, 출애굽의 이야기를 자세히 설명하라: "너희는 그날에 너희 아들에게 선언할 것이라."

3. 장자의 구속(13:11-16)

하나님께서 출애굽의 밤에 이스라엘의 장자를 구속하셨기 때문에, 모든 장자(짐승의 초태생 수컷까지 포함하여)를 하나님 예배에 바치는 것은 백성들의 당연한 의무였다. 정결한 짐승의 초태생(firstborn, 장자)은 주님께 희생제물로 드려지는 데에 쓰여졌다. 한편 불결한 짐승(예컨대 나귀)과 사람의 초태생은 대속(代贖, substitution)으로 구속되어야 했는데(민 18:15), 불결한 짐승의 경우에는 어린 양이었고 장자인 사내아이의 경우에는 돈이었다(다섯 세겔, 18:16). 나중에는 레위지파가 장자의 역할을 맡아 성막 봉사(tabernacle service, 성막 예배)를 위해 구별되었다(3:12-13, 45). 그러나 그때에 조차도 속전(贖錢)이 레위인들에게 지불되어야만 하였다(18:14).

명령 #82, 출 13:13, 만일 나귀가 구속되지 않는다면 그 나귀의 목을 꺾어야만 한다: "나귀의 첫 새끼는 다 어린 양으로 대속할 것이요 그렇게 아니하려면 그 목을 꺾을 것이며."

초태생을 바치는 것은 하나님께서 이스라엘을 애굽의 노예상

22) Maimonides, *Chametz and Matzah*, 7.2.

태로부터 구속하신 것에 대한 기념적 표적(memorial sign)이었다. 그러므로 이것의 목적은 유월절 축제와 무교절 축제를 기념하는 것의 목적과 동일한 것이었다(출 12:14).[23)]

E. 홍해를 건넘(13:17-15:21)

1. 애굽으로부터의 여행(13:17-20)

가나안 땅으로 가는 가장 가까운 길은 '블레셋 사람의 길'(Way of the Phillistines)이었다. 이 길은 해안선을 따라 곧게 뻗은 길로써, 애굽의 국방에 있어 매우 중요한 의미를 가진 간선도로였다. 여기에서 저자는 자기 백성들을 다루심에 있어서의 하나님의 계획과 목적에 대하여 흥미로운 빛을 던져준다. 하나님은 이스라엘이 전투를 위해 준비되지 못했으며, 그들이 전쟁을 보면 다시금 애굽의 노예상태로 도망쳐 들어갈 것을 아셨다. 그리하여 하나님은 그들을 다른 길로 인도하셨는데, 그 길은 그 세대의 이스라엘 백성들에게 있어 결코 소망스럽지 않은 길이었다. 그 길을 걸어가면서 그들은 끊임없이 고난 가운데 있었고, 애굽으로 돌아가고자 하는 유혹을 줄기차게 받았다(예컨대 출 14:12; 민 14:1-4을 보라). 또한 우리는 하나님께서 그들을 이끌고 간 길은 결코 전쟁을 만나지 않는 길이 아니었음을 발견한다. 불과 4장 이후에 그들은 아말렉 사람들과 전쟁을 벌이게 되고, 또 하나님의 도우심으로 승리하게 된다.

출애굽기 13:18에 대한 NIV의 해석 - "이스라엘 백성들이 전투를 위해 무장한 상태로 애굽에서 나왔다" - 은 그들이 전쟁을 위해 중무장하고 있었다는 인상을 준다. 그러나 히브리어 본문이 의미하는 바는 단순히 그들이 그 땅을 행진하여 나올 때, 그들이 50명씩 질서있게 열을 지어 나왔음을 의미하는 것이다(당

23) Maimonides, *Mishneh Torah, Tefillin*, 4.1, 2, 25 (trans. Philip Birnbaum <New York: Hebrew Publishing Co., 1967>, 52-53).

시의 군사적인 관례에 따를 때, 이것은 '전투 대형'이었다). 얼마 후 그들이 아말렉 사람들과 전쟁을 벌인 것으로 미루어 그들은 분명히 무장되어 있었고 또 어느 정도 전투를 위해 준비되어 있었다. 그러나 저자가 말하고자 했던 의도는 이것이 아니었던 것이다.

요셉은 이스라엘 백성에게 가나안 땅을 주겠다는 하나님의 약속을 굳게 믿고서, 자신의 형제들과 이후의 세대들에게 자신의 뼈를 애굽 땅에 남겨두지 말고 약속의 땅을 향해 갈 때 함께 가지고 가라고 명령하였다(창 50:24-25). 죽자마자 즉시 가나안 땅으로 돌아간 야곱과는 달리, 요셉은 그들이 장차 약속의 땅으로 돌아갈 것이란 사실을 일깨워주기 위하여 자신의 뼈가 애굽에서 야곱의 자녀들과 함께 남겨지도록 요청하였다. 저자는 여기에서 우리에게 그 약속이 성취된 사실과 백성들이 그것을 인식하고 있었다는 사실을 일깨워준다. 출애굽기 2:24과 여호수아 24:32에서 처럼, 저자는 자신의 약속의 말씀에 대한 하나님의 신실하심을 강조한다. 심지어 후대의 예언 문학에 있어서조차도(겔 37:11), 신실한 자의 뼈는 그 땅의 약속이 아직도 성취를 기다리고 있음에 대한 표적의 역할을 하는 것이다.

이제 둘째 날이 되었다. 첫째 날에 그들은 라암셋으로부터 숙곳으로 이동하였다.[24] 하루가 지나고 다음 날이 되었으니까, 그 날은 아빕월 제 16일이 될 것이다. 그날 그들은 숙곳으로부터 에담으로 이동하였다. 비록 에담의 위치가 오늘날 우리들에게 알려져 있지 않다 할지라도, 본문이 그곳을 '광야의 끝'이라고 묘사하고 있는 것으로 미루어 오늘날 수에즈 운하 부근이 될 것으로 보인다.

2. 구름기둥과 불기둥(13:21-22)

구름기둥의 목적은 이스라엘 백성들이 광야를 지나감에 있어 그들을 인도하는 것이었다. 그러므로 그것은 백성들 앞에 앞장

24) Rashi, ad loc.를 보라.

서 갔으며, 그들은 광야생활 전반을 통하여 그것을 따라갔다. 또한 불기둥의 목적은 그들로 하여금 밤에 빛을 비추는 것이었다.

본문은 주께서 구름과 불 가운데 그 백성들과 함께 동행하고 계셨음을 이야기한다. 성막을 건축한 후에, 그 구름과 불은 성막 위에 머물러 있었다. 구름이 움직일 때, 백성들은 그것을 따랐다. 또 그것이 움직이지 않을 때, 그들은 진에 머물러 있었다(출 40:34-37; 민 9:15-23).

구름기둥과 불기둥은 하나의 기둥으로써 이해되어야 한다는 주장이 종종 제기되었다. 낮에는 그 구름의 밝음이 햇빛에 가리워졌고, 밤에는 빛을 내었다는 것이다.[25] 그러나 본문을 솔직하게 대할 때, 본문이 두개의 기둥을 의도했다고 보는 것이 좀더 설득력이 있다.[26]

이후의 설화들은 그 구름과 불이 또한 다른 용도로써 사용됐음을 이야기한다. 출애굽기 14장에서 그것들은 애굽사람들로 하여금 이스라엘 백성들에게 접근하지 못하게 하는 것으로 나타난다(19-20절). 구름기둥은 애굽사람들과 이스라엘 백성들을 갈라놓았고, 애굽사람들로 하여금 불기둥의 빛을 침범하지 못하도록 가로막았다.[27]

신약에서 바울은 그 구름을 - 홍해와 더불어 - 이스라엘 백성들이 '모세 안에서 세례'(baptísm into Moses)를 받은 자리와 일치시킨다(고전 10:2, 모세에게 속하여 다 구름과 바다에서 세례를 받고).

3. 홍해를 건넘(14:1-15:21)

a. 홍해 도하의 설화*(14:1-31)*

홍해 도하의 이야기를 해석함에 있어, 우리는 본문에 기록된 지명들의 정확한 지리적 위치가 다소 불확실하다고 하는 사실을

25) Keil, *Pentateuch*, 2:41을 보라.

26) Rashi, ad loc.를 보라.

27) Rashi, ad loc.를 보라.

염두에 두어야만 한다. 출애굽기 13-14장에 언급된 여러 지명들의 위치를 정확히 파악하고자 하는 시도들이 종종 있어왔지만 (예컨대 홍해, 에담, 숙곳, 비하히롯, 믹돌, 바알스본 등), 대부분의 결론들이 결국 가설(假說)의 범주를 넘지 못했다. 이 가운데 가장 중요한 위치는 물론 '홍해'(Red Sea) - 혹은 히브리 성경이 부르고 있는대로 '갈대 바다'(Reed Sea) - 이다. 우리는 '갈대 바다'라는 이름으로 말미암아, 그 바다가 단순히 늪지대로써 물이 둘로 갈라졌다고 하는 성경의 묘사가 어떤 방법으로든 과장된 것이라고 생각해서는 안된다. 열왕기상 6:26에는 동일한 '갈대들의 바다'(Sea of Reeds, 한글 개역성경에는 '홍해'로 되어 있다)가 솔로몬이 함대(艦隊)를 건조한 항구로 등장한다. 이러한 곳은 충분한 깊이의 물이 있는 곳이 아니면 안된다. 어쨌든 우리는 출애굽기 본문의 이야기로부터 이스라엘 백성들이 마른 땅 위로 상당한 깊이의 물을 지나갔으며 그들을 뒤따르던 애굽 군대는 그 물의 넘침으로 말미암아 빠져죽었음을 안다.

출애굽기 14:2-3을 통해 볼 때, 우리는 이스라엘로 그 바다를 지나게 함에 있어 주님이 특별한 목적을 가지고 계셨음을 알 수 있다. 다시 말해서 그것은 자신의 권능이 애굽 군대의 힘보다 우월하며 또 오직 자신만이 '주'로서 영광을 받기에 합당하다고 하는 사실을 계시하는 또 하나의 기회였던 것이다(4절). 이러한 목적을 이루기 위하여 주님은 첫째로 이스라엘로 하여금 애굽 영토 쪽으로 뒷걸음치게 하시고(2절) 그러므로 애굽 사람들로 하여금 이스라엘이 자신들의 땅에서 갈 바를 알지 못하고 방황하고 있다고 믿도록 이끌었다. 그리고 둘째로 설화는 바로의 마음이 강퍅해졌으며(4, 8, 17절), 그가 이스라엘 백성에 대한 통치권을 다시 얻고자 시도했음을 우리에게 이야기해 준다(6-7절).

여기에서 한가지 문제가 제기되는데, 그것은 만일 그 땅의 모든 생축들이 죽었다면(9:6) 애굽 군대가 어디에서 전차(戰車, chariots)를 끄는 말들을 얻었는가 하는 점이다. 우리는 9:20에서 이에 대한 해답을 얻을 수 있는데, 그것은 많은 애굽 사람들이 하나님을 두려워함으로 말미암아 자신의 종들과 생축들을 집으로 피하여 들임으로써 멸망에 이르지 않게 했음을 이야기해 주는 구절이다.

출애굽기 14:3-5 본문은 그것의 시기(때)와 관련하여 종종 논의의 주제가 되어 왔다. 예를 들어, 라쉬(Rashi)는 바로가 이스라엘 백성들이 삼일 내에 돌아오지 않았기 때문에 그들을 뒤좇게 되었다고 주장하였다(5:3 참조). 그는 계속하여 이렇게 이야기한다, "이것이 사실이라면 애굽 군대는 다섯째 날이나 혹은 여섯째 날에 이스라엘을 뒤좇았을 것이다…… 그러므로 이 날은 유월절의 제 7일이었을 것이다."[28)]

이스라엘이 애굽 군대를 보았을 때 그들이 취한 즉각적인 반응은 두려움과 불신이었다. 반면 모세는 신실한 지도자로서 두드러지게 나타난다. 그는 백성들에게 용기를 낼 것을 격려하면서 이렇게 이야기한다, "너희는 두려워 말고 가만히 서서 여호와께서 오늘날 너희를 위하여 행하시는 구원을 보라"(13절). 여기에서 모세는 경건한 지도력과 믿음의 필요성을 보여주었다. 나머지 성경 전체를 통하여 이와 비슷한 경건한 지도력의 예들이 여럿 나오는데, 그러한 자들로서 우리는 여호수아, 다윗, 요시야, 에스라, 느헤미야, 그리고 여자들로서 드보라, 룻, 에스더 등을 들 수 있다.

모세의 모범과 지도력의 결과, 백성들은 하나님의 구원의 손길을 목격하고 믿음에 굳게 서게 되었다. 그들이 주께서 자신들을 위해 싸우시는 것과 바닷가에 널려진 애굽 군대의 시체들을 보았을 때, "그들은 여호와를 경외하며 여호와와 그 종 모세를 믿었다"(31절).

오경 저자에게 있어 하나님께 대한 믿음과 신뢰의 개념이 차지하는 중요성을 감안하여 우리는 이러한 구절들을 좀 더 면밀히 살펴보아야만 한다. 마치 아브라함이 하나님을 믿고 의롭다 여

---

28) Rashi on 14:5 를 보라.

김을 받았던 것처럼(창 15:6), 이스라엘 백성들 또한 모세의 지도력 하에서 하나님을 믿었다. 저자가 우리로 하여금 하나님의 백성들이 여기 광야에서 아브라함처럼 믿음으로 말미암은 의 가운데 살았다고 결론 내리도록 하였다고 보는 것은 상당히 합리적인 것으로 보인다. 그들이 시내 산을 향하여 갈 때, 그들의 믿음은 자신들을 위해 위대한 일을 하신 아브라함의 하나님께 있었다. 그들이 다음 장에서 찬송의 노래를 발한 것은 매우 자연스럽고 이 책의 주장과 일치되는 일이다. 그러나 부정적인 측면에서, 우리는 바로 이들이 하나님의 위대한 사역을 그토록 빨리 잊어버리고 금송아지를 만듦으로써(시 106:11-13) 자신들이 지금 노래하고 있는 하나님을 버린 사실을 놓쳐서는 안된다.

만일 장정들의 숫자가 적어도 육십만명 정도 되었다면(출 12:37) 전체 숫자는 이백만명을 넘었을 것이고 또 거기에는 가축들이 있었다. 이 정도 규모의 무리가 하룻밤에 바다를 통과한 것으로 미루어, 갈라진 바다의 폭은 적어도 몇 마일을 되었을 것이다.

바다가 갈라진 것에 대한 묘사는 몇 가지 사소한 문제거리를 남긴다. 예컨대, '물들이 갈라졌다'(14:21, the waters were divided)라는 표현은 어떤 사람들로 하여금(the Palestinian Targums) 물이 여러 군데에서 갈라짐으로써 백성들이 여러 길을 통하여 지나갈 수 있었던 것으로 상상하도록 이끌었다(시 136:13 참조). 또 어떤 사람들은 본문이 '바다' 대신에 '물들'이라고 말하고 있는 사실에 근거하여, 땅에 있는 모든 물이 이 때 갈라졌다고 생각했다.[29] 이러한 생각들은 본문이 모든 것을 다 말해주는 것은 아니라는 사실을 보여준다. 말하여지지 않은 것과 설명되지 않은 것이 많이 남아 있다. 이와 같이 이러한 본문들은 사건들에 대한 나름대로의 강조점을 가지고 있으며, 우리는 바로 그 점을 포착하여야만 하는 것이다. 우리는 남겨진 것보다는 본문 자체가 제시하고 있는 것을 이해하도록 노력해야만

29) Rashi, ad loc.를 보라.

하는 것이다.

바다가 갈라지는 것을 묘사함에 있어 14장의 설화체 부분과 15장의 시형 부분 사이에는 어떤 차이점이 있을 수 있음을 주목할 필요가 있다. 어떤 사건이 시(詩) 가운데 묘사되는 방식은 그것이 역사적 설화(historical narrative) 가운데 묘사되는 방식과 매우 다르다. 시는 상당한 분량의 표상(imagery)을 포함하고 있다. 회화적(繪畵的)인 표현들은 종종 실제 사건 보다는 주제나 사상을 나타내곤 한다. 그러므로 만일 어떤 사람이 14장에서 묘사된 것을 15장에 묘사된 것과 비교한다면, 그는 즉시로 두 이야기 사이에 어떤 차이들이 존재한다는 것을 발견하게 될 것이다. 예를 들어, 설화(14장)에서 애굽 군대는 갈라진 바다가 그들을 덮침으로써 물에 빠져 죽는다. 반면, 시(15장)에서는 그들의 패배가, 주께서 그들을 바다 속으로 던져버리고(4절) 거기에서 그들이 '돌처럼 깊음 속으로 가라앉았다'(5절)는 시적인 이미지로써 표현된다. 이러한 이미지를 사용하게 된 모티브(동기)를 우리는 출애굽기 1:22에서 찾을 수 있는데, 거기에서 동일한 표현이 이스라엘의 어린 아이들을 강 속에 던지라는 바로의 명령 가운데 나타난다. 여기에서 우리는 애굽이 이스라엘에 대하여 행했던 것을 하나님이 애굽에 대하여 행하시는 것을 본다. 이러한 두 가지 설명 사이에 어떤 차이들이 있다 할지라도 우리는 그것들이 동일한 사건을 묘사하고 있음을 분명하게 알 수 있다.

성경 본문에서 하나님의 사역을 그의 천사들, 혹은 많은 경우, 그의 천사(즉 '하나님의 천사〈사자〉' 혹은 '주의 천사〈사자〉')의 일로써 묘사하는 것은 흔한 일이다. 그러나 성경 저자들은 동시에 하나님께서 자기 백성들과 더불어 직접 행동하고 계심을 이야기하기도 한다. 예를 들어 출애굽기 13:21은 주께서 구름과 불 가운데 그들과 동행하였다고 말하는 반면, 14:19은 "하나님의 천사"(하나님의 사자, the angel of God)가 구름 가운데 그들과 함께 갔다고 이야기한다.[30]

30) 후대의 성경 본문들은 바다를 건넌 것에 대한 언급을 많이 가지고 있다: 수 3:16;

b. 모세의 노래*(15:1-21)*

하나님께서 애굽 군대를 무찌르시고 또 이스라엘을 구원하신 사실이 모세와 이스라엘 백성들에 의해 불려진 찬송 노래의 배경이 되는데, 그 노래의 서론(1절)과 결론(19절)이 이러한 정황을 분명하게 한다. 그러나 그 노래의 조망(眺望)은 바다를 건넌 사건을 넘어 성전의 장소로써 예루살렘 도성을 세우는데까지 나아간다(17-18절). 우리가 이러한 모세의 말을 예언적인 것으로써 이해해야 한다는 데에는 아무런 의심의 여지가 없어 보인다. 오경의 다른 주요한 시적 본문들(poetic texts)에 있어서와 마찬가지로 - 즉 그 이전의 아브라함(창 15:13-14)과 야곱(창 49:1-27), 그리고 그 이후의 발람(민 23-24장) - 여기에서 모세는 자기 백성들을 위한 하나님의 계속된 사역을 말하는 선지자의 역할에 던져진다(신 18:15 참조). 더욱이 다른 시적 본문들과 마찬가지로, 모세의 주된 관심은 하나님의 영원한 나라를 통치할 미래의 왕에게 모아진다. 여인들을 이러한 노래로 이끈 미리암이 역시 여기에서 '여선지자'로 불려지고 있는 것도 이러한 관점에서 이해되어야 한다(출 15:20). 이것은 전체로써의 오경이 단순히 과거의 하나님의 사역에만 관심을 기울이는 것이 아니라 또한 미래에 놓여진 하나님의 사역에 관심을 기울이는 사실에 대한 또 하나의 실례가 되는 것이다.

이 노래를 지배하고 있는 시적 표상은 강력한 전사(warrior, 용사)로서의 주님의 표상이다(예컨대 "하나님은 용사시니 여호와는 그의 이름이로다" - 3절). 그의 무기는 그의 강력한 힘 뿐만이 아니라 또한 강력한 바닷물이기도 하다. 그는 바다로써 원수를 흩어버리셨다. 여기에 나타나는 이미지들은 창세기 3:15에 묘사된 투쟁을 생각나게 한다(내가 너로 여자와 원수가 되게 하고 너의 후손도 여자의 후손과 원수가 되게 하리니 여자의 후손은 네 머리를 상하게 할 것이요 너는 그의 발꿈치를 상하게 할

사 63:12-14; 시 18:15 (MT 16); 66:5-6; 77:19-21 (MT 20-21); 78:13; 106:11; 114:5; 136:13-15; 고전 10:2; 히 3:8-9; 11:29.

것이니라). 성경의 시 전반에 나타나는 것처럼, 하나님의 힘은 '창조세계에 대한 그의 통제'와 관련하여 가장 회화적(繪畵的)으로 묘사된다. 이와 같이 우리는 이러한 詩들 속에서 창세기 1장의 신관(神觀, view of God)이 분명하게 나타나는 것을 볼 수 있다.

이 시에서 하나님은 이스라엘을 블레셋의 압제에서 구원한 삼손(삿 13-16장)이나 모압의 지도자들을 무찌른 에훗(삿 3:12-31) 같은(출 15:15) 이스라엘의 사사들 가운데 한분으로서 묘사된다. 그러나 본 시 전반을 통하여, 하나님의 위대한 행동의 모습은 에돔, 블레셋, 가나안 등의 우두머리들을 쳐부수고 시온산을 영원한 주의 성소로 만든 다윗을 가장 근접하게 예조(豫照, foreshadow)한다(17절). 흥미롭게도 오경 속에 있는 많은 시들은 다윗의 생애에 있어서의 많은 사건들과 또 그것을 훨씬 뛰어넘어 미래의 훨씬 더 위대한 날들을 예조하는 것으로 보인다(창 49:8-12; 민 24:17-19 참조). 이러한 모세의 노래는 여러 측면에서 하나님께서 행하신 과거의 위대한 행동들을 열거한 후 다윗을 통한 그분의 사역을 묘사하는 데에로 이행하는 아삽의 시(시 78)와 비슷하다: "오직 유다 지파와 그 사랑하시는 시온산을 택하시고 그 성소를 산의 높음 같이…지으셨으며 또 그 종 다윗을 택하시되… 이스라엘의 목자가 되게 하셨도다"(68-72절).

V. 광야의 방랑(15:22-18:27)

A. 광야의 이스라엘을 위한 하나님의 공급(15:22-27)

바로의 군대가 홍해에서 패퇴된 이후, 이스라엘 백성들은 계속하여 수르 광야를 향하여 동쪽으로 여행하였다. 비록 본문이 그 지역의 세밀한 지리에 대하여 거의 주의를 기울이지 않고 있다 할지라도 우리는 수르가 애굽의 동쪽 접경지역인 '준 사막 지대'(準 沙漠 地帶, semidesert region)였음을 안다. 광야에서 사흘간 물을 찾지 못한 후에 그들은 마라에 도착했다. 여기에서 주님은 백성들을 위한 공급(供給)을 시작하셨고, 백성들은 그분에 의존하는 것을 배우게 되었다.

쓴 물 사건 속에는 매우 중요한 교훈이 있다. 백성들이 목이 갈하고 어쩌지 못하게 되었을 때, 모세는 주님께 도움을 호소했다. 이에 주님은 모세에게 그 물이 달게 되는 방법에 대한 '가르침'을 주심으로써 그의 기도에 응답했다. 그들이 그 '가르침'을 따랐을 때, 그 물은 달게 되었고 그들의 목마름은 해결되었다(15:25). 히브리 본문에서 **가르침**이란 단어는 **토라** 곧 신적 가르침의 동사형이다. 이와 같이 이 사건 속에는 이스라엘에게 대한 하나님의 가르침에 관한 교훈이 있는 것이다. 그 교훈은 분명하다. 하나님의 백성은 "하나님의 음성에 주의 깊게 귀를 기울여야 한다"(26절). 그의 가르침은 그들에게 달 것이요 그들의 목마름을 해결해 줄 것이다.

시내 산 율법을 주기 이전의 이스라엘을 위한 '법도와 율례'(25절)는 몇 가지 문제점을 야기시킴과 동시에 많은 논의를 촉발시켜 왔다. 어떤 학자들은 이스라엘에게 주어진 '법도'(법령, decree)와 '율례'(율법, law)가 단순히 쓴 물에 대한 시험에 있어 이스라엘에게 가르쳐진 교훈이었다고 말한다. 법도는 그들이 그분의 단(달콤한, sweet) 축복을 향유하기 위하여 하나님을 순종해야만 한다는 것이었다는 것이다.[31] 그러나 다음 절에서 이스라엘은 주님의 '계명들'(commands)과 '규례들'(decrees)에 주의할 것을 부름받는다. 그러므로 비록 25절을 아직 이스라엘에게 주어지지 않은 계명들을 언급하는 것으로 이해하는 것이 가능하다 할지라도, 지금 이 시점에서 이미 하나님께서 이스라엘에게 자신의 뜻을 구체적인 율법들로 알게 하셨다고 이해하는 것이 보다 더 설득력이 있어 보인다. 저자가 의도하고 있었던 요점이 바로 이것이었을 것이다.

초기의 유대 전승은 하나님이 이미 마라에서 이스라엘에게 '몇 가지 항목의 토라'를 주셨다고 주장한다. 안식일 성수나 혹은 공의를 행함에 있어서의 계명들이다.[32] 어떤 기독교 신학자들은 이러한 해석을 따라 이스라엘에 대한 하나님의 최초의 율법수여(이것은 감당하기에 지나치게 무거운 것이 아니었다)와 금송아지 사건(출 32장) 이후 시내 산에서의 세세한 율법수여를 구분한다. 그들은 주장하기를 율법은 본시 하나님의 백성들에게 '그의 눈에 옳은 것'(15:26)을 가르치기 위해 의도된 것이다. 그러나 백성들의 금송아지 사건으로 인한 실패 이후, 백성들로 하여금 우상숭배에로 떨어지지 않도록 보다 엄중한 방편이 취해졌다.[33] 사도 바울은 모세 율법의 두번째 성격을 이야기함에 있어 이와 비슷한 관점을 가지고 있었다. 갈라디아 3:19에서 그는 모세 율법을 '범법함을 인하여 더하여진 것'으로써 말한다.

하나님께 의존해야 함과 그분의 음성에 귀기울여야 함을 배운 후 그 백성들은 풍부한 물과 양식이 있는 엘림으로 이동하였다(출 15:27).

---

31) Keil, *Pentateuch*, 2:58 을 보라.

32) Rashi, ad loc.를 보라.

33) J. Coccejus, *Opera Omnia Theologica, Exegetica, Didactica, Polemica, Philologica, Divisa in Decem Volumina* (Amsterdam: P. et J. Blaev, 1701), 7:281-90.

B. 만나와 메추라기(16:1-36; 참조 민 11:4-35)

출애굽기 16장은 두 번째 달 곧 이야르월 15일에 시작된다. 이스라엘 백성들은 이제 광야에서 한달을 지냈다. 16장에 처음 기록된 만나와 메추라기를 거두는 일은 이야르월 16일에 시작되었다.

엘림을 떠난 후 이스라엘 백성들은 '신 광야'에 도착했다('Sin'은 히브리어에서 '시나이'란 이름과 관련된다. 그것은 영어 단어 sin〈죄〉과 아무 상관도 없다). 여기에서 주님은 다시금 그들이 "주의 가르침 안에서 걸어가는지" 보시고자 그들을 시험하셨다(16:4, 여기 등장하는 히브리 단어는 토라이다). 시험은 사막에서 음식이 떨어진 것에 대해 백성들이 불평하는 것으로써 수행된다. "우리가 애굽 땅에서 고기 가마 곁에 앉았던 때와 떡을 배불리 먹던 때에 여호와의 손에 죽었더면 좋았을 것을 너희가 이 광야로 우리를 인도하여 내어 이 온 회중으로 주려 죽게 하는도다"(3절). 다시 말해서 그들은 스스로를, '여호와의 손에' 죽은 애굽 사람들과 매 한가지로 보았던 것이다. 이러한 말은 뻔뻔스러운 불신앙의 행동으로 나타났으며, 특별한 시험을 요구하는 것이었다. 만나와 메추라기를 매일 공급하는 동시에 안식일의 휴식을 지키는 것, 이렇게 하여 그 백성들은 광야 40년을 지나는 동안 매일 주님의 공급에 의존해야만 하였다. 바로 여기에서 이스라엘의 광야여행 설화를 통하여 계속되는 한가지 패턴이 세워지게 된다. 하나님과 모세에 대한 백성들의 믿음이 약화될 때, 직접적인 교훈의 필요성은 증가되었다.

비록 이스라엘 백성들이 종종 다른 방법으로 음식을 조달하기도 했던 것이 사실이라 할지라도(예컨대 그들의 가축들로부터), 만나와 메추라기를 거둠을 통하여 성경은 우리에게 그 백성이 매일의 이적들을 목격했음을 말한다(신 8:3). 예를 들어 백성들이 만나를 거두기 위해 나갔을 때, 어떤 사람은 다른 사람에 비해 많이 거두었다. 그러나 매일 그들이 자신들이 거둔 것을 달아보았을 때, 그 양은 각자가 필요로 했던 만큼이었다(출 16:17-

18). 본문은 이것이 그들 자신의 계산의 결과가 아니라, 하나님이 각자의 필요를 공급하심에 있어 밀접하게 개입하신 또 하나의 표적이었음을 분명하게 이야기한다.

만나와 메추라기의 축복 안에서 조차도, 어떤 사람들은 그것을 거둠에 있어서의 하나님의 가르침을 순종하지 않았다. 그들은 오직 그 날에 먹을 수 있을 만큼만 거두어야 했으며, 다음날을 위해 저장해서는 안되었다. 그러나 다음날을 위하여 자신이 거둔 것 가운데 일부를 저장한 사람들이 있었다(20절). 이러한 그들의 불순종적인 노력들은 결국 아무 소용이 없었는데, 그것은 만나에 구더기가 생기고 썩어 못먹게 되었기 때문이다. 하나님의 선하신 공급하심에 대한 그들의 이러한 불순종적인 태도는 모세의 진노를 불러 일으켰고(20절), 주님의 책망을 받지 않을 수 없었다. "어느 때까지 너희가 내 계명과 내 율법을 지키지 아니하려느냐?" (28절). 그러나 저자에게 있어 이러한 행동은 하나님의 뜻을 순종함에 있어 백성들이 실패한 것에 대한 또 하나의 교훈을 제공하는 것이었다.

그들이 만나를 40년 동안 먹었다고 하는 언급(35절)은 민수기 14장의 이 세대에 대한 하나님의 심판을 예기(豫期)한다. 민수기 14장의 설명이 만나와 메추라기와 관련한 두 번째 사건을 따른다고 하는 사실을 주목할 필요가 있다(민 11:4-35). 더우기 이스라엘이 40년 동안 광야에 머물러 있으면서 약속의 땅에 들어가지 못한 것은 하나님께 대한 믿음과 신뢰의 결핍 때문이었다(14:21-23). 그러므로 40년이 끝나고 그들이 약속의 땅에 들어간 유월절 다음 날, "만나가 그치고…… 그 해에 그들은 가나안의 소산을 먹었다" (수 5:12).

만나 메추라기 출16:3-34	40년 출16:35

만나 메추라기 민11:4-34	40년 민14:21-22

만나 수5:12	40년이 끝남

나아가서 하나님이 이스라엘에게 안식일의 중요성을 가르친 것은 그들을 위한 그분의 매일의 공급(daily provisions)을 통해서였다: 일곱째 날은 휴식과 기억을 위하여 떼어놓는 것(출 16:23-30). 여섯째 날에 백성들은 두배 분량의 만나를 거둘 수 있었고, 일곱째 날에는 만나가 있지 않았다. 이와 같이 안식일 주간(Sabbath week)의 구조는 이미 만나를 주는 것에서 세워졌다.

금지 #321. 출 16:29. 사람들은 안식일에 여행하여서는 안된다: "너희는 각기 처소에 있고 제 칠일에는 아무도 그 처소에서 나오지 말지니라."

만나는 하나님의 이적에 대한 너무도 위대한 표적이었기 때문에, '한 오멜의 만나'가 미래 세대를 위한 증거로써 따로 보관되어져야만 하였다(16:32-34). 그리하여 여기에서 우리는 법궤가 만들어졌을 때 한 항아리의 만나가 '오는 세대를 위하여' 보관되었음을 보게 된다.

법궤에 대하여 언급하는 여러 성경 본문들(신약을 포함하여)은 만나가 정확하게 어디에 놓여졌는가 하는 문제에 대하여 다소의 모호함을 보여준다. 만나(출 16:33-34)와 '아론의 지팡이'(민 17:25)는 '증거궤 앞에' 놓여졌다. 그러나 이러한 본문들이 만나와 아론의 지팡이가 '법궤 자체 안에' 놓여졌다고 말하는 것은 아니다. 그것들에 대한 가장 자연스러운 독법(讀法)은 만나와 아론의 지팡이가 법궤 옆에, 그리고 앞에 놓여졌음을 제시한다(출 40:20). 한편 열왕기상 8:9에 따를 때, 솔로몬의 시대에는 오직 두 돌판만이 법궤 속에 있었다고 한다. 그러므로 솔로몬의 시대에 만나와 아론의 지팡이는 '법궤 속에'가 아니라 '법궤와 나란히' 놓여졌던 것으로 나타난다. 이것은 만나가 법궤 '앞에' 있었다고 하는 출애굽기 본문에서 말하여지고 있는 것과 일치된다.

그러나 히브리서 기자가 이것에 대하여 말할 때(히 9:4), 그는 만나와 아론의 지팡이가 법궤 '안에' 있었다고 이야기한다. 아마도 그의 시대에 다른 관습(custom)이 있었을런지 모른다. 그러나 그가 고대의 관습에 대하여 언급하고 있는 것으로 나타남을 감안할 때, 그는 우리가 지금 가지고 있는 것과 동일한 본문들을 읽고 있었을 것이다. 그렇다면 아마도 그의 시대에 이러한 본문들에 대한 다른 해석이 있었을런지 모른다.[34)]

이 문제는 주로 전치사 'in'과 'before'의 의미로부터 야기된다. 예를 들어, 출애굽기 40:20에 따를 때 돌판들은 법궤 '안에'(in) 있었으나, 신명기 31:26은 그것이 법궤 '옆에'(besides) 있었다고 말한다. 그러므로 두개의 돌판이 법궤 '안에' 있었느냐 혹은 '옆에' 있었느냐 하는 문제는 해석이 개방되어 있는 것이다. 한편으로 열왕기상 8:9은 이러한 본문들이 솔로몬의 시대에 어떻게 해석되었었나 하는 것을 보여준다. 두 돌판은 법궤 '안에' 놓여 있은 반면, 다른 것들은 법궤 '옆에' 놓여있었다. 다른 한편으로 히브리서 9:4 역시 동일하게 가능한 - 비록 어렵다고 할지라도 - 해석의 증거이다. 두 돌판과 만나와 아론의 지팡이가 모두 법궤 '안에' 있었다. 이와 같이 만나와 아론의 지팡이와 두 돌판의 위치와 관련한 이러한 여러 본문들은 동일한 구절에 대하여 상이한 해석을 하는 것을 더 좋아하는 것으로 나타난다. 불행하게도 이것을 결정할 수 있는 충분한 증거는 존재하지 않는다. 그러나 다행하게도 그 구절의 의미는 그 결과에 의존하지 않는다는 사실이다.

만나는 무엇인가? 영어 단어 만나(manna)는 히브리 단어 만(man)을 μάννα(혹은 μαν), 즉 '곡식' 혹은 '곡식 알갱이'로 번역한 신약과 70인경으로부터 온 것이다. 헬라어 번역자들은 '곡식'을 '빵'과 관련시켰는데, 우리는 그러한 실례를 μάννα를 ἄρτος와 동일시한 시편 77(MT 78):24에서 분명하게 볼 수 있다.

그러나 본문에서 사용된 히브리 단어는 '곡식'이나 혹은 '빵'을 의미하지 않는다. 오히려 그것은 의문형 불변화사(interroga-

---

34) Keil, *Pentateuch*, 2:74 을 보라. 그러나 초기 유대 자료들로부터 그러한 전승은 알려진 것이 없다. Herman L. Strack and Paul Billerbeck, *Kommintar zum Neuen Testament aus Talmud und Midrasch* (Munich: C. H. Beck, 1969), 3:737 을 보라.

tive particle) 로써 '무엇?'을 의미하는 것이다.[35] 그러나 히브리어 만(man)은 헬라어 μάννα와 비슷하게 들리는데, 바로 이 점이 그러한 일반적인 번역어에 영향을 주었던 것으로 보인다. 이스라엘 백성들이 '하늘로부터 내려온 음식'(4절)을 거두기 위해 나갔을 때, 그들은 "이것이 무엇이냐?" (What is it ?) 라고 말하였다(15절). 그리하여 그들은 그것을 '무엇? - 음식'(the what? - food)이라고 부르게 되었다. '음식'에 대한 히브리 단어가 '빵'이라는 총칭어이기 때문에, 만나를 빵이나 혹은 빵 비슷한 음식으로 생각하는 것은 통상적인 일이었던 것이다.

그러나 만나에 대한 본문의 묘사는, 그것이 단순히 일종의 빵에 불과하였던 것만은 아니었음을 보여준다. 그것은 단순한 빵 이상의 어떤 것이었다. 아마도 그것은 오늘날 우리가 패스트리(가루로 반죽해 만든 과자)라고 부르는 것과 비슷한 것이었을 것이다. 분명히 이스라엘 백성들은 그와 같은 것을 본 적도 맛본 적도 없었다. 그들은 그것의 모양을 "서리처럼 얇은 조각"(출 16:14)이라고 표현하면서, 그 맛이 "갓씨 같으면서도 꿀로 만든 과자의 맛과 같았다"(31절)고 묘사한다. (우리는 또한 만나에 대하여 민수기 11:7-9에 기록된 것도 살펴 보아야만 한다.) 그것을 일년 이상 먹은 후에, 그들은 그것을 조리하고 요리하는 방법을 발전시켰다. 사람들은 그것을 갈거나 빻았으며, 그릇에서 끓이기도 하고 또 굽기도 하였다. 아침까지 남겨질 때, 그것은 너무도 빨리 부패되었으며, "태양이 뜨겁게 비취면 그것은 녹아 버렸다"(21절) - 다만 안식일에는 그것이 기적적으로 보존되었다(23-27절).

시편 78:24에서 이 만나는 '천사들의 음식'(the food of angels)으로 불려지고 있으며, 느헤미야 9:20에서는 그것이 하나님이 이스

35) 의문사 '만'(만나)은 이미 아마르나 서신(주전 14세기)에서 나타나는데, 여기에서 예루살렘의 방백 아브두-헤바가 애굽 왕에게 마-안-나 입 사-티 아-나 샤리 벨리-이라, 곧 "내 주여 내가 왕에게 무엇(마-안-나)을 하였나이까 ?" 라고 묻는다 (EA 286:5; J. A. Knudtzon, *Die El-Amarna-Tafeln* <Aalen: Otto Zeller, 1964>, 1:859; Ludwig Koehler and Walter Baumgartner, HALAT <Leiden: Brill, 1974>, fasc. 2, p.564 를 보라).

라엘에게 자신의 '선한 영'(good Spirit)을 주시는 것과 관련되고 있다. 한편 그것은 고린도전서 10:3에서 '영적인 음식'(spiritual food)으로 불려진다. 한번은 이스라엘 백성들이 만나에 대하여 싫증을 느끼고, 그것이 '가벼운 음식'(박한 식물, light food)이라고 불평하기도 했다(민 21:5, NIV '구질구질한 음식').

한편 하나님이 공급하신 메추라기는 본 장이나 혹은 성경의 다른 곳에서도 별로 언급되지 않는다(민 11:31 참조). 심지어 이 곳에 대한 후대의 인용에서조차도 메추라기에 대한 언급은 거의 등장하지 않거나(시 105:40) 혹은 전혀 등장하지 않는다(예컨대 느 9장; 고전 10장). 예를 들어 이스라엘은 만나와는 대조적으로 이후 세대들을 위하여 법궤 안에 있는 항아리에 메추라기를 담아 보존하라는 명령을 받지 않았다. 성경 저자의 중심적인 관심은 분명히 만나였던 것이다.

아프리카로부터 시작하여 시나이 반도 지역을 통과해 지나가는 메추라기 떼에 대한 보도가 종종 있어왔다. 그러한 메추라기들이 사막에 도착할 때 쯤이 되면, 그것들은 너무도 지쳐 있어서 누구라도 손으로 쉽게 잡을 수 있게 된다고 한다.[36] 40년 동안의 기적적인 공급은 기존의 자연 패턴에 따른 것일 수도 있다. 그러나 본문에는 이에 대한 아무런 암시도 나와 있지 않다.

본 장에는 백성들이 "구름 속에 나타난 여호와의 영광"(10절)을 보았다고 하는 흥미로운 언급이 나타나있다. 만나가 7절에서 '여호와의 영광'으로 불려지고 있는 점으로 미루어, 이것은 백성들이 구름 속에서 만나를 보았다고 하는 것을 지칭하는 것일런지도 모른다. 그러나 그런 것 같지는 않다. 왜냐하면 백성들은 오직 다음날 아침에야 처음으로 만나를 보았기 때문이다(16:13-15). 또 하나의 가능성은, 백성들이 광야에서 자신들을 따르고 있는 구름을 보았다는 것을 지칭하는 것으로 보는 것이다(예컨대 13:21). 그렇다면 그들이 그 구름을 보았다는 것은, 단지 그들로 하여금 하나님의 계속적인 임재를 일깨워주는 것에 불과한

36) Keil, *Pentateuch*, 2:67 을 보라.

것일 것이다.

그러나 본문을 액면 그대로 바라볼 때, 그 구절은 '구름 속에' 있는 하나님의 영광에 대한 특별한 시위(示威)를 회상시키는 것으로 보인다. 그것은 주께서 모세에게 말씀하고자 하신 것의 중요성을 강조하기 위한 것이었을 것이다. 어떤 학자들은 백성들이 구름 속에서 본 영광이 그리스도의 영광스러운 나타남이었다고 주장한다. 바울이 그리스도께서 광야의 이스라엘 백성들이 '구름 아래' 있을 때 그들을 따랐다고 언급할 때, 그는 바로 이것을 염두에 두고 있었을런지 모른다(고전 10:1-4).

저자는 거의 기계적인 정밀함으로써 오멜의 크기에 관한 설명을 덧붙인다. 한 오멜은 3.64 리터로써 6 파인트를 조금 넘는 것이었다.

C. 물과 전쟁(17:1-16)

1. 반석으로부터 나온 물(17:1-7)

셋째 달이 시작되기 얼마 전(19:1 참조), 이스라엘 백성들은 신 광야를 떠나 르비딤으로 여행하였다. 민수기 33:12-14에 따르면 그들은 르비딤에 도착하기 전에 돕가와 알루스에 진을 쳤다. 이스라엘 백성들이 진을 친 대부분의 지역의 위치가 그러하듯, 르비딤의 위치 역시 불확실하다. 그러나 그곳이 시내 산에서 가까운 곳이었다는 사실은, 그들이 물을 얻은 반석(바위)이 '호렙'(3:1; 17:6), 곧 시내에 위치해 있었다는 사실로부터 분명하게 드러난다. 어쨌든 여기에서 그들은 물이 부족하다는 사실을 발견했다. 그리고 비록 그들에게 이미 만나와 메추라기가 공급되고 있었다 할지라도, 그들은 목마름에 대하여 불평을 하기 시작했다.

여기에 기록된 사건은, 비록 양자 사이에 몇 가지 두드러진 차이가 있다 할지라도, 민수기 20:1-13에 기록된 사건과 비슷하다. 예를 들어 두 이야기에서 그 장소가 므리바(merîbâ)로써 나타나고 있는데, 이것은 '반역'(rîb)이란 단어와 동일한 어근을 갖는 단어이다. 또 두 이야기는 물이 떨어진 것으로부터 시작하여 하나님이 반석으로부터 물을 공급하는 것으로써 끝난다. 또 두 이야기는 공히 모세가 반석을 때림으로써 그것으로부터 물을 얻는 것으로 보도한다.

반면 출애굽기 본문에서는 모세가 주님의 말씀을 따르고 있는 것으로 나타나고 있는 한편, 민수기 20장에서 그가 바위를 치는 것은 불신앙의 증거로써 나타난다. 그리고 두 이야기 사이의 가장 중요한 차이는 출애굽기에서는 반역행위로 말미암아 백성들이 심판을 받는 것으로 나타나고 있는 반면, 민수기 20장에서는 모세와 아론이 심판을 받는 것으로 나타난다는 사실이다. 더우기 모세와 아론은 백성들의 반역 때문이 아니라 자신들의 불신앙 때문에 심판울 받는다.

그럼에도 불구하고, 두 이야기는 너무도 비슷하다. 그러므로 우리는 저자가 그것들이 서로 비교되기를 의도한 사실을 무시해서는 안된다. 여기 광야 기간의 처음과 다시금 그 끝에서, 하나님은 자신의 반역적인 백성들을 위해 반석에서 물을 공급하신 분으로서 나타난다. 반석과 관련한 이러한 두 설화를 시내 산 설화 앞과 뒤에 배치함으로써, 저자는 그들에게 생명의 물을 공급한 반석이 광야 생활 처음부터 끝까지 하나님의 백성을 따랐음을 보여준다. 그들이 어디에다 진을 쳤든지 간에, 그 반석은 그들과 함께 있었다. 바울은 고린도전서 10:4에서 그리스도를 '광야에서 그 백성을 따랐던 바위'와 동일시했는데, 아마도 이 때 그가 의미했던 것이 바로 이것이었을 것이다(다 같은 신령한 음료를 마셨으니 이는 저희를 따르는 신령한 반석으로부터 마셨으매 그 반석은 곧 그리스도시라).

이야기들의 전후관계에 의해 형성된 설화 패턴은 다음과 같다:

만나 메추라기	40년	반석에서 나온 물	시내광야에서의 시간	만나 메추라기	40년	반석에서 나온 물
출 16:4-34	출 16:35	출 17:1-7		민 11:4-34	민 14:21-22	민 20:1-12

이와 비슷한 경우를 우리는 야곱의 설화들 속에서 찾아볼 수 있다. 야곱의 방랑의 처음(창 28장)과 끝(32장)에서, 저자는 야곱이 벧엘에서 하나님을 만나는 것을 설명하는 설화를 배치한다. 야곱 설화의 처음과 끝에서 하나님이 그에게 나타나셨음을 보여줌으로써, 저자는 하나님께서 늘상 그와 함께 계셨음을 제시한다. 설화의 이러한 의미가 창세기 48:15-16에 나타난 야곱 자신의 말 가운데 확증된다. 여기에서 야곱은 과거의 설화들을 회상 함으로써 자신의 전 방랑기간 동안의 하나님의 임재와 돌보심을 언급한다.

백성들이 "여호와께서 우리 중에 계신가 아니계신가 ?" 라는 의문을 제기했을 때, 그들은 출애굽기 3:12의 모세에 대한 하나님의 약속을 시험한 것이었다. 하나님은 "내가 너와 함께 있을 것이다" 라고 약속하셨다. 그리고 이 약속에 대한 확증으로써 주님은 이렇게 말씀하셨다, "네가 백성을 애굽에서 인도하여 낸 후에 너희가 이 산에서 하나님을 섬기리니 이것이 내가 너를 보낸 증거니라"(3:12). 여기 '호렙에서' 백성들은 하나님이 모세에게 약속하신 것을 지키셔서 그들을 '시내 산에' 데리고 왔음을 보았다. 하나님의 약속이 이루어진 것이다. 그러나 그들은 여전히 그의 임재를 의심하고 있었다.

2. 아말렉을 쳐부숨(17:8-16)

이 설화에서 오경에서 처음으로 여호수아가 등장한다. 비록 나머지 오경의 설화들 가운데에서 그가 비교적 사소한 역할을 맡는다 할지라도, 그는 이스라엘의 다음 지도자가 될 것이었다. 모세가 죽은 후에(신 34:9) 그는 - 아론을 이은 그의 아들 엘르아살의 도움과 함께(민 20:23-29) - 모세를 이어 하나님의 백성들을 인도한다. 여기에서 우리는 오경 설화들의 보다 큰 구조가 계속해서 미래에 놓여질 사건들을 위한 길을 예비함을 볼 수 있다. 여기 곧 하나님께서 '반석으로부터 물을' 공급하신 것에 대한 첫번째 이야기 이후에 여호수아가 소개되고 있는 것과 마찬가지로, 그것에 대한 두 번째 이야기 이후인 민수기 20장에서 엘르아살이 소개된다. 오경의 설화 전략 안에서,- 하나님으로부터 선택된 지도자들은 - '왕'이든지(예컨대 신 33:5) 혹은 제사장이든지 - 이와 같이 백성들에게 생명을 가져다준 '반석'과 긴밀하게 관련된다. (그림 1을 보라.)

아말렉 족속들은 에서(에돔, 창 36:16)의 손자인 아말렉의 자손들이다. 그들의 본거지는 남부 가나안에 있었다(민 13:29). 신명기 25:17-18에 따르면, 그들은 이스라엘의 피곤함을 이용하여 공격하였고 이스라엘의 낙오자들을 무자비하게 쳤다. 이러한 공격으로 인하여 그들은 하나님의 백성에 대항하여 전쟁을 벌인 '열방들 가운데 첫 번째' 나라로써 알려지게 되었다(민 24:20). 이리하여 창세기 12:3의 하나님의 약속에 따라 그들의 기억은 하늘 아래로부터 도말되어야 하였다(민 24:20 참조; 신 25:19). 이러한 약속은 사울(삼상 15장)과 히스기야(대상 4:43)의 때에 부분적으로 성취되었다. 그러나 아말렉 족속의 최후는 아각 사람 하만(에 7:10)과 그의 자손들(에 9:7-10)이 죽을 때까지는 성취되지 않았다.

출애굽기의 설화는 아말렉 족속들의 특별한 악행에 대하여 아무런 가르침도 주지 않는다. 다만 그것이 강조하여 말하는 것은 그들이 어떤 방법으로 패배 당하게 되었는가 하는 것이다. 모세가 손을 들고 있는 한, 전투는 여호수아의 인도 하에 이스라엘에게 유리하게 전개되었다. 심지어 모세의 팔이 너무도 피곤하여 아론과 훌의 도움을 받지 않을 수 없는 상황에서 조차도(17:12), 그의 팔이 들려져 있는 한 전투는 이스라엘에게 유리하게 전개되었다. 이러한 모세의 들려진 팔의 중요성이 본 장 말미에 제시되어 있다. "이는 손들이 여호와의 보좌에 올려졌기 때문이라" (16절 - 한글 개역성경에는 이 부분이 다소 모호하게 되어 있다). 이에 대한 일반적인 해석은 그것이 중보의 기도였다는 것이다. 이 구절의 초기 아람어역은 다음과 같다: "모세의 손들이 기도로 올려졌는데, 이는 바로 우리의 아버지 아브라함과 이삭과 야곱의 믿음을 생각나게 하는 것이며 또 우리의 어머니 사라와 리브가와 라헬과 레아를 생각나게 하는 것이다."[37]

출애굽기 17장의 본 설화는, 민수기 21:1-3에 기록된 아랏 멸망 사건과의 관계 속에서 형성되어진 것으로 보인다. 두 설화는 눈에 보일 정도로 유사하다. 여기 출애굽기 17장에서 백성들은 부족할 물 때문에 불평을 하고 있고 그러한 백성들에게 모세는 반석으로부터 물을 준다(1-7절). 그들은 아말렉 백성들로부터 공격을 당하지만, 모세가 손을 들고 있는 동안(기도?) 기적적으로 그들을 패퇴시킨다. 민수기 21장의 설화에서도 마찬가지로, 이스라엘의 불평과 반석으로부터 물을 얻은 후에(20:1-13), 이스라엘은 가나안 사람들로부터 공격을 당하고, 또 설화가 기도의 형태로 제시하는 맹세로 말미암아 그들을 패퇴시킨다(21:1-3).

가나안 백성들을 패퇴시킨 이야기의 말미에 호르마란 지명이 언급되고 있는 것은("그들이 그들과 그 성읍을 다 멸하니라 그러므로 그곳 이름을 호르마라 하였더라" - 민 21:3), 이스라엘이 아말렉 족속들과 가나안 족속들에 의해 패퇴를 당하였다고 하는 앞의 설명과 문학적 연결관계를 갖는다("아말렉인과 산지에 거하는 가나안인이 내려와 쳐서 파하고 호르마까지 이르렀더라" 민 14:45). 이와 같이 광야생활 초기에 이스라엘 백성들은 가나안 땅에 살고 있던 아말렉인들에 의해 적대행위를 당했으며(출 17장), 또한 그곳에서의 생활 말미에 다시금 가나안인들에 의해 적대행위를 당했다(민 21장). 두 설화 사이의 이러한 병행

37) *Neophyti 1*, ed. Alejandro Diez Macho (Madrid: Consejo Superior de Investigaciones Cientificas, 1970), 2:113.

관계로 말미암아 우리는 저자가 출애굽기 설화에서의 아말렉인과 민수기 21:1-3의 가나안인들을 의도적으로 동일시하고 있다는 사실을 눈치챌 수 있다. 이와 같이, 설화의 구조는 아말렉인들의 운명에 대한 발람의 이상(vision)을 반영하는 것으로 나타난다. "아말렉은 열국 중 으뜸이나 종말은 멸망에 이르리로다"(민 24:20). 성경의 설화들에서 종종 그러한 것처럼, 시적 부분들(예컨대, 민 24:20)은 설화 구조의 의도에 대한 주제적 표현을 제공해 준다. 아말렉은 이스라엘에게 패배를 가져다준 첫 번째 나라였다. 그러나 본 설화에 내재한 병행관계에서 선취적으로 보여질 수 있는 바와 같이, 종말에 그들 역시 멸망에 던져지게 될 것이다. (그림 2를 보라.)

그림1

만나 메추라기	40년	반석에서 물이 나옴	다음 지도자 여호수아	시내광야에서의 시간 11:4~34	만나 메추라기	40년	반석에서 물이 나옴	다음 제사장엘르아살
출 16:4-34	출16:35	출 17:1-7	출17:8-13		민 14:21-22	민 20:1-12	민 20:23-29	민

그림2

만나 메추라기	40년	반석에서 물이 나옴	다음 지도자 여호수아	아말렉과의 전투	시내산	만나 메추라기	40년	반석에서 물이 나옴	다음 제사장엘르아살	가나안인들과의 전투
출 16:4-34	출 16:35	출 17:1-7	출 17:8-13	출 17:14-16		민 11:4-34	민 14:21-22	민 20:1-12	민 20:23-29	민 21:3-16

D. 모세의 장인 이드로(18:1-27)

모세의 장인은 성경에서 몇 가지 이름으로 등장한다. 르우엘(출 2:16-22), 이데르(4:18), 이드로(3:1), 호밥(민 10:29; 삿 4:11). 성경에서 어떤 사람이 한가지 이상의 이름을 가지는 것은 그리 특이한 일이 아니다. 모세는 목자로서 장인과 함께 살았다(출 3:1). 출애굽기 3장에서 그는 하나님으로부터 애굽으로 돌아갈 것을 부름받았다. 비록 출애굽기 4:19-20이 모세가 애굽에 돌아올 때 아내와 두 아들을 데리고 온 것이 분명하다 할지라도, 우리는 본문으로부터 모세가 애굽으로 돌아가기에 앞서 그들을 장인에게 보내었음을 알게 된다. 아마도 출애굽기 4:24-26절에 언급된 신비로운 설화의 목적이, 모세의 아내와 두 아들이 이드로의 집에 돌아가게 된 동기를 가르쳐주는 것이었을런지 모른다(출 4:24-26에 대한 해석을 참조하라).

본 설화는 창세기 14장과 15장의 이야기들과 많은 병행점(parallels)을 가지고 있다. 마치 살렘(šālēm)의 제사장 멜기세덱이 아므라벨과의 싸움에서 돌아오는 아브라함을 맞이한 것처럼(창 14:18-20), 미디안의 제사장 이드로는 아말렉과의 싸움에서 돌아오는 모세를 그의 아내와 두 아들과 함께 평화(šālôm, 18:7; NIV "그들이 서로 문안하고")를 말하기 위하여 나온다. 또 창세기 15:2에서 '아브라함 집의 아들'이 엘리에셀이었던 것처럼(이 이름은 아브라함을 위한 하나님의 도움을 의미한다), 본 설화에서 '모세의 아들'이 또한 엘리에셀이다(이 이름은 "하나님이 나의 도움이시다"를 의미한다, 출18:4).

멜기세덱은 아브라함을 원수들로부터 구원하심을 인하여 하나님을 찬송하였다. "천지의 주재시요 지극히 높으신 하나님이여 아브람에게 복을 주옵소서 너의 대적을 네 손에 붙이신 지극히 높으신 하나님을 찬송할지로다" (창 14:19). 이와 마찬가지로 이드로가 또한 하나님을 찬송한다. "여호와를 찬송하리로다 너희를 애굽 사람의 손에서와 바로의 손에서 건져 내시고 백성을 애굽 사람의 손 밑에서 건지셨도다" (출 18:10). 멜기세덱은 지극히 높으신 하나님의 제사장으로서 빵과 포도주를 가지고 왔고 아브라함은 그에게 십일조를 주었다(창 14:18-20). 한편 이드로는 번제와 다른 제물들을 가지고 와서 모세와 아론과 함께 빵을 먹었다. 주님은 아브라함에게 이상 가운데 그의 씨가 "이방에서 객(ger)"이 될 것을 보여주셨다(창 15:13). 한편 모세는 아들의 이름을 게르솜이라고 지었는데, 그것은 그가 "내가 이방에서 객(ger)이 되었다" 라고 말했기 때문이다(출 18:3).

이러한 병행점들(parallels)의 목적은 이드로를 또 한 사람의 멜기세덱 - 의로운 이방인의 전형(paradigm) - 으로 제시하고자 하는 것으로 보인다. 이드로가 이러한 인정을 받는 것은 매우 중요하다. 왜냐하면 그는 율법 수여자인 모세를 가르치며 이스라엘에게 하나님의 율법을 시행하는 방법을 가르치는 등, 본 장에서 매우 중요한 역할을 맡고 있기 때문이다. 이와 같이 하나님께서 창세기 15장에서 그와 더불어 언약을 맺으시기에 앞서 아브라함이 제사장 멜기세덱을 만난 것처럼(창 14장), 모세는 하나님께서 시내 산에서 그와 더불어 언약을 맺으시기에(출 19장) 앞서 제사장 이드로를 만난다(출 18장).

모세가 장인을 그의 나라로 돌려보냈다고 하는 이야기는 그가 즉시로 그렇게 했음을 의미하는 것으로써 받아들여져서는 안된다. 예를 들어 민수기 10:29을 보면(삿 4:11 참조), 이드로는 이스라엘 백성들이 시내산을 떠날 때 여전히 그들과 함께 있었음이 나타난다. 이와 관련하여 어떤 학자들은 출애굽기 18장 전체가 시내산 이후에 일어난 사건들을 설명하는 것이며,[38] 따라서 장인을 떠나보낸 것에 대한 언급은 연대기적인 것이 아니라고 주장한다. 그들은 계속 주장하기를, 이것이 또한 이스라엘이 시내 산에서 율법이 주어지기 전에 이미 '율례와 법도'를 가지고 있었던 것에 대한 이유라고 한다(출 18:16). 그러나 출애굽기 18장 전체가 연대기적으로 제자리에 놓여지지 않은 것이라고 생각할 이유는 어디에도 없다. 다만 마지막 절(27절) 만이 민수기

---

38) Rashi, ad loc.를 보라.

10:29 이후에 일어난 일이라고 말하는 것으로 충분하다. 또 주님은 이미 그들에게 마라에서 '법도와 율례'를 주셨다(출 15:25-26); 그러므로 '율례와 법도'라는 언급이 부적절한 것은 결코 아니다.

Ⅵ. 시내 산 언약(19:1-24:18)

A. 하나님께서 모세와 만나심(19:1-25)

1. 시내 산에 도착하여 진을 치다(19:1-2)

저자는 시내 산 언약이 애굽에서 나온 후 50일째 되는 날에 세워졌음을 주의 깊게 밝힌다. 이스라엘 백성들은 '바로 그날', 곧 셋째 달 시반월(5월\6월) 제 3일에 시내 광야에 도착했다. 이 날은 이스라엘이 애굽을 나온지 48일째 되는 날이었다. 그들은 48일째 되는 날 밤에 그 광야에 진을 쳤다(19:2a). 그리고 다음 날, 곧 49일째 되는 날, 그들은 그 산(시내 산)에 도착하여 진을 쳤다(19:2b).[39] 다음 날 아침,[40] 즉 50일째 되는 날 모세는 그 산에 올라가 언약을 받았다(출 34:22; 신 16.:9-11을 보라). 그들은 여기에서 거의 일년을 머물렀다가 이듬해 둘째 달 이야르월(4월\5월) 제 20일에 그곳을 떠났다(민 10:11).

2. 언약이 선언되다(19:3-15)

시내 산에서 하나님은 이스라엘과 더불어 언약을 맺으셨다. 그 언약은 순종을 요구하였으며(19:5a), 그것의 목적은 이스라엘을 특별한 백성, 곧 제사장 나라요 거룩한 나라로 세우는 것이었다(5b-6절). 뒤따르는 장들(출 20-23장)에서, 언약의 규정들이 매우 상세하게 언급된다. 또한 매우 많은 규정들이 레위기, 민수기, 신명기에 더하여져 있다. 이 언약은 아브라함과 이삭과

---

39) 히브리 본문에서 "그들이 진을 쳤다"란 구절을 반복하고 있는 것은 그들이 새로운 진을 쳤음을 함축하고 있다.

40) Rashi, ad loc.를 보라.

야곱에게 주신 약속을 성취하는 것으로써 의도되었다(2:24). 그러나 출애굽기 후반부에(32장), 이스라엘이 이 언약을 순종할 수 없었음이 분명하게 드러난다 - 심지어 그들이 시내 산에 머물고 있는 동안에 조차도 그러했다. 이렇게 하여 이스라엘은 언약을 깨뜨렸다(신 31:29-32:6; 삿 2:10-13). 그리하여 미래를 위한 소망은 새 언약을 세우는데 놓여지게 된 것이다(신 30장; 렘 31:31-34; 겔 36장).

3. 주님이 시내 산에 강림하시다(19:16-25)

이스라엘 백성을 인도했던 구름은 이제 시내 산에 머물렀다. 그 구름은 연기로 어두웠으며, 불로 가득찼고, 또 큰 천둥소리를 수반하고 있었다. 그러한 소란스러움 가운데 신비스럽게도, 나팔소리가 심히 큰 소리로 울려퍼졌다(16절). 하나님이 임하셨던 산은 지옥 같은 곳(inferno)이었다. 하나님의 권능의 이러한 전시(展示)는 모든 백성들에게 효과가 있었다. 그들 가운데 큰 두려움이 있었다. 모세가 설명하고 있는 바와 같이, 그것은 '이스라엘을 시험하고 그들로 경외하여 범죄치 않게 하려 함'이었다(20:20). 나중에 그는 다시 한번 백성들에게 경고했다, "너희는 스스로 삼가서 너희 하나님 여호와께서 너희와 세우신 언약을 잊지 말라…… 네 하나님 여호와는 소멸하는 불이시요 질투하는 하나님이시니라"(신 4:23-24). 본 단락에 나오는 '제사장들'의 정체를 위하여는 출애굽기 13:1-2에 대한 해석을 참조하라.

19:25의 십계명을 주는 배경에 대한 묘사는 어딘가 모호한 점이 있다. 여기에는 적어도 두 가지 방식의 관점이 있다. 첫째로, 하나님께서 먼저 모세에게 십계명을 말씀하시고(19절) 그 후에 모세가 그것을 백성들에게 주었다고 볼 수 있다(25절). 백성들은 하나님이 말씀하시는 것을 듣기 위해 가까이 나아가는 것을 두려워하였다. 그리하여 그들은 모세에게 자신들을 위해 대신가 달라고 요청했다(20:19).

그러나 19:25은 또한 주께서 십계명을 모세와 모든 백성들에게 - 모세 혼자에게라기 보다 - 말씀하셨다고 볼 수 있다. 그러나 하나님이 말씀하시는 것을 들은 후에, 백성들은 하나님께서 오직 모세에게만 이야기하고 그리고 난 후 모세가 자신들에게 이야기하라고 요청했다(20:19-19). 이러한 시나리오가 신명기 4:10-13("네가 호렙 산에서 네 하나님 여호와 앞에 섰던 날에…… 너희가 가까이 나아와서 산 아래 서니 그 산에 불이 붙어 화염이 충천하고…… 여호와께서 화염 중에 너희에게 말씀하시되…… 여호와께서 그 언약을 너희에게 반포하시고 너희로 지키라 명하셨으니 곧 십계명이며 두 돌판에 친히 쓰신 것이라")과 10:4("여호와께서 그 총회 날에 산 위 불 가운데서 너희에게 이르신 십계명을……")에 암시된다. 신명기 5:4-5에 언급된 십계명에 대한 서문은 이러한 논제를 더욱 분명하게 한다: "여호와께서 산 위 불 가운데서 너희와 대면하여 말씀하시매 그 때에 너희가 불을 두려워하여 산에 오르지 못하므로 내가 여호와와 너희 중간에 서서 여호와의 말씀을 너희에게 전하였노라……"

B. 십계명(20:1-17)

여기에서 성경은 하나님의 명령들을 단순히 '이러한 말씀들'(these words)이라는 표현으로 언급한다. 나중에 그것들은 '열 가지 말씀들'(ten words)이라고 불려진다(출 34:28;신 4:13; 10:4). 신명기 4:13에 따르면 이러한 말씀들은 '그가 이스라엘에게 명령하신 언약'(the covenant which he commanded Israel)이라고 불려진다. 이와 같이 그 '열 가지 말씀들'은 자신의 언약 백성을 위한 하나님의 뜻의 표현이다. 그 말씀들은 두개의 작은 돌판의 양면에 기록되었다(출 24:12). 그 돌판들은 모세가 '손으로' 나를 수 있을 만큼 작았다(32:15, 신 9:15, 17).

각각의 돌판에 그 '열 가지 말씀들' 모두가 기록되었는지 - 고대의 몇몇 약정 문서들이 두 부(two copies)를 요구했던 것처럼

- 혹은 그 가운데 일부가 한 돌판에 기록되고 나머지가 다른 돌판에 기록되었는지 하는 것은 분명하지 않다. 통상적으로, 하나님께 대한 인간의 관계를 다루는 한 부류의 계명(1-4계명)이 첫 번째 돌판에 기록되어 있고 또 인간끼리의 관계를 직접적으로 다루는 다른 부류의 계명(5-10계명)이 두 번째 돌판에 기록되어 있다고 주장된다. 그러나 본문이 이러한 구분에 대하여 분명한 암시를 주는 것은 아니다.

이러한 '말씀들'과 관련하여 우리에게 특별한 관심을 불러일으키는 것은 이것들을 어떻게 열개의 계명들로 나누는가 하는 문제이다. 전통적인 견해는 출애굽기 20:3-6을 두개의 계명으로 나누는 것이다.[41] 2-3절이 첫째 계명으로써, 절대적인 유일신론(monotheism)을 요구하는 명령으로 받아들여진다. "너는 나 외에는 다른 신들을 네게 있게 말지니라." 그리고 4-6절이 우상숭배를 금하는 두 번째 계명이다. "너를 위하여 새긴 우상을 만들지 말라." 한편 전체 계명들의 숫자를 열개로 만들기 위하여, 마지막 계명이 17절 전체를 망라하는 것으로 받아들여진다. "네 이웃의 집을 탐내지 말라……" 이것은 대표적으로 NIV 역본이 취하는 관점이다.

그러나 어떤 사람들은 2-6절 전체를 한 계명으로 받아들이고(우상숭배를 금하는 계명), 그것으로 첫째 계명을 삼는다.[42] 다시 말해서, '다른 신들'이란 표현은 곧 '우상들'을 의미하는 것으로 받아들여지는 것이다. 그리고 이 경우, 전체 계명의 숫자를 역시 열개로 만들기 위해, 17절이 두개의 계명을 언급하고 있는 것으로 받아들여진다. 그러므로 아홉 번째 계명은 "네 이웃의 집을 탐내지 말지니라"가 되며, 열 번째 계명은 "네 이웃의 아내나 그의 남종이나…… 탐내지 말지니라"가 된다.

마지막으로, 유대전승은 2절 "나는 너를 애굽 땅 종되었던 집

41) Greek and Reformed view; Josephus, Philo, Origen. Keil, *Pentateuch*, 2:109 를 보라.

42) Augustine, Luther, MT. Keil, *Pentateuch*, 2:109 를 보라.

에서 인도하여 낸 너의 하나님 여호와로라"을 첫번째 계명으로 읽으면서, 그것을 엄격한 유일신론을 요구하는 명령으로 이해한다. 결과적으로 3-6절 전체가 우상숭배를 금하는 두번째 계명으로 받아들여진다.

우리는 2-6절을 잠정적으로 두 계명으로 나누거나 혹은 17절을(역시 잠정적으로) 두 계명으로 나눔에 있어 분명한 구분이 존재하는 것은 아니라는 사실을 받아 들여야만 한다. 그러나 확실한 것은 저자가 그 계명들의 총 숫자를 열 개로 이해하고 있다는 사실이다. 그 이유는 돌판에 기록된 '그 말씀들'이 나중에 '열 가지 말씀들'로써 불려지고 있기 때문이다(34:28).

첫번째 두 계명이 어디에서 나누어져야 하는가 하는 문제는 매우 흥미로운 함축적 의미(implication)를 갖는다. 출애굽기 뒷 부분, 곧 금송아지를 만드는 사건을 다루는 장에서(출 32장) 설화는 그 계명들이 주어지자마자 이스라엘이 그것들을 깨뜨렸음을 보여준다. 저자가 보기에 금송아지를 만드는 것은 첫번째 계명을 직접적으로 위반하는 것이었다. 그러나 도대체 무엇이 '첫번째' 계명인가? 금송아지가 '다른 신'을 대표하는 것이고, 따라서 유일신론을 요구하는 것이 첫번째 계명인가? 혹은 그것이 하나님의 형상을 만드는 것을 나타내는 것이고, 그럼으로써 우상숭배를 금하는 것이 첫번째 계명인가?

NIV에 따를 때, 출애굽기 32장에서 백성들이 금송아지를 만들었을 때 그들은 이렇게 소리쳤다. "이스라엘아 이는 너희를 애굽 땅에서 인도하여 낸 너희 신들이로다"(4, 8절). '너희 신들'(your gods)이란 번역어는 금송아지를 만든 죄가 다신교(polytheism), 즉 주님이 아닌 다른 신들을 예배하는 것으로 이해되었음을 뜻한다. 이 구절을 번역함에 있어서의 문제는 '신들'(gods)로 번역된 히브리 단어(אֱלֹהִים)가 '신들'(복수)이나 혹은 '신'(단수)으로 번역될 수 있다는 사실이다. 더욱이 그 단어는 성경의 다른 곳에서 단순히 '하나님'(God)으로 번역된다. 각각의 경우에 복수 '신들'로써 번역해야 하는가 혹은 단수 '신\하나님'으로 번역해야 하는가 하는 문제는 문맥에 의해 결정되어야 한다. 만일 본문에서 그 단어가 단수로 번역된다면 금송아지를 만든 죄는 우상숭배로 이해되도록 의도된 것일 것이다. 우리가 보기에 이렇게 이해하는 것이(곧 엘로힘을 단수로 이해하는 것이) 본문의 의도에 부합하는 것으로 받아들여진다.

문맥으로부터의 두 가지 중요한 고찰로, 우리는 출애굽기 32장에서 의도된 것이 단수 '신'(god) 혹은 '하나님'(God)이라는 사실을 알 수 있다. 첫째로, 그 금송아지는 본문에서 특별하게 '송아지 모양으로 만들어진 우상'으로 불려진다(4, 8절). 그러므로 저자는 금송아지를, 또 다른 신(다신교)으로라기 보다는 한 분 하나님의 우상(우상숭배)으로 이해했다. 둘째로, 아론이 금송아지 앞에 제단을 쌓았을 때, 그는 이렇게 말했다. "내일은 여호와의 절일이니라"(5절). 그리고 다음날, 곧 아론이 '여호와의 절일'이라고 불렀던 날, 백성들은 그 금송아지 앞에서 축제를 벌였다. 그러므로 금송아지의 죄는 다신론(多神論)이 아니라 우상숭배임이 분명하게 나타난다. 그들은 우상을 수단으로 하여 하나님을 예배하고 있었다. 그들이 다른 신들을 예배하고 있었던 것은 아니었던 것이다. 느헤미야 9:18이 본문을 이해하는 방법 역시도 바로 이것이었다. "또 저희가 송아지를 부어 만들고 이르기를 이는 곧 너희를 인도하여 애굽에서 나오게 하신 하나님이라 하여……" 느헤미야의 히브리어 어법은 분명하게 단수로 읽혀지도록 의도되었다.

그러므로 출애굽기 32장의 설화와 느헤미야 9장의 해석은 첫째 계명이 우상숭배를 금하는 것임을 제시한다.[43] 그렇다면 이웃의 집을 탐내는 것을 금하는 출애굽기 20:17a가 아홉 번째 계명으로, 그리고 전반적인 탐욕을 금하는 20:17b가 열 번째 계명으로 이해되어야 할 것이다. 출애굽기 20장의 십계명을 이렇게 구분하는 것은 신명기 5장에 등장하는 십계명과 잘 조화된다.

43) 우상을 방편으로하여 하나님을 예배하는 것을 금하는 출 20:23 또한 우상숭배 문제가 차지하는 중심적인 위치를 보여준다.

신명기에서는 탐욕의 문제가 분명하게 두 계명으로 취하여진다.[44] (출 20:17a에 대한 해석을 참조하라.)

1. 서언(20:1-2)

언약 안에서의 순종에 대한 부르심의 기초는 출애굽에 나타난 하나님의 구원 행동이었다. 여기에서 주님은 자신을 '유일한 하나님'으로 뿐만 아니라 또한 '이스라엘을 억압으로부터 구원하신 하나님'으로 나타내고 계시는 것이다.

2. 첫째 계명(20:3-6): 너는 다른 신들을 갖지 말라

성경의 다른 곳에서 '다른 신들'이라는 표현은 이스라엘 주위에 있는 열방들의 나무나 돌로 만든 우상들을 일컫는다. 그것은 실제적인 신적 존재들로써의 '신들'(gods)을 지칭하는 것이 아니다(신 28:36). 그 표현은 신명기에서 흔히 나타난다. 그러므로 '신들'과 같은 표현은 홀로 한 분이신 이스라엘의 하나님 외에 다른 신적 존재들의 실제적인 존재를 상징하는 것이 아니다. 그것은 단지 다른 나라들이 나무나 돌로 만든 우상들을 자신들의 신들로 예배하는 것을 언급할 뿐이다.

본 계명은 하나님이 질투하는 하나님이심을 가르친다. 그분은 전심으로 예배하지 않는 것에 대해 용납하지 않을 것이다. 그는 인격적인 하나님이시다. 그는 자신의 형상으로 창조한 인간들과 인격적인 관계를 갖기를 원하신다. 그렇지 못한 관계에 있는 한 그는 만족하지 않을 것이다. 하나님 자신이 아니라 그의 형상(우상)을 예배하는 것은 자신 형상으로 인간을 창조하신 하나님의 목적을 거스리는 것이다(창 1:26). 이와 같이 이러한 계명들에 표현된 하나님의 뜻은 창조에 있어서의 그의 목적과 정확하게 일치된다.

44) 마지막 다섯 계명 사이에서 그리고 신 5:21에서 어휘가 변할 때 (탐내다, 열망하다) '와우'가 덧붙여지는 것에 주목하라.

본 계명에 대한 주석(출 20:5-6)은 부모들이 종종 자녀들에게 잘못 방향지워진 삶의 패턴들을 전달해 주는 것을 인정한다. 하나님과 예배에 대한 잘못된 개념들은 여러 세대를 통하여 계속될 수 있으며 또 고통의 세대를 만들 수 있다. 그러나 긍정적인 측면에서, 본 계명에 대한 주석은 하나님의 은혜 가운데 어떤 세대의 사랑과 순종이 미래의 수천 세대를 변화시킬 수 있음을 인정한다.

구약의 역사서들 가운데 우리는 이러한 패턴이 나타나는 것을 볼 수 있다. 예를 들어 사사기 2:10에서 우리는 부모들의 영적 게으름 때문에 모든 세대가 잃어졌다는 이야기를 듣는다. "그 후에 일어난 다른 세대는 여호와를 알지 못하며 여호와께서 이스라엘을 위하여 행하신 일도 알지 못하였더라 이스라엘 자손이 여호와의 목전에 악을 행하여 바알들을 섬기며 애굽 땅에서 그들을 인도하여 내신 그 열조의 하나님 여호와를 버리고 다른 신들 곧 그 사방에 있는 백성의 신들을 좇아 그들에게 절하여…" 이러한 게으름과 반역의 행동 때문에 그 자손들이 징계를 받았다(삿 2:12-15). 이러한 반역의 행동이 궁극적으로 그 나라가 포로로 끌려갈 때까지 한 세대에서 다음 세대로 이어졌음을 보여주는 것이 구약 역사서들의 한가지 중요한 목적이다(왕하 25장). 이와 관련하여 성경은 다음과 같이 이야기한다. "이 일은 이스라엘 자손이 자기를 애굽에서 인도하여 내사 애굽 왕 바로의 손에서 벗어나게 하신 그 하나님 여호와께 죄를 범하고 또 다른 신들을 경외하며…… 저희가 듣지 아니하고 그 목을 굳게 하기를 그 하나님 여호와를 믿지 아니하던 저희 열조의 목같이 하여…… 여호와께서 이스라엘을 심히 노하사 그 앞에서 제하시니……"(왕하 17:7-18).

유다가 포로로 끌려갔을 때, 선지자 에스겔은 첫번째 계명에 의해 제기된 질문에 대하여 변론한다(겔 18장). 에스겔의 시대에 어떤 사람들은 이 계명이 조상들의 쌓인 죄가 무죄한 자손들에게 떨어졌음을 의미하는 것으로 해석될 수 있다고 느꼈다. 그들은 자신들의 관점을 뒷받침하기 위하여 첫째 계명의 어법(語法)에 호소하였다. 에스겔에 따르면 이스라엘에 한가지 속담이 만들어졌다. "아비가 신 포도를 먹었으므로 아들의 이가 시다." 이러한 속담에 대항하여 에스겔은 "범죄하는 그 영혼이 죽으리라" 고 주장한다(겔 18:1-4). 이리하여 에스겔은 의로운 아버지와 악한 아들, 그리고 악한 아버지와 의로운 아들의 문제를 제기하고, 아들의 상급이나 징벌이 아버지의 행동에 의존하지 않는다고 결론짓는다. "범죄하는 그 영혼은 죽을지라 아들은 아비의 죄악을 담당치 아니하리니 의인의 의도 자기에게로 돌아가고 악인의 악도 자기에게로 돌아가리라" (겔 18:20).

3. 둘째 계명(20:7): 너희 하나님 여호와의 이름을 오용하지 말라

하나님은 이스라엘에게 자신의 이름(야훼)을 계시하셨다. 그리고 그들에게 예배 때와 또 필요할 때 그 이름을 부르는 특권을 주셨다. 그러나 이러한 특권과 더불어 그 이름을 영화롭게 하고 또 존귀케 할 책임이 수반되었다. 이스라엘은 하나님의 이름을 '아무런 선한 목적 없이' 불러서는 안되었다. 다시 말해서 그들은 하나님과의 관계를, 그분이 단지 시키는 대로 움직이는 분으로 생각해서는 안되었던 것이다. 이스라엘의 예배의 본질과 성막 건축에 대한 모든 가르침들(출 25-31장)은 이스라엘로 하여금 하나님의 이름을 부르는 올바른 방법을 가르치기 위해 의도된 것이다.

4. 셋째 계명(20:8-11): 안식일을 기억하라

시내 산 언약 하에서, 이스라엘은 매 주일의 일곱째 날을 구별하여 거룩하게 지켜야 하였다. 그렇게 함에 있어 그들은 창조에 있어서의 하나님 자신의 패턴을 따르고 있었다(창 2:2-4). 안식일의 목적은 사람을 노동으로부터 쉬도록 하고(출 23:12; 신 5:14), 그럼으로써 그 백성으로 하여금 '성회'로 모이도록 하려는 것이었다(레 23:3).

5. 넷째 계명(20:12): 네 부모를 공경하라

이 계명의 한가지 중요한 부분은 "그 땅에서 네 생명이 길리라"(너희가 그 땅에서 오래 살리라)는 약속이다. 이 계명은 어린 아이들에게 전달된 것이 아니다. 그것은 일차적으로 어린 아이들로 하여금 부모를 순종하도록 훈계하는 것이 아니었다 - 이러한 요소가 틀림없이 포함되어 있었다 할지라도- 그 계명은 자신의 아버지와 어머니에게 의존하지 않는 - 그러나 그들의 아버지와 어머니는 그들에게 의존하고 있다 - 성인들에게 전달된 것이다. 너희는 부모가 살아있는 동안 뿐만 아니라 너희가 그 땅에 살아있는 동안 부모를 공경해야만 한다. 부모가 세상을 떠난 오랜 후에도 또한 그들은 부모의 가르침을 공경하고 순종함으로써 부모를 영화롭게 하여야 한다. 이것이 "나를 사랑하고 내 계명을 지키는 자"(20:6)에게 수천 세대를 통하여 보이실 하나님의 사랑의 기초이다.

6. 다섯째 계명(20:13): 살인하지 말지니라

살인을 금하는 본 계명은 창조에 그 기초를 두고 있다. 인간은 하나님의 형상으로 창조되었다. 그러므로 "무릇 사람의 피를 흘리면 사람이 그 피를 흘릴 것이니 이는 하나님이 자기 형상대로 사람을 지었음이니라"(창9:6). 본 계명이 사형을 배제하는 것이 아님은 구약 율법이 여러 경우에 죽음의 형을 요구하고 있는 사실에서 분명하게 나타난다(예컨대 출 21:12, "사람을 쳐 죽인 자는 반드시 죽일 것이니라"; 창 9:5 참조).

7. 여섯째 계명(20:14): 간음하지 말지니라

여기에서 혼외 성관계가 금지된다. 본 계명은 결혼에 있어서의 하나님의 목적을 그 기초로 한다. "이러므로 남자가 부모를 떠나 그 아내와 연합하여 둘이 한 몸을 이룰지로다"(창 2:24).

다윗은 비록 많은 면에서 모범적인 인물이었음에도 불구하고 이 계명을 위반하였다. 그리고 바로 이것이 하나님 백성의 지도자로서의 그의 역할이 종말을 고하는 출발점이었던 것이다(삼하 11:24).

8. 일곱째 계명(20:15): 도둑질 하지 말지니라

히브리어의 '훔치다'라는 단어는 자신에게 속하지 않은 것을 취하는 행동의 의미를 전달한다. 그리고 그것은 또한 속임의 의미를 포함한다. 이와 같이 본 계명이 강도행위(robbery)까지도 금지한다 할지라도, 그것의 초점은 도둑질(thievery)이다.

9. 여덟째 계명(20:16): 거짓 증거하지 말지니라

공의를 수행함에 있어, 그리고 일상사 가운데 정직함과 정확함이 여기에서 매우 본질적인 것으로 제시된다.

10. 아홉째 계명(20:17a): 네 이웃의 집을 탐내지 말지니라

신명기 5:21은 본 계명을 '네 이웃의 집'이 아니라 '네 이웃의 아내'로 적시한다. 다시 말해서, 그것은 본 구절(출 20:17)의 마지막 부분에 제시되고 있는 여러가지 요소들 가운데 하나(이웃의 아내)를 보다 일반적인 범주의 '이웃의 집'과 교환하고 있는 것이다. 그 신명기 구절은 또한 마지막 명령에서 '탐내다'(covet) 대신 다른 단어 '열망하다'(desire)를 사용한다. 이러한 변이들은 출애굽기 20:17의 두 부분이 신명기에서 두개의 서로 분리된 진술, 곧 '이웃의 배우자를 탐내는 것'과 '이웃의 재물을 탐내는 것'을 구분하는 것으로 이해되었음을 보여준다. 나아가서 저자가 이러한 두 가지 진술들이 이미 출애굽기 20:17에서 서로 구별되는 것으로 읽혀지도록 의도했다는 것이 '탐내다'라는 동사의 반복에서 암시된다. 만일 우리가 신명기의 해석으로 하여금 출애굽기 본문에 대한 우리의 이해를 지배하도록 허용한다면, 아홉째 계명에서 금지된 '이웃의 집을 탐낸다'는 표현은 이웃의 배우자를 탐내는 의미로 완곡하게 받아들여질 수 있을 것이다. 그러므로 열째 계명에서 금지된 '탐냄'은 재물에 대한 보다 일반적인 의미의 욕망으로 받아들여져야만 한다. 바로 이러한 구분을 보여주기 위해 신명기에서 다른 단어가 사용된 것이다.

11. 열째 계명(20:17b): 네 이웃의 아내나 그의 남종이나 여종을 탐내지 말라

만일 우리가 본 계명에 대한 신명기의 해석을 따른다면, 이것이 마지막 계명이며 또한 모든 종류의 탐심에 대한 일반적인 금지이다. 앞의 계명이 오직 성적인 탐심에만 초점이 맞추어져 있고 또 본 계명이 다른 모든 형태의 탐심과 함께 그러한 탐심을 포함하는 것인 한에 있어서는, 그것은 앞의 계명으로부터 분명하게 입증된다.

명령 #1, 출 20:1, 사람은 하나님이 존재하심을 믿어야 한다: "나는 너희 하나님 여호와니라."(신 5:6)

명령 #155, 출 20:8, 안식일을 성별하라: "안식일을 기억하여 거룩히 지키라."

명령 #210, 출 20:12, 너희는 부모를 공경하여야 한다: "네 아버지와 어머니를 공경하라."

금지 #1, 출 20:3, 사람은 다른 신의 존재를 믿어서는 안된다: "너는 나 외는 다른 신들을 네게 있게 말지니라."

금지 #2, 출 20:4, 사람은 예배를 위한 형상들을 만들어서는 안된다: "너는 너를 위하여 우상을 만들지 말라."

금지 #5, 출 20:5, 사람은 우상에게 절하여서는 안된다: "너는 그것들에게 절하지 말라."

금지 #6, 출 20:5, 사람은 우상을 섬겨서는 안된다: "너는 그것들에게 절하지 말라."

금지 #62, 출 20:7, 사람은 하나님의 이름을 헛되이 취하여서는 안된다: "너는 너의 하나님 여호와의 이름을 망령되이 일컫지 말라."

금지 #320. 출 20:10. 사람은 안식일에 일하여서는 안된다: "아무 일도 하지 말라."

금지 #243. 출 20:13. 훔치는 것(M. 유괴)은 금지된다: "도적질(M. 유괴)하지 말지니라."

금지 #289. 출 20:13. 사람은 다른 사람을 죽여서는 안된다: "살인하지 말지니라."

금지 #347. 출 20:14; 신 5:18. "간음하지 말지니라"; 레 18:20 사람은 다른 사람의 아내와 성관계를 가져서는 안된다: "네 이웃의 아내와 성관계를 갖지 말라."

금지 #285. 출 20:16. 사람은 거짓된 증언을 하여서는 안된다: "네 이웃을 향하여 거짓 증거하지 말지니라."

금지 #265. 출 20:17. 사람은 다른 사람의 소유를 탐내서는 안된다: "네 이웃의 집을 탐내지 말지니라."

C. 예배와 우상숭배(20:18-26)

1. 백성들이 두려워하다(20:18-21)

'열 가지 말씀들'의 진술(출 20:1-17)과 '심판들'의 모음(21:1-23:13)이 짤막한 설화 고리(narrative link, 20:18-26)로써 연결되어 있다. 여기에 시내 산에서 신적 권능이 전시된 이유(이에 대한 보다 충분한 설명이 신 5:22-23에 주어져 있다)와 함께 백성들이 두려워하였다는 보도가 반복된다. 설화에서 백성들은 하나님께 나아가기를 두려워하였다. 그리하여 그들은 모세를 언약의 중보자로 삼았다. 이리하여 모세는 하나님의 권능에 대한 합당한 반응은 그들이 그분 앞에서 도망하도록 만드는 두려움이 아니라 그들로 하여금 경건한 삶 안에서 그분께 순종하는 것이라고 설명한다. 그는 백성들에게 말한다. "하나님이 강림하심은 너희를 시험하고 너희로 경외하여 범죄치 않게 하려 하심이니라." 모세는 동일한 사상을 신명기 8:16에서 다시 한번 언급하는데, 여기에서 그는 하나님이 광야에서 이스라엘을 다루신 것이 그들을 겸손케하고 시험하사 '마침내 복을 주려 하심'이었다고 말씀하신다.

2. 우상숭배의 금지(20:22-23)

본 설화(22-26절)는 사실상 언약 종교의 전반적인 성격을 요약해 준다. 그것은 우상숭배에 대한 경고와 함께 시작된다. 모세는 이스라엘 백성들로 하여금 하나님께서 그들에게 직접 말씀하셨다는 사실을 일깨워 줌으로써 더 이상 그들이 우상 섬김을 통하여 하나님으로부터 길을 잃지 말 것을 경고한다.

> **금지** #4. 출 20:23. 사람은 나무나 돌로부터 살아있는 피조물의 형상을 만들어서는 안된다: "은이나 금으로 신을 만들지 말라."

3. 올바른 예배 형태(20:24-26)

참된 예배에 대한 이러한 단순한 묘사는 시내 산 언약의 본질이 사실상 족장들의 종교의 그것과 일치됨을 보여주기 위하여 의도된 것이다 - 흙으로 쌓은 제단, 번제물, 그리고 다듬어진 의식(儀式) 보다는 단순한 헌신으로 충분하다. 만일 그 이상의 어떤 것(예컨대 돌로 만든 제단)이 필요하다면, 그것은 조각한 돌이나 공들여 다듬은 계단들로 더럽혀져서는 안된다. 그러한 의식(儀式)의 궁극적인 목적은 타락으로 말미암은 인간의 벌거벗음을 덮는 것이다(출 20:26b; 창 3:7 참조). 그것이 함축하는 바는 모든 의식이 단지 가죽옷으로써 인간의 벌거벗음을 덮은 하나님의 첫번째 은혜로운 행동을 반영하는 것이라는 것이다(창 3:21). 후에 제사장들에게 세마포 속옷이 입혀졌는데, 그것은 그들이 제단에 나아갈 때에 '그들의 벌거벗은 육체를 가리기 위한' 것이었다(출 28:42).

참된 언약 종교의 성격에 대한 이러한 묘사가 성막 건축과 관련한 무수한 세부조항들에 선행한다는 사실이 주목되어야 한다.

성막에 대한 세부적이고 화려한 묘사는 여기에 언급된 단순한 예배와는 상당한 거리가 있는 것처럼 보인다. 그러나 여기의 구절들은 본 설화와 궁극적으로는 전체로서의 오경 설화의 가르침에 있어 매우 중요한 역할을 담당한다. 그것은 우리의 관심을 언약 가운데 의도된 예배의 본질적인 성격에 맞추도록 한다. 따라서 여기에서 묘사된 예배의 성격과 창세기 설화들에 나오는 족장들의 그것 사이의 유사성이 설화에서 중요한·역할을 차지하는 것이다. 시내 산 언약 가운데에서의 이스라엘의 예배는 아브라함, 이삭, 야곱과 같은 족장들의 그것과 동일한 것이었다. 사실상 이러한 종류의 예배는 아담 이래로 하나님께 대한 조상들의 예배와 비견될 만한 것이다(창 4:26). 하나님은 앞으로 건축될 성막의 모든 금과 은을 통하여 분명히 영광을 받으실 것이다. 그러나 그의 영광이 족장들의 삶 가운데 예시된 단순한 순종에의 부르심에 대한 값으로서는 아닌 것이다.

이후에 나오는 심판들(출 21:1-23:12)에 대한 이러한 도입부에서 강조된 것과 유사한 주제들 - 우상숭배의 금지와 하나님께 대한 올바른 예배의 본질 - 이 그 항목의 끝부분(출 23:10-13)에서 다시 한번 반복된다. 따라서 이러한 문구들은 '42개의 판결목록'에 대한 프롤로그와 에필로그가 되는 것이다(34:11-26 참조).

우상숭배의 금지(20:22-23) 올바른 예배 형태(20:24-26)
42(7×6)가지의 판결들 (21:1-23:12)
우상숭배의 금지(23:13) 올바른 예배형태(23:14-19)

금지 #79. 출 20:25. 사람은 깍은 돌로 제단을 만들어서는 안된다: "다듬은 돌로 쌓지 말라."

금지 #80. 출 20:26. 층계가 있는 제단을 만들어서는 안된다: "너는 층계로 내 단을 오르지 말라."

D. 판결들(21:1-23:12)

발췌된 '판결들'(판례들, judgments)은 모세가 백성들에게 준 신적 판결들의 표본으로 주어진다. 전부 42가지의 '판결들'이 주어진다. 마흔 둘이라는 숫자는 분명히 각 섹션의 첫 단어 "그리고 이것들은"(ואלה)에 있는 히브리 문자들이 정확하게 마흔 둘(7 × 6)이라는 숫자가 된다는 사실로 말미암는다.[45] 이것은 21:1-23:12의 율법들이 전체 모세 율법의 대표적 발췌로 이해되어야 함을 암시한다. 이것은 모든 율법의 완전한 목록으로 의도된 것이 아니다. 이러한 발췌의 목적은 신적 정의의 본질을 가르치기 위한 기초를 제공하는 것이었다. 하나님의 뜻을 구체적인 상황들 속에 적용시키는 특정한 사례들을 연구함으로, 오경의 독자는 언약관계를 단단히 묶는 기본적인 원리들을 배울 수 있었다. '열 가지 말씀들'이 하나님이 자기 백성들에게 요구하신 정의의 기본적인 원리들에 관하여 일반적인 진술을 제공했던 반면, 여기에 발췌된 판례들은 한 걸음 더 나아가 그러한 원리들, 혹은 이상들이 어떻게 실제적인 삶의 정황들 속에서 적용되어야 하는지를 보여주었다.

다음은 본 항목에 포함된 율법들의 목록이다.

1. 히브리 종의 권리(21:2-6)[46]
2. 딸의 권리(21:7-11)
3. 살인(21:12-13)

---

45) 육일 동안의 일하는 날 각각의 날에 일곱개의 율법들을 두고자 하는 의도가 또한 있을는지 모른다 (출 20:11 참조).

46) 여기에서 히브리 종을 사는 것과 '형제'를 종으로 삼는 것을 금하는 레 25:39 사이의 관계를 주목하라. 그 종은 칠년 내에 자유롭게 되어야 하는가, 아니면 희년에? 출 21:6의 '영원히'는 레 25:39의 희년을 배제하는가? 신 15:12-18에 대한 주석을 참조하라.

4. 계획적인 살인 (21:14)
5. 부모 살해 (21:15)
6. 유괴 (21:16)
7. 부모에 대한 저주 (21:17)
8. 심한 폭행 (21:18-19)
9. 종에 대한 폭행 (21:20-21)
10. 태아에 대한 폭행 (21:22-23)
    동가복수법 (同價復讐法, lex talionis) 의 원리 (21:24-25)
11. 종의 눈에 적용된 동가복수법 (21:24-25)
12. 종의 이에 적용된 동가복수법 (21:27)
13. 사람을 들이받은 소 (21:28-32)
14. 부주의한 구덩이로 말미암은 상해 (21:33-34)
15. 다른 소를 들이받은 소 (21:35-36)
16. 소와 양을 도적질함 (22:1-4 〈MT 21:37-22:3〉)
17. 소에게 풀을 먹임에 있어 입힌 피해 (22:5 〈MT 4〉)
18. 불로 인해 입힌 피해 (22:6 〈MT 5〉)
19. 보관한 돈이나 물품의 손실 (22:7-9 〈MT 6-8〉)
20. 보관한 가축의 손실 (22:10-13 〈MT 9-12〉)
21. 빌린 물건의 손실 (22:14-15 〈MT 13-14〉)
22. 혼외 성관계 (22:16-17 〈MT 15-16〉)
23. 마술에 대한 금지 (22:18 〈MT 17〉)
24. 동물과의 성관계에 대한 금지 (22:19 〈MT 18〉)
25. 다른 신들에게 제물을 드리는 것에 대한 금지 (22:20 〈MT 19〉)
26. 이방인을 압제하는 것에 대한 금지 (22:21 〈MT 20〉)
27. 과부나 고아를 괴롭게 하는 것에 대한 금지 (22:22-24 〈MT 21-23〉)
28. 돈 빌려주는 것에 대한 규제 (22:25-27 〈MT 24-26〉)
29. 하나님과 통치자를 모독하는 것에 대한 금지 (22:28 〈MT 27〉)

30. 주님께 드림(22:29-30 〈MT 28-29〉)
31. 짐승에게 죽은 고기 먹이는 것에 대한 금지(22:31 〈MT 30〉)
32. 거짓 증거에 대한 금지(23:1)
33. 다수 쪽으로 편향되는 것에 대한 금지(23:2-3)
34. 원수의 길 잃은 가축을 돌려줌(23:4)
35. 원수의 짐진 가축을 도와줌(23:5)
36. 가난한 자에 대한 공평한 정의(23:6)
37. 거짓된 정의에 대한 경고(23:7a)
38. 부주의한 정의에 대한 경고(23:7b)
39. 뇌물에 대한 금지(23:8)
40. 이방인을 압제하는 것에 대한 금지(23:9)
41. 안식년(23:10-11)
42. 안식일(23:12)

명령들:

명령 #232, 출 21:2, 히브리 종들을 다룸에 대하여: "만일 네가 히브리 종을 사면."

명령 #233, 출 21:8, 주인은 자신의 여자 히브리 종과 결혼해야 한다: "자신을 위하여 여종을 지명한 그녀의 주인은…… "

명령 #234, 출 21:8, 주인은 자신의 여자 히브리 종을 구속해야만 한다: "주인은 여종이 구속되도록 하여야 한다"

명령 #227, 출 21:16, 사형: "그를 반드시 죽일지니라."

명령 #236, 출 21:18, 사람에 의해 야기된 상해: "사람이 서로 싸우다가 하나가 돌이나 주먹으로 그 적수를 쳤으나…… "

명령 #226, 출 21:20, 사형: "그에게 보복이 가해져야 한다."

명령 #237, 출 21:28, 동물에 의해 야기된 상해: "만일 소가 남자나 여자를 받아서 죽이면 ….."

명령 #238, 출 21:33-34, 구덩이로 인해 야기된 상해: "사람이 구덩이를 열어두거나 덮지 아니함으로…… "

명령 #239, 출 21:37-22:3(EVV 22:1-4), 도둑에 대한 징벌: "만일 사람이 소나 양을 도적질하면…… "

명령 #240, 출 22:4(EVV 5), 침범에 대한 징벌: "만일 사람

이 포도원에서 먹이다가 그 짐승을 놓아서 남의 밭에서 먹게 하면 ……"

명령 #241, 출 22:5(EVV 6), 방화에 대한 징벌: "만일 불이 나서"

명령 #242, 출 22:6-8(EVV 7-8), 물건을 훔친 보관인에 대한 징벌: "만일 사람이 돈이나 물품을 이웃에게 맡겨 지키게 하였다가……"

명령 #246, 출 22:8(EVV 9), 모든 종류의 물품과 관련한 판결들: "모든 경우의 불법적인 소유에 있어……"

명령 #243, 출 22:9-12(EVV 10-13), 물건을 훔친 보관인에 대한 징벌: "사람이 나귀나 소나 양이나 다른 짐승을 이웃에게 맡겨 지키게 하였다가……"

명령 #244, 출 22:13(EVV 14), 빌린 물건을 잃어버린 경우의 징벌: "만일 이웃에게 빌어온 것이 그 임자가 함께 있지 아니할 때에 상하거나 죽으면……"

명령 #220, 출 22:15-23(EVV 16-24), 유혹자는 반드시 징벌받아야 한다: "사람이 정혼하지 아니한 처녀를 꾀어……"

명령 #197, 출 22:24(EVV 25), 가난한 자에게 이자 없이 빌려주라: "네가 만일 너와 함께 한 나의 백성 중 가난한 자에게 돈을 꾸이거든……"

명령 #80, 출 22:28(EVV 29), 장자의 구속: "너의 처음 난 아들을 내게 줄지며……"

명령 #175, 출 23:2, 다수를 따라 정의를 왜곡시키지 말라: "다수를 따라 악을 행하지 말며……"

명령 #202, 출 23:5, 너는 지나치게 많은 짐을 진 나귀를 도와야 한다: "네가 만일 너를 미워하는 자의 나귀가 짐을 싣고 엎드러짐을 보거든……"

명령 #134, 출 23:11, 일곱째 해에 그 땅은 모든 사람들에게 속한다: "제 칠년에는 갈지 말고 묵여 두어서……"

명령 #154, 출 23:12, 안식일에는 쉬라: "제 칠일에는 쉬라."

금지들:

금지 #261, 출 21:8, 사람은 자신의 히브리 여종을 팔아서는 안된다: "그는 여자로 구속되게 할 것이요, 그 여자를 외국인에게 팔 권리를 가지지 않는다."

금지 #262, 출 21:10, 만일 사람이 자신의 히브리 여종과 결혼하면, 그는 그녀의 음식과 의복 그리고 결혼상의 권리들을 빼앗지 못한다: "그의 의복과 음식과 동침하는 것을 끊지 못할 것이요."

금지 #319, 출 21:15, 사람은 자신의 부모를 때려서는 안된다: "자기 아비나 어미를 치는 자는 반드시 죽일지니라."

금지 #318, 출 21:17(EVV 18), 사람은 자신의 부모를 저주해서는 안된다: "그 아비나 어미를 저주하는 자는 반드시 죽일지니라."

금지 #188, 출 21:28, 사람은 돌에 맞아 죽은 소를 먹어서는 안된다: "그 고기는 먹지 말 것이며……"

금지 #310, 출 22:17, 무당을 살려두어서는 안된다: "너는 무당을 살려두지 말지니라."

금지 #252, 출 22:20(EVV 21), 이방인으로부터 이익을 취하여서는 안된다: "너는 이방 나그네를 압제하지 말며……"

금지 #253, 출 22:20(EVV 21), 이방인을 억압해서는 안된다: "그들을 학대하지 말라."

금지 #256, 출 22:21(EVV 22), 사람은 과부와 고아를 억압해서는 안된다: "너는 과부나 고아를 해롭게 하지 말라."

금지 #234, 출 22:24(EVV 25), 사람은 가난한 자에게 지나치게 가혹해서는 안된다: "네가 만일 너와 함께 한 나의 백성 중 가난한 자에게 돈을 꾸이거든 너는 그에게 채주같이 하지 말며……"

금지 #237, 출 22:24(EVV 25), 사람은 가난한 자에게 이자를 받아서는 안된다: "변리를 받지 말 것이며……"

금지 #60, 출 22:27(EVV 28), 사람은 하나님의 이름을 모독해서는 안된다: "너는 하나님을 모독하지 말라."

금지 #315, 출 22:27(EVV 28), 사람은 하나님(M. 재판장)을 저주해서는 안된다: "너는 하나님을 모독하지 말라."

금지 #316, 출 22:27(EVV 28), 사람은 통치자를 저주해서는 안된다: "백성의 유사(有司)를 저주하지 말지니라."

금지 #154, 출 22:28(EVV 29), 사람은 십일조를 떼어놓는 순서를 바꾸어서는 안된다: "너는 너의 추수한 것과 너의 짜낸 즙을 드리기에 더디게 말지며……"

금지 #181, 출 22:30(EVV 31). 사람은 들에서 짐승에게 찢겨죽은 동물의 고기를 먹어서는 안된다: "들에서 짐승에게 찢긴 고기를 먹지 말고……"

금지 #281, 출 23:1, 사람은 거짓된 보도들을 퍼뜨려서는 안된다(M. 상대방이 없는 상태에서 한쪽 소송당사자의 말을 듣는 것은 금지된다): "너는 허망한 풍설을 전파하지 말며……"

금지 #286, 출 23:1, 사람은 죄인을 위하여 거짓 증거를 제공하여서는 안된다: "악인과 연합하여 무함하는 증인이 되지 말며……"

금지 #282, 출 23:2, 재판장은 다수의 무리에 의해 설득되어서는 안된다: "다수를 따라 악을 행하지 말며……"

금지 #283, 출 23:2, 재판장은 다수를 따라 기울므로써 정의를 왜곡하여서는 안된다: "송사에 다수를 따라 부정당한 증거를 하지 말며"

금지 #277, 출 23:3, 재판장은 가난한 자의 편을 들어서는 안된다: "가난한 자의 두호라고 편벽되이 두호하지 말지니라."

금지 #270, 출 23:5, 사람은 무거운 짐 아래 깔린 사람이나 짐승을 돕는 것을 거절하여서는 안된다: "삼가 버려 두지 말고 그를 도와 그 짐을 부릴지니라."

금지 #278, 출 23:6, 재판장은 가난한 자를 차별대우하여서는 안된다: "너는 가난한 자의 송사라고 공평치 않게 하지 말며……"

금지 #290, 출 23:7, 사람은 정직한 사람을 벌하여서는 안된다(M. 오직 상황의 증거에만 기초하여 판결하라): "무죄한 자와 의로운 자를 죽이지 말라."

금지 #274, 출 23:8, 재판장은 판결에 있어 뇌물을 받아서는 안된다: "너는 뇌물을 받지 말라."

E. 우상숭배와 올바른 예배(23:13-19)

1. 우상숭배의 금지(23:13)

본 항목의 마지막에서 다시금 첫째 계명, 곧 우상숭배에 대한 경고가 제시되고 있는데, 그것은 또한 본 항목의 시작(20:22-23)에서도 언급되었었다. 본 항목을 통하여 우상숭배의 주제가 계속 반복되고 있는 사실은 금송아지 사건(출 32장)을 평가하기 위한 준비와 배경이 된다. 이스라엘이 금송아지를 만들고 그것을 예배의 대상으로 삼았을 때, 그들은 첫째 계명을 깨뜨린 것이었다. 이러한 사실은 그들이 언약을 지킬 능력이 없었음을 회화적(繪畫的)으로 보여주는 것이었다.

금지 #14, 출 23:13, 사람은 우상으로 맹세해서는 안된다: "다른 신들의 이름을 부르지도 말며……"

금지 #15, 출 23:13, 사람은 다른 사람으로 하여금 우상을 따르도록 설득하고자 해서는 안된다: "네 입에서 들리게도 말지니라."

2. 올바른 예배형태:절기들(23:14-19)

일년에 세 차례의 절기가 있었다. 무교절 절기는 출애굽기 12:14-20과 13:3-9에 묘사되었다. 그리고 맥추절(Feast of Harvest)과 수장절(Feast of Ingathering)이 여기에서 처음으로 언급되고 있다(레 23:5; 민 28:26; 신 16:9-12을 보라). 이러한 세 차례에 걸쳐 이스라엘 공동체의 모든 남자들은 여호와 앞에 보여야 하였다(출 23:17).

이러한 각각의 절기들에 있어 중심적인 규례가 제시된다. (1) 무교절에 있어, 희생의 피에는 누룩이 없어야 하며 유월절 어린양의 어떤 부분도 이 절기를 위해 남겨져서는 안된다(23:18; 34:25 참조). 이것은 매우 중요하다. 왜냐하면 유월절 잔치가 전 날에 열렸기 때문이다(12:8). (2) 맥추절에 있어, 첫열매의 '가장 좋은 것'이 여호와의 집에 드려져야 했다. (3) 수장절에 있어, 오직 젖 뗀 동물만이 제물로써 드려져야 했다(22:29; 레 22:27 참조). '그 어미의 젖 안에 있는' 새끼 염소는 아직 어미로부터 젖을 빠는 염소이다(출 34:18-26).

그러므로 "염소 새끼를 그 어미의 젖으로 삶지 말지니라" 라는 표현은 오직 젖 뗀 짐승만이 제물로 사용되어야 한다는 원리를 언급하고자 의도된 것이다. 그것은 "사울도 선지자 중에 있느냐?" 라는 속담이 가능했던 것과 유사한 것이다. 사울과 관련한 속담의 경우에, 우리는 그 속담이 형성된 실제적인 상황을 알고 있다. 선지자적 은사와는 별로 부합하지 않는 것으로 보이는 사울이 그가 이스라엘을 다스리는 왕으로 선택되었음에 대한 표적으로써 예언을 시작하였다(삼상 10:11-12). 그러므로 "사울도 선지자 중에 있느냐?" (삼상 19:24)란 말로 하나님의 예기치 못한 행동을 표현한 것이었다. 이것은 "이것은 또 하나의 이적이야!"란 말과 비슷할 것이다.

'염소 새끼를 그 어미의 젖으로 삶지 말지니라'라는 표현의 기원은 사울의 경우와는 달리 분명하지 않지만, 그러나 본문이 그것을 이해함에 있어서의 유용한 배경을 제공해 준다. 다른 구절들이 보여주는 바와 같이 동일한 표현이 매우 다른 문맥들에서 사용될 수 있었다(예컨대, 출 34:26; 신14:21).

명령 #52, 출 23:14, 일년에 세 차례 성전에 순례여행함: "너는 매년 삼차 내게 절기를 지킬지니라."

명령 #125, 출 23:19, 첫 열매를 성전에 가져오라: "너희 토지에서 처음 익은 열매의 첫 것을 가져다가 너의 하나님 여호와의 전에 드릴지니라."

금지 #156, 출 23:15, 사람은 제물을 가지지 않고 순례여행을 해서는 안된다: "빈 손으로 내게 보이지 말지니라."

금지 #116, 출 23:18, 사람은 제물의 기름부위를 밤새도록 남겨두어서는 안된다: "내 절기 희생의 기름을 아침까지 남겨두지 말지니라."

금지 #186, 출 23:19, 사람은 염소 새끼를 그 어미의 젖으로 삶아서는 안된다: "염소 새끼를 그 어미의 젖으로 삶지 말지니라."

F. 가나안 정복을 위한 계획(23:20-33)

이스라엘 백성들에 대한 하나님의 돌보심과 인도하심이 여기에서 족장들에 대한 그분의 보호하심과 연결된다. 창세기의 핵심적인 구절들을 언급함으로써 저자는 이스라엘 백성에게 일어난 것이 하나님께서 족장들에게 하셨던 약속을 성취한 것이었음을 보여준다. 예를 들어 야곱은 하나님을 '나를 모든 환난에서 건진 사자'(the angel who delievered from all harm)로 불렀다(창 48:16) - 마치 여기에서 하나님이 자신의 천사로써 자기 백성을 보호하시는 분으로 묘사되고 있는 것처럼. 출애굽기 본문과 창세기 15장 사이에 있는 놀랄만한 분량의 병행관계는 아브라함에게 대한 하나님의 약속과 그 장(창 15장)에서의 언약체결이 시내 산 언약의 약속들에서 성취되었음을 보여준다.

아브라함은 하나님께서 '아모리 백성들'(창 15:16; 출 23:23)에게 '두려운'(창 15:12; 출 23:27) 심판을 가져오실 때를 바라보았다. 비록 이스라엘이 이방 나라를 섬길 것이라 할지라도(창 15:13-14), 그들은 그 나라의 신들을 '섬겨서는'(출 23:24) 아니되었다. 오히려 하나님은 그들을 축복하실 것이고(출 23:25), 그들 가운데 잉태치 못하는 자가 없을 것이다(창 15:2-3; 출 23:26). 그들의 숫자는 엄청나게 될 것이요(창 15:5; 출 23:26), 그들은 조상들에게 약속된 땅에서 살게 될 것이다(창 15:18-21; 출 23:31). 하나님은 그들의 조상들과 더불어 그들에게 그 땅을 주시겠다는 '언약'을 세우셨다(창 15:18). 그러므로 그들은 그 땅에 살고 있는 자들과 더불어 '언약'을 세워서는 안되었다(출 23:32-33). 비록 우리가 시내 산에서의 실패(출 32장을 보라)가 이러한 약속들의 성취를 다음 세대까지 연기시키는 것을 의미하는 것임을 간과해서는 안된다 할지라도(민 14장을 보라), 시내 산 언약의 의도는 족장들에게 준 약속들과 본문 사이의 관계 속에서 분명하게 보여질 수 있는 것이다.

금송아지의 죄와 모세가 시내 산에 다시 올라간 후, 하나님은 다시금 백성들에게 그 땅을 주시기에 앞서 자신의 사자(천사)를 보내실 것에 대하여 말씀하신다 - 그러나 본문과는 달리 그 때에 천사를 보내시겠다는 약속에는 심판에 대한 암시가 포함되어 있었다(출 33:1-6). 천사가 보냄받는 것은 그 백성이 '목이 곧고' 하나님 앞에서 살 수 없었기 때문이었다(5절). 그 때에 그 천사는 자기 백성과 함께 하시는 하나님의 임재를 나타내기 보다는 오히려 하나님께서 그들과 동행하실 수 없었음에 대한 표적이 되었던 것이다(2-3절). 하나님은 그들과 더불어 함께 가실 수 없었다. 그러나 그는 자신의 임재를 나타내기 위해 자신의 천사(사자, angel)를 보냈다. 한 측면에서, 그 사자는 하나님의 임재(presence)를 나타냈다. 그러나 다른 측면에서, 그것은 하나님의 부재(absence)를 나타내는 것이었다. 우리는 여기에서 자신의 사자를 보내시겠다는 하나님의 약속을 다루는 본문 가운데 우상숭배에 대한 경고가 자주 나타나는 것을 주목하여야만 한다.

명령 #5. 출 23:25. 사람은 하나님을 섬겨야만 한다: "너는 하나님 여호와를 섬기라."(신 6:13. "너는 그를 섬길 것이며"; 11:13. "네 마음을 다하여 그를 섬기고"; 13:5. "너는 그를 섬길 것이니라.")

금지 #48. 출 23:32. 사람은 가나안 사람들과 더불어 언약을 하여서는 안된다: "너는 그들과 언약하지 말라."

금지 #51. 출 23:33. 사람은 우상숭배자들을 그 땅에서 살도록 허용해서는 안된다: "그들이 네 땅에 머무르지 못할 것은……"

G. 언약 체결(24:1-18)

출애굽기 24:1-2을 볼 때, 우리는 하나님께서 모세에게 지시하신 19:24의 말씀을 떠올리게 된다. 하나님은 모세에게 말씀하시기를 백성들에게로 내려가서 그의 말씀(viz., 20:1-7)과 판결들(viz., 21:1-23:12)을 이야기하고, 다시 아론과 함께 돌아오라고 하셨다(19:24a). 그러나 제사장들과 백성들은 올라와서는 안되었다(19:24b). 24:3에서 저자는, 19:25에서 이미 언급되었던 것, 곧 모세가 내려가서 백성들에게 하나님의 말씀과 판결들을 이야기했다고 하는 것을 다시금 반복한다. 백성들이 모세의 말을 들었을 때, 그들은 그 언약에 동의하고 언약체결 의식을 통하여 그것을 비준하였다(24:4-8).

이러한 의식 후에, 모세와 아론은 나답과 아비후와 70인의 장로들과 더불어 축연(祝宴)을 행하기 위해 '올라 갔다'(9-11절). 이러한 축연이 베풀어졌던 위치는 분명하지 않다. 그러나 그곳이 산꼭대기가 아니었다고 결론짓는 것이 합리적인 것으로 보인다. 왜냐하면 계속되는 설화들에서 하나님은 모세에게 다시금 "산으로 올라오라"(12절)고 말씀하셨으며, 그때에 그는 여호수아와 더불어 '올라갔다'(13절) - 하나님이 19:24과 24:2에서 말씀하셨던 것처럼.[47] 모세는 장로들과 아론과 훌에게 자신과 여호수아가 돌아올 때까지 남아 있으라고 말했다(14절). 19:24을 감안할 때, 아론은 모세와 더불어 올라갔다. 그리고 나서 이제 그는 훌과 장로들과 함께 남았다 - 모세 혼자만 올라오라고 말하는 24:2에 따르면 장로들은 제사장들과 동일한 그룹이 아니었음이 분명하다. 왜냐하면 본문이 분명히 장로들은 모세와 아론과 더불어 '올라갔지만' 반면 제사장들은 올라가지 아니하고 백성들과 함께 남았다고 하고 있기 때문이다(19:24). 본문이 다시금 모세가(여호수아 없이 ? 24:15) 산에 올라갔다고 말하고 있는 사실을 주목할 필요가 있다. 그 산은 구름으로 덮혀있었다.

여기에서 모세는 6일 동안 기다렸고, 7일째 되는 날 하나님이 그를 부르셨다(16절). 모세는 다시 산에 올라갔고(18절), 그 산에서 40 주야를(혼자, 2절) 머물러 있었다(18b). 신명기 9:9에 따르면, 모세는 이 기간 동안 금식하였다(왕상 19:8; 마 4:2 참조). 이후의 장들(출 25-31장)은 하나님께서 이 기간 동안 모세에게 말씀하신 것을 자세히 서술한다. 이러한 하나님의 말씀들

47) 19:24에 아론은 모세와 함께 가고 제사장들은 뒤에 남아야 했다. 24:2에 모세는 혼자 가고 다른 사람들은 '가까이' 가지 말아야 했다. 백성들은 전혀 '올라가지' 말아야 했다.

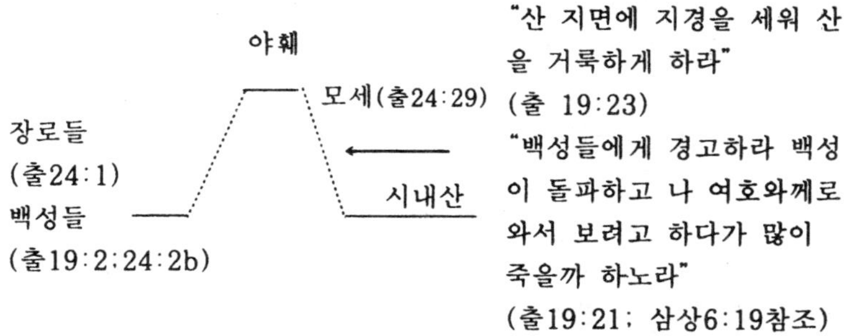

의 끝 부분에서, 설화는 산 밑에서 백성들과 함께 머물러 있었던 아론에게 돌아간다(32:1). 그리고 나서 모세(그리고 여호수아, 17절)는 산으로부터 밑에 있는 백성들에게로 돌아왔다(15절).

언약의 중보자로서 모세는 시내 산에서 하나님이 말씀하신 '그 말씀들'(출 20:1-17)과 '판결들'(21:1-23:13)을 받고 그것을 백성들에게 가지고 내려왔다(24:3a). 백성들은 합창으로 그 언약에 순종할 것을 동의하였다(3b). 그 언약은 백성들에 의한 시내 산 밑에서의 의식(儀式)과(4-8절) 지도자들에 의한 산 위에서의 축연(祝宴) (9-11절)에 의해 비준되었다.

본문은 모세와 장로들이 "이스라엘의 하나님을 보았다"고 말한다(10-11절). 만일 우리가 이러한 구절을 저자가 이해하는 대로(신 4:12, 15, "너희가 아무 형상도 보지 못하였은즉)[48] 그리고 후에 해석된 대로(예컨대, 요 1:18, "본래 하나님을 본 사람이 없으되") 읽는다면, 그것은 아마도 그들이 - 16절에서 말하고 있는 것처럼 - 그분의 영광을 보았다는 것이거나 혹은 이상(환상, vision) 가운데 하나님을 보았다는 것을 의미할 것이다. 그들이 하나님의 '이상'(異像, vision)을 보았다는 것은 다음 절

48) 민 12:8, "그와 내가 대면하여"는 출 33:23의 "네가 내 등은 볼 것이요 얼굴은 보지 못하리라"이나 혹은 34:5 "여호와께서 구름 가운데 강림하사 그와 함께 거기 서서"를 언급하는 것일 것이다. 어쨌든 신 4:12의 모세의 말은 자신에 대한 것이 아니라 이스라엘 백성들에 대한 것이다.

(24:11)에서 "그들이 하나님을 보았다"는 말씀이 반복되고 있는 사실에 의해 뒷받침된다. 여기에서 '보다'에 대하여 다른 단어가 사용되었는데(חזה), 오경의 다른 용례들에서 그것은 '이상 가운데 보다'라는 의미를 갖는다(민 24:4, 16).

附記: 성막(성전) 건물: 성막의 배경
(출 24장; 민 2-3장; 10장 참조)

다음의 논의는 이스라엘의 예배와 구약 신학에서 성막(후에 성전)의 역할과 중요성이 무엇인가 하는 문제에 대한 설명이다.

1. 성막의 원형: 시내 산(출 19장)

1. 언약 때문에 야훼는 자신의 언약백성들 가운데 거하기 위하여 들어오셨다.

a. 출애굽기 19:11 - "예비하여 제 삼일을 기다리게 하라 이는 제 삼일에 나 여호와가 온 백성의 목전에 시내 산에 강림할 것임이니."

b. 출애굽기 19:20 - "여호와께서 시내 산 곧 그 산꼭대기에 강림하시고 그리로 모세를 부르시니 모세가 올라가매."

2. 야훼께서 그들 가운데 들어오시고 계셨기 때문에, 백성들은 자신들을 정결하게 준비하도록 특별한 수단들을 취해야만 하였다.

a. 출애굽기 19:10 - "여호와께서 모세에게 이르시되 너는 백성에게로 가서 오늘과 내일 그들을 성결케 하며 그들로 옷을 빨고,"

b. 출애굽기 19:21 - 특별한 안전수칙: 거룩하신 하나님께서 그들 가운데 계실 것이기 때문에, 이러한 거룩하신 하나님 앞에 백성들이 잘못 들어가는 것을 막기 위한 특별한 안전수칙들이 필요하였다. "여호와께서 모세에게 이르시되 내려가서 백성을 신칙하라 백성이 돌파하고 나 여호와께로 와서 보려고 하다가

많이 죽을까 하노라."

3. 오직 모세만이(여호수아와 함께) 산 위에 계신 하나님께 가까이 나아갈 수 있었다(24:2). 그러나 이 때에조차도 하나님은 구름으로 자신을 가리셨다(15-16절). 그리고 모세는 하나님이 자신에게 말씀하시는 것을 위해 칠일을 기다려야만 하였다(16절 - 공간적인 분리 만이 아니라 시간적인 분리).

4. 요약: 하나님의 백성이 하나님이 그들과 더불어 만나시겠다고 약속한 산에 모였을 때(3:12), 그 산의 배경 가운데 특별한 배치가 이루어졌다. 백성들은 멀리 떨어져 있었던 반면, 모세는 하나님이 계신 빽빽한 구름으로 접근하였다.

5. 시내 산의 신학: 시내 산의 배경 가운데 두가지 중요한 신학적 요소가 지배하고 있다.

a. 언약 - 선택된 아브라함의 자손들과의 언약관계 속에서(24:3-18), 창조주 하나님은 자기 백성들 가운데 거하기 위해 강림하셨다(25:8). 우주의 하나님이 이스라엘 백성들 사이에 거하기 위해 오신 것이다.

b. 하나님의 거룩하심 - 지금 자기 백성들 가운데 거하실 주님은 거룩하신 하나님이다. 그는 자신이 이러한 백성들 가운데 거하는 동안 자신의 거룩함을 옆으로 제쳐놓지 않았다. 거룩하신 하나님께서 죄많은 인간들 가운데 거하고 계시다. 그러므로 백성들은 특별한 방편들을 취하여야만 한다. 이러한 방편들은 이중적이다:

(1) 적극적인 방편들: 오경 전체를 통하여 성별을 위한 적극적인 방편들이 백성들을 위하여 제시된다(예컨대, 특별한 씻음, 의복, 그리고 제사장들에 대한 기름부음 등).

(2) 소극적인 방편들: 위에서 논의된 정황들 가운데, 더러운 인간이 이스라엘 가운데 거하시는 거룩하신 하나님 앞에 들어갈

수 있는 가능성이 존재하였다. 거룩한 하나님 앞에 함부로 들어가는 것의 결과가 너무도 엄정한 것이었기 때문에, 이스라엘 백성들은 부적합하게 들어가는 것 - 즉 피의 제사 없이 하나님 앞에 들어가는 것 - 으로부터 보호되어야만 하였다.

요약: 이와 같이 시내 산은 백성들을 위한 보호장치였다. 산으로 인한 물리적인(그리고 시간적인) 분리를 수단으로 하여, 거룩하신 하나님 야훼는 자신의 언약 백성들 가운데 거하실 수 있었다(민 8:19 참조).

2. 성막(성전) 건물의 구조(민 2-3장)

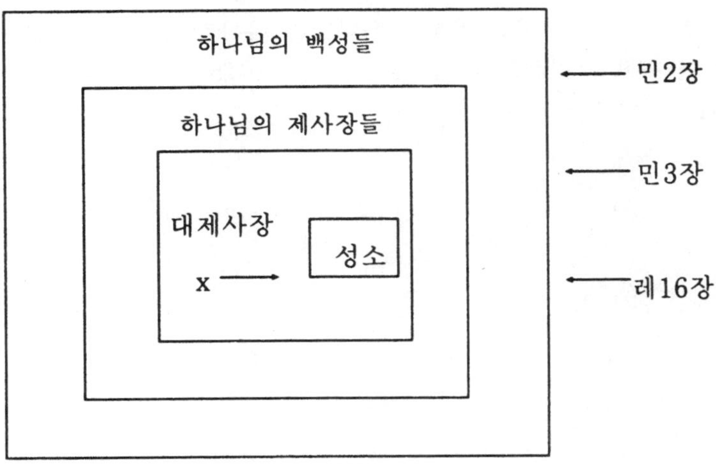

성막에 대한 위의 개략적인 그림에서 볼 수 있는 바와 같이, 이러한 구조는 거룩한 하나님과 그의 백성 사이의 '시내 산에서와 같은 종류의 물리적인 분리'를 제시한다(시간적 분리가 또한 절기나 축제일, 예컨대 레 16장의 대속죄일 같은 데에서 제시된다). 주요한 차이는 성막이 이동식이었다는 사실에 놓여있다. 자기 백성 가운데 거하시는 거룩하신 하나님을 위한 그러한 설비(設備)는 시내 광야에 한정되지 않았다 - 그것은 이동식이었

으므로 언약의 한 부분으로써 약속의 땅에 옮겨질 수 있었다. 일단 백성들이 그 땅에 들어가 안전하게 거하게 되면, 그것은 영구적인 것으로 만들어질 수 있었다 - 성전.

3. 결론

성막 - 성전 가운데, 거룩하신 하나님은 자신의 택한 백성들 사이에 사셨다. 그것의 특별한 구역들(예컨대, 지성소, 바깥 마당 등)은 하나님을 자기 백성으로부터 배제시키고자 의도된 것이 아니라 이러한 거룩하신 하나님께 합당하게 - 즉 속죄제물의 피를 통하여 - 접근하는 것을 보호하기 위한 것이었다. 성막 - 성전의 이러한 신학은 각각의 신자가 성령의 전이며(고전 6:19), 또 신자로 하여금 거룩한 하나님께 나아갈 수 있게 만드는 방편이 바로 그리스도의 피라고 하는(히 9:25-26) 신약의 중요한 가르침의 기초가 된다.

Ⅶ. 성막(25:1-31:18)

성막 건축작업을 위한 지침들은 창세기 1장에 기록된 하나님의 창조사역과 병행관계를 이루는 방식으로 기록된다. 창조 설화가 하늘과 땅(천지)을 하나님이 인간들과 더불어 교제를 갖는 무대로 묘사하고 있는 것처럼, 여기에서는 성막이 하나님께 대한 인간의 잃어버린 교제를 회복시키는 방편으로 묘사된다. 그러므로 창세기 1-2장의 창조 이야기와 출애굽기 25-30장의 성막 건축 이야기는 몇 가지 중요한 유사성을 갖는다.

첫번째 영역의 유사성은 두 이야기의 전반적인 구조이다. 예를 들어, 창세기의 창조 이야기가 일련의 일곱 가지 창조 행동들로 구성되어 있다는 것은 잘 알려진 일이다. 이러한 각각의 행동들은 "하나님이 가라사대"(and God said) 라는 신적 말씀으로 시작된다(창 1:3, 6, 9, 14, 20, 24, 26; 참조 11, 28, 29). 같은 방식으로, 성막건축을 위한 토라의 지침 역시 일곱 가지 행동들로 나누어지는데, 각각의 행동들은 "여호와께서 가라사대"(and the Lord said) 라는 신적 말씀으로 시작된다(출 25:1; 30:11, 17, 22, 34; 31:1, 12). 이와 같이 성막은 하나님의 선하신 창조를 다시 세우는 것으로 묘사된다. 더우기 에덴 동산과 성막은 매우 비슷한 방식으로 묘사된다. 예를 들어, 양자(兩者)는 공히 순금(창 2:12a; 출 25:3)과 값진 보석들(창 2:12b; 출 25:7)을 가지고 있으며, 그것들(에덴동산과 성막)은 그룹에 의해 지켜진다(창 3:24; 출 25:18).

창조 이야기의 끝부분인 창세기 2:1-3은 하나님께서 일곱째 날, 곧 안식일에 쉬셨음을 일깨워주었다. 이와 마찬가지로 성막 건축 이야기에서의 마지막 지침은 여호와의 안식일을 준수하여야 함을 일깨워주는 것이었다(출 31:12-18). 더우기 창세기 설화에서 하나님이 자신이 만든 모든 것을 바라보고 평가한 후(하나님이 그 지으신 모든 것을 보시니 보시기에 심히 좋았더라; 창 1:31) 축복하는 것으로 자신의 마지막 사역을 종결지었던 것처럼(1:28), 성막건축에 대한 묘사에서 그 사역이 완료되었을 때 모세는 이루어진 모든 것을 보고 평가한 후(모세가 그 필한 모든 것을 본즉 여호와께서 명하신 대로 되었으므로, 출 39:43a) 그들을 축복하였다(39:43b). 또한 창세기의 창조 이야기에서 인간은 특별한 패턴, 곧 '하나님의 형상'을 따라 만들어졌다(창 1:26-27). 이와 마찬가지로 성막건축에서도 부분들 뿐만 아니라 모든 것이 하나님이 모세에게 보여주었던 '패턴'을 따라 만들어졌다(출 25:9).

한걸음 더 나아가서, 창세기 1장과 2장의 창조 이야기에 뒤이어 타락의 이야기가 등장하였었다(창 3장). 타락 이야기의 한가운데에 있는 것은 선악을 알게하는 나무의 열매를 먹지 말라고 하는 하나님의 명령에 대한 인간의 불순종이었다. 성막건축을 위한 지침들의 끝부분에 역시 '타락 설화'가 있는데, 그것은 금송아지를 만든 이스라엘의 죄에 대한 이야기이다(출 32장). 창세기의 타락 이야기에서와 마찬가지로, 금송아지의 이야기에서 하나님의 명령에 대한 이스라엘의 불순종은 하나님의 언약을 깨뜨리는 결과를 야기시켰다.

성막이 하나님이 산에서 모세에게 보여주신 '계획' 혹은 '패턴'에 따라 지어져야 했다는 것(출 25:9, 40; 대상 28:11-12, 18-19 참조)은 여러가지 중요한 사실을 일깨워준다. 첫째로, 그것은 성막이 하나님의 천상 처소에 대한 모델 혹은 복사판으로 의도되었음을 암시한다. 이를테면 그것은 하나님이 사람들 가운데 임재하심에 대한 일종의 성육신(incarnation)이었던 것이다. 오직 '양식'(form, 식양) 혹은 '패턴'의 의미로써만 하나님은 자기 백성들 가운데 강림하고 계셨던 것이다.

둘째로, 성막이 하늘에 있는 어떤 것의 '패턴'이었다는 것은 그것이 실제적인 목적 뿐만 아니라 상징적인 가치 또한 가지고 있었음을 보여준다. 이러한 상징은 그것의 여러 물질적 부분들 또한 영적인 의미를 가지고 있었음을 암시한다. 이와 같이 성막의 여러 부분들에는 이미 모형론(typology)이 존재하고 있었던 것이다.

그러나 오경의 독자들이 직면하는 문제는 본문 자체가 성막과 그것의 구성요소들의 천상적 의미에 대하여 거의 말하는 바가 없다는 사실이다. 그러므로 우리는 그러한 장들에 나타난 성막에 대한 묘사를 숙고(熟考)함에 있어, 그것들이 하늘의 성전의 패턴을 보여준다는 기대를 가지면서도 동시에 그러나 그것들을 설명함에 있어 어떤 도움도 우리에게 주어지지 않는다는 사실을 기억할 필요가 있다. 다시 말해서, 성막과 그것의 구성부분들의 의미에 관하여는 어떤 의도적인 신비가 있는 것으로 나타난다.

그러나 우리는 이러한 신비로부터 교훈을 얻어야만 한다. 신약 저자들이 성막의 많은 부분들을 그리스도 안에서 계시된 실체의 '그림자들'로써 설명하는 사실(예컨대 히 9:5)은 이러한 장(章)들의 목적과 조화를 이룬다. 우리는 이러한 장들이 신약이 부여하는 영적인 설명을 기다려왔다고 말할 수 있을 것이다. 그러한 해설이 아니고는 그것들의 의미는 불확실한 것으로 남았을 것이다. 신약은 성막과 그곳에서 드려졌던 예배를 그리스도의 사역에 대한 그림으로(요 2:19-21; 히 8:2; 9:11-12), 개개인 신자의 그림으로(고전 6:19), 그리고 교회의 그림으로(딤전 3:15; 히 3:6; 10:21) 바라본다.

이후의 해석에서 우리는 두 가지 측면의 성막 묘사에 우리의 관심을 집중시킬 것이다. 첫째로, 우리는 성막의 각 부분들에 대하여 단순하고도 직접적인 묘사를 제시하고자 시도할 것이다. 거의 대부분의 경우, 우리가 이러한 본문들로부터 성막의 정확한 성격에 대하여 이해할 수 있는 부분이 거의 없다는 것이 분명해질 것이다. 우리가 성막에 대하여 아는 것의 많은 부분은 본문 자체가 아니라 후대의 전승에 의존한다. 만일 확실한 것이 있다면, 그것은 오경 자체가 성막건축을 위한 지침이나 혹은 청사진으로 기록된 것이 아니라는 사실이다. 우리가 여기에서 직면하는 설화들은 다른 목적을 가지고 있다. 그 설화들은 성막과 그것의 사용에 대하여 우리에게 말해주고자 의도된 것이지 그 이상은 아니다. 많은 부분은 독자들의 상상력에 맡겨진다.

둘째로, 우리는 성막의 개개 부분들에 대하여 통상적으로 혹은 전통적으로 부여된 다양한 영적 의미들을 간단히 지적할 것이다. 이것이 곧 저자가 오경을 기록할 때 이러한 의미들을 마음에 가지고 있었음을 의미하는 것은 아니다. 앞에서 이야기한 것처럼, 저자는 영적인 의미를 설명하는 것이나 성막의 부분들의 목적에 대하여는 별다른 관심을 보이지 않았다. 우리가 지적하는 것은 단지 후대의 다른 사람들이 말한 것일 뿐이다. 대부분의 경우, 성막의 여러 부분들에 대한 기독교적 해석은 신약에 나타나는 해석들을 중심으로 하여 그 주위에 머물러 왔다.

A. 성막을 위한 예물들(25:1-9)

여기에서 성막건축에 사용된 재료들이 처음으로 열거된다. '금과 은과 놋; 청색 자색 홍색실과 가는 베실; 염소털; 붉은 물들인 수양의 가죽과 해달의 가죽; 조각목; 등유와 관유에 드는 향품; 분향할 향을 만드는 향품; 호마노와 에봇과 흉패에 물릴 보석.' 본문은 어째서 이러한 금속들과 재료들만이 여기에서 열거되고 있는지에 대해 아무런 설명도 제공하지 않는다. 우리는 이러한 목록이 모든 재료들을 다 망라한 것이 아니라 다만 선택적인 것일 뿐이라는 사실을 주목하여야만 한다. 성막건축에 필요한 모든 재료들의 보다 완벽한 목록은 나중에 출애굽기 35:4-29에서 제시될 것이다. 다만 저자는 그러한 특별한 가치를 가진 항목들을 여기에서 열거하기로 신중하게 선택하였다. 그는 분명히 이러한 진귀한 재료들에 큰 인상을 받았고 또 독자들 역시 그러하기를 기대했을 것이다.

통상적인 유대적 해석과 기독교적 해석은 대체로 이러한 재료들을 왕권 및 왕권의 위엄과 동일시한다. 그러나 우리는 이러한 대부분의 품목들이 에덴 동산을 묘사하는 가운데 이미 언급되었다는 사실을 간과해서는 안된다(예컨대 "그 땅의 금은 정금이요 그곳에는 베델리엄과 호마노도 있으며" 창 2:9-12). 에덴 동산과의 관련 속에서 성막을 묘사함으로써, 저자는 성막의 목적을 '에덴 동산으로의 복귀'로 보여주고자 의도한다. 성막과 그 부분들을 건축함에 있어 사용된 나무(שטה)의 종류에 대하여는 거의 알려진 것이 없다. 일반적으로 그것을 '조각목'(아카시아 나무)으로 해석하는데, 그러나 그 용어 자체가 성경에서 매우 드물게 나오고 있기 때문에 우리는 그 나무의 정확한 종류가 무엇인지 아직 불확실한 채 남아있음을 인정해야만 한다. 전승은 이러한 '싯딤 나무들'을 에덴 동산에 있었던 나무들과 관련시켜왔다.[49] 실로, 70인경은 여기에서 사용된 그 용어를 '썩지 않는 나무들'이라고 번역하였는데, 그것은 창세기 3:22의 '생명나무'를 생각나게 한다.

건축재료들의 목록에 이어 성막의 목적이 설명된다. 그것은 하나님의 성소, 곧 백성들 가운데 계시는 그의 처소가 될 것이다(출 25:8). 성막을 건축함에 있어 이스라엘은 하나님께서 산에서 모세에게 보여주신 계획 혹은 패턴을 따라야만 하였다(9절). 출애굽기 25-30장은 그러한 성막건축을 위한 지침들을 제공하는 것이다.

이제 출애굽기 32-34장의 금송아지를 만드는 죄를 다루는 설화들에 이어 35-40장에서 실제로 성막을 건축하는 이야기가 나온다. 출애굽기 37:1부터 매우 숙련된 기술자인 브살렐이 등장하는데, 그는 언약궤, 떡상, 촛대 등을 책임맡았다. 그는 하나님에 의해 그 일을 하도록 위임받았다(31:1-5). 그러나 성막의 나머지 부분은 수많은 숙련된 일꾼들에 의해 행하여졌다(35:7, 30-35; 36:1-7).

---

49) Targum to Song of Songs, in *The Bible in Aramaic*, ed. A. Sperber, 4 vols. (Leiden: Brill, 1959-1968), 4:129 를 보라.

명령 #20. 출 25:8. 성전을 건축하여야만 한다: "그들은 나를 위하여 성전을 지을 것이요……"

B. 언약궤(25:10-22)

언약궤는 조각목(아카시아 나무)으로 만들어졌다(25:10a). 그것의 크기는 길이가 약 105cm였고, 넓이와 높이는 각각 약 75cm였다(10b). 그것은 안과 밖이 금으로 씌워졌으며(11a), 금테가 둘러졌다(11b). 또 네개의 금고리(gold rings)가 언약궤의 네 귀퉁이에 부착되었는데, 그것은 조각목 장대(acacia poles)로 하여금 꿰어 이동할 수 있도록 한 것이었다(12-15절).

금지 #86. 출 25:15. 언약궤로부터 그 장대들을 제거해서는 안 된다: "채를 궤의 고리에 대로 두고 빼어내지 말지며……"

언약궤 안에는 '증거판'(testimony)이 놓여졌다(25:16, 21b). 신명기 10:2-3에 따를 때, 그 '증거판'은 '열 가지 말씀들'을 기록한 돌판을 지칭한다(신 31:26 참조).

언약궤 윗판과 같은 크기의 금으로 만든 '속죄소'(atonement cover, 속죄의 덮개)가 언약궤 위에 놓여졌다. 또 금으로 만든 그룹 둘이 '속죄소'의 양끝에 놓여졌는데, 그것들은 자신들의 날개를 펴서 속죄소를 덮었다(18-20절).

주님이 22절에서 언약궤의 목적을 언급한다: "거기서 내가 너와 만나고 속죄소 위 곧 증거궤 위에 있는 두 그룹 사이에서 내가 이스라엘 자손을 위하여 네게 명할 모든 일을 네게 이르리라." 이러한 약속은 민수기 7:89에서 제단을 봉헌한 후에 성취되었다.

통상적인 기독교적 해석에 따를 때, 언약궤는 그리스도의 모형으로 받아들여진다.[50] 그것이 나무로 만들어졌다는 것은 그

50) 예컨대 Johann Coccejus, *Opera Omnia*, 1:148; Scofield Reference Bible, 101을 보라.

리스도께서 성육신하심으로 물질세계에 참여하셨음을 나타낸다. 언약궤 나무를 덮고 있는 금 도금은 그의 신성(신적 본질, divine nature)을 나타낸다. 언약궤 안에 증거판을 놓는 것의 상징적 혹은 예표론적 가치는 통상적으로 언약궤로 상징되는 그리스도가 언약의 중보자요 그 안에 기록된 율법을 가지고 있음을 보여주는 것으로 받아들여져 왔다(렘 31:33; 시 40:8 〈MT 9〉). 신약은 '속죄소'(施恩座;시은좌)를 그리스도의 그림자로 받아들인다(롬 3:25).

C. 상(25:23-30)

床(식탁, table)은 조각목(아카시아 나무)으로 만들어졌다. 그것의 크기는 길이가 약 90 cm이고, 넓이가 45 cm, 그리고 높이가 75 cm 였다(23b). 그것은 정금으로 덧씌워졌으며(24a), 주위에 금테가 둘러졌다(24b). 또 가장자리에 금테가 씌워졌으며(25절), 네 다리에 각각 금고리가 부착되었다(26절). 금고리들과 식탁을 이동하기 위한 조각목 장대들은 금으로 덧입혀졌다(27-28절). 식탁 기구들 역시 금으로 만들어졌다(29절). 식탁의 목적은 진설병(shewbread), 곧 임재의 빵(the bread of the Presence)을 놓는 것이었다(30절).

기독교적 해석에 있어 식탁과 임재의 빵을 그리스도의 모형으로 보는 것이 통상적이다.[51] 그러나 이에 대한 뒷받침이 신약에 거의 나오지 않는 사실로 말미암아, 다른 해석들이 또한 종종 제시되기도 한다. 예를 들어, 식탁과 임재의 빵은 종종 그리스도(언약궤)의 임재 앞에 선 교회의 모형으로 받아들여지기도 했다.[52]

명령 #27. 출 25:30. 제사장들은 진설병(임재의 빵)을 놓아야 한다: "상 위에 진설병을 두어 항상 내 앞에 있게 할지니라."

51) 예컨대 Coccejus, *Opera Omnia*, 1:148; Scofield Reference Bible, 102를 보라.
52) Ainsworth, *Annotations*, 102를 보라.

D. 등대(25:31-40;참조 민 8:1-4)

등대(燈臺, lampstand)는 망치질한 금으로 만들어졌다(출 25:31). 그것은 중앙의 줄기를 중심으로 좌우로 각각 세 개씩 여섯 개의 가지를 가지고 있었다(32절). 중앙의 줄기로부터 뻗어나온 각각의 가지들은 살구꽃 형상의 잔 셋과 꽃받침 하나와 꽃 하나를 가지고 있었다(33절). 중앙의 줄기에는 살구꽃 형상의 잔 넷과 꽃받침들과 꽃들이 있었다(34-36절). 일곱개의 등잔이 각각의 줄기 위에 놓여졌다(37절). 그리고 거기에는 또한 금으로 만든 불집게와 불똥그릇이 있었다(38절). 등대는 성막이 봉헌될 때까지 불이 켜져서는 안되었다(민 8:1-4). 등대는 대체로 그리스도의 모형으로 받아들여지는데,[53] 통상 요한계시록 1:4이 그 근거로 제시된다. 그것은 또한 율법에 대한 상징적 이미지로 받아들여지기도 한다.[54]

사용된 금의 총량은 1 달란트였다(출 25:39, 1 달란트는 대략 100 파운드 혹은 50 kg 이었다). 등대와 성막의 다른 기구들은 그 산에서 모세에게 보여진 패턴을 따라 디자인되었다(40절).

E. 성막(26:1-37)

성막 자체는 나무판에 부착된 휘장들(curtains)로 이루어졌다. 거기에는 세개의 별개의 구조물들이 있었다. 엄격한 의미로 성막은 큰 마당으로 둘러싸여진 첫번째 겹의 휘장들과 널빤지들로써 이루어졌다. 두번째 구조물은 염소털로 만들어진 두번째 겹의 휘장들이었다. 이 구조물은 '장막'(the tent)으로 불려졌다. 세번째 구조물은 단지 그 장막의 한 겹의 천으로 구성되었다. 이러한 각각의 구조물들은 전체 성막을 이루는 불가분리적인 부분들이었지만, 그러나 각각의 구조물들은 동시에 별도의 건물, 곧 그 자체로 하나의 단위로 간주되었다.

---

53) 예컨대 Coccejus, *Opera Omnia*, 1:148; Scofield Reference Bible, 102 를 보라.

54) Ainsworth, *Annotations*, 102 를 보라.

우리가 앞에서 살펴보았던 것처럼, 전체 성막은 예표론적으로 그리스도(특별히 그의 지상적 성육신; Coccejus의 견해) 혹은 교회(Ainsworth)를 가리키는 것으로 해석된다. 이것은 여기에서 묘사된 성막의 장막 부분들에 대하여서도 역시 마찬가지이다. 이러한 해석은 광범위한 신약적 증거를 갖는다.

1. 휘장들(26:1-6)

성막은 각각 다섯씩 두 부분으로 연결된 열개의 휘장들로 이루어졌다. 각각의 휘장들은 길이가 12.6 m 이고 넓이는 1.8 m 였다. 두개의 큰 부분들의 가장자리에는 50개의 갈고리들이 있었다. 그리고 그 두 부분은 이러한 50개의 갈고리들을 통하여 금걸쇠와 연결되었다. 휘장에는 그룹들의 형상이 수놓아졌는데, 이것은 창세기 3:24의 '생명나무'를 지켰던 그룹들을 암시함으로써 '잃어버린 낙원'(paradise lost)의 주제를 회상시키고자 의도한 것이 분명하다.

2. 장막(26:7-14)

성막을 덮는 것은 염소털로 만든 장막이었다. 그 장막은 염소털로 만든 11개의 휘장들로 이루어졌는데, 그것은 다섯개는 이쪽에 그리고 여섯개는 저 쪽에로 두개의 큰 부분을 이루었다. 이러한 두 부분은 50개의 갈고리와 놋 걸쇠로 서로 연결되었다. 그리고 여분의 휘장이 장막 앞에 있는 입구에서 접혀져야 하였다. 장막은 붉은 물들인 수양의 가죽으로 덮여지고 또 그 위에 '해달'의 가죽으로 또 한 번 덮여져야 하였는데, 후자의 재료(해달의 가죽)를 가리키는 불확실한 용어는 종종 '오소리 가죽' 혹은 '돌고래 가죽'으로 번역되기도 하였다.

3. 널판(26:15-25)

성막은 곧은 조각목(아카시아 나무) 판자들(boards)로써 지탱되었다. 그러한 판자들은 길이가 대략 4.5m였다. 각 판자들에는 한 쌍의 은받침들이 부착되었다. 성막의 길이를 따라 20개의 널판들(frames)이 있었다. 입구의 반대편 끝에는 8개의 널판들이 있었는데, 그것들은 금으로 덧입혀져 있었다(29절).

4. 띠(26:26-29)

조각목으로 만든 다섯 셋트의 띠(가로대, crossbar)가 성막의 구조(틀)를 떠 받쳤다. 이러한 띠들은 금으로 덧입혀져 있었고, 금고리로 꿰어졌다.

5. 휘장(26:31-35)

한개의 휘장이 성소와 지성소를 구분하기 위하여 성막 안에 놓여졌다. 그것은 은 받침대 위에 세워진 조각목으로 만든 네개의 기둥들에 걸렸다. 언약궤와 속죄소는 휘장 뒤 지성소 안에 놓여졌고, 식탁과 등대는 그 휘장 앞에 놓여졌다.

히브리서는 여기에 묘사된 휘장을 그리스도의 몸을 상징하는 것으로써 취한다(히 10:20). 그리스도께서 십자가 위에서 '숨을 거두실 때' '위로부터 아래로 둘로 갈라진' 것은 바로 이 휘장이었던 것이다(마 27:50-51; 막 15:37-38; 눅 23:45-46). 신약 기자들의 요점은 분명히 그리스도의 죽음이 이 휘장에 암시된 제사와 율법체계 뿐만 아니라, 하나님과 그의 백성 사이를 분리시킬 필요성을 제거하였다는 것이었다.

6. 장막 입구(26:36-37)

다섯개의 조각목 기둥들이 장막 입구에 있는 놋받침들 위에 세워졌고, 청색 자색 홍색실로 정교하게 수놓아진 휘장이 그 위에 걸려졌다. 이것은 장막(tent)으로 들어가는 입구이면서 동시에 성막(tabernacle)으로 들어가는 입구의 역할을 하였다.[55)]

---

55) Ernst Lohmeyer, *Das Evangelium des Mattäus*, Kritisch-exegetischer Kommentar über das Neue Testament (Göttingen: Vandenhoeck & Ruprecht, 1962), 395-96. D. A. Carson 의 지적이 여기에서 도움이 된다: "휘장이 찢어진 것이 성전의식

7. 성막의 최종 계획(26:30)

성막의 최종 계획이 시내 산 위에서 모세에게 보여졌다.

F. 번제단(27:1-8)

가로와 세로가 공히 2.25 m 이고 높이가 1.35 m 인 제단은 조각목(아카시아 나무)으로 만들어져 놋으로 덮여졌다. 그것이 출애굽기 38:1에서 만들어졌을 때, 그것은 '번제단'으로써 불리워졌다. 그 제단의 네 모퉁이는 '솟아오른 끝'(raised tips)으로 되어있는데, 그러한 끝들은 '뿔'들로 불려졌다. 제단에서 사용된 기구들 역시 놋으로 만들어졌다. 놋통이 제단과 함께 있었는데, 그것은 재를 담기 위하여 제단 안에 놓여졌던 것이 분명하다. 전체 제단은 놋으로 만든 고리들과 장대들에 의해 옮겨졌다. 제단 자체는 속이 빈 것이었다. 그것은 역시 모세에게 보여진 계획을 따라 만들어졌다. 히브리서는 이러한 제단을 그리스도의 더 나은 제단의 그림(picture)으로 본다. "우리에게 제단이 있는데 그 위에 있는 제물은 장막에서 섬기는 자들이 이 제단에서 먹을 권이 없나니" (히 13:10).

G. 성막의 뜰(27:9-19)

휘장들에 의해 둘러싸인 뜰(마당, courtyard)은 성막을 둘러싸기 위한 것이었다. 뜰은 동쪽으로 열려있었다. 그것의 길이는 45 m였고, 폭은 22.5m 였다. 그리고 기둥에 붙어있었던 휘장들의 높이는 2.25m였다.

과 율법의 무용성을 나타내는 것임을 배제한 채 마태의 성취 주제 (특별히, 5:17-20; 11:11-13)를 파악하고 율법이 어떻게 메시야를 예언적으로 가리키는지를 알고 또 자신의 죽음에 근거한 예수의 새 언약의 약속을 듣는 것은 불가능하다. 예수 자신이 새 성전이고, 하나님과 사람이 만나는 회막이다.... 그리고 옛 것은 무용한 것이 되었다" (*EBC* <Grand Rapids: Zondervan, 1984>, 8:580-81).

H. 등대를 위한 기름(27:20-21)

사람들은 등대의 불이 계속 탈 수 있도록 기름을 공급하여야만 하였다. 그 기름은 압착하여 짜낸 감람유(올리브 기름)였음이 분명하다. '등불을 끄지 말고 계속 켜두라'는 규례가 21절에 제시되어 있다. 이것은 아론과 그의 아들들을 제사장으로 가정하고 있는데, 이것은 다음 장에서야 비로소 자세히 설명된다.

> **명령** #25. 출 27:21. 제사장들은 성전의 촛대를 켜놓아야만 한다: "아론과 그 아들들로 회막안 증거궤 앞 휘장 밖에서 저녁부터 아침까지 항상 여호와 앞에 그 등불을 간검하게 하라."

I. 제사장의 복장(28:1-43)

1. 아론과 그의 아들들(28:1-5)

아론과 그의 아들들은 제사장으로서 다른 이스라엘 백성들로부터 구별되었다. 그들은 특별한 옷을 입어야만 했는데, 그것은 그들에게 '위엄과 존영'을 부여하고 또 그들을 '성별하기' 위함이었다. 그러한 옷을 만드는 작업은 하나님께서 '지혜의 영'으로 가득 채운 사람들에 의해 수행되어야 했다. 오경의 다른 곳에서 여호수아가 '지혜의 영'으로 가득 채워진 사람으로 묘사되고 있음을 주목하라(신 34:9).

신약은 아론의 제사장직을 그리스도의 제사장직을 예표하는 것으로써 본다(히 5:5; 7:26; 9:11).

> **명령** #33. 출 28:2. 제사장들은 특별한 옷을 입어야 한다: "네 형 아론을 위하여 거룩한 곳을 지어서 영화롭게 하고 아름답게 할지니."

2. 에봇(28:6-14)

에봇의 색깔과 재료에 대한 일반적인 묘사에 이어 에봇의 첫번째 주목할만한 특성이 나오는데, 그것은 호마노로 장식된 두개의 견대(shoulder pieces)이다. 두개의 호마노에는 각각 여섯 이름씩 이스라엘의 열두 지파의 이름이 새겨졌다. 호마노에 이스라엘의 이름들을 새겨넣은 목적은 대제사장으로서의 자신의 역할 가운데 아론이 이러한 이름들을 하나님 앞에 기념(memorial)으로써 품는 것을 보여주기 위한 것이었다. 그는 제사장으로서의 책무 가운데 이스라엘 각 지파들의 이름을 대표하였다. 마치 모세가 아말렉 족속들과의 전투를 이스라엘에 대한 기록된 기념(written memorial)으로 기록할 것을 명령했던 것처럼, 이러한 호마노들 역시 하나님께 대하여 기록된 기념으로 기능을할 것이다. 두개의 금 사슬이 두개의 견대를 위하여 부착되었다.

3. 흉패(28:15-30)

흉패(breastpiece)는 금사슬로 견대와 묶여져 제사장의 가슴에 부착되어 있었던 작은 주머니이다(9 인치 x 9 인치). 그것의 바깥쪽 표면에는 열두개의 서로 다른 진귀한 보석들이 4열로 정렬되어 있었다. 그리고 각각의 보석들에는 이스라엘 열두지파의 이름들이 새겨졌다. 견대와 마찬가지로, 이러한 이름들의 목적은 제사장이 지성소에서 백성을 대표할 때에 하나님께 대한 기록된 기념(written memorial)으로써 기능을 하는 것이다. 그리고 흉패의 내부에는 하나님의 뜻을 결정하는 기구인 우림과 둠밈이 있었다. 그래서 이러한 흉패는 종종 '결정의 흉패'(breastpiece of decision)로 불려졌다(15절).

금지 #87. 출 28:28. 에봇으로부터 흉패가 떨어져서는 안된다: "청색 끈으로 고리와 에봇 고리에 꿰어 흉패로 공교히 짠 에봇 띠 위에 붙여 떠나지 않게 하라."

4. 에봇의 겉옷(28:31-35)

대제사장은 지성소에 들어갈 때 어깨에 파란색 튜닉(tunic: 소매가 짧고 무릎까지 내려오는 긴 옷)을 걸쳤다. 가두리(hem)에는 금방울들이 부착되었는데, 그로 말미암아 그가 성소에 있을 동안 사람들은 그 방울 소리를 들을 수 있었다. 대제사장의 옷에 붙어 있었던 그러한 방울들의 목적이 35절에 기록되어 있다. "아론이 입고 여호와를 섬기러 성소에 들어갈 때와 성소에서 나갈 때에 그 소리가 들릴 것이라 그리하면 그가 죽지 아니하리라" (28:35).

본문은 어째서 대제사장이 들어오고 나가는 것을 들을 필요가 있으며 또 어째서 이것이 그의 죽음을 막는가 하는 것에 대하여 더이상 설명하지 않는다. 이와 관련하여 대제사장의 소리를 들음으로써 가까이 있었던 사람들이 하나님께 주의를 기울이도록 일깨움 받는다는 이론이 제시되기도 했다.[56] 한편 다른 사람들은 그러한 방울들이 다른 제사장들로부터 대제사장을 구별하고 그럼으로써 성소에 들어간 사람이 다른 사람이 아닌 바로 그 대제사장이었다는 것을 분명히 해주기 위한 것었다고 주장하기도 한다.[57] 그러한 방울들에 대한 또다른 설명은, 그것들이 대제사장으로 하여금 자신의 옷에 주의하고 그럼으로써 자신이 합당한 제사장 복장을 입고 있음을 확인하도록 해주었다는 것이다. 왜냐하면 그러한 것이 없이 성소에 들어가는 것은 곧 죽음을 의미하는 것이었으니까(레 16:2).[58] 또 다른 설명은 대속죄일에 대제사장이 들어가고 나올 때 성소에는 아무도 들어가지 못하는 것으로 명하여졌기 때문에(레 16:17), 그 방울들은 다른 사람들로 하여금 그 소리를 듣고 가까이 나아오지 않도록 하기 위함이었다는 것이다.[59]

---

56) J. Drusius, *Critici Sacri*, 1:687. Drusius 는 자신의 해석을 유대 성경학자 Hizquni에 근거했다.

57) 예컨대 Keil, *Pentateuch*, 2:203 을 보라.

58) Rashi, ad loc.를 보라.

59) Rashbam, ad loc.를 보라. 다른 해석들: 그 종들은 제사장이 성소에 도착했음을 백성들에게 알기리 위한 것이었다. 혹은 백성들로 하여금 대제사장이 성소에 있는 동안 아직 살아 있음을 알리기 위한 것이었다(Walter Keiser, *EBC*, <Grand Rapeds: Zondervan, 1992>, 2:467), 혹은 대제사장으로 하여금 '자신의 발걸음과 함께 소리를 내기 위한 것'이었다(Sir <Ecclus> 45:9).

금지 #88, 출 28:32, 대제사장의 옷은 찢어지지 않도록 하여야 한다: "그 주위에 갑옷 깃 같이 깃을 짜서 찢어지지 않게 하고."

5. 금패(28:36-38)

금패(金牌, gold plate)는 제사장의 터반(turban)에 부착되었다. 이러한 패 위에는 '여호와께 성결'이라는 말씀이 새겨졌다.

6. 튜닉, 터반 그리고 띠(28:39-41)

제사장들의 기초 복장은 튜닉(개역성경에는 속옷으로 번역됨)이었다. 그것은 터반이나 띠처럼 가는 베실로 짠 것이었다. 한편 터반(개역성경에는 관으로 번역됨)에는 두가지 종류가 있었다. 하나는 대제사장을 위한 것었이고, 또 하나는 '머리띠'로 불리는 것으로 다른 제사장들을 위한 것이었다. 이러한 복장의 목적은 '제사장들로 하여금 위엄과 존영'을 부여하기 위한 것이었다(28:40). 제사장의 직책을 올바로 수행하기 위하여, 기름을 부어 성별하는 특별한 행동이 요구되었다.

7. 속옷(28:42-43)

속옷은 평범한 베로 만들어졌다. 그것의 목적은, 제사장들이 회막에서 직책을 수행할 때나 혹은 제단에 나아갈 때에 '벗은 육체를 가리기' 위한 것이었다(28:42). 속옷의 기능은 제단에 계단을 금하는 것과 비슷하였다. "너는 층계로 내 단에 오르지 말라 네 하체가 그 위에서 드러날까 함이니라"(20:26). 속옷과 관련한 이러한 명령은 하나님께서 에덴 동산에서 아담과 하와의 벌거벗음에 대하여 그들을 위하여 지어주신 의복을 생각나게 한다(창 3:21).

J. 제사장의 성별(29:1-46)

1. 아론과 제사장들의 의복(29:1-9)

아론과 제사장들을 성별하는 가운데 그들은 먼저 앞 장에서 묘사된 의복을 입어야만 하였다. 터반에 부착된 '거룩한 관'은 여기에서 처음으로 언급되는 것으로 나타난다. 그러나 레위기 8:9에 따를 때, 그 '거룩한 관'은 출애굽기 28:36에서 언급된 '정금으로 만든 패'에 대한 또다른 이름이다.

2. 아론과 제사장들을 위한 희생제물(29:10-28)

아론과 제사장들을 성별함에 있어 소 한 마리와 양 두 마리가 요구되었다. 그러한 짐승들은 '회막 앞에서' 의전적(儀典的)으로 도살되었다. 비록 여기에서 그러한 제물의 성격이 적시되고 있지는 않지만, 이에 대하여 레위기가 보다 상세한 설명을 제공해준다. 제사장들을 위한 제사법(sacrificial laws)을 설명한 후에(레 1-7장), 출애굽기 29장에서 언급되고 있는 도살된 소는 '속죄제'(속죄제물, sin offering)로 불려진다(레 8:14). 또한 도살된 첫번째 양은 '번제의 수양'으로 불려지고 있으며(18절), 두번째 양은 '위임식의 수양'으로 불려진다(22절). 그러므로 여기 출애굽기 29장에서 언급된 제물들은 '속죄제물'(sin offering)로써 이해되는 것으로 나타난다. 제물의 성격에 대한 이러한 이해는 본 장의 말미에 분명하게 예기(豫期)되고 있는데(35-43절), 여기에서 도살된 소는 '속죄제'로(36절), 그리고 양들은 '번제'로(42절) 불려지고 있다.

제사장이 '소'의 희생을 요구했다는 것은 아마도 제사장직을 출애굽기 32장의 금송아지 사건과 연결시키는 것을 의도하는 것일 것이다(레 17:1-9에 대한 주석을 참조하라).

3. 거룩한 식사(29:29-34)

두번째 양은 아론과 제사장들을 위한 거룩한 식사로 준비되어야만 했다.

명령 #89. 출 29:33. 제사장들은 성별된 제물의 고기를 먹어야 한다: "속죄물 곧 그들을 위임하며 그들을 거룩하게 하는데 쓰는 것은 그들은 먹되 ...."

금지 #148. 출 29:33. 제사장이 아닌 사람은 거룩한 제물을 먹어서는 안된다: "타인은 먹지 못할지니 이는 성물이 됨이며 ...."

4. 성별의식의 반복(29:35-37)

매일 소 한마리와 양 두마리의 제물을 드리는 것을 포함한 전체 의식은 칠일 동안 반복되어야만 했다.

5. 매일 드리는 제물(29:38-46)

아론과 제사장들에 대한 칠일 동안의 성별과 더불어, 모든 세대를 통하여 영구히 수행되어야 할 매일 제사(daily sacrifice)를 위한 지침들이 주어진다. 두마리의 일년된 어린 양으로 한 마리는 아침에, 그리고 또 한 마리는 저녁때에 드려져야 하였다. 이러한 가르침이 여기에서 주어진 것은 - 비록 그것이 제사장들에 대한 성별의 한 부분이었다 할지라도 - 그것이 영구히 계속될 것이기 때문이었다.

K. 향단(30:1-10)

향을 태우기 위한 제단은 45 cm 정도의 정방형에 높이가 90 cm 정도로써 조각목(아카시아 나무)으로 만들어져야 하였다. 그것은 번제단과 마찬가지로 솟아난 모퉁이 혹은 '뿔들'을 가지고 있어야 했으며(출 27:1-8 참조), 금으로 덧입혀져야 하였다. 두개의 금고리가 그것의 옆구리에 부착되어야 했는데, 그것은 조각목 막대기로 하여금 그 고리에 꿰어 단을 이동하는데 사용하기 위한 것이었다. 향단은 휘장 앞에 똑바로 놓여졌는데, 그것은 지성소와 성소의 나머지 부분을 분리하였다.

향단의 목적은 언약궤에 계신 주님의 임재 앞에서 계속적으로 분향하기 위한 것이었다. 대제사장(아론)은 매일 아침과 저녁에 향을 태워야만 하였다. 그 단은 오직 향을 태우는 데에만 사용되었다. 그것은 다른 형태의 제물을 위하여는 사용될 수 없었다.

일년에 한번 대제사장(아론)은 이 단에서 속죄의 피로 속죄를 하였다.

명령 #28. 출 30:7. 제사장들은 그 금제단 위에서 향을 태워야만 한다: "아론이 아침마다 그 위에 향기로운 향을 사르되 등불을 정리할 때에 사를지며 ...."

금지 #82. 출 30:9. 성전의 바로 이 금제단 위에서는 오직 전술한 향만이 태워져야 한다: "너희는 그 위에 다른 향을 사르지 말며 번제나 소제를 드리지 말며 전제의 술을 붓지 말며 ...."

L. 속전(30:11-16)

성막예배를 위한 비용은 가난한 사람이든 부한 사람이든 모든 이스라엘 백성들 사이에서 공평하게 나누어져야 하였다. 이로 인하여 인구조사가 실시되었고 이로 말미암아 은을 드리는 것이 요구되었는데, 매 이스라엘 사람마다 은 0.5 세겔이 드려져야 하였다.

명령 #171. 출 30:12-13. 사람은 매년 반 세겔씩 성전에 드려야만 한다: "각 사람은 그 생명의 속전을 여호와께 드릴지니……"

M. 물두멍(30:17-21)

제사장들이 제단에서의 예배를 준비하기 위하여 놋으로 만든 대야가 만들어져야 하였다. 제사장들은 제단에서의 일에 앞서 그 대야에서 손과 발을 씻어야만 하였다. 그 대야는 제단과 회막 사이에 놓여졌다.

명령 #24. 출 30:19. 제사장들은 성전에서 예배 드리기에 앞서 씻어야만 한다: "아론과 그 아들들은 그 두멍에서 수족을 씻되 그들이 회막에 들어갈 때에 물로 씻어……"

N. 기름부음(30:22-33)

제사장들을 포함하여 성막의 여러 부분들에 바르기 위하여 특별한 기름이 혼합되고 사용되어야 하였다. 기름부음의 목적은 이러한 사람들과 물건들을 구별하여 성별하는 것이었다. 그러므로 세속적인 목적을 위하여 동일한 기름을 만들고 사용하는 것은 엄격히 금지되었다.

명령 #35. 출 30:31. 거룩한 기름이 준비되어야만 한다: "이것은 너희 대대로 내게 거룩한 관유니……"

금지 #83. 출 30:32. 사람은 그와 같은 기름을 만들어서는 안된다: "이 방법대로 이와 같은 것을 만들지 말라……"

금지 #84. 출 30:32. 그러한 기름은 오직 대제사장과 왕을 위한 것이다: "사람의 몸에 붓지 말며……"

O. 향(30:34-38)

특별한 향이 지성소 휘장 앞에 있는 향단을 위하여 만들어져야 하였다. 그것의 목적은 회막을 특별한 성소로 나타나게 하는 것이었다. 성별의 기름과 마찬가지로 그 향 역시 다른 세속적인 목적을 위하여 사용되어서는 안되었다.

금지 #85. 출 30:37. 사람들은 제단을 위한 향과 같은 다른 향을 만들어서는 안된다: "그 방법대로 너희를 위하여 만들지 말라."

P. 브살렐과 오홀리압(31:1-11)

하나님의 일은 하나님의 성령을 방편으로 하여 이루어져야 하였다. 하나님은 두 명의 숙련된 기술자를 선택하셨는데, 그들은 유다지파 출신의 브살렐과 단지파 출신의 오홀리압이었다. 비록 그들이 숙련된 기술자였다 할지라도, 본문은 그들이 성막을 건축하는 일을 하나님의 신이 주는 기술을 통하여 행하였음을 분명하게 강조한다. 여기에는 창세기 1장의 하나님의 창조사역과 밀접한 병행관계가 있다. 하나님께서 자신의 창조사역을 자신의 신을 통하여 행하셨듯이(창 1:2-2:3), 이스라엘 역시 성막을 건축하는 일을 하나님의 신을 통하여 행하여야 하였다.

하나님의 창조사역과 이스라엘의 성막건축 사역 사이의 병행관계는 자기 백성들 가운데 계시는 하나님의 신(God's Spirit)의 사역의 중요성에 대한 오경의 보다 큰 강조점의 일부이다. 이것은 후대의 성경에서 발견되는 강조점과 동일한 것인데, 우리는 그러한 것들 가운데 대표적인 것으로 믿음과 내적인 마음의 변화가 하나님께 대한 인간 관계의 중심에 놓여지는 새 언약의 개념을 들 수 있다. 하나님의 뜻에 대한 진정한 순종은 오직 성령에 의하여 사람의 마음이 갱신된 이후에야 온다(겔 36:26-27 참조). 하나님의 뜻에 참으로 순종했던 것으로 묘사되는 오경의 두명의 주요한 인물인 요셉과 여호수아가 특별히 설화 가운데 하나님의 신으로 충만한 사람들이었다고 묘사되고 있는 사실을 주목하는 것은 여기에서 매우 흥미로운 일이 아닐 수 없다(창 41:38; 신 34:9).

Q. 안식일(31:12-17)

하나님의 창조사역과 이스라엘의 성막건축 사이의 유비는 설화 말미에 안식일을 언급하고 있는 사실로 더욱 분명해진다. 우리는 하나님께서 6일 동안 창조의 일을 하시고 일곱째 날에 쉬셨다는 사실을 안다. 이제 이스라엘 역시 똑같이 하여야 한다. 비록 이러한 패턴이 모든 미래의 세대들을 위한 것이라 할지라도(16절), 오경 안에 있는 이러한 특정한 문맥 속에서 그 초점은 성막 건축 위에 놓여지는 것이다. 하나님께서 세상을 만드셨던 것처럼, 이스라엘은 성막을 만들어야 한다. 하나님께서 사역하셨던 것과 마찬가지로, 그것은 거룩한 사역이 되어야 할 것이고 또 거룩한 때를 준수함으로써 수행되어야 한다. 이스라엘의 성막 건축 사역은 단지 그들이 거룩한 건축물을 만들고 있다는 점에서만 거룩한 것이 아니었다. 그들의 사역은 또한 그것이 안식일의 표적에 의해 성별되었기 때문에 거룩했던 것이다. 이와 같이 광야에서의 성막 건축은 모든 이스라엘의 사역(일)의 패러다임(모범)인 것이다. 안식일을 표적으로 떼어놓음으로써 그들의 사역 전체는 거룩한 일로 나타나게 되는 것이다.

R. 결론(31:18)

마지막 절(18절)은 우리의 관심을 24장으로부터의 설화의 흐름으로 되돌린다. 설화의 이러한 기간 동안, 하나님은 시내산 꼭대기에서 모세와 더불어 말씀하셨다. 이제 그분이 말씀을 마치셨을 때, 그분은 모세에게 "열개의 말씀들"(ten words)을 기록한 두 개의 돌판을 주셨다. 다음 장에서 설화는 24장의 무대로 되돌아가, 시내 산 밑에 있었던 아론과 백성들에게로 다시금 초점이 모아진다. 그러므로 이것(18절)은 매우 중요한 전환절(轉換節)이 되는 것이다. 그것을 통하여 우리 독자들은 모세가 산에 올라갈 때 남겨두었던 무대로 되돌아가게 되는 것이다.

Ⅷ. 금송아지(32:1-35)

A. 금송아지를 만든 이스라엘(32:1-6)

설화는 모세가 시내 산에서 언약을 받고 있는 동안 이스라엘 진영에서 일어난 사건들로 되돌아간다. 아이러니칼하게도, 모세가 십계명을 받고 있는 동안 이스라엘은 첫번째 계명을 깨뜨리고 있는 중에 있었다. 저자는 여기에서 이스라엘이 하나님께서 시내 산에서 그들과 더불어 맺으신 언약을 결코 지킬 수 없었음을 철저하게 보여준다. 모세와 모든 이스라엘에게 주어진 십계명은 그 언약의 최고의 축약인 것이다. 이 언약이 지금 막 시내 산에서 그들에게 주어지고 있었기 때문에, 설화는 그 언약이 심지어 모세가 아직 그 산에 머물러 있는 동안 깨어지고 있었음을 보여준다. 나머지 오경을 통하여 이 사건은 하나님께 대한 이스라엘의 관계에 대하여 어두운 그림자를 짙게 드리우는데, 그것은 창세기 3장의 타락 이야기가 인간에 대한 하나님의 다루심에 있어 중요한 전환점이 되는 것과 매우 흡사하다.

본 설화의 히브리어 본문은 금송아지의 의도에 있어 다소 모호한 점이 있다. 그 금송아지는 이스라엘이 지금 따르고자 찾고 있는 '다른 신들'을 나타내는 것이었는가, 아니면 유일하신 참 하나님 야훼의 형상을 만들고자 했던 시도였는가? 다시 말해서 금송아지는 다신론(많은 신들을 숭배하는 것)을 나타내는 것이었는가, 아니면 우상숭배(하나님에 대한 물질적 표현)를 나타내는 것이었는가? 본문은 두 가지 모두로 번역될 수 있다. 그렇다면 우리는 이에 대한 올바른 해답을 얻기 위하여 본문과 문맥의 다른 특성들을 검토하여야만 한다.

본문에 나타나 있는 두 가지 특성이 그것을 해석함에 있어 영향을 끼친다. 첫째로, 히브리어 '엘로힘'은 복수 명사(신들)로, 그리고 단수 명사(신\하나님)로 각각 이해되고 해석될 수 있다. 이러한 경우 본래 의도된 것이 무엇인가 하는 문제는 대부분의 경우 문맥이 결정한다. 대부분의 경우 복수인 '신들'이 의도되었을 때, 그 명사와 함께 사용되는 동사 역시 복수일 것이다. 본문의 동사가 복수이기 때문에, NIV는 히브리어 명사 '엘로힘'을 복수로 번역했다: "이스라엘아 이것들은 너희를 애굽에서 끌어낸 너희 신들이니라"(32:4). 그러나 종종 명사 '엘로힘'의 의미는 분명히 단수이고 따라서 동사가 복수일 때에 조차도 '하나님'이라고 번역되어야만 한다. 예를 들어 느헤미야서에서 바로 이 구절이 인용되었는데, 여기에서는 흥미롭게도 단수 동사가 사용되었다: "이것은 너희를 애굽에서 건져낸 너희 하나님이니라"(느 9:8). 그러므로 느헤미야서는 그것의 의미를 단수로 이해한 것이다. NIV 역시 적절하게도 그 구절을 단수로 번역하였다.[60]

둘째로, 히브리어의 표현 '다른 신들'(אֱלֹהִים אֲחֵרִים) 혹은 '신들'(אֱלֹהִים)은 종종 - 항상은 아니라 할지라도 - 본질적으로 '다른 신들'에 대하여서가 아니라 우상들을 가리키는 용어로써 사용된다. 예컨대 신명기 28:36에서 '다른 신들'이라는 표현은 분명히 다른 신적 존재들을 언급하는 것이 아니라 '나무와 돌로 만든 신들' 곧 우상을 말하는 것이다. 성경 저자들이 유일하신 참 하나님과 더불어 다른 신적 존재들이 존재한다고 하는 관념에 매우 부정적이었다는 것은 널리 받아들여지고 있는 사실이다. '다른 신들' 혹은 '엘로힘'(복수)이라는 표현은 단순히 물질적인 형상들을 의미하는 것이었다.

그러므로 본문에서 금송아지에 대하여 표현된 '신들' 혹은 '신'이라는 용어는 언약의 하나님을 물질적인 형상으로 나타내고자 시도한 것으로 이해되어야 하는 것으로 보인다. 그러므로 금송아지의 배교는 다신론(polytheism)이 아니라 우상숭배(idolatry)였다. 실로 성경 전체를 통하여 이스라엘은 우상숭배의 죄에 대

60) 행 7:40 ("우리를 인도할 신들을 우리를 위하여 만들라")을 참조하라.

하여 반복적으로 경고받았다.

설화의 몇몇 요점들이 이러한 결론을 뒷받침한다. 첫째로, 백성들이 아론으로 하여금 그들을 위하여 신(들)을 '만들라'고 요구한 것은 '엘로힘'이란 용어가 만들어질 수 있는 어떤 것 - 신적 존재가 아니라 우상 - 으로써 이해되었음을 보여준다. 예를 들어 동일한 표현이 34:17에서 사용되었는데, 여기에서의 그것의 의미는 분명히 우상을 만드는 것이다. 본 장에서도 또한 마찬가지로 모세는 그것을 '금신'(金神, a god of gold)으로 부른다(31절). 분명히 그는 금송아지를 우상으로 본 것이다.'

둘째로, '우상'에 대한 히브리 단어(מַסֵּכָה)가 본문에서 아론이 만든 '신'을 묘사하기 위하여 실제로 사용되었다: "아론이 그들의 손에서 그 고리를 받아 부어서 각도로 새겨 송아지 형상을 만드니"(4, 8절). 셋째로, 아론이 오직 하나의 금송아지 만을 만들었음을 주목할 필요가 있다. 만일 그것이 실제적인 신들로 이해되어야만 한다면, 한개의 금송아지가 '신들'(복수)로 불려지는 것은 아무래도 어색하다. 그러므로 한개의 금송아지를 언급한 것은 그것이 많은 신들이 아니라 하나의 '신\하나님'을 나타내는 것이었음을 암시한다. 넷째로, 아론이 만든 '신'(엘로힘)은 항상 단수 대명사 '그것'과 함께 언급된다. 마지막으로, 금송아지를 만든 것을 기념하는 행사가 '여호와의 절일'(여호와를 위한 축제, a feast for the LORD)로 불려진다. 그러므로 이스라엘 백성들은 금송아지를 다른 신적 존재가 아니라 바로 여호와를 표현하는 것으로 보았던 것이다.

아론이 금송아지에 대하여 두 가지 생각을 가지고 있었다는 주장이 때때로 제기되기도 한다. 그가 마지막 순간에 '여호와의 절일'이라고 말한 것은 백성들의 배교를 피하기 위한 시도였다는 것이다.[61] 그러나 본문으로부터 도출되는 두 가지 고찰점이 그러한 해석을 별로 개연성 없는 것으로 만든다. 첫째로, 다음 날 곧 '여호와를 위한 축제'의 날에 본문은 그들이 '일찌기 일어나

61) Rashi, ad loc.를 보라.

번제를 드리며 화목제를 드렸다'고 이야기한다(6절). 그러나 본문으로부터 고찰할 때 이러한 제물들이 '여호와를 위한 축제'의 날에 금송아지 앞에서 드려졌음이 분명하다. 우리는 이것이 주님께서 모세에게 말씀하셨기 때문임을 안다: "그들이 내가 그들에게 명한 길을 속히 떠나 자기를 위하여 송아지를 부어 만들고 그것을 숭배하며 그것에게 희생을 드리며 말하기를 이스라엘아 이는 너희를 애굽 땅에서 인도하여 낸 너희 신이라 하였도다" (8절). 이것은 그 기념행사가 소(송아지)를 대신하여서가 아니라 그것을 위하여 드려졌음을 보여준다.

둘째로, 금송아지에 대한 주님의 반응은 자신들의 죄악된 행동을 경감시키기 위한 아론과 백성들의 시도에 대하여 아무런 인식(recognition)도 드러내지 않는다. 주께서 모세에게 백성들의 죄에 대하여 말씀했을 때(7-10절), 그분은 백성들이 별도의 '여호와를 위한 축제'를 기념하기 위하여 금송아지로부터 돌이킨 것에 대하여 아무런 언급도 하지 않았다. 오히려 그의 의도는 정확히 백성들의 회개치 않음에로 향하여졌다: "내가 이 백성을 보니 목이 곧은 백성이로다 그런즉 나대로 하게 하라 내가 그들에게 진노하여 그들을 진멸하고" (9-10절). 주께서 모세의 중재의 결과로 그들에 대하여 자비를 행하셨을 때(14절), 그러한 그의 행동의 기초는 아론이나 백성의 어떤 공로가 아니라 족장들에게 맹세하신 그 자신의 약속 때문이었던 것이다(12-13절).

B. 산 위에서의 모세(32:7-14)

하나님이 모세에게 금송아지와 관련한 소식에 대하여 자세히 말씀하는 설화는 독자에게 이스라엘의 죄에 대한 하나님의 시각(視覺)을 제공해 준다. 모세에게 대한 하나님의 말씀은 독자의 관심의 초점을 세 가지 중심점으로 향하게 한다. 첫째로, 하나님은 이렇게 말씀하셨다: "그들은 내가 그들에게 명한 길을 속히 떠났다" (8절). 하나님은 십계명 초두에 "너는 내 앞에 다른 신들을 두지 말지니라"(20:2) 라고 말씀하셨고, 또 그들에게 우상을 만들거나 숭배하지 말 것을 반복적으로 경고하셨다(20:23; 33:13, 32, 33). 그러나 이제 이스라엘은 자신들을 위하여 그러한 우상숭배적인 '신'을 만들었다. 둘째로, 하나님은 이스라엘에 대하여 이렇게 말씀하셨다. "그들은 목이 곧은 백성이로다"(9절). 그들의 현재 상태 가운데 이스라엘은 언약에 순종할 수 없는 것으로 보였다. 설화는 하나님의 반응이 그 백성을 멸하고 모세로 더불어 새로운 나라를 만드시고자 하는 것으로 나타났음을 보여준다(10절). 셋째로, 그러나 모세의 중재와 족장들에게 하신 약속에 호소하는 것 때문에, 하나님은 백성들에 대하여 동정심을 갖게 되었다(14절). 이와 같이 하나님께서 족장들에게 하신 약속으로 소급하는 언급이 본 설화에서 결정적인 역할을 차지하는 것이다(창 12:1-3).

이러한 세 가지 요점들은 이후의 설화들의 기초와 더불어 하나님이 자기 백성을 다루시는 기초를 제공해 준다. 비록 하나님의 위대한 심판행동이 즉시로 따라나온다 할지라도(27-35절), 이후의 설화들의 중심적인 주제는 하나님의 긍휼하심과 이스라엘을 위한 새로운 출발 위에 그 초점이 맞추어지는 것이다.

C. 이스라엘의 죄에 대한 하나님의 심판(32:15-35)

본 설화 가운데 모세가 중보자로서의 자신의 역할을 수행함에 있어 하나님을 대신하여 행동하고 말하였음을 주목하는 것이 중요하다. 32:9-12에 표현된 하나님의 진노는 모세와 레위인들에 의해 수행되었고, "그날 백성들 가운데 삼천명 가량이 죽었다"(28절). 백성들을 대신하여 자비를 호소했던 모세는 이제 하나님의 심판의 선봉이 되었다. 오직 본 장의 마지막 절(35절)에 이르러서야 우리는 하나님 자신이 그 심판 가운데 행동하고 계셨음을 보게 된다. 심판에 있어 하나님이 아니라 모세의 역할에 초점이 맞추어지는 이유는 분명히 이스라엘의 죄에 대한 하나님의 은혜로운 반응을 강조하고자 하는 저자의 의도 때문일 것이다. 다음 설화(출 33장)의 중심 주제는 하나님의 위대하신 자비와 긍휼이다(33:19). 그러므로 이스라엘에 대한 하나님의 다루심은 그분의 선하심과 긍휼하심을 강조하는 것이다. 그러나 본 설화가 보여주는 것은, 자기 백성들에 대한 하나님의 은혜로운 다루심은 그의 진노에 대한 분명한 인식의 부재(不在) 속에서 이루어지는 것이 아니라는 사실이다.

한 걸음 더 나아가서, 우리는 우상숭배적인 금송아지 사건의 결과 백성들이 '방자해졌다'는 사실을 보게 된다(32:25). 이러한 모습은 그들이 시내 산을 떠날 준비를 할 때인 민수기 10:1-10에 나타난 모습과 상당히 다르다. 그 때 그들은 시내 산을 떠날 준비를 하고 있었는데, 백성들이 이동하기 시작했을 때 그들 가운데에는 상당한 정도의 질서와 주의가 있었다. 이스라엘 백성들의 이러한 서로 다른 모습의 이유는 무엇인가? 우리는 두 설화 - 하나는 이스라엘이 시내 산에 처음 머무는 것을 다루고 있고 또 하나는 그들이 그곳을 떠나는 것을 다룬다 - 사이에 방대한 분량의 율법들과 규례들이 놓여있다는 사실을 주목하여야만 한다. 설화는 이스라엘이 시내 산에서 질서정연하게 출발하고 있는 사실이 결코 우연이 아니었다는 것을 말하고 있는 것으로 보인다. 오히려 그것은 시내 산에서 하나님이 그들에게 주신 무수한 '율법과 규례들'의 결과였던 것이다. 더우기 출애굽기 32장의 설화(금송아지 사건과 백성들의 '방자해짐')는 시내 산에서 이스라엘에게 주어진 율법들이 단순히 마음내키는 대로 만들어진 제한들이 아니라 그렇지 않았으면 절망적인 상황에 대한 필요적절한 통제들이었음을 분명하게 보게 해준다(민 10:1-10에 대한 주석을 참조하라).

금송아지 사건에서의 이스라엘의 타락(출 32장)과 에덴 동산에서의 인간의 타락(창 3장) 사이의 밀접한 병행관계로 보건대, 아담과 하와가 선악과 열매를 먹고 난 이후의 그들의 '벌거벗음'(ערם)과 금송아지 사건 이후 이스라엘의 '방자해짐'(פרע) 사이에 '문자의 기교' (wordplay) 가 있다는 사실이 또한 지적될 필요가 있다.

모세가 두 돌판을 깨뜨렸을 때, 그것은 이스라엘이 언약을 깨뜨렸다고 하는 분명한 표적이었다. 모세의 첫번째 행동은 백성들의 '큰 죄'에 대한 심판을 의미하는 것이었다. 레위인들을 통하여 모세는 백성들의 죄에 대하여 하나님의 진노를 드러내었다.

그러나 다음 날 모세는 또한 중보자로 행동했고 또 그들의 '큰 죄'를 속죄하였다(출 32:30-32). 모세가 두번째 돌판과 언약을 받은 것은 그가 시내 산으로 돌아온 정황 가운데에서이다.

Ⅸ. 이스라엘의 회복(33:1-34:35)

이제 모세는 시내 산에 돌아왔고 거기에서 하나님은 다시금 그와 더불어 말씀하셨다. 본문에는 하나님께 대한 이스라엘의 관계가 그들의 '큰 죄'로 인하여 근본적으로 영향을 받았다는 사실을 보여주는 몇 가지 암시들이 나타나 있다. 모든 것이 전과 같지 않았다. 설화는 이제 하나님과 이스라엘 사이에 전에는 결코 존재하지 않았던 점증하는 간격이 있게 되었음을 보여준다. 잇따르는 설화의 각 부분들은 이스라엘에 대한 하나님의 관계 가운데 일어난 변화들을 특별히 보여준다. 우리는 또한 레위인들이 이러한 설화 속에서 선택되고 있는 사실을 주목하여야만 한다. 민수기 3장에서 그들은 이스라엘 백성들의 장자를 제사장들로써 대체시킨다. 이것은 시내 산에서 하나님께 대한 이스라엘의 관계에 심대한 변화가 일어났음을 나타내는 것이다.

A. 사자(使者)(33:1-6)

금송아지와 관련한 사건이 하나님께 대한 이스라엘의 관계를 변화시켰다고 하는 것에 대한 첫번째 암시가, 설화가 하나님이 자기 백성들 앞에 보내신 '사자'(使者, angel)에게 부여하는 특이한 강조점 가운데 나타난다. 대체적으로 그 구절은 하나님께서 자신의 사자를 이스라엘 앞에 보내겠다고 이전에 약속하셨던 출애굽기 23:20-33과 비슷하다. "내가 사자를 네 앞서 보내어 길에서 너를 보호하여 너로 내가 예비한 곳에 이르게 하리니"(20절). 거기에서 사자는 분명히 이스라엘 백성 가운데 거하시는 하나님의 임재를 나타내었다. "나의 사자가 네 앞서 가서 너를 아모리 사람과 헷 사람과 브리스 사람과 가나안 사람과 히위 사람과 여부스 사람에게로 인도하고 나는 그들을 끊으리니……" (23절). 더우기 거기에서 이스라엘은 하나님과의 언약을 결정지을 것이었다. 모세는 언약을 받기 위해 그 산에 올라오도록 부름받았다(24:1). 하나님이 자신의 사자를 보내는 것을 다루는 앞의 설화를 통하여, 우리는 우상숭배의 위험이 여러번 반복하여 경고되고 있는 사실을 주목할 필요가 있다(23:21, 24, 32, 33).

이제 33장의 설화는 금송아지 사건 직전의 설화의 요점으로 되돌아 온다. 이스라엘은 다시금 시내 산 밑에서 기다리고 있고, 모세는 산에서 하나님의 가르침을 받기 위하여 기다리고 있다. 첫번째 가르침은 앞의 것과 같은 것으로 나타난다. 이스라엘은 시내를 떠나 족장들에게 약속한 땅으로 들어갈 것이고(1-3a), 하나님은 그들 앞에 자신의 사자를 보낼 것이다(2절). 그러나 본 설화 가운데 하나님께서 그들 앞에 자신의 사자를 보내시는 이유는 완전히 바뀌었다. 이제 하나님은 이렇게 말씀하신다. "내가 사자를 네 앞서 보내어 가나안 사람과 아모리 사람과 헷 사람과 브리스 사람과 히위 사람과 여부스 사람을 쫓아내고 너희로 젖과 꿀이 흐르는 땅에 이르게 하려니와 나는 너희와 함께 올라가지 아니하리니 너희는 목이 곧은 백성인즉 내가 중로에서 너희를 진멸할까 염려함이니라……" (2-3절).

앞에서 하나님이 자신의 사자를 보낸 것은 이스라엘의 적들을 치기 위함이었던 반면(23:23), 지금 그가 자신의 사자를 보내는 것은 그 자신이 이스라엘을 치지 않기 위해서이다. "내가 단 한 순간이라도 너희와 함께 있으면 너희를 진멸하리니……" (33:5). 본 설화 가운데 사자는 하나님이 이스라엘 가운데 임재하심을 나타내는 것이라기 보다는 오히려 그분이 이스라엘로부터 단절됨을 나타내는 것이다. 그리고 금송아지 사건의 결과 이스라엘이 하나님으로부터 단절되었음을 보여주는 또 하나의 암시는 저자가 회막 건축의 필요성을 강조하는 가운데 나타난다.

B. 회막(33:7-11)

'회막'에 대한 저자의 개념은 금송아지 사건 이후에 근본적으로 바뀐 것으로 나타난다. 시내 산에서의 40일간을 다루는 앞의 설화로부터 우리는 하나님께서 모세에게 성막 건축을 위한 특별한 지침들을 주셨음을 안다(출 26:1-37). 하나님은 그것의 목적을 다음과 같이 분명하게 언급하셨다. "내가 그들 중에 거할 성소를 그들을 시켜 나를 위하여 짓되"(25:8). 성막은 단순히 '장막'으로 불려졌던 안쪽의 휘장들을 염소털로 만든 앙장으로 덮은 것이었다(26:7).

더우기 성막 전체가 때때로 '회막'(만남의 장막, Tent of Meeting)으로 불려졌다(27:21; 28:43). 그것의 목적은 하나님께서 자신의 언약 백성들과 더불어 만날 수 있는 장소가 되는 것이었다. "이는 너희가 대대로 여호와 앞 회막문에서 늘 드릴 번제라 내가 거기서 너희와 만나고 네게 말하리라 내가 거기서 이스라엘 자손을 만나리니 내 영광을 인하여 회막이 거룩하게 될지라"(29:42-43).

그러나 금송아지 사건 이후 설화는 또 하나의 '회막'(만남의 장막)에 대하여 이야기한다. 이 '장막'은 성막과는 별개의 것이다. 그 '장막'은 '진으로부터 멀리 떨어져 계신'(33:7) 하나님과의 만남의 장소였다. 이것이 성막이 아니었다는 사실은 설화의 본 시점에서 성막이 브살렐과 그의 동료 기술자들에 의해 아직 건축되지 않았다는 사실로부터 분명해진다(36:8-38).

그러므로 여기에서의 '회막'은 오직 모세와 여호수아만을 위한 것이었고, 또한 백성들 자신들로부터는 분리된 것이었다. 모세가 나가서 그 장막에 들어갈 때, 백성들은 단지 멀찌감치 자신들의 장막에 서서 바라볼 수 있을 뿐이었다. 하나님께서 자기 백성 가운데 거하시겠다고 하는 '회막'의 원래 개념은 이제 하나님이 그들로부터 분리되는 방편이 된 것이다.

C. 모세와 여호와의 영광(33:12-23)

하나님께 대한 이스라엘의 관계가 변화된 것을 보여주는 또 하나의 암시가 본 구절이 하나님의 영광을 묘사하는 모습 가운데 나타난다. 하나님께서 모세와 더불어 말씀하기 위해 시내 산에 처음 내려오셨을 때의 모습은 모든 백성들 앞에 자신의 영광을 장대하게 드러내는 것이었다. "여호와의 영광이 시내 산 위에 머무르고 구름이 육일동안 산을 가리더니 제 칠일에 여호와께서 구름 가운데서 모세를 부르시니라 산 위의 여호와의 영광이 이스라엘 자손의 눈에 맹렬한 불같이 보였고……" (24:16-17).

하나님께서 모세에게 두번째로 말씀하시는 33장에서 그의 영광의 나타남은 매우 달랐다. 첫째로, 여기에서는 앞에서와 같은 모든 백성들 앞에 자신의 영광을 드러내는 것이 없었다. 오직 모세만이 하나님의 영광이 지나갈 때 그것을 볼 수 있었다. 둘째로, 심지어 모세조차도 하나님의 영광을 볼 때 그의 얼굴이 하나님의 손에 의해 가려져 있어 오직 하나님의 영광의 등 부분만 보았다. 마지막으로, 이스라엘 백성들은 모세가 산에서 내려올 때 그의 얼굴 위에서 빛나고 있는 하나님의 영광만 볼 수 있었다 (34:29).

이와 같이 그들은 하나님의 영광을 보지 못했던 것이다. 그들은 오직 그것이 모세의 얼굴에 반사된 것만을 보았다. 더우기 하나님께서 모세의 얼굴을 가리우심으로써 자신의 영광을 많이 보지 못하게 하셨던 것처럼, 이스라엘도 "그에게 가까이 가기를 두려워하여" (34:30) 모세의 얼굴을 가렸다.

하나님의 영광이 나타남에 있어서의 이러한 변화와 더불어, 하나님의 영광을 계시하는 목적 자체에 변화가 일어났다. 시내 산에서 처음 하나님의 영광이 계시될 때, 모세는 백성들에게 그것의 목적이 "너희를 시험하고 너희로 경외하여 범죄치 않게 하려 함" (20:20) 이라고 설명하였다. 그러나 금송아지 사건 이후 하나님의 영광의 계시는 매우 다른 목적을 가지고 있었다. 모세가 하나님의 영광을 보여달라고 요청했을 때, 주님은 이렇게 대답했다. "내가 나의 모든 선한 형상을 네 앞으로 지나게 하고 여호와의 이름을 네 앞으로 지나게 하고 여호와의 이름을 네 앞에 반포하리라 나는 은혜줄 자에게 은혜를 주고 긍휼히 여길 자에게 긍휼을 베푸느니라"(33:19). 놀랍게도, 모세가 금송아지의 '큰 죄'(32:30) 이후 하나님의 영광에 대하여 배운 것은 하나님께 대한 두려움이 아니라 그분이 긍휼이 많으신 자비하신 하나님이라는 사실이었다. 그리하여 다음 장에서, 곧 새로운 돌판에 십계명이 기록되고 언약이 다시 세워졌을 때, 하나님의 은혜의 중요성에 특별한 강조점이 주어지게 되었던 것이다. "여호와께서 그의 앞으로 지나시며 반포하시되 여호와로라 여호와로라 자비롭고 은혜롭고 노하기를 더디하고 인자와 진실이 많은 하나님이로라 인자를 천대까지 베풀며 악과 과실과 죄를 용서하나 형벌받을 자는 결단코 면죄하지 않고……"(34:6-7).

D. 두 돌판(34:1-28)

하나님은 모세에게 처음 돌판에서와 마찬가지로 '열 가지 말씀들'을 기록할 두 돌판을 준비하라고 말씀하셨다(34:1-10). 모세는 하나님의 그러한 말씀을 실행하였고(4a), 그렇게 하여 만들어진 두 돌판을 가지고 다시 산으로 올라갔다(4b). 그리고 산 위에서 다시 한번 하나님은 모세에게 '그 말씀들'을 기록하라고 말씀하셨다(27절). 이어 그 돌판들 위에 "그가 언약의 말씀들을 기록하였다"란 언급이 뒤따른다(28절). 여기에서 기록된 것이 '열 가지 말씀들'이었음을 본문은 분명히 한다(28b). 이에 대한 병행 설명인 신명기 10:1-4에 따를 때, 두 돌판 위에 '열 가지 말씀들'을 쓴 자는 모세가 아니라 하나님이었음이 분명하다. 그렇다면 우리는 본문을 - 적어도 부분적으로(출 34:28), 하나님이 아니라 모세가 '그 말씀들'을 기록했다고 제시하는 - 어떻게 이해해야 할 것인가?

이러한 분명한 모순을 설명하기 위하여 여러가지 시도들이 있어 왔다. 어떤 사람들은 오경 저자가 단일한 기록행위를 서로 다른 두 가지 시각으로 묘사하였다고 주장하였다. 곧 하나님이 모세에게 자신을 위하여 '그 말씀들'을 기록하라고 명하심으로써 결과적으로 그분이 두 돌판 위에 '그 말씀들'을 기록했다는 것이다(출 34:1, 28; 신 10:4).[62] 보다 이른 그리고 보다 개연성 높은 설명은 모세가 아니라 주님이 28절의 '그가 기록했다'란 동사의 주어라고 주장하는 것이다.[63] 그렇다면 27절에서 모세에 의해 기록된 '말씀들'은 '〈주께서〉 기록하신' 것과 동일한 말씀이 아닌 것이 된다. 그러므로 27절에서 모세는 '언약의' 말씀들'을 기록하라는 말씀을 들었지만(즉, 20:23-23:19의 언약 법전), 그러나 이것이 두 돌판에 기록된 것은 아니었다.[64] 두 돌판 위에 '열 가지 말씀들'을 기록하신 이는 하나님이셨던 것이다(34:28).

그러나 분명한 것은 본 장에서, 하나님께서 모세에게 기록하라고 명하신 부가적인 말씀들(27절) 뿐만 아니라 하나님 자신이 돌판 위에 기록하신 원래의 '열 가지 말씀들'(1절)의 기초 위에서 언약이 체결되었다고 하는 사실이다. 이러한 부가적인 말씀들은 적어도 하나님께서 시내 산에 두번째 계시는 동안 그에게 말씀하신 것들을 포함한 것으로 보인다(10-26절). 매우 흥미롭게도, 이 부분에도 역시 '열 가지 말씀들'이 있다. 어떤 점에서 이러한 '열 가지 말씀들'은 십계명과 병행관계를 가지고 있지만, 그러나 그것들은 다만 본질적으로 언약법전(Covenant Code)의 결어(結語)의 확장인 것으로 보인다(23:13-19).

1. 우상숭배의 금지(34:11-17): 여기에서의 하나님의 말씀은 십계명(20:2-6)과 언약법전의 서언(20:22-26) 및 결어(23:13-19)에서와 마찬가지로 '다른 신들'을 따르는 것에 대한 엄격한 경고와 함께 시작된다. 십계명에서와 마찬가지로 여기에서 '다른 신들'이라는 표현은 '우상들'을 의미하는 것으로 받아들여진

62) Cartwrightus, *Critici Sacri*, 1:862; W. Kaiser, EBC, 2:485.

63) Saadia, Ibn Ezra, Rashbam, Ramban, and Hizquni, ad loc.

64) Serforno, ad loc.

다.

2. 무교절(34:18)
3. 초태생을 드리는 것과 구속하는 것(34:19-20)
4. 안식일(34:20)
5. 칠칠절(34:21a)
6. 수장절(34:21b)
7. 희생의 피에 누룩을 섞는 것을 금함(34:25a)
8. 유월절 양을 보존하는 것을 금함(34:25b)
9. 첫 열매의 가장 좋은 것(34:26a)
10. 염소 새끼를 그 어미의 젖으로 삶는 것을 금함(34:26b)

쌍동이 주제, 곧 우상숭배에 대한 경고와 올바른 형태의 예배에 대한 가르침의 두 주제가 출애굽기 20-24장의 언약법전의 구조 속에서 매우 중요한 역할을 맡고 있음을 주목하라. 이와 같이 본 장에서 언약을 맺은 것은 이전의 것과 동일한 형태를 따른다.

1. 우상숭배에 대한 경고(34:11-17)
2. 참된 예배에 대한 가르침(34:18-26)

출애굽기 34:27-28을 위하여는 34:1에 대한 주석을 보라.

명령 #81. 출 34:20. 나귀 첫새끼에 대한 구속: "나귀의 첫 새끼는 어린 양으로 대속할 것이요……"

명령 #135. 출 34:21. 일곱째 해에 땅은 묵힌 채로 두어야 한다: "밭 갈 때나 거둘 때도 쉴지며……"

명령 #53. 출 34:23. 사람은 매년 세번씩 하나님 앞에 순례여행을 하여야 한다: "너희 모든 남자는 매년 세번씩 주 여호와 이스라엘의 하나님 앞에 보일지라"

금지 #115. 유월절 어린 양을 누룩과 함께 잡아서는 안된다: "너는 내 희생의 피를 유교병과 함께 드리지 말며……"

금지 #187. 출 34:26. 어린 염소를 그 어미의 젖으로 삶아 먹어서는 안된다: "너는 염소 새끼를 그 어미의 젖으로 삶지 말지니라"

E. 모세의 얼굴 위에 있는 영광(34:29-35)

다시 한번, 앞의 설화들에서와 마찬가지로 하나님께 대한 이스라엘의 관계 가운데 일어난 중대한 변화가 본 설화의 사건 속에서 나타나고 있다. 32:15-35의 설화부분의 앞머리에서 모세는 하나님과 더불어 40주야를 함께 있었던 산으로부터 내려오는 것으로써 묘사되었다. 그의 손에는 두개의 돌판이 들려있었다. 본문은 이렇게 말한다, "진에 가까이 이르러 송아지와 그 춤 추는 것을 보고 대노하여 손에서 그 판들을 산 아래로 던져 깨뜨리니라"(19절). 이제, 그 설화의 말미에서 모세는 다시금 하나님과 더불어 40주야를 함께 있었던 산에서 두 돌판을 손에 들고 돌아오는 것으로 나타난다(34:29). 그러나 이제는 모세가 놀라는 대신에 진(陣)에 있었던 자들이 모세를 보고 놀란다: "아론과 온 이스라엘 자손이 모세를 볼 때에 모세의 얼굴 꺼풀에 광채남을 보고 그에게 가까이 하기를 두려워하더니……"(30절).

지금 모세에게 일어난 것은 앞서 하나님께서 산에서 그에게 약속하신 것이 성취되기 시작한 것이다. "여호와께서 가라사대 보라 내가 언약을 세우나니 곧 내가 아직 온 땅 아무 국민에게도 행치 아니한 이적을 너희 전체 백성 앞에 행할 것이라 너희 머무는 나라 백성이 다 여호와의 소위를 보리니 내가 너를 위하여 행할 일이 두려운 것임이니라"(34:10). 이와 같이 하나님께서 이스라엘과 더불어 맺는 언약은 중보자의 역할 위에 그 초점이 맞추어지게 될 것이다. 그를 통하여 하나님은 백성에게 자신의 영광을 드러내실 것이다.

X. 성막건축(35:1-40:38)

A. 안식일(35:1-3)

성막건축을 위한 지침 말미에, 이스라엘은 안식일을 지켜야 할 필요성을 일깨움받았다(31:12-17). 일곱째 날에는 모든 일이 - 아마도 성막의 일까지도 포함하여 - 중단되어야만 했다. 금송아지 설화 이후에 그리고 성막건축의 이야기에 앞서, 안식일에 대한 말씀이 다시금 일깨워지고 있다.

금지 #322. 출 35:3. 사람들은 안식일에 불을 피워서는 안된다: "안식일에는 너희 모든 처소에서 불도 피우지 말지니라."

B. 성막의 재료들(35:4-29)

여기에서는 성막건축에 필요한 재료들이 열거되고 있음과 아울러 백성들이 '자원하여' 그것들을 풍성하게 드렸음이 언급되고 있다. 첫 부분의 목록은 사실상 25:4-8을 축어적으로 반복한 것이다. 25장의 목록은 단지 필요한 재료들을 전반적으로 요약한 것이었던 반면, 본장(35장)의 목록은 성막의 모든 부분을 건축하기 위해 실제로 모아진 모든 품목들이다. 또한 본장은 어떻게 그러한 품목들이 만들어졌는지를 자세히 설명한다. 예를 들어, 실과 베실의 경우에 본문은 이렇게 이야기 한다. "마음이 슬기로운 모든 여인은 손수 실을 낳고 그 낳은 청색 자색 홍색실과 가는 베실을 가져 왔으며 ...." (25절). 여기에서 이스라엘의 예배에 있어 여인들의 역할이 강조되고 있다(38:8 참조).

C. 일꾼들: 브살렐과 오홀리압(35:30-36:1)

숙련된 일꾼들을 하나님께서 예비하시고 선택하시는 것이 31:2-6과 거의 축어적인 방식으로 다시금 반복되고 있다. 주께서 출애굽기 31장에서 모세에게 말씀하셨던 것을 지금 모세가 이스라엘 백성들에게 반복하고 있다. 그러나 여기에는 한 가지 중요한 차이가 있다. 성막 건축의 묘사가 브살렐과 오홀리압에게 뿐만 아니라 다른 많은 숙련된 일꾼들에게 그 초점이 맞추어질 것이기 때문에, 모세는 하나님께서 이러한 일꾼들을 예비하심과 관련하여 한 가지 흥미로운 정보를 제공한다. 출애굽기 31장의 설화에서는 하나님께서 브살렐에게 돕는 자로서 오홀리압을 주셨던 반면에(6절), 여기에서 모세는 하나님께서 브살렐과 오홀리압에게 '다른 사람들을 가르치는 능력'(35:34)을 주셨음을 덧붙힌다. 설화에 이런 정보를 덧붙힘으로써 모세는 다른 일꾼들이 어떻게 성막건축작업을 위한 기술을 습득하였는지를 설명한다. 그들은 하나님께서 성령의 은사를 부여하신 기술자들에게서 배웠다. 다른 사람들을 가르치는 브살렐과 오홀리압의 능력조차도 하나님의 은사였던 것이다.

D. 백성들의 반응(36:2-7)

이러한 짤막한 설화는 성막 건축에 대한 백성들의 열심을 회화적(繪畵的)으로 보여준다. 일꾼들이 성막건축을 시작하기 위해 모였을 때, 백성들은 일꾼들이 필요로하는 것들을 가져왔을 뿐만 아니라 나아가서 "아침마다 자원하는 예물을 연하여 가져왔다"(3절). 사실상 백성들은 더 이상의 자원하는 예물들을 가져오지 못하도록 제지되었다(7절).

E. 성막건축(36:8-38)

본문에서 설명되는 성막의 각 부분들이 건축되는 순서는 출애굽기 25-30장의 지침에서의 순서와 동일하지 않다. 25-30장의 지침에서는 성막의 개개 품목들이 먼저 언급되고(언약궤, 떡상, 촛대), 그리고 나서 성막 자체가 언급되었다. 그러나 여기에서 저자는 성막으로 시작한다. 이러한 변화의 목적은 아마도 오직 브살렐만이 관련한 작업으로 이행하기에 앞서 '모든 숙련된 일꾼들'이 관련한 작업의 부분으로 시작하려는 - 그리고 그럼으로써 그것을 강조하는 - 것일 것이다. 이와 같이 설화의 첫머리에 제시된 그림은 모든 백성들이 전체적으로 참여하는 모습이다.

성막건축의 묘사는 25-30장의 지침들 가운데 앞서 제시되었던 것을 긴밀히 따른다. 물론 주요한 예외는 첫번째 설명에서(출 26:1-33) 지침들로 주어졌던 것들이 여기에서는 성취된 것으로 기록되고 있다는 점이다. 설화에서의 이러한 중복의 목적은 일꾼들이 하나님께서 명하신대로 행하였음을 보여주고자 하는 것이다.

그러나 두 이야기는 두 가지 방식에 있어 차이를 나타낸다. 첫째로, 본문의 이야기(36장)는 성막 건축작업이 '일꾼들 가운데 모든 숙련된 사람들'에 의해 행하여졌음을 언급한다(36:8). 둘째로, 아마도 이러한 부가적인 정보 때문에, 성막이 모세가 산 위에서 본 '식양'을 따라야만 한다는 언급이 본문의 이야기에서는 빠져있다. 그것은 일꾼들의 '기술'이 모세가 본 '식양'을 따르는 주된 방편이었던 것으로 나타난다.

F. 언약궤(37:1-9)

언약궤를 만드는 것과 관련하여 여기에서 주어진 설명은 25:10-22의 모세에 의해 주어진 지침들을 따르고 있다. 그러나 여기에는 25:16과 21절에 명시되어 있는 '증거판'과 25:21에 명시되어 있는 '속죄소'를 두는 것에 대한 언급은 나오지 않는다. 이러한 빠뜨림의 이유는 그 두 물건이 오직 성막이 완성되고 기름부음으로 봉헌된 연후에 놓여졌기 때문이다(40:20).

브살렐 자신이 언약궤를 만들었음이 특별하게 언급되고 있다(37:1).

G. 식탁(床: 37:10-16)

식탁을 만드는 것은 25:10-30의 지침을 충실하게 따르고 있다. 비록 NIV의 해석이 다른 것을 암시한다 할지라도 히브리어 본문은 브살렐 자신이 식탁을 만들었음을 분명히 한다. 히브리어 본문이 "그리고 그가 식탁을 만들었다" 라고 되어 있는 반면, NIV는 "그들이 식탁을 만들었다" 라고 읽는다.

H. 등대(燈臺: 37:17-24)

등대를 만드는 것 역시 25:31-40의 지침을 충실하게 따르고 있다. 언약궤와 식탁과 마찬가지로, 본문은 등대 역시 브살렐 자신이 만들었음을 분명하게 밝힌다. 물론 그가 그 일에 있어 보조자들을 두었을 수도 있지만, 저자는 진지하게 그 일을 브살렐 자신에게 돌린다. 우리는 본문에 성막을 봉헌할 때까지 등대에 불을 붙이는 것에 대한 언급이 나오지 않는 사실을 주목하여야만 한다(민 8:1-4).

등대 제작에 관한 설명 가운데 저자는 모세가 산 위에서 보았던 '본'(모범: pattern)에 대하여는 언급하지 않는다. 성막 건축의 경우에서와 마찬가지로, 강조점은 모세에게 주어진 '본'(pattern) 보다는 일꾼들의 '기술'(skill)에 맞추어지는 것으로 나타난다.

I. 분향단, 관유, 향(37:25-29)

분향단 제작에 대한 설명은 - 30:1-10은 제반 지침들의 목록 가운데 거의 끝에 놓여져 있었던 반면에 - 성막의 다른 주요한 품목들과 함께 제시되어 있다. 분향단의 제작은 앞의 지침을 축자적으로 따르고 있다. 그리고 관유(灌油: anointing oil)와 향의 경우에는 단지 그것들을 만들었다는 언급만이 나오고 있다.

J. 번제단(38:1-7)

본문은 브살렐 자신이 이러한 단의 제작에 책임을 지고 있었음을 제시한다. 단 제작을 위한 지침(27:1-8) 가운데 그 단은 특별히 '번제'를 위하여 지정되지는 않았으나, 여기에서 그것은 '번제단'(번제를 위한 제단: the altar for burnt offerings)으로 불려지고 있다(38:1).

이러한 단 제작을 위한 지침(27:8) 가운데 모세는 그것을 '산에서 네게 보인대로' 만들라는 음성을 들었다. 다른 물건들을 만들 때와 마찬가지로 일꾼들이 그러한 모범을 따랐다는 언급은 나오지 않는다. 오히려 초점은 하나님께서 일꾼들에게 주신 '기술'(skill)에 맞추어진다.

K. 물두멍(38:8)

물두멍 제작을 위한 앞의 지침(30:17-21)은 간단했다. 거기에서의 초점은 그 물두멍(대야)의 목적과 성막에서의 그것의 위치에 놓여졌다. 그러나 여기에서 물두멍 제작에 대한 부가적인 요소가 주어진다. 곧 그것이 회막 입구에 모였던(NIV, '봉사했던') 여인들이 사용하던 거울로부터 만들어졌다는 것이다. 35:25의 경우에서와 마찬가지로, 저자는 이스라엘의 여인들이 성막 건축에 있어 중요한 역할을 맡았던 것을 보여주고자 의도하고 있는 것으로 보인다. 여인들에 대한 이러한 관심과 관련하여 성경에서 '지혜'와 여인들이 매우 밀접하게 관련되어 있는 사실을 주목할 필요가 있다(창 3:6; 출 31:3; 잠 8:1-31 참조).

'회막'은 아마도 모세가 진 바깥에 설치한(출33:7) 장막일지도 모른다 - 왜냐하면 성막은 아직 세워지지 않았기 때문이다(40:2 참조). 그런가 하면 이것은 또한 이 때에 이미 세워진 성막을 언급하는 것일 수도 있다(36:8). 어떤 경우든지 간에 이러한 언급의 의도는 성막 건축에 값없이 공헌했던 백성들의 열심을 보여주고자 한 것이다.

L. 뜰(38:9-20)

뜰을 만드는 것에 대한 설명은 27:9-19의 지침을 충실하게 따르고 있다. 본문 가운데 그것이 그대로 반복되고 있는 것은 독자로 하여금 모든 하나님의 지침들이 그대로 이루어지고 있음을 확인하도록 하는 것이다.

M. 속전(38:21-31)

출애굽기 30:11-6은 성막 건축을 위한 재정 충당에 대해 설명한다. 인구조사에 계수된 각 성인은 반 세겔을 내야 했다. 인구조사가 실행되었을 때(38:26), 걷워진 돈(은)은 301,775 세겔이었다(한 달란트는 3,000 세겔). 603,550명(민 1:46)의 남자들이 은 반 세겔씩 낸 것이다. 걷워진 금은 87,730 세겔이었으며, 놋은 212,400 세겔이었다. 전체로 모아진 것은 값진 금속으로 몇 톤에 이르는 것이었다(은 한 세겔은 14.55 그램 혹은 0.513 온스였으며, 금 한 세겔〈통상적인 세겔〉은 16.37 그램 혹은 0.577 온스였다).

N. 제사장의 복장(39:1-31)

1. 에봇(39:1-9)

에봇을 만드는 것에 대한 묘사는 28:6-14의 지침과 비교하여 다소 축약되어 있다. 그것은 한 사람에 의하여서가 아니라 여러 사람에 의하여 만들어진 것으로 나타난다. 비록 세부적으로 제시되어 있지는 않다 할지라도, 여기에서 모세의 지침대로 정확하게 되어졌음이 강조되고 있다(39:5).

2. 흉패(39:8-21)

여기에서도 역시 28:15-28의 지침이 충실하게 따라지고 있다. 본문으로부터 흉패를 제작함에 있어 몇명의 일꾼들이 관련되었음이 나타난다. 그리고 다시 한번 그들이 모세의 지침을 정확하게 따랐음이 강조된다(39:21).

3. 에봇의 겉 옷(39:22-26)

그 '겉 옷'(robe)이 짜여진 방식과 관련하여 몇 가지 세부적인 설명이 덧붙여진다(28:4). 예를 들어, 그것은 '베짜는 사람의 작품인 천'으로 만들어졌다. 다시금 반복되건대, 그 일에는 몇명의 일꾼들이 관련되었고, 또 그들은 모세의 지침을 정확하게 따랐다(26절).

4. 속 옷, 두건, 띠, 세마포, 고의(39:27-29)

본문은 이러한 의관들이 '베짜는 자에 의해 짜여진 천'으로 만들어졌으며 또 모세의 지침이 충실하게 따랐음을 덧붙인다(29절).

5. 금 패(39:30-31)

금 패는 '거룩한 왕관'과 동일시된다. 몇명의 일꾼들이 그것을 만드는데 관련됐으며, 또 그들은 모세의 지침을 충실하게 따랐다.

O. 모세가 성막을 검사하다(39:32-43)

여기에 제시되고 있는 성막에 대한 묘사는 35:10-19의 모세의 지침을 대부분 반복한다. 앞의 묘사들에서와 마찬가지로 그것의 목적은 성막 건축 작업이 '하나님께서 모세에게 명하신대로' 완성되었음을 보여주려는 것이다(39:42). 하나님께서 자신의 창조 사역을 검사하신 것을 회상시키는 방식으로(창 1:31, "하나님이 그 지으신 모든 것을 보시니 보시기에 심히 좋았더라", God saw all that he had made, and behold, it was very good), 본 설화는 "모세가 그 필한 모든 것을 본즉 여호와께서 명하신대로 되었다"(출 39:43, Moses saw all the work, and behold, they had done it just as the LORD had commanded them)고 말한다. 하나님의 창조사역에서 그 일이 완성된 후 축복이 따랐던 것처럼(창 1:28) 성막이 완성되었을 때 모세는 "그들을 축복하였다"(출 39:43).

P. 성막을 세우다(40:1-33)

1. 하나님의 지시(40:1-16)

본 설화는 성막을 세우는 것과 관련하여 모세에게 주어진 지침들을 묘사하는 것으로 시작된다. 하나님은 모세에게 성막을 제2년 첫 달 첫 날에 세우라고 말씀하셨다(17절). 첫째로 언약궤가 놓여지고, 그것이 휘장들 곧 성막의 장막들과 지성소를 덮는 휘장으로 덮여졌다. 그리고 나서 식탁, 등대, 금 향단, 그리고 성막으로 들어가는 통로를 덮은 휘장이 놓여졌다. 이어 번제단이 성막 통로 앞에 놓여졌으며, 물두멍이 제단과 장막 사이에 놓여졌다. 그리고 뜰을 이루는 휘장들이 둘려 놓여졌다. 모든 것이 자리를 잡았을 때, 성막은 그 물건들과 함께 기름부음을 받았으며 또 제사장들도 역시 그리하였다.

2. 성막을 세움(40:17-33)

모세는 이제 하나님의 지시에 따라 성막을 세운다. 저자는 성막이 제 2년 첫 달 첫 날에 세워졌음에 주의를 환기시킨다. 이스라엘이 시내 산에 도착한지 고작 9개월 되었을 뿐이다(19:1). 그럼에도 불구하고 성막은 첫번째 유월절을 기념하기 위한 준비를 완료했다. 이제 유월절은 14일을 남겨놓고 있었다(민 9:1-5). 사건들의 연대기에 대하여 저자가 세심한 주의를 기울이고 있는 사실은 매우 중요하다. 왜냐하면 그것은 중심적인 예배처소에 한정하여 유월절 양을 제물로 드리는 것이 이미 광야에서의 첫번째 유월절에서 실행되었음을 보여주는 것이기 때문이다.

성막을 세우는 것에 대한 묘사가 40:1-16의 지침들을 긴밀하게 따르고 있는 동안, 언약궤와 관련하여 몇몇 부가적인 것들이 주어진다. '증거판'이 - 하나님께서 모세에게 말씀하신 십계명과 다른 말씀들을 포함하고 있는 돌판 - 언약궤 안에 놓여졌고 그 위에 속죄소가 놓여졌다. 바로 이 때 아론은 - 16:32-34에 묘사된 바와 같이 - 만나를 담은 항아리를 언약궤 '앞에' 놓았다(히 9:4).

Q. 하나님의 영광(40:34-38; 참조 출 13:21-22; 민 9:15-23)

성막건축 작업을 하나님께서 승인하셨다는 사실이 지금 하나님의 영광의 구름이 회막(즉 성막) 위에 자리를 잡았다는 사실에서 분명하게 나타난다. 이것은 25:8에 표현된 성막의 목적을 분명하게 보여주는 것이었다. "내가 그들 가운데 거할 성소를 그들을 시켜 나를 위하여 짓되……"

본 설화는 오경의 다음 책인 레위기의 가르침을 위한 길을 예비한다. 본 설화를 통해서 우리는 '구름이 회막을 덮고 여호와의 영광이 성막을 가득 채우고 있으므로 모세가 회막에 들어갈 수 없었음'을 배운다(40:35). 그러므로 그들이 성막에 들어갈 수 있기 위하여는 또 다른 장치가 필요하였는데, 바로 그러한 장치들이 레위기에서 주어지고 있다.

제 2 장

레 위 기

레위기는 출애굽기의 연속이다. 그러므로 우리는 그것을 새로운 책으로써 생각해서는 안된다. 레위기라는 제목 자체는 '레위지파 제사장들과 관련하여'를 의미하는 헬라어(Λενιτικόν)의 라틴어 역이다. 이러한 이름은 오경의 본 부분에서 저자가 레위지파 출신의 제사장들과 관련한 언약의 요구들에 초점을 맞추는 사실로부터 말미암는다.

출애굽기 40장은 제 2년 첫 달 첫 날에(17절) 성막이 완성되었음을 보도함과 함께 종결된다. 한편 민수기 1:1은 출애굽 제 2년 둘째 달 첫 날에 시작된다. 레위기는 바로 그 한달 동안 일어난 사건들을 다루는 것이다. 그것의 주제는 회막에서 모세에게 주어진 법령이다.

레위기의 중심 주제는 성결(거룩함)이다. 이 책은 어떻게 이스라엘이 '제사장 나라요 거룩한 나라'(출 19:6; 레 26:5)로 자신의 언약책임을 이루어야 하는가를 보여주는 것이다.

I. 제물과 희생제사(1:1-17:16)

본 장들(1-17장)은 제사장과 백성들을 성별함에 있어 사용된 여러가지 제물과 희생제사들을 간단하게 묘사한다. 이것들은 제사체계에 대한 완전한 설명으로 의도된 것이 아니다. 레위기의 설화 안에서 이러한 규례들은 성막 봉헌과 8-9장의 제사장직을 위한 배경을 마련한다.[1)]

그것들은 창세기와 역대상의 앞부분에 있는 족보들과 비교될 수 있다(이러한 족보들의 목적은 잇따르는 설화들의 주요 인물들을 소개하는 것이다). 이러한 규례들의 목적을 이해할 때, 우리는 저자가 이러한 장들에서 내버려둔 것보다 그가 제시하고 있는 것에 관심을 기울여야만 한다. 다시 말해서, 우리는 이러한 규례들로부터 고대 이스라엘의 전반적인(혹은 심지어 부분적인 것까지라도) 제사체계를 재구성하고자 시도해서는 안된다. 한걸음 더 나아가 우리는 이러한 다양한 규례들이 고대 이스라엘 백성들에게 의미했던 것을 재구성하거나 묘사하는데 관심을 가져서도 안되는 것이다. 비록 그러한 것들이 그들의 입장에서 중요했다 할지라도, 그것들이 저자의 의도에 대한 우리의 이해를 재고시키지는 않는다.

우리 앞에 놓여진 설화 가운데 제시된 규례들에 관한 정보는 우리로 하여금 뒤이은 본문에 기록된 사건들을 이해할 수 있도록 하는 것으로 충분한 것이다. 예를 들어, 우리가 레위기 12장에서 여인이 회막에 '속죄제물'을 가져오도록 가르침을 받았음을 읽을 때, 우리는 그것이 야기시키는 것을 이해하기 위하여 고대 이스라엘의 인류학자가 될 필요는 없는 것이다. 그 설화를 이해함에 있어 필요한 모든 것은 본 책(레위기)의 처음 일곱장을 읽는 것이다.

레위기는 전반적인 서론을 가지고 있지 않다. 그것은 단도직입적으로 성막에 드려져야 할 제물들을 이야기하는 것으로 시작된다.

---

1) Gordon. J. Wenham, *The Book of Leviticus*, NICOT (Grand Rapids: Eerdmans, 1979), 49-50 을 보라.

A. 제사법들(1:1-7:38)

1. 일반인들과 관계된 제사의 가르침들(1:1-6:7 〈MT 5:26〉)

여기에서 각종 제사들에 대한 서론적 언급이 매우 간략하게 제시되어 있다(1:1-2). 그러한 서론적 언급(도입어)에 따르면, 다음 여섯 장의 가르침들은 성막에서 주께 '제물'을 가져오는 지침들을 다루는 것이다. 그러한 가르침들이 제시하는 바는 제사 규례를 새롭게 세워진 성막예배의 빛에 비추어 제시하는 것이다. 설화는 몇 가지 형태의 제물(혹은 제사)들이 이미 이스라엘 백성들에게 잘 알려졌고 또 실행되고 있었음을 전제한다(출 18:12). 더우기 오경의 이전 설화들에 따를 때, 이전 세대의 족장들은 이미 다양한 종류의 제물(희생제사)들을 드렸다(창 4:3-4; 8:20; 46:1).

그러므로 레위기의 본 장들은 이스라엘 백성들 가운데 이미 있었던 제사행위와 제물들에 대하여 모세가 제공한 규례들을 제시하기 위한 것이다. 그것은 새로운 제사체제를 출범시키거나 혹은 각각의 제사가 어떻게 수행되어야 할 것인지에 대한 완전한 묘사를 제시하기 위한 것이 아니다. 본 장에 너무도 많은 세부조항들이 있기 때문에, 우리는 자칫 훨씬 더 중요한 어떤 것들이 주어지지 않았던 사실을 간과하기 쉽다. 예를 들어, 레위기의 본 부분에서는 희생제사들이 언제 그리고 어떤 상황 아래서 드려져야 하는지에 관한 가르침들이 주어져 있지 않다. 그에 대하여는 오경의 다른 부분이 때와 상황에 대한 많은 실례들을 제공할 것이다. 레위기 앞 부분의 목적은 일차적으로 제물들 자체를 묘사하는 것이다.

레위기의 설화들은 이러한 가르침들이 '회막'에서 하나님에 의해 모세에게 주어진 것임을 보여준다. 이것은 아마도 모세가 진 바깥에 설치한, 그리고 하나님께서 그에게 말씀하셨던 '장막'이었을 것이다(출 33:7-11).

출애굽기 40:35에 따를 때, 모세는 '회막'(곧 성막)에 들어갈 수 없었다(왜냐하면 하나님의 영광이 그곳에 충만하였기 때문에). 그리하여 하나님은 진 바깥에 있는 장막에서 모세와 더불어 계속 말씀하셨다. 우리는 여기에서 저자의 의도 속에서 제사와 제물들, 그리고 제사장직의 봉헌(dedication)이 차지하는 비중이 얼마나 큰가 하는 것을 알 수 있다. 오직 성막과 제사장직이 봉헌된 연후에야 비로소 모세와 아론은 하나님의 영광이 머물었던 장막(성막)에 들어갈 수 있었던 것이다(레 9:23). 모세는 진 바깥에 있는 '회막'으로부터 제사와 제물들을 위한 가르침들을 받았지만, 그러나 그것들의 목적은 다른 '회막' 곧 성막에 나아갈 수 있도록 하는 것이었다. 그러므로 여기 곧 레위기의 앞부분에 등장하는 '회막'은 진 바깥에 설치된 장막을 언급하는 것이고, 반면 이후에 등장하는 '회막'이라는 표현은 성막을 가리키는 것이다.

a. 번제*(1:3-17)*

이러한 가르침들은 '누구든지' 성막에 드릴 수 있었던 세 가지 유형의 번제를 다룬다. (1) 소로 드리는 번제(3-9절); (2) 양이나 염소로 드리는 번제(10-13절); (3) 새로 드리는 번제(14-17절). 번제물은 회막(성막)의 입구에서 드려졌는데, 여기에서 제물을 드리는 자가 자신의 손을 그 제물의 머리 위에 얹었다. 그리고 그 제물이 열납되었을 때, 그것은 '그를 위하여 속죄가' 되었다(4절). 만일 그 짐승이 소나 양이라면, 제물을 드리는 자가 그것을 잡아 준비하고 제사장이 그것과 그 피를 제단에 가져갔으며, 그곳(제단)에서 그 제물은 완전하게 불태워졌다. 만일 제물이 새였다면, 그것은 곧바로 제사장에게 넘겨지고 제사장이 그것을 제단 위에 준비하였다(제물로 드려질 수 있도록).

번제와 관련한 제사장의 책임이 6:8-13(MT 1-6)에 요약되어 있다. 번제물은 밤새도록 타는 불과 함께 단 위에 놓여졌다. 아침에 제사장은 옷을 갈아입는 동안 그 재를 치우고 그것을 단 옆에 놓았다. 그리고 나서 제사장은 그 재를 진 바깥 정결한 장소로 가져갔다(6:11).

명령 #63. 레 1:2. 번제의 절차: "너희 중에 누구든지 여호와께 예물을 드리려거든……"

b. 소제*(2:1-16)*

소제물(素祭의 제물)은 몇 가지 방식으로 드려진 가루의 제물이었다. 날 가루, 구운 가루, 번철 위에 부친 가루, 솥에 삶은 가루. 이 제물을 제사장에게 가져오면 제사장은 그것의 일부를 취하여 단 위에서 태웠다. 그리고 나머지는 제사장들이 사용하도록 취하여졌다. 소제물에는 누룩이 금지된 반면 소금은 반드시 뿌려져야 했다.

명령 #67. 레 2:1. 소제의 절차: "누구든지 소제의 예물을 여호와께 드리려거든……"

명령 #62. 레 2:13. 소제물에는 반드시 소금이 뿌려져야만 한다: "네 모든 예물에 소금을 드릴지니라."

금지 #98. 레 2:11. 제단에 누룩이나 꿀을 드려서는 안된다: "무릇 너희가 여호와께 드리는 소제물에는 모두 누룩을 넣지 말지니 너희가 누룩이나 꿀을 여호와께 화제로 드려 사르지 못할지니라."

금지 #99. 레 2:13. 제단에 소금을 뿌리지 않은 것을 드려서는 안된다: "네 모든 소제물에 소금을 치라."

레위기 6:14-18(MT 7-11)에 따르면, 제사장들은 한 웅큼의 소제물을 단 위에서 향과 함께 태워야만 하였다. 그리고 나머지는 자신들의 분깃으로 제사장들이 먹을 수 있었다. 그것은 누룩없이 먹어야 했으며, 또 성막 마당에서 '아론의 남자 자손' 만이 먹을 수 있었다.

c. 화목제*(3:1-17)*

제물 전체를 불에 태웠던 번제와는 달리, 화목제는 오직 '기름 부분'과 피 만을 태웠다. 그리고 나머지는 제사장들과 제물을 드리는 자가 먹었다. 본문은 오직 '기름 부분'의 제물에 관한 가르침만을 제공한다. 나머지 부분을 먹는 것과 관련한 가르침은 레 7:11-36에 제시되어 있다.

> **명령** #66. 레 3:1. 화목제의 절차: "만일 사람이 화목제의 희생을 예물로 드린다면……"

화목제물을 다룸에 있어서의 중심적인 논제는 '기름 부분'과 피를 먹어서는 안된다는 것이다(3:17). 그리고 화목제물을 여러 가지로 사용하는 것에 대하여서는 여기(3장)에서 논의되지 않는다.

7:12과 16절에서 화목제물은 '감사의 표현으로써'(12절) 그리고 맹세의 결과로써(16절) 드려진 것으로 나타난다. '기름 부분'이 제거된 이후의 남은 고기는 의식(儀式)적으로 정결한 사람이 먹을 수 있었다. 가슴은 아론과 그의 아들들의 것이었으며, 오른쪽 다리는 그 희생제물의 피를 단에 드린 제사장의 것이었다.

d. 속죄제*(4:1-5:13)*

속죄제의 목적은 하나님께서 주신 계명들 가운데 하나를 무심코 깨뜨린 것을 속죄하기 위한 것이었다(4:20, 26, 31, 35). 범죄자의 지위와 형편에 따라 여러가지 형태의 제물과 절차가 요구되었다. 예를 들어, 어떤 개인(27절)이나 공동체의 지도자(22절)가 범죄하였을 때는 염소나 어린 양이 속죄제물로 요구된 반면, 대제사장(3절)이나 공동체 전체(13절)가 범죄하였을 때의 속죄제물은 수송아지(젊은 황소)가 요구되었다. 또 가난한 사람(7절)의 경우에는 산비둘기 둘이나 혹은 집비둘기 새끼 둘이 요구되었다(5:7). 만일 어떤 사람이 이런 간단한 제물조차도 드릴 능력이 없으면, 고운 가루 에바 십분의 일로 속죄제물을 드릴 수 있었다(5:11).

번제의 경우와 마찬가지로, 속죄제에서는 제물을 드리는 사람이 합당한 제물을 성막에 가져와서 그 짐승 위에 손을 얹고 그것을 잡았다. 그리고 제사장은 그 피를 취하여 그것을 단 위에 뿌렸다. 또한 화목제의 경우에서와 마찬가지로, '기름 부분'이 단 위에서 불태워졌다. 제사장이 그 죄에 관련되었을 때 - 대제사장의 역할 가운데에서나 혹은 공동체의 일원으로나 - 그 짐승의 남은 부분은 진 바깥으로 옮겨지고 번제물의 재들이 쌓여있는 재무더기 위에서 불태워졌다(4:12, 21; 6:30 〈MT 23〉). 그러나 직무를 수행하는 제사장이 그 죄에 관련되지 않았을 때에는 짐승의 고기는 재무더기 위에서 불태워지지 않았고 제사장이 먹도록 주어졌다(6:26, 29 〈MT 19, 22〉; 7:7).

속죄제와 관련된 명령들

명령 #68, 레 4:13, 만일 이스라엘 공동체가 한 마음으로 범죄하면 그들은 제물을 가져와야 한다: "만일 이스라엘 온 회중이 여호와의 금령 중 하나라도 그릇 범하여……"

명령 #69, 레 4:27, 만일 어떤 개인이 무심코 범죄하면 그는 속죄제물을 가져와야 한다: "만일 평민의 하나가 여호와의 금령 중 하나라도 부지중에 범하여……"

명령 #72, 레 5:1-11, 다양한 가격의 제물들, "만일 힘이 어린 양에 미치지 못하거든 그 범과를 속하기 위하여 산비둘기 둘이나 집비둘기 새끼 둘을 여호와께로 가져가되……"

명령 #178, 레 5:1, 증인은 증언하여야만 한다: "누구든지 증인이 되어 맹세시키는 소리를 듣고도 그 본 일이나 아는 일을 진술치 아니하면 죄가 있나니 그 허물이 그에게로 돌아갈 것이요……"

속죄제와 관련된 금지들

금지 #112, 레 5:8, 제물로 드리는 새의 머리를 끊어내서는 안된다: "그 머리를 목에서 비틀되 아주 끊어내지는 말지며……" (He is to wring its head from its neck, not severing it)

금지 #102, 레 5:11, 속죄제에 감람유를 사용하여서는 안된다: "이는 속죄제인즉 그 위에 기름을 붓지 말며 유향을 놓지 말고……"

금지 #103, 레 5:11, 속죄제에 향을 사용하여서는 안된다: "이는 속죄제인즉 그 위에 기름을 붓지 말며 유향을 놓지 말고……"

e. 속건제(5:14-6:7 <MT 5:14-26>)

속건제(guilt offering)는 잘못 자체를 위한 속죄(5:16b, 18; 6:7 〈MT 5:26〉)와 더불어 잘못의 배상을 위하여 드려졌다(5:16aT 6:5 〈MT 5:24〉). 배상에 있어 적절한 가치가 결정되고 그것의 오분의 일이 더하여 지불되어야 했다(5:16; 6:5 〈MT 5:24〉). 각 경우의 속죄는 어린 양을 제물로 드리는 것이었다(5:15; 6:6 〈MT 5:25〉; 민 5:5-10을 보라). 짐승을 잡아 속건제물을 드리는 절차가 7:1-10에 언급되어 있다.

명령 #71. 레 5:15. 여러가지 죄를 위한 실제적인 속건제물: "어떤 사람이 부지중에 죄와 법을 위반할 때……"

명령 #118. 레 5:16. 책임을 게을리한 것에 대하여 성전에 드려야할 배상: "그는 자신이 행하지 않은 것에 대하여 반드시 배상을 하여야만 한다."

명령 #70. 레 5:17-18. 결정하기 어려운 속죄제물: "만일 어떤 사람이 범죄하거나 여호와의 계명 가운데 금지된 어떤 것을 행하거든……"

명령 #194. 레 5:23(EVV 6:4). 훔친 물건은 반드시 돌려줘야 한다: "그는 훔친 물건을 돌려보내되……"

2. 제사장과 관련한 제사 규례(6:8-7:38 〈MT 6:1-7:38〉)

a. 번제(6:8-13 <MT 1-6>)

번제물은 밤새도록 타는 불과 함께 단에 놓여졌다. 아침에 제사장은 옷을 갈아입는 동안 그 재를 치우고 그것을 단 옆에 놓았다. 그리고 나서 제사장은 그 재를 진 바깥 정결한 장소로 가져갔다. (앞의 1:3-17에 대한 주석을 보라.)

명령 #30. 레 6:3(EVV 10). 제사장들은 매일 단으로부터 재를 치워야만 한다: "제사장은 세마포 긴 옷을 입고 세마포 고의로 하체를 가리우고 단 위에서 탄 번제의 재를 가져다가 단 곁에 두고……"

명령 #29, 레 6:6(EVV 13), 단 위에서 불이 계속 타도록 하여야 한다: "불은 끊이지 않고 단 위에 피워 꺼지지 않게 할지니라."

금지 #81, 레 6:6(EVV 13), 단 위에 있는 불은 꺼져서는 안된다: "불은 끊이지 않고 단 위에 피워 꺼지지 않게 할지니라."

b. 소제*(6:14-23 <MT 7-16>)*

제사장들은 지정된 분량의 소제물을 향과 함께 단 위에서 태워야 했다. 그리고 나머지는 자신들의 분깃으로 그들이 먹을 수 있었다. 그것은 누룩없이 먹어야 했으며, 오직 성막 마당에서 '아론의 남자 자손' 만이 먹을 수 있었다. (2:1-16에 대한 주석을 참조하라.)

소제물은 또한 대제사장이 기름부음 받는 날에 드려졌던 제물이었다(6:20 〈MT 13〉). 그것은 '기름부음 받은 제사장으로써 그를 계승할 아들'에 의해 준비되었다. 통상적인 소제물과는 달리 이러한 특별한 제물은 완전하게 불태워졌는데, 그것은 그것이 제사장의 제물이었기 때문이었다(6:23 〈MT 16〉).

명령 #88, 레 6:9(EVV 16), 제사장들은 소제의 나머지를 먹어야 한다: "그 나머지는 아론과 그 자손이 먹되……"

명령 #40, 레 6:13(EVV 20), 대제사장은 하루에 두번씩 소제를 드려야 한다: "아론과 그 자손이 기름부음을 받는 날에 여호와께 드릴 예물은 이러하니라 고운 가루 에바 십분 일을 항상 드리는 소제물로 삼아 그 절반은 아침에, 절반은 저녁에 드리되……"

금지 #124, 레 6:10(EVV 17), 소제물의 나머지에 누룩이 첨가되어서는 안된다: "그것에 누룩을 넣어 굽지 말라."

금지 #138, 레 6:16(EVV 23), 제사장의 소제물은 먹어서는 안된다: "무릇 제사장의 소제물은 온전히 불사르고 먹지 말지니라."

c. 속죄제*(6:24-30 <MT 18-23>)*

속죄제와 관련하여 이미 많은 언급이 제시되었음에도 불구하고(4:1-5:13), 여기에서 또한 몇 가지 중요한 논점이 나타난다.

개인이나 혹은 지도자들에 의해 드려진 짐승의 고기를 제사를 수행한 제사장들이 먹었다는 것이 앞에서는 암묵적으로 나타났었으나 여기에서는 분명하게 제시된다(6:26, 29 〈MT 19, 22〉). 반면 성막을 정결케하는 것의 한 부분으로써 드려진 속죄제물은 제사장이 먹을 수 없었다(30절 〈MT 23〉). 그러므로 속죄제물은 그 제물이 제사장을 위하여 주어진 것이 아닌 경우에만 제사장들이 먹을 수 있었다는 원리가 세워진다.

명령 #64. 레 6:18(EVV 25). 속죄제의 절차: "속죄제의 규례는 이러하니라……"

금지 #139. 레 6:23(EVV 30). 속죄제의 고기는 먹어서는 안된다: "그러나 피를 가지고 회막에 들어가 성소에서 속하게 한 속죄제 희생의 고기는 먹지 못할지니 불사를지니라."

d. 속건제*(7:1-10)*

속건제의 성격과 목적이 5:14-6:7(MT 5:14-26)에 묘사되어 있다. 한편 본문은 그 제물을 잡는 것과 드리는 것의 절차를 제시한다. 그러한 가르침의 한 부분으로써 대제사장은 희생 짐승의 가죽(עור)을 취하도록 부름받는다(7:8). 이것이 대제사장과 그 가정에 대해 갖는 가치가 분명하다 할지라도, 저자는 또한 하나님이 아담과 하와에게 짐승의 가죽(עור)을 주셨던 창세기 3:21의 설화를 상기시키기를 원하고 있는지 모른다. 에덴 동산에서의 하나님의 이전의 행동들과 그가 시내 산에서 이스라엘과 더불어 맺은 언약을 관련시키고자 하는 시도가 오경 전체를 통하여 여러번 시도되었다.

명령 #65. 레 7:1. 속건제의 절차: "속건제의 규례는 이러하니라."

e. 화목제*(7:11-38)*

7:12과 16절에서 화목제가 '감사의 표현으로'(12절), 맹세의 결과로(16절), 혹은 자원하는 제물로써(16절) 드려졌음이 전제

된다. '기름 부분'이 제거된 연후의 나머지 고기는 의식(儀式)적으로 정결한 사람이 먹을 수 있었다(19절). (3:1-17의 주석을 참조하라.)

명령 #91. 레 7:17. 제 3일까지 남겨진 것은 불태워져야 한다: "그 희생의 고기가 제 삼일까지 남았으면 불사를지니……"

명령 #90. 레 7:19. 성별된 것이 더럽혀지면 그것은 불태워져야 한다: "그 고기가 부정한 물건에 접촉되었으면 먹지 말고 불사를 것이라."

금지 #132. 레 7:18. 제 3일에 화목제물의 고기를 먹어서는 안된다: "만일 그 화목제 희생의 고기를 제 삼일에 조금이라도 먹으면 그 제사는 열납되지 않을 것이라."

금지 #130. 레 7:19. 거룩한 것이 부정해진 것을 먹어서는 안된다: "그 고기가 부정한 물건에 접촉되었으면 먹지 말고……"

금지 #185. 레 7:23. 소나 양이나 염소의 기름을 먹어서는 안된다: "너희는 소나 양이나 염소의 기름을 먹지 말 것이요."

금지 #184. 레 7:26. 피를 먹어서는 안된다: "너희는 사는 모든 곳에서 무슨 피든지 새나 짐승의 피를 먹지 말라."

화목제물을 먹는 기본적인 원리는 그 제물의 기름과 피는 하나님께 드리는 것이었다. 그것은 여호와께 화제(an offering by fire)였으며(7:25), 그것을 먹는 것은 엄격하게 금하여졌다. 화목제의 두번째 기본적인 원리는 제사장들이 자신들의 분깃을 갖는다는 것이었다. 가슴은 아론과 그의 아들들의 것이었으며, 오른쪽 다리는 그 희생제물의 피를 단에 드린 제사장의 것이었다.

B. 제사장의 성별(8:1-9:24)

성막에서 일하는 제사장들을 성별하는 것과 관련한 가르침들이 출애굽기 29:1-37에 주어졌었다. 그러한 가르침들을 실행하는 것이 여기 레위기 8장에서 다소의 변이(變異)와 함께 나타난다. 그러한 가르침들을 다시 이야기하는 가운데, 저자는 여러가지 제물들을 레위기의 앞부분에서 묘사된 제사의 유형들에 따라 주의깊게 이름을 붙인다. 예를 들어, 소는 출애굽기 29:14에서처럼 일관적으로 '속죄제의 소'(the bull of sin offering, 레 14-15절)로써 불려진다. 또한 첫번째 수양은 출애굽기 29:18에서처럼 '번제의 수양'(the ram for the burnt offering, 레 8:18)으로 불려지며, 두번째 수양은 출애굽기 29:23에서 처럼 '위임식의 수양'(the ram for the ordination, 레 8:22)으로 불려진다. 저자는 독자로 하여금 모든 것이 '여호와께서 모세에게 말씀하신 것을 따라' 되었음을 반복적으로 일깨워줌으로써 제사장들이 주의깊게 그 일을 수행하였음을 강조한다(레 8:17, 22, 29).

제사장들을 위한 칠일 간의 성별을 마친 후, 모세는 아론과 그의 아들들, 그리고 이스라엘의 장로들을 모으고 그들에게 성막에 거하시는 여호와의 영광의 나타남을 준비하도록 가르쳤다. 여기에 나타나는 이스라엘의 장로들은 출애굽기 24:9에서 시내산에서 하나님을 '보았던' 자들과 동일한 무리들이다. 모세가 가르친 준비는 레위기 앞부분에 묘사된 몇 가지 종류의 제물을 드리는 것이었다. 모세가 가르침을 주었을 때, 그들은 그의 말을 문자 그대로 따랐다. 제물들은 먼저 아론과 제사장들을 위해서 그리고 나서 백성들을 위해 드려졌다. 그리고 종국에, 모세와 아론이 회막(곧 성막)에 들어갔다. 출애굽기 40:35에 따르면 모세는 여호와의 영광 때문에 회막(성막)에 들어갈 수 없었다. 그러나 이제 모세와 아론은 그곳에 들어갈 수 있었는데, 그것은 주께서 명하신대로 희생제사들이 드려졌기 때문이었다. 그들이 다시 나왔을 때, '그들은 백성들을 축복하였다'(레 9:23). 단 위의 번제물과 기름을 살랐던 불(곧 주님으로터 온 불)은 모든 백성들에 대하여 하나님께서 그들이 드린 제물을 받으셨음을 보여주는 표적이었다(24절).

여기에서 한가지 패턴이 세워지는데, 그것은 제사장들이 성막에 적법하게 들어감을 통하여 이스라엘이 축복을 받는다는 것이다. 다음 장(레 10장)은 나답과 아비후의 예를 통하여 동일한 진리의 부정적인 교훈(negative lesson)을 제공한다. 하나님의 백성에게 임하는 축복은 오직 신적 패턴에 순종함을 통하여서만 온다. 설화 자체에서 백성들의 반응은 하나님께서 그들을 받으셨음을 반향한다. "온 백성이 이를 보고 소리지르며 엎드렸더라"(9:24).

놀랍게도 백성들의 속죄제를 위하여 아론이 드린 제물(9:15-16)은 공동체 전체를 위한 속죄제물인 수송아지(4:13-21)가 아니라 이스라엘 공동체의 지도자를 위한 속죄제물인 수염소(4:22-26)였다. 이렇게 한 이유는 분명히 전체 공동체가 특정하게 범죄한 것은 아니었기 때문일 것이다. 이러한 제물은 그것을 필요로했던 공동체의 어떤 특정한 개인을 위한 것이었다.

그럼에도 불구하고 아론의 제물은 - 다음 장에서 보게 될 것처럼(10:16-20) - 어떤 난점을 야기시킨다. 만일 그 속죄제가 공동체 전체를 위한 것이었다면 그것은 불태워져야 했다(4:21) - 실제로 이렇게 되었다(9:15; 참조 9:11) - 반면 만일 그것이 공동체의 어떤 개별적인 지도자를 위한 속죄제물이었다면(수염소를 택한 것이 보여주는 것처럼) - 그 제물의 상당 부분을 제사장들이 먹어야 했을 것이다. 아론이 염소를 제물로 드렸기 때문에 모세는 그것을 먹지 않고 다 불태운 것에 대하여 책망하고 있다(10:16-17).

C. 나답과 아비후의 죽음(10:1-20)

'여호와 앞에서부터 나온 불'이 앞 장(9:24)에서 성막과 제사장들의 봉헌을 하나님이 승인하셨음(approval)에 대한 표적이었던 것처럼, 본 장(10:2)에서 '여호와 앞에서부터 나온 불'은 하나님이 부인하셨음(disapproval)을 보여주는 표적이었다. 저자가 이러한 두 설화를 나란히 배치시키는 의도는 하나님의 명령들을 순종하는 것이 얼마나 중요한가 하는 것을 보여주는 것이다.

우리는 아론의 두 아들이 드린 불에 대한 상세한 정보를 알지 못한다. 어떤 사람들은 아론의 아들들이 성막에 들어갈 때에는 포도주나 독주를 먹어서는 안된다는 모세의 명령(레 10:9)이 이 사건의 실마리가 된다고 생각했다. 즉 나답과 아비후가 죽은 사건에 술취함이 관련되어 있다는 것이다.[2] 이러한 견해는 본 설화와 노아의 술취함 사건(창 9:20-29; 레 13장과 14장에 대한 주석을 참조하라) 사이의 유사성에서 뒷받침을 발견한다. 그러나 그들의 술취함이 관련되었든 아니든 간에, 설화는 그들이 하나님 앞에 드린 '다른 불'(unauthorized fire)이 '그분의 명령과 다르기 때문에'(10:1) 잘못된 것임을 분명하게 보여준다. 이러한 설화의 목적은 아론의 아들들의 범과가 그들의 불순종의 죄 가운데 놓여져 있음을 보여주는 것이다.

이 사건 직후 아론의 아자비 웃시엘의 아들 미사엘과 엘사반이 나답과 아비후의 시신을 성막으로부터 옮기도록 부름받았다. 이것은 아론과 그의 다른 아들들로 하여금 시체에 손을 댐으로 더럽혀지지 않도록 하기 위한 것이었다.

본 설화 가운데 모세가 다음과 같은 원리를 제시함으로써 나답과 아비후에 대한 엄격한 심판을 이해했음을 주목하는 것이 중요하다, "나〈하나님〉는 나를 가까이 하는 자 중에 내가 거룩하다 함을 얻겠고 온 백성 앞에 내가 영광을 얻으리라"(10:3). 희생제사와 제단사역을 위한 가르침들의 목적은 하나님을 거룩한 분으로서, 그리고 모든 백성들 앞에서 영광을 받으시는 분으로서 모셔지는 방편들을 제공하는 것이었다.

이와 같이 본 설화는 나답과 아비후의 반역적인 제물 배후에 그들의 불순종하는 마음이 있었음을 보여준다. 그들은 '하나님이 명하신대로' 그분 앞에 나오기를 거부했다. 본 설화는 사무엘상 15:22에 나오는 사울에 대한 사무엘의 책망에서 발견되는 것과 많은 면에서 유사하다. "여호와께서 번제와 다른 제사를 그 목소리 순종하는 것을 좋아하심 같이 좋아하시겠나이까 순종이

---

2) 예컨대 Rashi, ad loc.를 보라.

제사보다 낫고 듣는 것이 수양의 기름보다 나으니……" (삼상 2:12-17에 나오는 엘리의 아들들을 참조하라.)

금지 #163. 레 10:6. 제사장들은 풀어진 머리를 가지고 성전에 들어가서는 안된다: "너희는 머리를 풀지 말라."

금지 #164. 레 10:6. 제사장들은 찢어진 옷을 입고 성전에 들어가서는 안된다: "너희는 옷을 찢지 말라."

금지 #165. 레 10:7. 제사장들은 성전예배가 진행되고 있는 동안 성전 뜰을 떠나서는 안된다: "너희는 회막 문에 나가지 말아서 죽음을 면할지니라."

금지 #73. 레 10:9-11. 술취한 상태에서 성전에 들어가서는 (M. 율법을 가르쳐서는) 안된다: "너나 네 자손들이 회막에 들어갈 때에는 포도주나 독주를 마시지 말아서 너희 사망을 면하라."

본 설화 자체 가운데 율법 해석의 문제가 야기된다. 아론의 아들들이 봉헌의 날에 속죄제를 드림에 있어 따라야 하는 절차는 무엇인가? 모세가 이러한 봉헌의 날에 드려진 다양한 제물들을 조사했을 때(10:12-15), 그는 속죄제물 가운데 아론과 그의 아들들이 먹어야 했던 부분을 찾을 수 없었다(16절). 모세가 이러한 부분들이 불태워졌음을 발견했을 때, 그는 아론에게 화를 내었다(10:16b). 모세에 따르면, 아론의 아들들은 레위기 6:26(MT 19)의 요구를 기억하여 그 제물을 먹었어야 했다(10:17; 레 6:26, 죄를 위하여 제사 드리는 제사장이 그것을 먹되 곧 회막 뜰 거룩한 곳에서 먹을 것이며). 비록 제물을 태우는 것이 그것이 백성들을 위한 속죄제물이었다는 근거 위에서 정당화될 수 있었다 할지라도(참조 9:15; 4:21), 모세는 자신의 판단의 기초를 소가 아닌 염소가 드려졌다는 사실 위에 분명하게 놓았던 것이다(염소는 그 고기를 먹어야 하는 제물이었던 것이다 - 6:26).

이에 대하여 아론은 모세와 더불어 논쟁하지 않았다. 대신에 그는 그날의 사건들에 호소하였는데, 그는 주장하기를 그와 그의 아들들이 그날 거룩한 음식을 먹기에 적합하지 않았다는 것이다. 비록 설화가 분명하게 언급하고 있지는 않다 할지라도, 그날 일어났던 '일들'(things)은 분명히 나답과 아비후의 죽음이었을 것이다. 그러나 어째서 그들의 죽음이 아론과 그의 남은 아들들로 하여금 거룩한 음식을 먹기에 적합치 못하게 했는가? 의식상의 정결의 문제는 미사엘과 엘사반이 시체들을 성막으로부터 치우도록 부름받았을 때 이미 해결되었다(10:4). 그러므로 아론과 그의 아들들이 시체를 접촉함으로 부정케 될 위험은 이미 없었던 것이다.

그러면 우리는 아론의 대답을 어떻게 이해해야 할 것인가? 아마도 그것은 단순히 아론 자신의 추론을 따른 것이었을 것이다. 그가 그날의 사건들을 보았을 때, 아론은 슬퍼 우는 자는 회생제사의 식사에 참여하여서는 안된다고 결론지었다. 설화는 즉시로 모세가 아론의 결정을 들었을 때 그 말을 좋게 여겨 받아들였음을 지적한다(10:20, 모세가 그 말을 듣고 좋게 여겼더라). 흥미롭게도 나중 신명기 26:14에서 의식상의 정결과 관련하여 동일한 규칙이 나타난다 - 애곡하는 자(슬퍼 우는 자)는 부정한 자로 간주되었다. 이와 같이 본 설화를 통하여 대제사장 아론은 올바른 법적 결정을 내릴 수 있는 자로서 나타난다. 그는 합법적으로 부정한 것으로부터 정한 것을 구별할 수 있었다.

본 설화의 전반적인 교훈은 제사장직의 책임을 설정함에 있어 중요한 역할을 맡는다. 거룩한 것과 더러운 것, 정한 것과 부정한 것을 분별하는 책임(학 2:11-12; 말 2:7 참조)이 그것이다. 10절과 11절에서 모세는 아론에게 그와 그의 아들들이 '거룩한 것과 속된 것을 구별하고' 또 '여호와가 모세로 명한 모든 규례를 이스라엘 자손에게 가르치는' 일을 담당할 것을 이야기한다. 이후의 장들에서 모세는 거룩한 것과 속된 것, 그리고 정한 것과 부정한 것의 상세한 목록을 열거할 것이다(예컨대 11:47).

그러므로 우리는 본 설화에서 아론의 아들들이 이스라엘 역사 전반을 통하여 맡을 일을 실제로 아론이 행하고 있는 것을 본다. 그리고 보다 중요한 것은 모세가 그 일을 승인하고 있다는 사실이다. 더우기 레위기의 이후 장들에서 우리는 어떤 종류의 결정들이 이루어지고 있는 것을 본다. 그러므로 '아론의 결정' 이야기는 이후의 장들에 나오는 정결법을 위한 적절한 서론이 되는 것이다.

D. 정결한 것과 부정한 것(11:1-15:33)

1. 동물, 새, 물고기, 기어다니는 것들에 관한 규례(11:1-46)

본 장에는 각 생물들에 대한 선별 목록이 나와 있는데, 그것은 정결성 여부에 의하여 분류한 목록이다. 본 장의 마지막 절에 따르면, 결정적인 문제는 각각의 짐승들이 정결한가 혹은 정결치 못한가 하는 것이다. 이러한 분류의 목적은 어떤 특정한 동물이 먹을 수 있는 것인가 하는 것을 결정하는 것이었다. 여기에서 깨끗한가 혹은 부정한가 하는 개념은 특별히 거룩함의 문제와 관련된다. 이러한 정결규례들 가운데 어떤 것을 위반하는 사람은 부정하게 되고(즉 더럽혀지고 세속적이 됨, 11:44-45), 그리하여 공동체 예배에 참예할 수 없게 되었다(12:4). 본 장의 목적은 거룩의 개념을 하나님 자신의 거룩함에 연결시키는 것이다(11:45).

어떤 동물은 깨끗한 반면 또 어떤 동물은 그렇지 않다고 하는 것이 그러한 동물이 그 자체로 더럽다는 것을 함축하는 것은 아니다. 예를 들어, 오경의 첫 부분 곧 창조 이야기에서 하나님은 자신이 창조하신 모든 동물들을 보시고 그것들 모두에 대하여 '좋다'고 말씀하셨다(창 1:21). 모든 피조물(특히 동물)에 대한 하나님의 이러한 평가에는 여기 레위기에서 '가증스럽다'고 일컬어진 동물들까지도 포함되는 것이다.

본 장을 전체적으로 살펴볼 때, 우리는 본 장이 주로 네 그룹의 동물들과 관련한 규례들을 포함하고 있음을 알 수 있다. 육상 동물, 새 혹은 날짐승, 수중 동물, 그리고 '땅에 기어다니는 작은 것들.' 이러한 분류방식은 창세기의 창조 이야기 가운데 발견되는 것과 동일한 분류방식이다. 그러나 레위기 11장의 규례들이 이와 같은 네 그룹으로 산뜻하게 분류되는 것은 아니다. 본 장을 통한 분류 원칙은 동물의 형태에 의하여서만 지배되고 있는 것이 아니라, 또한 부정함의 형태에 의하여서도 지배되고 있다. 예를 들어, 첫째 범주(1-8절)는 어떤 동물들을 먹거나 만지는 문제에, 그 결과 '부정케'되는 문제에 관심을 기울인다. 두번째 그룹(9-23절)은 '가증한' 것으로 간주되는, 그럼으로써 먹을 수없는 유형의 동물들에 관심을 기울인다. 세번째 그룹(24-40절)은 여러 형태의 동물들의 시체에 관심을 기울인다. 만일 어떤 사람이 그 시체를 만지면, 그는 씻어야만 하고 저녁까지 부정한 것으로 간주된다. 네번째 그룹(41-42절)은 모든 종류의 땅에 기어다니는 작은 동물들을 '가증한' 것으로 취급한다.

a. 첫째 범주: 일반적인 육상 짐승에 관하여*(11:1-8)*

먹을 수 있는 것(2:2-3): "짐승 중 무릇 굽이 갈라져 쪽발이 되고 새김질하는 것은 너희가 먹되."

먹을 수 없는 것(4-8절): "굽만 갈라졌거나" "새김질만 하는" 짐승(약대, 사반, 토끼); "굽은 갈라졌으되 새김질은 하지 않는" 짐승(돼지); "새김질은 하되 굽은 갈라지지 않은" 짐승.

b. 둘째 범주: 가증한 것들과 먹는 것에 관하여*(11:9-23)*

(1) 물고기(11:9-12)

먹을 수 있는 것(9절): "물에 있는 모든 것 중 너희의 먹을만한 것은 이것이니 무릇 강과 바다와 다른 물에 있는 것 중에 지느러미와 비늘 있는 것은 너희가 먹되."

먹을 수 없는 것(10-12절): "무릇 물에서 동하는 것과 무릇 물에서 사는 것 곧 무릇 강과 바다에 있는 것에서 지느러미와 비늘 없는 것은…… 그 고기를 먹지 말고".

(2) 날짐승(11: 13-23)

먹을 수 없는 것(13-20절): 여기에는 스물 한 종류(7 x 3)의 날짐승이 열거되어 있다 - 독수리, 솔개, 어응, 매, 매 종류, 까마귀 종류, 타조, 다호마스, 갈매기, 새매 종류, 올빼미, 노자, 부엉이, 따오기, 당아, 올응, 학, 황새종류, 대승, 박쥐, 그리고 날아다니는 모든 곤충들.

먹을 수 있는 것(21-23절): 날개가 있고 네 발로 기어다니는 모든 곤충 중에 그 발에 뛰는 다리가 있어서 땅에서 뛰는 것 - 메뚜기 종류, 베짱이 종류, 귀뚜라미 종류, 팟종이 종류.

c. 셋째 범주: 동물과 일시적인 부정함에 관하여*(11:24-40)*

다음의 동물과 접촉하면 그는 자기의 옷을 빨아야 하고 또한 저녁까지 부정하게 된다 - 일반적인 육상짐승들(26절): "무릇 굽이 갈라진 짐승 중에 쪽발이 아닌 것이나 새김질 아니하는 것"; 네 발로 다니는 모든 짐승 중 발바닥으로 다니는 것(27-28절); 기어다니는 동물들(29-38절): 쪽제비, 쥐, 도마뱀 종류, 합개, 육지 악어, 수궁, 사막 도마뱀, 칠면석척; 정결한 짐승이나 죽은 것(39-40절).

d. 넷째 범주: 가증한 것들에 관하여*(11:41-42)*

땅에 기어다니는 것은 배로 기어다니는 것이나 네 발로 걷는 것이나 여러 발을 가진 것이나 다 가증스러운 것이다.

먹는 것과 관련한 명령들

명령 #149. 레 11:2. 짐승이 먹을만한지 조사하라: "너희가 먹을 짐승들은 이러하니라."

명령 #96. 레 11:8. 시체를 만진 사람은 부정하다: "너희는…… 그 주검도 만지지 말라."

명령 #152. 레 11:9. 물고기가 먹을만한지 조사하라: "물에 있는 모든 것 중 너희의 먹을만한 것은 이것이니……"

명령 #151. 레 11:21. 메뚜기 종류가 먹을만한지 조사하라: "그 발에 뛰는 다리가 있어서 땅에서 뛰는 것은 너희가 먹을지니……"

명령 #97. 레 11:29-31. 여덟 가지 유형의 기어다니는 짐승들은 부정하다: "땅에 기는 바 기는 것 중에 네게 부정한 것은 이러하니……"

명령 #98. 레 11:34. 먹는 것과 마시는 것은 그것이 부정한 물건과 접촉되면 부정해진다: "먹을만한 축축한 식물이 거기 담겼으면 부정하여질 것이요 그같은 그릇의 마실만한 마실 것도 부정할 것이며."

먹는 것과 관련한 금지들

금지 #173. 레 11:11. 부정한 물고기를 먹지 말라: "이들은 너희에게 가증한 것이니 너희는 그 고기를 먹지 말고……"

금지 #174. 레 11:13. 부정한 날짐승을 먹지 말라: "새 중에 너희가 가증히 여길 것은 이것이라 이것들이 가증한즉 먹지 말리니……"

금지 #176. 레 11:41. 땅에 기는 것들 가운데 부정한 것은 먹지 말라: "땅에 기어다니는 모든 기는 것은 가증한즉 먹지 못할지니……"

금지 #178. 레 11:42. 벌레를 먹어서는 안된다: "곧 땅에 기어다니는 모든 기는 것 중에 배로 밀어 다니는 것이나 네 발로 걷는 것이나 여러 발을 가진 것이라 너희가 먹지 말지니 이는 가증함이니라."

금지 #179. 레 11:43. 가증스러운 짐승을 먹지 말라: "또한 그것을 인하여 스스로 더럽혀 부정하게 되지 말라."

금지 #177. 레 11:44. 땅에서 기어다니는 짐승을 먹지 말라: "땅에 기는 바 기어다니는 것으로 인하여 스스로 더럽히지 말라."

2. 어린 아이 출생과 관련한 정결례(12:1-8)

본 장은 언뜻 보기에 임의로 선택되어 이 자리에 놓여진 것으로 보일 수 있다. 이것은 오직 아이를 낳은 여인과 관련한 정결례 만을 다룬다. 그러나 우리는 어째서 저자가 이러한 특별한 주제를 설화의 본 지점에다가 위치시키기로 선택했는지를 물을 필요가 있다. 아마도 이것이 갖는 명백한 임의성이 그것의 의미를 오도할런지 모른다. 비록 본 장이 오직 한가지 규례만을 포함하고 있다 할지라도, 그것은 인근 본문들과 관련하여 전략적인 역할을 맡는다. 우리가 지금까지 다루어 온 전반적인 법적 본문들(legal texts)을 통하여 부정함(impurity)이라고 하는 개념의 전반적인 의미에 대한 설명이 제시되어 있는 것은 정확하게 어린 아이의 탄생과 관련한 본 규례 안에서인 것이다.

본 설화는 우리에게 이야기하기를, 여자가 부정한 동안 "그녀는 성물을 만지거나 혹은 성소에 들어가서는 안된다"고 한다(12:4). 이러한 언급은 부정함을 성소(성막)와 관련하여, 또한 - 더욱 중요하게 - 어떤 사람이 예배 공동체에 나아갈 수 있는 여부와 관련하여 규정하고 있다. 부정함은 타부(금기)라고 하는 모호한 개념으로 규정되지 않고, 오히려 예배로부터 받아들여지는가 혹은 제한되는가 하는 점으로 규정되는 것이다. 그러므로 부정함의 의미는 언약의 목적 및 창조의 목적, 즉 하나님께 대한 예배와 관련하여 규정되는 것이다(창 2:15에 대한 주석을 참조하라). 부정함의 상태에 있다는 것은 공동체 회중 가운데 하나님을 예배하도록 받아들여지지 않는 것을 의미하는 것이었다. 에덴 동산에서 남자와 여자가 하나님의 임재로부터 내어 쫓겨졌던 것처럼(창 3:24-25), 부정한 사람은 성소 가운데 계신 하나님 앞에 나아올 수 없는 것이다.

이와 같이 이러한 특별한 규례를 부정함을 다루는 전반적인 규례들 가운데 위치시킴으로써, 저자는 본 서(레위기)를 통하여 나타나는 정결함과 부정함의 개념을 이해하는 열쇠를 제공해주고 있다. 부정함은 모호한 죄 개념이나 혹은 일상적인 공동체 생활로부터의 오스트라시즘(ostracism, 추방)이 아니었다. 부정함은 어떤 사람이 언약 공동체의 예배생활로부터 금지되는 것을 의미하였다. 곧 이스라엘에게 있어서의 부정함은 거룩함과 성막으로부터의 분리를 의미하는 것이었던 것이다.

NIV에서 '임신하다'로 번역된 히브리어 단어는 매우 특이한 단어이다. 그것은 히브리어에서 임신하는 것을 의미할 때 통상적으로 사용하는 단어가 아니다. 그 단어는 오직 여기에서와 창세기 1장에서만 사용되었다(창 1:11-12, '씨 맺는 채소'). 그렇다면 어째서 여기에서 그토록 특이한 단어가 사용되었을까? 이러한 질문에 대한 답을 우리는 그 단어가 문자적으로 '그녀가 씨를 생산한다'를 의미하는 사실에서 찾을 수 있다. 여기에서의 그것의 용례(用例)는 아마도 저자가 이러한 설화를 통하여 아이를 낳음에 있어 여자가 정결케 될 필요에 초점을 맞춘 이유에 대한 실마리를 제공해 줄 수 있을 것이다.

첫째로, 레위기 12장에서 '씨'란 용어를 사용한 것(여자가 '씨를 생산'하고……)과 창세기 1장의 창조 이야기에서 그것을 사용한 것('씨 맺는 채소') 사이에 나타나는 문자적 연결관계는 레위기의 본 부분(section)이 창세기의 창조 이야기의 패턴을 현저하게 따르고 있다는 잘 알려진 관찰 결과를 뒷받침한다. 예를 들어, 창세기 1장에서 하나님은 자신의 새로운 창조 가운데 악으로부터 선을 구분한다. 각각의 새로운 창조행위 후에, 하나님은 '좋다'고 말씀하신다. 동일한 방식으로 하나님은 레위기에서 부정함으로부터 정결함을 구분하신다. 마치 하나님이 창조 가운데 인간을 위하여 '좋은 것'(선한 것)을 구별하셨던 것처럼, 이제도 하나님은 언약 가운데 인간을 위하여 '정결한 것'을 구별하신다. 더우기 하나님께서 창조 가운데 따랐던 순서 - 동물, 새, 물고기, 기어다니는 것들, 그리고 인간의 순서 - 와 여기에서 따르고 있는 순서(레 11-12장) - 동물, 새, 물고기 그리고 인간의 순서 - 사이에는 놀라울 정도의 일치가 존재한다.[3] 저자는 분명히 하나님의 전반적인 목적과 사역에 있어서의 동일한 패턴을 강조하고 있는 것이다.

둘째로, 레위기 12:2에서 아이를 낳는 것과 관련하여 '씨'란 용어를 사용한 것은 창세기 3:16의 저주 뿐만 아니라('내가 잉태하는 고통을 크게 더하리니') 3:15에서 약속된 여자의 '씨'를 암시하는 것일 수 있다. 저자가 창세기의 앞부분 이래로 하나님께서 자신의 축복계획을 성취시킴에 있어 아이를 낳는 것이 중심

3) Rashi, ad loc.를 보라.

적인 역할을 차지하고 있다는 사실에, 우리의 관심을 집중시키고 있다는 데에는 아무런 의심의 여지도 있을 수 없다. 창세기 1:28에서 인간에 대한 하나님의 첫번째 축복은 아이를 낳는 여자의 역할에 집중되어 있다. "생육하고 번성하여 땅에 충만하라." 타락 후, 축복 뿐만 아니라 저주까지도 여자와 그녀의 아이 낳는 일에 집중된다. "'여자의 씨'는 네 머리를 상하게 할 것이요 너는 그의 발꿈치를 상하게 할 것이니라" (창 3:15, 축복). "내가 네게 잉태하는 고통을 크게 더하리니" (3:16, 저주). 족장 설화들을 통하여 축복의 소망 한가운데 바로 이 약속된 '씨'가 또한 놓여진다(예컨대 창 12:1-3).

출애굽기의 앞부분 설화들에서, 하나님이 자신의 '축복 약속'을 이루시리라는 소망은 모세 탄생의 설화 속에서 최고조로 표현된다. 또한 이와 관련하여 하나님께서 시내 산 언약 가운데 이스라엘을 축복하시는 장면 가운데 아이를 낳는 것에 집중된 소망이 반향되어 있음은 결코 놀라운 일이 아니다. 이와 마찬가지로 선지서들이나 기타 후대의 성경 설화들 가운데 하나님의 약속된 축복에 대한 미래적 성취 역시 아이를 낳는 것의 기쁨과 기대에 집중되어 있었던 것이다(예컨대 사 7:14; 미 5:1-2).

이와 같이 본 설화에서 정결에 관한 논의 가운데 아이를 낳는 것이 선택된 것은 아마도 그것이 오경에서 축복 및 저주와 긴밀하게 관련되어 있기 때문일 것이다. 디모데전서 2:15에서 바울이 창세기 3:15을 인용할 때 그것을 특별히 여자가 '거룩함 가운데 남아있어야' 할 필요성과 연결시키고 있는 사실은 매우 흥미로운 일이 아닐 수 없다(그러나 여자들이 만일 정절로써 믿음과 사랑과 거룩함에 거하면 그 해산함으로 구원을 얻으리라). 이것은 본 장(레 12장)에서 연결된 동일한 두 주제인 것이다.

창세기의 주제들과 레위기의 구조 및 배치 사이의 긴밀한 관련은 이후의(레 12장 이후의) 몇 장들에서 발견될 수 있는 연결들을 암시한다. 창세기 설화들 가운데 타락 다음의 주제가 인간의 벌거벗음(עירם)을 위한 하나님의 공급(עור, '가죽'옷을 지어 입히심)이었음을 감안할 때, 레위기 설화들에 있어서의 다음 부분 또한 '육체의 가죽(피부)'(עור)의 정결을 위한 필요를 다루고 있는 사실은 매우 의미있는 일이라 하지 않을 수 없다. 이와 같이 우리는 오경의 설화들을 통하여 하나님의 첫번째 창조 사역과 지금의 언약 사역을 연결시키고자 하는 전략을 발견할 수 있다. 타락으로 하나님의 선한(좋은) 창조가 악으로 더러워졌기 때문에, 또한 언약 공동체 가운데 정결한 것과 부정한 것이 구분되어야 한다. 금송아지 사건 이후로 언약 공동체에 부정함이 번지는 것이 타락 이후 하나님의 선한 창조 가운데 죄가 번지는 것으로 유비(類比)되어 묘사되고 있는 것이다.

명령 #100. 레 12:2. 금방 아이를 낳은 여자는 부정하다: "여인이 잉태하여……를 낳으면"

명령 #76. 레 12:6. 출산 이후의 제물: "자녀간 정결케 되는 기한이 차거든 그 여인은 번제를 위하여 일년된 어린 양을 취하고…"

금지 #129. 레 12:4. 부정한 사람은 성물을 먹어서는 안된다: "기한이 차기 전에는 성물을 만지지도 말며……"

3. 피부병과 관련한 규례들(13:1-14:57)

통상적으로 그러한 것처럼, 본 규례 모음집(collection of regulations)의 내용과 목적이 마지막에 놓여져 있다(14:56-57). 여기에서 본 장의 내용이 다음과 같이 서술되어 있다. "이는 각종 문둥병 환처에 대한 규례니 곧 옴과 의복과 가옥의 문둥병과 붓는 것과 피부병과 색점에 관한 것이니라"(56절). 또 그것의 목적은 이렇게 서술된다. "부정함과 정함 사이의 구분을 가르치기 위함"(57절). 피부병에 대한 여러가지 테스트들이 먼저 열거되고, 이어서 그것을 깨끗케하는 절차가 언급된다.

첫번째 섹션(부분: section)은 피부병에 대한 여러가지 검사들(13:1-46)과 어떤 사람의 의복에서 그러한 병들을 발견하는 것(47-59절)을 다룬다. 어떤 피부병이 발견되었을 때, 그것을 치료하기 위한 규정은 없었다. 오히려 그 사람은 '옷을 찢고 머리를 풀며 윗 입술을 가리우고 부정하다 부정하다 외치도록' 요구되었다(45절). 또 그 사람은 '진 바깥에서' 홀로 살아야 하였다(46절). 그리고 옷이 감염된 것으로 드러났을 때, 그 옷은 빤 연후에 다시 검사를 받거나(54절) 아니면 폐기되었다(52, 57절; 민 5:1-4을 보라).

앞 섹션들에서 우리는 정결 규례들이 창세기 앞부분에서 확립된 연속적인 패턴을 의도적으로 따랐음을 보이고자 노력하였다. 그러한 패턴의 분명한 목적은 의식(儀式)상의 부정함이 번지는 것이 창세기의 죄가 번져나가는 것을 답습하는 것임을 보이는 것이었다. 혹은 창세기 설화들의 관점으로부터, 그것의 목적은 인류의 원죄가 제의적 오염(cultic contamination)의 한 형태였음을 보이는 것이었다. 이와 같이, 사람의 피부가 태초의 죄와 부끄러움의 초점이었던 것처럼, 또한 이제 피부의 병들은 사람이 깨끗해져야 하는 필요성을 보여준다. 다시 말해서, 최초의 죄의 효과가 사람의 피부에 즉각적으로 나타났던 것처럼("이에 그들의 눈이 밝아 자기들의 몸이 벗은 줄을 알고," 창 3:7), 저자는 거룩하신 하나님 앞에서의 인간의 더러운 상태를 묘사하기 위하여 피부병의 시각적인 혐오감(graphic horror)을 사용하고 있는 것이다.

마찬가지로, 창세기 설화들 가운데 아담과 하와가 일단 죄를 범하자 마치 레위기의 부정한 사람처럼 오염의 결과를 겪은 것은 매우 의미있는 일이다. 레위기의 규례들에 따를 때, 만일 어떤 사람이 부정한 것으로 드러나면 그에게는 다음의 요구가 주어졌다. "병있는 날 동안은 늘 부정할 것이라 그가 부정한즉 혼자 살되 진 밖에 살지니라"(13:46). 비슷하게, 창세기 설화들은 아담(과 하와)이 범죄했을 때, "여호와 하나님이 그 사람을 쫓아 내시고 에덴 동산 동편에 그룹들과 두루 도는 화염검을 두어 생명나무의 길을 지키게 하셨다"(창 3:23-24). 레위기의 부정한 사람처럼, 그들은 '진 바깥에서' 살아야만 하였다. '옷의 오염'의 개념 역시 아담과 하와가 에덴동산에서 자신들의 벌거벗음을 가리우기 위하여 옷을 지었던 시도(창 3:7) 및 그들이 동산을 떠날 때 하나님께서 옷을 준비하신 사실과 흥미로운 유비관계를 갖는다(3:20).

아래에서 좀더 분명히 드러나겠지만, 이러한 레위기 율법들과 창세기 설화들 사이의 병행관계 가운데, 저자는 홍수와 노아의 제사가 인류를 깨끗케 하고 또 하나님의 언약을 준비하는데 매우 중요한 역할을 담당하였음을 보여준다. 또한 우리는 저자가, 하나님의 계획을 창조에 있어서의 그분의 보다 큰 계획의 문맥 속에서 드러내기 위하여, 계속하여 이러한 레위기 율법들을 창세기 설화들의 패턴과 연결시키는 것을 보게 될 것이다. 물로써 피부병들을 '씻는' 것을 다루는 설화들이 홍수 이야기의 사건들 및 개념들과 긴밀한 병행관계를 보이는 것은 결코 우연일 수없다.

지금 우리가 다루고 있는 설화의 다음 본문단위(레 14:1-53)는 앞에서 열거된 병들로부터 '깨끗해지기'(씻기) 위한 방편들을 다룬다. 이러한 '씻음'은 어떤 사람이 고침을 받았다고 선언됨에 있어 따라야하는 절차였다. 그것이 그러한 병을 치료하는 것은 아니었다. 본문은 사람이 어떻게 치료될 수 있는지를 설명하지 않는다. 그것은 다만 나음받은 피부가 어떻게 공적으로 인정될 수 있는지를 설명할 뿐이다. 먼저 육체의 병들을 씻기 위한 규례가 주어지고(1-32절), 이어서 집으로부터 그러한 병들을 씻는 규례들이 주어진다(33-53절). 이러한 두 가지 절차는 서로 비슷하며, 또 어떤 대상이 깨끗하다고 선언되기 위하여 동일한 패턴을 따른다(3-7절과 48-53절을 참조하라).

병에서 나음을 받은 사람을 깨끗케 함(14:4-7)	**병에서 깨끗해진 집을 깨끗케 함**(14:49-53)
1. 정한 산새 두 마리, 백향목, 홍색실, 우슬초	1. 새 두 마리, 백향목, 홍색실, 우슬초.
2. 새 한 마리를 맑은 물 위 질그릇 안에서 잡음. 산 새는	2. 새 한 마리를 맑은 물 위 질그릇 안에서 잡음. 산 새는

백향목과 홍색실과 우슬초와 함께 가져다가 맑은 물 위에서 잡은 새의 피를 찍음.	죽은 새의 피로 찍고, 백향목과 홍색실과 우슬와 함께 뿌림
3. 정결함을 받을 자에게 그 피를 일곱번 뿌림.	3. 그 집에다가 일곱번 피와 물을 뿌림.
4. 산 새는 빈 들에 놓음.	4. 산 새는 빈 들에 놓음

집을 깨끗케함에 있어서의 주요한 절차는 첫째로 칠일 동안 집을 폐쇄하는 것이요, 둘째로 그렇게 해서 병이 제거되지 않았다면 그 집의 더럽혀진 돌들이 '도시 밖으로' 치워지고 파괴되며 그 집은 다시 칠해지는 것이었다(38-42절). 피부병의 경우, 깨끗해진 사람은 이미 치료된 것으로 간주된다(3절). 그러나 오염된 집의 더러워진 돌들처럼, 병에 걸린 사람은 부정한 채로 남아서 '진 바깥에서' 살아야만 하였다(13:46).

이러한 두 가지 의식은 - 비록 매우 비슷하다고는 할지라도 - 병에 걸린 것으로 드러난 것을 다룸에 있어 주요한 차이점을 가지고 있다. 예를 들어, 피부병을 고치는 규정은 없는 반면 그것에 감염된 집을 깨끗케하는 규정은 있다.

오염된 사람과 오염된 집 사이의 중요한 차이점은, 피부병으로부터 고침을 받은 사람을 위한 제사와 제물은 있었던 반면 깨끗해진 집을 위해서는 없었다는 점이다. 회생제사가 집을 위하여 드려지지는 않았다는 점에서 우리는 이것을 충분히 이해할 수 있다.

앞에서 제시했던 것처럼, 창세기에 나오는 홍수 설화의 몇 가지 특성들이 레위기의 본문과 병행관계를 갖는다. 이러한 병행관계들이 아래에 열거되어 있다. 이러한 병행관계는 그것이 저자의 목적과 의도를 드러내고 있다는 점에서 중요한 의미를 갖는다. 저자가 사용하기로 선택한 자료들 뿐만 아니라 이러한 본문들을 진열하는 방식 속에서 우리는 하나의 전략을 간파할 수 있다. 창세기의 초기 설화들의 패턴을 따름으로써, 저자는 이스라엘에게 이러한 언약 규례들을 주심에 있어서의 하나님의 목적을 보여줄 수있었다. 그것들은 자기 백성들의 일상적인 삶 속에서 인류 전체를 향한 동일한 목표와 목적을 성취하는 하나님의 방법이었다. 죄와 그로 말미암은 오염은 하나님의 방식으로 다루어져야 한다. 홍수가 하나님의 선하신 창조를 악으로부터 깨끗케하기 위해 필요했었던 것처럼, 또한 의식적인 씻음들이 언약 공동체 속에서 죄의 번짐을 억제하기 위해 필요하였다.

홍수 이야기(창세기)	정결규례(레위기)
1. 홍수의 물은 하나님께서 길을 더럽힌 모든 육체"의 땅을 깨끗케하시는 방편이었다.	"자신의 이러한 레위기 율법들 가운데 더러워진 육체를 깨끗케 하는 주요한 방편은 물이었다. 물을 사용하는 것에 관한 언급이 일곱번 나온다(14:5, 6, 8, 9, 50, 51, 52).
2. 방주(תבה)는 안(מבית)과 밖(מחוץ)을 역청(כפר)으로 칠했다(כפר).	집은(הבית) 더러워진 재료가 안으로(מבית) 치워지고 도시로부터(מחוץ)버려진 연후에 진흙으로(עפר) 칠하여졌다
3. 노아는 방주 문에서 칠일간 기다렸다(창 7:4, 10).	제사장은 그 집 문에서 칠일간 기다려야 하였다(레 14:38).
4. 노아는 방주 안에서 칠일씩두번을 새를 기다렸다(창 8:10, 12).	깨끗함 받을 자는 칠일씩 두번을 기다렸다(14:7, 8).
5. 두 마리의 새가 방주로부터 보내어졌다. 첫번째 까마귀는 물 위를 날았고 두번째 비둘기는 마른땅 위를 날았다(창 8:7-9). 까마귀는 부정한 새였고	두 마리의 '정결한 새'가 취하여 졌다. 한 마리는 '물 위에서' 잡았고 다른 한 마리는 '지면위에' 놓아졌다. 속죄제물(레 14:52)인 죽임당한 새는 부정함을 떠맡고 다른 새는

(레 11:15) 비둘기는 정결한 새였다.	자유케 되었다.
6. 마지막에 희생제사가 드려졌다(창 6:20).	마지막에 희생제사가 드려졌다(레 14:10, 21).
7. 노아는 제단 위에다 "정결한 짐승"과 "정결한 새"를 드렸다 (창 8:20).	깨끗해질 사람은 제단 위에다 어린수양과 비둘기 두마리를 드렸다(레 14:21-22).
8. 노아에게 음식규례가 주어지고(창 9:3), 피를 먹는 것에 관한경고가 주어졌다(창 9:4).	피를 먹는 것에 대한 엄격한 경고(레17장;참조 7:26) 와 아울러 음식규례가 주어졌다 (레 11장).
9. 하나님께서 노아와 더불어 언약을 세우셨다 (창 9:9).	하나님께서 이스라엘과 더불어 언약을 세우셨다 (레 26:44).
10. 언약의 표적은 구름 가운데 있는 무지개였다 (창 9:14-15).	언약 가운데 하나님의 임재의 표적은 속죄소 위의 구름이었다(레 16:2).
11. 노아는 포도주(יין)를 마시고 취했으며(שכר) 장막에 벌거벗은채 있었다 (창 9:21).	아론과 그의 아들들은 회막에 들어갈 때에 포도주(יין)나 독주(שכר)를 마시지 못하도록 경고 받았다(레10:9).
12. 노아의 두 아들 함과 가나안이 저주를 받았다 (창 9:24-25).	아론의 두 아들 나답과 아비후가 저주를 받았다 (레 10:1).
13. 노아의 아들 "가나안의 아비 함이 아버지의 벌거벗음을 보았다" (창 9:22).	레 18:7, "네 아비의 벌거벗음을 열어젖히지 말라." 레 18장 전체는 벌거벗음을 열어젖히는 문제를 다루는데, 이는 가나인

	족속들의 더러움으로 불리 워지고 있다(레 18:24-30).
14. 바벨론(בבל from בלל)에서, 하나님의 관심은 그 땅에 계획하는 (זמם) 어떤 것도 결코 그들에게 불가능하지 않을 것이라는 것이었다(창11:6). 동사(זמם)는 여기에서와 신19:19에서 사용되었다.	레 18-20장의 성결법들은 그 그 땅에 '악함'(זמם from, זמה, 레 18:17; 19:29; 20:14)이나 "혼란" (תבל from בלל, 레 18:23; 20:12)이 없을 것임을 확증하기 위해 의도되었다. 명사(זמה) (זמם 으로부터)와 תבל (בלל 으로부터)은 오경 가운데 오직 여기에서만 사용되었다.
15. 아브라함은 이복 누이 누인인 사라와 결혼하였다 (창 11:29; 20:12).	성결법전은 이복 누이와의 결 결혼을 금하였다 (레 18:11; 20:17).

피부병과 관련한 명령들

명령 #101. 레 13:3. 문둥병자는 부정하다: "이는 문둥병의 환처라."

명령 #112. 레 13:45. 문둥병자는 공적으로 알아볼 수 있도록 되어야 한다: "문둥병자는 옷을 찢고 머리를 풀고……"

명령 #102. 레 13:51. 문둥병자의 옷은 부정하다: "이는 악성 문둥병이라 그것이 부정하니……"

명령 #110. 레 14:2. 문둥병을 깨끗케하는 절차: "문둥환자의 정결케되는 날의 규례는 이러하니……"

명령 #111. 레 14:9. 문둥병자의 머리를 깍음: "칠일 만에 그 모든 털을 밀되……"

명령 #77. 레 14:10. 깨끗케된 문둥병자의 제물: "제 팔일에 그는 흠 없는 어린 수양 둘과…… 취할 것이요."

명령 #103. 레 14:44. 문둥병자의 집은 부정하다: "그 색점이 만일 집에 퍼졌으면……"

피부병과 관련한 금지들

금지 #307. 레 13:33. 문둥병자의 환처를 깎아서는 안된다: "그는 모발을 밀되 환처는 밀지 말 것이요……"

4. 부정케하는 유출병에 관한 규례(15:1-33)

본 장 전체의 개요(槪要)가 본 장의 마지막 두 절에 주어져 있다. "이 규례는 유출병이 있는 자와 설정함으로 부정을 입은 자와 불결을 앓는 여인과 유출병이 있는 남녀와 불결한 여인과 동침한 자에게 관한 것이니라"(32-33절).

본 장은 제반 규례들에 대한 다음과 같은 기본적인 전제로써 시작된다. "누구든지 몸에 유출병이 있으면 그 유출병을 인하여 부정한 자라"(2절). 본 장은 크게 두 부분으로 나누어지는데, 첫번째 부분은 유출병을 가진 남자와 관련한 규례들을 다룬다(3-18절). 이 부분은 유출병의 성격을 묘사하는 것으로 시작하고(4-12절), 이어서 그러한 유출병을 깨끗케하는 지침들이 언급된다(13-18절). 한편 두번째 부분은 유출병을 가진 여자와 관련한 규례들을 다룬다(15:19-30). 이 부분 역시 두 부분으로 이루어져 있는데, 먼저 여자의 유출병을 묘사하는 것이 나오고(19-27절) 이어서 그러한 유출병을 깨끗케하기 위한 지침들이 나온다(28-30절). 깨끗케하는 규례(정결규례)는 남자에게 있어서나 여자에게 있어서나 동일하다. 그들은 유출이 그친 이후로 칠일을 기다려야만 했다. 그리고나서 그들은 깨끗한 물로 자신들과 자신들의 옷을 씻어야만 했다. 그리고 팔일째 되는 날 그들은 산비둘기 둘이나 집비둘기 둘을 회막에서 드려야만 했다. 한 마리는 속죄제이고 또 한 마리는 번제였던 것이다.

본 장 말미에 정결율법의 목적이 분명하게 언급되어 있다. 주님은 모세에게, 이스라엘 공동체의 의식적 정결(儀式的 淨潔, ceremonial purity)이 "그들로 그 가운데 있는 내 장막을 더럽히고 그 부정한 중에서 죽음을 면케 하기 위해"(31절) 시행되어야만 한다고 말씀하셨다. 다시 말해서, 이러한 다양한 유출병들이 피하여졌던 것은 그것들이 본원적으로 악한 것이었기 때문이 아니라 그것들이 어떤 사람을 언약 공동체의 예배에 참석할 수 없도록 만들었기 때문이었다.

명령 #104. 레 15:2. 유출병을 가진 사람은 부정하다: "누구든지 몸에 유출병이 있으면……"

명령 #74. 레 15:13-15. 유출병으로부터 깨끗해진 사람의 제물: "유출병 있는 자가 그 유출이 깨끗하여지거든……. 제 팔일에 산비둘기 둘이나 집비둘기 새끼 둘을 취하여……"

명령 #105. 레 15:16. 설정한 사람은 부정하다: "설정한 자는 전신을 물로 씻을 것이며 저녁까지 부정하리라."

명령 #109. 레 15:16. 물로 씻는 규례: "그는 물로 씻을 것이며 ..."

명령 #99. 레 15:19. 월경 가운데 있는 여인은 부정하다: "어떤 여인이 유출을 하되 그 유출이 피면 칠일 동안 불결하니……"

명령 #106. 레 15:19. 유출이 있는 여인은 부정하다: "여자가 정기적인 피의 유출을 가지고 있을 때……"

명령 #75. 레 15:28-29. 유출로부터 깨끗해진 여자의 제물: "그녀의 유출이 그치면……"

E. 속죄일(16:1-34)

일년에 한 번 일곱째 달 제 열흘에 안식이 선포되고 나라 전체의 죄를 위한 속죄가 이루어졌는데, 이 날이 바로 속죄일(the Day of Atonement)이었다. 이 날의 의식의 절정은 대제사장이 살아있는 염소 위에 손을 얹고 이스라엘의 모든 죄를 고백하는 것이었다(21절). 그러고나서 그 염소는 진으로부터 광야로 보내어졌다. 이렇게하여 이스라엘의 죄는 치워지게 되는 것이었다. 이것은 이스라엘을 위한 영원한 규례였다. "이는 너희의 영원히 지킬 규례라 이스라엘 자손의 모든 죄를 위하여 일년 일차 속죄할 것이니라" (34절).

이 날(속죄일)을 위한 가르침의 서곡으로, 저자는 아론의 두 아들 나답과 아비후의 비극적인 운명을 회상시킨다(1절). 이렇게 하여 그들을 불살랐던 불은 사람들로 하여금 하나님께로 나아감에 있어 극도의 경외감과 거룩함으로 그렇게 하여야 함을 생생하게 일깨워주는 것이 되었다. 제사장들은 자의적으로 성막에 들어갈 수 없었다. 그들은 적법하게 들어가야만 하였다. 하나님께서 휘장 뒤, 그리고 법궤의 속죄소 앞에 임하셨기 때문에 누구든지 적법하지 않게 장막에 들어가는 사람은 죽음을 면치 못하였다. "성소의 장 안 법궤 위 속죄소 앞에 무시로 들어오지 말아서 사망을 면하라 내가 구름 가운데서 속죄소 위에 나타남이니라"(2절).

속죄일은 먼저 대제사장을 성별하는 것으로부터 시작되었다(3-4절). 대제사장 아론은 세마포 옷을 입고(그의 통상적인 복장이 아니라, 23-24절 참조) 자신을 위하여 수송아지 한 마리와 수양 한 마리를 그리고 이스라엘 공동체를 위하여 수염소 두 마리와 수양 한 마리를 취하여야 하였다. 첫째로, 그는 그 수송아지를 자신의 속죄제물로 드렸다. 그 수송아지는 죽임을 당하였고 그 피의 일부는 '휘장 뒤에서' 취하여져서 속죄소 앞에서 뿌려졌다(11-14절). 향이 '여호와 앞의 불' 위에 놓여지고, 그 연기가 속죄판을 덮고 대제사장을 감쌌다. 그러고나서 그는 이스라엘 공동체를 위하여 두 마리의 수염소를 취했다. 제비에 의하여 한 마리의 염소는 여호와께 속하는 것으로 구별되고, 그리고 나머지 한 마리는 '속죄의 염소'(scapegoat)가 되었다.

그러고나서 여호와께 속하는 염소는 백성들을 위한 속죄제물로써 드려졌고, 그 피는 '휘장 뒤에서 취하여져 속죄소 위에서 뿌려졌다'(15절). 이러한 속죄제물의 목적은 "이스라엘 자손의 부정과 그 범한 모든 죄를 인하여 지성소를 위하여 속죄하고 또 그들의 부정한 중에 있는 회막을 위하여 속죄하는" 것이었다(16절). 그리고 수송아지와 첫번째 염소의 피가 제단을 깨끗케 하기 위하여 제단의 뿔 위에 뿌려졌다.

한편 두번째 염소는 이스라엘의 죄를 담당하고 광야로 보내짐으로써 속죄를 이루기 위하여 남겨졌다. 대제사장은 그 염소 위에 자신의 손을 얹고 모든 이스라엘의 죄를 고백하고 그것을 내어보냈다. 그 염소는 백성의 '죄를 치우기' 위한 것이었다(22절). 그리고 그 염소를 내어보낸 사람(21절)은 진에 돌아오기 전에 옷을 빨고 목욕을 하였다(26절).

이어서 대제사장은 통상적인 제사장 의복으로 갈아 입고 자신을 위하여 두번째 수양을, 그리고 백성들을 위하여 공동체 수양(the community s ram)을 번제로 드렸다. 속죄제물로 사용된 수송아지와 수염소는 진 바깥에서 잡았고 완전히 불태워졌다. 그것들을 불태우도록 임무를 부여받은 사람은 진에 돌아오기 전에 옷을 빨고 목욕을 해야만 했다.

명령 #49. 레 16:1이하. 속죄일의 예배(아보다). 이 날의 모든 의무들은 하나의 명령으로 간주된다.

명령 #164. 레 16:29. 티스리월 제 십일(욤 키푸르)의 금식: "칠월 곧 그 달 십일에 너희는 스스로 괴롭게하고."

명령 #165. 레 16:29. 티스리월 제 십일(욤 키푸르)의 안식: "아무 일도 하지 말되……"(레 16:31 참조. "이는 너희에게 큰 안식일인즉……")

금지 #68. 레 16:2. 대제사장은 자의적으로 성소에 들어가서는 안된다: "네 형 아론에게 이르라 성소의 장 안 법궤 위 속죄소 앞에 무시로 들어오지 말아서 사망을 면하라."

F. 부당한 행동들에 대한 경고(17:1-16)

본 장은 네 가지 형태의 부당한 행동들에 대하여 경고를 발하고 있다. 첫번째 것은 희생의 짐승을 회막 이외의 다른 장소에서 잡는 것에 대하여 관심을 기울인다(2-9절). 어떤 학자들은 이것이 희생제사 만을 금지하는 것이 아니라 모든 종류의 짐승을 잡는 것을 금지하는 것이고 또 그러한 금지는 오직 이스라엘이 광야에 있을 때에만 한정되었던 것으로 주장한다.[4] 그러나 5절은 여호와께 대하여 드려졌던 희생제사에 대하여 말하고 있다. 또 본 장 13절에 사냥 중에 죽임을 당한 짐승들에 대한 규정이 주어져 있는 사실을 주목할 필요가 있다. 이러한 규정은 음식으로 사용하기 위하여 짐승을 잡는 것이 허용되었음을 보여준다. 그러므로 여기에서 금지되고 있는 것은 오직 희생제사를 드리기 위해 짐승을 잡는 경우인 것이다. 더우기 7절에서 그러한 금지는 '영원한 규례'로써 불려지고 있는데, 이것은 그러한 금지가 광야 방랑기간에만 한정된다는 이론의 근거를 배제시켜 버린다. 나아가서 이러한 율법이 신명기 12:15에서 다시금 반복되고 있는데, 그것(신 12:15)은 짐승을 잡는 것이 어디에서나 행하여질 수 있었음을 밝히 보여준다(그러나 네 하나님 여호와께서 네게 주신 복을 따라 각 성에서 네 마음에 즐기는대로 생축을 잡아 그 고기를 먹을 수 있나니). 신명기가 특별하게 금하고 있는 것은 중앙 성소 이외의 다른 장소에서 희생제사가 수행되는 것이다(신 12:1-32에 대한 주석을 보라).

본 장(레 17장)에 제시된 두번째 경고는 짐승을 그 피와 함께 먹는 것과 관련한 것이다(레 17:10-12). 세번째로 사냥하여 얻은 짐승을 그 피와 함께 먹는 것이 금지되었다(13-14절). 그리고 네번째로 본 장은 들짐승에 의해 죽임당한 짐승을 먹는 것을 금한다(15-16절).

명령 #147. 레 17:13. 동물과 새의 피를 흙으로 덮음: "그 피를 흘리고 흙으로 덮을지니라."

금지 #90. 레 17:3-4. 누구든지 성전 밖에서 짐승을 잡아서는 안된다: "무릇 이스라엘 집의 누구든지 소나 어린 양이나 염소를 진 안에서 잡든지 진 밖에서 잡든지 먼저 회막문으로 끌어다가 여호와의 장막 앞에서 여호와께 예물로 드리지 아니하는 자는 피흘린 자로 여길것이라."

1-9절의 짤막한 본문을 설화의 본 지점에다가 포함시킨 저자

4) Keil, *Pentateuch*, 2:408; Wenham, *Leviticus*, 241 을 보라.

의 목적은 - 뒤이어 나오는 섹션(항목)들을 통하여 발견되는 - 예배를 규제하는 엄격한 규칙들 배후에 있는 동기들 드러내기 위한 것이다. 저자는 자신이 제공한 규칙들에 관하여 우리에게 다음과 같이 말한다. "그런즉 이스라엘 자손이 들에서 잡던 희생을 회막문 여호와께로 끌어다가 제사장에게 주어 화목제로 여호와께 드려야 할 것이요……" (5절). 더우기, "그들은 전에 음란히 섬기던 수염소에게 다시 제사하지 말아야 한다" (7절). 이와 같이 설화의 계획에 따를 때, 거룩함을 규제하는 일련의 율법들은 백성들 가운데 우상숭배를 금지하는 데에 그 동기가 있는 것이다. 금송아지 사건에 관한 설화가 이스라엘이 우상숭배에로 떨어지는 절박한 위험을 드러내었던 것처럼, 마찬가지로 본 설화 역시 그것에의 지속적인 위협을 보여준다. 이러한 두 설화는 오경의 본 부분의 구성에 있어 중요한 역할을 차지하고 있는 것이다.

우리는 출애굽기 35장으로부터 레위기 16장까지에 묘사되어 있는 이스라엘의 제사장 예배와 관련한 규례들의 배후에 금송아지 설화(출 32장)가 있음을 이미 확인한 바 있다. 그러한 금송아지 설화의 의도는 이스라엘의 예배에 있어 어떤 추가적인 규례들이 필요하다는 사실을 보여주는 것이다. 우상숭배는 실제적인 위협이었다. 그러므로 그것을 방지하기 위하여 특별한 규례들이 요구되었다. 여기 레위기 17장(제사장 율법을 다루는 큰 섹션의 종결부)에서 저자는 비슷한 문제를 다루는 짤막한 설화를 덧붙여 놓았다. 다시 한번 우상숭배의 위협이 이스라엘이 '염소 우상들'에게 제사를 드리는 가운데 보여질 수 있다. 우상숭배의 위협을 보여주는 그러한 두 가지 설화들은 제사장직을 다루는 상세한 규례들 - 일차적으로 또 다른 우상숭배를 막는데에로 향하여진 규례들 - 을 포괄한다. 그러한 설화들은 제사장 규례에다가 이스라엘이 '다른 신들'에게로 떨어지는 두 가지 생생한 실례를 제공한다. 이렇게 하여 저자는 그러한 규례 자체를 정당화하는 것이다. 다음의 도표는 그러한 두 설화(출애굽기 32장과 레위기

17장의 설화)의 역할을 오경의 보다 큰 구조 속에서 보여준다.

시내언약 출19-31장	금송아지 출32장	다시세워진 언약 출 33-34장	제사장직 출35- 레16장	염소우상들 레17장

나아가서 우리는 이러한 율법들을 배열하는 보다 큰 구조를 관찰할 수 있다. 레위기 17장이 이후에 나오는 18장부터 26장까지의 율법들의 모음집과 관련하여 중요한 역할을 맡는다는 사실이 오래전부터 관찰되어 왔다. 근대의 학계에서 이러한 율법들의 모음집은 성결법전(Holliness Code)으로 알려져 있다. 그러나 학계의 보다 최근의 경향은 레위기 18-26장 전체가 하나의 단위라는 개념이 점차 회석되는 방향으로 움직여왔다. 오히려 그것은 율법의 보다 작은 섹션들로써 이루어져 있는 것으로 보여진다. 레위기 17장에 뒤이어 나오는 첫번째 율법 모음집(18-20장)의 특성은 그것이 제사장들이 아니라 보통 사람들의 삶과 관련된다고 하는 사실이다. 그것의 목적은 어떻게 하나님의 율법이 개개 이스라엘 백성들의 일상적인 삶을 규제하는가 하는 것을 보여주는 것이다. 대부분의 학자들은 레위기 17장이 뒤이어 나오는 율법들(18-26장)의 서론 역할을 한다는 사실을 인정한다. 그러나 오경의 보다 큰 구조의 관점에서 볼 때, 우리는 레위기 17장 설화의 보다 큰 목적을 볼 수 있다.

만일 우리가 이스라엘의 우상숭배를 언급하는 두 이야기(출 32장과 레 17장)를 비교해 본다면, 우리는 각각의 것이 독특한 관점을 가지고 있음을 볼 수 있을 것이다. 금송아지 사건은 제사장 아론의 역할에 분명하게 그 초점이 모아진다. 비록 백성들이 금송아지 우상을 만들 것을 촉구했다 할지라도, 그리고 아론이 그들을 꾸짖고자 시도했다 할지라도(출 32:22-23), 금송아지 우상이 제사장 아론의 지도력 하에 만들어졌음은 설화를 통해 분명하게 나타난다. 출애굽기 32장의 설화 전반을 통해 저자는 백성들을 이끌어 금송아지 우상을 만든 것은 바로 아론이었음을 주의깊게 보여준다. 그 설화 자체 속에서 모세는 아론이 백성들을 이토록 큰 죄 속으로 이끌었음을 인식하였다(21절). 이와 같이 이스라엘의 첫번째 우상숭배는 제사장 아론의 지도력을 통하여 이루어진 것이었다. 그러므로 금송아지 설화가 특별히 제사장직과 관련한 율법들(출 35-레 16장)의 서막(prologue)이 된다는 것은 매우 적절한 통찰인 것이다.

레위기 17장에서 우상숭배의 위협은 전적으로 이스라엘 백성으로부터 말미암았다. 실제적인 문제는 회막에서 제사장들이 행한 것이 아니라 백성들이 '빈 들에서' 희생제사를 드리고 있었던 것이었다(5, 7절). 금송아지 사건의 상황과는 달리, 본 설화에서 제사장은 우상숭배에 대항하는 위치에 서 있었다. 제사장직의 역할에 대한 이러한 관점은 오경의 구조와 주제의 발전에 있어 매우 적합한 것이다. 이즈음 제사장들은 성별되었고 이제 출애굽기 35장에서부터 레위기 16장까지의 규례들을 따르는 것으로 나타나고 있었다. 본 설화(레 17:1-9)는 그러한 규례들이 제사장들에게 영향을 미치고 있었고, 또한 그 결과 그들은 이제 백성들의 우상숭배에 대항하는 위치에 서 있었음을 보여준다. 오경 설화의 흐름을 감안할 때, 우리는 제사장들 배후에 금송아지 사건이 있음을 알 수 있다. 그러나 우상숭배의 문제는 제사장직에 대한 위협으로가 아니라 이제 전반적인 백성들의 문제로 여전히 남아있었다.

이제 하나님의 백성들은 '염소 우상들'에게 희생제사를 드리기 시작했다. 본문은 '염소 우상들'에게 드렸던 제물의 성격에 대하여 자세히 설명하지 않는다. 그러나 이것이 그릇된 형태의 예배로, 그들로 하여금 시내 언약에 명기된 하나님 예배로부터 떠나게 하는 것임은 분명하다. 금송아지 사건의 경우에서와 마찬가지로, 백성들은 우상들을 따르고 있었다. 레위기 17:1-9의 설화 역시 제사장들에 대하여가 아니라 백성들에 대한 또 다른 규례들이 필요함을 보여준다. 이스라엘 백성들이 하나님께 대하여 거룩하고 신실하게 남아있도록 하는 추가적인 율법들이 필요하였다. 이와 같이 레위기 17장은 잇따르는 율법들(레 18-26장)의 서막으로의 전략적인 역할을 맡는 것이다. 그것은 하나님 백성들의 일상적인 삶을 다루는 일련의 율법들이 필요함을 보여준다.

그러한 두 가지 우상숭배 설화들(출 32장과 레 17장)의 역할에 비추어 볼 때, 제사장들이 '송아지'의 이미지에 그리고 백성들이 '염소'의 이미지에 관련된 것은 매우 의미있는 일이 아닐 수 없다. 이것은 매우 중요한데, 왜냐하면 레위기 율법들 안에서 '송아지'와 '염소'가 이미 중요한 역할을 맡았기 때문이다. 즉 제사장들을 성별하는 규례에서, 제사장에 대하여 요구되는 속죄제물은 정확하게 '젊은 황소'였다(פַּר בֶּן בָּקָר, 출 29:1-14; 레 4:3). 우리는 그러한 규례들을 다루는 첫 문장에서 '송아지'(calf, עֵגֶל)가 아니라 '젊은 황소'(young bull, פַּר בֶּן בָּקָר, 출 29:1)가 사용된 사실을 주목하여야만 한다. 그러나 레위기 9:1-14에서 아론과 제사장들이 성별될 때 설화가 특별하게 지칭하고 있는 속죄제물은 '송아지'(calf, עֵגֶל בֶּן בָּקָר)였는데, 이것은 출애굽기 32장의 금송아지를 회상시킨다. 이와 같이 오경의 저자에게 있어 금송아지(עֵגֶל) 사건은 제사장들로 하여금 이스라엘의 예배를 올바로 인도함에 있어 특별히 적합한 교훈을 제공해 준 것으로 나타난다. 제사장들의 속죄제물 속에는 그들의 큰 죄를 생각나게 하는 것이 포함되어 있었던 것이다.

금송아지 사건이 제사장들을 규제하는 율법들을 도입시키는 계기가 되었던 것과 마찬가지로, '염소 우상들'의 사건(레 17:7)은 보통 백성들을 규제하는 율법들을 도입하는 계기를 만들어 주었다. 레위기 율법들 가운데 제사장들에 대하여 요구된 '젊은 황소'(young bull)와는 별도로, 백성의 지도자를 위한 속죄제물로는 '수염소'가 그리고 공동체의 개인을 위하여는 '암염소'가 요구되었던 사실이 주목될 필요가 있다(4:22-31). 그러므로 레위기 17:2-9의 설화가 '염소들'에 대하여 희생제사를 드리고 간음을 행한 사람들을 묘사하고 있음은 매우 적절한 일이 아닐 수 없

다(7절).[5)]

이와 같이 금송아지 설화가 제사장들을 규제하는 율법들을 도입하는 서막이었던 것과 같이, '염소 우상들'의 설화는 백성들 자신을 규제하는 율법들을 도입하는 서막인 것이다. 다음의 도표는 보다 큰 구조의 자료 배열을 보여준다.

금송아지	제사장 율법들 (소 속죄제)	염소우상들	일상생활의 율법들 (염소 속죄제)
출32장	출35-레16장	레17장	레18-26장

제사의식의 기본 원리가 17:11에 밝혀져 있다. "육체의 생명은 피에 있음이라 내가 이 피를 너희에게 주어 단에 뿌려 너희의 생명을 위하여 속하게 하였나니 생명이 피에 있으므로 피가 죄를 속하느니라." 피가 희생제물로부터 흘러나올 때, 그것의 생명이 흘러나오고 그러므로 죽는 것이다. 생명인 피가 흘려질 때, 그것은 생명의 손실(그러므로 죽음)을 나타내는 것이었다. 희생제물의 죽음은 희생 가운데 '속죄'를 이루었다. 창세기 2:17과 3:19에 상술된 죽음의 저주가 희생제사의 속죄의 기초로 놓여져 있다. 죄는 인간에게 죽음의 형벌을 가져왔다. 희생제물로 드려진 짐승의 죽음은 그것을 드리는 사람의 죽음을 대신하는 것이었다. 바로 이것이 대속(代贖, Substitution)인 것이다. 하나님의 은혜 가운데 대속의 제물이 이스라엘의 죄를 대속하였던 것이다. 신약에서 그리스도의 십자가 죽음의 의미는 바로 이러한 희생제사의 관점에 근거하고 있는 것이다(마 20:28; 26:28; 엡 1:7; 골 1:20).

---

5) '염소들'이란 복수를 사용한 것은 분명히 수염소와 암염소가 사용되었음을 보여주고자 의도된 것이다.

Ⅱ. 백성들의 삶에 있어서의 거룩함 (18:1-27:34)

본 항목(section)은 어떻게 이스라엘이 거룩한 나라가 될 수 있는가 하는 문제와 관련한 자료를 포함하고 있다.

A. 하나님의 백성들의 행동(18:1-20:27)

앞에서 살펴본 것처럼, 본 항목의 몇 가지 특성들은 창세기 초기 역사의 마지막 두 설화들(9:20-27과 11:1-9)과 병행관계를 이룬다. 창세기 9:20-27에서 노아의 아들 함은 아버지의 벌거벗은 모습을 바라보았다. 그 결과 함의 자손 가나안족이 저주를 받았다. 그리하여 레위기 18:7은 "네 아비의 벌거벗음을 보지 말라"고 경고하고 있는데, 그것은 그들로 하여금 가나안 땅의 거민들처럼 더러워지지 않게 하기 위함이었다(18:24-28). 이와 관련하여 다음 두 본문 사이의 병행관계를 주목하라. 노아는 '포도주를 마시고 장막에서 취하였다〈 היין ושכר 〉'(창 9:21).

한편 레위기 10:9은 아론과 그의 아들들로 하여금 '회막에서 포도주나 다른 독주를 마시지 말도록〈 יין ושכר 〉' 경고하고 있다. 그 결과 노아의 두 아들 함과 가나안이 저주를 받았고(창 9:24), 이와 마찬가지로 아론의 두 아들 나답과 아비후가 또한 저주를 받았다(레 10:1 이하).

바벨탑 건축 설화인 창세기 11:1-9은 레위기 18-20장의 몇몇 특성들과 병행관계를 이룬다. 바벨론(בלל 로부터 בבל) 건축에서 하나님은 백성들의 언어를 혼잡케하고 그 도시의 거민들을 흩으셨는데, 그것은 '그들이 경영하는(זמם) 일을 금지할 수 없을' 것이기 때문이었다(6절). 창세기 11장의 문맥은 그들의 '경영'(계획, plan, זמם)이 무엇을 의미하는 것인지에 대하여 아무런 설명도 제시하지 않는다. 많은 부분이 언급되지 않은채 남겨져 있다. 동사 '계획하다'(경영하다)는 오경의 다른 곳에서는 오직 신명기 19:19에서만 사용될 뿐이다. 그러나 레위기의 성결 율법들(hollincss laws)에서, 이 단어의 명사형(זמה)이 개인적인 거룩함(성결함)의 목적에 대한 부분적인 설명으로서 나타난다. 이러한 율법들을 통하여 이스라엘 백성들은 그 땅에서 '벌거벗음'(זמם 으로부터 זמה, 레 18:17; 19:29; 20:14)이나 '혼잡'(בלל 로부터 תבל, 18:23; 20:12)이 더이상 없도록 하여야 하였다. 명사 זמה(זמם 으로부터)와 תבל(בלל로부터)은 오경에서 오직 여기에서만 사용된다. 그러므로 여기에서 바벨론의 악행들과 가나안의 악행들 사이에 긴밀한 연결관계가 성립되는 것이다. 그러므로 본 설화의 목적은 독자로 하여금 바벨론이나 가나안처럼 되지 말도록 경고하는 것이다.

1. 서문(18:1-5)

이러한 새로운 율법군(律法群) 서두에 율법의 목적을 분명하게 제시하는 서문이 진술되어 있다. 율법들은 '애굽 사람들의 행태'와 '가나안 사람들의 행태'와는 구분되는 삶의 방식을 제시한다(3절). 그것들은 하나님의 '판결들'(심판들, judgments)이다 - 마치 출애굽기 20-23장이 하나님의 '판결들'(judgment)로서 불려졌던 것처럼. 이스라엘은 '율법들 가운데 걸어감으로써' 그것들을 '지켜야만' 하였다(레 18:4). 오경의 이러한 율법 모음을 읽는 가운데, 우리는 그것이 단지 이스라엘의 율법들 가운데 일부 발취된 것일 뿐이며 그러므로 그것은 오경의 보다 큰 구조 가운데 중요한 설화 기능(narrative function)을 맡고 있다는 사실을 기억하여야만 한다. 저자는 이러한 율법들을 의도적으로 선택하여 이 자리에 놓았는데, 그것은 그가 오경을 기록함에 있어서의 자신의 보다 큰 전략과 목적의 한 부분으로 그렇게 한 것이다.

이스라엘에게 있어 이러한 율법들을 지킨 결과는 '생명'(삶, life)이었다(18:5). "너희는 나의 규례와 법도를 지키라 사람이 이를 행하면 그로 인하여 살리라." 에스겔이 이 구절을 인용할 때(겔 20:11), 그는 '생명'(life) 개념에다가, 그것이 창세기의 앞 부분에서 가지고 있는 것과 동일한 의미를 부여한다 - 하나님의 영원한 생명의 축복 뿐만 아니라 육체적 생명까지- 에스겔은 이스라엘이 광야에 있던 때를 반역과 실패(이러한 율법들을 순종함에 있어서의)의 때로 보고 있다. 그리하여 그는 이스라엘이 '살지' 못했다고(did not 'live') 주장한다. 즉 반역의 세대 전체가 광야에서 죽고 약속의 땅에 들어가지 못했다. "그러나 이스라엘 족속이 광야에서 내게 패역하여 사람이 준행하면 그로 인하여 삶을 얻을 나의 율례를 준행치 하니하며 나의 규례를 멸시하였고 나의 안식일을 크게 더럽혔으므로 내가 이르기를 내가 내 분노를 광야에서 그들의 위에 쏟아 멸하리라 하였으나……"(겔 20:13-14). 비록 에스겔이 계속하여 하나님께서 이스라엘을 긍휼히 여기셔서 그들을 완전히 멸하시지는 않으셨음을 보여주고 있다 할지라도, 우리는 여기에서 그가 '사는 것'(to live)을 '약속의 땅에서 하나님의 언약의 축복들을 살고 누리는 것'으로 이해했음을 분명하게 볼 수 있다. 이와 같이 에스겔은 이러한 설화들 가운데 나타나 있는 오경저자의 의도를 정확하게 반영하고 있는 것이다.

2. 가나안 족속들의 부패함(18:6-30)

본 설화의 의미를 찾는 실마리가 부패상들의 목록 말미에 주어져 있다. 여기에 나타나 있는 율법들은 이스라엘 백성들로 하여금 그들이 들어가 얻게 될 땅의 거민들로부터 구별되도록 하기 위해 의도된 것이다. "너희는 이 모든 일로 스스로 더럽히지 말라 내가 너희의 앞에서 쫓아내는 족속들이 이 모든 일로 인하여 더러워졌고"(18:24). 여기에서 다양한 형태의 불법적인 성관계가 금지되었다.

1. **친척**(18:6-18).

이스라엘 백성들이 가나안 족속들과 결혼해서는 안된다는 것은 이미 전제되어 있는 사실이다(신 7:3 참조).[6] 그러므로 여기에 제시된 규례들은 이스라엘 백성들 사이에서의 결혼관계이다. 이와 관련한 기본적인 원칙이 레위기 18:6에 언급되어 있다: "너희는 골육지친을 가까이하여 그 하체를 범치 말라." 다음은 금지된 성관계의 목록과 본문에서는 언급되어 있지 않은 관계의 목록을 개요한 것이다.

금지된 관계	본문에서는 언급되어 있지 않은 관계
어머니	어머니의 자매(이모)의 딸(사촌)
어머니의 자매(이모)	어머니의 형제(외삼촌)의 딸(사촌)
어머니의 형제의 부인	아버지의 자매(고모)의 딸(사촌)
자매	아버지의 형제의 딸(사촌)
아버지의 자매(고모)	딸
아버지의 형제의 부인(백모, 숙모)	
형제의 부인(형수, 제수)	
아들의 부인(며느리)	
손녀	
계모	
이복 자매	
이복 딸	
이복 손녀	

성관계와 관련한 금지들:

금지 #353. 레 18:6. 가까운 친척과 성관계를 가져서는 안된다: "너희는 골육지친을 가까이하여 그 하체를 범치 말라."

금지 #330. 레 18:7. 자기의 어머니와 성관계를 가져서는 안된다: "네 어미의 하체는 곧 네 아비의 하체니 너는 범치 말라."

금지 #351. 레 18:7. 자기의 아버지와 동성 성관계를 범해서는 안된다: "네 아비의 벌거벗음을 벗기지 말라."

---

6) Wenham, *Leviticus*, 253를 보라

금지 #331. 레 18:8. 계모와 성관계를 가져서는 안된다: "너는 계모의 하체를 범치 말라."

금지 #332. 레 18:9. 자매(여자 형제)와 성관계를 가져서는 안된다: "너는 네 자매 곧 네 아비의 딸이나 네 어미의 딸이나 집에서나 타처에서 출생하였음을 물론하고 그들의 하체를 범치 말지니라."

금지 #334. 레 18:10. 자신의 아들의 딸과 성관계를 가져서는 안된다: "너는 손녀의 하체를 범치 말라."

금지 #335. 레 18:10. 자신의 딸의 딸과 성관계를 가져서는 안된다: "너는 외손녀의 하체를 범치 말라."

금지 #336. 레 18:10(M. 자신의 딸과 성관계를 가져서는 안된다: 이것이 토라에 명백히 언급되어 있는 것은 아니지만, 그러나 딸의 딸과의 관계를 금하는 사실에서 은연중 암시됨을 알 수 있다.)

금지 #333. 레 18:11. 자신의 이복 자매와 성관계를 가져서는 안된다: "네 계모가 네 아비에게 낳은 딸은 네 누이니 너는 그 하체를 범치 말지니라."

금지 #340. 레 18:12. 아버지의 자매와 성관계를 가져서는 안된다: "너는 고모의 하체를 범치 말라."

금지 #341. 레 18:13. 어머니의 자매와 성관계를 가져서는 안된다: "너는 이모의 하체를 범치 말라."

금지 #342. 레 18:14. 아버지의 형제의 부인과 성관계를 가져서는 안된다: "너는 네 아비의 형제의 아내를 가까이하여 그 하체를 범치 말라."

금지 #352. 레 18:14. 아버지의 형제와 동성 성관계를 범해서는 안된다: "네 아비의 형제의 벌거벗음을 벗기지 말라."

금지 #343. 레 18:15. 아들의 아내와 성관계를 가져서는 안된다: "너는 자부의 하체를 범치 말라."

금지 #344. 레 18:16. 자기 형제의 아내와 성관계를 가져서는 안된다: "너는 형제의 아내의 하체를 범치 말라."

금지 #337. 레 18:17. 어떤 여자와 그의 딸을 함께 범해서는 안된다: "너는 여인과 그 여인의 딸을 아울러 범치 말라."

금지 #338. 레 18:17. 어떤 여자와 그의 손녀를 함께 범해서는 안된다: "또 그 여인의 손녀를 아울러 취하여 그 하체를 범치 말라."

금지 #339. 레 18:17. 어떤 여자와 그의 외손녀를 함께 범해서는 안된다: "또 그 여인의 외손녀를 아울러 취하여 그 하체를 범치 말라."

금지 #345. 레 18:18. 자기의 아내가 살아 있는 동안 아내의 자매와 성관계를 가져서는 안된다: "너는 아내가 생존할 동안에 그 형제를 취하여 그 하체를 범하여 그로 투기케하지 말지니라."

이러한 율법에 따를 때 아브라함이 그의 이복 누이 사라와 결혼한 것은(창 11:29; 20:12) 율법을 위반한 것이 된다는 사실을 우리는 주목할 필요가 있다(레 18:11; 20:17). 또한 모세와 아론의 아버지 아므람 역시 자기 아버지의 누이와 결혼을 하였다(출 6:20). 물론 이들은 이러한 율법들이 주어지기 이전에 살았다. 그러므로 그들의 삶은 이러한 율법들이 한시성(限時性)과 역사적으로 특정한 적용성을 갖는다는 것을 보여준다. 저자가 아브라함이 '율법을 지켰다'(창 26:5)고 말할 때, 그가 의도하고 있는 것은 아브라함이 믿음의 삶을 살았으며 그럼으로 그가 율법의 궁극적인 목적을 성취한 것으로 말하여질 수 있다고 하는 것이다.

2. **월경 중의 관계**(18:19)

금지 #346. 레 18:19. 월경 중에 있는 여자와 성관계를 가져서는 안된다: "너는 여인이 경도로 불결할 동안에 그에게 가까이 하여 그 하체를 범치 말지니라."

3. **이웃의 아내**(18:20)

금지 #347. 레 18:20. 다른 사람의 아내와 성관계를 가져서는 안된다: "너는 타인의 아내와 통간하여 그로 자기를 더럽히지 말지니라."

4. **자녀를 몰렉에게 주는 것**(18:21)

금지 #7. 레 18:21. 자녀를 몰렉에게 주어서는 안된다: "너는 결단코 자녀를 몰렉에게 주어 불로 통과케 말아서 네 하나님의 이름을 욕되게 하지 말라."

5. **동성 성관계**(18:22)

금지 #350. 레 18:22. 동성 간에 성행위를 범하여서는 안된다: "너는 여자와 교합함 같이 남자와 교합하지 말라 이는 가증한 일이니라."

6. **수간**(**獸姦**, 18:23)

금지 #348. 레 18:23. 동물과 성관계를 가져서는 안된다: "너는 짐승과 교합하여 자기를 더럽히지 말며."

금지 #349. 레 18:23. 여자는 동물과 성관계를 가져서는 안된다: "여자가 된 자는 짐승 앞에 서서 그것과 교접하지 말라 이는 문란한 일이니라."

3. 규례와 법도(19:1-37)

a. 거룩함의 규례들*(19:1-18)*

본 항목은 다음과 같은 훈계로 시작된다: "너희는 거룩하라 나 여호와가 거룩함이니라." 본 항목은 스물 한 개(3 x 7)의 율법으로 이루어져 있는데, "나는(너희 하나님) 여호와니라" 라는 구절의 7중 반복에 의해 보다 작은 단위들로써 나누어진다(19:3, 4, 10, 12, 14, 16, 18).

스물 한 개의 율법들(7 × 3)

1	2	3	4	5	6	7
"나는 너희 하나님 여호와니라" 19:3	"나는 너희 하나님 여호와니라" 19:4	"나는 너희 하나님 여호와니라" 19:10	"나는 여호와니라" 19:12	"나는 여호와니라" 19:14	"나는 여호와니라" 19:16	"나는 여호와니라" 19:18

본 항목의 스물 한 개의 율법들은 다음과 같다 :

① 부모를 공경하라(19:3)

② 안식일을 지키라(19:3)

③ 우상숭배의 금지(19:4)
④ 화목제를 드리는 절차(19:5-8)
⑤ 밭의 곡물을 벨 때의 절차(19:9)
⑥ 과수원 수확을 할 때의 절차(19:10)
⑦ 도둑질의 금지(19:11)
⑧ 거짓말의 금지(19:11)
⑨ 친구를 속이는 것에 대한 금지(19:11)
⑩ 거짓 맹세의 금지(19:12)
⑪ 이웃을 압제하는 것에 대한 금지(19:13)
⑫ 약탈의 금지(19:13)
⑬ 품삯에 대한 조속한 지급(19:13)
⑭ 귀머거리를 존중함(19:14)
⑮ 장님을 존중함(19:14)
⑯ 하나님께 대한 공경(19:14)
⑰ 공정한 재판(19:15)
⑱ 비방 금지(19:16)
⑲ 이웃을 존중함(19:16)
⑳ 개방적인 인간관계(19:17)
㉑ 이웃에 대한 사랑(19:18)

성결과 관련한 명령들 :

명령 #211. 레 19:3. 어머니와 아버지를 공경하여야 한다: "너희 각 사람은 부모를 경외하라."

명령 #120. 레 19:9. 밭의 모퉁이를 남겨두어야 한다: "너희 땅의 곡물을 벨 때에 밭 모퉁이까지 다 거두지 말고."

명령 #121. 레 19:9. 밭의 떨어진 이삭을 남겨두어야 한다: "너의 떨어진 이삭도 줍지 말며."

명령 #123. 레 19:10. 포도원의 열매를 다 따지 말고 일부 남겨 두어야 한다: "너의 포도원 열매를 다 따지 말며."

명령 #124. 레 19:10. 떨어진 포도를 주워서는 안된다: "너의 포도원에 떨어진 열매도 줍지 말고."

명령 #177. 레 19:15. 재판관은 공평해야 한다: "너희는 공의로 재판할지며."

명령 #205. 레 19:17. 너희는 죄인으로 하여금 올바른 사람이 되게 해야 한다: "이웃을 인하여 죄를 당치 않도록 그를 반드시 책선하라."

명령 #206. 레 19:18. 너희는 다른 사람을 너희 자신처럼 사랑하여야 한다: "이웃 사랑하기를 네 몸같이 하라."

성결과 관련한 금지들

금지 #3. 레 19:4. 우상을 만들어서는 안된다: "너희를 위하여 신상들을 부어 만들지 말라."

금지 #10. 레 19:4. 우상숭배를 따라서는 안된다: "우상숭배에로 돌이키지 말라."

금지 #131. 레 19:6-8. 기한이 지난 남겨진 제물은 먹어서는 안된다: "그 제물은 드리는 날과 이튿날에 먹고 제 삼일까지 남았거든 불사르라 제 삼일에 조금이라도 먹으면 가증한 것이 되어 열납되지 못하고 그것을 먹는 자는 여호와의 성물 더럽힘을 인하여 죄를 당하리니."

금지 #211. 레 19:9. 추수하던 중 떨어진 곡물을 주워서는 안된다: "너의 떨어진 이삭도 줍지 말고."

금지 #212. 레 19:10. 포도원의 열매를 따기 위하여 두번째 가서는 안된다: "너희 포도원에 두번째 가지 말라."

금지 #213. 레 19:10. 수확 중에 떨어진 포도를 다시 주워서는 안된다: "너의 포도원에 떨어진 열매도 줍지 말고."

금지 #244. 레 19:11. 도둑질을 하여서는 안된다: "너희는 도적질하지 말며."

금지 #248. 레 19:11. 거짓말을 하여서는 안된다: "서로 거짓말하지 말며."

금지 #249. 레 19:11. 다른 사람을 속여서는 안된다(M. 거짓으로 맹세하여서는 안된다): "속이지(거짓으로 맹세하지) 말며."

금지 #61. 레 19:12. 하나님의 이름으로 한 맹세를 깨뜨려서는 안된다: "너희는 내 이름으로 거짓 맹세함으로 네 하나님의 이름을 욕되게 하지 말라."

금지 #238. 레 19:13. 임금 지급을 지연하여서는 안된다: "품꾼의 삯을 아침까지 밤새도록 네게 두지 말며."

금지 #245. 레 19:13. 약탈(M. 폭력으로)을 하여서는 안된다: "늑탈하지 말며(M. 폭력으로)."

금지 #247. 레 19:13. 다른 사람을 압제하여서는 안된다: "너는 네 이웃을 압제하지 말며."

금지 #299. 레 19:14. 나쁜 충고로 다른 사람을 오도하여서는 안된다: "소경 앞에 장애물을 놓지 말며."

금지 #317. 레 19:14. 귀머거리를 저주하여서는 안된다: "너는 귀 먹은 자를 저주하지 말며."

금지 #273. 레 19:15. 공의를 왜곡하여서는 안된다: "너희는 공의를 왜곡하지 말라."

금지 #275. 레 19:15. 재판관은 편파적이어서는 안된다: "세력있는 자라고 두호하지 말고."

금지 #277. 레 19:15. 재판관은 가난한 자라고 호의를 보여서는 안된다: "가난한 자의 편을 들지 말고."

금지 #297. 레 19:16. 다른 사람을 위험으로부터 구출하는 것을 거부하여서는 안된다: "너희는 너희 친구의 피 옆에 서 있지 말라."

금지 #301. 레 19:16. 비방을 퍼뜨려서는 안된다: "너는 네 백성 중으로 돌아다니며 사람을 논단하지 말며."

금지 #302. 레 19:17. 이웃에 대하여 마음 가운데 악의를 품어서는 안된다: "너는 네 형제를 마음으로 미워하지 말며."

금지 #303. 레 19:17. 이웃을 올바르게 하는데 실패하여서는 안된다: "이웃을 인하여 죄를 당치 않도록 그를 반드시 책선하라."

금지 #304. 레 19:18. 보복하고자 추구하여서는 안된다: "원수를 갚지 말며."

금지 #305. 레 19:18. 원망하는 마음을 품어서는 안된다: "원망하지 말며."

b. 규례와 법도*(19:19-37)*

본 항목(section)은 "너희는 내 규례를 지킬지어다" 라는 훈계로 시작하였다가(19a) "너희는 나의 모든 규례와 나의 모든 법도를 지켜 행하라"는 비슷한 훈계(37a)와 "나는 여호와니라"

(37b) 라는 진술로 종결된다. 앞의 항목에서와 마찬가지로, 본 항목 역시 스물 한 개(3 x 7)의 율법들의 목록으로 구성되어 있다. 이것은 또한 "나는(너희 하나님) 여호와니라" 라는 말씀의 7중 반복에 의해 보다 작은 단위들로써 나눠어진다(19:25, 28, 30, 31, 32, 34, 36).

스물 한 개의 율법(7 × 3)

1	2	3	4	5	6	7
"나는 너희 하나님 여호와니라" 19:25	"나는 여호와니라" 19:28	"나는 여호와니라" 19:30	"나는 여호와니라" 19:31	"나는 여호와니라" 19:32	"나는 너희 하나님 여호와니라" 19:34	"나는 너희 하나님 여호와니라" 19:36

본 항목의 스물 한 개의 율법들은 다음과 같다 :

① 혼합 교배의 금지(19:19)
② 혼합 파종의 금지(19:19)
③ 혼합 직조의 금지(19:19)
④ 종과의 성관계를 범한 것을 처리하는 절차(19:20-22)
⑤ 과실나무를 심는 절차(19:23-25)
⑥ 피를 먹는 것에 대한 금지(19:26)
⑦ 점치는 것에 대한 금지(19:26)
⑧ 마법을 행하는 것에 대한 금지(19:26)
⑨ 머리를 둥글게 깎는 것에 대한 금지(19:27)
⑩ 수염을 장식하는 것에 대한 금지(19:27)
⑪ 살을 베는 것에 대한 금지(19:28)
⑫ 문신의 금지(19:28)
⑬ 딸을 창녀로 만드는 것에 대한 금지(19:29)
⑭ 그 땅에서 매춘하는 것의 금지(19:29)
⑮ 안식일을 지킴(19:30)
⑯ 하나님의 성소에 대한 공경(19:30)

⑰ 신접한 자와 박수의 금지(19:31)
⑱ 노인에 대한 공경(19:32)
⑲ 하나님에 대한 공경(19:32)
⑳ 나그네에 대한 사랑(19:33-34)
㉑ 정직한 도량형(19:35-36)

명령들 :

명령 #119. 레 19:24. 넷째 해의 열매는 여호와께 거룩하다: "제사 년에는 그 모든 과실이 거룩하니"

명령 #21. 성전을 경외(즉 공경)하여야만 한다: "내 성소를 공경하라"

명령 #209. 레 19:32. 지혜로운 자를 공경하여야만 한다: "너는 센 머리 앞에 일어서고 노인의 얼굴을 공경하며 네 하나님을 경외하라."

명령 #208. 레 19:36. 정확한 자와 척도를 사용하여야만 한다: "공평한 저울과 공평한 추와 공평한 에바와 공평한 힌을 사용하라."

금지들 :

금지 #215. 레 19:19. 두 종류의 씨를 함께 뿌려서는 안된다: "네 밭에 두 종자를 섞어 뿌리지 말며"

금지 #217. 레 19:19. 두 종류의 동물을 교합시켜서는 안된다: "네 육축을 다른 종류와 교합시키지 말며"

금지 #192. 레 19:23. 할례받지 못한 열매를 먹어서는 안된다: "너희가 그 땅에 들어가 각종 과목을 심거든 그 열매는 아직 할례받지 못한 것으로 여기되 곧 삼 년 동안 너희는 그것을 할례받지 못한 것으로 여겨 먹지 말 것이요"

금지 #31. 레 19:26. 점술을 행하여서는 안된다: "복술을 하지 말며"

금지 #195. 레 19:26. 피 위에 고기를 먹어서는 안된다: "너희는 무엇이든지 피 채 먹지 말며"

금지 #43. 레 19:27. 네 머리 주위의 머리카락을 잘라서는 안된다: "머리 가를 둥글게 깎지 말며"

금지 #44. 레 19:27. 자신의 수염을 잘라서는 안된다: "수염 끝을 손상치 말며"

금지 #41, 레 19:28, 스스로 문신을 하여서는 안된다: "몸에 무늬를 놓지 말라"

금지 #8, 레 19:31, 강신술을 행하여서는 안된다: "너희는 신접한 자에게로 돌아가지 말라."

금지 #9, 레 19:31, 다른 영들에게 물어서는 안된다: "박수를 믿지 말며"

금지 #271, 레 19:35, 잘못된 저울과 자로 사람을 속여서는 안된다: "너희는 재판에든지 도량형에든지 불의를 행치 말고"

우리는 앞에서 오경의 율법들과 창세기의 초기 설화들 사이에 긴밀하고도 의미있는 연결관계가 존재한다는 사실을 여러번 확인하였다. 그리고 또한 본 설화에서 과목을 심는 과정과 창세기 1장의 창조 이야기 사이에 역시 비슷한 연결관계가 있는 것을 볼 수 있다. 본 장의 율법에 의하면, 과목(果木)이 심겨졌을 때 그것은 4년 동안은 먹어서는 아니되었다. 그것은 삼년 동안은 만지지 말고 그대로 두어야 했다. 이어서 넷째 해에 그것은 여호와께 거룩한 것이었다. 그리고 다섯째 해에 그것의 열매를 먹을 수 있었다.

창세기의 창조 이야기에서 하나님은 과목(과실을 맺는 나무)들을 셋째 날 인간을 위해 창조하셨지만(창 1:11-12, 29), 그러나 그것을 먹을 인간이 아직 없었다. 창세기 1장의 '날'(days)의 패턴을 레위기 본문의 '해'(years)의 패턴과 상응하는 것으로 볼 때, 우리는 인간이 여섯째 날 곧 그들의 음식과 과목들이 거룩해진 날에 창조되었음을 볼 수 있다. 셋째 날로부터 계산할 때, 여섯째 날은 네번째 날이 되는 것이다. 다음 날인 안식일에 인간은 그 열매를 먹을 수 있었던 것이다. 안식일은 과목들에게 있어 다섯째 날이 되었던 것이다. 이와 같이 저자는 하나님을 창조사역 가운데 토라의 패턴을 따르는 것으로 묘사하였던 것이다.

4. 성결 율법들(20:1-27)

본 율법 항목은 열 네 개(7 × 2)의 율법들로 구성되어 있는데, 이스라엘의 거룩함(성결, holliness)에 대한 확장된 호소로써 종결된다(22-26절). 6절에서 금지된 신접한 자와 박수가 종결부인 27절에서 다시 언급되고 있는데(27절), 아마도 이러한 반복은 강조하기 위함일 것이다. 이것은 신명기 율법들에서 다시금 제시된다(신 18:14-22 참조).

열 네 개의 율법(7 × 2)

1	2	거룩하라	3	4	5	6	7	8	9	10	11	12	13	14	거룩하라	2

① 자녀를 몰렉에게 주는 것에 대한 금지(20:2-5)
② 신접한 자와 박수의 금지(20:6)
거룩하라 나는 너희 하나님 여호와니라(20:7)
나의 규례를 지키라, 나는 너희를 거룩케하는 여호와니라(20:8)
③ 부모를 저주하는 것에 대한 금지(20:9)
④ 간음의 금지(20:10; 민 5:11-31 참조)
⑤ 계모와의 성관계에 대한 금지(20:11)
⑥ 며느리와의 성관계에 대한 금지(20:12)
⑦ 동성 성관계의 금지(20:13)
⑧ 어떤 여자와 그녀의 딸을 동시에 취하는 것에 대한 금지(20:14)
⑨ 남자의 수간에 대한 금지(20:15)
⑩ 여자의 수간에 대한 금지(20:16)
⑪ 자매와의 성관계에 대한 금지(20:17)
⑫ 월경 중의 여인과의 성관계에 대한 금지(20:18)
⑬ 고모 혹은 이모와의 성관계에 대한 금지(20:19-20)
⑭ 형제의 아내와의 결혼에 대한 금지(20:21)

나의 모든 규례와 법도를 지켜 따르라(20:22)
너희는 다른 열방의 관습을 따라 살아서는 안된다(20:23-24)
너희는 정결한 것과 부정한 것을 구별하여야 한다(20:25)
거룩하라 나 여호와가 거룩하기 때문이니라(20:26)

⑮ 신접한 자와 박수의 금지(20:27)

명령 #228. 레 20:14. 극형: "그와 그들을 함께 불사를지니"
금지 #30 레 20:23 우상숭배자의 길을 걸어서는 안된다: "너희는 내기 [illegible] 는아내는 족속의 풍속을 좇지 말라."

B. 공동체 내에서의 제사장의 조건(21:1-22:33)

1. 제사장들을 위한 규례: 첫번째 목록(21:1-15)

본 목록은 간결한 서론(1절)을 가지고 있으며 또한 다음 목록을 위한 서론과 함께 종결된다(16절). 본 목록에는 열네 개의 율법들이 있다.

열네 개의 율법(7 × 2)

1	2	3	4	5	6	7	8	9	10	11	12	13	14

① 제사장은 가까운 친척의 죽음으로 인하여 더럽혀질 수 있다(21:1-3)
② 제사장은 친척과 결혼함으로써 더럽혀져서는 안된다(21:4)
③ 제사장은 머리카락을 밀어서는 안된다(21:5)
④ 제사장은 수염 끝을 밀어서는 안된다(21:5)
⑤ 제사장은 자기의 몸을 베어서는 안된다(21:5-6)
⑥ 제사장은 창녀와 결혼하여서는 안된다(21:7a).
⑦ 제사장은 이혼한 여인과 결혼하여서는 안된다(21:7b-8).

⑧ 제사장의 딸은 창녀가 되어서는 안된다(21:9)
⑨ 대제사장은 자기의 머리를 풀거나 옷을 찢어서는 안된다 (21:10)
⑩ 대제사장은 시체가 있는 장소에 들어가서는 안된다(21:11)
⑪ 대제사장은 성소를 그대로 버려두거나 혹은 그것을 더럽혀서는 안된다(21:12).
⑫ 대제사장은 처녀와 결혼하여야만 한다(21:13)
⑬ 대제사장은 과부나 이혼한 여인이나 창녀와 결혼하여서는 안된다(21:14).
⑭ 대제사장은 백성들 가운데 자기 자손을 더럽혀서는 안된다 (21:15).

제사장과 관련한 명령들 :

명령 #37. 레 21:2-3. 제사장은 어떤 가까운 친척들로 인하여 더럽혀질 수 있다: "그들로 인하여 그가 더럽혀질 수 있느니라."

명령 #32. 레 21:8. 제사장들을 존귀히 여기라: "너는 그를 거룩하게 하라 그는 네 하나님의 식물을 드림이니라."

명령 #38. 레 21:13. 대제사장은 처녀와 결혼하여야 한다: "그는 처녀를 취하여 아들을 삼을지니."

제사장과 관련한 금지들 :

금지 #166. 레 21:1. 제사장은 죽은 자로 인하여 더럽혀져서는 안된다: "제사장은 백성 중의 죽은 자로 인하여 스스로 더럽히지 말려니와."

금지 #76. 레 21:6. 제사장은 하나님의 이름을 더럽혀서는 안된다: "그 하나님의 이름을 욕되게 하지 말 것이며."

금지 #158. 레 21:7. 제사장은 창녀와 결혼하여서는 안된다: "그들은 기생을 취하지 말 것이며."

금지 #159. 레 21:7. 제사장은 더럽혀진 여인과 결혼하여서는 안된다: "그들은 부정한 여인을 취하지 말 것이며."

금지 #160. 레 21:7. 제사장은 이혼한 여인과 결혼하여서는 안된다: "이혼 당한 여인을 취하지 말 것이며"

금지 #167. 레 21:11. 대제사장은 어떤 이유로도 더럽혀져서

는 안된다: "그는 시체가 있는 장소에 들어가서는 안된다."

금지 #168, 레 21:11, 대제사장은 어떤 방식으로든 더럽혀져서는 안된다: "그는 스스로를 더럽혀지게 하지 말지니 부모로 인하여도 더러워지게 말며."

금지 #161, 레 21:14, 제사장은 과부와 결혼하여서는 안된다: "그는 과부와 결혼하지 말 것이요."

금지 #162, 레 21:15, 제사장은 과부를 첩으로 취하여서는 안된다: "이렇게 하여 그 자손으로 백성 중에 더럽히지 말지니."

2. 제사장들을 위한 규례 : 두번째 목록(21:16-24)

본 목록은 "여호와께서 모세에게 일러 가라사대 아론에게 고하여 이르라"(16절)는 말씀으로 시작하였다가 "모세가 이대로 아론에게 말하였더라"(24절)는 말씀으로 종결된다. 본 목록에는 열네 개(7 × 2)의 율법들이 있다.

열 네 개의 율법들(7 × 2)

1	2	·3	4	5	6	7	8	9	10	11	12	13	14

① 제사장은 소경이어서는 안된다(21:18)
② 제사장은 절름발이어서는 안된다(21:18)
③ 제사장은 손상된 지체를 가져서는 안된다(21:18)
④ 제사장은 불구된 사람이어서는 안된다(21:18)
⑤ 제사장은 부러진 발을 가져서는 안된다(21:19)
⑥ 제사장은 부러진 손을 가져서는 안된다(21:19)
⑦ 제사장은 곱사등이어서는 안된다(21:20)
⑧ 제사장은 난장이어서는 안된다(21:20)
⑨ 제사장은 흠이 있는 눈을 가져서는 안된다(21:20)
⑩ 제사장은 괴혈병을 가져서는 안된다(21:20)
⑪ 제사장은 버짐이 있어서는 안된다(21:20)

⑫ 제사장은 상한 불알을 가져서는 안된다(21:20)
⑬ 그런 제사장은 지극히 거룩한 음식을 먹을 수 있다(21:22)
⑭ 그런 제사장은 휘장 뒤로 들어가거나 혹은 제단에 나아갈 수 없다(21:23)

금지 #70. 레 21:17. 육체에 흠을 가진 제사장은 성전에서 섬길 수 없다: "무릇 너의 대대 자손 중 육체에 흠이 있는 자는 그 하나님의 식물을 드리려고 가까이 나아오지 못할 것이라."

금지 #71. 레 21:18. 일시적으로 육체에 흠을 가진 제사장은 그 흠이 지나갈 때까지 성전에서 섬겨서는 안된다: "무릇 흠이 있는 자는 가까이 못할지니."

금지 #69. 레 21:23. 육체에 흠을 가진 제사장은 성전에 들어가서는 안된다: "장 안에 들어가지 못할 것이요 단에 가까이 못할지니 이는 그가 흠이 있음이라."

3. 제사장들을 위한 규례: 세번째 목록(22:1-33)

a. 제사장을 더럽게 하는 것들*(22:1-9)*

짤막한 서론(1-2절)과 종결어(9절) 사이에 제사장을 더럽게하는 것들의 예로써 일곱 개의 율법들이 주어져 있다.

일곱 개의 율법들

1	2	3	4	5	6	7

제사장을 더럽게하는 것들을 다루는 일곱 개의 율법들은 다음과 같다.

① 전염성 피부병(22:4)
② 유출병(22:4)
③ 시체에 의해 더러워진 물건을 만지는 것(22:4)
④ 설정(22:4)
⑤ 부정한 어떤 것에 접촉하는 것(22:5)

⑥ 죽은 채 발견된 것을 먹는 것(22:8)
⑦ 들짐승에게 찢겨진 것을 먹는 것(22:8)

금지 #75. 레 22:2. 부정한 제사장은 성전에서 섬겨서는 안된다: "아론과 그 아들들에게 고하여 그들로 이스라엘 자손이 내게 드리는 성물에 대하여 스스로 구별하여 내 성호를 욕되게 함이 없게 하라."

금지 #136. 레 22:4. 부정한 제사장은 제물을 먹어서는 안된다: "아론의 자손 중 문둥병자나 유출병이 있는 자는 정하기 전에는 성물을 먹지 말 것이요."

b. 거룩한 제물을 먹을 수 없는 사람들*(22:10-15)*

본 항목의 일곱 율법들은 거룩한 제물을 먹을 자격이 없는 사람들을 이야기한다. 이에 관한 기본 원리는 이것이었다. "제사장의 가족 밖에 있는 사람은 거룩한 제물을 먹어서는 안된다"(10절). 이러한 원리가 일곱 개의 율법 목록들 가운데 계속 반복된다(10, 13b). 또한 제물을 부지중에 먹었을 때 그것을 배상하는 것과 관련한 간단한 진술이 마지막에 나와 있다(14-16절).

일곱 개의 율법들

1	2	3	4	5	6	7

① 제사장의 객은 제물을 먹을 수 없다(22:10)
② 제사장이 고용한 일꾼은 성물을 먹을 수 없다(22:10)
③ 돈으로 산 제사장의 종(노예)은 제물을 먹을 수 있다(22:11)
④ 집에서 태어난 제사장의 종은 제물을 먹을 수 있다(22:11)
⑤ 제사장이 아닌 사람과 결혼한 제사장의 딸은 제물을 먹을 수 없다(22:12).
⑥ 아이가 없이 과부가 되어 친정으로 돌아온 제사장의 딸은

제물을 먹을 수 있다(22:13)

⑦ 아이가 없이 이혼하여 집으로 돌아온 제사장의 딸은 제물을 먹을 수 있다(22:13)

금지 #133. 레 22:10. 제사장이 아닌 사람은 제물을 먹을 수 없다: "제사장의 가족 밖에 있는 사람은 거룩한 제물을 먹을 수 없다."

금지 #134. 레 22:10. 제사장의 객이나 고용된 일꾼은 제물을 먹을 수 없다: "제사장의 객이나 품꾼은 다 성물을 먹지 못할 것이니라."

금지 #135. 레 22:10. 할례받지 않은 사람은 제물을 먹어서는 안된다: 이것은 토라에 명시적으로 언급되어 있지는 않으나 논리적으로 유추되는 사실이다. 우리는 완전성을 위하여 그것을 여기에 포함시켰다.

금지 #137. 레 22:12. 제사장이 아닌 사람과 결혼한 제사장의 딸은 거룩한 제물(성물)을 먹을 수 없다: "제사장의 딸이 제사장 아닌 사람에게 출가하였으면 거제의 성물을 먹지 못하되"

금지 #153. 레 22:15. 제사장은 백성들이 드린 성물을 더럽게 하여서는 안된다: "이스라엘 자손이 여호와께 드리는 성물을 그들은 더럽히지 말지니."

c. 온전한 제물 *(22:17-25)*

본 항목에서는 온전한 제물을 다루는 일곱 개의 율법들이 언급된다. 그 원리가 마지막에 제시되어 있다: "이는 결점이 있고 흠이 있는 것인즉 너희를 위하여 열납되지 못할 것임이니라"(25절).

일곱 개의 율법들

1	2	3	4	5	6	7

온전한 제물을 다루는 일곱 율법들은 다음과 같다 :

① 번제로 드릴 제물은 흠 없는 수컷이어야 한다(22:18)
② 흠이 있는 동물은 열납할 만하지 않다(22:20)
③ 화목제를 위한 제물은 흠이 없는 것이어야 한다(22:21)
④ 제물은 눈먼 것이나 상한 것이나 지체에 베임을 당한 것이나 종기 있는 것이나 괴혈병 있는 것이나 비루 먹은 것이어서는 안된다(22:22)
⑤ 흠이 있는 소는 낙헌제(자원하여 드리는 제물: freewill offering)로는 드려질 수 있으나 서원한 것을 갚는 것으로는 드려질 수 없다(22:23).
⑥ 불알이 상하였거나 치었거나 터진 짐승은 드려질 수 없다(22:24)
⑦ 외국 땅에서 온 동물은 제물로 열납될 수 없다(22:25)

명령 #61, 레 22:21, 희생제사의 짐승은 흠이 없는 것이어야 한다: "열납되도록 아무 흠이 없는 온전한 것으로 할지니"

금지 #91, 레 22:20, 흠있는 짐승을 성별하여서는 안된다: "무릇 흠있는 것을 너희는 드리지 말 것은 그것이 열납되지 못할 것임이니라"

금지 #97, 레 22:21, 희생제사로 드려지는 짐승에 흠을 야기시켜서는 안된다: "아무 흠이 없는 온전한 것으로 할지니"

금지 #92, 레 22:22, 흠있는 짐승을 희생제물로 드려서는 안된다: "눈 먼 것을 여호와께 드리지 말라."

금지 #94, 레 22:22, 흠있는 짐승을 불로 태워서는 안된다: "흠있는 것을 너희는 단 위에 화제로 여호와께 드리지 말라."

금지 #93, 레 22:24, 흠있는 짐승 위에 피를 뿌려서는 안된다: "너희는 불알이 상하였거나 치었거나 터졌거나 베임을 당한 것은 여호와께 드리지 말며"

금지 #361, 레 22:24, 거세는 금지된다: "너희는 불알이 상하였거나 치었거나 터졌거나 베임을 당한 것은 여호와께 드리지 말며"

금지 #96, 레 22:25, 외국인에 의해 드려진 것을 여호와께 제물로 드려서는 안된다: "너희는 외방인에게서도 이런 것을 받아 너희의 하나님의 식물로 드리지 말라."

d. 제물을 드리는 시간*(22:26-33)*

제물을 드리는 시간과 관련하여 일곱 가지 율법들이 제시된다.

일곱 개의 율법들

1	2	3	4	5	6	7

제물들을 드리는 시간과 관련한 일곱개의 율법들은 다음과 같다.

① 새로 태어난 수소는 칠일 동안 그 어미와 함께 있도록 하여야 한다(22:27).
② 새로 태어난 양은 칠일 동안 그 어미와 함께 있도록 하여야 한다(22:27).
③ 새로 태어난 염소는 칠일 동안 그 어미와 함께 있도록 하여야 한다(22:27).
④ 암소와 그 새끼가 같은 날 제물로 드려져서는 안된다(22:28).
⑤ 암양과 그 새끼가 같은 날 제물로 드려져서는 안된다(22:28).
⑥ 감사의 제물은 열납될 만한 방식으로 드려져야 한다(22:29).
⑦ 감사의 제물은 하루 동안 먹어야 할 것이요, 다음 날 아침까지 남겨두어서는 안된다(22:30).

명령 #60. 레 22:27. 희생의 동물은 8일 혹은 그 이상이 되어야 한다: "칠일 동안 그 어미와 같이 있게 하라."

명령 #9. 레 22:32. 사람은 하나님의 이름을 거룩되게 하여야 한다: "나는 이스라엘 자손 중에서 거룩하게 함을 받을 것이니라."

금지 #101. 레 22:28. 어떤 짐승과 그 새끼를 같은 날 잡아서

는 안된다: "암소나 암양을 무론하고 어미와 새끼를 동일에 잡지 말지니라."

금지 #120. 레 22:30. 감사제물의 어떤 부분도 다음 날 아침까지 남겨두어서는 안된다: "그 제물은 당일에 먹고 이튿날까지 두지 말라."

금지 #63. 레 22:32. 사람은 주의 이름을 더럽혀서는 안된다: "너희는 나의 성호를 욕되게 말라."

C. 여러가지 종교적 절기들(23:1-24:23)

1. 각양 절기들(23:1-44)

여기에서 몇가지 특별한 절기들(מוֹעֲדִים)이 열거되고 있다. 본 장은 분명한 서론을 가지고 있는데(1-2절), 이것은 결론부(44절)에서 다시금 반복된다.

일곱 절기들

1	2	3	4	5	6	7

① 안식일(23:3; 민 28:1-8 참조)
② 유월절과 무교절(레 23:4-8; 민 28:16-25 참조)
③ 초실절(레 23:9-14)
④ 칠칠절(레 23:15-22; 민 28:26-31 참조)
⑤ 나팔절(레 23:23-25; 민 29:1-6 참조)
⑥ 속죄일(레 23:26-32; 민 29:7-11 참조)
⑦ 장막절(레 23:33-43; 민 29:12-40 참조)

이러한 절기들이 행하여졌던 때는 다음과 같다:
성경력(바벨론력, 현대력)
1. 아빕월(니산월, 3월\4월)

10일 - 유월절 양이 선택됨
14일 - 저녁때 유월절 양이 죽임을 당함
15일 - 무교병 잔치
16일 - 추수의 첫 열매를 제물로 드림
21일 - 무교절이 끝남

2. 시브월(이야르월, 4월\5월)
   14일 - 두번째 유월절 양이 죽임을 당함(민 9:1-14을 보라)
3. 시반월(5월\6월)
   6일 - 칠칠절(오순절)
4. 언급되지 않음(탐무즈월, 6월\7월)
5. 언급되지 않음(아브월, 7월\8월)
6. 엘룰월(8월\9월)
7. 에다님월(티스리월, 9월\10월)
   1일 - 나팔절
   10일 - 속죄일
   15일 - 장막절(초막절)
8. 부르월(마케스반월, 10월\11월)
9. 기슬레브월(11월\12월)
   25일 - 하누카
10. 테베트월(12월\1월)
11. 스밧월(1월\2월)
12. 아달월(2월\3월)
    14일 - 부림절
13. 아달 쉐니(매 2년 혹은 3년 마다 추가되는 별도의 달)

명령들 :

명령 #44. 레 23:10. 니산월 제 16일 곧 유월절 둘째 날에 곡식 한 단을 제물로 드리라: "너희는 곡식단을 가져갈 것이요."

명령 #161. 레 23:15. 첫 단을 거둔 때로부터 49일을 계수하라: "안식일 이튿날로부터 세어서 칠 안식일의 수효를 채우고."

명령 #46. 레 23:17. 요제로써 떡 두 덩어리를 가져와야 한다: "너희 처소에서 떡 두 덩이를 가져다가 흔들지니."

명령 #162. 레 23:21. 성일들에는 아무 일도 하지 말고 쉬라: "이 날에 너희는 너희 중에 성회를 공포하고 아무 노동도 하지 말지니."

명령 #163. 레 23:24. 티스리월 첫째 날(Rosh Hashanah)에는 쉬라: "칠 월 곧 그 달 일 일로 안식일을 삼을지니."

명령 #166. 레 23:35. 초막절 첫 날은 쉬라: "첫날에는 성회가 있을지니 너희는 아무 노동도 하지 말지며."

명령 #43. 레 23:36. 유월절의 매 칠일 동안은 추가적인 헌물(*musaf*)이 드려져야 한다: "칠일 동안은 너희가 화제를 여호와께 드릴 것이요."

명령 #167. 레 23:36. 장막절 제 팔일에는 쉬라: "제 팔일에도 너희에게 성회가 될 것이며…… 너희는 아무 노동도 하지 말지니라."

명령 #169. 레 23:40. 열매를 취하여 칠일 동안 즐거워하라: "첫날에는 너희가 아름다운 나무 실과와 종려가지와 무성한 가지와 시내 버들을 취하여……"

명령 #168. 레 23:42. 장막절에는 칠일 동안 초막에서 거하라: "너희는 칠일 동안 초막에 거하되……"

금지들 :

금지 #189. 레 23:14. 새 곡식으로 만든 빵을 먹어서는 안된다: "너희는 너희 하나님께 예물을 가져 오는 그 날까지 떡이든지……. 먹지 말지니."

금지 #190. 레 23:14. 볶은 새 곡식을 먹어서는 안된다: "너희는 너희 하나님께 예물을 가져 오는 그 날까지…… 볶은 곡식이든지…… 먹지 말지니."

금지 #191. 레 23:14. 생 이삭을 먹어서는 안된다: "너희는 너희 하나님께 예물을 가져 오는 그 날까지……. 생 이삭이든지 먹지 말지니."

금지 #325. 레 23:21. 칠칠절에는 일해서는 안된다: "이 날에 너희는…… 아무 노동도 하지 말지니."

금지 #210. 레 23:22. 자기 밭의 모든 곡식을 다 거두어서는

안된다: "너희 땅의 곡물을 벨 때에 밭 모퉁이까지 다 베지 말며."

금지 #326. 레 23:25. 일년의 첫 날(Rosh Hashanah)은 일해서는 안된다: "아무 노동도 하지 말고."

금지 #329. 레 23:28. 속죄일에는 일해서는 안된다: "이 날에는 아무 일도 하지 말 것은……"

금지 #196. 레 23:29. 속죄일에는 아무것도 먹어서는 안된다(금식): "이 날에 스스로 괴롭게 하지 아니하는 자는 그 백성 중에서 끊쳐질 것이라."

금지 #327. 레 23:35. 장막절 첫날에는 일해서는 안된다: "첫날에는 성회가 있을지니 너희는 아무 노동도 하지 말며."

금지 #328. 레 23:36. 장막절 여덟번째 날에는 일해서는 안된다: "제 팔일에도 너희에게 성회가 될 것이며…… 너희는 아무 노동도 하지 말지니라."

2. 지속적인 제물들(24:1-9)

여기에 두 가지 지속적인 제물들이 열거되어 있다. 금 등대에 기름을 태우는 것(1-4절)과 금 식탁 위에 열두 덩이의 빵을 진설하는 것(5-9절). 그 빵은 아론과 그의 아들들의 정당한 몫이었다. 그들은 그것을 장막 안에서(성소 안에서) 먹어야 했다.

3. 하나님을 훼방하다가 돌에 맞아 죽은 사람과 同價復讐法(동가복수법; 24:10-23)

하나님을 훼방한 사람을 돌로 치는 설화 속에 살인에 대한 처벌의 가르침이 감추어져 있다. 본 설화가 강조하고 있는 바는 그를 돌로 침에 있어 '모든 회중'이 관련되었다고 하는 것이다(14절). 아마도 이 점이 여기에 살인에 대한 처벌의 가르침(同價復讐法, lex talionis)이 놓여진 이유일 것이다. 본 설화는 신성모독자의 생명을 취하는 모든 회중의 행동과 '사람의 생명'을 취하는 개인의 행동(17절)을 대조시킨다. 이렇게 하여 저자는 사형과 살인 사이에 중요한 구분을 이루어 놓은 것이다. 사형은 모든 공동체의 행동이었지만, 살인은 개인의 행동이었던 것이다.

금지 #60. 레 24:16. 하나님의 이름을 모독하여서는 안된다: "여호와의 이름을 훼방하면 그는 반드시 죽일지니."

D. 안식년과 희년(25:1-55)

하나님께서 시내 산에서 이스라엘에게 말씀하시는 것을 다루는 설화들의 말미에, 저자는 율법을 주는 배경을 다시 한번 회상시킨다. "여호와께서 시내 산에서 모세에게 일러 가라사대" (25:1; 7:38 참조). 여기에서 우리 독자들은 이 모든 율법들이 하나님께서 모세에게 주신 것이라는 사실을 다시금 일깨움을 받는다. 이것은 하나님의 의지의 표현으로 이러한 율법들을 평가함에 있어 매우 중요한 역할을 맡는다.

이제 제시될 마지막 일련의 가르침들의 중심적인 주제는 회복의 주제이다. 이스라엘의 삶은 7년 주기의 패턴(안식년)에 의해 지배되어야 한다. 7년의 일곱 주기가 지난 다음 해인 희년에는 이스라엘 백성을 위한 총체적인 회복이 있을 것이었다. "모든 인간 존재들의 변덕에 의해 야기된 '하나님께서 설정하신 관계들의 혼란과 동요'는 희년의 지정에 의해 제거될 것이었고, 또 이스라엘 왕국은 원래의 상태로 돌아갈 것이었다."[8]

1. 안식년(25:1-7)

앞에서 이미 명하여진 바와 같이(출 23:10-11), 이스라엘 백성들이 약속의 땅에 들어갈 때 그들은 6년 동안 일하고(뿌리고 거둠) 그 땅의 소산을 먹어야 했다. 그러나 일곱번째 되는 해에는 그들은 그 땅을 묵혀둔 채로 두어야 했다. 땅의 소유자는 조직적인 파종과 추수를 행하여서는 안된다. 그 땅의 모든 백성들은, 부자든 가난한 자든, 단순히 그 땅에 의존하여 살아야 했다. "안식년의 소출은 너희의 먹을 것이니" (레 25:6). 이러한 공급

8) Keil, *Pentateuch*, 2:455를 보라.

은 특별히 "백성들 가운데 가난한 자들"을 위하여 의도된 것이었다(출 23:11). 안식년은 그들에게 있어 풍요의 해가 되어야 했던 것이다.

전반적인 계획 가운데, 안식년은 '에덴동산에서의 인류를 위한 하나님의 공급'의 복사판(replication)이 되어야 했던 것이다. 하나님께서 인간을 창조하시고 그들을 에덴동산으로 데리고 가셨을 때, 그들은 자신들의 생계를 위해 일하는 것이 아니라 오직 예배드릴 것이었다(창 2:15에 대한 주석을 참조하라). 안식년에도 이와 마찬가지로, 각 사람은 하나님이 공급하시는 모든 선한 것을 공평하게 나누어야 했다(레 25:6). 에덴동산에서 하나님은 아담과 하와를 위하여 영원한 휴식(창 2:9의 생명나무를 참조하라, 3:22b)과 예배의 시간, 곧 안식일을 주셨다(창 2:3). 안식년은 그러한 휴식과 예배의 시간에 대한 '맛뵈기'인 것이다. 여기에서 저자는 에덴동산에로의 귀환으로써 이스라엘이 자신들에게 약속된 '좋은 땅'을 소유하고 있다는 생각을 갖고 있었던 것이다.

만일 레위기 25:20-22이 안식년에 대해 어떤 빛을 비추는 것으로 사용될 수 있다면(이것은 분명히 희년에 대해 언급하는 말씀이다), 여섯번째 해에 하나님은 이스라엘 백성들이 다음 해까지 쓰기에 족할 만큼 풍족한 소산을 공급하실 것이다. 이것은 광야의 만나와 매우 유사한데, 하나님은 여섯번째 날에는 그 다음 날까지 쓰기에 충분한 양을 주셨던 것이다. 그러나 6절은 '희년과의 이러한 유추관계'에 제동을 거는 것으로 보인다('안식년 동안 그 땅이 산출하는 모든 것'이 모든 사람을 위한 음식이 될 것이라고 했을 때). 그러므로 여섯번째 해에 그 다음 해까지 지속될 정도의 풍성한 소산이 주어질 것이라는 것은 매 육년 마다가 아니라 오직 희년에만 그러한 것이다. 희년에는 특별히 풍성한 소산이 필요했는데, 그것은 희년에는 두번의 안식의 해가 이어서 기념되어야 했기 때문이었다. 첫번째는 통상적인 안식년(49번째 해)이고, 두번째는 희년이었다(50번째 해).

일곱번째 해와 관련한 금지들 :

금지 #220, 레 25:4, **일곱번째 해에는 땅에 씨를 뿌려서는 안된다**: "제 칠년에는 땅으로 쉬어 안식하게 할지니…… 너는 그 밭에 파종하지 말지니라."

금지 #221, 레 25:4, 일곱번째 해에는 가지치기를 해서는 안된다: "제 칠년에는 땅으로 쉬어 안식하게 할지니…… 네 포도원의 가지치기를 하지 말라."

금지 #222, 레 25:5, 일곱번째 해에는 추수를 하여서는 안된다: "너의 곡물의 스스로 난 것을 거두지 말라."

금지 #223, 레 25:5, 일곱번째 해에는 포도를 거두어서는 안된다: "포도나무의 맺은 열매를 거두지 말라."

2. 희년(25:8-55)

매 일곱 안식년 마다 이스라엘은 특별한 안식년인 희년을 선포해야 하였다. 희년의 기본적인 개념은 50년째 되는 해를 땅과 재산과 부채가 총체적으로 회복되는 거룩한 해로 구별하는 것이었다. 만일 이스라엘이 하나님의 율법에 순종하면, 하나님은 그들을 축복하시고 그 땅의 소산을 넘치게하셔서 49번째 해인 안식년 뿐만 아니라 50번째 해인 희년까지도 살기에 충분하게 하실 것이었다. 하나님은 이렇게 말씀하셨다, "내가 명하여 제 육년에 내 복을 너희에게 내려 그 소출이 삼년 쓰기에 족하게 할지라"(21절). 그러한 삼년은 안식년 전 해의 추수때로부터 희년 다음 해의 추수때까지 계속될 것이다. 첫 해는 희년 앞의 안식년, 곧 49번째 해가 될 것이다. 두번째 해는 50번째 해, 곧 희년이 될 것이다. 세번째 해는 씨뿌릴 때로부터 추수할 때까지의 다음 해가 될 것이다.

'큰 소리로 외치다'를 의미하는 '희년'이란 용어(Jubilee, yobel)는 히브리어로 '어린 양의 뿔'(yôḇel)을 의미하는 단어와 '문자의 기교'(wordplay)를 이룬다. 어린 양의 뿔이나 나팔(šôp̱ār 25:9) 소리는 그 날(yôḇēl)의 시작을 알리는 것이었다. 50번째 해의 7월 10일, 곧 속죄일(the Day of Atonement)에, 어린 양의 뿔

소리가 울려지고 희년이 선포되어야 했다(9절).

모든 자산가치의 계산은 희년과 밀접히 관련되었다. 자산의 가치는 그것이 원래의 주인에게 돌아가기까지 얼마나 남았는가에 의해 결정되었다(15절, 희년 후의 연수를 따라서 너는 이웃에게 살 것이요 그도 그 열매를 얻을 연수를 따라서 네게 팔 것인즉).

a. 실제 재산*(25:8-34)*

희년에는 지난 희년 이후로 사거나 팔았던 모든 재산이 그것의 원래 주인에게로 돌려져야 했다. 바로 이 이유 때문에 땅은 영원히 팔 수 없었던 것이다(23절). 이러한 제한의 이유는 모든 땅이 여호와께 속한 것이기 때문이었다. 이스라엘 백성은 하나님의 땅을 경작하는 '소작인들'로 간주되었던 것이다(23절, 토지를 영영히 팔지 말 것은 토지는 다 내 것임이라 너희는 나그네요 우거하는 자로서 나와 함께 있느니라).

희년 규례에는 두가지 예외가 있었다. 첫째로, 성벽으로 둘러싸인 도시 안에 있는 집은 기업무르기의 권리가 일년이 지나도록 행사되지 않을 때 영구히 팔 수 있었다(29-31절). 그러나 시골이나 성벽으로 둘러싸여 있지 아니한 도시 안에 있는 집이나 재산은 하나님의 땅의 부분으로 간주되어 영구히 팔 수 없었다.

두번째 예외는 레위인의 재산과 관련된 것이었다. '레위인의 성읍' - 즉, 레위인의 기업으로 구별된 성읍 - 으로써 성벽으로 둘러싸인 도시에서는, 모든 재산은 희년에 반환되어야 하였다(레 25:32-34)

명령들 :

명령 #140. 레 25:8. 희년의 연수를 계수할 것(50번째 해): "너는 일곱 안식년을 계수할지니……"

명령 #137. 레 25:9. 히브리 종들을 자유롭게 하기 위해 욤 키푸르에 쇼파르를 불 것: "너는 나팔소리를 내되 전국에서 나팔을 크게 불지며……"

명령 #136. 레 25:10. 50번째 해를 성별하라: "제 오십년을 거룩하게하여……"

명령 #245. 레 25:14. 매매를 수반하는 판결들: "네 이웃에게 팔든지 네 이웃의 손에서 사거든……"

명령 #138. 레 25:24. 50번째 해에는 재산이 반환되어야 한다: "너희 기업의 온 땅에서 그 토지모르기를 허락할지니……"

명령 #139. 레 25:29-30. 성벽으로 둘려진 도시에서 팔려진 재산에 대한 기업무르기: "성벽있는 성내의 가옥을 팔았으면…"

금지들 :

금지 #224. 레 25:11. 희년에는 땅을 갈아서는 안된다: "그 오십년은 너희의 희년이니 너희는 파종하지 말며……"

금지 #225. 레 25:11. 희년에는 스스로 자라는 것을 거두어서는 안된다: "스스로 난 것을 거두지 말며……"

금지 #226.레 25:11. 희년에는 열매를 거두어서는 안된다: "다스리지 아니한 포도를 거두지 말라."

금지 #250. 레 25:14. 상업거래에서 서로를 속여서는 안된다: "네 이웃에게 팔든지 네 이웃의 손에서 사거든 너희는 서로 속이지 말라."

금지 #251. 레 25:17. 다른 사람으로부터 이익을 취하여서는 안된다: "너희는 서로 속이지 말고……"

금지 #227. 레 25:23. 다른 사람의 기업을 팔아서는 안된다: "토지를 영영히 팔지 말 것은……"

금지 #228. 레 25:33. 레위인의 땅은 변경되어서는 안된다: "레위 사람이 만일 무르지 아니하면 그 기업된 성읍의 판 가옥은 희년에 돌려보낼지니……"

b. 빚*(25:35-55)*

회년은 빚과 관련하여 세 가지 기본적인 관점을 가지고 있다. 첫째로, 이스라엘 사람은 같은 이스라엘 사람에게 이자를 받고 돈을 빌려주어서는 안된다(35-38절). 이러한 규례는 어떤 이스라엘 사람도 하나님의 백성으로써의 자신의 위치를 잃지 않도록 보장해 줄 것이다. 둘째로, 이스라엘 사람은 종(노예)으로 팔릴 수 없다. 그는 일꾼으로 고용될 수는 있으나, 회년에는 풀려져야만 했다. 종(노예)은 오직 非이스라엘 사람들로 충당되어야 했다(39-46절). 출애굽기 21:1-6(신 15:12-18 참조) 에 보면, 이스라엘인 종은 오직 그가 그렇게 하고자 선택할 때 자신의 자유를 포기하고 그의 주인과 더불어 영원히 거할 수 있었다. 히브리어로 '영원히'란 용어의 의미가 반드시 '그가 살아있는 동안'을 의미하는 것이 아니라 때때로 '오랜 시간'을 의미할 수도 있기 때문에(삼상 1:22 참조), 그것은 히브리 종이 본인이 원한다면 희년에 자유케 될 수 있었던 것으로 보인다. 셋째로, 이스라엘 사람은 非이스라엘 사람의 노예가 될 수 없다. 그는 일꾼으로 고용될 수는 있으나, 희년에는 풀려져야만 했다(레 25:47-53).

명령 #235, 레 25:46, 레 25:46, 이방인 종을 다룸: "너희는 그들을 너희 후손에게 기업으로 주어 소유가 되게 할 것이라."

금지 #235, 레 25:37, 같은 이스라엘 사람에게 이자를 받고 돈을 빌려주어서는 안된다: "너는 그에게 이식을 위하여 돈을 꾸이지 말고."

금지 #257, 레 25:39, 이스라엘 사람을 노예로써 일하게 해서는 안된다: "네 동족이 반한하게 되어 네게 몸이 팔리거든 너는 그를 종으로 부리지 말고……"

금지 #258, 레 25:42, 이스라엘 사람을 종으로 팔아서는 안된다: "종으로 팔리지 말 것이라."

금지 #259, 레 25:43, 이스라엘 사람인 일꾼을 잔인하게 다루어서는 안된다: "너는 그를 엄하게 부리지 말고……"

금지 #260, 레 25:53, 이방인으로 하여금 이스라엘 일꾼을 잔인하게 다루도록 허용해서는 안된다: "주인은 그를 매년의 삯군과 같이 여기고 너의 목전에서 엄하게 부리지 못하리라."

E. 언약의 마지막 조건들(26:1-46)

1. 서론(26:1-2)

본 장에서 언약이란 용어를 반복하고 있는 것은 저자가 본 장을 금송아지 사건 이후에 새롭게 세워진 언약조건들을 요약하는 것으로써 의도하고 있음을 보여준다. 이와 같이 시내 산에서 하나님이 이스라엘에게 말씀하실 때 그러했던 것처럼, 다음과 같은 두 가지 중심적인 율법을 상기시킴으로 언약조건이 진술되기 시작한다 : 우상숭배의 금지(1절) 와 안식일 준수에의 부르심(2절). 이스라엘이 시내 산에서 처음 언약을 깨뜨린 것은 우상숭배로 말미암은 것이었다. 또한 안식일은 이스라엘이 하나님과 맺었던 언약관계의 표적이었던 것이다.

금지 #12, 레 26:1, 우상숭배를 위하여 돌을 세워서는 안된다: "너희 땅에 조각한 석상을 세우고 그에게 경배하지 말라."

2. 언약의 목적에 대한 일반적인 진술(26:3-13)

만일 이스라엘이 하나님의 '율례와 법도'를 순종하면, 그들은 약속의 땅에서 큰 축복 가운데 살게 될 것이다. 여기에 주어진 그 땅에서의 삶의 묘사는 우리로 하여금 에덴동산에서의 하나님의 최초의 축복을 생각나게 한다. "너희가 음식을 배불리 먹고 너희 땅에 안전히 거하리라(5절; 창 1:29 참조)…… 내가 사나운 짐승을 그 땅에서 제할 것이요(6절; 창 1:26 참조)…… 너희로 번성케하고 너희로 창성케 할 것이요(9절; 창 1:28 참조)…… 내가 내 장막을 너희 중에 세우리니(11절; 창 3:8 참조)…… 나는 너희 중에 행하여(12절; 창 3:8 참조)…… 나는 너희 하나님이 되고 너희는 나의 백성이 될 것이니라."

3. 불순종의 결과에 대한 경고(26:14-39)

만일 이스라엘이 하나님의 '율례와 법도'를 거부하면, 그들은 하나님의 징계를 경험하게 될 것이며(14-31절), 그들의 땅은 파괴될 것이고(32절), 그들은 포로로 끌려갈 것이다(33-39절).

4. 미래의 소망(26:40-45)

만일 이스라엘이 회개하고 스스로 겸비케 하면, 하나님은 그 조상들(아브라함, 이삭, 야곱)과 맺은 언약과 땅에 대한 자신의 약속을 기억하사 그들과 더불어 언약을 깨뜨리지 않으실 것이다. 이스라엘이 애굽에 있어 바로의 손 아래서 겸비하였을 때, 하나님은 아브라함과 맺은 언약을 기억하시고 그들을 건져내셨다(출 2:24). 미래에도 이와 마찬가지로, 이스라엘이 스스로 겸비하면 하나님은 자신의 언약을 기억하사 자기 백성을 건지실 것이다.

F. 맹세와 십일조(27:1-34)

시내 산에서의 율법수여가 십계명으로 시작했던 것처럼, 그것은 이제 또한 열개의 율법들을 나열하는 것으로 종결된다. 그러한 열 가지 율법은 주께 대하여 행한 맹세들과 십일조를 갚는 절차를 다루는 것이다.

1. 주께 드려진 사람들(27:1-8)

한 가지 특별한 형태의 맹세가 여기에 등장한다. 대체물로 갚도록 허용된 맹세. 여기에서 사람은 자신의 가치를 돈으로 주께 드렸다.

명령 #114. 레 27:2-8. 개인의 가치와 동등한 것을 드리는 절차: "사람을 여호와께 드리기로 서원하였으면……"

2. 주께 드려진 짐승들(27:9-13)

본 율법이 관심을 기울이는 것은 여호와께 드려지기로 서원된 짐승의 상태에 대한 것이다. 일단 어떤 받아들여질 수 있는 짐승이 서원되었으면, 그것은 그것만 못한 짐승과 바꾸어질 수 없었다. 그것은 거룩하기 때문이었다.

만일 그 짐승이 부정한 것으로 제물로 받아들여질 수 없는 것이면, 제사장은 그것의 가치를 정확하게 결정하여야 하였다. 그리고 나서 그것은 오분의 일을 더하여 바꾸어질 수 한다.

명령 #87. 레 27:10. 제물로써 바꾸어진 짐승은 거룩하다: "둘 다 거룩할 것이며……"

명령 #115. 레 27:12. 짐승과 동등한 가치를 드리는 절차: "제사장은 그 우열간에 정가할지니……"

금지 #106. 레 27:10. 희생제물을 바꾸어서는 안된다: "그것을 변개하여 우열간 바꾸지 못할 것이요……"

3. 주께 드려진 집들(27:14-15)

본 율법은 주께 자신의 집을 드렸다가 그 후에 그것을 다시 사는 절차를 서술한다. 어떤 집이 하나님께 드려지기로 서원되었을 때, 제사장은 그것의 가치를 정하여야 하였고, 그 집은 오분의 일을 더하여 그 주인이 다시 살 수 있었다.

명령 #116. 레 27:14. 집의 가치와 동등한 것을 드리는 절차: "사람이 자기 집을 구별하여 여호와께 드리려면……"

4. 주께 드려진 기업으로 받은 땅(27:16-21)

기업으로 받은 땅이 맹세로 서원되었을 때, 제사장은 그 땅의 소산과 희년에 그 주인에게 돌려줄 때까지 남아 있는 기간에 기초하여 가치를 정하여야 하였다. 일단 서원된 땅은 다시 무를 수 있었다. 즉 서원으로 드린 사람이 다시 살 수 있었다. 그러나 그 땅에 물러지지 않았을 때, 그 땅은 희년에 제사장들에게 양도되었다.

명령 #117. 레 27:16. 밭의 가치와 동등한 것을 드리는 절차: "사람이 자기 기업 된 밭 얼마를 구별하여 여호와께 드리려면……"

5. 주께 드려진 산 땅(27:22-25)

사람이 구입한 땅은 맹세로 주께 드려질 수 있었다. 그것의 가치는 제사장에 의해 정하여졌고, 서원한 사람에 의해 지불되었다. 희년에 그 땅은 원주인에게 돌려져야 하였다.

6. 초태생을 드리는 것의 금지(27:26-27)

초태생은 이미 주께 드려진 것이었기 때문에(출 13장), 그것은 서원으로 드려질 수 없었다.

금지 #107. 레 27:26. 사람은 한 가지 범주의 제물을 다른 것으로 대체할 수 없다: "우양을 물론하고 여호와의 것이니 누구든지 그것으로는 구별하여 드리지 못할 것이며……"

7. 주께 대한 전적인 헌신의 절차(27:28)

고양된 형태의 맹세(서원)는 헌신(devotion, **헤렘**)으로 불려졌다. 이러한 서원에서 헌신된 사람이나 물건은 주께 완전하게 드려졌다. 그러한 서원은 다른 어떤 것으로 바뀌거나 대체될 수 없었다.

명령 #145. 레 27:28. **헤렘**(특별한 맹세)의 특징: "오직 여호와께 아주 바친 모든 것은……"

금지 #110. 레 27:28. 헌신된 물건을 팔아서는 안된다: "팔지도 못하고……"

금지 #111. 레 27:28. 헌신된 물건을 물러서는 안된다: "속하지도 못할지니……"

8. 주께 대한 사람의 전적인 헌신의 절차(27:29)

본 율법은 앞에서 이야기한 전적인 헌신의 특별한 경우를 서술한다. 시내 산에서 주어진 율법 하에서, 배교를 행한 자에게는 죽음으로 응징되었다(출 22:20, 여호와 외에 다른 신에게 희생을 드리는 자는 멸할지니라). 이러한 전적인 헌신은 취소될 수 없는 것이었고, 다른 것으로 대체될 수 없었다.

9. 땅의 소산으로부터 십일조를 드리는 절차

(27:30-31)

땅의 소산의 십일조, 즉 십분의 일은 주께 드려졌다. 본 규례에서 사람은 십일조를 그것에 오분의 일을 더하여 다시 살 수 있었다.

명령 #127, 레 27:30, 땅의 소산의 십일조를 레위인들에게 주어라: "땅의 십분 일 곧 땅의 곡식이나 나무의 과실이나 그 십분 일은 여호와의 것이니 여호와께 성물이라."

10. 가축으로부터 십일조를 드리는 절차 (27:32-34)

가축의 십분의 일은 주께 드려졌다. 이것을 속하는(다시 사는) 규례는 주어져 있지 않다. 십일조 제도는 이스라엘에서 이미 확립되었다(창 14:20; 28:20-22 참조). 여기에서 십일조는 주께 속한 것으로 언급된다. 그리고 나중에 민수기 18:8-32에서 십일조의 목적과 사용이 설명된다. 그것은 성소에 있는 제사장과 레위인들이 생활하는 방편이 되었다. 그것은 성막에서 일하는 레위인들에게 주어졌던 것이다(민 18:21)

명령 #78, 레 27:32, 가축의 십일조: "소나 양의 십분 일은……"

명령 #87, 레 27:33, 제물로 바꾸어진 짐승은 거룩하다: "바꾸면 둘다 거룩하리니……"

금지 #109, 레 27:32, 짐승의 십일조를 팔아서는 안된다: "소나 양의 십분 일은…… 여호와의 거룩한 것이 되리니"

본 단락(section)은 다음과 같은 언급으로 간략하게 종결된다: "이상은 여호와께서 시내 산에서 이스라엘 자손을 위하여 모세에게 명하신 계명이니라"(27:34).

제 3 장
민 수 기

이름

전통적으로 민수기는 하나의 독립된 책으로 다루어져 왔다. 오경의 다른 책들의 경우와 마찬가지로, 민수기는 실제로 하나의 분리된 책이 아니라 보다 더 큰 작품의 한 부분인 것이다. 민수기의 전통적인 히브리어 제목은 '그리고 그가 말씀하셨다' (And he spoke) 혹은 '광야에서' (In the wilderness) 인데, 그것은 이러한 제목들이 민수기로 간주되었던 책의 첫 어구이기 때문이다. 영어 제목 'Numbers'는 70인경과 벌게이트 역본으로부터 말미암은 것으로써, 이러한 이름은 본 서 앞 부분에 (그리고 26장에) 나와 있는 백성들에 대한 '계수' 혹은 '인구조사'에 근거한 것이다.

구조

본 서에 열거되어 있는 자료들의 순서는 엄격히 연대기적인 것은 아니다.

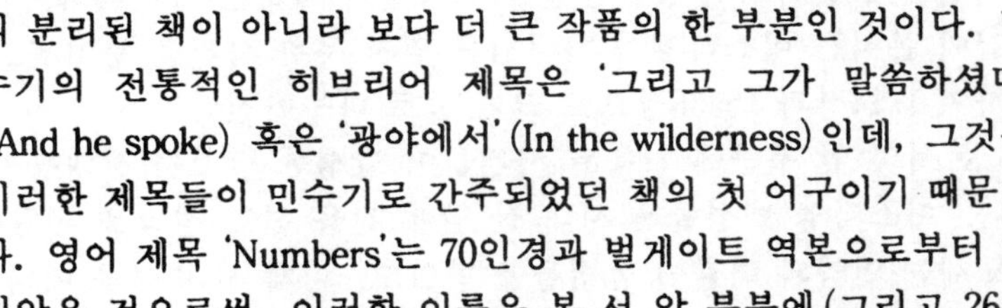

예를 들어, 민수기 1:1은 본서의 사건들을 출애굽 후 제 2년 2월 1일에 위치시킨다. 한편 민수기 7:1은 성막을 세우는 때, 즉 제 2년 1월 1일로 되돌린다(출 40:17). 또한 민수기 9:1-5에 보면, 그 자료가 해당되는 때의 기간은 제 2년 1월 14일의 유월절을 기념하는 때이다. 이렇게 볼 때, 본서의 배열은 연대기적 배열이라기 보다는 주제별 배열인 것이다.

그러나 오경의 보다 큰 구조 안에서 대부분의 설화는 연대기적 순서를 나타낸다. 기록된 사건들은 시내 산에서의 마지막 기간과 이스라엘의 광야여행 기간에 발생한 것이다. 이러한 보다 큰 시간의 틀 가운데, 본서의 주된 분기점은 민수기 14:45, 곧 아말렉인들의 산지에서 불순종한 이스라엘이 패하는 사건이다. 이와 같이 본서는 이스라엘이 하나님을 믿지 못한 사건을 분기점으로 하여 1-14장과 15-36장으로 크게 둘로 나누어진다.

본서의 앞 부분에 기록된 사건들이 발생한 장소는 시내광야이다. 이스라엘 백성들은 시내 산 앞에 진을 쳤고 성막을 세웠다. 모세는 언약과 더불어 율법들을 받았고, 이제 시내 산을 떠나 약속의 땅으로 가라는 명령이 주어졌다.

성막이 세워진 후에 누가 군대에서 봉사할 것인가를 결정하기 위해 인구조사가 시행되었다. 이스라엘의 군대는 모두 603, 550명의 장정들로 구성되었다(민 1:46). 민수기 앞 부분의 많은 자료들은 인구조사와 전투를 위한 지파들의 배치를 설명하는 것이다. 저자가 이러한 자료를 오경에 포함시킨 주된 목적은 독자로 하여금 이스라엘이 약속의 땅에 돌아가기 위한 행동과 필요한 준비의 규모에 대한 충분하고도 정확한 그림을 그릴 수 있도록 하기 위한 것으로 보인다. 어떤 측면에서 이러한 자료는 오경에 제시된 율법들의 의도를 정당화하기 위한 것으로 보인다. 적어도 이스라엘의 규모와 상태에 대해 여기에 주어진 그림은 어째서 그토록 많은 세세한 규례들이 필요했었는가 하는 것을 이해시키는데 도움이 되는 것은 분명한 사실이다.

더우기 시내 산으로부터의 지파들의 질서정연한 이동과 금송아지 사건에서 백성들이 '미친듯이 날뛰는'(출 32:25) 그림 사이에 주목할만한 대조가 있다. 이와 같이 설화는 하나님께서 시내산에서 이스라엘에게 주셨던 율법들이 백성들에 대하여 필요불가결하였을 뿐만 아니라 매우 유익한 효과가 있었음을 보여준다. 그러므로 이스라엘의 숫자와 크기를 강조한 것은 율법의 가치와 중요성을 강조하기 위해 의도된 것이다.

Ⅰ. 인구조사와 백성들의 조직 (1:1-2:34)

A. 인구조사(1:1-54)

모세와 아론은 군대에서 봉사할 수 있는 20세 이상의 모든 남자들을 계수하라는 지시를 받았다. 이와 관련하여 이스라엘의 각 지파 중 한 사람씩 열두 사람이 이 일을 돕기 위해 임명되었다. 이들의 이름이 1:5-15에 열거되어 있다. 제 2년 2월 1일 곧 하나님께서 모세에게 인구조사를 하라고 말씀하신 날에, 모세는 백성들을 모아서 그들을 계수하였다. 각 지파의 총 숫자가 1장의 뒷 부분에 열거되어 있다.

르우벤 지파 :	46,500
시므온 지파 :	59,300
갓 지파 :	45,650
유다 지파 :	74,600
잇사갈 지파 :	54,400
스불론 지파 :	57,400
에브라임 지파 :	40,500
므낫세 지파 :	32,200
베냐민 지파 :	35,400
단 지파 :	62,700
아셀 지파 :	41,500
납달리 지파 :	53,400
총계 :	603,550

여기에서 모세와 아론을 포함하여 레위 지파 사람들은 계수하지 않았다. 그들의 임무는 다른 이스라엘 백성들과는 구별되는 것이었고, 이들은 자신들의 인구조사를 민수기 3:15과 4:34-49에서 따로 시행하였다. 레위인들을 따로 세우고 그들을 성막 주위에 배치시킨 목적은 "이스라엘 공동체 위에 진노가 떨어지지 않게 하기 위함"이었다(1:53).

B. 지파들의 배치(2:1-34)

각 지파들은 성막을 중심으로 하여 질서정연하게 배치되었다. 민수기 2:34에 따를 때, 진을 칠 때와 여행할 때에 각 지파들은 동일한 순서로 배치되었다.

본장(2장)의 목록을 1장의 그것과 비교해 본다면, 성막을 중심으로 한 지파들의 배치가 유다 지파의 중요성과 중심성을 분명하게 드러내고 있음이 명백하게 나타난다. 열두 아들에 대한 야곱의 예언과 같이(창 49:1-27), 유다 지파는 이미 다른 지파들에 대하여 주도권을 획득하였다. 비록 르우벤이 장자였다 할지라도, 유다야말로 하나님의 백성에게 구속을 가져다 줄 왕적 아들(royal son)이 탄생할 지파였던 것이다(창 49장에 대한 주석을 참조하라).

더우기 창세기 설화들은 '동쪽'의 개념에 대해 많은 관심을 기울이고 있는데, 이것은 또한 지파들의 배치에 있어 중요한 주제로 나타난다. 타락 후 아담과 하와 그리고 가인은 하나님의 좋은 땅에서 쫓겨나 '동쪽으로' 던져졌다(3:24; 4:16). 또한 바벨론은 동쪽에 세워졌으며(창 11:2), 소돔은 약속의 땅으로부터 '동쪽'에 있었다(13:11). 이러한 설화들을 통하여, 하나님의 구속이 동쪽에서 올 것이며 이러한 구속은 하나님의 원래적 축복과 창조에 있어 땅의 선물이 회복될 때가 될 것이라는 소망이 발전된다. 이와 같이 하여 땅을 준비함에 있어서의 하나님의 첫번째 행동 - 그가 "빛이 있으라" 말씀하실 때에(1:3) - 은 미래의 구속의 표상으로 동쪽에서 해가 뜨는 이미지를 사용하였던 것이다. 더우기 하나님의 동산은 에덴의 '동쪽에서' 인류를 위해 경작되었으며(2:8), 하나님이 그들에게 자신의 축복을 부어주시려고 의도하신 것은 바로 거기였던 것이다.

그러므로 오경 설화들을 통하여, '동쪽으로' 이동하는 개념은 잃어버린 낙원을 회상시키는 것으로 또 '동쪽'으로부터 하나님의 축복이 돌아오는 것에 대한 소망을 회상시키는 것으로 중요한 역할을 차지하는 것이다. 따라서 성막을 중심으로 지파를 배치하는 것이 소망과 구속의 동일한 표상을 반영해야 했다는 것은 결코 무의미한 생각이 아닌 것이다.

지파들의 순서와 위치는 다음과 같았다.

동쪽, 해뜨는 곳을 향하여 — 총 186,400

유다 :	74,600
잇사갈 :	54,400
스불론 :	57,400

남쪽 — 총 151,450

르우벤 :	46,500
시므온 :	59,300
갓 :	45,650

중앙에는 회막과 레위 지파가 위치했다. 이스라엘이 여행을 시작할 때, 레위의 진은 여기로부터, 즉 '모든 진의 중앙에서' 출발하여야 하였다(민 2:17). 게르손은 서쪽에 진을 쳤고(3:23), 고핫은 남쪽에 진을 쳤으며(3:29), 므라리는 북쪽에(3:35), 그리고 제사장들(모세, 아론과 그의 아들들)은 동쪽에 진을 쳤다(3:38).

서쪽 — 총 108,100

에브라임 :	40,500

므낫세 : 32,200
베냐민 : 35,400

북쪽 — 총 157,600
단 : 62,700
아셀 : 41,500
납달리 : 53,400

여행시의 순서(2:1-34; 10:11-28; 11:33; 수 3:3)

여행시의 순서(2:1-34)

단	에브라임	고핫	르우벤	유다		약속의
아셀	므낫세	게르손	시므온	잇사갈	➡	땅으로
납달리	베냐민	므라리	갓	스블론		

여행시의 순서(10:11-28)

단	에브라임	고핫	르우벤	게르손	유다		약속의
아셀	므낫세	(법궤,	시므온	므라리	잇사갈	➡	땅으로
납달리	베냐민	4:5, 15)	갓		스블론		

여행시의 순서(10:33)

열두지파	← 3일 →	언약궤	→ 약속의 땅으로

여행시의 순서(수 3:3)

열두지파	← 앞에서 →	언약궤	→ 약속의 땅으로

Ⅱ. 레위인들(3:1-4:49)

본 단락에 레위 지파의 정체성과 책임이 상세하게 망라되어 있다. 저자는 아론의 두 아들 나답과 아비후를 죽음으로 이끈 사건을 회상시킴으로 본 단락을 시작한다(레 10장을 보라). 야곱의 가족에서 르우벤(장자)과 시므온이 유다와 레위로 대체된 것과 비슷하게(창 49:2-7), 아론의 장자 나답과 그의 동생 아비후가 엘르아살과 이다말로 대체되었다. 제사장직은 이미 아론의 가계에 굳게 뿌리 박혀졌다(출 29:9). 그리하여 이제 성막에서 봉사하는 제사장들은 오직 엘르아살과 이다말의 가문에서만 나와야 했다(민 3:10). 모세와 아론 그리고 제사장들에게 부여되는 특별한 탁월성을 주목할 필요가 있다. 그들은 유다 처럼 성막의 동쪽에, 곧 해뜨는 곳을 향하여 진을 쳐야 하였다(3:38; 참조 2:3; 민 2:11-34에 대한 주석을 보라).

하나님은 다른 레위 지파 사람들을 성막에서 봉사하는 제사장들을 돕도록 하셨다(3:7-8). 레위의 아들들은 특별히 레위의 세 아들 게르손과 고핫과 므라리의 후손들로 동일시되었다. 모세와 아론 역시 고핫의 가문에 속하였기 때문에 이러한 범주에 포함된다(출 6:18-20). 이러한 레위인들의 주된 지도자는 아론의 아들 제사장 엘르아살이었다.

이스라엘 역사 가운데 세 가지 사건이 하나님께서 성막봉사를 할 일꾼들로서 레위인들을 선택하도록 이끌었다. 첫째로, 시므온과 레위는 그들이 '칼과 강포'로 분노 가운데 사람들을 죽임으로써 이스라엘의 지파들에 참예하는 것이 거부되었다(창 49:5-6). 이것은 분명히 그들의 누이 디나가 강간을 당한 것에 대해 복수한 것을 언급하는 것이다(창 34:25). 둘째로, 레위 지파 사람들은 금송아지 사건 직후 모세와 여호와 앞으로 모였다(출 32:26). 여기에서 우리는 여호와께서 자신을 위하여 레위 지파를 선택하셨음을 듣는다(출 32:29). 셋째로, 하나님은 출애굽시에 그냥 '넘어 갔던' 모든 이스라엘의 장자들에 대해 어떤 요구를 가지셨다(출 13:1-2, 11-13). 이스라엘의 장자에 대한 하나님의 요구는 분명히 제사장직을 세우는 방편으로 의도된 것이었다(출 13:1-2에 대한 주석을 보라). 모든 장자는 제사장이 되어야 하였다. 그러나 금송아지 사건에서의 레위인들의 충성됨으로 말미암아 하나님은 이스라엘의 모든 장자들에 대한 자신의 권리를 철회하고 그 자리에 레위 지파를 세우셨다(민 3:11-13). 여기에서 다시 한번 금송아지의 죄가 시내 산 언약에 있어서의 하나님께 대한 이스라엘의 관계에 있어 결정적인 변화를 야기시켰음이 분명하게 나타난다.

이스라엘의 장자를 레위인들로 대체시키는 것은 인구조사를 통해 수행되었다. 첫째로, 레위인들에 대한 인구조사가 시행되었는데, 그들은 총 22,000명이었다. 또 이스라엘의 모든 장자들의 이름이 열거되었는데, 그들의 총 숫자는 22,273명이었다. 이러한 나머지 273명의 장자들은 속전으로 대체되었다 - 각 사람에 5 세겔씩 - 이러한 가격은 일개월부터 다섯 살 된 아이들을 구속함에 있어 매겨진 가격이었다(레 27:6).

레위인의 책임은 다음과 같다.

게르손의 후손(립니 가족과 시므이 가족) 7,500명은 성막과 장막, 그것의 덮개, 회막 입구의 휘장, 뜰의 휘장, 뜰 입구의 휘장, 그리고 줄을 관리할 책임이 있었다(민 3:21-26). 그들은 성막 서쪽에 진을 쳐야 했다. 게르손의 자손들은 이다말의 지도 아래 그들의 일을 수행해야 하였다 (4:28).

고핫의 후손(아므람 가족과 이스할 가족과 헤브론 가족과 웃시엘 가족) 8,600명은 성소를 관리할 책임이 있었다. 이것은 언약궤, 떡상, 촛대, 제단, 성소의 비품들, 그리고 휘장을 관리하는 것을 포함하는 것이었다(3:27-32). 그들은 성막 남쪽에 진을 쳐야 했다.

성막이 이동되어야 했을 때, 제사장들(아론의 아들들)은 엘르아살의 지도 아래(4:16) 그것을 준비하기 위해 성소 안으로 들어가야 했다. 많은 성물들은 천과 가죽으로 싸여지고 이동을 위한 준비가 되었다. 예를 들어, 언약궤가 먼저 그것을 보호하였던 휘장으로 싸여지고, 이어서 짐승의 가죽으로, 그리고 마지막으로 파란 천으로 싸여졌다(민 4:5-6). 모든 것이 준비되었을 때, 고핫 후손들이 들어와서 모든 성물들을 날랐다. 그리고 제사장들은 이 모든 일을 가까이서 감독하였다(4:4-20)

므라리 후손(말리 가족과 므시 가족) 6,200명은 성막의 틀과 가로막대, 기둥, 밑받침, 장막 말뚝, 줄 등을 관리할 책임이 있었다(3:33-37). 므라리 후손은 성막 북쪽에 진을 쳤다. 성막에서 게르손 후손들을 그렇게 했던 것과 마찬가지로 이다말이 므라리 후손의 모든 작업을 지도하였다(4:33).

레위인들과 성막에서의 그들의 일에 대한 제반 가르침을 마무리하면서, 모세와 아론은 레위의 세 가문으로부터 건장한 성인의 수를 계수하였다. 그 숫자는 고핫 자손이 2,750명, 게르손 자손이 2,630명, 그리고 므라리 자손이 3,200명이었다(4:34-45). 30세부터 50세까지의 레위인들의 총 숫자는 8,580명이었다(4:48).

補錄 : 제사장과 레위인

이스라엘은 야곱의 열두 아들의 후예들로서 자연적으로 열두 지파 단위로 나누어졌다. 요셉의 두 아들 에브라임과 므낫세가 야곱의 아들과 동일한 지위를 부여받았기 때문에(창 48:5), 지파들의 숫자는 열셋이 되었다. 그러나 레위 지파에게 특별한 지위를 부여함으로써 지파 단위는 열둘로 유지되었다. 레위의 자손들은 성막에서의 거룩한 사역과 예배를 위해 구별된 중보자가 되어야 했던 것이다. 이렇게 레위 지파를 선택함으로써 언약의 나라 안에 세 종류의 제사장적 그룹들이 생겨나게 되었다. 레위인, 제사장, 그리고 대제사장.

일반적으로 말해서 레위인의 책임은 '성소의 예배를 수행하는 것'으로 제사장의 그것과 다를 바 없다고 말할 수 있다(민 1:53).

레위인(레위의 모든 후손)과 제사장(오직 아론의 후손) 사이의 차이는 양자에게 부여된 책임에 기초한다. 제사장은 제단에서 섬기는 책임을 부여받았다(18:7). 반면 레위인은 성막에 대한 전반적인 관리를 책임맡았다(3:25-39).

레위인과 제사장 사이의 차이에 대한 가장 분명한 실례가 고라의 반역 이야기에서 나타난다(민 16장). 고라(이스할의 아들, 따라서 그는 아므람의 아들 아론의 가계에 속하지 않는다)는 레위인의 한계를 기꺼이 받아들이려고 하지 않았다. 그는 아론 가계의 제사장직의 특별한 특권을 거부했는데, 그것은 - 그가 생각하기에 - 아론계의 제사장들 만이 아니라 모든 이스라엘 회중이 거룩하다는 논리에 따른 것이었다(3절). 그러나 하나님은 심지어 레위인들조차도 아론 가계의 특별한 제사장직과 비교하여 '평신도'로서 간주되어야 한다고 주장하셨다(40절, 〈MT 17:5〉).

레위의 세 가문의 각각의 책임이 민수기 4장에 요약되어 있다. 그러나 이것은 단지 광야기간 동안의 레위인들의 책임만을 제시할 뿐이다. 이어서 신명기가, 가나안 정복 이후 기간을 위한 제사장과 레위인들의 책임을 묘사한다. 그 때에는 성막을 이동할 필요가 없어지게 될 것이다. 따라서 신명기는 레위인과 제사장 사이의 구별을 보다 덜 강조한다.

제사장직은 아론 가문의 직접적인 특권이었다(민 3:10; 16:1-50 〈MT 16:1-17:15〉). 고라의 반역 설화에서(민 16장), 하나님은 아론의 지팡이로 하여금 순이 나고 꽃이 피어 살구 열매가 열리도록 함으로써 자신이 직접 아론 가문을 선택하셨음을 증거하셨다(17:8 〈MT 23〉).

제사장의 책임은 성소에서 하나님 앞에 백성들을 대표하는 것이다(신 18:5). 이러한 책임은 백성들 앞에서 하나님을 대표하였던 선지자의 그것과 구별된다(신18:9). 제사장들은 야훼 앞에 백성들을 대표하는 자들로서 '백성들의 죄를 담당'해야 하였다(민 18:1). 그들은 율법(토라)에 규정된 자신들의 책임을 이행함으로 이것을 감당할 것이었다.

제사장의 두 번째 - 그리고 동일하게 중요한 - 책임은 모세에 의해 주어진 율법을 가르치고 해석하는 것이었다(레 10:11; 참조 말 2:7).

대제사장의 특별한 책무는 일차적으로 속죄일(레 16장) 및 우림과 둠밈을 사용하는 것과 관련되었다(출 28:30; 레 8:8). 비록 우리가 성경 본문으로부터 우림과 둠밈의 목적과 용도에 대해 거의 아는 것이 없다 할지라도(히브리어 단어의 의미는 '빛과 완전'이다), 그것은 백성들을 위한 하나님의 뜻을 결정하는 방편으로 사용된 것으로 보인다(삼상 28:6을 보라, "사울이 여호와께 묻자오되 여호와께서 꿈으로도 우림으로도 선지자로도 그에게 대답하지 아니하시므로……")

레위기 16장은 속죄일에 있어서의 대제사장의 역할을 자세히 서술한다. 그날에 그는 성소에서 하나님 앞에 제사장직 뿐만 아니라 모든 백성을 대표하였다: "곧 이스라엘 자손의 부정과 그 범한 모든 죄를 인하여 지성소를 위하여 속죄하고 또 그들의 부정한 중에 있는 회막을 위하여 그같이 할 것이요…… 아론은 두 손으로 산 염소의 머리에 안수하여 이스라엘 자손의 모든 불의와 그 범한 모든 죄를 고하고…… 그 죄를 염소의 머리에 두어 미리 정한 사람에게 맡겨 광야로 보낼지니" (레 16:16-21).

Ⅲ. 백성들의 성결(5:1-6:27)

저자의 초점은 이제 제사장과 레위인들 그리고 그들의 성결로부터 진에 있는 개개 이스라엘 백성들의 성결에로 옮겨진다. 그들 역시 거룩한 나라의 한 부분이 되어야 했던 것이다(출 19:5). 오경의 본 섹션에서 저자는 일련의 규례들과 설화들을 통하여 시내 산 언약에 대한 모든 백성의 총체적인 헌신의 중요성을 강조한다.

A. 진의 성결(5:1-4)

레위기 13-15장에서 모세는 제사장들에게 각종 병을 진찰하는 방법을 가르쳤다. 피부병이 발견되었을 때 환자는 '옷을 찢고 머리를 풀며 윗 입술을 가리우고 외치기를 부정하다 부정하다' 하도록 요구되었다(13:45). 그리고 그는 '진 밖에서' 홀로 살아야 했다(13:46). 그리고 실제로 모세의 이러한 명령은 그대로 실행됨으로써, 진은 점차적으로 깨끗해졌다. 여기에서 저자가 보여주고자 의도하고 있는 것은 이스라엘의 지도자인 모세와 아론이 하나님의 뜻을 따르고 있었고 또 백성들은 그들을 순종하였음을 보여주는 것이다. 그러나 이러한 주제는 오래 지속되지 않을 것이다. 설화는 곧바로 백성들이 재빨리 하나님의 길을 이탈하였고 지도자 모세와 아론과 더불어 하나님을 신뢰하는데 실패했음을 보여주기 시작한다.

명령 #31. 민 5:2. 진으로부터 부정한 것을 제거하라: "모든 문둥병 환자와 유출병이 있는 자와 주검으로 부정케된 자를 다 진 밖으로 내어보내되……"

금지 #77. 민 5:3. 부정한 자는 진에 들어올 수 없다: "무론 남녀하고 다 진 밖으로 내어보내되 그들로 진을 더럽히게 말라." (M.은 '진'을 '하나님의 임재의 진' 곧 성전으로 읽는다. 그렇다면 이 율법은 **금지** #78. 신 23:11〈EVV10〉과는 다른 것이다.)

B. 타인이나 하나님께 대한 패역(5:5-10)

모세는 다른 이스라엘 백성에 대한 침해를 보상하는 방편으로서 이스라엘에게 속죄제를 주었다(레 5:14-6:7 〈MT 5:14-26〉). 여기의 설화는 이웃에게 대한 불법행위를 나타내기 위하여 그 율법을 회상시킨다(민 5:6). 남자나 여자의 그러한 범죄를 묘사함에 있어 본 설화는 특별히 그와 동일한 표현을 사용한다. '여호와께 대한 패역'(민 5:6; NIV '주께 대한 불신실함'). 한걸음 더 나아가서 저자는 패역한 행위가 이웃에게 대하여 뿐만 아니라 하나님께 대하여도 역시 범하여진 것임을 보여주기 위한 하나의 실례로 한가지 특별한 사례를 포함시킨다(8절). 그것은 패역한 행위의 피해자를 찾을 수 없고 그러므로 보상이 불가능한 경우이다. 그러나 이러한 실례는 심지어 그런 경우라 할지라도 제사장에게 배상을 함으로써 하나님께 보상이 드려질 수 있음을 보여준다. 그러므로 피해를 당한 자가 보상을 받을 수 없다 할지라도, 이러한 실례는 하나님 역시 피해를 당했고 그러므로 보상을 받으셔야만 함을 보여준다. 그것이 가르치는 요점은 간단하다. 하나님의 백성에게 행하여진 잘못은 하나님 그 자신에게 행하여진 잘못으로 간주된다.

명령 #73. 민 5:6-7. 하나님 앞에서의 죄의 고백과 회개: "그 사람은 반드시 죄를 고백할지니라."

C. 질투의 율법(5:11-31)

질투하는 남편의 경우는 고대 이스라엘에서의 사회적 관계들의 본질에 대해 많은 의문을 불러일으키는 흥미로운 주제이다. 그러나 여기에서는 그러한 관습에 대한 충분한 정보를 제공해 주지 않는다. 이에 대하여 본문이 우리에게 말하는 바가 거의 없기 때문에, 우리는 본문으로부터 지나치게 많은 것을 읽지 않도록 주의해야 한다 - 특별히 그 시대의 마술적인 행습들을 기초로 하여. 그렇게 하기 보다 우리는 저자가 우리에게 말하고 있는 바를 이해하도록 노력해야 한다. 또한 우리는 오경의 저자가 당시의 사회적 관계들의 세세한 부분들에 대해서는 그다지 관심을 기울이지 않고, 이러한 특정한 율법 가운데 구체화된 보다 큰 신정적 교훈에 관심을 기울인 것으로 보인다는 사실을 주목하여야 한다. 다시 말해서 이러한 특정한 사례법이 여기에 포함된 것은 그것이 이스라엘의 죄의 보상에 대한 하나님의 개인적인 관련을 예증해 주기 때문이다. 하나님과 이스라엘의 언약 가운데, 하나님의 백성 가운데 어떠한 감추어진 죄도, 또 죄의 감추어진 의혹도 있을 수 없었던 것이다.

앞의 경우에(5:5-10), 어떤 남자나 여자가 다른 이스라엘 백성에게 잘못을 범했을 때 그들은 '죄를 고백하고' 배상을 해야 하였다. 그러면 아무런 고백도 없었을 때는 어떠했겠는가? 단지 의혹만 있을 뿐 '아무런 증거'도 없을 때는 어떠했을까(13절)? 이것이 죄가 공동체 속에서 곪도록 방치될 수 있었음을 의미하는가? 질투의 율법은 제사장의 역할을 통하여 하나님이 이스라엘 속에서 실제적으로 활동하고 계시며 또 어떤 종류의 죄도 결코 하나님의 거룩한 백성 사이에서 묵과될 수 없음을 보여준다.

명령 #223, 민 5:15-27, 간음의 의혹을 받는 여인을 시험하는 것: "그는 자기 아내를 데리고 제사장에게 갈 것이라."

금지 #104, 민 5:15, 질투의 제물로써 감람유를 사용해서는 안된다: "그것에 기름을 붓지 말고……"

금지 #105, 민 5:15, 질투의 제물로써 향을 사용해서는 안된다: "그 위에 향을 놓지 말 것이요."

D. 나실인(6:1-21)

고대 이스라엘의 나실인 서원의 행습에 대해 오늘날 알려진 것이 거의 없다. 본문 역시 별다른 실마리를 제공해 주지 않는다. 이러한 형태의 서원(맹세)은 모세가 이러한 가르침들을 받았을 시대에 이미 통상적인 행습이었던 것이 분명하다. 모세가 받았던 가르침은 맹세(서원)를 설정하는 것이 아니라 그것의 실행을 규제하기 위하여 의도된 것이었다. 비록 우리가 이스라엘 백성들 사이에서 행하여졌던 이러한 서원에 대해 아는 바가 거의 없다 할지라도, 어째서 저자가 이러한 서원 규례를 설화의 본 지점에 포함시켰는가 하는 것을 이해하는 것은 그리 어렵지 않다. 이러한 나실인 서원의 율법은 제사장 뿐만 아니라 모든 이스라엘 백성이 하나님께 전적으로 헌신할 수 있는 규례가 있었다고 하는 사실을 특별하게 보여준다. 완전한 거룩은 제사장이나 레위인 만의 독점적인 특권은 결코 아니었던 것이다. 나실인 서원은 심지어 평신도라 할지라도 일상의 생활 가운데 하나님께 대한 완전한 헌신의 상태에 들어갈 수 있었음을 보여준다. 이와 같이 본문의 본 단락은 하나님 나라의 어떤 사람이라도 거룩함에로의 전적인 헌신을 할 수 있었음을 가르쳐준다.

나실인 서원은 특정한 기간 동안 세 가지 사항을 금하는 것을 수반하였다. 첫째로는 포도주와 독주를 금하는 것이고(3-4절), 둘째는 머리를 자르지 않는 것이고(5절), 셋째는 시체와 접촉하지 않는 것이다(6-7절). 그리고 서원의 말미에 어떤 제물들이 요구되었다(13-20절). 또한 긴급한 사정으로 인하여 서원을 깨뜨린 나실인을 위한 중요한 규례가 있었다(9-12절). 다시 말해서, 나실인 서원의 요구를 깨뜨리게 하는 어떤 일들이 있을 수 있음이 인정되었던 것이다. 예를 들어 만일 어떤 사람이 면전에서 갑자기 죽었을 때, 그 맹세는 잠정적으로 중단될 수 있었다(9절). 그리고 그 위급상황이 지나간 후에 그 서원을 온전케하는 규례가 있었다(10-12절 이하).

포도주나 독주를 금하는 것은 과음으로 하나님의 율법을 무시하는 것과 관련한 오경의 보다 큰 그림의 한 부분이다. 예를 들어 제사장들은 회막에 들어갈 때에 포도주나 독주를 마시는 것이 명백하게 금지되었다(레 10:8). 이것이 함축하고 있는 바는 그것이 '부정한 것과 깨끗한 것'을 구분함에 있어서의 그들의 판단을 해칠 것이란 것이다(10:10). 이러한 경고가 나답과 아비후 사건과 동일한 장에 제시되어 있기 때문에, 포도주와 독주가 그들이 여호와 앞에 '다른 불'을 드림에 있어 어떤 역할을 차지하는 것이 아닌가 하는 가정이 종종 제기되었다. 이러한 가정은 적어도 포도주를 궁극적으로 저주로 이끄는 해태(解怠)와 어리석음의 원인으로서 보여주는 오경의 다른 본문들과 동일선상에 있는 것이다. 예를 들어 노아가 자기 장막에서 벌거벗은 일과 이로 말미암은 가나안 자손들의 저주는 그가 포도주를 마심으로 야기된 결과였던 것이다(창 9:20-27). 또한 근친상간으로 말미암은 암몬 족속과 모압 족속의 기원 역시 롯이 포도주에 취함으로 야기된 결과였다(창 19:32-38). 이스라엘의 원수로서의 모압족속과 암몬족속의 역할은 그들이 하나님의 백성을 저주하기 위하여 발람을 고용하였을 때 잘 나타난다(민 22:1-3). 그들은 종국적으로 이스라엘의 예배 총회에 참예하는 것이 금지되었다(신 23:3).

이러한 본문들에서 나타나는 바, 포도주와 독주가 잠재적으로 재앙을 야기시킨다고 하는 견해는 후대의 선지자들로 하여금 포도주의 효과를 평가함에 있어 영향을 끼친 것으로 보인다. 예를 들어 하박국은 포도주를 하나님의 백성을 대적하여 일어난 세상 권세들의 몰락의 궁극적인 원천으로 생각한다(합 2:5). 잠언에서 르무엘 왕의 어머니는 오경 저자에 의해 제시된 관점을 간략하게 진술한다: "르무엘아 포도주를 마시는 것이 왕에게 합당치 아니하고 왕에게 마땅치 아니하며 독주를 찾는 것이 주권자에게 마땅치 않도다 술을 마시다가 법을 잊어버리고 모든 간곤한 백성에게 공의를 굽게 할까 두려우니라" (잠 31:4-5). 잠언의 관점에 따를 때, 포도주와 독주는 오직 '죽게 된 자'와 '마음에 근심하는 자'를 위한 것일 따름이다(잠 31:6).

명령 #92. 민 6:5. 나실인은 자기 머리가 자라도록 내버려 두어야 한다: "삭도를 도무지 그 머리에 대지 말 것이라."

명령 #93. 민 6:13. 나실인은 서원이 끝날 때에 머리를 깍고 제물을 가져와야 한다: "자기 몸을 구별한 날이 차면……"(민 6:18 참조. "자기 몸을 구별한 나실인은 회막문에서 그 머리털을 밀고")

금지 #202. 민 6:3. 나실인은 포도주와 독주를 마시지 말아야 한다: "포도주와 독주를 멀리 하며 포도주의 초나 독주의 초를 마시지 말며……"

금지 #203. 민 6:3. 나실인은 생포도를 먹어서는 안된다: "생포도…… 도 먹지 말지니"

금지 #204. 민 6:3. 나실인은 건포도를 먹어서는 안된다: "건포도도 먹지 말지니"

금지 #205. 민 6:4. 나실인은 포도씨를 먹어서는 안된다: "포도나무 소산은 씨…… 도 먹지 말지며"

금지 #206. 민 6:4. 나실인은 포도껍질을 먹어서는 안된다: "포도나무 소산은 껍질도 먹지 말지며"

금지 #209. 민 6:5. 나실인은 머리를 깍아서는 안된다: "삭도를 도무지 그 머리에 대지 말 것이라"

금지 #208. 민 6:6. 나실인은 시체가 있는 장막에 들어가서는 안된다: "시체를 가까이 하지 말 것이요"

금지 #207. 민 6:7. 나실인은 시체로 인하여 부정하여져서는 안된다: "그 부모 형제 자매가 죽은 때에라도 그로 인하여 몸을 더럽히지 말 것이니"

E. 제사장의 축복(6:22-27)

백성의 성결을 다루는 본 단락 말미에, 저자는 제사장의 축복을 놓는다. 그것의 목적이 그 축복 앞뒤에 설명되어 있다: "너희는 이같이 이스라엘 백성을 축복하라"(23, 27절). 이러한 본문을 설화의 본 지점에다 위치시킴으로 저자는 제사장의 중심적인 임무가 하나님의 백성을 위한 축복의 근원이 되는 것임을 보여준다. 더우기 본문은 백성들이 자신들의 축복을 오직 제사장직 안에서 찾아야 함을 보여준다. 백성들의 성결과 축복은 그들이 하나님께서 정하신 제사장직을 인정하는 데에 달려 있었던 것이다.

명령 #26. 민 6:23. 제사장은 이스라엘을 축복해야 한다: "너희는 이스라엘 자손을 위하여 이렇게 축복하라."

Ⅳ. 성막 봉헌(7:1-9:23)

A. 제단 봉헌(7:1-8:9)

본 설화는 출애굽기 40:1의 성막을 세운 날, 곧 제 2년 1월 1일로 되돌아간다. 본 설화의 목적은 백성들이 성막건축을 위해 필요한 물품을 드리는 일에 후하였던 것처럼(출 35:4-29), 이제 그들은 그것을 봉헌함에 있어 동일한 후함을 가지고 있었음을 보여주는 것이다. 저자는 온 이스라엘이 하나님의 일에 희생적으로 헌신했음을 철저하게 보여준다.

예물의 순서는 제 2장에 나오는 지파의 지도자를 임명하는 순서와 동일하다. 유다가 첫 자리를 차지하고 있는데, 이것은 저자의 시각에서 유다지파가 차지하는 중심적인 위치와 동일선상에 있는 것이다(창 49:8-12 참조; 민 2:1-34에 대한 주석을 보라).

제단 봉헌예물에 대한 이러한 긴 서술 말미에, 저자는 속죄소와 관련한 하나님의 약속이 이제 성취되었다고 하는 언급을 삽입시킨다(7:89). 출애굽기 25:22에서 속죄소의 계획과 목적이 모세에게 주어졌는데, 이때 하나님은 이곳에서 모세와 더불어 말씀하실 것이라고 약속하셨다(거기서 내가 너와 만나고 속죄소 위 곧 증거궤 위에 있는 두 그룹 사이에서 내가 이스라엘 자손을 위하여 네게 명할 모든 일을 네게 이르리라). 출애굽기 35:9은 속죄소 덮개를 만드는 것을 언급하지만, 그러나 저자는 '그 두룹 사이에서' 하나님이 모세와 더불어 말씀하겠다고 하는 약속이 성취되었다고 하는 언급을 제단봉헌이 완료될 때까지 의도적으로 지연시켰다.

명령 #34. 민 7:9. 제사장들은 언약궤를 자신들의 어깨로 운반하여야 한다: "제사장들은 언약궤를 그 어깨로 운반할 것이라."

B. 순금등대 점화(8:1-4)

출애굽기 25:32-40은 순금등대를 만드는 것과 관련한 지침들을 기록하고 있고, 또한 출애굽기 37:17-24은 그것을 만드는 것이 완료되었음을 기록하였다. 그 등대를 실제로 만드는 것에 대한 이야기는 그것의 지침들을 언급하는 내용과 거의 축어적으로 일치되어 있다. 그러나 이에 대한 어떤 본문도 그 등대에 불을 붙이는 것에 대해서는 전혀 언급하지 않는다. 저자는 여태까지 기다리다가 성막봉헌의 한 부분으로 그것이 점화되었음을 지금 우리에게 이야기하고 있는 것이다.[1)]

C. 레위인의 봉헌(8:5-26)

레위기 3장과 4장에서 레위인들이 성막 사역에 있어 제사장들을 돕기 위해 따로 구별되었다. 거기에서 상술되기를, 제사장은 여호와 앞에 섬기기 위해 봉헌된 장자들들 대체하는 것이었다. 그러나 여기에서 레위인들은 아직 이 일을 위해 성별되지 않았다. 따라서 저자는 레위인을 봉헌하는 이야기를 여기에다가 포함시키고 있는데, 그것은 성막 봉헌에 관한 전반적인 서술의 한 부분인 것이다.

본 설화에서 레위인을 봉헌하는 것과 관련하여 특별하게 주의를 끄는 것은 전 회중이 그 과정에서 맡는 역할이다. 제사장을 성별할 때와는 달리 - 그때 백성들은 단지 바라보기만 할 뿐이었다(레 8:3-4) - 여기에서 이스라엘 백성들은 레위인들을 봉헌함에 있어 성별이 진행되는 동안 그들의 손을 그들 위에 놓음으로

1) NIV는 '등불을 켜다'라는 표현은 '등대를 세우라'라는 뜻으로 번역한다. 이는 저자의 의도가 불분명함을 나타낸다.

써 중심적인 역할을 맡는다(민 8:10).

본 설화의 목적은 첫째로 하나님께서 모세에게 레위인들을 성별하는 방법에 대해 가르치신 것과(5-19절), 둘째로 그러한 가르침들이 신실하게 수행되었음을 보여주는 것이다(20-26절).

D. 유월절(9:1-14)

유월절은 모세가 명령한 대로 제 2년 첫째 달 14일에 기념되었다(출 12장). 그러나 그것에 따르면 한가지 예기치 못한 문제가 야기된다. 어떤 사람들은 부정한 연고로 그것에 참예할 수 없었고, 따라서 그들은 자신들이 참예할 수 있도록 허락해 달라고 요청하였다. 여기의 설화의 목적은 독자로 하여금 백성들 사이에서 율법들이 실행되었던 방식에 관한 어떤 것들을 보여주는 것이다. 이러한 새로운 상황에 대한 모세의 반응은 고대 이스라엘에서 많은 율법들이 실행되었던 방식을 보여준다. 특정한 율법들에 대한 예외들은 직접적으로 하나님의 대리자에게 가져다졌다(9:8). 이스라엘 백성들이 좀더 세밀한 가르침이 필요함을 깨닫게 되었을 때, 그들은 모세에게로 왔고 모세는 여호와께로서 갔다. 그러자 하나님은 그들의 요청에 응답하셨던 것이다. 두 번째 유월절 기념 역시 첫 번째와 마찬가지로 의식상 부정함으로 그것에 참예할 수 없었던 자들에게도 허용되었다. 이러한 단편적인 설화를 포함시킨 목적은 아마도 하나님의 율법이 자의적이거나 비합리적이 아님을 보여주기 위한 것이었을 것이다.

명령 #57. 민 9:11. 첫 번째 유월절 양을 잡는 것이 금지된 사람은 두 번째 유월절 양을 잡아야 한다: "이월 십사일 해질 때에 그것을 지켜서……"

명령 #58. 민 9:11. 두 번째 유월절의 고기는 이야르월 15일 밤에 무교병과 쓴 나물과 함께 먹어야 한다: "어린 양에 무교평과 쓴 나물을 아울러 먹을 것이요……"(참조 출 12:8)

금지 #122. 민 9:12. 두 번째 유월절 양의 뼈를 꺾어서는 안된

다: "그 뼈를 하나도 꺾지 말아서……"

금지 #119. 민 9:13(EVV 12). 두 번째 유월절 양의 어떠한 부분도 다음날 아침까지 남겨두어서는 안된다: "아침까지 그것을 조금도 남겨 두지 말며……"

E. 광야에서의 하나님의 인도하심(9:15-23)

본 항목은 하나님께서 이스라엘을 인도하심에 있어서의 그 패턴의 유사성을 나타내기 위해 출애굽기 40:34-38에서 언급된 것을 다시금 반복하고 있다. 하나님께서 그들을 시내 산으로 낮에는 구름기둥으로 밤에는 불기둥으로 인도하셨던 것처럼, 이제 그분은 그들을 약속의 땅으로 인도하기 시작하셨다. 저자는 여기에서 이스라엘이 하나님께 순종하였으며 또한 그분의 인도하심에 따랐음을 보여주고자 애를 쓰고 있다. 저자의 그러한 관심은 이스라엘이 "여호와의 명을 복종하였다."는 말씀이 여기에서 일곱번이나 반복되고 있는 사실에서 분명하게 나타난다(9:18, 20, 23; 참조 출 17:1).

V. 시내 산을 떠남(10:1-12:16)

A. 은 나팔(10:1-10)

이스라엘 백성들이 시내 산을 떠나 약속의 땅으로 여행할 준비를 마치자 하나님께서 아론의 아들들로 하여금 광야 여행 동안 백성들을 인도하도록 돕기 위한 한가지 방편을 마련하셨는데, 그것은 나팔을 부는 것이었다.

> **명령** #59. 민 10:10. 나팔은 거룩한 시간에 제물과 함께 불려져야 한다: "또 너희 희락의 날과 너희 정한 절기와 월삭에는 번제물의 위에와 화목제물의 위에 나팔을 불라 그로 말미암아 너희 하나님이 너희를 기억하리라 나는 너희 하나님 여호와니라."

동쪽에 진을 쳤던(2:3) 유다지파가 첫번째 나팔소리에 따라 움직였다. 그리고 나머지 지파들이 이어지는 나팔소리에 따라 순서대로 뒤를 따랐다.

이러한 설화가 독자들에게 제시하고자 의도하고 있는 것은 이스라엘 백성들이 하나님께 순종하여 질서정연하게 시내 산을 출발하고 있다는 점이다. 이러한 그림은 모세가 시내 산에 되돌아와서 백성들이 금송아지 앞에서 뛰노는 모습을 보았을 때의 장면과는 상당한 차이가 있다: "모세가 본즉 백성이 방자하니 이는 아론이 그들로 방자하게 하여 원수에게 조롱거리가 되게 하였음이라"(출 32:25).

다시 말해서 저자는 지금 이러한 설화로서 하나의 논지를 제기하고 있는 것이다. 그는 금송아지 사건 이후 모세 율법이 이스라엘에게 질서와 순종을 가져다 주었음을 보여주고 있는 것이다. 백성들의 불순종으로 말미암아 요청되었던 율법은 이제 그들에게 그 효력을 발생하게 된 것이다.

적어도 여기까지는 모든 것이 잘 되어가는 것처럼 보였다. 그러나 설화가 진행되어 감에 따라, 율법을 준 것이 백성들의 행로(行路)에 있어 어떤 근본적인 변화를 가져다 주지는 못했음이 분명해진다. 앞에 놓여있는 것은 약속의 땅을 향한 줄기찬 전진이 아니라 백성들에게 있어서나 그들의 지도자들에게 있어서나 점점 더 나빠져만 가는 일련의 실패들의 연속인 것이다. 이스라엘 백성들이 하나님의 뜻을 좇으려면 율법 이상의 어떤 것이 필요하였던 것이다.

B. 시내 산 출발(10:11-36)

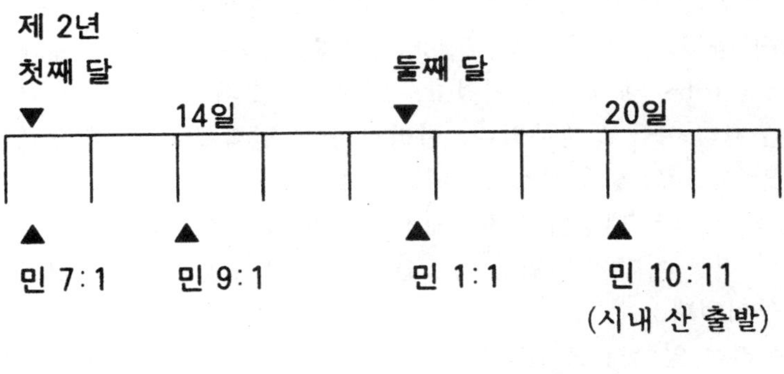

시내 산 출발은 제 2년 둘째 달 20일에 이루어졌다(10:11). 9:11에 따를 때, 그들은 또한 둘째 달에 무교절을 기념하였다. 따라서 그들은 무교절의 마지막 안식일 이전에 출발한 것이다(출 12:18). 시내 산으로부터 바란 광야로의 출발은 치밀한 계획에 따라 이루어졌다. 구름이 성막 위로 떠오르자 백성들은 민수기 2장에 기록된 지파들의 순서를 따라 그것을 따랐다. 유다가 앞서 나아갔고 다른 지파들이 그 뒤를 따랐다. 제사장과 레위인들은 성막과 그 장비들을 날랐다. 그러나 제사장과 레위인들은 성막 남쪽에 위치한 지파들(르우벤 지파, 시므온 지파, 갓 지파; 2:10-17)을 따르기 보다 첫번째 그룹의 지파들(유다 지파, 잇사갈 지파, 스불론 지파; 11:14-18)을 따랐다. 또 민수기 10:33에 따를 때, 언약궤는 그들 앞서 나아갔다(그들이 여호와의 산에서 떠나 삼일 길을 행할 때에 여호와의 언약궤가 그 삼일 길에 앞서 행하며 그들의 쉴 곳을 찾았고).

르우엘의 아들 호밥은 모세의 장인이었다(10:29-32; 참조 삿 4:11).[2] 출애굽기 3:1에 따를 때 그는 또한 이드로로도 불리워졌다. 르우엘은 아마도 종족의 이름이거나 혹은 - 이것이 더욱 개연성이 높다 - 이드로가 속한 종족의 족장이고 그런 의미에서 이드로의 아버지였을는지 모른다. 출애굽기 2:18-21에 보면 르우엘이 그의 아들 이드로를 대신하여 말을하고 있는데, 그것은 모세가 아직 결혼을 통해 그 가족에 들어오지 않았기 때문이었을 것이다(출 3:1). 모세가 결혼하여 그 종족과 가족에 들어간 후에(출 3:1) 이드로는 새롭게 형성된 지종족(枝宗族, branch of the tribe)의 족장이 되었고, 그리하여 모세는 장인 이드로를 르우엘의 아들로 다루었다. 이리하여 본 설화에 따를 때 모세는 호밥(이드로)에게 이스라엘에 머무를 것을 요청했는데, 그것은 그가 그 지역 태생의 사람으로서 광야에 대하여 잘 알고 그럼으로써 진을 치기에 적합한 장소들을 찾는데 도움을 줄 수 있었기 때문이었다.

우리는 앞에서 모세의 아내의 가족들에 대한 모든 이야기들을 그것의 내용과 조화를 이루는 방식으로 읽고자 시도했다. 여기에는 또한 이스라엘의 광야여행에 대한 많은 이야기들이 있다. 이스라엘 백성들은 구름에 의해(민 9:15-23), 또 언약궤를 나르는 제사장들에 의해(10:33), 그리고 여기에서 호밥에 의해 인도함을 받았다(31절). 만일 모세오경이 '하나의 완전한 전체'로서 읽혀져야만 한다면 - 우리는 지금 그렇게 하려고 애쓰고 있다 - 이러한 다양한 이야기들 역시 그것들의 내용이 조화롭게 이해되

2) 히브리어 '호텐'의 사전적 의미는 brother-in-law 가 아니라 father-in-law 이다.

는 방식으로 읽혀져야만 할 것이다. 오경의 최종적인 형태 가운데 저자는 분명히 그것들이 일관성있게 읽혀지기를 기대했을 것이다 - 비록 그것들 사이의 차이점들에 대한 어떤 설명들이 필요하기는 하다 할지라도.

민수기의 모든 설화들을 그와 같이 종합적으로 읽을 때 우리는 이스라엘의 광야여행이 다음의 세 가지 방편으로 인도된 것이 아닌가 하는 의문에 봉착할 수 있다. 구름이 그들을 인도하였으며(9:15-23), 언약궤가 그들을 인도하였고(10:33), 또 모세의 장인 호밥이 그들을 인도하였다(31절). 그러나 광야여행과 관련한 앞의 가르침들을 보면 언약궤를 운반해야 했던 고핫족속들은 '진의 중앙에서'(2:17) 여행했던 것으로 언급된다(4:5). 그렇다면 언약궤가 어떻게 모든 회중들 앞에서 보여질 수 있었는가 하는 난점이 제기되지 않을 수 없다 - 만일 그것을 운반하는 사람들이 진의 중앙에 있었다면. NIV 와 KJV 의 번역자들은 10:33의 'a distance of three days'(삼일 길)를 달리 번역함으로써 언약궤에 의한 인도함이 단지 임시적인 방편에 불과했다고 주장한다. 그들은 그것을 단순하게 'during those three days'(3일 동안) 라고 번역하는데, 이것은 이스라엘이 처음 시내 산을 떠났던 기간을 의미하는 것이다.[3] 이러한 번역은 복잡한 문제를 간편하게 해결해 준다. 그러나 불행하게도 - 통상적으로 인정되고 있는 바와 같이 - 그러한 해석은 히브리어 본문과 맞지 않는다. 이러한 사실은 여호수아의 시대에 언약궤가 여전히 백성들 앞에 드

3) NIV는 그 구절을 다음과 같이 번역한다: "여호와의 언약궤는 그들에게 안식처를 찾아주기 위해 사흘 동안 그들 앞에서 갔다" (민 10:33). '삼일 간의 여행'이란 어구가 '삼일 동안'으로 번역되었는데, 그것은 그것이 단지 안식처를 찾기 위한 임시적인 방편으로 나타나도록 하기 위한 것이다. 이것은 고핫 자손들이 르우벤 지파와 에브라임 지파 사이에서 언약궤를 옮겼고 (11:11-28) 장막은 '진들 가운데' 있었다고 하는(2:17) 말씀의 난점을 해결하는데 도움을 준다. 다른 해석들을 또한 비교해 보라. RSV, NASB : '삼일 여행'; JPS: '삼일의 거리'; KJV, Geneva: '삼일 간의 여행'; 루터: 'und die lade des bunds der HERRN zog vor ihnen her drey tag-reise'; Rashi: '그것은 그들 앞에서 삼일 여행의 거리를 여행했다.'

러나 있었던 사실에 비추어 더욱 분명하게 입증된다(수 3:1-6).

우리는 이러한 난점을 해결하는 실마리를, 호밥이 실제로 모세가 요청한대로 이스라엘을 광야에서 인도하였는지 여부가 불확실하다는 사실에서 찾을 수 있다. 우리는 모세가 호밥에게 요청하는 이야기에서 우리가 호밥의 두번째 최종적인 대답을 듣기 전에 이야기가 끝난다는 사실을 주목해야만 한다. 우리는 호밥이 모세의 요구를 받아들였을 것이라고 추정해서는 안된다. 본 설화는 그러한 결론을 보증해주지 않는다. 모세에 대한 첫번째 답변에서 호밥은 자신의 의도를 매우 분명하게 진술한다: "호밥이 그에게 이르되 나는 가지 아니하고 내 고향 내 친족에게로 가리라" (10:30). 모세가 계속해서 호밥에게 간청했다고 해서 이것이 곧 그가 응낙했음을 의미하는 것은 아닌 것이다. 더우기 앞의 설화는 이스라엘이 광야여행 가운데 장막 위에 머물렀던 구름을 좇았음을 분명하게 언급한다. 그것은 그들이 호밥을 따랐음을 이야기하지 않는다 - 그것은 그들이 구름을 따랐음을 이야기한다. 이러한 사실은 호밥이 결국 모세의 요청에 응낙하여 이스라엘 백성과 동행했다는 결론이 얼마나 성급한 것인가 하는 것을 분명하게 보여준다. 비록 호밥의 후예들이 후에 약속의 땅을 정복하는 과정에서 유다와 더불어 어떤 역할을 맡았다 할지라도 (삿 1:16), 저자는 이것을 호밥이 광야에서 이스라엘 백성들을 인도한 것과 연결시키고자 시도하지 않는다.[4] 그러므로 호밥이 고향으로 돌아갔고 광야에서 이스라엘 백성들과 동행하지 않았다고 결론짓는 것이 보다 합리적인 것으로 보인다. 이러한 결론은 본 설화와 가족 구성원 특히 사위가 그의 장인으로부터 분리되는 것을 다루는 다른 두 설화들 사이의 유사성으로부터 보다

4) Targum Onkelos 는 호밥에 대한 모세의 언급을 지나간 날 동안 이스라엘이 광야에 있던 때에 대한 논평으로 읽는다: "너희는 우리가 어떻게 광야에서 진을 치고 있었는지 아느니라 그리고 너희는 우리에게 행하여진 위대한 행동들을 너희 눈으로 보았느니라." 또한 70인경을 참조하라, "너희는 광야에서 우리와 함께 있었고 우리 가운데 장로가 될 것이라" (You were with us in the wilderness, and you will be an elder among us).

더 분명해진다(출 4:18, 24-26; 창 31:35-32:32; 민 11:1-3에 대한 주석을 참조하라). 이러한 각 경우에 장인이 함께 동행하지 아니하고 오히려 뒤에 남는 사실은 설화전략(narrative strategy)에 있어 중요한 역할을 맡는다. 보다 큰 가족은 뒤에 남는다. 따라서 이러한 광범위한 성경의 패턴에 따라 모세 역시 그의 장인과 헤어진 것으로 보인다.

더우기 여행순서에 있어서의 고핫 자손들의 위치와 관련한 민수기 설화는(민 2:10-17; 11:14-18) 실제로 언약궤를 멘 사람들이 전체 회중의 앞에서 진행했을 가능성을 배제하지 않는다. 비록 앞의 설화들이 고핫 자손들이 언약궤를 운반하였다고 말한다 할지라도, 그것이 언약궤가 고핫 자손 일반에 의해 운반되었다고 꼬집어 말하는 것은 아니다. 예를 들어 여호수아 3:3에서, 언약궤는 고핫 자손들에 의해서가 아니라 제사장들에 의해서 백성들 앞에서 운반되었다.

그러므로 그러한 설화들을 다음과 같이 앞, 뒤가 같이 전체로서 읽는 것은 가능하다 - 고핫 자손들은 '진 중앙에서' 회막의 장비들을 운반하였다(민 2:17). 그들은 - 즉, 일부 고핫 자손들은 - 백성들 보다 '삼일 길' 앞에서 언약궤를 운반하였으며(10:33), 백성들은 마치 하나님께서(신 1:32-33) 구름을 통해 광야를 인도하신 것처럼(민 9:15-23) 따랐다. 모세의 장인(삿 4:11) 호밥(이드로, 출 3:1)은 광야에서 이스라엘 백성들은 인도하지 않았다. 오히려 그는 모세의 설득에도 불구하고 자기 백성에게로 돌아갔다(민 10:30). 그의 후예들은 나중에 약속의 땅의 일부를 소유함에 있어 유다와 더불어 연합하였다(삿 1:16).

'삼일 길'(민 10:33)은 출애굽 당시 이스라엘 백성이 요구한 '삼일 길'과(출 3:18) 홍해로부터의 '삼일 길'(출 15:22), 그리고 모리아까지의 '삼일'(창 22:4)을 생각나게 한다.

C. 여호와께로부터 나온 불(11:1-3)

독자들은 모세가 자기 백성들에게로 돌아오기 위해 시내 산과 그의 장인의 집을 떠났을 때 도중에 여호와를 만났고, 하나님은 그가 아들에게 할례를 행하지 않은 것으로 그를 죽이시고자 했던 신비스러운 사건을 기억할 것이다(출 4:24-26). 이에 모세의 아내 십보라가 개입하였고, 하나님은 즉시로 마음을 돌이키셨다. 우리는 여기에서 그 사건이 기묘하게 반복되고 있는 것을 보게 된다. 지금 이스라엘은 시내 산을 떠났고 다시금 모세의 장인의 무리와 헤어졌다. 그리고 하나님은 진의 변방을 멸하시기 위해 위로부터 불을 보내셨다.[5] 또 출애굽기 4:25에서 모세의 아내가 개입하여 하나님의 손을 멈추게 했던 것처럼, 여기에서 모세가 개입함으로 주님은 마음을 돌이키셨다. 이와 비슷한 사건이 창세기 32:22-32에 나타나는데, 이것은 야곱이 자신의 장인과 헤어진 후(창 31:55), 그 땅에 들어가기에 앞서 하나님과 씨름하는 이야기이다. 이러한 설화들은 분명한 유사성을 가지고 있다. 그리고 그것들은 저자의 전체적인 계획 속에서 유사한 목적을 가지고 있는 것으로 보인다. 요컨대 그것들은 사건들의 흐름 속에서 하나의 전환점을 나타내주는 것이다. 만일 우리에게 이러한 설화들이 갖는 효과로부터 그러한 설화들의 의미에 관하여 논쟁하는 것이 허락된다면, 우리는 그것들의 목적이 지금 묘사되고 있는 혹은 앞으로 묘사될 일련의 사건들 위에 어떤 불길한 분위기를 던지고 있는 것이라고 생각할 수 있다. 그것들은 모든 것이 다 잘되고 있는 것은 아님을 보여준다. 그리고 그럼으로써 그것들은 어떤 나쁜 일이 곧 일어날 것이란 예감을 갖게 해주는 것이다.

우리는 오경의 각각의 큰 설화단위 초두에 그들이 하나님과 그분의 갑작스런 진노의 위협에 직면하는 것을 주목할 필요가 있다. 각각의 경우에 하나님은 그들의 여행에 종지부를 찍을 만한 위협을 하시지만, 또한 그러한 경우마다 하나님은 자신의 행동을 돌이키시고 그들은 여행을 계속하도록 허용되는 것이다.

5) 또한 창 19장의 '하늘로부터 내려온 불'의 사건과 비교하라.

D. 만나와 하나님의 신(11:4-35)

본 설화는 매우 복합적이다. 오경의 대부분의 다른 설화들과는 달리, 본 설화는 단일한 주제에 초점이 맞추어져 있는 것이 아니라 몇 가지 독특한 설화들과 주제들이 서로 결합된 상태로 제시된다. 본 설화는 그들이 광야에서 만나에 대해 불평하는 것과 또 애굽으로 돌아가고자 하는 열망으로 시작된다 - 그들은 애굽에서 다양한 음식들을 풍성하게 즐길 수 있었던 것으로 상상한다(11:4-9). 그리하여 이야기는 백성들의 불평에 대한 모세와 하나님의 대화와 칠십명의 장로들에게 자신의 신을 보내시겠다고 약속하시는 하나님의 응답으로 바뀐다(10-17절). 이어지는 설화에서 하나님은 애굽의 음식에 대한 백성들의 욕구가 단순히 채워질 뿐만 아니라 실제로 그것들을 저주하게 될 정도로 채워질 것이라는 약속을 덧붙인다('코에서 넘쳐서 싫어하기까지,' 18-20절).

모세의 놀람의 반응(21-23)이 나오고, 이어서 하나님께서 칠십명의 장로들에게 자신의 신을 보내시겠다는 긴 보도가 이어진다(24-30). 본 설화 말미에 하나님은 백성들에게 메추라기의 형태로 음식을 보내신다. 그러나 그들이 메추라기를 줍고 있을 때, 이러한 축복은 불평을 한 자들에 대해 갑작스럽게 징계로 변한다(31-34)

본 이야기의 말미에 벌어지는 기묘한 역전(逆轉)을 주목하라. 주님은 앞에서 불평을 한 자들이 '하루나 이틀이나 닷새나 열흘이나 이십일만이 아니라…… 그것들이 코 밖으로 나올 때까지 한달 동안' 고기를 먹을 것이라고 말씀하셨다(19절). 그러나 이야기의 말미에 보면 실제로 일은 그러한 방식으로 진행되지 않았다. 오히려 불평을 한 자들은 '고기가 아직 잇사이에 있는 동안'(33절) 멸망을 당하였다.

본 이야기 전체가 하나의 단일한 설화단위로 간주되어야 하는데, 그것은 마지막에 멸망의 장소로 주어진 이름이(기브롯 핫다아와, 34절) 초두의 백성들의 '열망'(미타아임) - 음식에 대한 -

과 '문자의 기교'(wordplay) 관계를 이루는 사실에 비추어 분명하다(히타아우, 4절). 더우기 전체 설화는 많은 '문자의 기교'들로 내적으로 연결되어 있다. 예를 들어, 주님은 칠십명의 장로들에게 '자신의 신'(루아흐)을 보내셨고(25절), 그리고 나서 '바람'(루아흐)이 주님으로부터 나왔다(31절).

이러한 복합적인 설화에 있어 중심적인 주제를 찾는 것은 매우 중요한 일이 아닐 수 없다. 이러한 여러가지 국면의 사건들을 하나의 연속적인 이야기 속에 짜넣음에 있어 저자가 가르치고자 의도하고 있었던 것은 무엇이었을까?

본 설화의 중심적인 목적은 백성들의 중보자로서의 모세의 직책이 실패했음을 보이고자 했던 것으로 보인다. 이러한 설화의 여러 부분들에서 모세의 지도력은 하나님의 신의 역할과 나란히 놓여진다. 하나님의 백성들에 대한 이상적인 지도력은 칠십명의 장로들의 예(例) 속에서 보여진다. 특별히 이러한 교훈이 모세 자신의 입술로부터 나오는 것을 주목하는 것이 매우 중요하다. 하나님께 대해 "책임이 심히 중하여 나 혼자는 이 모든 백성을 질 수 없나이다"(14절) 라고 말한 것은 모세였고, 이에 대해 칠십명의 장로들에게 자신의 신을 보냄으로써 응답하신 이는 하나님이었다. 흥미롭게도 칠십명에 속하지 않은 두 사람이 성령을 받은 것에 대해 여호수아가 불평하였을 때, 모세는 이렇게 대답하였다. "여호와께서 그 신을 그 모든 백성에게 주사 다 선지자되게 하시기를 원하노라(29절). 다시 말해서 본 설화는 모세가 시내 산 율법 하에 형성된 것과는 현저하게 다른 형태의 공동체를 갈망했음을 보여주고 있는 것이다. 그는 자신과 같은 사람에 의해 인도되는 공동체가 아니라 하나님의 신에 의해 인도되는 공동체를 갈망하였던 것이다.

본 설화에서 모세에 의해 묘사된 장면은 새 언약에 대한 후대 선지자들의 그것과 정확하게 일치한다. 예를 들어 예레미야는 그 나라 전체가 돌판 위에 씌여진 율법이 아니라 마음 위에 씌여진 율법을 갖게 될 때를 고대하였다 - '작은 자로부터 큰 자까지'

(렘 31:31-34). 또한 요엘과 에스겔은 이상 가운데 하나님께서 자신의 신을 '모든 육체 위에'(욜 2:28 <MT 3:1>) 부으시고 또 그의 신을 인간의 마음 속에 놓을(겔 36:22-27) '마지막 날'에 대해 기록하였다. 그리하여 - 이러한 선지자들에 따를 때 - 하나님의 백성들은 그분의 길을 따라 걷게 될 것이요 그분의 계명들을 지키게 될 것이다(겔 11:20). 이와 동일한 관점이 또한 신명기 20:6에서 모세 자신에 의해 한 걸음 발전된다. 미래에 곧 하나님의 백성들이 모든 열방에 흩어진 후에 하나님은 그들을 다시 그 땅으로 모으실 것이요 그들의 마음에 할례를 행하고 그들로 자신의 길을 행하게 할 것이다.

이와 같이 오경 자체 안에서 모세의 역할과 지도력은 변화되는 것으로 나타난다. 그것의 단점들이 점점 더 분명해지고 백성들의 실패는 점점 더 명백해진다. 그리하여 설화가 계속됨에 따라 '성령이 통제하는 선지자 직분'(Spirit-controlled office of the prophet) 안에서 보여지는 종류의 지도력과 유사한 것이 나타나기 시작한다.

그러나 우리가 지금까지 이야기한 것에 비추어 다음 장(민 12:1-16)에서 모세의 지도력이라고 하는 논제가 직접적으로 제기되고 또 제사장과 선지자들에게 주어진 지도력과 대조되는 것을 주목하는 것이 매우 중요하다. 또한 16장에서도 역시 모세의 지도력의 문제는 여전히 오경 저자의 논제로 남아 있는 것이다.

E. 미리암과 아론이 모세를 반대하다(12:1-16)

미리암과 아론이 모세의 지도력에 대해 반기를 든 이야기는 매우 간략하게 서술되어 있고 또 그럼으로써 설명되지 않은 여러 가지 문제들을 남겨놓는다. 그러나 그것이 의미하는 바는 앞 장과의 관련 속에서 분명하게 드러난다. 앞 장에서 모세 안에서 예시된 형태의 지도력은 새로운 형태의 지도력 즉 성령에 의해 인도함을 받은 장로들의 지도력으로 인해 의문이 제기된다. 그 설화에서 심지어 모세 자신조차도 다음과 같이 말함으로써 이러한 새로운 형태의 지도력의 우월성을 넌지시 암시하였다. "여호와께서 그 신을 그 모든 백성에게 주사 다 선지자 되게 하시기를 원하노라"(11:29). 이런 방식으로 설화는 어떻게든 모세와 같은 지도자의 역할에 관하여 중요한 의문을 제기한다. 이것은 모세의 지도력이 하나님의 보시기에 미리암과 같은 다른 선지자들의 그것보다 결코 나을 것이 없음을 의미하는 것인가(출 15:20을 보라)? 또 지도자로서의 모세의 역할은 대제사장 아론의 그것보다 우월하지 않은 것이었나? 이와 관련하여 본 장의 목적은 하나님이 부여하신 모세의 지도력을 옹호하고, 또 다른 형태의 권위가 세워지는 것으로 인하여 모세의 지도력이 더이상 유효하지 않은 것이 아닌가 하는 의문을 일소시키기 위한 것이다.

이스라엘의 광야체류 말미에 나타나 있는 모세에 대한 이러한 옹호는 광야체류 초두에 백성들에게 제시된 것과 동일한 것이다. 본 설화에서 모세의 지도력의 표적은 미리암의 '눈처럼 희어진 문둥병'이었다(민 12:10). 마찬가지로 하나님께서 자기 백성의 지도자로서 모세를 택하셨음을 옹호하기 위해 제시된 최초의 표적들 가운데 하나는 '눈처럼 흰 문둥병'의 표적이었다(출 4:6). 모세의 사역을 다루는 최초의 설화들에서, 모세 자신이 자신의 소명을 의심하였고 그럼으로써 문둥병자가 되었다. 그러나 여기에서 의심을 하고 문둥병자가 된 것은 미리암이었다. 또한 우리는 앞의 설화에서 모세의 역할을 옹호하기 위해 주어진 다른 표적이 모세의 지팡이가 변하여 된 뱀이었음을 주목할 필요가 있다(출 4:3). 여기에서 또한 마찬가지로, 모세의 권위가 광야기간 말미의 백성들에 의해 의심되었을 때(민 21:5), 하나님은 그들에게 뱀을 보내심으로 응답하신다(21:6).

모세가 옹호를 받음			모세가 옹호를 받음	
뱀 출 4:3	문둥병 출 4:6	광야 설화들	문둥병 민 12:10	뱀 민 21:6

아론과 미리암에 대한 하나님의 말씀이 보여주는 것처럼, 하나님께서는 미리암 같은 선지자들에게 말씀하셨지만 그러나 모세에게 말씀하신 것과 동일한 방식으로 말씀하신 것은 아니었다. 중보자 모세는 단순한 선지자가 아니었다 - 그는 하나님의 종이었다. 하나님은 그에게 이상이나 꿈으로가 아니라 '대면하여' 말씀하셨다(12:6-8).

미리암은 칠일 동안 '진 밖에 내어보내졌다'(5:2-4) - 마치 레위기 13:4이 전염성 피부병을 가진 사람에게 대하여 요구하는 것처럼(민 5:2-4). 이 사건의 설화묘사(narrative portrayal)에서 우리는 모세가 '멀리서부터' 미리암을 기다리고 있는 것을 발견할 수 있다 - 마치 그녀가 한때 갈대나무 사이에서 그를 '멀리서부터' 기다렸던 것처럼(출 2:4).[6]

6) Rashi, ad loc.를 보라.

Ⅵ. 제1세대의 실패(13:1-14:45)

본 항목의 설화는 이스라엘에 대한 하나님의 언약의 발전에 있어 중요한 요소를 도입한다. 언약을 지킴에 있어서의 하나님의 신실하심과 그분을 신뢰하지 못하는 인간들의 불신실함, 이것은 정탐꾼들을 보내는 이야기에서 특별히 두드러지게 나타난다(민 13-14장). 동일한 주제가 백성들에게 반석으로부터 물을 주는 이야기에서 다시 나타난다(민 20:1-13).

이스라엘 백성들이 하나님을 믿는데 실패한 이야기에 이어(민 13-14장), 저자는 희생제사와 제사장직을 다루는 보다 큰 덩어리의 율법을 제시한다(15:1-19:22). 이와 같이 오경의 앞 부분들에서와 마찬가지로, 이스라엘의 불신앙에 대해 이야기한 후에 보다 많은 율법들이 더하여지고 있다. 금송아지 사건에서 이스라엘 백성들의 불신앙에 대해 이야기한 이후에 그렇게 했던 것과 마찬가지로(출 32장), 여기 설화에서도 백성들이 하나님을 믿는데 실패한 것에 대한 응답으로 율법들이 더하여지고 있다. 이와 같이 설화의 구조와 전략은 율법을 준 것에 대한 바울의 평가를 뒷받침한다: "그런즉 율법은 무엇이냐 범법함을 인하여 더한 것이라……. 약속하신 자손이 오시기까지 있을 것이라……. 믿음이 오기 전에 우리가 율법 아래 매인 바 되고 계시될 믿음의 때까지 갇혔느니라"(갈 3:19-23). 이와 같이 우리는 오경의 설화들에서 이스라엘이 하나님을 믿는데 실패한 이야기 이후에 보다 많은 율법들이 더하여졌음을 볼 수 있다.

이스라엘의 불신앙 (민13-14)	율법들 (민15-19)	모세의 불신앙 (민20)

A. 가나안 땅에 정탐꾼을 보냄(13:1-25)

하나님은 이스라엘 각 지파로부터 정탐꾼들을 그 땅에 보내도록 모세에게 지시하셨다(민 13:2). 오경에서 이 사건의 전체적인 그림은 상황이 여기에 기록된 것 보다 실제로는 훨씬 더 복잡했음을 암시한다. 모세는 '그 땅이 어떠한지, 그 땅에 살고 있는 백성들이 강한지 약한지, 그리고 그들의 수가 많은지 적은지를 알기 위해'(18절) 네게브 지역과 산지로 정탐꾼들을 보냈다(17절). 정탐꾼들은 그 땅에서 40일을 지내고 그 땅에서 얻은 열매를 가지고 가데스(가데스바네아, 신 1:19)에 있는 모세에게로 돌아왔다. 신명기 1:22-23에 따르면, 백성들이 먼저 정탐꾼을 보내자고 요구한 것으로 되어있다(이 문제에 대한 보다 충분한 논의를 위하여는 신 1:19-46에 대한 주석을 참조하라).

B. 정탐꾼들의 보고(13:26-33)

정탐꾼들의 보고는 그 땅이 '젖과 꿀'로 가득 차 있다는 것과 아낙 자손들이 요새화된 도시들을 강력하게 점령하고 있다는 것이었다(민 13:28). 정탐꾼들은 또한 '악한 보고'(악평, 32절)를 하였다: "우리는 능히 올라가서 그 백성을 치지 못하리라 그들은 우리보다 강하니라"(31절). 열두명의 정탐꾼들 가운데 오직 여호수아와 갈렙만이 도우시는 하나님을 믿었다(30절; 14:6-7).

C. 백성들의 불신앙(14:1-12)

설화는 계속해서 백성들의 울부짖음 가운데 야훼께서 회막에서 모세에게 말씀하셨음을 보여준다: "이 백성이 어느 때까지 나를 멸시하겠느냐 내가 그들 중에 모든 이적을 행한 것도 생각하지 아니하고 어느 때까지 나를 믿지 않겠느냐?"(11-12절). 설화 자체에서 하나님이 정탐꾼들의 보고에 대한 백성들의 두려움에 가득찬 반응을 '불신앙'의 행동으로 부르고 있는 것을 주목하는 것이 핵심적으로 중요하다. 이와 같이 저자는 광야에서의 이 중요한 시기에 백성들의 실패는 곧 믿음에 있어서의 실패임을 주의 깊게 지적하고 있는 것이다. 분명히 백성들은 많은 국면에서 실패를 했다. 그러나 저자는 그들이 하나님을 믿는데 실패했음을 특별하게 지적하고 또 거기에 우리의 주의를 기울이도록 이끈다. 이와 같이 본문은 이스라엘 백성들이 약속의 땅을 유산으로 받지 못하고 축복을 기업으로 받지 못한 채 광야에서 죽은 것이 특별한 불순종의 행동이나 혹은 그들 앞에 놓여 있는 전투에 대한 두려움 때문이라기 보다는 오히려 그들의 단순한 불신앙의 행동 때문임을 보여주고자 하고 있는 것이다. 요컨대 그들은 하나님을 믿는데 실패한 것이다.

그들의 믿음의 결핍 때문에 하나님은 모세에게 이렇게 말씀하셨다: "내가 전염병으로 그들을 쳐서 멸하고 너로 그들보다 크고 강한 나라를 이루게하리라"(민 14:12). 하나님은 그들의 믿음의 결핍으로 인해 그들을 가혹하게 심판할 준비가 되어 있었다.

D. 모세의 중보(14:13-19)

그러나 앞의 설화들에서 그러했던 것처럼(예컨대, 출 32:11-13), 모세는 이스라엘을 위해 중재를 하면서 주께서 광야에서 자기 백성을 버리는 것은 그분께서 애굽에서 행한 일을 들은 그들 주위의 열방들에 대해 영속적인 효과를 갖게 될 것이라고 대답했다. 이스라엘은 하나님과 맺은 언약을 깨뜨렸다. 그러므로 하나님은 정당하게 그들을 내버릴 수 있었다. 그러나 주님은 그들에게 은혜로우셨고, '노하기를 더디하셨고 인자가 많으셨다'(민 14:18; 참조 출 33:9).

E. 백성들이 심판을 받음(14:20-38)

하나님은 모세가 백성들을 위하여 탄원하는 것을 들으셨다. 비록 이스라엘이 신실치 못한 것으로 드러났다 할지라도, 하나님은 여전히 신실하시고 은혜로우셨다. 그럼에도 불구하고 이스라엘이 하나님을 믿지 않은 것의 결과는 엄정한 것이었다. 여호수아와 갈렙을 제외하고, 믿지 않은 모든 세대는 광야에서 죽었다(민 14:29). 즉 그 세대는 죽을 때까지 40년 동안 광야에서 살아야 했던 것이다(33절; 신 1:46에 대한 주석을 보라).

F. 이스라엘의 뻔뻔스러움(14:39-45)

설화 말미에 저자는 이스라엘 백성들이 하나님의 도우심 없이 약속의 땅을 취하고자 하는 어리석은 시도를 서술한다. 이러한 설화의 목적은 그들의 불신앙의 반대쪽 측면을 보여주기 위한 것이다. 그들은 그 땅을 주시는 하나님을 믿는데 실패했을 뿐만 아니라, 또한 절망 가운데 그 땅을 스스로의 힘으로 취하고자 시도했다. 그들의 불신앙은 하나님의 축복을 그분의 도우심 없이 얻고자 시도한 것에 의해 분명하게 드러난다.

민수기 14:25에서 하나님은 모세에게 "너희는 내일 돌이켜 홍해 길로 하여 광야로 들어갈지니라" 라고 말씀하셨다. 모세가 이 말을 백성들에게 하였을 때(39절), 그들은 하나님의 말씀에 순종하기를 거절하고 가나안 땅을 취하기 위하여 '다음 날 아침 일찍 산꼭대기로 올라갔다'(39-40절). 이러한 방향은 하나님께서 그들에게 가라고 말씀하신 장소와 정반대되는 것이었다. 모세는 이것을 '여호와의 명령을 불순종하는' 것으로 보았다(41절). 이 사건이 신명기 1:34-46에서 다시금 이야기될 때, 하나님은 이스라엘이 "홍해길을 따라 광야로 가라"(40절)고 하는 자신의 명령을 불순종하였고(43절) 그럼으로써 그들이 패배하였다고 말씀하신다(44절). 패배한 자리로부터 돌아온 후에(45절), 그들은 많은 날들을 가데스에서 지냈다(46절). 여기에서 이스라엘이 가데스를 떠났다고 기록되지 않고 있는 것을 주목하라. 민수기 20:1의 기록에 따르면 그들은 가데스에 있는 것으로 되어 있는데, 그러면 그들이 이곳에서 38년을 보냈을런지도 모른다. 그러나 민수기 20:1의 가데스에 대한 언급은 또한 그곳에 두 번째 간 것을 언급하는 것일 수도 있다(신 1:46과 그에 대한 주석을 참조하라).

Ⅶ. 38년 동안, 그리고 38년 말미에 주어진 율법들(15:1-19:22)

A. 일곱개의 율법(15:1-36)

본 단락은 일곱개의 율법 목록으로 구성되어 있는데, 그 가운데 마지막 것은 '반항적인 죄'에 대한 형벌을 다룬다. 그러한 목록에 이어서 '반항적인 죄'에 대한 실제적인 사례가 제시된다. 백성들 가운데 하나님의 안식일 율법을 고의적으로 무시한 죄와 같은 것이 그것이다. 본 단락 말미, 곧 하나님의 율법을 무시한 이러한 사례 다음에 술 달린 옷을 입는 것과 관련한 율법이 제시되어 있는데, 그것은 '술'이 율법을 지키도록 일깨워주는 것이었기 때문이다.

일곱개의 율법들은 다음과 같다.

1. 어린 양과 함께 소제를 드리는 규례(3-5절)
2. 수양과 함께 소제를 드리는 규례(6-7절)
3. 수송아지와 함께 소제를 드리는 규례(8-16절)
4. 가루 떡을 드리는 규례(17-21절)
5. 전체 공동체에 대하여 부지중에 범한 죄를 위해 제물을 드리는 규례(22-26절)
6. 개인에 대해 부지중에 죄를 범한 것을 위해 제물을 드리는 규례(27-29절)
7. 반항적인 죄에 대한 형벌(30-31절)

명령 #133, 민 15:20, 첫번째 반죽으로 드리는 제물: "너희의 처음 익은 곡식가루 떡을…… 드리라."

안식일에 나무를 주웠던 사람의 경우(민 15:32-36), 출애굽기

31:14과 35:2에 명기된 것처럼 모세가 즉시로 그를 죽음에 넘긴 것이 아니었음을 주목할 필요가 있다. 오히려 모세는 '어떻게 처치할는지 지시하심을 받지 못한 고로' 그를 가두어 두었다(민 15:34). '안식일에 일을 한 것이나'(출 35:2) 혹은 '안식일을 더럽힌 것'(출 31:14)에 대한 죽음의 형벌이 이미 모세에게 주어졌기 때문에, 그의 불확실성의 요체는 어떤 형태의 죽음이 가해져야 하는지[7]와 나무를 주운 것이 과연 '일'을 한 것에 해당되는지에 관한 것이었을 것이다. 그런데 흥미롭게도 하나님의 대답은 위의 두가지 의문에 모두 답하고 있다: "그' 사람을 반드시 죽일지니 온 회중이 진 밖에서 돌로 그를 칠지니라"(민 15:35).

오경 설화들 가운데 다른 세 곳에서 모세는 어려운 법적 문제를 해결하기 위하여 하나님께 물었다. 첫번째로 레위기 24:10-23에서, 애굽인 아버지를 둔 어떤 이스라엘 사람이 하나님의 이름을 모독했을 때 백성들은 "그를 가두고 여호와의 명령을 기다렸다"(레 24:12). 안식일에 나무를 한 사람과 관련한 설화는 이것과 상당한 유사성을 가지고 있다. 두번째로 민수기 9:7-8에서 의식적(儀式的)으로 부정한 사람이 유월절 기념을 연기할 수 있는가 하는 논제가 하나님께로 넘겨졌다. 이에 모세는 이렇게 말했다: "기다리라 여호와께서 너희에게 대하여 어떻게 명하시는지 내가 들으리라." 세번째로 민수기 27:1-11에서 슬로브핫의 딸들이 유산을 받을 권리와 관련한 문제가 "하나님께 넘겨졌다." 이러한 설화들의 목적은 하나님의 뜻이 '영단번의' 방식으로(once-for-all way) 표현된 것이 아님을 보여주기 위한 것이다. 하나님과 이스라엘의 지속적인 관계 가운데, 하나님은 자신의 뜻을 그들에게 계속하여 알리셨고 그것들은 그러한 과정 가운데 계속하여 역할을 담당한 것이다.

---

7) Rashi, ad loc.를 보라.

B. 술(15:37-41)

옷에 술을 만들라고 명령하는 이야기는 이스라엘에게 주어진 많은 율법들의 목적을 보여준다. 이러한 옷술들은 이스라엘 백성들로 하여금 하나님을 신뢰하고 그의 명령에 순종하여야 할 필요성을 일깨워주는 것이었다. 하나님은 또한 다른 여러가지 방식으로 자기 백성을 일깨우셨다. 토라의 세세한 율법들 자체가 삶의 모든 영역에서 하나님의 백성들이 그분을 신뢰하고 그분의 말씀에 순종하도록 계속하여 일깨워주는 것들이었다. 이러한 본문들의 의미는 다음의 인용문이 보여주는 것처럼 후대의 성경해석에서 분명하게 찾아진다.

> 거룩하신 이 - 그를 송축할지라 - 는 세상에 아무것도 두지 않으시고 오직 이스라엘에게 계명을 주셨을 뿐이다. 그들이 쟁기질을 하러 나갈 때, 〈그가 말씀하시기를〉 "너희는 소와 나귀로 함께 쟁기질을 하지 말지니라" 하셨다(신 12:10). 그들이 씨 뿌리러 나갈 때, 〈그가 말씀하시기를〉 "너희는 두 종류의 씨를 함께 뿌리지 말지니라"고 하셨다(레 19:19). 그들이 거두기 위해 나갈 때, 〈그가 말씀하시기를〉 "너희는 밭 모퉁이까지 다 거두지 말라"고 하셨다(레 19:9). 그들이 빵을 반죽할 때, 〈그가 말씀하시기를〉 "너희 첫번째 반죽으로 떡을 드릴지니라" 하셨다(민 15:20). 그들이 〈짐승을〉 잡을 때, 〈그가 말씀하시기를〉 "너희는 앞 넙적다리와 두 볼을 제사장에게 줄지니라" 하셨다(신 18:3). 그들이 새의 둥지를 발견했을 때, 〈그가 말씀하시기를〉 "너희는 어미를 놓아주라" 하셨다(신 22:6-7). 그들이 들짐승이나 새를 잡았을 때, 〈그가 말씀하시기를〉 "그 피를 흘리고 그것을 흙으로 덮으라" 하셨다(레 17:13). 그들이 과실나무를 심었을 때, 〈그가 말씀하시기를〉 "너희는 그것을 할례받지 못한 것으로 여기라" 하셨다(레 19:23). 아들이 태어났을 때, 〈그가 말씀하시기를〉 "그의 양피를 벨 것이라" 하셨다(레 12:2). 그들이 시체를 묻을 때, 〈그가 말씀하시기를〉 "너희는 스스로의 몸을 베지 말라" 하셨다(신 14:1). 그들이 털을 밀 때, 〈그가 말씀하시기를〉 "너희는 머리 둘레를 둥글게하지 말지니라" 하셨다(레 19:27). 그들이 집을 지을 때,

> 〈그가 말씀하시기를〉 "난간을 만들라" 하셨고(신 22:8) 또 "문설주에 기록하라" 하셨다(신 6:9). 그들이 옷을 만들 때, 〈그가 말씀하시기를〉 "너희는 술을 만들라" 하셨다(민 15:28).[8]

이와 같이 오경 전반을 통해 나타나는 율법들의 모음(collection) 뒤에는 어떤 의도적인 선택이 존재한다. 이러한 선택의 목적은 분명하다. 이러한 율법들을 개관하는 가운데 우리는 하나님이 모든 인간 생활 전반에 관계하신다는 사실을 알 수 있다. 지나치게 사소하거나 중요하지 않은 것은 아무것도 없다. 그 모든 것들은 가치있는 것이 되어야 하며, 또 그분에게 드려져야 한다.

> **명령** #14, 민 15:38, 자기 옷에 술을 달아야 한다: "너희는 너희 옷 모퉁이에 술을 만들라."
> **금지** #47, 민 15:39, 불결한 생각과 시각을 가져서는 안된다: "너희 마음과 눈의 욕심을 따름으로써 스스로를 더럽게하지 말라."

C. 반역과 재확인(16:1-18:32)

이제 아론과 제사장들의 역할을 확고히 보여주는 몇개의 설화들이 등장한다. 이러한 설화들의 중심에 있는 것은 또한 언약의 나라 백성들 가운데 일어나는 점증하는 반역과 불만족의 개념이다. 율법과 강제가 증가함에 따라, 백성들은 그것을 따르고자 하는 의지도 줄어들고 또 그렇게 할 수 있는 가능성도 줄어드는 것처럼 보인다. 설화의 본 지점에서 우리는 제사장직의 모든 질서가 직접적인 대결로 치닫는 것을 보게 된다. 시내 산에서 계시되었던 하나님의 말씀, 곧 처음에 그토록 최종적이고 권위있는 것처럼 보였던 말씀은 이제 모든 면에서 도전을 받고 있다.

첫번째 설화(16:1-40, MT 16:1-17:5)에서, 레위인들은 아론과 제사장들의 권위에 대해 조직적인 반대를 한다. 그들은, 하

8) Hizquni, ad loc.

나님 앞에서 백성을 대표하는 독특한 권리와 책임을 주장함으로써 모세와 아론이 '지나치게 나아갔다고'(3절) 불평한다. 모세와 아론에 대항하는 그들의 주장의 근거는 '전체 공동체 곧 모든 사람이 거룩하며 여호와께서 그들과 함께 계시다'(3절)는 전제에 기초하는 것이었다. 그리하여 그들은 이렇게 물었던 것이다. "회중이 다 각각 거룩하고 여호와께서도 그들 중에 계시거늘 너희가 어찌하여 여호와의 총회 위에 스스로 높이느뇨 ?"(3절). 이스라엘의 불순종 뒤에 있었던 것은 더이상 오합지졸(11:4), 즉 '혼합된 무리'가 아니었다. 이제 그것은 구별되어 성별된, 그럼으로써 의식적으로 정결케 된 레위지파로 말미암은 것이었다. 하나님의 종들이 자신에게 주어진 사역에 만족하지 못하고 보다 큰 지위와 권력을 추구하는 것은 이것이 처음도 아니고 또 마지막도 아닐 것이다. 하나님께서는 아론의 집 - 그의 아들들과 그들의 후손들 - 을 백성들 가운데 제사장 가문으로 세우셨다. 그들만이 성막에서 직무를 수행할 수 있었다(3:10). 이러한 역할은 시내 산에서 하나님의 뜻의 표현으로서 아론의 집에 주어진 것이었다. 그러나 레위인 역시 성막에서 사역하도록 구별되었다. 그들의 책임이 민수기 3장과 4장에 나타나 있다. 그러므로 제사장직의 권리와 책임을 획득하고자 한 레위인들의 시도는 성경에 이미 계시된 하나님의 뜻에 대해 직접적으로 모독하는 것이었다. 모세가 이러한 사실을 충분하게 알고 있었다는 것이 레위인들에 대한 그의 반응에서 나타난다. "레위 자손들아 너희가 너무 분수에 지나치느니라"(7절).

설화에 따르면, 하나님께서 아론에게 레위인들의 향로를 모아서 그것으로 제단을 싸는 편철을 만들라고 말씀하셨다. 이것은 모든 이스라엘에게 '표적'(기념물)이 될 것이었다: "이는 아론 자손이 아닌 외인은 여호와 앞에 분향하러 가까이 오지 못하게 함이며 또 고라와 그 무리와 같이 되지 않게 하기 위함이라"(16:40 〈MT 17:5〉).

레위인들의 반역이 단순한 하나의 우발적인 사건이 아니라 전체 공동체의 분위기를 대표하는 것임을 보여주기 위해, 저자는 본 설화 바로 뒤에 '모든 이스라엘 공동체'가 반역을 꾀한 이야기를 놓는다(41-50 〈MT 17:6-15〉). 이 설화는 이스라엘 백성들이 통회하고 회개하는 마음을 가진 것이 아니라, 여호와께서 레위인들을 징벌하신 것에 대해 불평하였음을 보여준다. 이러한 그들의 반응은, 자신의 제물이 하나님께 열납되지 못했을 때 가인이 화를 품은 것과 비슷한 방식으로 여기에 묘사되어 있다(창 4:5). 저자의 관점에서 볼 때, 그들의 행동은 그들의 내적 생각과 마음이 어떠했는지를 말해주는 것이었다 - 마치 가인이 아벨을 죽인 것이 그의 마음 속에 무엇이 있었는지를 보여주는 것처럼.

아이러니칼하게도 궁극적으로 염병으로부터 백성들의 생명을 구한 것은 아론과 그의 제사장직의 중재(intercession)였다. 아론은 '백성을 위해 속죄하고'(민 16:47 〈MT 17:12〉), 그가 "죽은 자와 산 자 사이에 섰을 때에 염병이 그쳤다"(48절, 〈MT 17:13〉).

제사장의 특별한 직책과 아론의 집의 중요성을 계속적으로 일깨워주기 위해, 하나님은 이스라엘에게 또 하나의 '표적'을 주셨다 - 아론의 싹난 지팡이(17:10 〈MT 25〉). 이러한 표적의 핵심은 백성들로 하여금 아론과 그의 가문의 자리를 빼앗고 그럼으로 스스로 성막에 거하시는 하나님께 나아가고자 시도했던 자들의 죽음을 일깨워주기 위한 것이었다. 17장의 마지막 두 절이 보여주고 있는 바와 같이, 이스라엘 백성들은 이러한 교훈을 잘 배웠다. 그들이 아론의 싹난 지팡이를 보았을 때 그들은 모세에게 이렇게 말했다: "보소서 우리는 죽게 되었나이다 망하게 되었나이다 다 망하게 되었나이다 가까이 나아가는 자 곧 여호와의 성막에 가까이 나아가는 자마다 다 죽을 것이니이다"(12-13절 〈MT 27-28〉). 그들의 탄식은 다음과 같은 질문으로 끝난다: "우리가 다 망하여야 하리이까?"(13 하반절 〈MT 28b〉).

본 설화 말미의 백성들의 반응은 하나님께서 불과 지진 가운데 자신의 임재를 나타내셨을 때 시내 산 밑에 있었던 백성들의 반응과 너무도 비슷하다(출 20:19). 거기에서 백성들은 하나님께 가까이 가기를 두려워했다. 그리하여 백성들을 위한 중보자로서 모세가 임명된 것이다. 이와 매우 유사한 방식으로 본 설화에서 하나님께 가까이 가는 것에 대한 백성들의 두려움은 이어지는 설화에서 아론과 그의 아들들의 제사장직을 재확인하는 것으로 이끌려진다. 양 설화들 사이의 차이는 이제 하나님의 백성들의 중보자로서 등장하고 있는 인물은 모세가 아니라 아론이라는 사실이다.

18장에 담겨 있는 많은 자료들은 제사장과 레위인들의 역할과 규정을 다루고 있는데, 그것들은 민수기 2-3장과 레위기 6장에 이미 주어졌었다. 본 장에서 그러한 자료들을 반복함에 있어 독특한 것은 본 설화가 제사장들을 가르침에 있어 모세를 언급하지 않는다는 사실이다. 앞에서는 주께서 제사장의 책무에 대해 아론에게 뿐만 아니라 모세에게도 말씀하셨던 반면, 여기에서 그분은 오직 아론과 그의 아들들에게만 말씀한다. 우리는 민수기 18:25까지는 모세가 전혀 언급되고 있지 않다는 사실을 주목할 필요가 있다. 그 지점에서 저자의 초점은 레위인들에게로 바뀌어진다. 저자가 제사장의 책무와 밀접하게 관련시키는 이러하 자료들에서 모세를 배제시켜버린 이유는 무엇일까 ? 어째서 모세는 그토록 현저하게 그림에서 사라져 버렸을까 ? 아마도 이에 대한 대답은 저자가 우리에게 하나님의 백성들을 지도하는 자로서의 모세의 역할에 대해 어떤 것을 말하려고 의도하고 있었다는 점에 놓여있을 것이다. 그의 역할은 제사장의 일에 한정되지 않는다. 여기에서 아론이 대부분의 책임을 떠맡고 있는 것으로 나타난다. 그러므로 저자가 보기에, 이제 모세의 역할은 제사장의 직무와 확연히 구별되고 있었던 것이다. 이와 같이 저자는 언약의 중보자로서의 모세의 역할 - 이것은 이미 이러한 설화들을 통하여 잘 확립되었다 - 이 단순히 제사장적인 것 만이 아니었음을 보여주고자 한다. 저자는 모세가 또한 선지자와 왕의 기능까지도 행사했음을 보여주고자 하는 관심을 가지고 있는데, 이러한 두가지 주제는 신명기에서 보다 풍성하게 발전될 것이다(신

18:15; 33:5). 그러므로 모세의 표상이 오경 속에서 발전되어 감에 따라, 그 모습은 점점 더 미래의 메시야적 통치자를 밀접하게 닮아가고 있는 것이다. 그는 이미 모세오경에서 선지자, 제사장, 그리고 왕으로서 예기(豫期)되고 있는 것이다.

제사장과 레위인들의 독특한 역할이 민수기 18:1-7에서 다시 언급되고 있다.

명령 #22. 민 18:2. 제사장들은 항상 성전을 돌봐야 한다: "너와 네 아들들은 증거의 장막 앞에 있을 것이니라."

금지 #72. 민 18:3. 제사장과 레위인은 각자 상대방의 일을 하지 말아야 한다: "레위인은 네 직무와 장막의 모든 직무를 지키려니와 성소의 기구와 단에는 가까이 못하리니 두렵건대 그들과 너희가 죽을까 하노라."

금지 #74. 민 18:4. 외인들은 성전에서 봉사할 수 없다: "외인은 너희에게 가까이 하지 못할 것이니라."

금지 #67. 민 18:5. 성전을 돌봄에 있어 게을러서는 안된다: "레위인과 너는 합동하여 장막의 모든 일과 회막의 직무를 지킬 것이요."

금지 #108. 민 18:17. 정결한 짐승의 첫 새끼는 구속할 필요가 없다: "오직 소의 처음 난 것이나 양의 처음 난 것이나 염소의 처음 난 것은 속하지 말지니 그것들은 거룩한즉……"

제사장들을 위한 응식(18:8-20)과 레위인들을 위한 응식(21-32)이 이어 등장한다. 레위인들은 십일조로 생활하도록 하였다(21절). 그들 역시 십일조를 제사장에게 주도록 하였다(28절). 십일조를 드리는 책임은 레위기 27:30-33에서 이미 모든 백성에게 명령되었었다. 거기에서는 단지 십일조가 하나님께 속한 것이라고 말하여졌다. 그러나 본문은 우리로 하여금 십일조의 목적을 이해하도록 사려깊게 배려하고 있다. 그것은 레위인들로 하여금 성막에서 일하도록 하기 위해 주어져야 했다.

명령 #23. 민 18:23. 오직 레위인들만이 성전에서 봉사해야 한다: 오직 레위인은 회막에서 봉사하며……"

명령 #129. 민 18:26. 레위인은 제사장에게 십일조를 주어야 한다: "너는 레위인에게 고하여 그에게 이르라 내가 이스라엘 자손에게 취하여 너희에게 기업으로 준 십일조를 너희가 그들에게서 취할 때에."

D. 정결케하는 물(19:1-22)

주의깊게 보지 않으면 우리는 18장의 자료와 19장의 자료 사이에 존재하는 연결관계를 거의 보지 못할 것이다. 18장은 제사장과 레위인들의 응식을 다룬다. 반면 19장은 붉은 암송아지의 의식(儀式)을 다룬다. 비록 양자가 제사장의 의식과 책임에 관심을 기울인다 할지라도, 양자 사이를 연결시키는 것은 거의 없는 것처럼 보인다. 그러나 18장이 죄와 더러움의 결과, 곧 죽음에 대한 경고로 끝나는 것을 주목할 필요가 있다(32절). 죄와 더러움 그리고 죽음이 붉은 암송아지의 의식에 있어 중심적인 주제라는 사실은 저자가 32절에 이러한 주제들을 언급함으로써 이러한 두 장을 의도적으로 연결시키고 있음을 암시한다.

19장에 '정결케하는 물'을 준비하는 규례들이 주어져있다(1-10절). 이어서 그 물을 사용하는 두 가지 실례가 등장한다. 시체와 접촉한 것으로부터 정결함을 얻는 것(11-13절)과 시체와 같은 장막에 있었던 것으로부터 정결함을 얻는 것(14-22절). 나중 곧 31:19-23에서, '정결케하는 물'은 전쟁에 나갔다가 시체와 접촉한 것들을 위해 다시금 언급된다. 이러한 각 문맥들에서 '정결케하는 물'의 사용은 특별히 시체와의 관련이나 접촉으로부터 정결케하기 위한 것이었다. 그러므로 비록 본 구절이 그것의 목적을 특별히 언급하지는 않는다 할지라도, '정결케하는 물'이 시체와 접촉한 모든 사람을 위한 특별한 정결규례였음이 일반적으로 인정된다.

그 물을 준비하는 절차는 점없는 '붉은 암송아지' 혹은 '붉은 암소'를 요구하였다. 암소는 결코 멍에를 메지 않은 것이어야 했다. 그것은 진 밖으로 나와서 잡았으며, 그 피의 일부는 '성막을 향해' 뿌려졌다. 그 암소가 대제사장(아론)에 의해서가 아니라 제사장(그의 아들 엘르아살, 19:3)에 의해 잡아졌음을 주목하라. 그것은 통상적인 속죄제처럼 성막의 제단에서 잡아지지 않았다. 오히려 그것은 진 밖으로 데리고 나가서 거기에서 죽임을 당했다. 이러한 사실은 많은 사람들로 하여금 붉은 암송아지가 속죄제로서 죽임을 당한 것이 아니라고 주장하도록 이끌었다. 그러나 본문으로부터 그것이 속죄제였음은 분명하게 나타난다. 본문 가운데 두 군데에서 그것은 속죄제로 불려진다(19:9, 17).[9] 그러므로 우리는 붉은 암송아지를 잡는 것이 저자가 그것을 속죄제로서 생각했을 가능성을 - 비록 특별한 형태라 할지라도 - 남겨두어야 한다. 실제로 히브리서 저자는 이러한 제물을 속죄제의 '염소와 황소'로 분류한다(9:13).

명령 #113. 민 19:2-9. 붉은 암송아지의 절차: "여호와의 명하는 법의 율례를 이제 이르노니……"

이러한 의식 가운데 세부적인 것들의 의미에 대해 여러가지 가정이 세워져왔다. 예를 들어, 어떤 사람은 '붉은'을 이사야 1:18에서 처럼 인간의 죄성을 표현하는 것으로 해석한다: "너희 죄가 주홍같을찌라도 눈과 같이 희게 될 것이요." 다른 사람들은 암송아지의 '붉은 색'을 희생의 피를 표현하는 것으로 본다. 한편 또다른 사람들은 '붉은 색'이 '인간'(humanity)을 상징하는 것이라고 주장하면서, 그것을 죄많은 인간을 위한 그리스도의 고통에 적용시킨다(히브리어로 '붉다'를 의미하는 '아담'은 역시 인간을 뜻하는 단어이기도 하다).

본문 자체가 이러한 세부적인 것에 대하여는 아무런 설명도 하지 않기 때문에, 이러한 것에 지나치게 많은 의미를 부여하지 않

9) 19:9에서 NIV는 암송아지 자체 보다도 '정결케하는 물'이 '죄로부터의 정결을 위한' 것이었음을 함축한다. 그러나 히브리 본문이 19:17에서 분명하게 언급하고 있는 바와 같이, 암송아지가 '죄로부터의 정결을 위한' 것이었다.

는 것이 좋을 듯하다. 저자는 우리에게 그러한 의식에 대한 일반적인 묘사를 제공하는 것으로 만족한다. 입증되지 않는 가정들로서 본문을 잔뜩 채우고자 하는 것보다 어째서 이 설화로부터 그렇게 많은 것이 빠졌을까를 묻는 것이 더 도움이 될 것이다. 결국 우리가 여기에서 흥미를 갖는 것은 어째서 저자가 붉은 암송아지의 이야기를 설화의 본 지점에다 위치시켰는가 하는 것이다. 이것은 그 의식이 광야의 이스라엘에게 가졌던 의미와는 전혀 다른 질문이다. 우리의 질문은 그 의식이 이스라엘에게 무엇을 의미했었는가 아니라 본 설화가 오경의 독자에게 무엇을 의미하는가 하는 것이다.

본 장의 문맥 속에 그리고 전체로서의 오경의 보다 큰 문맥 속에, 붉은 암송아지 의식의 의미에 대한 중요한 실마리가 있다. 다시 말해서, 우리는 어째서 저자가 그것을 여기에 포함시켰는지에 대해 설명할 수 있는 것이다. 그 의식 자체에 대한 묘사(19:1-10)가 그것의 사용에 대한 두가지 실례(19:11-22)에 의해 보다 충분하게 다듬어지고 설명되는 사실을 주목하는 것이 중요하다. 그 의식의 두가지 중심적인 특징은 암송아지의 '재'(9-10절)와 그것이 뿌려지는 '정결케하는 물'(9절)이다. 그러나 이 의식이 이어지는 구절에서 어떤 특정한 상황에 적용될 때, 붉은 암송아지의 '재'는 '재'로 불려지지 않고 '먼지'로 불려진다(17절, 그러나 NIV는 '재'로 번역함으로써 본문 안에 있는 명백한 실마리를 덮어버린다). 더우기 그 '물'은 단순히 '물'로 불려지지 않고 '생명의 물'로 불려진다(17절; NIV '신선한 물'). 이렇게하여 암송아지의 '먼지'가 '생명의 물' 위에 뿌려지는 것이다. 분명히, 이것은 기껏해야 용어상의 작은 변화로 보일 수 있다. 그러나 그럼에도 불구하고 그것은 결코 사소한 차이가 아닌 것이다.

이러한 두가지 수정을 통하여, 오경의 저자는 보다 모호한 붉은 암송아지의 의식(儀式)을 훨씬 높은 단계의 주제로 끌어올렸고, 그럼으로써 그 의식은 이제 암송아지의 '먼지'와 '생명'의 물 사이의 대조를 반영하게 되는 것이다. 이러한 수준으로 끌어올

려짐으로써, 설화는 오경의 다른 중심적인 설화들과 동일선상에 놓여지게 된다. 특별히 암송아지의 '먼지'와 '생명'의 물의 개념은 창세기 3장의 타락 설화와 특별한 연결을 제공하는데, 그것은 '먼지'(dust)와 '생명'(life)이라는 용어가 타락 설화의 두가지 핵심적인 용어이기 때문이다(창 3:19, 24). 이러한 두개의 본문을 연결함으로써, 우리는 설화의 현재 형태에서 암송아지의 재가 '먼지로 돌아가는 것'('흙으로 돌아가는 것')을 예증하는 것을 알 수 있다 - 이것은 창세기 3장의 인간의 타락을 특징짓는 것이었다.

그러므로 설화의 본 지점에서 붉은 암송아지의 의식에 대해 저자는 큰 관심을 드러내고 있는데, 우리는 그 뿌리를 죽음 자체가 하나님의 선한 창조에 대한 궁극적인 더럽힘으로 나타나는 창세기의 최초의 설화들 가운데에서 발견할 수 있다. 그러므로 저자는 창세기에서 뿐만이 아니라 지금 하나님의 언약 백성들 가운데에서도 죽음이 주된 원수임을 보여주고자 하고 있는 것이다. 죽음이 하나님의 선한 창조와 별로 맞지 않는 것처럼, 또한 하나님께서 언약 가운데 의도하신 것과도 맞지 않는다. 하나님의 백성들은 시체와 오랜 시간 함께 있지 말아야 했다. 사람들은 심지어 시체와 함께 같은 장막에 머물러서도 안되었다. 언약의 초점은 생명의 축복이지 죽음의 저주가 아니었다. 오경에 나타난 보다 큰 메시지 안에서, 붉은 암송아지의 의식으로 예증되는 바 죽음으로부터 깨끗케 되어야 하는 계속적인 필요성이 죄의 문제를 다룰 필요성을 일깨워주는 또하나의 방편이었던 것이다.

금송아지 사건 이후 백성들을 정결케하는 것이(출 32:20) 또한 붉은 암송아지 이야기와 현저한 유사성을 나타내는 것은 결코 우연이 아닌 것이다.

명령 #107. 민 19:14. 시체는 부정하다: "장막에서 사람이 죽을 때의 법은 이러하니……"

Ⅷ. 가데스로부터 가나안 접경으로의 여행(20:1-21:35)

이제 광야에서의 마지막 해 첫째 달이 되었다. 이스라엘 백성들은 40년 동안 바란 광야(민 13:3; 14:32-33)에서 방랑하였다(민 14:39-45과 신 1:46에 대한 주석을 참조하라). 그들은 이제 가데스에 진을 쳤다(20:1). 그리고 두장 뒤에(22:1), 이스라엘은 오경에서의 그들의 마지막 행선지인 '모압 평지'에 다다를 것이었다(33:19 참조).

미리암의 죽음이 첫 절 말미에(20:1 하반절) 언급된다. 저자는 우리로 하여금 그녀가 이스라엘 백성들이 광야에 거한지 40년 되던 해 가데스에 머무는 동안 죽었음을 알려준다. 비록 이것이 간단한 언급에 불과하다 할지라도, 그것은 상당히 중요한 의미를 갖는다. 왜냐하면 그것은 그녀가 새로운 세대와 함께 약속의 땅에 들어가지 못했음을 일깨워주는 역할을 하고 있기 때문이다. 여선지자요 모세의 누이인 미리암 역시 광야에서 죽었던 것이다.

또한 본 장(20장) 말미에 그녀의 형제인 아론의 죽음이 보도되고 있다. 이와 같이 설화는 심지어 대제사장 아론조차도 약속의 땅에 들어가도록 허용되지 않았음을 보여준다. 민수기 33:38에 따르면, 아론은 출애굽 이후 40년째 되던 해 5월 1일에 죽었다.

그러나 본 단락의 중심적인 관심은 모세 자신이 약속의 땅에 들어가도록 허용되지 못했음을 일깨워주는 것이다. 14장에서 그들의 불신때문에 백성에게 일어난 것이 이제 이스라엘의 리더쉽 속에서 반복되고 있는 것이다 - 미리암, 아론, 그리고 모세는 광야에서 죽어야만 하였고, 그럼으로 그들은 시내 언약의 축복,

곧 하나님의 선한 땅의 선물을 향유할 수 없었다.

A. 반석에서 나온 물(20:1-13)

어떻게 또 왜 모세가 약속의 땅에 들어가는 축복을 거부당했는가 하는 것을 결정하는 수단으로서 우리가 종종 모세의 행동에 초점을 맞춘다 할지라도, 저자는 그것(모세의 행동) 대신에 모세의 마음에 초점을 맞추고 있는 것을 주목하는 것이 중요하다. 본문을 주의깊게 읽어볼 때, 우리는 저자가 모세의 실패에 있어서의 세부적인 문제들을 세심하게 억누르고 있는 것을 알 수 있다. 주석가들은 전통적으로 그리고 종종 모세와 아론이 행한 일에 대해 하나님께서 진노하신 것이 정당한 것이었음을 보다 명확하게 묘사하고자 노력해 왔다. 어떤 주석가는 모세의 불신앙의 행동이, 그가 하나님께서 가르치신대로 그것에 대해 명하기보다 그것을 친 것에서 분명하게 나타난다고 생각한다. 다른 주석가들은 모세가 '두번' 반석을 침으로써 자신의 화와 조급함을 드러낸 점에서 실수를 하였다고 주장한다 - 설화가 이것에 대해 모세와 아론을 정죄하지는 않고 또 다른 경우에 하나님께서 실제로 그들에게 반석을 쳐서 물을 낼 것을 요구하셨음을 인정하면서(출 17:6). 또다른 주석가들은 모세의 실수가 그 백성에게 "패역한 너희여" 라고 지나치리만큼 가혹하게 말한데 놓여있거나, 혹은 "우리가(하나님이 아니라) 너희를 위하여 이 반석에서 물을 내랴" 라고 말함으로써 자신이 그 공로를 취하고자 한 사실에 놓여있다고 주장한다. 그들은 말하기를, 모세는 백성들로 하여금 이 일을 이룬 자가 하나님이기 보다는 자신과 아론임을 믿게 하고자 의도하였다고 한다.

이러한 제반 설명들에 있어서의 근본적인 문제점은 그들이 설화 자체에서 제시되어 있는 것보다 지나치게 나아간다는 점이고 또 그럼으로써 설화의 중요한 특성을 놓치고 있다는 점이다. 여기에서 저자가 모세와 아론의 실제적인 잘못을 얼마든지 묘사할 수 있었음에도 불구하고 설화가 하나님의 말씀 한 마디로 중단되고 있는 사실을 우리는 주목할 필요가 있다. 하나님께서 모세와 아론에게 말씀하실 때, 그분은 그들이 행한 것이 잘못되었다고 말씀하기 보다는 단순히 그들이 불신앙으로 행했다고 말씀하신다: "너희가 나를 믿지 아니하고 이스라엘 자손의 목전에 나의 거룩함을 나타내지 아니한 고로 너희는 이 총회를 내가 그들에게 준 땅으로 인도하여 들이지 못하리라 하시니라"(20:12). 이러한 하나님의 말씀으로부터 우리는 모세와 아론의 잘못의 근저를 이루는 문제가 그들이 하나님을 믿는데 실패하였음과 그럼으로써 그분을 백성들 앞에 거룩하게 하는데 실패하였다는 사실에 놓여있음을 알 수 있다.

의심할 것도 없이 저자는 본 설화의 독자들이 여기에 기록된 사건에 대하여 보다 큰 메시지를 얻기를 원하였을 것이다. 그는 우리가 이 사건이나 혹은 모세와 아론의 행동의 세부적인 것들에 대해 아는 것에 대하여 큰 관심을 기울이지 않았다. 실로 우리는 이러한 믿음의 결정 외에 모세와 아론이 특별히 잘못된 행동을 한 것은 아니었다고 합리적으로 주장할 수 있다. 그들의 잘못은 전적으로 하나님께 대한 믿음의 결핍의 문제였다. 어떤 면에서 본 설화는 가인과 아벨의 제물에 관한 설화와 비슷하다(창 4:1-7). 거기에서 우리는 단지 하나님께서 아벨의 제물을 열납하셨으나 가인의 제물은 열납지 않으셨다는 것을 읽게 된다. 저자는 그들의 제물의 성격에 관심을 기울이지 않는다. 오히려 그는 제물 보다는 제물을 드리는 자들에 대한 하나님의 평가에 문제의 핵심을 맞춘다. 이와 같이 본 설화 역시 어째서 모세와 아론이 약속의 땅에 들어갈 수 없었는지에 대한 하나님으로부터의 분명한 진술을 우리에게 제공하고 있는 것이다. 간단히 말해서, 그들이 믿지 않았기 때문이다.

하나님의 약속을 향유하는데 대한 실패는 불신앙의 결과였다. 설화의 본 지점에서 저자는 그들이 광야에서 죽은 것이 율법을 지키는데 실패한 때문이 아니었음을 분명하게 보여준다. 오히려

14장에서 백성들이 하나님을 믿고 신뢰하는데 실패했던 것처럼, 모세와 아론 역시도 믿음에 실패했던 것이다.

B. 이스라엘의 통행을 거부한 에돔(20:14-21)

민수기 20:14-21:4에 묘사된 사건들에서 우리는 조리있는 연결관계를 찾기가 어렵다(신 2:1-8에 빠져있음). 여기에 기록된 일련의 사건들은 아마도 연대기적 순서로 기록되지 않은 것일 수 있다. 비록 이것이 이스라엘의 통행을 해석함에 있어 결정적인 것은 아니라 할지라도, 본문이 어떻게 조화롭게 이해될 수 있는지를 아는 것은 매우 중요한 일이다. 우리는 여기에 기록된 사건들의 연결관계를 간단하게나마 재구성하고자 노력할 것이다.

여기에 다섯가지 독특한 사건들이 서로 관련되어 있다. 첫째로, 이스라엘은 에돔에 사자들을 보내 그들의 땅을 통과하는 것을 허락해 달라고 요청했다(민 20:14-18). 둘째로, 이스라엘 전체가 에돔 국경에 와서 에돔을 통과하게 해달라고 두번째 요청을 했으나 이 역시도 거부되었다(19-21절). 에돔으로부터 두번 거부당하고 난 이후, 이스라엘은 돌이켰는데 그것은 아마도 다른 길로 약속의 땅에 가기 위한 것이었을 것이다. 셋째로, 이스라엘은 가데스를 떠나 호르 산에 왔는데, 여기서 아론이 죽었다(22-29절). 넷째로, 이스라엘이 아랏과 싸웠고 그들의 성들을 멸하였다(21:1-3). 다섯째로, 이스라엘은 호르 산을 떠나 약속의 땅으로 가는 길에 '바닷길'로 하여 에돔을 우회하여 갔다.

이러한 사건들이 본문에 나타난 순서대로 일어난 것으로 본다면, 연대기 상의 문제가 발생한다. 20:14-21에 따르면, 이스라엘은 에돔에 가기 위하여 가데스를 떠났고 또 약속의 땅에 가기 위해 에돔을 떠났다. 그러나 그 이후 민수기 20:22 상반절에서 이스라엘이 가데스를 떠나 호르 산으로 여행했다는 이야기가 언급되어 있다. 이렇게 볼 때 그들이 이미 가데스를 떠난 이후 그들은 가데스에 다시 나타났는데 거기에서 그들은 다시금 호르산을 향하여 떠난 것이다(22 하반절). 23-29절에 기록된 사건들은, 아론의 죽음을 포함하여, 호르 산에서 일어났다. 그런데 본문은 그들이 아랏과 전투를 벌인 시간과 장소를 제공하지 않는다(21:1-3). 그러나 그것은 이스라엘이 호르 산을 떠나기 전에 일어난 것으로 나타난다(21:4). 그들이 호르 산을 떠났을 때, 이스라엘은 '홍해길로' 에돔을 돌아 여행하였다(21:4). 이것은 이스라엘이 약속의 땅으로 여행하기 위해 에돔 국경을 떠났던 20:21에 기록된 사건과 동일한 사건인 것으로 보인다.

이러한 사건들을 조화시키기 위한 방법으로 우리는 적어도 두가지 그럴듯한 방법을 제시할 수 있다. 20:14-18에 따르면 모세는 이스라엘 백성들이 아직 가데스에 머물러 있을 때 사자들을 보냈다. 가데스는 에돔 '변방에 있는 도시'로 간주된다. 이스라엘 백성들이 그들의 땅을 통과하는 것을 허락해 달라고 요청했을 때, 에돔 사람들은 그러한 요청을 거절하고 이스라엘로 하여금 자신들의 땅을 통과하는 것을 허락하지 않았다. 이에 이스라엘 백성들은 에돔 영토를 통과하게 해달라는 두번째 요청을 하였다(19-21절). 이러한 요청이 '사자들'에 의해서라기 보다 '이스라엘 백성들'에 의해 이루어졌다는 것(14 상반절)이 전체로서의 이스라엘 백성들이 통과할 준비를 한 채 에돔 국경에서 맴돌고 있었음을 의미하는 것으로 통상 받아들여진다. 첫번째 요청에서 모세는 사자들을 보냈다(14 상반절); 그러나 이제 전체 이스라엘이 가데스를 떠나 에돔 국경에 왔다. 그러므로 20:19-21의 설화는 이스라엘이 에돔으로 가기 위해 그리고 그것을 넘어 약속의 땅으로 가기 위해 가데스를 떠난 것으로 받아들여진다.

동일한 설화에서 그들은 이제 호르 산에 진을 친 것으로 나타난다(민 21:4). 그들어 다시금 에돔을 통과하는 허락을 얻는데 실패했을 때, 본문은 이스라엘이 '그들로부터 돌이켰다'고 간단하게 말한다(20:21 하반절). 이에 대한 통상적인 가정은 그들이 약속의 땅으로 가는 도중에 그것에 들러 여행하기 위해 에돔을 떠났다는 것이다. 이러한 관점은 이스라엘이 '에돔에 들러' 여행하기 위해 호르 산을 떠났다고 이야기하는 21:4가 일치된다. 호르 산을 떠난 후, 그들은 '홍해(갈대바다)' 길로 하여 에돔을 들러 여행하였다(21:4). 그러므로 에돔을 통과하게 해달라고 두번째 요청했을 때에(20:19-20) 이스라엘이 가데스를 떠나 호르 산에 도착했다고 일반적으로 가정된다. 아랏과의 전투 후에(21:1-3) 이스라엘이 호르 산을 떠났기 때문에(21:4), 그 전투는 에돔의 두번째 거절보다 앞서 일어난 것으로 나타난다(20:19-21). 이렇게 볼 때, 사건들의 연결관계는 다음과 같이 나타난다.

1. 아직 가데스에 머물러 있는 동안:
   모세가 에돔에 사자들을 보냄(20:14-18)
2. 이스라엘이 가데스를 떠남(20:22 상반절)
3. 이스라엘이 호르 산에 도착함(20:22 하반절)
   아랏과의 전투(21:1-3)
   이스라엘이 에돔에 두번째 요청을 하고 에돔 국경에서 돌이킴(20:19-21)
4. 이스라엘이 홍해를 경유하여 에돔을 돌아가기 위해 호르 산을 떠남(21:4; 20:21 하반절)

그러나 본문의 난점을 해소하는 또 다른 방법이 있다. 우리는 전체 이스라엘이 아니라 오직 모세가 20:14에서 처음 보냈던 사자들만이 에돔에게 또다시 요청하기 위해 두번째로 돌아왔다고 생각할 수 있다(20:19-20). 에돔이 다시금 이스라엘의 요청을 거절했을 때, 사자들은 가데스로 돌아왔고 거기로부터 이스라엘 백성들은 떠나서 호르 산으로 왔다(20:22). 비록 본문이 이것을 분명하게 언급하지는 않는다 할지라도, 우리는 20:22이 이스라엘이 여전히 가데스에 머물러 있었음을 가르쳐주는 것처럼 보인다는 사실로부터 그것을 추론할 수 있다.

20:22 본문에 중요한 실마리가 나타나는데, 그것이 이러한 가정을 명쾌하게 뒷받침한다. 민수기 20:19은 '이스라엘 자손'이

에돔 사람들에게 말했다고 간단하게 진술한다. 22절 역시 '이스라엘 자손'을 언급하는데, 그러나 이제 그것은 그들을 '전체 회중'과 동일시한다. 비록 이러한 논제가 결코 확실한 것은 아니라 할지라도, 22절의 '이스라엘 자손'을 '전체 회중'과 동일시하는 것은 오직 그때에만(22절) 전체 백성이 언급되는 것이고 19절에서 에돔인들에게 두번째로 말한 무리는 전체 백성이 아니라 단지 백성들을 위해 말했던 사자들이었음을 암시한다. 호르 산에 있는 동안 이스라엘은 아랏과 싸웠고(21:1-3), 그 이후 그들은 호르 산을 떠나 에돔으로 돌아갔다(21:4). 이렇게 볼 때, 사건들의 연결관계는 다음과 같다.

1. 아직 가데스에 머물고 있는 동안:
   모세가 에돔에 사자들을 보냄(20:14-18)
   이스라엘 자손을이 사자들을 통해 에돔에 두번째 요청을 함, 그리고 그들은 에돔 국경을 돌이킴(20:19-21; 20:21 하반절)
2. 이스라엘이 가데스로부터 떠남(20:22 상반절)
3. 이스라엘이 호르 산에 도착함(20:22 하반절)
   아랏과의 전투(21:1-3)
4. 이스라엘이 홍해를 경유하여 에돔을 돌아가기 위해 호르 산을 떠남(21:4).

이러한 두가지 설명 가운데 어느 것이 더 그럴듯한지 결정하는 것은 결코 쉽지 않은 문제다. 또 설화가 반드시 엄격한 연대기적 순서에 의해 배열되어야만 한다고 주장할 이유도 전혀 없다. 우리가 다음에 살펴보게 될 것처럼, 저자는 또한 이러한 사건들 속에서 어떤 패턴들을 세우는데 관심을 가지고 있으며, 또한 그렇게 하기 위해서 종종 어떤 사건들을 그것의 연대기적 순서와는 무관하게 사용하기도 하는 것이다.

우리가 이러한 설화들을 세심하게 읽을 때, 우리는 이스라엘의 불신의 이야기 가운데 나타나는 패턴이(민 14장) 모세의 불신앙의 이야기 가운데 반복되고 있는 것을 보게 된다. 백성들의 불평은(14:1-4; 20:2-5) 하나님으로 하여금 이스라엘과(14:11) 모세가(20:12) 믿음의 결핍 가운데 있는 것으로 결론내리도록 이끌었다. 더욱이 두 설화는 각각 이스라엘이 약속의 땅으로 즉각 들어가고자 하는 어리석은 시도로 이어진다. 14장에서 그것은 이스라엘이 아말렉인들에게 패배하는 것으로 나타났고(14:40-45), 여기에서 그것은 에돔이 이스라엘로 하여금 자신들의 땅을 통과하는 것을 거절하는 것으로 나타났다(20:14-21). 이러한 여러가지 방식으로 저자는 이스라엘의 불신과 모세의 불신 사이의 유사성을 보여주고자 의도하고 있는 것으로 보인다. 이스라엘과 모세는 공히 하나님을 믿는데 실패하였고 그럼으로써 그 땅에 들어갈 수 없었던 것이다.

백성들의 불평 (14:1-4)	이스라엘의 불신 (14:11)	아말렉에게 패함 (14:40-45)

백성들의 불평 (20:2-5)	모세의 불신 (20:12)	에돔에게 패함 (20:14)

C. 아론의 죽음(20:22-29)

놀랍게도 아론의 죽음에 대한 기록은 너무나도 짤막하다. 그의 죽음의 이야기는 모세의 죽음을 예시(豫示)하는 것처럼 보인다. 그들은 동일한 죄, 곧 여호와를 신뢰하는데 실패한 죄를 범했다(20:12) - 비록 여기에서, 민수기 20:12과는 달리, 그들의 죄가 '반역'으로 불리고 있다 할지라도(20:24; 참조 신 32:48-50). 마치 모세가 하나님으로부터 산꼭대기에 올라가라는 명령을 받고 그곳에서 죽을 것처럼(민 27:12; 32:48-50; 34:5), 여기에서 아론은 호르 산에 올라가라는 명령을 받았고 그곳에서 죽었다. 그러나 그의 죽음을 보도하기 직전에 대제사장 엘르아살의 임직에 대한 간단한 이야기가 나타나있다. 마찬가지로 모세의 죽음에 앞서 여호수아가 그의 자리를 차지하는 새로운 지도자로서 세워진다(민 27:18-23; 신 34:9). 이러한 두명의 새로운 지도자 여호수아와 엘르아살은 약속의 땅에 들어가도록 허락되지 못한 옛 지도자들의 자리를 차지할 것이었다.

엘르아살과 그의 가문의 제사장직은 이스라엘 역사 전반을 통해 오랫동안 계승될 것이었다. 엘르아살의 자손인 사독과 그의 아들들(사독가문, Zadokites, 대상 24:3)은 솔로몬이 통치하던 기간 동안 제사장으로 있었다. 그리고 그것은 성경시대 뿐만 아니라 그때를 너머 마카비 시대에 이르기까지 계속되었다.

그러나 사사시대 동안은 엘리의 집이 제사장의 직분을 맡고 있었다(삼상 1:1-4:22). 성경기자들은 언제 혹은 어떻게 제사장직이 엘르아살 가문으로부터 취하여져 엘리 가문에게 주어졌는지에 대해 설명해주지 않는다. 사무엘상의 설화는 이스라엘이 이 기간동안 큰 고통을 겪었음을 분명하게 보여준다. 그러므로 우리는 그 저자가 엘르아살 가문으로부터 엘리 가문으로 제사장직이 대체된 것을 인정하지 않았다고 결론내릴 수 있다. 사무엘상의 설화는 엘리의 아들 제사장 홉니와 비느하스가 제사장직의 특권을 남용했음을 강조한다: "이 소년들의 죄가 여호와 앞에 심히 큼은 그들이 여호와의 제사를 멸시함이었더라" (삼상 2:12-17). 그들이 제사장직을 맡고 있는 동안 하나님은 이스라엘과 거의 상대하지 않으셨다: "그 때에는 여호와의 말씀이 희귀하여 이상이 흔히 보이지 않았더라" (삼상 3:1). 어떤 무명의 선지자가 엘리와 그의 가문에 대해 가혹한 말씀을 선포하면서 그들의 멸망 뿐만 아니라 보다 신실한 제사장 계열을 세울 것을 예언하였다(삼상 2:27-36). 그리고 종국적으로 성막은 파괴되고 언약궤는 빼앗겼으며 엘리의 제사장직은 폐지되었다(삼상 4:1-22).

엘리가 제사장직을 바로 감당하는데 실패함으로써 하나님의 영광이 이스라엘로부터 떠나는 것을 묘사하는 가운데, 사무엘상 설화는 엘리의 제사장직에 대한 법정 상속자를 거명함으로써 그의 가문의 몰락 이야기를 마친다. 엘리가 법궤를 빼앗겼다는 말을 들었을 때, 설화는 그가 뒤로 넘어져 목이 부러져 죽었음을 우리에게 이야기한다. 저자는 엘리가 '비둔한 사람'이었다는 언뜻 보기에 사소한 사실을 덧붙인다(삼상 4:18). 그러나 우리는 '비둔하다'를 의미하는 히브리어 단어 '카베드'가 '영광'(카보드)과 밀접하게 관련되어 있으며 그럼으로써 이러한 특별한 사실이 전체 설화에 대한 열쇠를 제공한다는 사실을 주목하여야만 한다. 엘리의 며느리가 그 소식을 들었을 때, 임신 중에 있던 그녀는 아들을 낳고 그의 아들의 이름을 '이가봇'이라고 불렀는데 그것은 '영광이 이스라엘로부터 떠났다'를 의미하는 것이었다(삼상 4:19-21). 이와 같이 엘리 가문의 유일한 생존자는 그의 불명예스러운 이름 '영광이 어디에 있는가?'로써 특징지워졌다.

민수기의 본 설화들의 구조 안에서 우리는 사무엘상에서 다윗왕권이 세워지는 사건들과 병행을 이루며 또 그것을 예기케하는 패턴을 볼 수 있다. 앞에서 살펴본 것처럼 사무엘상에서 다윗왕권이 세워지는 이야기 직전에 저자는 엘르아살 가문으로부터의 합법적인 제사장직이 다시 세워지는 것을 기록하는 일련의 설화들을 끼워넣는다. 이와 같이 사무엘상과 민수기 20-21장의 주제와 사건들 사이에는 상당히 밀접한 관련이 있는 것이다.

더우기 이어지는 발람의 설화들에서(민 22-24장), 그 초점은 이스라엘의 대적들 위에 군림하고 또 그들이 이스라엘에게 행한 것으로 인하여 그들 위에 하나님의 심판을 가져올 '도래하는 왕'(coming king)에게 맞추어진다(민 24:9 참조). 도래하는 왕에 대한 묘사는 다윗에 대한 묘사와 현저하게 유사하다. 장차 도래할 그 왕에 대한 마지막 묘사들 가운데 하나는 그가 아말렉 족속으로 종말에 이르게 할 것이라는 것이다(24:20) - 그런데 그들은 이스라엘의 '첫번째' 원수이면서(14:45) 그러나 '마지막에' 멸망에 이를 것이다(24:20). 사무엘상의 설화들에서 사울은 아말렉 족속에 대한 하나님의 심판을 수행하는데 실패했는데, 이것은 그가 참된 왕임을 스스로 부인한 것을 의미하는 것이었다(삼상 15:1-26). 특별히 사울은 아말렉 족속의 왕 아각을 죽이지 않왔다(삼상 15:9). 반면 발람의 예언에서 참된 왕은 아각 위에 존귀케될 것이었다(민 24:7). 이러한 오경의 설화들은 다윗왕권이 세워지는 때를 신중하게 예시하고 있는 것으로 나타난다. 그러나 민수기의 이러한 예언들이 성취되는 때가 실상 다윗왕국을 훨씬 뛰어넘는 것으로 보이는 사실이 발람의 예언 말미에 분명하게 나타난다(민 24:22-24을 보라). 다윗은 단지 도래할 왕이 어떤 종류의 왕인가에 대한 하나의 실례(實例)였던 것이다.

민수기 20장의 엘르아살의 제사장직이 세워지는 주제는 발람과 그의 예언 이야기 이후 엘르아살의 아들 비느하스의 설화 가운데 다시 다루어진다.

아론의 아들 엘르아살을 기름부음: 제사장(민20장)	발람의 신탁: 왕 (민22-24장)	엘르아살의 아들 비느하스의 선택: 제사장(민25장)

미래에 대한 예언 제사장: 삼상 2:35	다윗 왕: 삼상 15- 삼하	예언의 성취: 제사장(삼하8:17) 왕하 2:35

D. 아랏을 멸망시킴(21:1-3)

본 설화는 그것의 출애굽기 17장에 기록된 사건들과의 관계에 의해 형성된 것으로 보인다. 양 설화는 두드러지게 유사하다. 출애굽기 17장에서 백성들은 물이 없다고 불평을 하였고, 이에 모세는 반석으로부터 그들에게 물을 주었다(출 17:1-7). 그들은 또 아말렉 족속으로부터 공격을 받았는데, 그러나 그들은 모세가 손을 들고 있는 동안(기도 ?) 기적적으로 그들을 패퇴시켰다. 본 설화에서도 마찬가지로, 이스라엘의 불평과 반석으로부터 물을 얻은 이야기(민 20:1-13) 이후에 이스라엘은 공격을 받았는데, 그러나 그들은 이스라엘의 기도 때문에 기적적으로 가나안 족속들을 패퇴시켰다(21:1-3).

가나안 족속들을 패퇴시킨 이야기 말미에 제시되어 있는 호르마란 지명은("그들과 그 성읍을 다 멸하니라 그러므로 그곳 이름을 호르마라 하였더라," 21:3) 이스라엘이 아말렉 족속과 가나안 족속들을 패퇴시킨 앞의 이야기와 문자적으로 연결된다: "아말렉인과 산지에 거하는 가나안인이 내려와 쳐서 파하고 호르마까지 이르렀더라"(14:45). 이와 같이 이스라엘의 광야생활 초기에 그들은 가나안 땅에 살고 있던 아말렉 족속들의 공격을 받았고(출 17장), 또 그곳에서의 생활 말미에 그들은 가나안 족속들에 의해 다시금 공격을 받았다(민 21장). 이러한 두 설화 사이의 병행관계는 출애굽기 설화에서의 아말렉 족속과 이곳 민수기 21:1-3에서의 가나안 족속 사이의 의도적인 동일시를 암시한다. 이와 같이 설화의 구조는 아말렉 족속의 운명에 대한 발람의 이상과 병행을 이룬다: "아말렉은 열국 중 으뜸이나 종말은 멸망에 이르리로다"(24:20). 성경의 설화들에 있어 종종 그러하듯이, 시적인 부분(poetic section, 24:20)은 설화들의 의도에 대한 주제적 표현(thematic expression)을 제공해 준다. 아말렉은 이스라엘에게 파멸을 가져다줄 첫번째 나라였다. 그러나 본 설화 가운데 내재해 있는 병행관계 속에 예기적(豫期的)으로 나타나는 것처럼, 결국 그들 역시 멸망으로 던져질 것이다.

E. 구리뱀(21:4-9)

여기에서 다시금 오경의 설화들은 이스라엘의 여행 초기의 사건들이 마지막에 반복되는 보다 큰 패턴을 따르고 있는 것으로 나타난다. 앞의 출애굽기 책에서, 모세가 하나님께서 이스라엘을 애굽으로부터 구원하실 것이라는 소식을 알리기 위해 이스라엘 앞에 나아갔을 때 모세는 이스라엘의 믿음을 시험하고 또 강하게 하기 위한 표적을 부여받았다. 그 표적은 그의 지팡이로부터 말미암은 뱀이었다(출 4:3, 30).[10] 이제 그들의 광야여행 말미의 본 설화에서 이스라엘은 다시금 그들을 애굽으로부터 건져낸 하나님과 모세에 대하여 불평을 하였다. 앞에서 처럼(출 4장), 하나님은 이스라엘에게 비슷한 표적을 주셨는데 그것은 지팡이 위에 달린 뱀이었다. 이러한 병행관계의 목적은 이 책의 기본적인 주제를 강조하기 위한 것이다. 양 설화에서 저자는 표적(sign)의 필요성을 강조한다. 그들은 애굽으로부터 구원받을 수 있기 전에 표적을 보아야만 하였다(출 4:30-31; 민 21:8). 신약의 저자들 역시 이러한 동일한 주제에 대해 매우 민감했던 것으로 보인다. 예를 들어 요한복음에서 예수는 이러한 설화들 가운데 나타나는 믿음의 교훈을 그 자신의 십자가 죽음으로 말미암는 구원에 적절하게 적용하였다(요 3:14-15).

어떤 사람들은 하나님께서 모세에게 이스라엘의 신앙의 표적으로서 뱀의 형상을 만들라고 명령하신 것이 특이한 일이라고 생각하였다 - 왜냐하면 오경의 앞에서 하나님은 그들에게 '하늘에 있는 것이나 땅 아래 있는 것의 어떤 형상이든지' 만드는 것을 금하셨기 때문이다(출 20:4).[11] 그러나 여기에서 명령되고 있는 형상은 경배의 대상이 되는 우상으로서 의도된 것이 아님이 분명하다 - 반면 형상들을 만들지 말라는 십계명의 말씀은 하나님 혹은 신들을 표현하는 형상인 우상들을 향하여진 것이었다.

어떤 학자들은 모세에게 대한 하나님의 21:8의 명령이 그가 '뱀'의 형상을 만들어야 한다는 것을 특별하게 말하는 것이 아니었음을 지적하였다. 오히려 그는 '불'의 형상을 만들도록 명령되었다는 것이다. 그러나 9절에서 모세는 '구리뱀'을 만들었다. 하나님은 그에게 불의 형상을 만들라고 말씀하셨지만, 그러나 그

10) 출 4:3의 "그가 그것으로부터 피했다"(נוס)와 민 21:8의 "그것을 장대 위에 달라"(נס)사이에 어떤 연결관계가 있는 것으로 보는 것은 가능하다.

11) Michael Walter, *Hüremberg Biblica* (Nremberg, 1696), 197 을 보라.

는 뱀의 형상을 만들었다. 독자들로서 우리는 이러한 차이를 어떻게 받아들여야 할 것인가? 이것은 설화의 의미에 영향을 끼치는 중요한 차이인가? 아니면 단지 대수롭지 않은 것에 불과한 것인가? 하나님께서 모세에게 '뱀'의 형상을 만들 것을 의도하셨는가, 아니면 모세가 지나치게 나아갔는가? 단지 그는 '불'의 형상을 만들었어야 했는가? 우리는 이스라엘의 후대 역사, 곧 왕들이 다스리던 때에 백성들이 이와 동일한 형상에 분향하기 시작했고 그것에게 '느후스단'이란 이름을 부여한 것을 주목할 필요가 있다(왕하 18:4). 또 그것은 히스기야왕이 파괴한 다른 우상숭배적인 물건들과 함께 나란히 거명되고 있다. 그러므로 한편에서 모세의 구리뱀은 후대 세대들에 의해 매우 숭엄한 종류의 물건으로 오해되었던 것으로 나타난다. 다른 한편 하나님은 그것이 백성들 앞에 놓여지고 백성들이 그것을 믿음으로 바라보았을 때 그것을 영화롭게 하셨다. 이와 같이 본문은 모세가 만든 '구리뱀'을 이중적인 방식으로 다룬다. 본문을 엄격하게 읽을 때, 실제적인 '뱀'의 형상은 하나님에 의해 특별하게 명령된 것이 아니라 모세 자신이 그렇게 만든 것이다. 그럼에도 불구하고 하나님은 백성들이 치유를 위해 그것을 바라보았을 때 그들의 믿음을 영화롭게 하셨다. 그러므로 구리뱀은 이런 측면에서 기드온의 금 에봇 - 후대 세대들이 경배함으로써 '기드온과 그 가족의 올무가 되었던'(삿 8:27) - 과 유사한 것이다.

더욱이 하나님께서는 모세에게 그가 형상을 만듦에 있어 사용할 재료에 대해서도 아무런 가르침을 주지 않았음을 주목하여야 한다. 모세는 구리뱀을 만듦에 있어 분명히 스스로 선택하였다. 어떤 해석가들은 모세가 구리를 그것의 재료로서 선택한 것은 단지 히브리어에서 '구리'라는 단어가 '뱀'이란 단어와 비슷하기 때문이라고 주장하였다.[12] 어쨌든 설화는 구리뱀을 만듦에 있어 많은 세부적인 것들의 책임을 모세의 어깨 위에 올려놓고 있는 것으로 보인다.

12) Rashi, ad loc.를 보라.

F. 모압으로의 여행(21:10-20)

간단한 여행기록은 이스라엘 백성들이 에돔을 돌아 모압 지경으로 들어갔음을 보여준다. 또한 저자는 '여호와의 전쟁기'로 일컬어지는 책으로부터 한 구절을 포함시킨다. 이 책은 여기에서 언급된 것 외에는 전혀 알려진 바가 없다. 여기에 인용된 구절은 비록 불완전하기는 하지만, 분명히 아르논 강이 모압의 국경선이었음을 증거하기 위해 주어진 것이다. 모압땅은 민수기의 다음 몇 장의 중심적인 초점이다.

우리 독자에게 그 인용문이 '여호와의 전쟁기'로부터 취한 것임을 이야기하는 목적은 잇따르는 짤막한 말씀에 포함되어 있는 세부적인 것들을 위한 문맥(상황, context)을 제공하기 위한 것이었다. 예를 들어 그 말씀이 여호와의 전쟁에 관한 것이라는 것은 우리로 하여금 무명의 침입자들에 의해 모압의 도성들이 점령되는 것에 대한 말씀 가운데 있는 비밀스런 암시를 평가하는데 도움을 준다. 만일 우리가 그것을 전쟁의 상황(문맥) 속에서 읽는다면, 열거된 경계들은 정복된 영역으로 나타난다.

G. 시혼을 패퇴시킴(21:21-32; 참조 신 2:24-37)

여기에서 전투의 단순한 사실과 그 원인만이 기록되어 있다(신 2:24-37에 대한 주석을 참조하라). 다행스럽게도 설화의 나머지 가운데 있는 시적인 말씀들은(예컨대, 21:26-30) 여기에 소개된 개략적인 그림을 채우는 또 다른 세부적인 것들을 포함하고 있다. 이러한 말씀들은 시혼에 대한 이전의 군사적 정복에 초점이 맞추어진다 - 그가 모압을 패퇴시키고 그들의 영토를 점령했을 때, "헤스본은 아모리인의 왕 시혼의 도성이라 시혼이 모압 전왕을 치고 그 모든 땅을 아르논까지 그 손에서 탈취하였었더라"(21:26). 이러한 '역사적 주석'을 통하여, 저자는 이전에 모압에 속했던 영역에 대한 이스라엘의 정복을 정당화하는데 관심을 기울이고 있는 것으로 보인다. 그것은 한때 모압에 의해 점령되었던 땅이 이제 - 이스라엘이 정복할 때에 - 아모리 족속의 손에 있었음을 우리에게 이야기해 준다. 그러면 이러한 가르침의 목적은 무엇이었을까? 하나님의 가르침에 따를 때, 모압 족속에게 속한 영토는 이스라엘 족속에 의해 침략되지 않을 것이었다 - 왜냐하면 모압 족속들은 롯의 자손들이었기 때문이다(신 2:9). 그러나 이제 아모리 족속에게 속한 것은 이스라엘에게 약속되었고 또 그들이 취할 것이었다.

이러한 짤막한 언급들은 이어지는 발람 이야기에 필요한 서론을 제공해 준다(민 22-24장). 모압의 왕 발락은 이스라엘을 저주하기 위해 발람을 고용했다. 그러나 하나님은 발람의 저주를 뒤집어서 그것으로 이스라엘의 축복이 되게 하였다. 이 사건은 아마도 이스라엘이 불법적으로 모압의 땅을 취하였고 그럼으로써 발락이 발람을 고용하는 것이 정당화되는 것으로 나타날 수 있었다. 그러나 이러한 언급들은 그것이 아님을 보여준다. 모압은 이미 이러한 영역의 통치권을 아모리 족속들에게 잃어버렸고, 이스라엘은 그것을 다시 탈환하고 있는 것이다(창 15:16-21). 이와 같이 이스라엘은 그것을 정당하게 자신의 것으로 취한 것이었다.

H. 옥을 패퇴시킴(21:33-35; 참조 신 3:1-11)

바산 왕을 패퇴시킨 이러한 간단한 설화는 하나님께서 과거에 이스라엘을 위하여 행하신 것을 - 시혼을 패퇴시킨 것을 포함하여 - 그가 계속하여 행할 것이라는 것을 보여준다. 이러한 목적이 하나님 자신에 의해 21:34에 직접적으로 언급된다: "여호와께서 모세에게 이르시되 그를 두려워말라 내가 그와 그 백성과 그 땅을 네 손에 붙였나니 너는 헤스본에 거하던 아모리인의 왕 시혼에게 행한 것같이 그에게도 행할지니라."

설화의 과정 가운데 여기에서의 이러한 말씀의 목적은 그것이 이어지는 보다 자세한 이야기의 사건들을 위한 해석적 문맥을 제공하는 것이다. 여기에서 우리는 이스라엘의 승리가 하나님의 손으로부터 말미암는다는 사실을 배운다. 다음 두 장 역시 동일한 교훈을 가르치는데, 그러나 먼저 그것은 이스라엘의 승리에 대한 하나님의 평가를 모압왕의 그것과 대조시킨다. 21장이 보여주는 것처럼 이스라엘은 이제 모압을 위협하는 존재가 되었다. 22장은 그들의 왕 발락이 그러한 위협을 잘 알고 있었음을 우리에게 다시금 일깨워주는 것으로 시작된다: "십볼의 아들 발락이 이스라엘이 아모리인에게 행한 모든 일을 보았으므로 모압이 심히 두려워하였으니." 그러나 그러한 위협에 대한 발락의 평가는 하나님의 평가와 매우 달랐다. 뒤따르는 설화들에서 발락은 하나님의 백성들을 쳐부수고자 하는 시도 가운데 마술과 마법에 의지한다. 그러나 그의 시도는 단지 그러한 수단들이 주권적인 하나님의 계획에 대항하는 쓸데없는 것임을 보여줄 뿐이다.

Ⅸ. 발람(22:1-24:25)

발람의 설화들은 오랫동안 성경 독자들을 곤혹스럽게 만들었다. 주된 수수께끼는 발람 자신에게 집중된다. 역사적인 인물로서 그는 고대 근동의 다른 종교적 인물들과 매우 잘 부합된다.[13] 그러나 성경의 인물로서 발람은 전혀 정체를 알 수 없는 인물로 나타난다. 그는 이스라엘 백성이 아니었다(22:5). 그러나 그는 하나님을 알고 있는 것으로 나타난다(22:8). 그리고 하나님은 그를 통하여 말씀하셨다(24:2-4, 15-16). 그는 마술과 마법을 행하였으며(24:1), 또한 종국적으로 이스라엘을 배교로 이끌었다(31:16). 결국 그는 이스라엘 백성들이 미디안 족속을 멸망시키는 가운데 그들에 의해 죽임을 당했다(31:8).

우리가 이 사람에 대해 아는 것이 거의 없다는 사실에도 불구하고, 발람을 다루는 설화들은 오경의 전반적인 메시지 속에서 하나의 전략적인 역할을 맡는다. 그것이 이 자리에 놓여진 것은 저자가 중심적인 신학적 논제를 발전시킴에 있어 의도한 계획의 한 부분이다. 이러한 논제의 첫번째 항목이 창세기 1장에 이미 놓여져있는데, 여기에서 저자는 인간을 창조함에 있어서의 하나님의 목적의 중심에 그들을 축복하고자 하는 그분의 열망이 있었음을 보여준다. 남자와 여자를 창조한 직 후, 하나님은 그들을 축복하시며 말씀하신다: "생육하고 번성하여 땅에 충만하라" (창 1:28). 심지어 그들이 에덴동산에서 하나님의 보호와 돌보심으로부터 떨어진 이후에도, 하나님은 그들을 축복하고자 하는 자신의 계획이 이러한 불순종의 행동으로 인해 방해되지 않음을

13) Jean Hoftijzer and G. van der Kooij, *Aramaic Texts from Deir Alla* (Leiden: Brill, 1976) 을 보라.

알게하신다. 하나님은 자신이 축복을 회복시키기 위한 방편을 제공할 것임을 약속하였다: 언젠가 와서 뱀의 머리를 깨뜨릴 미래의 '씨'(창 3:15). 인간들을 위한 하나님의 원래의 의도는 축복이었으며, 그들을 위한 그분의 계속적인 관심 역시 동일한 것이었다. 하나님께서 약속된 '씨'의 통로로서 아브라함을 택하셨을 때(창 12:1-3), 그분의 분명한 목적은 아브라함과 그의 '씨'를 통하여 땅의 모든 열방을 축복하는 것이었다. 태초에 아담을 위한 그의 원래적인 의도와 마찬가지로, 아브라함을 위한 하나님의 의도는 그가 큰 민족이 되어 하나님의 선하신 땅을 향유하게 되는 것이었다. 하나님의 백성들이 애굽의 굴레에 들어갈 즈음에, 하나님은 족장 야곱에게 그의 아들 유다에 대한 예언을 주심으로써 아브라함에 대한 자신의 약속을 다시 한번 분명하게 하셨다(창 49:8-12). 유다 가문을 통하여 한 사람이 오실 것인데, 그는 왕이 될 것이고 이스라엘과 모든 열방에 대한 하나님의 축복을 회복시킬 것이다. 그러나 하나님께서 아브라함에게 미리 경고하신 것처럼(창 15:13-16), 그의 백성들은 먼저 굴레와 억압의 때를 겪을 것이다. 하나님은 또한 네 대가 지난 후에 아브라함의 '씨'가 그 땅에 돌아와서(아모리 족속의 죄가 그 충분한 분량에 이를 때, 창 15:16) 다시금 자신의 축복을 향유할 것임을 약속하셨다.

이러한 배경을 염두에 둠으로써 이제 우리는 오경 저자의 계획과 그가 발람의 예언에 집중하는 것을 평가할 수 있게 된다. 발람의 이야기를 말하는 설화들 배후에 하나님께서 아브라함에게 하신 약속에 대한 저자의 관심이 있다. 그 약속에 따를 때, 그의 씨를 축복하는 자들은 축복을 받을 것이요 그의 씨를 저주하는 자들은 저주를 받을 것이다. 이와 같이 민수기의 본 설화는 엄청난 숫자의 이스라엘에 대한 발락의 두려움의 이야기와 함께 시작된다. 모압의 왕 발락은 아브라함의 씨를 저주하기 위해 발람을 고용하였다. 그러나 이야기가 펼쳐져감에 따라 하나님은 그에게 오직 이스라엘을 축복하는 것만 허락하셨다. 하나님의 백성을 저주하고자 하는 열방의 시도에도 불구하고, 궁극적으로 되어지는 모든 것은 그들의 축복이다. 발람을 통해, 축복되고 있는 것은 아브라함의 씨이며 모압의 씨는 저주되고 있다(민 24:17).

성경의 설화들 가운데 종종 그러한 것처럼, 하나의 이야기는 다른 것과 병행을 이룬다. 여기 이스라엘의 광야여행 말미에 놓여져 있는 발람의 이야기는 출애굽기 초두에 있는 바로의 이야기의 많은 사건들 및 개념들과 병행을 이룬다. 바로와 발락은 이스라엘이 약속의 땅에 들어감에 있어 주된 장애물을 대표하는 크고 강력한 나라들의 왕이었다. 이스라엘은 이러한 나라들에 위협이 되었는데, 그것은 오직 하나님께서 조상들에 대한 자신의 약속을 지키고 또 그들에게 엄청난 숫적 증가를 주셨기 때문이다. 바로는 이스라엘을 괴롭히고자 하는 계획을 부채질하였는데, 그것은 그가 그들이 '수가 너무 많아졌음'을 보았기 때문이었다(출 1:9). 설화 가운데 바로의 말은 두절 앞서 주어진 설화자(narrator)의 묘사를 단순하게 반복하는 것이다: "이스라엘 자손은 생육이 중다하고 번식하고 창성하고 심히 강대하여 온 땅에 가득하게 되었더라"(출 1:7).

더우기 설화자가 제시하는 것처럼 바로의 계획은 이스라엘로 하여금 자신들의 땅으로 돌아가는 것을 중단시키는 것이었다(출 1:10). 즉 그의 계획은 하나님께서 아브라함에게 약속한 축복(창 15:16) - 약속의 땅을 향유하는 것 - 을 봉쇄하는 것이었다. 이와 같이 저자가 우리에게 보여주고자 의도하고 있는 것은 아브라함에 대한 약속 - "내가 너로 하여금 큰 나라를 이루리라"(창 12:2) - 와 인간에 대한 축복 - "생육하고 번성하여 땅에 충만하라"(창 1:28; 15:16) - 이 이스라엘의 애굽 체류에서 성취되기 시작했으며 또 열방들은 그 약속을 훼방하는 자리에 놓여졌다고 하는 것이다. 바로의 계획과 마찬가지로, 민수기에서의 발락의 계획 역시 이스라엘이 '너무 수가 많아졌다'는 사실에서 동기유발되었다(민 22:6; NIV '너무 강력해졌다'). 또한 바로와 마찬가지로, 발락은 이스라엘 백성들이 그 땅에 들어오지 못하도록 의도하였다(22:6).

출애굽기의 앞의 설화들에서 바로는 축복을 방해하기 위하여 그리고 그럼으로써 하나님의 백성의 수를 감소시키기 위하여 세 가지 시도를 하였다. 그는 이스라엘 백성들을 억압하기 위해 십장들을 세웠다(출 1:11-14). 그는 히브리 산파들을 명하여 사내아이를 죽이도록 명령하였다(15-21절). 그리고 그는 모든 사내아이를 나일강에 던지라고 명령하였다(22절). 그러나 설화가 펼쳐져감에 따라 하나님이 각각의 경우에 개입하셔서 바로의 계획은 축복으로 뒤바뀌었다. 애굽의 계획이 무엇이었든지 간에 이스라엘 백성은 점점 더 증가하였다. 더우기 설화 가운데 펼쳐지는 이야기의 구조 가운데, 저자가 하나님께서 선택하신 구원자 모세의 탄생을 알릴 수 있게 된 것은 바로의 세번째 계획 - 사내아이들을 나일강에 던지는 것 - 의 결과였다. 이러한 설화는 발람을 다루는 민수기의 설화들과 너무도 유사하다.

바로 처럼 발락 역시 이스라엘에 대한 하나님의 축복을 훼방하기 위해 세번의 시도를 하였다(23:1-12, 13-26; 23:27-24:9). 그리고 각 경우에 그러한 시도들은 축복으로 뒤바뀌었다(23:11-12, 25-26; 24:10-11). 발람을 통해 세가지 이상의 신탁들이 주어졌음을 주목할 필요가 있는데, 저자는 그러한 신탁들을 이스라엘을 저주하기 위한 세가지 시도로 조정하였다. 발락 자신은 다음과 같이 말함으로써 저자 자신의 관심을 반영한다: "내가 그대를 부른 것은 내 원수를 저주하라 함이어늘 그대가 이같이 세번 그들을 축복하였도다" (24:10). 바로의 세번의 시도에 있어서와 마찬가지로, 발락의 세번째 시도 이후에 저자는 하나님께서 선택한 구원자 - 야곱으로부터 일어날 별의 예언 - 의 탄생의 문제로 관심을 돌린다(24:12-25).

출애굽기 2장에서의 모세의 탄생 이야기와 민수기 24장에서의 야곱의 가족으로부터 일어날 '별'의 선언 사이에서 나타나는 병행관계의 흥미로운 함축은 모세가 이러한 설화들 가운데 '야곱의 별'에 대한 원형(原形, prototype)으로서 묘사되고 있는 사실이다. 모세에 대한 이러한 관점은 오경의 다른 곳에서 모세가 도래할 왕(신 33:5)과 선지자(신 18장, 34장)적 인물로 던져지고 있는 사실과 일치된다. 이것은 또한 후대의 성경 저자들이 종종 모세 안에서 미래 메시야의 표상을 본 사실과 일치된다(예컨대, 호 2:2).

저자가 이스라엘의 광야여행 초기의 사건들을 말미의 유사한 사건들과 병행시키는 이러한 보다 큰 시도의 관점에서, 발람의 처음 세가지 신탁이 애굽에 있는 이스라엘에 대한 하나님의 축복을 억압하기 위한 바로의 세가지 시도들과 주제적으로 병행관계를 이룬다는 사실, 그리고 그의 마지막 신탁이 도래하는 구원자에 그 초점이 맞추어져 있음을 발견하는 것은 그리 놀라운 일이 아니다. 바로의 첫번째 시도의 이야기(출 1:11-14)는 '그들이 억압을 받으면 받을수록 그들은 그만큼 더 번성하고 퍼져갔음'(출 1:12)을 보여주기 위해 의도된 것이다. 발람은 자신의 첫번째 신탁에서 정확하게 이 문제에 초점을 맞춘다: "하나님이 저주치 않으신 자를 내 어찌 저주할 수 있단 말인가?"(민 23:8). 그리고 그는 하나님의 백성들의 현상적 성장을 강조함으로써 마무리한다: "야곱의 티끌을 뉘 능히 계산하며 이스라엘 사분지 일을 뉘 능히 계수할꼬"(23:10)

하나님의 축복을 훼방하고자 하는 바로의 두번째 시도에서 하나님을 두려워하여 바로의 명령에 순종치 아니한 산파들 역시 다음과 같이 그 중심적인 개념을 표현한다: "히브리 여인은 애굽 여인과 같지 아니하고 건장하여 산파가 그들에게 이르기 전에 해산하였더이다"(출 1:19). 분명히 그녀들의 말은 바로의 명령에 대한 자신들의 불순종을 덮기 위한 책략이었다. 그럼에도 불구하고 우리는 그 안에서 발람의 두번째 신탁의 주제인 이스라엘의 강력한 힘의 주제가 메아리치는 것을 발견한다: "하나님이 그를 애굽에서 인도하여 내셨으니 그 힘이 들소와 같도다 그 적국을 삼키고 그들의 뼈를 꺾으며 화살로 쏘아 꿰뚫으리로다 꿇어 앉고 누움이 수사자와 같고 암사자와도 같으니 일으킬 자 누구이랴"(민 24:8). 바로의 계획이 히브리 산파들의 분명한 속임에 의해 방해되었던 것과 또한 발람의 두번째 신탁에서 그가 "하나님은 인생이 아니시니 식언치 않으시고"(민 23:19)라고 말하고 있는 것을 주목하는 것은 흥미로운 일이다.

하나님의 축복을 훼방하기 위한 바로의 세번째 그리고 마지막 시도 - 모든 사내 아이들을 나일강에 던지라는 명령(출 1:22) - 역시 발람의 세번째 신탁과 흥미로운 병행관계를 이룬다. 아브라함의 씨를 강에 던지라고 하는 바로의 명령에 의해 의도된 아이러니칼한 악의 역전에서, 발람의 세번째 신탁은 이스라엘의 '씨'의 풍부함을 이야기하기 위해 강뚝을 따라 펼쳐진 물이 풍부한 동산의 이미지를 사용한다. 민수기 24:7의 발람의 말을 문자적으로 읽는다면 "그들의 씨가 풍부한 물 가운데 있도다" 가 될 것이다(NIV는 이것을 "그들의 씨가 풍부한 물을 갖게 될 것이다"로 번역한다). 이와 같이 한때 약속의 씨를 멸절시키기 위한 고의적인 수단이었던 '풍부한 물'이 이제 자신의 약속에 대한 하나님의 신실하심을 표현하는 시적인 이미지가 된 것이다.

양 설화의 문자적 구성 가운데 있는 다른 특성들은 위의 병행관계들이 저자의 의도의 한 부분에 불과함을 보여준다. 예를 들어 양 설화의 내용들은 '무겁다'를 의미하는 히브리어 '   '를 사용함으로 동일한 문자적 패턴에 의해 인도된다. 이스라엘 백성을 해방시키는 것을 거부한 바로의 설화는 그가 자신의 마음을 '강퍅하게 했다'는 반복적인 언급에 의해 인도된다(출 7:14; 8:11, 28; 9:7, 34; 10:1). 그 이야기의 클라이막스에서, 하나님은 바로의 마음을 강퍅하게 하는 개념에 대한 '문자의 기교'(wordplay)를 사용하여 다음과 같이 말씀한다, '내가 바로로 인하여 스스로 영광을 얻으리라'(출 14:4). 여기에서 히브리어의 영광(כבד)은 '강퍅케하다'(כבד)와 동일한 어근을 가지고 있음을 주목하여야 한다. 더욱이 발람의 이야기는 만일 그가 이스라엘을 저주하면 그를 크게 '상주겠다'는 발락의 약속에 의해 분명하게 인도된다(민 22:17, 37; 24:11). 다시 한번 '강퍅하게 하다'와 '영화롭게 하다'가 동일한 히브리어 어근임을 기억하라. 이와 같이 양 설화는 주제적으로, 구조적으로, 그리고 문자적으로 연결되어 있는 것이다.

1. 강력한 나라 이스라엘 (출 1:9) (רב עצום) 2. "강퍅해진" 바로 (כבד)	출애굽기 - 광야 (출 16장 - 민 21장)	1. 강력한 나라 이스라엘 (민 22:3, 6) (רב עצום) 2. "영화롭게 된" 발람 (כבד)

민수기 24:1-24의 발람의 마지막 신탁에 대해 특별한 메시야적 의미가 부여되어왔다. 먼저 저자가 그것에 서론을 부여함으로써 이러한 신탁들을 앞의 것들과 구별하고 있는 사실을 주목할 필요가 있다. 예를 들어 민수기 23:7과 18절에 대한 간단한 서론 '발람이 노래(신탁)를 지어 가로되'와 민수기 24:3과 15절의 추가적인 언급 '그가 노래(신탁)를 지어 가로되 브올의 아들 발람이 말하며 눈을 감았던 자가 말하며 하나님의 말씀을 듣는 자 전능자의 이상을 보는 자 엎드려서 눈을 뜬 자가 말하기를'을 비교하라.

더우기 두 세트의 신탁들은 서로에게 대하여 많은 암시들을 만들며 또한 많은 병행관계를 갖는다. 예를 들어 민수기 23장의 이스라엘의 과거에 대해 언급된 것이 민수기 24장에서 반복된다. 그러나 여기(24장)에서 그것은 미래의 왕의 사역으로 묘사된다. 이러한 병행구조가 영어 역본에서 항상 정당하게 인정되어 온 것은 아닌데, 영역본들은 24장의 단수형태를 복수형으로 번역하는 경향이 있다. 그럼에도 불구하고 히브리어 본문에서 저자는 두 세트의 신탁들을 신중하게 구별하여 왔다. 예를 들어 민수기 23:22에서 발람은 출애굽기의 위대한 구원사건을 되돌아보면서 이스라엘에 대해 이렇게 이야기한다: "하나님이 그들(복수)을 애굽에서 인도하여 내셨으니 그 힘이 들소와 같도다." 민수기 23:24로부터 발람이 이스라엘 백성에 대하여 그리고 애굽으로부터의 탈출에 대하여 말하고 있었던 것이 분명하다. 그러나 24:8에서 발람은 동일한 노선을 반복하여 그것을 - 단수형을 사용하여 - 자신이 24:7에서 소개한 왕에게 적용시킨다: "하나님이 그(단수)를 애굽에서 인도하여 내셨으니 그 힘이 들소와 같도다."

저자의 목적은 과거 하나님의 위대한 구원행동으로부터 취한 용어로 미래의 왕의 통치를 바라보는 것으로 나타난다. 미래는 과거와 동일할 것이다. 과거 하나님께서 이스라엘을 위해 행하셨던 것은 그가 자신의 약속하신 왕을 보내실 미래에 그들을 위해 행하실 것의 모형으로 나타난다.

발람의 마지막 신탁은 그 자신의 이전의 신탁들을 언급할 뿐만 아니라, 미래의 왕에 대해 이야기하는 가운데 그는 오경 가운데 있는 이전의 시적 부분들을 언급하고 또 심지어 인용하기까지 한다. 그러므로 발람의 신탁에서 우리는 오경의 중심적인 메시야 주제가 다시 진술되고 또 확장되는 것을 발견하게 되는 것이다. 예를 들어 민수기 24:9에서 발람은 미래의 왕에 대해 이야기하는데, 그에 대하여 발람은 다음과 같은 신탁을 준다: "그가(단수) 꿇어앉고 누움이 수사자와 같고 암사자와도 같으니 그를(단수) 일으킬 자 누구이랴?" 이러한 발람의 전체 신탁은 유다지파로부터 올 왕에 대한 야곱의 예언을 인용하는 것이다: "그의 엎드리고 웅크림이 수사자와 같고 암사자 같으니 누가 그를 범할 수 있으랴?"(창 49:9) 발람이 이러한 미래의 왕에 대해 말할 때 - "너를 축복하는 자는 복을 받을 것이요 너를 저주하는 자마다 저주를 받을지로다" - 그는 분명히 이러한 미래의 왕을 이삭의 씨에 대한 축복 - "네게 저주하는 자는 저주를 받고 네게 축복하는 자는 복을 받기를 원하노라"(창 27:29) - 과 아브라함에 대한 축복 - "너를 축복하는 자에게는 내가 복을 내리고 너를 저주하는 자에게는 내가 저주하리니"(창 12:3) - 에 적용시키고 있는 것이다. 마지막으로, 도래하는 왕의 미래적 승리에 대한 발람의 묘사 - "모압을 이편에서 저편까지 쳐서 파하고 또 소동하는 자식들을 다 멸하리로다"(민 24:17) - 는 하나님께서 창세기 3:15에서 뱀에 대해 말씀하신 약속과 심판의 말씀을 끌어들이고 있는 것이다 - "내가 너로 여자와 원수가 되게 하고 너의 후손도 여자의 후손과 원수가 되게 하리니 그는 네 머리를 상하게 할 것이요."

중세시대 이래로 발람의 예언이 유다 가문의 위대한 왕 다윗의 통치를 언급하는 것으로서 받아들여야 하는지 아니면 메시야 - 역시 유다와 다윗 가문으로부터 나신 자 - 에 대한 언급으로 받아들여야 하는지가 계속적으로 논란되어 왔다. 그러나 대부분의 학자들은 발람의 시점으로부터 그 신탁은 아직 오지 않은 자에 대한 것이라는 데에 동의할 것이다: "내가 그를 보아도 이때의 일이 아니며 내가 그를 바라보아도 가까운 일이 아니로다"(민 24:17).

그러나 우리는 또한 다음과 같은 질문을 제기할 필요가 있다: "오경의 저자는 발람의 이러한 신탁들이 다윗이나 혹은 더 미래의 어떤 인물을 언급하는 것으로서 이해하고 있었는가?" 이러한 질문에 대한 한가지 대답이 본 섹션을 종결짓는 신탁인 민수기 24:23-24에 제시되어 있다. 이 신탁에서 미래의 왕의 승리는 깃딤(아마도 로마)의 손에서 '앗수르와 에벨'(아마도 바벨론)을 패퇴시키는 데에까지 확장된다. 나아가서 결국에는 '하나님께서 이 일을 행하실 때'(23절) 깃딤조차도 '멸망에 이를 것이다'(24절). 후대의 성경 역사의 관점으로부터 볼 때, 여기에 언급된 사건들은 역사적 다윗의 통치를 훨씬 뛰어넘는다. 이러한 문맥에서 창세기 10:2-4과 같은 본문을 생각하지 않는다는 것은 대단히 어려운 일이다. 거기에서 깃딤은 마곡, 두발, 메디아, 메섹 등과 같은 나라들과 연관되어 있는데, 그러한 나라들은 후대의 예언서들(예컨대, 겔 38:2-3)에 두드러지게 나타난다. 또 우리는 다니엘 11:30을 생각하지 않을 수 없는데, 여기에서 깃딤은 마지막 큰 전투를 이야기하는 가운데 다시금 언급된다. 어쨌든 발람의 이러한 마지막 신탁은 그의 신탁들의 조망(眺望)을 다윗의 통치를 언급하는 것을 훨씬 뛰어넘은 미래에 자리매김하는 것으로 나타난다.[14]

---

14) 성경 비평학의 경향이 이 신탁을 종말론적으로 이해하면서 그것을 오경에 대한 후대의 덧붙임(addition)으로 보는 것은 흥미로운 일이다. 예컨대 Holzinger는 이 신탁의 연대를 주전 2세기로 잡는다. H. Holzinger, *Numeri*, Kurzer Hand-Commentar zum Alten Testamint (Tübingen: Mohr <siebeck>, 1903), 125. 그러나 그것이 종말론적이란 사실이 필연적으로 우리가 그것을 후대의 덧붙임으로 이해해야만 함을 의미하는 것은 아니다 - 우리가 성경 속에 참 예언의 가능성을 배제하지 않는다면.

X. 이스라엘에 새로운 지도자들을 세움: 제사장과 선지자(25:1-27:23)

A. 옛 지도자들의 실패: 모압이 이스라엘을 유혹함 (25:1-18)

비록 본 설화의 서론이 모압의 딸들에 초점이 맞추어져 있다 할지라도, 중심적인 설화는 백성들을 하나님으로부터 떠나게 했던 미디안 여인 고스비에 관한 것이다(25:6, 14, 15, 18). 더우기 나중 설화(31장)에서 미디안 역시 본장의 행동들에 대한 책임이 있는 것으로 나타난다. 민수기 31:16을 따를 때, 이 사건 전체는 발람의 꾀에 의해 발생한 것이었다.

본 설화의 사건들은 싯딤에서 일어났다. 싯딤(25:1)은 모압 평지에 위치한 곳이다. 이곳은 이스라엘 백성들이 약속의 땅에 들어가기에 앞서 마지막으로 진을 쳤던 장소였다. 여호수아가 정탐꾼들을 여리고로 보낸 곳도 바로 이곳이었다(수 2:1).

성경에서 종종 그러한 것처럼, 하나님의 구원행동의 이야기에 이어 즉시로 백성들의 배교의 이야기가 뒤따른다. 이 경우에서도 '남자들이 모압 여자들과 음행하기를 시작했다'(25:1). 그리고 이것은 그들로 하여금 모압의 신들을 따르도록 이끌었다. 본 설화와 룻기 사이의 병행관계와 대조는 양 본문이 동일한 사상을 다루고 있음을 암시한다. 사실상 룻기는 본 에피소드에서의 이스라엘 남자들의 모습에 대한 탁월한 반례(反例, counter-example)를 제공해 준다. 모압 여인 룻은 이스라엘 남자와 결혼하였고, 하나님을 따르기 위해 자기 나라의 신들을 버렸다. 이런 측면에서 그녀는 민수기 다음 장에 나오는 슬로브핫의 딸들과 비슷한데, 그녀들 역시 이스라엘 남자들 가운데 유업을 얻었다(민 27:1-11).

이러한 배교의 한가운데에서, 저자는 이스라엘 백성들 사이에서의 이러한 끔찍한 상태 뿐만 아니라 새로운 형태의 지도력의 필요성을 보여주는 한가지 특별한 사건을 지적한다. 미디안 여인 고스비(25:15)가 모세와 모든 회중의 눈 앞에서 이스라엘 남자의 장막에 취하여져 들어갔을 때, 걱정스런 마음으로 바라보는 사람은 많았지만 막상 행동을 취하는 사람은 없었다. 본 설화에서 모세는 이러한 뻔뻔스러운 범죄 앞에서 너무도 무기력하였다(6절). 반면 이 문제를 해결한 것은 차세대 제사장들 가운데 한 사람인 아론의 손자 비느하스의 결정적인 행동이었다. 여호와를 위한 그의 질투(열심, zeal)를 통하여 그는 하나님의 심판을 멈추게 하였고, 비느하스의 집은 영원한 '제사장 언약'으로 상급을 받았다(13절).

B. 두번째 인구조사(26:1-65)

본 인구조사에 대한 간단한 서론에서 우리는 이것이 모압 평지에서 있었음을 알 수 있는데(26:3), 이곳은 이스라엘 백성들이 발락과 발람 사건 직전에 진쳤던 장소이다(22:1).

우리는 여기에 나오는 목록을 통하여 이것이 상당히 의도적으로 선택된 것이며 또한 매우 의도적인 구조를 가진 것임을 알 수 있다.[15] 새로운 인구조사를 시행한 목적이 본 장 말미에 언급된다. 약속의 땅을 소유하도록 하락된 여호수아와 갈렙을 제외하고는 옛 세대 가운데 아무도 생존하지 못했다(26:64-65). 이와

15) 총 75명의 이름이 주어진다. 이 숫자는 창 10장에 열거된 70 나라와 창 46장에서 애굽에 내려간 야곱의 70 아들들과 관련될 수 있다. 위에 언급한 두 곳(창 10장과 46장)에서 그 목록의 최종적인 숫자가 70인지 혹은 75인지에 대하여는 본문상의 불확실성이 있다. 그러나 다행스럽게도 숫자의 요점을 알기 위해 꼭 이 문제를 해결해야만 하는 것은 아니다. 이 목록은 완전한 것으로서 의도되지 않았다. 오히려 총수는 일반적인 의미로서 이해되었다. 70 혹은 75의 숫자는 야곱의 모든 아들들이 다 계수되었음을 표현하는 것이다.

같이 본문은 여기에서 민수기 14:22-24에 있는 하나님의 심판의 말씀을 언급한다. 전체 오경 가운데 하나님의 말씀이 성취된 것에 대한 수많은 설화예(說話例, narrative example)가 있다. 여기의 본문 역시 그러한 것들 가운데 하나이다. 하나님께서 민수기 14:22-24에서 말씀하셨던 것이 성취된 것으로 나타난다. 그러한 설화들의 목적은 하나님의 말씀이 분명하며 확실한 것임을 보여주기 위한 것이다. 그가 약속한 것을 그는·행할 것이다. 이와 같이 저자는 하나님에 관한 하나의 논거를 세우고 있는 것이다. 이러한 설화들을 통하여 그는 하나님이 심판과 구원에 있어 신실하신 분이심을 보여준다. 이러한 구절들을 통하여 요셉의 말이 메아리쳐진다: "하나님이 이 일을 정하셨음이라 그가 속히 실행하리이다" (창 41:32).

이름과 숫자들의 목록 가운데 세번의 경우에서(민 26:8-11, 19, 33), 저자는 자신의 관심을 단순한 이름 목록을 나열하는 것으로부터 간단한 전기적(傳記的)인 사실들을 언급하는 것으로 바꾼다. 이러한 주석들은 적어도 하나의 공통적인 특성을 갖는다 - 그것들은 가문의 우두머리의 죽음에도 불구하고 가계의 계속성의 상황을 다룬다. 예를 들어 다단과 아비람의 반역의 이야기(26:8-11)는 고라의 집이 비록 반역으로 말미암아 멸망을 당하였다고 할지라도 완전히 소멸된 것은 아님을 설명해 준다. 앞의 민수기 16:32절에서 고라와 '그의 모든 남자들'이 지진과 불로 멸망을 당하였다고 말하는 것이 가능할 수 있었다. 그러나 여기의 주석은 한걸음 더 나아가 그의 '아들들'이 생존했음을 설명해준다. 독자들로 하여금 고라의 집의 대규모 멸망을 상기시킴으로 이러한 주석은 또한 어째서 르우벤 지파가 이번 인구조사에서 그 수가 작아졌는가 하는 것을 설명해 준다 - 르우벤 지파는 고라의 반역에 동참하였다(참조 민 1:21; 신 33:6).

엘과 오난이 '가나안 땅에서 죽었다'고 하는 두번째 주석(민 26:19)은 유다의 이러한 두명의 불순종하는 아들과 광야에서 죽은 불순종하는 세대의 이스라엘 사이의 연관관계를 끌어낸다

(26:65을 참조하라). 그러나 이러한 주석은 또한 셀라의 집이 생존하였고 또 인구조사에 계수되었음을 설명해 준다 - 비록 앞의 설화들(창 38장)이 그의 자손들을 언급하지는 않는다 할지라도.

슬로브핫에 대해 언급하는 세번째 주석(26:33)은 슬로브핫의 딸들이 그들의 아버지의 권리의 계속성을 요구하는 이야기를 위한 길을 예비한다(27:1-11). 여기에서 슬로브핫의 집은 이미 그의 죽음 이후에도 그의 딸들을 통하여 계속되고 있는 것으로서 언급된다.

이러한 목록이 보여주는 것과 같이, 모세와 아론과 미리암은 레위의 집 사람들이었다. 모세의 아버지와 어머니의 이름은 출애굽기 2:1의 그의 탄생의 이야기 가운데에서는 주어지지 않았었다. 본문으로부터 어떤 사람들은 모세의 어머니와 아버지가 요게벳과 아므람이라고 생각해 왔다. 그러나 59절은 몇 세대를 모세의 가계의 단순한 표현으로 뭉뚱그려 놓은 것으로 보인다: "아므람의 처의 이름은 요게벳이니 레위의 딸이요 그녀는(레위의 아내) 애굽에서 레위에게서 난 자라 그가(요게벳) 아므람에게서 아론과 모세와 그 누이 미리암을 낳았더라." NIV는 이 구절을 좀 다르게 번역을 하고 있다. 그러나 위에 제시된 번역이 히브리어를 보다 문자적으로 나타낸 것이다. 그러므로 이 구절은 요게벳과 아므람이 언제 살았는지를 특별하게 언급해 주지 않는다. 다만 그것은 그들(요게벳과 아므람)이 레위의 집 사람들이고, 모세와 아론과 미리암은 그들의 가계를 따라 태어났음을 말해주는 것이다.

모세 시대에 '아므람 사람들'(Amramite, 즉 아므람의 집의 사람들)은 수백 혹은 수천에 이르렀기 때문에(민 3:28), 출애굽기 2:1에 나와 있는 모세의 무명의 레위인 부모는 단지 아므람과 요게벳의 먼 친척에 불과했다고 보는 것이 훨씬 그럴듯할 것이다. 이러한 해석을 뒷받침하는 것이 출애굽기 6:18-20인데, 이것은 아므람이 레위의 아들들 가운데 하나이고 요게벳은 '그(아므람)

에게서 아론과 모세를' 낳았다고 언급한다. 그러나, 두명의 아므람이 있었는 바 한 아므람은 민수기 3:28의 '아므람 사람들'의 조상이고 또 다른 아므람은 요게벳의 남편이요 모세의 아버지라는 생각은 가능하기는 하지만 그러나 결코 그럴듯 하다고는 할 수 없다.[16]

약속의 땅을 제비뽑아 나누는 지침이 민수기 26:52-56에 주어져 있다.

C. 슬로브핫의 딸들(27:1-11)

앞 장은 고라의 가계가 완전히 소멸된 것은 아님을 보여주었다(26:11) - 비록 16:32에서 '모든 고라의 남자들'이 지진에 삼키워졌다고 말했다 할지라도. 이것은 한가지 의문을 야기시킨다. 만일 그들의 아버지의 이름을 받을 남자가 아무도 없었다면 어떻게 그 가계가 보존될 수 있었는가? 슬로브핫의 딸들에 대한 본 설화는 이런 의문에 직접적으로 대답하기 위해서 의도적으로 이 논제를 제기하고 있는 것으로 보인다. 이러한 설화에서 우리는 어떻게 아들이 없는 가계(家系)가 보존되는 것이 가능한지에 대해 보게 된다. 27:8의 규칙에 따르면, 어떤 가족에 아들이 없으면 그 재산권과 가문의 이름이 딸들에게 돌아가도록 규정되었다. 그러나 딸들도 없으면 그 권리는 형제들 가운데 한 사람에게 주어져야 하였다. 그런데 유업을 받을 형제들도 없으면 그 가족의 권리들은 삼촌이나 혹은 가장 가까운 친척에게 돌아가야 하였다. 슬로브핫의 딸들의 상황과 고라 계열의 존재의 문제 사이의 밀접한 관계는 슬로브핫의 딸 자신들이 광야에서의 고라의 죽음의 예를 제기하고 그녀들의 아버지의 죽음을 그것과 비교한 사실에서 보다 더 분명하게 드러난다. 비록 그(슬로브핫)가 고라의 무리 가운데 있지는 않았다 할지라도, 그녀들의 아버지는

16) Keil, *Pentateuch*, 1:470 을 보라.

고라처럼 죄 때문에 광야에서 죽었다(27:3). 여기 언뜻보기에 별로 중요할 것이 없는 것 같은 설화들 가운데 제사장 계열의 생존(살아남음, survival)이라고 하는 보다 큰 논제를 다루는 의식적인 시도가 있는 것이다. 하나님의 심판 가운데에서도 고라의 집의 남은 자들은 구원을 받았다.

명령 #248. 민 27:8. 기업을 수반하는 판결: "사람이 죽고 아들이 없거든 ...."

D. 모세의 후계자로 임명된 여호수아(27:12-23)

민수기 20:22-29에 대한 주석에서, 우리는 모세의 죽음과 아론의 죽음 사이의 유사성 뿐만 아니라 엘르아살을 제사장으로 세우는 것과 사무엘상의 엘리의 집이 무너지는 것 사이의 관계에 주의를 기울였다. 본 설화와 미래의 사건들 사이에도 역시 유사한 관계가 나타난다. 모세가 자신의 권위(광휘 혹은 위엄)를 여호수아에게 넘기고 여호수아가 성령을 받는 모습은 마치 열왕기하 2:7-15에서 선지자 직분이 엘리야로부터 엘리사에게로 이전되는 것과 너무도 흡사하다. 이것은 아마도 열왕기 저자가 비교(comparison)를 위하여 이러한 주제들을 자신의 설화 속으로 끌어들인 것으로 보인다. 예를 들어 엘리야는 마치 모세가 홍해에서 그렇게 했던 것처럼 자신의 겉옷으로 요단의 물을 나누었다(왕하 2:8). 엘리야가 하늘로 올라간 후 그 위에 임하였던 성령이 엘리사에게 임했을 때, 엘리사는 동일한 요단 물을 나누었다(왕하 2:14). 이것은 모세와 여호수아의 패턴을 따르는 것이다. 모세의 영광이 그 안에 성령이 거하셨던 여호수아에게 임한 후에, 그 또한 모세가 홍해를 나누었던 것처럼 요단의 물을 나누었다(수 3:7, "여호와께서 여호수아에게 이르시되 내가 오늘부터 시작하여 너를 온 이스라엘의 목선에서 크게 하여 내가 모세와 함께 있던 것 같이 너와 함께 있는 것을 그들로 알게 하리라"). 오경의 설화들을 따라 엘리야와 엘리사의 설화들을 구성함에 있어, 열왕기 저자는 그것들(오경의 설화들)을 정확하게 따랐다. 모세와 여호수아에 의해 나타난 유형의 지도력은 엘리야와 엘리사의 그것과 동일한 것이다. 그것은 하나님의 신에 의해 인도되는 지도력인 것이다.

신명기 18:14-22에서 우리는 후대 이스라엘의 선지자직이 하나님께서 모세 안에서 행하셨던 본을 따라 형성되는 것을 보게 될 것이다: "네 하나님 여호와께서 너의 중 네 형제 중에서 나와 같은 선지자 하나를 너를 위하여 일으키시리니 너희는 그를 들을지니라." 이와 같이 여호수아가 모세를 계승하는 것은 하나님의 신에 의해 인도된 선지자직의 계승과 맥을 같이하는 것이 될 것이다. 그것은 후대 선지자들의 계승을 위한 하나의 모델이 되었다. 본 섹션이 선지자적 영의 역할을 상당히 강조하고 있는 사실에 비추어, 모세가 여기에서 하나님을 '신들의 하나님'(the God of spirits)으로 언급하고 있는 것은 대단히 흥미롭고 또 적절한 것이다(민 27:16). 본 섹션은 신명기 32:48-52에서 거의 축자적으로 반복된다.

본 장의 끝부분(민 27:21)에 제사장직과(선지자적) 지도자 사이의 관계가 묘사되어 있다. 제사장 엘르아살은 우림을 통하여 여호와께 물어야 하였다. 또(선지자적) 지도자 여호수아는 그의 충고를 따라야 하였다.

XI. 통상적인 기념일들(28:1-29:40 〈MT 30:1〉)

저자는 이스라엘의 예배에 있어 통상적인 기념일들에 대한 가르침이 앞의 설화들 가운데 여러 차례 언급되었음을 잘 알고 있었다. 그러나 그는 여전히 이것들을 한데 모아 요약하고 또 그날에 드리는 추가적인 제물들의 성격을 상술할 필요를 느꼈다. 이렇게 하여 각각의 기념일을 위한 통상적인 제물들에 대한 묘사가 이제 뒤따른다. 이러한 제물들은 각각의 특별한 절기를 위해 요구된 것들에 더하여 드려져야 하였다.

본 목록은 일차적으로 레위기 23장의 절기들로부터 끌어온 것이다. 본문에는 '첫 열매'의 절기(레 23:9-14)에 대한 언급이 없다. 이 때에 드려져야 할 제물이 이미 레위기 23:12에 상술되어 있다. 그러므로 아마도 여기에서 그것을 반복할 필요가 없었을 것이다. 우리는 어떤 특별한 제물들을 갖고 있지 않은(예컨대, 유월절) 다른 기념일들이 본문에서 반복되고 있는 것과 또한 특별한 제물들을 갖는 다른 기념일들이 처음으로 여기에 덧붙여져 있는 것을 주목하여야 한다. 이러한 사실은 저자가 이것을 매우 포괄적인 목록이 되도록 의도했음을 보여준다. 그러나 '첫 열매'의 절기가 빠진 사실은 비록 저자가 포괄적인 목록을 의도했다 할지라도 그가 레위기 23장을 단순하게 반복하는 것을 피하였음을 암시한다. '첫 열매'의 절기에 대한 묘사와 그날에 드릴 제물들이 레위기 23장에 이미 상술되어 있기 때문에, 여기에서 그것을 반복할 이유는 전혀 없었던 것이다.

여기에 묘사된 것의 결과는 누가적(累加的, cumulative)이다; 다시 말해서, 여기에는 그 해의 매 날을 위한 매일의 제물이 있고, 매 안식일을 위한 안식일 제물이 있으며, 각 달의 첫날을 위한 제물이 있고, 또 각각의 특별한 절기를 위한 제물이 있다. 어떤 겹치는 날에는 각각의 제물은 순차적으로 드려졌다. 예를 들어 안식일에는 안식일 제물 뿐만 아니라 매일의 제물까지도 드려졌던 것이다.

본 목록이 옛 세대의 죽음과 새로운 인구조사가 끝난 이후에 주어진 사실 역시 매우 중요한 것일 수 있다. 이제 약속의 땅으로 들어가도록 부름받고 있는 새로운 세대를 위하여 종교적인 의무들이 반복되고 있는 것이다. 비록 유월절이 출애굽의 때(출 12장)와 그 다음 해(민 9:1-2)에 기념되었다 할지라도, 여호수아 9:5-8에 따를 때 모든 종교적 의무는 아니라 할지라도 어떤 것들은 이스라엘 백성들이 광야에 있는 동안 지켜지지 않았다. 그러므로 새로운 세대를 위한 과거의 요구들이 요약되어 주어질 필요가 있었던 것이다.

A. 매일의 제물(28:1-8)

이러한 규례들은 출애굽기 29:38-42에 주어졌다가 여기에서 다시 반복되고 있는데, 아마도 이것은 그것들이 레위기 23장에서 언급되지 않았기 때문일 것이다.

> **명령** #39, 민 28:3, 일년된 두마리의 어린 양이 매일 여호와께 드려져야 한다(타미드): "너희가 여호와께 드릴 화제는 이러하니 일년 되고 흠 없는 수양을 매일 둘씩 상번제로 드리되 ...."

B. 안식일 제물(28:9-10)

안식일을 지키는 것은 하나님께서 자신의 모든 일로부터 '쉬셨던' 창조에 그 뿌리를 두고 있는 것이었다(창 2:2-3). 안식일은 출애굽기 20:8-11의 십계명의 한 부분으로 규정되었으며, 또한 레위기 23:3에서 통상적인 기념일 가운데 포함되었다. 레위기 23장은 이 날에 제물을 드려야 할 필요성에 대해 아무런 언급도 하지 않는다. 그것은 여기에서 처음으로 언급되고 있는 것이다(겔 46:1-5을 참조하라).

명령 #41. 민 28:9. 매 안식일에 추가적인 제물이 드려져야 한다: "일년되고 흠없는 수양 둘"

C. 매월 드리는 제물(28:11-15)

레위기 23장의 통상적인 예배를 위한 지침들은 '달의 첫날' 혹은 월삭을 특별한 날로써 구별할 것을 말하지 않는다. 그러나 민수기 10:10은 나팔을 붊으로써 '달의 첫날'을 기념일로 구별할 것을 말한다. 그것이 여기에 포함되어 있는 사실은 레위기의 목록은 선택적인 것이고 여기의 목록은 포괄적인 것으로 의도된 것임을 보여준다.

명령 #42. 민 28:11. 매월 추가적인 제물이 드려져야 한다: "월삭에는…… 여호와께 드리되"

D. 연중의 기념일들(28:16-29:40)

1. 유월절과 무교절(28:16-25)

유월절은 레위기 23:5-8에서 간단하게 묘사되었는데, 여기에서는 단지 '화제'가 칠일 간의 무교절 동안 매일 드려져야 함이 설명되어 있을 뿐이다. 그러나 민수기 본문에는 이러한 '화제'의 성격이 묘사되어 있다(민 28:19-22). 여기에서 유월절의 목록이 열거될 필요가 없었음을 주목할 필요가 있다 - 왜냐하면 그 날에는 어떤 특정한 제물도 드려지지 않기 때문이다. 여기에 언급된 제물들은 단지 7일 동안의 무교절을 위한 것이다.[17] 이것은 다

17) Holzinger, *Numeri*, 143 을 보라.

시 한번 저자의 목적이 포괄적인 측면에 있음을 보여주는 것이다.

2. 칠칠절(28:26-31; 참조 신 16:9-12)

'첫열매'의 때로부터 50일 끝에 칠칠절이 기념되었다. 레위기 23:18에 이 절기는 이미 일곱마리의 어린 양과 젊은 수소 한마리와 수양 두마리를 제물로 드릴 것이 요구되었다. 그렇다면 여기에 열거된 제물들의 목적은 무엇인가? 그것들은 칠칠절의 제물과 동일한 제물인가 아니면 추가적인 제물인가? 이 구절이 전통적으로 해석되는 바와 같이, 여기에 묘사된 제물들(두마리의 젊은 수소, 한마리의 수양, 일곱마리의 어린 양)은 레위기 23장에 기록된 것들에 더하여 드려져야 했다.

본 구절에 대한 전통적인 해석을 우리는 마이모니데스(Maimonides)의 「미쉬나 토라」(Mishina Torah)에서 찾을 수 있다.

> 곡식단을 계수하는 것으로부터 50번째 날이 칠칠절이고(출 34:22), 이 날은 엄숙한 총회의 날이다. 이 날에 그들은 월삭의 추가적인 제물들처럼, 많은 것을 다시 말해서 두마리의 젊은 수소와 한마리의 수양 그리고 일곱마리의 어린 양을 드린다. 그것들은 모두 번제이다. 또한 속죄제로서 염소 한마리가 드려진다. 이것들은 민수기 28:26, 27, 그리고 30절에 언급된 제물들이다. 이것들은 매일의 제물들에 덧붙여진 것이다. 나아가서 그들은 이 날에 더 많은 것을, 다시 말해서 소제로서 두 덩어리를 드려야 하였다. 그리고 그들은 두 덩어리와 함께 한마리의 젊은 수소와 두마리의 수양 그리고 일곱마리의 어린 양을(모두 번제로서), 그리고 속죄제로서 염소 한마리를, 그리고 화목제로서 어린 양 두마리를 드려야만 하였다. 이것들은 레위기 23장에 언급된 것들이다. 그러므로 이 날에는 매일의 제물 둘과 세마리의 젊은 수소, 세마리의 수양, 그리고 열네마리의 어린 양 해서 모두 스무 마리의 번제물이 드려져야 하였다. 또 속죄제를 위해 염소 두마리와 화목제를 위해 어린 양 두마리가 드려져야 했는데, 이것들은 모두 먹는 것이었다.[18)]

어떤 학자들은 레위기와 민수기의 두가지 묘사 사이에는 본문상의 혼란(textual confusion)이 있다고 믿는다. A. Noordtzij에 따르면, 민수기에 제시된 제물들은 레위기 본문으로부터 잘못 받아들여진 것이다.[19] 그러나 이러한 가정을 뒷받침해 줄만한 아무런 본문상의 증거(textual evidence)도 존재하지 않는다.

명령 #45. 민 28:26-27. 단을 드리는 날로부터 50일째 되는 날, 즉 칠칠절에는 추가적인 제물이 드려져야 한다: "칠칠절 처음 열매 드리는 날에……"

3. 나팔절(29:1-6)

칠월 첫째날 기념되었던 나팔절은 특별한 기념의 날로 레위기 23:23-25에 언급되어 있다. 이 날을 위한 제물이 여기에 열거되어 있다. 후대 유대교에서, 아마도 제 2성전이 무너진 직후(주후 70년), 이 절기는 Rosh Hashanah, 새해의 날(New Year s Day)로서 기념되었다. 그러나 성경에서 그것은 '새해의 날'로 결코 불려지지 않는다. 왜냐하면 성경 시대에 새해는 아빕월인 3월\4월 어간에 시작되었기 때문이다(출 12:2). 그러나 '일곱째 달'(티스리월)을 새해의 달로서 받아들인 초기의 선례가 있었다 - 왜냐하면 이것이 출애굽 이전에는 이스라엘에 있어 분명한 관례였기 때문이다(출 23:16 참조). 에스겔 40:1에서의 새해의 언급은 출애굽한 달인 니산월을 지칭한 것일 것이다.

명령 #47. 민 29:1-2. Ros Hashanah(티스리월 첫날)에는 추가적인 제물이 드려져야 한다: "칠월에 이르러는 그 달 초일일에 성회로 모이고.... 번제로 드릴 것이요"

명령 #170. 민 29:1. 티스리월 첫날(Rosh Hashanah)에는 '쇼파르'를 들어야 한다: "이는 너희가 나팔을 불 날이니라."

---

18) Maimonides, *Tamidin*, 8.1.

19) A. Noordtzij, *Numbers*, Bible Student's Commentary, trans. Ed van der Maas (Grand Rapids: Zondervan, 1983), 236.

4. 속죄일(29:7-11)

칠월 십일의 속죄일을 기념하기 위한 지침들이 레위기 23:27-32에 기록되어 있다. '속죄' 제물이 레위기 16장에 서술되어 있다. 한편 민수기 본문에서 저자는 단지 레위기 16장에 서술된 제물들에 대해 추가적으로 규정된 제물들만을 열거한다. 속죄일에는 레위기에 서술된 제물들에 더하여 속죄제물로서 수염소를 가져야만 했음을 주목할 필요가 있다(민 29:11). "속죄일에 그들은 추가적으로 젊은 수소 한마리와 수양 한마리를 드렸다. 이러한 수양은 백성들의 수양이라고 불려졌다. 또한 번제물로서 일곱마리의 어린 양과 속죄제로서 한마리의 염소가 드려졌는데, 속죄제의 염소는 저녁때에 먹었다. 더우기(레 16:9-10에 따르면), 이스라엘 회중은 속죄제로서 염소 한마리를 드려 그것을 불에 태웠고, 또한마리의 염소는 속죄의 염소(scapegoat)로서 광야로 보내어졌다."[20]

> **명령** #48. 민 29:7-8. 속죄일(티스리월 10일)에는 추가적인 제물이 드려져야 한다: "칠월 십일에는…… 여호와께 향기로운 번제로 드릴 것이며...."

5. 장막절(29:12-38)

장막절은 레위기 23:33-43에 서술되어 있다. 그날은 칠월(티스리월) 십오일에 기념되어야 하였다. 본문에서 이 날은 단지 '절기'라고만 불려지고 있는데, 이것은 그날이 잘 알려지고 또 중요한 연중행사였음을 암시한다. 레위기 23:39에 따르면, 그날은 토지 소산을 '거두는' 것을 기념하는 날로서 오늘날의 추수감사절과 비슷한 날이었다. 본 장은 그것을 기념하는 팔일 동안의 특별한 제물들을 설명하는 것으로 채워져 있다. 요구된 제물과 희생이 단순하게 기록되어 있는 사실(첫날에 열세마리의 젊은 수소, 두마리의 수양 그리고 열네마리의 어린 양)은 이것이 초기의 절기들 가운데 가장 큰 절기로서 간주되었음을 암시한다.

---

20) Maimonides, *Tamidin*, 10.12.

이 절기의 이어지는 각 날마다 한마리씩 줄어든 숫자의 수소들이 드려졌다. 그러므로 총 칠십마리의 수소들이 드려졌으며, 일곱째 날에는 일곱마리의 수소가 드려졌다.

> 신성한 숫자 7이 매우 두드러진다…… 일곱째 달에 펼쳐졌던 특별한 행사들과 그 달 첫날의 특별한 성격(특별한 제물들에 의해 함축되는)을 주목하라. 또 첫째 달과 일곱째 달에 각각 7일동안 펼쳐졌던 두 큰 절기를 주목하라(28:17; 29:12). 7월 절기에 요구되었던 70마리의 수소를 주목하라. 이와 같이 이 절기의 칠일 동안 드려졌던 희생제물의 총 숫자는 7 × 7 × 2 의 어린 양, 7 × 7 의 수양, 7 × 10 의 수소, 그리고 7 마리의 염소였다.[21)]

명령 #50, 민 29:13, 숙곳(장막)절에는 추가적인 제물이 드려져야 한다: "너희 번제로 여호와께 향기로운 화제를 드리되……"

명령 #51, 민 29:36, 숙곳(장막)절 제 8일에는 추가적인 제물이 드려져야 한다: "번제로 여호와께 향기로운 화제를 드리되……"

21) G. B. Gray, *A Critical and Exegetical Commentary on Numbers, ICC* (Edinburgh: T. & T. Clark, 1903), 406-7.

Ⅻ. 서원(30:1-16 〈MT 2-17〉)

서원(맹세)에 관한 구절을 이 자리에 위치시킨 것은 앞의 민수기 29:39에서 '서원'에 대한 언급으로 동기유발된 것이다.[22] 그것은 남편과 아내, 그리고 아버지와 딸 사이의 관계에 초점을 맞추면서 앞에서 제시된 맹세에 관한 설명을 확장시킨다(레 27장; 민 6:1-32).

> **명령** #95. 민 30:3(EVV 2). 서원을 깨뜨려서는 안된다: "사람이 여호와께 서원하였거나 마음을 제어하기로 서약하였거든 파약하지 말고 그 입에서 나온대로 다 행할 것이니라."(M. 오직 재판관 만이 율법과 합치되게 맹세를 무효화할 수 있다: "그리고 그는 자신의 말을 깨뜨리지 말아야 한다" - 재판관은 자신의 말을 깨뜨릴 수 있음을 의미하면서.)
>
> **금지** #157. 민 30:3(EVV 2). 사람은 자신의 말을 깨뜨려서는 안된다: 그는 자신의 말을 깨뜨려서는 안된다."

본 섹션(section)은 맹세에 대한 책임을 다루는 일반적인 진술로 시작된다. 어떤 남자가 맹세(서원)를 하면, 그는 그것에 구속된다(30:2). 이어서, 그는 자기 집의 여자들에 의해 행하여진 맹세에 대하여도 역시 책임이 있음이 언급된다. 그가 자기 집에 있는 여자가 맹세를 하는 것을 들었을 때 - 그의 아내든지 딸이든지 - 그는 분명하게 이야기함으로써 그 맹세를 무효화시킬 수 있었다. 만일 그가 그렇게 하지 않는다면, 그 맹세는 분명하게 세워지는 것이다. 과부나 이혼한 여자의 경우(즉, 집에 아버지나 남편이 없을 때) 그녀의 말은 그 자체로 충족한 것이었다.

22) Holzinger, *Numeri*, 146 을 보라.

창세기 3장의 아담의 유죄(有罪)는 이러한 율법 배후에 있는 원리에 그 뿌리가 놓여진 것일 수 있다. 3:6에서 아담의 아내는 그의 면전에서 경솔한 결정을 하였다: '여자가 그 실과를 따먹고 자기와 함께 한 남편에게도 주매.' 민수기 본문의 관점에서 볼 때, 아담의 침묵은 그로 하여금 아내의 행동에 대해 유죄가 되게 했던 것이다.

XIII. 미디안 족속과의 전투(31:1-54)

이제 설화는 바알브올에서의 백성들의 죄로 되돌아간다(민 25장). 25장 말미에서 하나님은 모세에게 미디안 지도자의 딸 고스비로 이스라엘 백성들을 교활하게 유혹한 미디안 족속을 치도록 말씀하셨다(6-15절). 비느하스가 25장에서 백성들의 배교에 종지부를 찍게 했던 것처럼, 여기에서도 그는 미디안 족속에 대해 복수를 실행하도록 부름을 받는다. 이어지는 전투에서 12,000명의 이스라엘 군사들이 비느하스의 명령에 따라 미디안의 다섯 왕과 브올의 아들 발람을 포함하여 '모든 사람'을 죽였다.

미디안의 여인들과 아이들을 남겨둠으로써 이스라엘은 가나안 여인과 혼합되고 그럼으로 여호와를 버리는 위험을 다시 또 새롭게 하였다. 이리하여 그들은 다시금 25장의 위험한 상태로 되돌아 왔다. 이 때 일어나 이 문제를 강력하게 다룬 사람은 비느하스가 아니라 모세였다. 모세는 모압과 미디안 여인과의 앞의 배교로 말미암아 24,000명을 친 염병을 언급함으로써 이 문제를 단호하게 대처했다(31:16, 보라 이들이 발람의 꾀를 좇아 이스라엘 자손으로 브올의 사건에 여호와 앞에 범죄케하여 여호와의 회중에 염병이 일어나게 하였느니라). 군대는 전투가 끝난 후에 반드시 스스로를 의식적으로(儀式的으로, ritually) 깨끗케하여야 한다는(제 3일과 7일에) 명령은 시체를 만진 후에는 반드시 깨끗게하여야 한다는 가르침에 기초한 것이다(19:16-21). 그러한 명령은 또한 그들의 사명이 미디안 족속들에 대한 하나님의 진노를 수행하는 것이었다는 사실과 상응하는 것이다(25:16-17을 참조하라).

엘르아살이 31:21에서 언급한 '여호와께서 모세에게 명하신 법률'은 오경 어디에서도 발견되지 않는다 - 비록 그가 명령한 것의 한 부분이 민수기 19장에 주어져있다 할지라도. 이것은 오경에 포함되어있는 율법들이 선택적인(selective) 것임을 보여주는 것이거나(즉 모세에게 주어진 율법 전부가 포함된 것은 아니라는 것), 아니면 제사장에 의해 주어진 어떠한 율법도 '여호와께서 모세에게 명하신 법률'이라고 불려질 수 있었음을 보여주는 것이다(신 33:10을 참조하라). 아마도 전자가 더 그럴듯해 보이는데, 그것은 본문이 그것을 여호와께서 '모세에게' 명한 것이라고 분명하게 언급하고 있기 때문이다.

XIV. 요단 동편의 지파들(32:1-42)

본 설화는 광야에서 죽은 이전 이스라엘 세대와 약속의 땅에 들어갈 새로운 세대 사이의 대조를 보여준다. 그러한 대조는 르우벤 지파와 갓 지파가 땅을 요구한 것에 대해 모세가 오해한 결과로서 온 것이다. 처음에 모세는 요단 동편에 머물겠다는 그들의 요구를 마치 민수기 13장에서 정탐꾼들의 나쁜 소식이 그러했던 것처럼 모든 이스라엘을 '낙담케하는 일'로서 해석하였다. 그러나 르우벤 지파와 갓 지파가 이스라엘의 나머지 지파들을 위해 싸우겠다는 의지는 모세가 그들을 오해하였다는 것과 또한 이 세대는 약속의 땅에 들어가기를 거절했던 옛 세대와는 완전히 다르다는 것을 보여주는 것이었다.

므낫세 '반 지파'는 본 설화 앞부분에 르으벤 지파와 갓 지파와 더불어 함께 언급되지 않는다. 그들은 단지 모세가 요단 동편 지역의 땅을 분배할 때인 32:33에서 처음으로 언급되고 있을 뿐이다. 그들이 요단 동편 지역의 분깃을 할당받았음을 분명하게 하기 위하여 저자는 이 지역에서의 므낫세의 아들들의 정복 이야기로서 설화를 종결짓는다(39-42절).

우리는 르우벤과 갓이 길르앗 땅을 요구하였음에도 불구하고 (1절) 므낫세 지파가 그 땅을 할당받았음을 주목할 필요가 있다 (40절). 이것은 르우벤과 갓의 처음 요구가 므낫세의 할당을 포함하고 있었던 것을 의미할 수 있다. 본 설화에서 길르앗 땅은 르우벤과(1절) 므낫세에게(40절) 주어진 것으로 나타난다.

이러한 난점은 나중에 설명된다. 길르앗의 반은 르우벤 지파에게 돌아가고 나머지 반은 므낫세에게 돌아갔다(신 3:12-13; 참조 수 13:24-31). 분명히, 길르앗 땅은 어떤 특정한 위치가 아

니라 트랜스요르단 중앙의 넓은 지역이었던 것이다.[23)]

23) Carl G. Rasmussen, *NIV Atlas of the Bible* (Grand Rapids: Zondervan, 1989), 101을 참조하라.

XV. 광야에서 이스라엘이 친 진들 (33:1-49)

광야에서 진을 친 것의 목록은 첫째 달 15일 이스라엘이 라암세스를 떠난 것으로부터 시작하여 그들이 민수기 22:1 이래로 계속 있었던 '모압평지'에 진을 친 것으로 끝난다. 라암세스와 모압평지 사이에 40개의 진(陣)이 있는데, 아마도 이것은 광야에서 보낸 40년을 문자적으로 반영하는 것일 것이다. 만일 라암세스와 모압평지까지 포함시킨다면 그 숫자는 42개가 될 것이다. 어떤 경우든지 간에 그 목록은 선택적(selective)이다. 왜냐하면 앞에 기록된 어떤 지역은 포함되지 않았기 때문이다(예컨대, 수르, 다베라, 그리고 호르마 이러한 지역들은 민 21:11-13, 16-19에 언급되어 있다). 본 장에 언급된 지역들 가운데 많은 지역들은 오직 본 장의 목록에서만 나타날 뿐이다.[24)]

진들의 목록 가운데 모세(2-3절)와 아론(38-39절)의 사역에 초점을 맞추는 두개의 짤막한 설화가 있다. 이러한 두개의 단편 가운데 광야에서의 40년 기간의 시작과 끝을 밝혀주는 이스라엘의 유일한 여행날짜가 발견된다(3, 38b). 두 설화 속에는 모세(2절)와 아론(38절)이 '여호와의 명령'에 순종했다고 하는 동일한 논평이 포함되어 있다. 그러므로 오경의 보다 큰 전략중 본 목록의 목적 가운데 하나는 이러한 두명의 위대한 지도자들의 사역에 대한 간단한 회고를 제공하는 것으로 보인다. 하나님은 40년동안 광야에서 그 백성을 인도하기 위해 그들과 그들의 순종을 사용하셨다. 여기에서는 그들의 사역의 긍정적인 부분이 강조되고 있는 것으로 보이는데, 그것은 아론의 죽음이 여기에

---

24) Gray, *Numbers*, 444 를 보라.

기록될 때 모세와 아론의 반역에 대하여는 아무런 언급도 나타나지 않고 있다는 사실에서 그러하다. 사실 이러한 주제(모세와 아론의 반역 이야기)는 그들의 죽음을 언급하는 다른 자리에서는 종종 나타나는 주제인 것이다(민 20:24을 참조하라). 사실상 본문에서 아론의 죽음은 그의 마지막 순종의 행동으로서 그려지고 있다: "제사장 아론이 여호와의 명으로 호르 산에 올라가 거기서 죽었다"(33:38).

XVI. 약속의 땅을 소유하기 위한 준비 (33:50-36:13)

A. 약속의 땅의 분할(33:50-34:29)

1. 모든 가나안 족속들을 쫓아내라는 가르침 (33:50-56)

본문에서 저자는 이스라엘이 그 땅을 소유하는 것이 하나님의 뜻에 대한 순종의 행동임을 주의깊게 지적한다. 하나님은 땅의 주인이셨다. 하나님은 '태초에' 땅을 창조하셨다(창 1:1). 그분은 여전히 그것을 소유하고 계신다. 그리고 그분은 '자신이 보기에 기쁜 자에게 그것을 주실 것이다'(렘 27:5). 본문은 이스라엘 백성들이 스스로 그 땅을 취하고 있는 것이 아니라, 우상숭배하는 가나안 족속들에 대한 징계에 있어 하나님의 대행자로서 행동하고 있었던 것임을 보여주고자 노력한다. 이와 같이 그들은 그 땅에 들어갈 때 가나안의 모든 우상들과 우상숭배의 처소들을 무너뜨려야 하였다. 또 그들은 가나안 족속들을 자신들 가운데 머물도록 허용해서도 안되었다. 만일 이스라엘이 하나님을 순종하는데 실패한다면 그들 역시도 하나님의 징계의 대상이 될 것임을 주목하는 것이 중요하다. 하나님의 마지막 말씀은 상당히 불길한 음색을 띄고 있다: "내가 그들에게 행하기로 생각한 것을 너희에게 행하리라"(민 33:56).

여호수아는 이스라엘이 그 땅을 취하는 최초의 성공을 한 후에 이스라엘에 대하여 동일한 경고를 발한다(수 23:12). 그러나 심지어 그의 시대에 조차도 하나님의 명령은 실행되지 못했다. 기브온 사람들이 이스라엘을 속여 그들과 언약을 맺었다. "여호수아가 곧 그대로 그들에게 행하여 그들을 이스라엘 자손의 손에서 건져서 죽이지 못하게 하니라"(수 9:26). 후대의 성경 저자들은 이스라엘의 배교의 중심적인 원인으로서 그들이 이러한 명령을 실행함에 있어 실패한 것을 지적한다: "저희가 여호와의 명을 좇지 아니하여 이족들을 멸하지 아니하고 열방과 섞여서 그 행위를 배우며 그 우상들을 섬기므로 그것이 저희에게 올무가 되었도다 저희가 그 자녀로 사신에게 제사하였도다 무죄한 피 곧 저희 자녀의 피를 흘려 가나안 우상에게 제사하므로 그 땅이 피에 더러웠도다 저희는 그 행위로 더러워지며 그 행동이 음탕하도다"(시 106:34-39).

2. 그 땅의 경계에 대한 묘사(34:1-15)

지중해 같이 분명한 지리적 위치를 가진 것을 제외하고, 본 장에 기록된 많은 장소들은 오늘날 그 위치를 확인할 수 없다. 그러나 그 땅 자체의 자연적인 경계를 따름으로써 우리는 개괄적인 위치를 어느 정도 얻을 수 있다.[25] 여기에서 핵심적인 지리적 위치로서 언급되는 경계들이 이어지는 이스라엘의 역사 동안 결코 충분하게 알려진 것이 아니라는 사실을 주목하는 것이 중요하다. 예를 들어 이스라엘의 서쪽 경계들은 결코 지중해까지 확장된 적이 없다: "항상 지중해 해안선으로부터 어느 정도 떨어져 있었다."[26] 그러므로 우리는 이러한 목록을 그 안에서 이스라엘이 자유롭게 영토를 점령하는 일련의 외적인 경계들(outside perimeters)로서 이해하여야만 한다.

그러나 이러한 모든 장소들의 위치를 정확하게 알려주는 것이 저자의 주된 관심은 아니다. 요컨대 저자는 오경의 독자들로 하여금 지금 당장 밖으로 나가 이러한 도시들을 취할 것을 의도하고 있는 것이 아니다. 오히려 그의 목적은 자기 백성에게 땅을 할당해 주시는 하나님의 사역을 보여주는 것이다. 하나님은 오

25) Barry J. Beitzel, *The Moody Atlas of Bible Lands* (Chicago: Moody, 1985), 9를 보라.

26) Gray, *Numbers*, 453.

경의 다른 곳에서 모든 나라들의 경계를 할당해주는 분으로서 그려진다(창 10장; 신 32:8). 그리고 여기에서 그분은 또한 자기 백성들을 위해 동일한 일을 하고 있는 것으로서 나타나고 있는 것이다. 그 땅은 하나님으로부터의 선물이고, 이스라엘은 그것을 감사함으로 받아야 하는 것이다.

3. 그 땅을 나눌 지도자들의 목록(34:16-29)

본 목록의 처음 세 사람의 이름은 앞의 설화들로부터 잘 알려진 이름들이다. 여호수아, 엘르아살, 그리고 갈렙. 그러나 나머지 이름들은 새로운 이름들이다. 그러므로 이들은 그 땅을 차지할 새로운 세대를 대표한다. 이들에게는 '족장'(prince)이라는 칭호가 붙여지는데, 그것은 여기에서 그들이 각 지파의 대표자임을 의미하는 것이다. 본 목록에 반영된 지파들의 순서는 다음과 같다. 유다, 시므온, 베냐민, 단, 므낫세, 에브라임, 스불론, 잇사갈, 아셀, 그리고 납달리. 이러한 순서는 민수기 1장과 7장에 나타난 지파들의 순서와 상이하다. 반면 그것은 땅을 할당하는 여호수아 19장의 순서를 어느 정도 따르고 있다. 르우벤과 갓 지파는 빠졌는데, 그것은 오직 요단 서쪽 지역에만 초점이 맞추어져 있기 때문이다.

B. 레위인을 위한 도시들(35:1-8)

총 48개의 도시들이 레위지파 곧 레위인들에게 주어졌다. 각 도시들은 대략 207에이커 정도의 크기였으며, 성읍(town)과 초원으로 이루어져 있었다.[27] 이것들 가운데 여섯개가 도피성이었다. 이러한 규례는 여호수아가 그 땅을 분배하는 가운데 실행되었다. 레위인의 도시들에 대한 언급은 바벨론 포로로부터 귀환한 후(스 2:70) 뿐만 아니라 후기 왕정시대(대하 31:15)에서도 발견된다. 포로 전, 제사장 가문 출신인 예레미야는 아나돗

27) Ibid., 464.

에 살았었는데, 그것은 여호수아 21:18에 언급된 레위인의 도시들 가운데 하나였다.

명령 #183. 민 35:2. 레위인의 도시들: "이스라엘 자손에게 명하여 그들의 얻은 기업에서 레위인에게 거할 성읍들을 주게하고……"

C. 도피성(35:9-34; 참조 신 19:1-14)

도피성을 위한 규정들을 열거한 후, 저자는 그것의 사용을 규제하는 율법들을 보다 포괄적으로 제시한다. 주어진 규례들 가운데 볼 수 있는 바와 같이, 그 도시들은 살인을 저지른 자들을 위한 피난처를 제공해야만 하였다. 살인으로 희생당한 자의 가까운 친척이 그의 죽음에 대해 복수하고자 의도할 것을 우리는 쉽게 상상할 수 있다. 그러므로 그러한 규정은 이러한 복수를 막기 위해 만들어진 것이다. 일단 무죄한 '살인자'가 안전한 피난처를 발견하게 되면, 이제 재판이 열리게 된다. 만일 그가 고의적으로 살인한 것이 입증된다면, 그것은 극형(極刑)에 해당되는 것이었고 그는 죽음에 처하여지게 되었다. 반면 그것이 우연적인 사고로 인한 것이었다면, 그는 '대제사장이 죽을 때까지' 도피성의 보호 아래 남아 있어야 했다(35:25).

이러한 규례를 종결하는 가운데 이러한 율법의 기초가 제시된다: "너희는 너희 거하는 땅 곧 나의 거하는 땅을 더럽히지 말라 나 여호와가 이스라엘 자손 중에 거함이니라"(35:34). 사실상 바로 이 원리가 이스라엘의 많은 율법들의 기초였다. 우리가 종종 확인한 것처럼, 성경의 율법의 독특성은 자기 백성 가운데 은혜롭게 거하시는 인격적인 하나님의 뜻을 그것이 대표한다는 사실에 놓여있는 것이다.

도피성

중범죄자를 위하여 도피성을 제공하는 사상은 관습상의 부족법(혈족은 반드시 복수를 하여야 한다는)과 시민법(표준적인 공의의 법전에 따라 개인적으로가 아니라 전체에 의해 수행되어야 한다는) 사이의 긴장에 뿌리를 두고 있다.

피의 복수는 종종 유목민 무리와 관련된 반면 법적인 절차는 마을 및 성읍들과 관련된다. 이스라엘은 故殺을 규제함에 있어 중간단계를 채택할 필요를 느꼈다. 그렇게 함으로써 무죄한 사람이 재판을 받기 전에 살해당하는 일을 막을 수 있었다. 죄에서 면제되는 것은 오직 그의 고향의 회중들에 의해서나 대제사장의 죽음에 의해 가능했는데, 이러한 것들은 범죄자로 하여금 의식적 불결로부터 자유케하였다.

명령 #225, 민 35:25, 우연히 사람을 죽인 자는 추방하여야 한다: "피를 보수하는 자의 손에서 살인자를 건져내어……"

금지 #292, 민 35:12, 재판 없이 사형당해서는 안된다: "살인자가 회중 앞에 서서 판결을 받기까지 죽지 않게 하기 위함이니라."

금지 #291, 민 35:30, 한 사람의 증인의 증거로 인하여 죽음에 넘기워져서는 안된다(M. 한명의 증인이 재판장으로 행동해서는 안된다): "한 증인의 증거만 따라서 죽이지 말 것이요."

금지 #295. 민 35:31. 살인자로부터 속전을 받아서는 안된다: "살인죄를 범한 고살자의 생명의 속전을 받지 말고……"

금지 #296. 민 35:32. 사람을 죽인 자로부터 속전을 받아서는 안된다: "또 도피성에 피한 자를 대제사장의 죽기 전에는 속전을 받고 그의 땅으로 돌아가 거하게 하지 말 것이니라."

D. 슬로브핫의 딸들의 기업(36:1-13)

여기에 제시되고 있는 논제는 민수기 27장의 여자의 기업에 관한 결정에 기초하고 있다. 그 문제와 그에 대한 해결책이 본문으로부터 분명하게 나타난다. 어떤 지파의 기업이 그것을 상속받은 여자가 다른 지파로 시집감으로써 생기는 손실을 막기 위하여, 추가적인 규정이 27장의 규칙에 더하여진다. 27장의 규칙의 결과로서 기업을 상속받은 어떤 지파의 여인은 다른 지파로 시집갈 수 없다. 이러한 규칙은 어떤 지파의 기업이 다른 지파의 기업으로 취하여질 수 없음을 보장해 줄 것이다.

이러한 구절이 27장이 아니라 이 자리에 놓여진 이유는 두가지이다. 첫째로, 그것이 민수기 마지막 몇 장의 초점이 되는 지파간의 할당의 문제를 다루고 있기 때문이다. 둘째로, 히브리 성경의 큰 섹션들에 있어 긍정적인 언급으로 마무리하는 것이 관례이기 때문이다. 이와 같이 본 섹션의 마지막 말은 전체를 위한 적절한 결말을 제공한다: "슬로브핫의 딸들이 여호와께서 모세에게 명하신 대로 행하니라……. 그 기업이 그 아비 가족의 지파에 여전히 있었더라" (36:10-12). 이와 같이 이러한 여자들은 하나님의 율법들에 대하여 마지막으로 긍적적인 장면을 제공해주고 있으며, 또 그것들이 실행될 때 백성들의 복지(well-being)가 실현됨을 보여주고 있다.[28]

28) Ronald B. Allen and Kenneth L. Barker, note on Nu 36:10 in *The NIV Study Bible* (Grand Rapids: Zondervan, 1985), 242를 보라.

제 4 장

신 명 기

우리는 신명기가 별도의 하나의 책이 아니라 오경 전체의 불가결한 한 부분이라는 사실을 기억해야 한다. 그러나 초기의 전승 가운데 그것은 하나의 책으로 간주되었다.

전통적인 히브리어 이름 '이것은 그 말씀이라'는 이 책의 첫 구절에서 따온 것이다. 또한 영어 이름 'Deuteronomy'는 이 책 17:18의 헬라어역에서 따온 것인데, 여기에서 '율법의 사본'(copy of the Law)이란 구절이 '두번째 율법'(δευτερονόμιον)으로 읽혀졌다. 비록 이것이 그 구절을 잘못 읽은 것이었음에도 Deuteronomy란 이름은 계속 사용되었는데, 그것은 오경의 본 섹션이 '두번째 율법'이란 인상을 주기 때문이었다. 왜냐하면 그것이 포함하고 있는 많은 자료들이 오경의 앞 섹션들에서 이미 기록된 것들이기 때문이다. 예를 들어 출애굽기 20장에 나타나는 십계명이 신명기 5장에서 반복되고 있다. 그러나 우리는 앞의 자료들이 그저 단순하게 중복되는 방식으로 반복되고 있는 것으로 생각하여서는 안된다. 그러한 반복을 이해하는 열쇠가 1:5에 나타나 있는데, 그것은 모세가 이 글을 기록한 목적을 언급하는 것이다. '이 율법을 설명하는 것.' 이와 같이 신명기는 단순히 율법을 반복하는 것이 아니라 그것을 설명하는 것이다. 우리가 오경의 본 섹션(신명기)을 오경의 앞 부분들에 대한 주석으로 생각할 때, 우리는 올바른 길로 들어선 것이다.

I. 서론(1:1-5)

신명기의 첫머리는 이 책의 배경과 목적을 설명해 준다. 이것은 모세가 '모든 이스라엘'에게 행한 대중연설 모음으로 구성되어 있다. 이러한 대중연설들은 모세가 약속의 땅에 들어갈 준비를 하고 있었던 백성들에게 이야기한 마지막 말씀들이다. 이러한 연설들이 행하여진 위치는 이스라엘 백성들이 광야 40년을 지낸 후 모였던 '트랜스요르단' 지역이었다.

머리말에서 주어진 것처럼 이 책의 목적은 '율법을 설명하는 것'이다(1:5). 트랜스요르단 지역을 점령하기 위한 군사적 투쟁 후, 모세는 하나님의 율법을 백성들에게 분명하게 하는 일에 헌신한다(참조 신 27:8; 합 2:2). 신명기는 이러한 작업의 결과이다. 그것은 율법(토라)의 의미와 목적을 백성들에게 분명하게 하고자 한 시도였던 것이다. 그것은 그들이 그 땅에 사는 동안 율법에 대한 길잡이가 되어야 했던 것이다.

신명기를 서술하기 위해 사용되는 영어 Law는 히브리 단어 '토라'를 번역한 것이다. 불행하게도 그 단어(Law)는 종종 엄격한 금지라고 하는 소극적인(부정적인, negative) 의미를 전달한다. 그러나 히브리어 '토라'는 일차적으로 적극적(긍정적인, positive)이다. 그것은 금지(prohibition)라기 보다는 '가르침'(instruction)이다. 따라서 우리는 여기에서 모세가 지금 약속의 땅에 들어갈 준비를 하고 있는 백성들에게 준 신적인 가르침(divine instruction)을 보아야만 하는 것이다. 그것은 하나님의 뜻 안에서의 가르침이다. 그것은 그들이 하나님의 땅에서 어떻게 살아야 할 것인지에 대해 가르치고자 의도된 것이다. 이러한 관점에서 우리는 신명기를 하나의 율법책으로서가 아니라 하나님의 뜻을 계시하고 설명하는 책으로 생각해야 한다.

이 책의 말미에서 모세가 이 토라를 백성들에게 줄 때 그는 이것을 에덴 동산에서 잃어버린 '선과 악'에 대한 신적인 관점을 그들에게 회복시켜주는 하나님의 방법으로 제시한다: "보라 내가 오늘날 생명과 복과 〈히브리어: '생명, 곧 선과'〉 사망과 화를 〈히브리어: '죽음, 곧 악을'〉 네 앞에 두었나니 곧 내가 오늘날 너를 명하여 네 하나님 여호와를 사랑하고 그 모든 길로 행하며 그 명령과 규례와 법도를 지키라 하는 것이라 그리하면 네가 생존하며 번성할 것이요 또 네 하나님 여호와께서 네가 가서 얻을 땅에서 네게 복을 주실 것임이니라" (신 30:15-16). 에덴동산에서 아담과 하와가 잃어버린 것이 이제 토라, 곧 그들의 선을 위한 하나님의 계획 가운데 회복되고 있는 것이다.

Ⅱ. 앞의 설화들에 대한 역사적 반성 (1:6-3:29)

모세는 율법에 대한 자신의 설명을 하나님의 은혜로우신 행동들에 대한 역사적 반성(historical review)으로 시작한다. 이야기는 이스라엘이 시내 산을 떠난 것으로부터 시작된다(민 10:11을 참조하라). 비록 신명기 1:30에서 모세가 애굽에서의 사건들을 회중들이 회상해야할 어떤 것으로서 언급하고 있다 할지라도, 그것은 시내 산에서의 사건들로 되돌아가는 것도 아니고 또한 출애굽의 사건들로 되돌아가는 것도 아니다. 또한 시내 산의 사건들은 9-10장에서 상세히 다루어지며, 출애굽의 사건들은 11장에서 다루어진다. 이와 같이 그것들은 오경의 앞 부분에서 다루어졌던 것과 정반대의 순서로 다루어지고 있는 것이다.

여기에서 한가지 지적되어야 할 것이 있는데, 그것은 모세가 과거를 반성할 때 그는 - 몇가지 예외를 제외하고(아래를 보라) - 앞의 설화들에서 이미 기록되었던 과거의 이야기의 기초 위에서 그렇게 한다는 사실이다. 과거에 대한 모세의 관점은 '성경의 관점'(scriptural view)이다. 그는 앞에서 기록되지 않은 사건에 대하여는 설명하지 않는다. 다시 말해서, 그는 성경의 이야기 자체와 독립되어 있는 역사의 지식을 취하지 않는 것이다. 그의 초점은 오경의 독자들 마음 속에 이미 제시된 사건들 위에 맞추어져 있는 것이다. 이러한 초점을 주목하는 것이 중요하다. 왜냐하면 그것은 모세의 청중들이 단지 모세가 모압평지에서 특정한 때에 설교하고 있었던 이스라엘 백성들 만이 아님을 보여주기 때문이다. 오경의 앞부분을 읽은 사람은 모두 그의 청중이다. 이와 같이 우리는 오경의 독자가 곧 모세의 청중임을 - 그리고 오경의 청중임을 - 알 수 있다. 그는 단지 과거의 사람들에게만 설교하고 있었던 것이 아니다. 그는 또한 모든 시대의 독자들에게 직접적으로 말하고 있는 것이다.

오경의 이러한 특성을 확증해주는 흥미로운 실례를 우리는 오경 앞부분에서 기록되지 않은 사건들을 언급하는 신명기의 몇몇 사례에서 찾을 수 있다. 예를 들어 2:5, 9, 19에서 저자는 여호와께서 에서(5절)와 모압(9절) 그리고 암몬(19절) 자손들에게 어떤 부분의 땅을 주셨음을 언급한다. 이러한 사건들이 오경 앞부분에서 전혀 기록된 바가 없기 때문에, 저자는 하나님께서 이러한 나라들에게 기업을 주시는 이러한 사건들에 대하여 간단한 역사적 설명을 제시한다(10-12, 20-23절). 다시 말해서 상응하는 역사적 정보가 빠져있을 때 오경의 저자는 독자들에게 이러한 사건들에 대한 설명을 제공하고 있는 것이다. 저자는 독자들이 그러한 정보를 알고 있는 것으로 상정하지 않는 것이고, 그렇기 때문에 그는 그것이 필요할 때 그것을 공급해 주고 있는 것이다.

모세의 연설이 여기에서 오직 최근의 사건들에 그 초점이 맞추어져 있는 이유는 그러한 사건들이 이제 약속의 땅을 차지하게 될 새로운 세대와 관련된 것이기 때문이다. 이와 같이 앞의 사건들을 이야기하는 가운데, 모세는 자신의 청중들(그리고 독자들)의 상황에 대해 빛을 비추기를 열망한다. 그들은 새로운 세대들이다. 그들의 조상들은 모두 광야에서 죽었다. 그의 조상들이 실패했던 약속의 땅을 취하는 일은 이제 그들의 임무이다. 비록 설화가 과거의 사건들에 대한 것이라 할지라도, 그 사건들은 그것들이 단순히 '과거'에 대한 것이 아니라 하나님의 새로운 일의 '시작'에 대한 것임을 보여주기 위해 상술된다. 과거는 이미 되어지고 지나간 어떤 것이 아니다. 오히려 과거는 미래의 시작이다. 설화 전반을 통하여 하나님의 행동이 새롭게 시작되는 것에 강조점이 놓여져 있다. 과거는 미래의 서언(prologue)이다. 설화 전반을 통하여 조상들에게 약속되었던 땅을 취하라는 부르심이 반복되고 있는 것도 바로 이런 맥락에서인 것이다.

A. 시내 산으로부터의 출발(1:6-8 참조 민 10-20장)

모세의 연설은 하나님께서 이스라엘을 다루시는 기초를 설명하는 것으로 시작된다 - 하나님께서 그들의 조상 아브라함과 이삭과 야곱에게 하셨던 땅에 대한 약속. 그 땅의 경계가 창세기 15:18-19에서 처음 약속된 것임을 주목할 필요가 있다.

B. 지도자들의 임명(1:9-18 참조 출 18장; 민 11장)

여기에서 모세는 출애굽기 18:13-26의 설화를 언급한다(참조 민 11:16, 24). 그 설화에서 모세는 장인의 충고에 따라 그 나라를 다스리는 것을 도와 줄 경험있는 지도자들을 임명하였다. 그 설화의 중심적인 목적 가운데 하나는 이스라엘에 추가적인 지도자들이 있어야 할 필요성이 그 나라를 축복하시는 하나님의 신실하심으로부터 기인한 것임을 보여주는 것이었다(참조 창 12:2; 15:5; 출 1:7; 민 23:10).

모세가 그 사건들을 본 설화에서 다시 이야기할 때, 그가 연대기적 순서를 따르지 아니하고 오히려 출애굽기의 설화를 삽화적으로 끼워넣고 있는 것을 주목하라. 여기 신명기 1:9-18에 기록된 사건들(지도자들을 임명하는 것)은 출애굽기의 설화들 가운데(출 18:13-26) 6-8절의 사건(모세로 하여금 시내 산을 떠나라는 부르심, 민 10:11을 보라)에 선행하여 나타난다. 결과적으로 지도자들을 임명하는 것에 관한 이러한 삽화적인 섹션(1:9-18) 이후에 설화는 1:6-8의 사건들을 매개로 하여 이스라엘이 시내 산을 떠나는 이야기로 되돌아 온다(1:19-46).

금지 #276. 신 1:17. 재판하는 자는 사람을 두려워해서는 안된다: "사람의 낯을 두려워 말 것이며……"

금지 #284. 신 1:17. 재판하는 자는 재판에 있어 편파성을 보여서는 안된다(M. 토라에 숙달되지 않은 사람은 재판하는 자로서 임명되어서는 안된다): "재판에 있어 편파성을 보이지 말라."

C. 정탐꾼들과 이스라엘의 반역(1:19-46; 참조 민 13-14장)

본 섹션은 1:6-8의 사건들을 다시 이어나간다. 백성들은 시내산(호렙산)을 떠났고 '아모리 족속들의 산지'에 와있다(1:19). 그들은 가데스바네아에 진을 쳤다(바란광야 가데스, 민 12:16; 13:26). 동일한 사건들이 민수기 13장에 상술되어 있다. 그러나 모세는 여기에서 그 사건들을 민수기에서와는 다소 다르게 이야기한다. 여기에서는 백성들이 그 땅을 취하라는 모세의 부름에 대한 반응으로 정탐꾼들을 보낼 것을 요구하고, 이에 모세가 응락한다. 그러나 민수기 13장에서는 정탐꾼들을 보내라고 명령하는 자가 다름 아닌 하나님 자신이다. 이러한 차이점은 통상 두 이야기를 다음과 같은 방식으로 결합시킴으로써 설명된다: "모세로부터 그 땅을 취하라는 도전을 받았을 때(신 1:20-21), 백성들은 믿음의 결핍으로 인하여 먼저 정탐꾼들을 보내자고 요청한다(22절). 그들의 제안을 응낙한(23a) 모세는 그들의 요청을 가지고 여호와 앞에 나아간다(이에 대하여 본문은 언급하지 않는다). 하나님 역시 그들의 계획을 응낙하고 모세로 하여금 정탐꾼들을 임명할 것을 명령한다(민 13:1-2). 히브리 성경의 초기 역본인 사마리아 오경은 민수기 13:1 초두에 신명기 1:20-23a를 덧붙인다.

〈신 1:20-23a〉 내가 너희에게 이르기를 우리 하나님 여호와께서 우리에게 주신 아모리 족속의 산지에 너희가 이르렀나니 너희 하나님 여호와께서 이 땅을 너희 앞에 두셨은즉 너희 열조의 하나님 여호와께서 너희에게 이르신대로 올라가서 얻으라 두려워 말라 주저하지 말라 한즉 너희가 다 내 앞으로 나아와 말하기를 우리가 사람을 우리 앞서 보내어 우리를 위하여 그 땅을 정탐하고 어느 길로 올라가야 할 것과 어느 성읍으로 들어가야 할 것을 우리에게 회보케 하자 하기에 내가 그 말을 선히 여겨 〈민 13:1-2〉 여호와께서 모세에게 일러 가라사대 사람을 보내어 내가 이스라엘 자손에게 주는 가나안 땅을 탐지하게 하되……"

비록 이것이 분명히 원문(original text)은 아니라 할지라도, 이것이 오경의 최종 형성 배후의 원래적 의도(original intention)를 반영하고 있는 것으로 상정하는 것은 상당한 논리적 근거를 갖는다. 오경 전체를 통하여 저자는 최종 작품이 조화로운 완전체(harmonious completion)가 되도록 하기 위하여 많은 설명들을 제공한다. 그러므로 이런 측면에서 생각할 때 이번 경우와 같은 명백한 차이는 다소 이색적인 것이다. 그러나 사실상 그와 같은 조화는 이미 이미 민수기에 존재한다고 볼 수 있는 것이다. 예를 들어 라쉬(Rashi)는 민수기 12:2의 히브리어 구문(שְׁלַח־לְךָ)은 다음과 같이 읽혀질 수 있다고 주장하였다: "너희가 원하는 바와 같이 앞으로 나가서 그 땅을 정탐하기 위해 사람들을 보내라." 이것은 신명기 1:19-46에 제시된 이야기를 전제하고 있는 것이다.

모세가 하나님을 신뢰하는데 실패한 이스라엘의 어리석음을 드러내기 위해 하나님의 돌보심을 아버지가 아들을 돌보는 것으로 묘사한 것을 주목하는 것이 중요하다(1:31). 교훈이 훨씬 더 생생한 표상으로 전달되는 것은 신명기에서 일반적인 현상이다. 또한 죄는 단지 악으로써만이 아니라 어리석음의 극치로써 그려진다. 이러한 설화들은 본 섹션 말미(신 4장)에서 모세의 설교를 위한 길을 예비하게 되는데, 여기에서 그는 토라를 따르는 것이 '지혜'임을 주장한다(신 4:6). 이와 같이 여기에서 그는 죄를 어리석음으로 묘사할 수 있었다

이스라엘 백성들이 광야여행 초두에 그 땅을 취함에 실패한 것

은 여기에서 민수기 13-14장에서와 같은 방식으로 설명된다. 그것은 그들이 '믿지 않았기' 때문이다(신 1:32, "믿지 않았다" in NIV; 참조 민 14:11). 이것은 오경에서 독자가 이스라엘 백성들의 행동 배후에 있는 내면을 조망할 수 있는 몇 안되는 실례 가운데 하나이다.

신명기 1:37 구문은 모세가 이러한 언급을 하나님을 믿는 것에 대한 그 자신의 실패에다가 삽입적으로 덧붙이고 있음을 암시한다 - 그것은 훨씬 후에 일어난 일임에도 불구하고 - 구문론적으로 그것은 하나님의 말씀 속으로 뚫고 들어온다.

신명기 1:39에서 모세는 그들의 '선악을 알지 못하는 어린 아이들이' 전리품으로 사로잡혀 가지 않을까 하는 백성들의 염려를 처음으로 언급한다. 그러나 그는 그들이 약속의 땅을 볼 것이라는 하나님의 약속을 언급한다(민 14:31). 민수기의 앞 설화들에서 특별히 이 부분을 강조하는 이유는 이제 - 40년이 지난 후 - 그들이 약속의 땅에 들어갈 준비를 하면서 요단강가에 서있을 때 모세가 이야기하고 있는 현 세대는 바로 그 '어린아이들' 이었다는 사실에 놓여있다. 그들을 '선악을 알지 못하는' 자들로 묘사함으로써, 모세는 약속의 땅에 들어가는 것과 에덴동산에서의 최초의 이야기 사이의 중요한 연결관계를 도출하고 있다. 모세는 이러한 세로운 세대가 이제 에덴동산에서의 최초의 남자 및 여자와 동일한 위치에 있음을 보여주기를 원하는 것으로 보인다. 그들은 '선과 악을 알지 못했다.' 그러므로 그들을 위해 공급하시는 하나님께 의존하여야 한다. 신명기 1:31에서와 같이, 하나님은 자신의 자녀들을 위해 공급하는 아버지 혹은 부모의 모습으로 나타난다(신 32:6을 참조하라). 모세가 백성들에게 주는 토라는 하나님께서 그들에게 선을 제공하시는 수단인 것이다(신 30:15-16을 참조하라).

이러한 설화들에서 계속 반복되고 있는 주제는 자가 백성들을 '위해 싸우시는' 하나님의 약속이다. 이러한 주제를 강조하는 목적은 이러한 새로운 세대들로 하여금 그들 앞서 갔던 자들을 위해 행하셨던 것을 또한 그들에게 행하시는 하나님을 신뢰하도록 격려하는 것이다.

이스라엘 백성들은 시내 산을 떠난 후 가데스바네아에 도착하였다 (1:19). 아모리 족속들(아말렉 족속과 가나안 족속)의 손에 패퇴를 당한 후, 그들은 가데스에 돌아왔고(1:45), 1:46에 따를 때 그곳에서 '많은 날들'을 보냈다. 이어서 그들은 세일의 산지에서 방황하였으며(2:1), 세일을 떠나(2:8) 모압으로 여행하였고 세렛 골짜기를 지났다(2:12; 민 21:12). 그들이 가데스에 머물 때로부터 세렛 골짜기에 도착할 때까지의 총 시간은 38년이었다(신 2:14). 민수기 20:1에 따르면 이스라엘 백성들은 광야 40년 말미에 가데스에 머물고 있었다(가데스를 떠난 직후 아론이 죽었다고 하는 민 20:28과 아론이 출애굽 후 40년째 되는 해에 죽었다고 하는 민 33:38을 참조하라). 이렇게 볼 때 이스라엘 백성들은 38년동안을 가데스에 머물렀거나 아니면 아말렉 족속의 손에 패퇴한 후 가데스를 떠났다가(민 14장) 두번째 가데스에 돌아온 것으로 통상 받아들여진다. 그러나 하나님께서 그들에게 가데스를 떠나라고 말씀하셨음에도(민 14:25) 그들이 그렇게 했다는 언급이 발견되지 않음을 주목할 필요가 있다(민 14:39-45에 대한 앞의 주석을 참조하라). 신명기 1:43-46이 그들이 여호와께 불순종하여 "산지로 올라갔으며" 또 그들이 그 전투 후에 '돌아와서' '많은 날들을 가데스에서 머물렀다'고 말하고 있는 사실은 38년의 기간이 가데스에서 보내어졌음을 암시한다. 우리는 가데스란 지역이 지리적으로 세일에 인접해 있었음을 잊어서는 안된다(민 20:16).

補錄 : 38년 동안의 연대기와 위치

본문에서 이스라엘이 38년간 가데스에서 머무는 동안 일어난 일련의 사건들의 연결관계는 분명하게 나타나지 않는다. 비평학자들은 다양한 형태의 체류 기록들을(민 14장; 신 1-2장; 그리고 삿 11:16-18) 오경을 구성함에 있어 사용된 상충적인 문서들의 관점에서 설명하고자 시도한다. 아래에서 우리는 드라이버 (S. R. Driver)가 두개의 문서(J와 D)로 재구성한 것과 또 그것이 이스라엘의 광야 체류에 대해 이야기하는 것을 열거하였다.[1] 우리의 관점에서 생각할 때, 드라이버는 많은 이야기들로부터 유사성(similarities)을 희생한 값으로 상이성(differences)을 강조한 것이다. 따라서 우리는 또한 조화를 도출하는 전통적인 해석이 가데스에서의 체류를 설명하는 다양한 방식을 열거하였다.[2]

1. 비평학적인 관점(Driver)

a. *JE* : 민수기 *14*장; 사사기 *11:16-18*

"만일 민수기의 JE 설화가 '완전'하다면, 광야에서의 38년은 가데스에서 보낸 것이 될 것이다. 이스라엘이 다른 장소로 이동한 것에 대하여는 아무런 언급도 나타나지 않는다. 그리고 에돔을 우회하는 것(민 21:4)은 이 기간의 끝에 일어난 것일 것이다 - 단지 이스라엘 백성들로 하여금 요단 동편('E'ast)에 도착하도록 하기 위하여."[3]

① 이스라엘 백성들은 '홍해 길을 경유하여 광야로 돌아가도록' 명령받았다(민 14:25). 그러나 그들이 패퇴한 후에 그렇게 했는지는 언급되지 않는다.

② 이스라엘 백성들은 40년째 되는 해에 여전히 가데스에 머물고 있었다(민 20:1, 16).

③ 이스라엘 백성들은 에돔의 영토를 통과하도록 허락을 구했으나 거부당했다(민 20:14-21a).

④ 이스라엘 백성들은 돌이켜 가데스로부터 아론이 죽은(민

---

1) S. R. Driver, *A Critical and Exegetical Commintary on Deutronomy*, ICC (Edinburgh: T. & T. Clark, 1895), 32-33.

2) C. F. Keil, Pentateuch, 3:277-97; Robert Jamieson, A. R. Fausset, and David Brown, *A Commentary Critical, Experimental and Practical on the Old and New Testament* (Grand Rapids: Eerdmans, repr. 1945); Carl G. Rasmussen, *NIV Atlas of the Bible* (Grand Rapids: Zondervan, 1989), 91.

3) Driver, *Deutronomy*, 32.

20:23-29) 호르 산으로(민 20:22) 여행하였다.

⑤ 이스라엘 백성들은 호르 산을 떠나 '에돔 땅을 돌아가기 위해 홍해를 경유하여' 나아갔다(민 21:4).

⑥ 이스라엘 백성들은 모압 동편 광야에 도착했다(민 21:13).

***b. Dt. :* 신명기 *1-2*장**

"38년의 방랑은 대체로 세일 산 주위를 배회하는 것으로 점철되었다."[4)]

① 이스라엘 백성들은 '홍해길을 경유하여 광야로 돌아가도록' 명령받았다(신 1:40).

② 패퇴한 후 이스라엘 백성들은 가데스에서 '많은 날들을' 보냈다(신 1:46).

③ 1:40에 대한 순종으로 이스라엘 백성들은 '홍해 길을 경유하여 광야로 돌아가서 세일 산을 많은 날동안 지나갔다'(신 2:1).

④ '충분한' 시간이 지난 후 이스라엘 백성들은 '북쪽으로 향하라는' 명령을 받는다(신 2:2b). 이에 그들은 에돔의 동쪽 경계를 따라(2:8) 가데스를 떠난지 38년만에 모압 경계 세렛에 도착한다(2:13-14).

2. 가데스로부터의 방랑(Keil, Jamieson, Rasmussen)

① 이스라엘 백성들은 '홍해 길을 경유하여 광야로 돌아가라는' 명령을 받았으나(민 14:25), 그들은 거절하였다.

② 패퇴한 후 이스라엘 백성들은 '많은 날들을' - 그러나 그렇게 긴 기간으로 생각되지는 않는다 - 가데스에 거하였다(신 1:46).

③ 신명기 1:40(= 민 14:25)에 대한 순종으로 이스라엘 백성들은 홍해길을 경유하여 광야 남쪽으로 향하였고 '많은 날들을' 세일 산을 지나갔는데, 이것이 대략 38년 걸렸다(신 2:1).

---

4) Ibid.

④ 이러한 38년의 기간 끝에 이스라엘 백성들은 두번째로 가데스를 향하여 북쪽으로 진행하였다(민 20:1, 16).

⑤ 이스라엘 백성들은 에돔의 영토를 통과하게 해달라고 요청하였으나 거절당했다(민 20:14-21a).

⑥ 이스라엘 백성들을 돌이켜 가데스로부터 아론이 죽은(민 20:23-29) 호르 산으로(민 20:22) 여행하였다.

⑦ 이스라엘 백성들은 호르 산을 떠나 '에돔 땅을 지나가기 위해 홍해길을 경유하여' 진행하였다(민 21:4-5).

⑧ '충분한' 시간이 지난 후 이스라엘 백성들은 '북쪽으로 향하라는' 명령을 받는다(신 2:2b). 이에 그들은 그렇게 하여 에돔의 동쪽 변경을 따라(신 2:8) 첫번째 가데스를 떠난지 38년 되는 해에 모압 변경 세렛에 도착한다(신 2:13-14; 민 21:13). 이때 그들은 에돔을 동쪽으로 통과하였고 그들의 땅을 지나갈 수 있었는데, 그것은 그쪽이 에돔에게 있어 취약한 부분이었기 때문이다.

3. Ainsworth

① 이스라엘 백성들은 '홍해길을 경유하여 광야로 돌아가도록' 명령을 받았다(민 14:25). 그러나 그들은 잠시동안 거절하였다. 그들은 후에 순종하였다(신 2:1).

② 패퇴한 후 이스라엘 백성들은 '많은 날들을' - 그러나 그렇게 긴 기간으로 생각되지는 않는다 - 가데스 바네아에서 보냈다(신 1:46).

③ 그러한 짧은 시간 후 이스라엘 백성들은 1:40(= 민 14:25)에 순종하여 홍해길을 경유하여 광야 남쪽으로 향하였고 '많은 날들을' 세일 산을 지나갔다(신 1:46; 2:1).[5] 여기의 '많은 날들'은 이스라엘이 광야에서 있었던 38년간이다(신 1:22-23; 2:14).[6]

---

5) Henry Ainsworth, *Annotations upon the Five Bookes of Moses* (London: M. Parsons, 1639), "Numbers," 86, 125.

6) Ibid., 125.

이스라엘 백성들은 에돔 영토를 통과하도록 해달라고 요청했으나 거부당했다(민 20:14-21a). 에돔 족속들은 이스라엘 백성들이 지나가는 동안 필요한 물품들을 자기들로부터 사라고 요구하였다(신 2:28-29).

④ 40년간의 기간 끝에 이스라엘은 가데스에 거하였는데, 그곳은 정탐꾼들이 보내어졌던 가데스 바네아와는 다른 가데스였다(민 13-14장).[7] 이곳은 이스라엘이 에시온-게벨 다음에 왔던 신광야의 한 지역이었다(신 33:36; 삿 11:16).

⑤ 이스라엘 백성들은 돌이켜 가데스로부터 아론이 죽은(민 20:23-29) 호르 산으로(민 20:22; 33:37) 여행하였다.

⑥ 이스라엘 백성들은 에시온-게벨로부터 돌이켜 '정탐꾼의 길을 경유하여' 가나안으로 향했다(민 21:1).[8] 거기에서 그들은 가나안의 도시들을 패퇴시켰다(민 21:1-3).

⑦ 이스라엘 백성들은 호르 산을 떠나 '에돔 땅을 지나가기 위해 홍해길을 경유하여' 진행하였다(민 21:4-5).

⑧ '충분한' 시간이 지난 후 이스라엘 백성들은 두번째로(민 21:1) '북쪽으로 향하라는' 명령을 받고(신 2:2b) 그렇게 한다. 이때 에돔의 동쪽 변경을 따라(신 2:8) 모압 변경에 있는 세렛에 도착하는데, 이때는 첫번째로 가데스를 떠난지 38년이 되는 때였다(신 2:13-14; 민 21:13).

4. Beitzel

① 이스라엘 백성들은 '홍해길을 경유하여 광야로 돌아가도록' 명령을 받았으나(민 14:25), 패퇴 후 그들이 그렇게 했는지 여부는 언급되어 있지 않다.

---

7) Hizquni: "이것은 너희가 오랜 날들을 보냈던 그 가데스가 아니다 (신 1:46), 그 가데스는 엘-바란이고 (창 14:6) 그것은 가데스 바네아로 불렸으며 정탐꾼들이 여기에서 보내어졌다. 그러나 민 20장의 가데스는 에돔 땅 변경의 신 광야에 있는 것이었다" (*Commentary on the Torah* <Hebrew> <Jerusalem: Mossad Harav Kook, 1988>, 480).

8) Targum Onkelos, ad loc.. Ainsworth, "Numbers," 131.

② 이스라엘 백성들은 40년째 되던 해에 여전히 가데스에 있었다 (민 20:1, 16).[9]

③ 이스라엘 백성들은 에돔 영토를 통과하게 해달라고 요청하였으나 거부되었다(민 20:14-21a).

④ 이스라엘 백성들은 돌이켜 가데스로부터 아론이 죽은(민 20:23-29) 호르 산으로(민 20:22) 여행하였다.

⑤ 이스라엘 백성들은 호르 산을 떠나 '에돔 땅을 지나가기 위해 홍해길을 경유하여' 진행하였다(민 21:4; 신 2:8).

⑥ 이스라엘 백성들은 모압 동편 광야에 도착했다(민 21:13; 33:45-49).

D. 트랜스요르단 광야를 통과함(2:1-23 참조 민 21; 32-35)

이스라엘로 하여금 왜 에돔과 모압과 암몬의 영토를 취하지 못했는가 하는 것을 일깨워줌과 함께 광야 38년간의 사건들이 반복된다. 이들 세 나라는 족장 설화들을 통하여 이스라엘 백성 및 그들의 역사와 관련된다. 이러한 나라들에 대하여 하나님은 이렇게 말씀하셨다: "그 땅을 내가 네게 기업으로 주지 아니하리리 이는 내가 그것을 그들의 기업으로 주었음이라" (2:5, 9, 19; 참조 19:14). 이러한 말씀이 족장 설화들 가운데 어떤 특정한 사건이나 언급을 지칭하는 것처럼 들리지만 실상 그러한 말씀들은 어디에도 나타나지 않는다. 오히려 여기에서 처음으로 우리는 하나님께서 마치 이스라엘에게 그렇게 하신 것처럼 이러한 나라들에게도 기업을 허락하셨음을 알게 된다(그러나 에서에게 세일을 약속한 것은 창 27:39과 36:8을 언급하는 것일 수 있다).

앞의 족장 설화들 속에 주께서 이러한 나라들에 그러한 땅을 주셨다는 특별한 증거가 없으므로, 본문은 어떻게 이러한 나라

9) Barry J. Beitzel, *The Moody Atlas of Bible Lands* (Chicago: Moody Press, 1985), 93.

들이 자기들의 땅을 소유하는 것을 허락받았는가 하는 것에 대한 그 자체의 실례들을 제공해 준다(신 2:10-12, 20-23). 그들은 마치 하나님께서 이스라엘에게 그 땅을 허락하셨던 것처럼 자신들의 땅을 차지하였다 - 이전 거주민들을 패퇴시키고 그 자리에 거주함. 우리는 이러한 언급들이 이러한 나라들의 기업을 특별히 주님의 사역으로 돌리고 있는 것을 주목하여야 한다: "여호와께서 암몬 족속 앞에서 그들을 멸하셨으므로 암몬 족속이 대신하여 그 땅에 거하셨으니 마치 세일에 거한 에서 자손 앞에 호리 사람을 멸하심과 일반이라" (2:21b-22a). 이러한 구절들을 본문에다가 후대에 덧붙여진 것이 틀림없다는 주장이 제기되어 왔다. 왜냐하면 그것들이 하나님께서 이스라엘에게 기업을 주신 것을 이미 지나간 어떤 것으로 언급하고 있기 때문이다.[10] 그럴 수도 있겠지만, 이러한 본문이 모세의 저작이며 또한 하나님께서 이스라엘에게 기업을 주셨다는 언급이 오직 이미 이스라엘에게 주어진 트랜스요르단(요단 동편) 지역 만을 지칭하는 것으로 보는 것도 역시 가능하다.[11] 그러므로 우리는 이러한 짤막한 설화들을 독자로 하여금 본문을 적절히 이해함에 있어 중요한 배경정보를 주는 것으로서 보아야 한다. 그것들은 하나님께서 다른 나라들의 역사의 사건들에서도 또한 활동하신다고 하는 사실을 보여준다.

민수기 24:17-19이 미래의 왕을 모압 족속들과 셋의 아들들을 패퇴시키고 에돔의 소유를 취할 자로서 이스라엘 가운데 다스리는 이로 묘사하고 있음은 매우 흥미로운 사실이다. 그의 나라는 아직 이스라엘에게 주어지지 않은 그러한 나라들을 포함할 것이다.

---

10) "Ea verba a Samuele aut alio Propheta addita sunt addita sunt ad historiam Mose," Johannes Coccejus, *Opera Omnia Theologica, Exegetica, Didactica, Polemica, Philologica* (Amsterdam: Blaev, 1701), 1:186.

11) 이것은 히브리어 구문에 의해 뒷받침된다. 이미 주어진 땅에 대하여는 완료형이 사용되었으며(2:12), 話者의 관점에서 아직 취하여 지지 않은 땅에 대하여는 분사가 사용되었다(2:29).

본 섹션은 이전 세대 모두가 이 기간 동안 죽었음을 강조한다(신 2:15-16). 그것은 독자들의 관심을 현재의 세대로 돌림으로써 설화 가운데 중요한 역할을 맡는다. 모세가 지금 신명기에서 설교하고 있는 대상은 바로 이들 세대인 것이다.

비록 신명기가 에돔을 통과하게 해달라는 이스라엘의 요구에 대한 그들의 거부를 빠뜨리고 있다 할지라도(민 20:14-21), 설화는 그것을 전제한다. 모세는 그들이 '세일의 산지를 도느라 많은 날들을' 보냈으며 얼마 후 여호와께서 그들에게 북쪽으로 향하여 에돔(에서의 자손들을 지나갈 것을 가르침으로 전쟁을 유발시키지 않은 것을 상술한다(신 2:1-8).

E. 트랜스요르단의 정복(2:24-3:11; 참조 민 21장)

1. 시혼을 패퇴시킴(2:24-37)

모세가 시혼왕의 땅을 정복하는 이야기를 다시 할 때, 그는 민수기 21장의 이야기에다가 몇가지 중요한 것을 덧붙인다. 먼저 그는 민수기 21:21의 이야기를 부연설명하면서 시혼의 땅을 통과하게 해 달라는 이스라엘의 요청이 가장 정중한 어투로 이루어졌음을 보여준다. 그것은 전쟁의 행동이 아니라 평화의 제안이었다(신 2:26). 그는 이스라엘이 먼저 시혼으로부터 필요한 물품을 구입하겠다고 제의한 사실을 덧붙이는데(2:28), 이것은 민수기에서 언급되지 않은 것이다. 더욱이 신명기의 추가적인 자료는 이스라엘의 의도가 시혼의 땅을 자신들의 소유로서 취하는 것이 아니었음을 보여준다. 그들은 단지 약속의 땅으로 가기 위해 그의 땅을 통과하고자 할 뿐이었다(2:29). 이것은 아마도 민수기 21:26이 보여주고 있는 바와 같이 시혼의 땅이 모압 족속에게 속했으며 또 이스라엘에게 주어지지 않았기 때문일 것이다(신 2:9 ; 앞의 민 21:21-32에 대한 주석을 보라). 그러나 여기에서 가장 중요한 것은 모세가 말하고 있는 바와 같이 하나님께서 다른 의도를 가지고 계셨다고 하는 사실이다. 여호와께서 시혼의 영과 마음을 강퍅케하였고, 그리하여 그들은 이스라엘에게 대항하였다. 이것은 그 땅을 이스라엘의 손에 넘김에 있어 취하신 하나님의 첫번째 행동이었다(신 2:30-31). 그리고 그것은 이스라엘을 애굽으로부터 건져내신 하나님의 첫번째 행동과 너무도 유사하다(출 7:3).

이와 같이 신명기에서 모세는 민수기에 기록된 앞의 사건들을 넘어 그 배후에 있는 의미를 보고 있는 것이다. 하나님은 이러한 사건들 가운데 일하고 계셨으며 또 자신의 목적을 이루고 계셨다. 이스라엘의 행동 배후에 있는 하나님의 사역에 대한 이러한 강조는 그 땅을 취함에 있어서의 이스라엘의 행동의 가혹함을 설명하는데 도움을 준다: "그때에 우리가 그 모든 생읍을 취하고 그 각 성읍을 그 남녀와 유아와 함께 하나도 남기지 아니하고 진멸하였고" (신 2:34) - 이것은 민수기에서는 언급되지 않은 특성이다. 성경은 이스라엘이 하나님을 대신하여 행동하고 있었으며 또한 그들이 그 땅에서 행한 파괴는 그 백성들의 죄에 대한 하나님의 진노의 결과였음을 분명하게 밝힌다(창 15:16, 네 자손은 사대만에 이 땅으로 돌아오리니 이는 아모리 족속의 죄악이 아직 관영치 아니함이니라 하시더니). 모세가 이 책에서 계속하여 보여줄 것이지만, 이스라엘 역시 이러한 하나님의 심판에 있어 결코 예외가 아니다(신 27-28장). 그들도 후에 동일한 운명을 경험하게 될 것이다(30:1).

이와 같이 이 사건은 이스라엘에게 기업을 주시는 하나님의 사역의 시작을 나타낸다. 이전 세대가 지나가는 개념과 결부시켜 생각할 때, 이러한 앞의 설화들의 주제는 하나님께서 현재 세대와 함께 지금 시작하고 있는 '새로운 일'의 주제인 것이다: "오늘날 내가 시작할 것이라" (2:25). 여기에서의 핵심적인 주제는 새로운 시작의 개념이다(2:25, 31; 3:23).

2. 옥을 패퇴시킴(3:1-11)

모세는 민수기 21:33-35의 옥을 패퇴시킨 이야기를 다시금 반복하면서, 한가지 중요한 언급을 덧붙인다: "우리 하나님 여호와께서 바산왕 옥과 그 모든 백성을 우리 손에 붙이시매"(신 3:3). 이러한 부가적인 언급은 앞에서 시혼을 패퇴시키는 이야기의 주제를 다시금 강조하는 것이다. 여기에서 모세는 옥을 패퇴시킨 것이 하나님의 일이었음을 분명하게 단언한다. 이러한 메시지는 그 때 모세의 말을 들었던 자들에게는 결코 잊을 수 없는 것이었다. 또한 오경의 저자는 자신의 책을 읽는 자들이 결코 잊어버리지 않도록 의도하고 있는 것이다.

6-11절은 민수기 21:33-35에 나타난 이야기를 넘어 옥의 나라뿐만 아니라 트랜스요르단을 취함에 있어서의 이스라엘의 순종과 성공을 강조한다. 시혼의 나라의 경우에서와 마찬가지로, 옥의 나라 전체가 파괴되었다(이스라엘의 행동의 가혹함에 대하여는 앞의 신명기 2:24-37에 대한 주석을 참조하라).

F. 르우벤과 갓에게 주어진 트랜스요르단(3:12-20)

모세는 민수기 32장의 사건들을 회상하면서 그 땅을 르우벤과 갓과 므낫세에게 나누는 것을 상세히 설명한다. 그는 야일이 그 땅의 일부를 정복했던 것에 대한 역사적 설명을 덧붙이는데, 이것은 민수기 32:41에 상술되어 있는 것이다. 민수기의 그 구절은 야일이 취한 지역이 바산의 영토의 일부로 간주되었음을 상술하지 않았고, 그럼으로써 야일이 길르앗 땅을 취했다는 오해를 남겼다. 여기에서 그것이 다시 이야기되는 가운데, 본문은 야일의 정복이 바산에 대한 것이며 따라서 그것은 므낫세 지파에게 주어진 땅의 일부임을 분명하게 덧붙인다(신 3:13). 후대의 성경 저자들은 길르앗이 보다 넓은 지역으로서 바산이 그곳에 위치한 것으로 길르앗과 바산의 위치를 분명히 한다(예컨대, 삿 10:4; 참조 왕상 4:13; 수 13:30). 사사시대에는 야일이란 이름의 또 다른 사람이 있었음이 분명하다(삿 10:3-4을 보라).

여기에서 모세가 가나안 땅 정복의 첫번째 무대를 되돌아 볼 때, 그는 자기 백성들을 위한 하나님의 계획을 새로운 관점으로 바라본다. 이전의 묘사에서는 모세가 그 땅을 취함에 있어서의 이스라엘의 역할을 강조했던 반면(민 32장), 지금 그는 이러한 사건을 하나님께서 이스라엘에게 안식을 주신다고 하는 관점에서 바라본다(신 3:20). 모세는 다시금 안식과 하나님의 축복을 향유하는 때로서 이스라엘이 약속의 땅에 들어가는 것을 '안식'이라는 용어를 사용한다(신 12:10). 이러한 주제는 에덴동산에서 향유되었던 '안식'(נוח)에 대한 하나님의 본래적인 의도를 분명하게 상기시킨다(창 2:1-3 〈 שבת 〉, 15 〈 נוח 〉). 그 땅을 정복하는 것은 에덴에서의 하나님의 축복으로 되돌아가는 것으로서 보여졌던 것이다.

G. 모세를 대신한 여호수아(3:21-29)

자신의 첫번째 설교를 계속하는 가운데 모세는 앞에서는 언급하지 않았던 것으로서 지금 상술하고 있는 사건들에 관하여 두가지 중요한 언급을 덧붙인다. 첫째는 그가 여호수아에게 행한 격려를 생각나게 하는 말이다: "너희는 그들을 두려워하지 말라 너희 하나님 여호와 그가 너희를 위하여 싸우시리라" (3:21-22). 설화에다가 이런 요소를 덧붙이는 목적은 분명히 독자들을 위하여 동일한 격려를 주기 위한 것이다. 모세가 여호수아에게 말하는 것처럼, 그는 또한 독자들도 동일한 메시지를 받기를 의도한다. 두번째 추가적인 요소는 온유함과 약속의 땅에 들어가는 것을 허락해 달라고 하는 것에 대한 모세의 기도이다(신 3:23-25). 비록 이러한 요청이 거절되기는 했지만 모세는 비스가 산 꼭대기에서 그 땅을 바라보는 것은 허락되었다.

이러한 두가지 짤막한 설화들은 구약 정경의 이어지는 책들에 대하여 중요한 다리를 제공해 준다(수 1:8-9을 참조하라). 여호수아서의 중심적인 주제는 모세의 이러한 두가지 언급에 기초하고 있는 것이다.

Ⅲ. 모세의 연설 : 순종에의 부름 (4:1-40)

이 순간에 이르기까지의 과거의 사건들을 회고하면서 이제 모세는 백성들과 길을 달리 하면서 여호수아로 하여금 그들을 그 땅에 데리고 들어가도록 이야기한다. 그리고 그는 그들이 가지고 들어가야 할 율법을 설명하기 시작한다. 그는 그 땅에 들어가지 않을 것이고 백성들을 하나님의 율법 가운데 인도하지 않을 것이다. 그러므로 그는 지금 자신의 부재(不在) 가운데 사용할 율법에 대한 설명을 그들에게 주고 있는 것이다. 본 섹션에서의 그의 중심적인 목적은 출애굽기 19-33의 시내 산 설화들의 주된 사상들을 끌어내는 것이다.

A. 토라가 곧 지혜임(4:1-14)

신명기에서 종종 그러한 것처럼, 모세는 앞의 설화들로부터 취한 몇가지 중심적인 사상들에만 초점을 맞춘다. 그의 목적은 일반적인 개요를 제공하는 것이다. 첫째로 그는 하나님의 뜻에 대한 순종의 주제로 되돌아간다. 이것을 그는 '지혜'의 맥락 속에서 설명한다. 다른 나라들이 지혜를 얻고자 시도한 것을 이스라엘은 시내 산에서의 하나님의 뜻의 계시 속에서 발견하였다. 출애굽기 33:16에서 하나님의 임재가 모든 열방으로부터 이스라엘을 구별한 것처럼, 여기에서도 또한 그들을 독특하게 하는 것은 토라 가운데 주어진 하나님의 지혜이다. 모세는 이스라엘로 하여금 시내 산에서 율법을 주심(참조 출 20:18-19)에 있어 하나님의 권능이 위대하게 전시(展示)된 사실은 그들의 지혜의 원초적인 기초가 무엇인지 분명하게 강조하기 위한 것이었음을 일깨워준다 - 여호와를 경외하는 것(참조 출 20:20). 성경에서 종종 반복되고 있는 것처럼, '여호와를 경외하는 것이 지혜의 근본'인 것이다(시 111:10).

B. 우상숭배에 대한 경고(4:15-24)

모세가 여기에서 강조하는 두번째 중심적인 사상은 우상숭배에 대한 경고이다. 이스라엘이 쉽사리 우상숭배에 미끄러진 것처럼 - 심지어 시내 산에 있는 동안에 조차도(출 32장) - 여기에서 모세는 그들에게 배교의 항재(恒在)적인 위험을 진지하게 경고한다. 우상숭배에 대한 경고가 십계명 가운데 첫번째 계명(출 20:2-6)이었으며 또한 언약법전(Covenent Code, 출 20:23a) 가운데 첫번째 명령이었음을 회상할 필요가 있다. 광야에서 그들이 하나님을 신뢰하는 것에 실패한 것(민 20장)을 언급하면서, 여기에서 두번째로 모세는 과거 실패의 책임을 백성들의 어깨위에 올려 놓는다: "여호와께서 너희로 인하여 내게 진노하사"(신 4:21; 참조 3:26). 민수기에서 모세가 궁극적으로 약속의 땅에 들어가는 것을 허용받지 못한 것은 그(그리고 아론)가 '믿지 않았기' 때문이었음이 분명하게 나타난다(민 20:12). 그러나 여기 신명기에서 그는 백성들로 하여금 자신의 불신앙을 야기시킨 것이 그들 자신의 불만과 불평이었음을 일깨워준다(민 20:3-6). 모세는 단순히 자신의 행동을 정당화하고 있는 것도 아니고 또한 백성들에 대해 비난의 화살을 던지고자 하고 있는 것도 아니다. 오히려 그는 앞의 설화들 전체에서 나타나는 교훈을 반복하기 위한 기초를 놓고자 하고 있는 것이다. 비록 이스라엘이 경건한 지도력(예컨대, 모세나 여호수아 같은)을 가졌다 할지라도, 만일 백성들이 하나님을 신뢰하는데 실패한다면 그러한 지도력조차도 아무 쓸모 없을 것이다. 이리하여 그는 그들을 엄하게 경고한다: "너희는 스스로 삼가서 너희 하나님 여호와께서 너희와 세우신 언약을 잊어버려서 네 하나님 여호와께서 금하신 아무 형상의 우상이든지 조각하지 말라" (신 4:23).

C. 추방(4:25-31)

모세가 백성들에게 임박한 추방을 경고함과 동시에 그는 하나님의 위대하신 자비를 일깨움으로써 백성들을 격려한다. 모세는 만일 이스라엘 백성들이 우상숭배에 빠져 버린다면 그들이 그 땅에서 쫓겨나 포로가 되어 열방 가운데 흩어질 것을 분명한 어조로 경고한다. 그러나 포로에 대한 묘사 가운데(4:25-28), 모세는 자신의 관심을 이스라엘의 포로로부터의 귀환으로 돌린다. 이스라엘이 여호와께로 돌이킬 때, 여호와는 그들을 조상들에게 약속한 땅으로 돌이킬 것이다(29-31절). 여기에서 모세는 이스라엘이 범한 최초의 우상숭배 - 금송아지 사건(출 32장) - 를 다루는 설화들 배후에 있는 동일한 사상들을 표현한다. 그 설화에서 하나님은 이스라엘에 대해 진노하셨으며 그들을 버릴 준비를 하셨다. 그러나 모세가 개입하였고, 이에 하나님은 자신이 오래 참으시고 또한 용서하시는 자임을 보이셨다(출 33:19).

D. 하나님이 이스라엘에 임재하심(4:32-40)

출애굽기 33:15에서 하나님께서 자기 백성 가운데 임재하시는 것이 그들을 독특한 나라로 규정짓게 하는 것과 같이, 본 설화에서 모세는 하나님의 자비를 강조하기 위하여 그분의 임재의 주제로 되돌아 온다. 자신들 가운데 말씀하시는 한분 참되신 하나님의 음성을 들은 백성이 또 있었는가(신 4:32-33)? 모세는 여기에서 하나님께서 시내 산에서 이스라엘과 말씀하신 것을 언급한다(출 19-20장). 자신들 가운데 하나님께서 위대한 표적과 기사를 나타내고 그들을 강한 전쟁으로 구하여 낸 백성이 또 있었는가(신 4:34)? 모세는 여기에서 하나님께서 이스라엘을 애굽으로부터 구원하여 내신 것을 언급하고 있다(출 4-12장). 하나님께서 이스라엘을 위해 이 모든 일을 행하신 것은 그들을 사랑하사 택하셨기 때문이다 - 족장들의 시대까지 소급하여(신 4:37-38).

어째서 모세는 다시금 하나님의 사랑과 자비를 강조하고 있는가? 그것은 그것이 순종에의 부르심의 기초이기 때문이다(신 4:39-40). 모세의 연설은 하나님의 뜻에 대한 전적인 순종의 부름과 함께 중단된다.

여기에서 모세가 족장들을 언급하는 것은 아무 뜻없이 그렇게 한 것이 결코 아니다(신 4:37). 오경 전체를 통하여, 족장들 특히 아브라함은 '하나님의 율법을 지키는 것'에 대한 실례로서 사용된다(창 26:5). 이와 같이 오경이 하나님의 '율례와 계명'에 순종할 것을 요구할 때, 이러한 '율례와 계명'을 지킨 인물 가운데 가장 뛰어난 실례가 믿음으로 살았던 아브라함(창 26:5)임을 기억할 필요가 있다(15:6). 이와 같이 오경 전체의 관점으로부터 여기에서 독자들은 믿음의 사람 아브라함 같은 삶을 살 것을 요구받고 있는 것이다. 이와 같이 믿음은 '율법을 지키는' 수단으로 나타난다(오경에서의 이러한 주제에 대한 보다 폭넓은 논의를 위하여는 위의 서론을 보라).

Ⅳ. 도피성(4:41-43)

본 섹션은 실제로 모세의 연설 가운데 끼워진 설화이다. 이것은 요단 동편의 지파들에게 도피성을 할당하는 것을 다룬다(민 35:6, 9-34). 도피성의 주제가 신명기 19장에서 상세히 다루어지고 있기 때문에 그에 대한 언급이 여기에서 이루어지고 있는 사실은 다소 기묘한 일이 아닐 수 없다. 그러나 그것이 이 자리에 포함된 데에는 그럴만한 어떤 이유가 있는 것이다. 모세는 요단 동편 지역의 정복을 다루는 사건들에 대해 이야기하고 있었다. 그러므로 그러한 정복과 특별하게 관련되는 규례로 즉각 넘어가는 것은 적절한 일인 것이다.

그러나 거기에는 이것 이상의 무엇이 있다. 만일 이것이 유일한 이유라면, 우리는 그것이 요단 동편 지역을 정복하는 것을 이야기하는 3장에 놓여질 것으로 기대해야 할 것이다. 또 다른 이유는 본 설화가 특별히 '사람을 죽인 자'에 관한 문제를 다루고 있기 때문에 그것이 십계명 직전에 끼워져 있는 것은 극히 자연스런 일이라는 사실이다. 그것이 여기에 놓여짐으로써 그것은 무조건적인 금지 "살인하지 말지니라"(신 5:17)에 대한 하나의 제한(조건, qualification)을 제공하고 있는 것이다. 이리하여 본 설화는 사형을 다루는 율법을 위한 해석적 문맥을 제공함에 있어 하나의 중요한 역할을 맡고 있는 것이다.

V. 율법을 주심(4:44-5:33 〈MT 30〉)

A. 율법의 배경(4:44-49)

1-3장에서 이미 상술된 것이 여기에서 요약의 형태로 반복된다. 우리는 그것이 모세 자신의 설교의 일부가 아니라 모세에 관한 이야기의 형태로 던져지고 있는 사실을 주목하여야 한다. 따라서 여기에 나타나는 반복은 백성들에 대한 모세의 연설의 일부가 아니라 이 책의 구성의 일부인 것이다. 이렇게 하여 이러한 짤막한 요약은 이 책 가운데로 독자들을 인도함에 있어 중요한 역할을 맡는다. 그것의 목적은 처음 세 장의 서론적인 자료와 이어지는 장들에서의 율법 자체에 대한 해석 사이를 구별하는 것이다.

B. 율법에 대한 서론 : 시내 언약(5:1-5)

이야기식의 서론(4:44-49) 이후, 모세는 이제 자신이 이전의 율법들을 반복하는 것을 위한 문맥을 제공해주는 수사학적 서론을 제시한다. 그는 시내 산에서 이스라엘과 맺어진 언약이 현재 세대의 즉각적인 책임임을 지적하는데 특별히 열중해 있다. 이것은 이전 세대들(우리 조상들)과 맺어진 언약이 아니었다. 오직 그것은 시내 산 기슭에 서 있었고 또 하나님의 음성을 들었던 현재 세대와 맺어진 것이었다. 신명기와 오경의 이전 설화들로부터, 우리는 시내 산 언약이 맺어질 때 지금 이 세대는 아직 어린 아이였음을 알고 있다. 그럼에도 불구하고 모세는 그들을 당당히 그곳에 있었고 또 하나님의 권능에 대한 생생한 기억을 여전히 가지고 있는 자들로 다룬다. 신명기 11:2 이하에 따를 때, 지금 이 세대는(어린 아이로서) 애굽과 광야에서 하나님의 영광을 보았으나 그들의 자녀는 그렇지 않음을 주목하여야 한다. 애굽에서의 첫번째 세대와 그들의 자녀들인 두번째 세대(지금 이 세대)는 하나님의 영광이 위대하게 나타나는 것을 보았다. 그러나 다음 세대(세번째 세대)는 그렇지 못했다. 이것을 설화의 본자리에 위치시킨 목적은 다음 섹션에서 우상숭배를 금지하는 것을 위한 동기부여가 '삼사대'(세번째와 네번째 세대)의 자손에 대한 위협이라는 사실에 나타난다(5:9).

이와 같이 하여 지금 이 세대의 이스라엘 백성들은 이어지는 십계명의 주된 목적이 미래 세대들을 통하여 하나님을 섬기는 것이 계속 보존 계승되는 것임을 배우게 되는 것이다.

본 구절과 출애굽기 19-20의 관계에 관하여는 앞의 출애굽기 19:16-25에 대한 주석을 참조하라.

C. 십계명(5:6-22 〈MT 19〉)

십계명이 여기에서 다시 반복되고 있는데, 그것은 뒤이어 나오는 것을 논의하기 위한 문맥을 제공하기 위한 것이다: "율법에 대한 모세의 해석." 다시 말해서 그것은 뒤이어 나오는 모세의 설교를 위한 본문인 것이다. 십계명은 출애굽기 20:1-17로부터 거의 축자적으로 반복된다. 그러나 대부분의 성경 본문들이 그러한 것처럼, 여기에서 동일한 자료가 상이한 문맥 가운데 발견된다. 따라서 그 의미가 앞의 이야기와 다소 달라질 수 있는 것이다. 물론 의미에 있어서의 이러한 변화는 그러한 열가지 율법들 가운데 어떤 것의 어법이 출애굽기의 그것과 다르다고 하는 사실에 의해 촉진된다. 어쨌든 우리는 이러한 중요한 율법들이 아무 목적 없이 그저 반복되고 있는 것으로 생각해서는 안된다. 우리는 신명기에서의 모세의 설교의 새로운 문맥 가운데 그것을 이해하고자 하여야만 한다.

첫째로, 서론적인 말씀 "나는 너를 애굽 땅에서 종되었던 집에서 인도하여 낸 너희 하나님 여호와로라"는 비록 40년이 지났고 또 여호와께서 이스라엘을 위해 많은 일들을 행하셨다 할지라도 출애굽기의 그것과 동일하다. 비록 신명기 1-3장이 자기 백성을 향한 하나님의 은혜와 자비의 행동을 많이 제시했다 할지라도 순종에의 첫 부르심은 여전히 그 백성을 애굽에서 건져내신 위대한 행동인 것이다.

둘째로, 출애굽기와 신명기의 열가지 계명들 가운데 첫번째 위치를 차지하는 우상숭배의 금지는 신명기의 현 문맥 속에서 보다 실제적인 음색을 취한다. 출애굽기와 민수기의 앞의 설화들은 이스라엘이 우상숭배에 계속적으로 넘어졌음을 강조하였다. 그러한 설화들 후에 우상숭배 금지의 적실성 여부를 이해하는 것은 그리 어렵지 않다. 더욱이 하나님께서 '삼사대'(세번째 세대와 네번째 세대)까지 징벌을 내리시겠다는 말씀(5:9)은 여기 신명기의 경우와 같은 '두번째' 세대에게 말하여졌을 때에는 새로운 위머를 취하게 되는 것이다(신 5:1-5에 대한 주석을 참조하라). 이와 같이 이러한 두번째 세대는 세번째 세대에게 하나님의 길을 가르치도록 부름받고 있는 것이다(신 6:2 참조). 이같이 신명기의 문맥은 이러한 신적 경고들을 이해하기 위한 구체적인 기초를 제공한다. "나타난 일은 영구히 우리와 우리 자손에게 속하였나니" (신 29:29 〈MT 28〉).

셋째로, 일곱째 날의 안식의 개념이 신명기에서 모든 가족과 종들을 포함하는 데에까지 확대된다. 이스라엘은 애굽에서 섬기던 시절을 기억해야 한다. 그러므로 그들은 자기 종들을 자신들처럼 그렇게 다루어야 한다. 출애굽기에서 요구된 안식은 오직 제한된 방식으로만 적용될 수 있었다. 그러나 여기에서 그것은 모든 사람에게 거의 전반적인 방식으로 적용되게 되었다. 마찬가지로 안식일의 근거도 이제 창조에서의 하나님의 안식 보다는 그분이 자기 백성을 애굽에서 건져내신 것으로 언급된다. 이와 같이 하나님의 특별한 구원행동이 율법을 지킴에 있어 주어진 동기부여에서 중심적인 위치로 이행되는 것이다.

넷째로, 부모를 공경하라는 계명에 "네가 잘 되리라" (that it may go well with you) 라는 어구가 덧붙여진다(5:16). 비록 이것이 사소한 것으로 보인다 할지라도, 그것은 단순히 그 땅에 거하는 것 자체가 자기 백성을 위한 하나님의 궁극적인 목적이 아니었음을 보여준다. 그는 그 땅에서의 자기 백성들의 삶이 '좋게' (good) 되기를 원하셨다. 이러한 추가적인 어구는 하나님께서 이스라엘에게 주시는 땅이 그들이 향유하여야 할 '좋은 땅'이라고 하는 신명기의 전반적인 관점과 일치하는 것이다.

이와 같은 방식으로 신명기 저자는 창세기 앞부분의 하나님의 '좋은 땅'이라는 주제와 이스라엘이 약속의 땅을 정복함으로써 그 땅을 향유하는 것을 하나로 묶고 있는 것이다. 이스라엘은 약속의 땅을 정복하는 가운데 태초로부터 그들을 위해 창조되고 준비된 하나님의 '좋은 땅'으로 돌아가고 있는 것으로 나타나고 있다.

다섯째로, 출애굽기와 신명기의 십계명을 계수하는 것이 문제이다(출 20:1-17에 대한 주석을 참조하라). 비록 NIV에 분명하게 반영되어 있지는 않다 할지라도, 마지막 계명(신 5:21 〈MT. 18〉)의 히브리 어형은 두개의 별도의 계명으로 나누어진다. 히브리 본문에서 접속사 '와우'(그리고)가 마지막 다섯 계명에 덧붙여져 있는데, 이것은 그것들을 별도의 구별된 언설들로 나누는 것이다: "네 이웃의 아내를 탐내지(covet) 말지니라" 그리고 "네 이웃의 집이나 그의 밭이나……. 네 이웃의 소유를 탐내지(desire) 말지니라." 더우기 출애굽기 20:14이 두군데에서 모두 desire란 단어를 사용하고 있는 반면, 신명기 5:21(MT. 18)은 두군데에서 어휘를 구분하여 사용한다. 마지막으로, 출애굽기의 두 문장에서 금지되고 있는 'desire'의 목적어가 신명기 5:21(MT. 18)에서 역전되어 있다. 출애굽기 20:14에 언급되어 있는 바와 같이, 첫째로 '이웃의 집'을 탐내는 것이 금지되었고 그리고 나서 이어 금지되는 항목들의 목록이 뒤따른다: "이웃의 아내, 남종, 여종, 그리고 마지막으로 네 이웃에 속한 모든 것." 출애굽기 20:14에서 그러한 목록의 항목들은 '네 이웃의 집'이란 어구가 의미하는 것을 열거하는 것으로 이해될 수 있다. 이웃의 아내는 단순히 그 이웃의 재산의 일부로 간주되는가? 출애굽기 본문은 이에 대해 다소 모호하다. 그러나 신명기 5:21(MT 18)의 본문은 분명하다: 이웃의 아내는 그 이웃의 재산의 일부가 아니다. 두 문장의 목적어가 역전되어 있다. 첫번째로 금지되고 있는 것은 '네 이웃의 아내'를 탐내는(desiring, חמד) 것으로 특별하게 언급된다. 이어서 보다 탐냄(desiring, אוה)에 대한 보다 일반적인 금지가 뒤따르고, 뒤이어 출애굽기 20:14과 동일한 목록이 이어진다: "그의 남종, 여종……. 그리고 그에게 속한 모든 것." 이러한 특별한 목록 가운데 나타나는 유일한 변화는 '이웃의 집'이라는 용어가 '그의 밭'이라는 용어로 대체된 것이다.

그러므로 신명기 5:21(MT 18)은 분명히 두개의 별도의 금지로서 읽혀져야 한다. 첫번째는 "네 이웃의 아내를 탐내지 말지니라"이고, 두번째는 "네 이웃의 재산을 탐내지 말지니라"이다. 결과적으로, 출애굽기 20:14의 모호함이 신명기에서 분명해진 것이다. 신명기의 이러한 마지막 두 계명에 주어진 의미의 순수한 효과는 '이웃의 아내'를 탐내는 것이 그의 재산을 탐내는 것으로부터 보다 분명하게 구별된다고 하는 것이다. 따라서 이웃의 아내를 그의 재산의 일부로서 이해될 가능성은 전혀 없는 것이다. 아내는 그의 재산과는 매우 다른 것으로 간주된다. 만일 출애굽기의 구절이 이 문제에 있어 모호했다면, 모든 의심은 신명기에서 깨끗하게 치워지고 만다.

여종의 지위에 관한 문제는 - 이것은 이 구절에서 여전히 모호한 채로 남아 있다 - 나중에 신명기 15:12-18(MT 17)에서 다루어질 것이다.

금지 #347, 레 18:20, 다른 사람의 아내와 성관계를 가져서는

안된다: "네 이웃의 아내와 성관계를 갖지 말지니라." 참조 출 20:14; 신 5:17(EVV 18), "간음하지 말지니라."

금지 #266, 신 5:18(EVV 21), 다른 사람의 소유를 탐내서는 안된다: "네 이웃의 집을 탐내지 말지니라."

D. 중보자로 세워진 모세(5:23-33 〈MT 20-30〉)

출애굽기 20:18-21에 기록된 바 시내 산에서의 백성들의 반응을 언급하면서, 모세는 하나님의 음성을 듣는 것에 대한 백성들의 두려움과 이로 말미암아 그가 하나님과 백성 사이의 중보자 역할을 맡게 된 것을 설명한다. 여기에서 백성들의 두려움은 긍정적인 의미를 갖는 것으로 나타난다. 그들의 두려움의 목적은 그들로 하여금 우상에서 돌이켜 하나님을 좇도록 하기 위한 것이었다. 그것이 여기에서 강조되고 있는 것은, 신명기의 문맥 가운데 '두려움'이 하나님의 지혜 개념에 있어 중심적인 개념이기 때문이다. 그러나 5:29(MT 26)의 하나님의 말씀은 시내 산에서 나타났던 두려움이 순종을 산출하는 종류의 두려움은 아직 아니었음을 보여준다: "다만 그들이 항상 이같은 마음을 품어 나를 경외하며 나의 모든 명령을 지켜서 그들과 그 자손이 영원히 복 받기를 원하노라." 출애굽기 20장의 설화는 여호와의 말씀이 오직 바라는 바를 표현한 것임을 분명히 보여준다. 그러나 이어 나타나는 출애굽기와 민수기의 설화들은 그들의 두려움이 다른 종류의 것이었음을 보여준다. 그럼에도 불구하고 모세는 본 설화에서 시내 산에서의 백성들의 두려움으로 주의를 돌리는데, 그것은 이어지는 권고에서 '여호와를 두려워하는 것'이 하나님의 뜻에 순종하는 것을 위한 기초가 되기 때문이다(예컨대, 6:2). 다시 한번, 오경의 이전 설화들의 사건들에 관한 언급은 이어지는 율법 목록에 대한 서론이 되는 것이다.

Ⅵ. 율법의 일반적인 원리들 (6:1-11:32)

이어지는 모세의 설교에서, 5장에 주어진 십계명의 첫 섹션의 중심적인 사상들을 발전시키기 위한 의식적인 노력이 나타난다 - 우상을 버리고 전심으로 하나님을 예배함.

A. 첫번째 계명의 첫 부분에 대한 해설 : 하나님을 두려워함과 그의 계명들을 지킴(6:1-25)

두려움(경외, 하나님께 대하여 깊이 느끼는 敬意)은 경건한 삶과 순종을 위한 기초로서 모든 세대들에게 가르쳐진다. 순종의 결과는 축복이다 - 그 땅에서 장수하고 잘 되는 것. 여기에서 강조되는 축복의 개념은 창세기 1:28의 그것이다: "생육하고 번성하여 땅에 충만하라." 이스라엘에 대한 하나님의 언약은 창조에 있어서의 하나님의 원래적 목적의 성취였다. 여호수아서는 비록 처음에는 성공을 했지만 궁극적으로 그 백성들은 언약을 지킬 수 없었고 그것 때문에 그 축복을 충분하게 향유하지 못했음을 보여줄 것이다.

아이러니칼하게도 순종을 산출하는 '하나님께 대한 두려움'이 여기에서 '사랑'으로 불려진다 - "너는 마음을 다하여 네 하나님 여호와를 사랑하라" (신 6:5). 이와 같이 모세가 마음에 품고 있는 '여호와를 경외하는 것'은 그의 임재로부터 도망가는 것이 아니라 그의 뜻을 행하고자 하는 열망임이 분명하게 나타난다. 그것은 굴종이 아니라 순종을, 또 걱정이 아니라 경배를 산출하는 두려움인 것이다(6:13). 본 섹션에서의 모세의 중심적인 관심은 우상숭배에로 떨어지는 백성들의 편향성이다. 따라서 그가 여기에서 강조하고 있는 것은 하나님의 절대적인 '유일성'(oneness)이다. 그 외에 '다른 신'은 없는 것이다.

이와 같이 모세는 모든 성경의 가장 중심적인 개념 가운데 하나를 요약함으로써 자신의 훈계를 시작한다: "이스라엘아 들으라 우리 하나님 여호와는 오직 하나인 여호와시니라." 후대 유대 전승에서 '쉐마'라 불리는 이 문장은 613개의 율법들 가운데 두번째 것으로 간주된다. 예수님은 이것을 모든 계명들 가운데 '첫째'로서 언급하였다(막 12:29). 이 구절에서의 "여호와는 하나이시다"란 어구의 의미에 대해 많은 논의가 있어 왔다. 우리가 이 어구를 신명기의 현 문맥 속에서 우상숭배와 다신숭배를 엄하게 금하는 것으로 읽을 때 비로소 그 의미가 분명하게 드러나게 된다. 이 구절은 유일신론, 즉 오직 한분의 하나님만 존재하신다고 하는 원리를 분명하게 언급한다. 따라서 그것은 다음과 같이 번역되었다: "여호와는 우리 하나님이시라, 오직 여호와 만이."[12] 그러나 우상숭배에 대항하여 하나님의 유일성을 강조하는 것이 동일하게 중요한 삼위일체의 개념을 배격하는 방식으로 언급되는 것이 아님을 주목하는 것이 중요하다. 여기에서 '하나'를 위해 사용된 단어는 '단일성'(singleness)을 의미하는 것이 아니라 '통일성'(unity)을 의미한다. 동일한 단어가 창세기 2:24에 사용되었는데, 여기에서 남편과 아내가 결혼을 통해 '한 몸'이 되는 것으로 언급된다. 이와 같이 이 구절이 분명한 유일신론으로 의도되고 있는 동안에도, 그것은 삼위일체의 개념을 결코 배격하지 않는 것이다.

명령 #2. 신 6:4. 하나님은 오직 한 분이심을 믿어야만 한다: "이스라엘아 들으라 우리 하나님 여호와는 오직 하나인 여호와시니……"

명령 #3. 신 6:5. 하나님을 사랑해야 한다: "네 하나님 여호와

12) *Tanakh: The Holy Scriptures, The New JPS Translation According to the Traditional Hebrew Text* (Philadelphia: Jewish Pulication Society, 1988), 284

를 사랑하라."

명령 #10, 신 6:7, 매일 아침 쉐마를 암송해야 한다: "너는 그것을 말할 것이요……"

명령 #11, 신 6:7, 토라를 가르쳐야 한다: "너는 그것을 네 자녀들에게 가르쳐야 한다."

명령 #12, 신 6:8, 이마에 테필린을 부착해야 한다: "네 미간에 붙여 표를 삼고……"

명령 #13, 신 6:8, 손에 테필린(tefillin)을 부착해야 한다: "또 그것을 네 손목에 매어 기호를 삼으며……"

명령 #15, 신 6:9, 문에다가 메주자(mezuzah)를 고정시켜야 한다: "네 집 문설주에 기록할지니라."

명령 #4, 신 6:13, 하나님을 경외해야 한다: "네 하나님 여호와를 경외하며……"

명령 #7, 신 6:13, 하나님의 이름으로 맹세해야 한다: "그 이름으로 맹세할 것이니라."

명령 #64, 신 6:16, 여호와를 시험해서는 안된다: "너희의 하나님 여호와를 시험하지 말고……"

B. 첫번째 계명의 둘째 부분에 대한 해설 : 다른 나라들의 신들로부터의 분리(7:1-26)

이 구절은 출애굽기의 섹션들을(19:1-7; 23:20-23) 열방으로부터의 분리의 중요성을 드러내는 수단으로서 결합시킨다. 첫번째 계명에 대한 언급들은 매우 분명하다. 이스라엘은 열방의 우상들을 따르는 가능성을 버리도록 부름받으며, 또한 '자신을 사랑하는 자들에 대하여 천 대까지 이르는 사랑의 언약'을 지키시는 유일하신 하나님을 기억하도록 부름받는다(신 7:9). 본 섹션에서 모세는 다른 나라의 신들로부터 분리되는 것이 불가불 다른 나라 자체로부터 분리되는 것을 야기시킨다는 개념을 강조한다: "그들과 무슨 언약도 말 것이요 그들을 불쌍히 여기지도 말 것이며 또 그들과 혼인하지 말지니"(7:2-3). 이러한 모세의 언급은 - 액면대로 보면 너무 가혹하게 들린다 - 라합과 룻의 설화들의 빛 가운데 읽혀져야 한다. 이들은 가나안 여인들로서 이스라엘 가정에 결혼하여 들어왔다(수 6:25과 룻기; 또한 요나서에 나오는 이방인 선원들과 니느웨 백성들의 회심 설화를 주목하라). 모세의 관심은 우상숭배를 행하고 있는 가나안 백성들과 결혼하며 언약을 맺음으로서 혼합되는 효과와 관련한 것이다, "그가 네 아들을 유혹하여 그로 여호와를 떠나고 다른 신들을 섬기게 할 것이다" (신 7:4). 이와 같이 모세는 실제로 자신들의 우상을 버리고 여호와를 따른 가나안 백성들에 대해 말하고 있는 것이 아니다. 더욱이 모세 역시 이러한 이방 신들로부터의 분리가 또한 그들의 종교행습을 따르는 것을 거부하는 것을 수반한다는 사실을 강조하고 있다, "그들의 단을 헐며 주상을 깨뜨리며 아세라 목상을 찍으며 조각한 우상들을 불사를 것이니라" (7:5).

명령 #185. 신 7:5. 너희 가운데 우상숭배를 내어버리라: "그들의 단을 헐며……"

금지 #48. 신 7:2. 가나안 족속들과 언약을 맺어서는 안된다: "그들과 무슨 언약도 말 것이요……"

금지 #50. 신 7:2. 우상숭배자들에 대해 자비를 베풀어서는 안된다: "그들을 불쌍히 여기지도 말 것이며……"

금지 #52. 신 7:3. 우상숭배자들과 통혼하여서는 안된다: "또 그들과 혼인하지 말지니……"

모세는 이스라엘이 하나님을 예배하는 것의 기초를 그의 선택으로부터 소급하여 추적한다. 이스라엘은 하나님의 '보배로운 소유'였다(7:6). 그들은 모든 열방 가운데 독특한 나라였는데, 그것은 마치 하나님께서 모든 거짓 우상들 가운데 독특한 분이셨던 것과 마찬가지였다. 그 분만이 하나님이셨으며, 오직 이스라엘만이 그의 택하신 백성이었다. 그러나 이스라엘의 교만의 어떠한 근거도 없도록 하기 위하여 모세는 재빨리 덧붙인다: "여호와께서 너희를 기뻐하시고 너희를 택하심은 너희가 다른 민족보다 수효가 많은 연고가 아니라 너희는 모든 민족 중에 가장 적으니라"(7:7). 하나님께서 이스라엘을 선택하신 기초는 이스라엘의 위대함이 아니라 하나님의 사랑이었다(7:8).

그 땅에 대한 전체적인 정복이 조속히 이루어지지는 않을 것이란 사실이 이미 출애굽기 23:27-33에 예기(豫期)되었다. 여기에서와 출애굽기에서 제기된 이유는 동일하다. 하나님은 그들이 그 땅을 적절히 돌볼만큼 충분한 규모로 자라기까지는 그들로 하여금 그것을 완전히 파괴하도록 허용하지 않으실 것이다. 그럼에도 불구하고, 이스라엘이 그 땅을 취하기 위해 들어갈 때 그 땅의 백성들을 패퇴시키는 것이 '조속히' 이루어질 것이 약속되었다(신 4:26; 9:3). 우리는 이후의 성경들로부터(예컨대, 여호수아서) 이스라엘이 원수를 대항하여 조속히 패퇴시켰음을 안다 - 비록 어떤 지역들은 오랜 세대 동안 정복되지 않은 채 남아있었다 할지라도(수 15:63 참조).

금지 #58. 신 7:21. 원수를 두려워해서는 안된다: "너는 그들을 두려워말라."

금지 #22. 신 7:25. 우상을 만드는데 사용된 값비싼 재료를 탐내서는 안된다: "너는 그들의 조각한 신상들을 불사르고 그것에 입힌 금이나 은을 탐내지 말며 취하지 말라."

금지 #25. 신 7:26. 우상숭배와 관련된 물건을 사용해서는 안된다: "너는 가증한 것을 네 집에 들이지 말라."

C. 여호와를 잊어버리는 것에 대한 경고(8:1-20)

본 섹션에서 모세는 처음으로 이스라엘의 광야 40년 체류기간 동안 하나님께서 그들을 위해 필요한 것을 공급하셨음을 회상시킨다. 이러한 40년간의 기간은 고통과 시험의 기간으로 간주된다: "이는 너를 낮추시며 시험하사 네 마음이 어떠한지 그 명령을 지키는지 아니 지키는지 알려 하심이라"(8:2). 출애굽기에서와 마찬가지로 여기에서도 만나를 주신 것이 '그들이 그분의 가르침을 따르는지' 여부를 알기 위한 하나님의 시험으로 간주된다(출 16:14). 만나는 여기에서 에덴 동산에서의 선악을 알게하는 나무가 그러했던 것처럼 하나의 시험(test)으로 제시된다(창 2:16-17). 그러므로 본 섹션에서 모세가 약속의 땅과 그곳에서 살아가는 백성들의 축복을 창세기의 에덴동산을 회상케하는 용어로서 묘사하고 있는 것은 매우 적절한 일인 것이다: "그리하면 너희가 살고 번성하고 여호와께서 너희의 열조에게 맹세하신 땅에 들어가서 그것을 얻으리라……(8:1; 참조 창 1:28); 네 하나님 여호와께서 너로 아름다운 땅에 이르게 하시나니 그곳은 골짜기에든지 산지에든지 시내와 분천과 샘이 흐르고……"(8:7; 참조 창 1:9-10; 2:10-14). 창세기 설화들에서 아담과 하와가 에덴 동산에서 추방되었을 때 인류에 대한 하나님의 돌보심이 그들에게 옷을 공급하신 그의 행동에서 나타났던 것처럼(창 3:21), 여기에서 광야에서의 이스라엘을 돌보심이 그들에게 옷을 공급하신 것으로 나타나고 있다(신 8:4). 더욱이 하나님을 사랑하는 아버지로서 묘사하는 것이 - 이러한 사상은 창세기 앞부분에 진하게 펴져있다(창 1장에 대한 주석을 참조하라) - 여기에서 다시금 나타나고 있다: "너는 사람이 그 아들을 징계함 같이 네 하나님 여호와께서 너를 징계하시는 줄 마음에 생각하고……"(신 8:5; 참조 32:6).

만일 모세가 만나와 선악을 알게하는 나무를 의도적으로 연결시키고 있는 것이라면, 본 문맥에서 그가 또한 만나와 하나님의 말씀을 연결시키고 있는 것은 매우 의미있는 것이 될 것이다: "사람이 떡으로만 사는 것이 아니요 여호와의 입에서 나오는 모든 말씀으로 사는 줄을 너로 알게 하려 하심이니라"(8:3). 과거의 사건들에 대한 이러한 언급들을 통하여 모세는 앞의 설화들을 오경의 말미에 있는 그것들과 서로 엮고 있는 것이다. 이와같이 여기에서 하나님께서 만나를 내리신 이야기는 에덴 동산에서의 인간에게 대한 첫번째 시험, 즉 선악을 알게 하는 나무의 시험의 그림(picture)이 된다. 마치 선악과 나무가 에덴 동산에서 아담과 하와를 시험하는 하나님의 방법이었던 것과 마찬가지로, 만나는 광야에서 이스라엘을 시험하는 하나님의 방법인 것이다. 만나가 또한 하나님의 말씀과 동일시되고 있기 때문에, 하나님의 말씀과 선악을 알게하는 나무의 연결관계가 또한 함축될 수 있다. 에덴 동산에서 잃어버렸던 것이 토라, 곧 하나님의 말씀에서 회복되고 있다. 이같이 신명기의 거의 말미에서(신 30:15), 모세는 토라를 선악을 알게하는 나무로 되돌아가는 것으로서 묘사한다: "보라 내가 오늘날 생명과 복(생명 곧 선)과 사망과 화(사망 곧 악)를 네 앞에 두었나니." 토라에 대한 순종이 사망의 저주를 피하고 선한 땅의 축복을 다시금 향유하는 열쇠로서 나타나고 있는 것이다(8:20).

명령 #19. 신 8:10. 음식을 먹은 후에 찬송을 하여야 한다: "네가 먹어서 배불리고 네 하나님 여호와께서 옥토로 네게 주셨음을 인하여 그를 찬송하리라."

D. 이스라엘의 과거로부터의 실례(9:1-10:11)

이제 모세는 이스라엘이 하나님 앞에서 끊임없이 조심하는 삶을 살아야한다는 자신의 중심적인 교훈을 뒷받침하기 위하여 과거로부터의 실례들을 사용한다. 먼저 그는 출애굽기 32장에 기록된 금송아지 사건을 제시한다. 과거의 사건들에 대한 앞의 이야기들은 하나님의 신실하심에 초점이 맞추어져 있었다. 이제 제시되는 실례들은 이스라엘의 실패와 불신성(不信性)에 초점이 맞추어진다.

1. 서론(9:1-6)

모세는 오경의 앞의 설화들이 반복적으로 강조했던 것을 다시 일깨워주는 말씀과 함께 시작한다 - 이스라엘이 약속의 땅을 차지하는 것은 그들의 의로 말미암아 주어진 상급이 아니다. 그 땅은 다른 나라들로부터 '그들의 악함 때문에' 취하여진 것이었다(9:5). 그것이 이스라엘에게 주어져야 했던 것은 '그가 그들의 조상 아브라함과 이삭과 야곱에게 맹세하신 것을 이루기 위한' 것, 다시 말해서 조상들에 대한 하나님의 약속의 성취로서였던 것이다(9:6). 우리는 조상들에 대한 약속의 중심점이 "땅의 모든 족속이 너로 말미암아 복을 받으리라"(창 12:3) 임을 기억해야 한다. 이와 같이 하나님의 궁극적인 목적의 관점에서, 하나님께서 그 나라들을 그 땅으로부터 쫓아내고 그것을 이스라엘에게 주시는 것은 모든 열방에 - 아이러니칼하게도 지금 그 땅으로부터 쫓겨나고 있는 나라까지 포함하여 - 복을 주겠다는 하나님의 영원한 계획의 한 부분이었던 것이다.

본 연설에서 모세는 백성들(그리고 독자들)로 하여금 그 땅을 소유하는 것이 이스라엘 자신의 의에 기초한 것이 아니라 하나님의 은혜에 기초한 것임을 분명히한다(9:6). 그리하여 그는 자신들의 미래의 소망을 '목이 곧은 백성들'의 의가 아니라 자신의 약속에 대한 하나님의 신실하심에 근거시켰던 후대 선지자들의 시각을 공유(共有)하고 있는 것이다(9:6 하반절). 예를 들어, 에스겔은 "이스라엘이 열방 가운데 더럽힌 그의 거룩한 이름을 인하여"(겔 36:22) 하나님께서 조상들에게 약속하신 것을 이룰 미래의 날에 하나님의 백성들에 대한 그의 심판을 내다 보았다. 그날에, 하나님은 에스겔을 통하여 말씀하신다, "내가 그들의 목적에서 너희로 인하여 나의 거룩함을 나타내리니 열국 사람이 나를 여호와인줄 알리라"(겔 36:23). 그러므로 신명기 9장의 설화에서 모세가 금송아지 사건에 대한 자신의 이야기를, 이스라엘 백성 뿐만 아니라 하나님께서 자기 백성들을 다룬 이야기를 들은 모든 나라들을 위한 그의 기도를 상술하면서 끝맺는 것은 매우 의미있는 일인 것이다(9:26-29).

2. 금송아지 사건(9:7-21)

시내 산 이야기와 이스라엘이 금송아지를 만듦으로써 언약을 깨뜨린 이야기를 하면서 모세는 이스라엘 백성이 얼마나 빨리 우상숭배에 떨어졌는가 하는데에 동일한 강조를 둔다. 여호와께서 모세에게 말씀하신 바와 같이, "네가 애굽에서 인도하여 낸 내 백성이 스스로 부패하여 내가 그들에게 명한 도를 속히 떠나 자기를 위하여 우상을 부어 만들었느니라"(9:12). 그의 목적은 이스라엘 백성이 계속적으로 조심해야만 하는 것을 강조하는 것이다. 백성들의 마음은 하나님으로부터 돌이켜질 수 있다. 분명히 그들이 시내 산 밑에 있었을 때, 즉 우상숭배를 금하는 것이 돌판 위에 쓰여지고 있었을 때는 금송아지 숭배에 떨어질만한 때가 아니었다. 그럼에도 불구하고, 그때 그 일이 일어났다. 따라서 그 사건은 백성들의 마음이 얼마나 빨리 그리고 예기치 못하게 그릇된 길에 떨어질 수 있는가 하는 것을 결정적으로 증거하는 경고인 것이다.

모세는 하나님을 신뢰하는데 대한 이스라엘의 실패가 분명하게 나타나는 다른 사건들을 또한 언급한다. 다베라, 맛사, 기브롯 핫다와(9:22), 그러고나서 그는 가데스 바네아로 돌아온다(22-23절). 가데스 바네아에서의 이스라엘에 대한 하나님의 말씀은 본 문맥 가운데 대단히 중요한데, 그것은 그것이 전체 오경의 중심적인 주제를 표현하고 있기 때문이다. 가데스에서 이스라엘은 하나님의 뜻에 대해 반역을 하였고, 그럼으로써 자신들의 믿음을 그분 위에 놓지 못했다. 이스라엘의 '믿음'(NIV, '신뢰')의 결핍에 대한 이러한 언급은 오경이 제기하는 중심적인 주장이다. 저자가 보기에, 이스라엘의 그러한 행동의 동기는 율법에 대한 단순한 '불순종' 보다 훨씬 더 심원(深遠)한 것이다. 그들의 불순종은 믿음의 결핍에 기인한 불순종이다. 본문이 반복하여 언급하고 있는 믿음의 사람(창 15:6) 아브라함과는 달리, 이스라엘 백성들은 단순한 믿음으로 하나님과 동행할 수도 없었고 또 그럴 의지도 없었다. 바로 이것이 이스라엘의 실패의 고질적인 원인이었다. 이렇게 모세는 이러한 글들을 통하여 하나님께 대한 믿음과 단순한 신뢰의 주제로 돌아온다.

시내 산 사건으로 되돌아 오면서 모세는 백성들을 위한 그의 기도를 상술한다(신 9:25-29). 이러한 본문 가운데 모세의 기도는 광야 40년 전체를 통하여 그가 백성들에 대해 얼마나 지대한 관심을 가졌는가 하는 것을 보여준다. 모세의 기도가 그들의 '의'가 아니라 하나님의 의를 강조하고 있는 것은 매우 의미심장한 일이다: "주의 종 아브라함과 이삭과 야곱을 생각하사 이 백성의 강퍅과 악과 죄를 보지 마옵소서"(9:27). 또한 모세의 말 가운데 모든 열방에 대한 하나님의 관심이 나타나고 있는데, 이것은 아브라함과 맺은 언약에 있어 중요한 일부이다(창 12:3): "주께서 우리를 인도하여 내신 그 땅 백성이 말하기를 여호와께서 그들에게 허락하신 땅으로 그들을 인도하여 들일 능력도 없고 그들을 미워도 하사 광야에서 죽이려고 인도하여 내셨다 할까 두려워하나이다"(9:28). 이와 같이 모세의 기도는 저자에게 있어 우리의 관심을 아브라함에게 대한 약속으로 돌리고 또 우리로 하여금 보다 넓은 관점으로 현재의 경고를 보도록 하는 하나의 수단이 되는 것이다.

3. 시내 산의 새 돌판(10:1-5)

여호와께서 모세의 기도를 들으시고 그들과 더불어 언약을 다시 세우셨음을 보여주기 위해, 모세는 두개의 새로운 십계명 돌판을 만드는 이야기를 한다. 출애굽기 34장에 이미 기록된 이러한 사건들을 반복하는 가운데, 모세는 앞에서 특별히 언급하지 않은 어떤 것을 덧붙인다. 그는 돌판에 더하여 자신이 그것을 지킬 나무 상자를 만들었음을 이야기한다. 이러한 나무 상자 혹은 궤는 브살렐이 성막을 위하여 만들고(출 37:1-2) 또 종국적으로 그 돌판들이 놓여졌던(40:20) 언약궤와 동일한 것이었거나 아니면 그 돌판들을 보관하기 위한 별도의 임시적인 상자였을 것이다. 이러한 나무상자를 언약궤로서 이해하고자 하는 학자들은 모세의 설화가 엄격한 연대기적 순서를 따르고 있지 않음을 제시한다. 엄격한 연대기적 순서를 따라 읽는다면, 모세가 새 돌판들을 받은 후에 브살렐이 언약궤를 만든 것으로 나타난다(37:1-2). 그러나 돌판들을 위한 궤는 모세가 새 돌판들을 받기 위해 산에 올라가기 전에 만들어진 것으로 나타난다(신 10:3 상반절).

그러나 이러한 나무상자와 언약궤를 동일시하기 위해 그와 같은 방법에 의지할 필요는 없다. 여기에서 모세가 이야기하고 있는 것을 그가 새 돌판들을 받기 위해 산에 올라가기 전에 그가 나무상자를 만드는 작업을 시작한 것으로 이해하는 것도 가능하다. 다시 말해서, 출애굽기 25:10에 따를 때 그가 브살렐에게 그것을 만드는 방법을 가르쳤다. 그가 산에서 돌아온 후에 브살렐이 그 궤를 완성시켰고(37:1) 새로운 돌판들이 그 안에 놓여졌다(40:20). 신명기 10:1-6 본문이 모세가 그 나무상자를 산에 가지고 갔는지에 대해서는 특별하게 말하고 있지 않음을 주목할 필요가 있다. 다만 그것은 그가 돌판들을 취하여 산으로부터 돌아오는 중에 그것들을 궤 속에 넣었다고만 이야기한다. 그러므로 본문을 연대기적으로 읽으면서도 이 나무상자를 언약궤로 이해하는 것이 가능하다.

우리는 다음 섹션(신 10:6-9)에서 언약궤를 삽입적으로 언급하는 것이 저자가 독자로 하여금 본문의 나무상자를 언약궤와 동일시하도록 의도하고 있음을 암시하는 것으로 생각할 수 있다. 요컨대 '궤'를 이상과 같이 이해하는 것은 이러한 설화들에 대한 저자 자신의 독법(讀法, reading)의 일부인 것이 분명하다.

4. 삽입구 : 광야의 여정(10:6-9)

모세는 아론과 레위인의 제사장직이 금송아지 사건 이후 또한 회복되었음을 보여주는데 관심을 기울이고 있다(신 9:20 참조). 그리하여 그는 이러한 삽입구적 설화를 시내 산에서의 사건들에 관한 이야기 속에 끼워넣는다. 그 설화는 하나님께서 레위의 집을 여호와 앞에 제사장으로서 세우심을 설명한다.

5. 결론 : 시내 산으로부터의 출발(10:10-11)

자신의 연설 말미에 모세는 그가 앞에서 이미 제시한 것을 언급한다. 하나님은 백성들에 대해 은혜로우셨다; 다시 말해서 "그들을 멸하는 것이 그의 뜻이 아니었다"(10:10). 나아가서 하나님은 그의 백성들이 조상들에게 한 그의 약속의 축복을 향유할 것을 의도하셨다. 하나님께서 과거 이스라엘을 다루셨던 것이 이제 현재의 신뢰와 순종의 기초가 된 것이다.

E. 여호와를 경외하라는 훈계(10:12-22)

모세는 여기에서 앞 설화의 교훈을 더욱 강화시킨다. 이스라엘은 하나님을 경외하고, 그의 길을 행하며, 그를 사랑하고, 전심으로 그를 섬기도록 부름받았다. 이러한 것은 신명기 뿐만이 아니라 그 마지막 형태로서의 오경 전체의 중심적인 사상이다. 따라서 저자는 여기에서 자신의 중심적인 관심을 충분하게 표현한다. 이스라엘에 대한 하나님의 은혜와 사랑 때문에, 이스라엘은 다른 사람들에 대해 은혜롭고 친절해야 하였다. 그들의 과거에 비추어 볼 때, 이스라엘에게 있어 하나님의 길을 따른다고 하는 것은 근본적인 마음의 변화를 의미하는 것이었다. 모세의 마음에 품어져 있었던 그러한 마음의 변화가 '마음의 할례'(10:16)로 서술되고 있는데, 이것은 그의 초점이 현재의 사건들과 지금 이 세대를 훨씬 뛰어넘어 펼쳐지는 30:6에서 다시금 다룰 사상이다(30:1 이하를 참조하라). 여기와 30장에서 다루고 있는 모세의 사상들은 후대의 선지자들의 새 언약 약속과 현저하게 유사하다(예컨대, 렘 31:31-34과 겔 36:22-27). 이것은 오경과 선지서의 메시지에서 종종 나타나는 '집중'(convergence)의 한 실례인 것이다.

명령 #207. 신 10:19. 나그네를 사랑해야 한다: "너희는 나그네를 사랑하라."

명령 #6. 신 10:20. 하나님께 붙어 있어야 한다: "그에게 친근히 하고……"

F. 결론 : 하나님을 사랑하고 그의 뜻에 순종하라는 부르심(11:1-32)

지금까지 모세는 율법과 판결들의 모음에 대한 서론을 제시했다. 그의 목적은 분명한 양자택일을 제시하는 것이었다. 이스라엘이 하나님의 뜻에 순종하고 전심으로 그를 사랑하든지, 아니면 그의 축복을 누리는 것을 계속하지 못하든지.

여기 율법들의 모음에 대한 서론의 결론에서 모세는 이 백성들이 하나님께서 애굽사람들에 대하여 행하신 일을 '그들 자신의 눈으로'(11:7) 직접 보았음을 회상시킨다. 그는 하나님의 위대하신 일을 본 것이 '그들의 자녀들이 아니라' 그들이었음을 강조하고자 하고 있는 것으로 나타난다. 우리가 오경의 보다 큰 문맥을 기억한다면 우리는 모세가 여기에서 '새로운 세대'에게 연설하고 있음을 기억할 것이다 - 이들의 부모는 광야에서 죽었다. 그러므로 이들은 하나님의 강하신 일을 보았을 때 단지 어린아이들이었다. 실로 출애굽의 밤에 구원받은 '초태생의' 아이들이 바로 이들 세대였던 것이다(출 12:21).

그들로 하여금 하나님의 일에 동참할 것을 일깨운 후, 모세는 다음 세대, 곧 그들의 자녀들로서 하나님의 위대신 일을 '자신들의 눈으로' 보지 못한 세대의 부모요 보호자로서 그들에게 주어진 책임으로 돌아온다. 그러한 세대 그리고 이후 모든 세대에게 있어, 하나님의 위대하신 행동은 더이상 첫 세대의 경우와 같이 '그들 자신의 눈으로' 볼 수 없게 될 것이다. 그러나 그들은 이제 성경의 말씀 가운데 '보게' 될 것이다. 하나님의 그러한 행동이 그들의 자녀의 눈 앞에 놓여지는 것은 오경의 바로 여기 모세의 말 가운데에서일 것이다: "이러므로 너희는 나의 이 말을 너희 마음과 뜻에 두고 또 그것으로 너희 손목에 매어 기호를 삼고 너희 미간에 붙여 표를 삼으며 또 그것을 너희의 자녀에게 가르치며 집에 앉았을 때에든지, 길에 행할 때에든지, 누웠을 때에든지, 일어날 때에든지 이 말씀을 강론하고……" (신 11:18-19). 이와 같이 첫번째 우선권(priority)이 하나님의 위대하심과 은혜를 가르치는 수단으로서의 성경에 놓여지게 된다.

하나님께 대한 순종과 신뢰의 중요성을 납득시키는 마지막 수단으로서, 모세는 그들이 약속의 땅에 들어갈 때 수행해야 할 한 가지 의식(儀式, ceremony)에 대한 가르침을 제공,한다(11:29-32). 그들은 그리심 산과 에발 산에서 언약의 축복과 저주를 낭독해야 했다(27:1-4을 보라). 이러한 의식은 여호수아 아래서 시행되었다(수 8:33).

Ⅶ. 새 땅에서의 삶을 위한 가르침들 (12:1-26:19)

A. 예배의 삶을 위한 가르침들(12:1-16:17)

1. 중앙예배처소(12:1-32 〈MT 12:1-13:1〉)

모세는 이스라엘이 가나안 족속들의 땅을 차지한 이후 거짓 예배의 중심지들에 대해 어떻게 할 것인가와 관련한 자신의 가르침들(7:5을 보라)을 반복함으로써 시작한다. 그들은 '그것들을 완전히 파괴해야' 했다(신 12:2).

명령 #185. 신 12:2. 너희들 가운데 우상숭배를 버리라: "그 모든 곳을 너희가 마땅히 파멸하며……"

명령 #83. 신 12:5. 제물로서 사용될 짐승들은 최초의 기회에 드려져야 한다: "너희가 그곳에 와서 거기에 그것들을 드릴 것이요……"

금지 #65. 신 12:4. 예배처소로부터 하나님의 이름을 지워서는 안된다: "너희 하나님 여호와에게는 너희가 그처럼 행하지 말고……"

나아가서 이스라엘은 오직 한 곳의 중앙 예배처소에서 하나님을 예배하여야 했다. 어떤 장소나 다 마찬가지가 아니라(13절), 오직 여호와 자신이 택하신 장소에서만 예배가 드려져야 했다(14절). 다윗 이전의 시대에는 이 자리의 위치에 대해 알려진 것이 거의 없다(삼상 1-4장을 참조하라). 그러나 다윗의 시대로부터 이스라엘의 예배처소는 예루살렘이었다(삼하 6-7장).

명령 #84. 신 12:14. 제물은 오직 성전에서만 드려져야 한다: "오직 너희의 한 지파 중에 여호와의 택하실 그곳에서 너는 번제를 드리고 또 내가 네게 명하는 모든 것을 거기서 행할지니라."

금지 #89. 신 12:13. 성전 이외의 다른 장소에서 희생을 드려서는 안된다: "너는 삼가서 네게 보이는 아무 곳에서든지 번제를 드리지 말고……"

짐승들이 음식으로 먹기 위해서는 그 땅의 어디에서나 잡아질 수 있음을 가르치는 신명기 12:15-25의 규례는 레위기 17:1-7의 규례를 연장하고 분명히 하는 것이다. 레위기에서 희생제사를 위해 짐승을 잡는 것은 오직 회막에서만 행하여져야 했다. 이러한 규례는, 비록 명시적으로 언급되지는 않았다 할지라도, 짐승을 단지 음식으로 먹기 위해 잡는 것은 어디에서나 행하여질 수 있었음을 은연중에 암시하였다. 신명기의 본문은 이러한 요점을 분명하게 한다: "네 하나님 여호와께서 네게 주신 복을 따라 각 성에서 네 마음에 즐기는대로 생축을 잡아 그 고기를 먹을 수 있나니" (12:15). 그렇게 함으로써 여호와께서 택하신 한 성소에서 희생제물을 드리는 문제 역시 분명해졌다. 본문은 모든 희생제물들이 한 곳의 중앙성소에서 드려져야만 함을 강조한다.

명령 #86. 신 12:15. 성별된 것이 더럽혀졌을 때 그것을 구속하는 것: "네 하나님 여호와께서 네게 주신 복을 따라 각 성에서 네 마음에 즐기는대로 생축을 잡아 그 고기를 먹을 수 있나니……"

명령 #146. 신 12:21. 짐승을 잡는 것: "너는 여호와의 주신 우양을 잡아……"

명령 #85. 신 12:26. 그 땅 밖으로부터의 제물들 역시 성전으로 가져가야 한다: "오직 네 성물과 서원물을 여호와께서 택하신 곳으로 가지고 가라."

금지 #141. 신 12:17. 예루살렘 밖에서 곡식의 두번째 십일조를 먹어서는 안된다: "너는 곡식의 십일조를 너의 각 성에서 먹지 말라."

금지 #142. 신 12:17. 예루살렘 밖에서 포도주의 두번째 십일조를 소비해서는 안된다: "너는 포도주의 십일조를 너의 각 성에서 먹지 말라."

금지 #143, 신 12:17, 예루살렘 밖에서 기름의 두번째 십일조를 소비해서는 안된다: "너는 기름의 십일조를 너의 각 성에서 먹지 말라."

금지 #144, 신 12:17, 예루살렘 밖에서 처음 낳은 것의 두번째 십일조를 먹어서는 안된다: "너는 처음 낳은 것의 십일조를 너의 각 성에서 먹지 말라."

금지 #145, 신 12:17, 제사장들은 성전 밖에서(즉, 너의 각 성에서) 속죄제물와 속건제물을 먹어서는 안된다: "너는 너의 각 성에서 소떼와 양떼의 처음 낳은 것을 먹어서는 안된다."(M.은 '소떼와 양떼'가 성경에서 오직 속죄제물과 속건제물과 관련하여 언급되는 사실로부터 이러한 해석을 끌어낸다.)

금지 #146, 신 12:17, 제사장은 번제의 고기를 먹어서는 안된다: "너는 너의 각 성에서…… 네가 주기로 서원한 것을 먹어서는 안된다." (M.은 서원으로부터 번제를 끌어낸다.)

금지 #147, 신 12:17, 제사장은 피가 흘려지기 전의 회생제물을 먹어서는 안된다: "너는 너의 각 성에서…… 너의 낙헌제물을 먹어서는 안된다."(M.은 '낙헌제'로부터 '피가 흘려지기 전에'를 끌어낸다.)

금지 #149, 신 12:17, 제사장은 성전 밖에서 처음 낳은 것을 먹어서는 안된다: "너는 너의 각 성에서…… 특별한 선물들을 먹어서는 안된다."(M.은 '특별한 선물들'로부터 '처음 낳은 것'을 끌어낸다.)

금지 #229, 신 12:19, 레위인들의 필요한 것을 저버려서는 안된다: "너는 삼가서 네 땅에 거하는 동안에 레위인을 저버리지 말지니라."

금지 #182, 신 12:23, 살아있는 짐승으로부터 몸뚱아리 부분을 먹어서는 안된다: "네가 그 생명을 고기와 아울러 먹지 못할지니……"

본 장은 열방의 신들을 아가는 것에 대한 반복적인 경고로 끝난다(12:29-32 〈MT 12:29-13:1〉). 그럼으로 그것은 또한 다음 장에 대한 적절한 서론이 되는 것이다.

금지 #313, 신 13:1(EVV 12:32), 율법에 무엇을 더하여서는

안된다: "그것에 더하지 말라."

금지 #314, 신 13:1(EVV 12:32), 율법을 변화시켜서는 안된다: "그것에 더하지 말라."

2. 다른 사람들로 하여금 '다른 신들'을 좇도록 꾀는 사람들에 대한 경고(13:1-8 〈MT 2-19〉)

다른 신들을 좇도록 유혹하는 세가지 예화들이 열거된다. 모세가 말하고자 하는 요점은 어떠한 상황에서도 그들은 여호와를 버리고 다른 신들을 좇아서는 안된다는 것을 가르치는 것이다. 만일 어떤 선지자나 꿈꾸는 자가 - 그의 예언이 이루어지는 자라 할지라도 - 백성들로 하여금 은근히 다른 신들을 좇음으로써 여호와를 버리도록 암시한다면, 그의 말은 결코 경청되어서는 안된다(13:1-5 〈MT 2-6〉). 18:21-22에 따를 때 어떤 선지자의 말이 그대로 이루어진다면 그것은 그 사람이 참 선지자라는 표적이 된다. 이와 같이 비록 그러한 표적들이 선지자의 말을 입증하는 것이라 할지라도, 만일 그가 다른 사람들로 하여금 거짓된 신들을 좇도록 설득하고자 시도한다면 그의 말은 배격되어야 하고 그는 죽음에 처해져야 한다. 이것은 18:20의 거짓 선지자에 대한 형벌과 동일한 형벌이다.

만일 자신의 가족으로부터 어떤 사람이 그들로 다른 신들을 좇도록 유혹한다면, 그는 배격되어야 한다(13:6-11 〈MT 7-12〉). 그것의 형벌은 앞의 예에서와 같이 죽음이다. 마지막으로, 만일 어떤 도시 전체가 여호와를 버리고 다른 신들을 따랐다면 그 도시는 완전히 파괴되어야 했다(13:12-18 〈MT 13-19〉).

명령 #179, 신 13:15(EVV 14), 증인은 면밀히 검증되어야 한다: "너는 자세히 묻고 살펴보아서……"

명령 #186, 신 13:17(EVV 16), 우상숭배하는 도시를 멸망시키라: "그 성읍을 불로 사르라."

금지 #28, 신 13:3-4(EVV 2-3), 거짓 선지자의 말을 들어서는 안된다: "너는 그 선지자의 말을 청종하지 말라."

금지 #17. 신 13:9(EVV 8). 다른 사람으로 하여금 우상을 따르도록 추구하는 자를 동경하지 말라: "그에게 굴복하지 말라."

금지 #18. 신 13:9(EVV 8). 다른 사람으로 하여금 우상을 따르도록 추구하는 자를 듣지 말라: "그를 듣지 말라."

금지 #19. 신 13:9(EVV 8). 다른 사람으로 하여금 우상을 따르도록 추구하는 자를 불쌍히 여기지 말라: "그를 긍휼히 보지 말라."

금지 #20. 신 13:9(EVV 8). 다른 사람으로 하여금 우상을 따르도록 추구하는 자를 용서해서는 안된다: "그를 용서하지 말라."

금지 #21. 신 13:9(EVV 8). 다른 사람으로 하여금 우상을 따르도록 추구하는 자를 숨겨주어서는 안된다: "그를 숨겨주지 말라."

금지 #16. 신 13:12(EVV 11). 다른 이스라엘 사람으로 하여금 우상을 따르도록 설득하고자 해서는 안된다: "그리하면 온 이스라엘이 듣고 두려워하여 이같은 악을 다시는 너희 중에서 행하지 못하리라."

금지 #23. 신 13:17(EVV 16). 우상숭배로 말미암아 무너진 것을 다시 건축하여서는 안된다: "그 성읍은 영영히 무더기가 되어 다시는 건축됨이 없을 것이니라."

금지 #24. 신 13:18(EVV 17). 우상숭배로 말미암아 무너진 것으로부터 부를 얻어서는 안된다: "너는 이 진멸할 물건을 조금도 네 손에 대지 말라."

3. 백성들의 순결(14:1-21)

여기에 백성들의 성결을 유지하기 위해 취하여져야 할 방편들을 보여주는 일련의 규례들이 제시되어 있다. 이러한 규례들의 목적은 이스라엘이 '그들의 하나님 여호와께 거룩한 백성'이었음을 보여주는 것이다(14:2, 21).

첫번째 규례는 이스라엘이 죽은 자를 위하여 애통해하는 것의 표현으로서 '자기 몸을 베거나' 혹은 '머리 앞을 밀지' 않아야 하는 것이었다(14:1). 레위기 19:28과 21:5에 이와 비슷한 금지가 나타난다.

금지 #45. 신 14:1. 죽은 자를 위하여 자기 몸을 베지 말아야 한다: "죽은 자를 위하여 자기 몸을 베지 말며……"

금지 #171. 신 14:1. 죽은 자를 위하여 머리를 밀지 말아야 한다: "죽은 자를 위하여 눈썹 사이 이마 위의 털을 밀지 말라."

두번째로, 깨끗한 동물과 부정한 동물의 목록이 열거된다(14:3-20). 이러한 목록은 레위기 11:2-23로부터 끌어온 것이다. 두 목록을 비교해 볼 때, 우리는 신명기의 목록이 레위기의 그것을 요약한 것이며 또 어느 정도 그것을 설명한 것임을 알 수 있다. 예를 들어, 한 면에서 레위기의 구절이 아무런 실례는 제시하지 않은 채 그저 먹을 수 있는 깨끗한 종류의 짐승만을 묘사하고 있을 때에(레 11:3), 신명기의 목록은 구체적인 실례들을 열거한다(신 14:4-5). 다른 한 면에서, 레위기가 실례들을 제시할 때(레 11:21-23), 신명기는 단지 일반적인 규례 만을 열거한다(신 14:20).

명령 #150. 신 14:11. 먹을 수 있는 새를 조사하는 것: "무릇 정한 새는 너희가 먹으려니와……"

금지 #140. 신 14:3. 더러워진 것으로 구별된 짐승들: "너는 가증한 물건은 무엇이든지 먹지 말라."

금지 #172. 신 14:7. 부정한 짐승을 먹어서는 안된다: "이것이 너희가 먹어서는 안되는 것이니라……"

금지 #175. 신 14:19. 날기도 하고 기어다니기도 하는 것은 부정한 것으로서 먹어서는 안된다: "또 무릇 날기도 하고 기어다니기도 하는 것은 너희에게 부정하니 너희는 먹지 말 것이나……"

셋째로, 죽은 것을 먹는 것을 금하는 것이 출애굽기 22:31과 레위기 17:15-16로부터 다시금 반복되고 있다. 그러나 여기에서, 그러한 죽은 것의 고기는 '성중에 우거하는 객'에게는 줄 수 있었다(신 14:21). 그러나 레위기의 구절이 죽은 것의 고기를 먹는 것과 관련하여 이스라엘 백성이나 '타국인'(גר)에게 공히 금하고 있는 것으로 미루어, 신명기의 본 구절은 다른 종류의 '외인'(גר)을 염두에 두고 있는 것으로 보인다. 우리는 그것이 언약 가운데 이스라엘과 연합되지 않은 '타국인' 혹은 외인, 즉 '거룩한 백성'의 회원이 아닌 자를 의미하는 것으로 상정할 수 있다(21 상반절). 그는 또한 본문에서 '이방인'(נכרי)과 동일시된다.

> **금지** #180. 신 14:21. 자연적으로 죽은 짐승을 먹어서는 안된다: "무릇 스스로 죽은 것은 먹지 말 것이니……"

넷째로, 염소새끼를 그 어미의 젖에 삶지 말라는 말씀이 출애굽기 23:19과 34:26로부터 반복된다.

4. 십일조(14:22-29)

십일조는 곡식이나 과일, 기름, 소, 혹은 양의 소산의 10분지 1이다. 그것은 출애굽기 22:28의 '첫열매'를 드리는 것과 밀접하게 관련된다. 신명기 12:6-8에서 모세는 백성들로 하여금 십일조와 '양떼의 처음 낳은 것'을 성소로 가지고 와서 여호와의 축복에 감사하는 즐거운 축제를 기념할 것을 명령하였다. 여기에서 그는 그들이 따라야 할 보다 상세한 절차를 설명한다.

십일조와 관련한 가르침들은 레위기 27:30-33과 민수기 18:21-32에 이미 주어졌었다. 통상 '첫번째 십일조'라 불리는 그러한 십일조는 레위인들의 생활을 위해 주어져야 했고, 또 그들은 그것의 십분지 일을 제사장들에게 주어야 했다. 신명기의 본문에 따를 때 '두번째 십일조'가 또한 '여호와를 경외하는 것을 가르치기 위해' 모든 이스라엘 백성들에 의해 드려져야 했다(신 14:23). 이러한 두번째 십일조는 레위인들에게 첫번째 십일조가 드려지고 난 소산의 나머지로부터 드려져야 했다. 레위인들을 포함한 가족 축제(family celebration)가 이러한 십일조로부터 베풀어져야 했다. 만일 어떤 사람이 성소에 십일조를 드리기에 너무 먼 곳에 살고 있었다면, 그는 자신의 십일조를 팔아서 축제를 위하여 먹을 것과 마실 것을 사야 했다(14:24-27).

매 삼년마다 또한 가난한 자들을 위해 십일조가 드려져야 했다(26:12 참조). 여기에서 레위인들이 또다시 언급되고 있는 것으로 미루어(14:28-29), 이것은 아마도 여기에 언급되고 있는 십일조, 즉 '두번째 십일조' 뿐만 아니라 민수기 18장에 기록되어 있는 십일조까지 포함하는 일반적인 진술일 것이다. 따라서 레위인들은 그들의 통상적인 십일조를 취하였고 가난한 자들은 이러한 '두번째' 십일조에 참예하여야 했다.[13]

출애굽기 23:10-11에 따를 때, 일곱번째 되는 해에 그 땅은 '갈지도 말고 사용하지도 말아서' 그것으로 백성 가운데 가난한 사람들이 사용하도록 해야 했다. 이와 같이 칠년 주기로 처음 두 해 동안의 십일조는 그 땅의 주인이 먹었고 셋째 해와 여섯째 해의 그것은 가난한 자들이 먹었으며, 넷째 해와 다섯째 해에는 다시 주인이 십일조를 먹었고, 일곱번째 되는 해에는 그 땅 전체가 가난한 자들을 위해 놓여졌다.

명령 #128. 신 14:22. 두번째 십일조: "너는 마땅히 매년에 토지 소산의 십일조를 드릴 것이며……"

명령 #130. 신 14:28. 세번째 해와 여섯번째 해의 가난한 자들을 위한 십일조: "매 삼년 끝에 그 해 소산의 십분 일을 다 내어……"

5. 가난한 자들에 대한 돌봄(15:1-18)

a. 빚을 면제해 주는 해*(15:1-6)*

본문은 출애굽기 23:10과 레위기 25:2-7에 기록된 안식년의 해방을 좀 더 설명해 준다. 여기에 제시된 이야기의 전제는, 만일 안식년에 땅이 사용되지 않고 남아 있었다면 땅 주인은 그의 빚을 갚을 돈이 없을 것이라는 것이다. 땅 주인의 이러한 어려움을 완화시키기 위하여, 이 기간 동안 한 해 동안의 빚이 면제(realease) 되어져야만 했다. 여기에서 '면제'란 단어의 의미는 몇

13) Rashi, ad loc.를 보라.

몇 영역본에서 제시되고 있는 것처럼(예컨대, NIV) '취소'가 아니고 '연기'이다. 빚이 일년 동안 연기되었다.[14] 이러한 규례는 "이방인"을 위해 의도된 것이 아니었다(신 15:3). 그것은 오직 그 땅에서 영원히 사는 사람들에게만 적용되었다. '이방인'(foreigner)은 그 땅에서 단지 임시적으로 머무르는 사람들이었다. 그들은 '체류자'(sojourner)와도 달랐는데, 이들 체류자들은 비 이스라엘인들로서 그 땅에 영구히 살기 위해 들어온 자들이었다.[15]

4-5절에서 모세는 한가지 설명을 불쑥 던진다. 그는 백성들에게, 만일 그들이 여호와께 순종하면 그들은 더 이상 가난한 자들을 다루는 율법들을 필요로하지 않게 될 것이라고 말한다. 왜냐하면 하나님께서 그들을 축복하셔서 더 이상 그 땅에 가난한 자들이 없을 것이기 때문이다. 그들은 풍부한 소산을 얻을 것이고, 많은 나라들에 꾸어주는 자가 될 것이다. 그러나 실제로 이스라엘은 순종하지 않았고(신 31:29 참조), 그 땅에는 가난한 자들이 많았다.

명령 #141. 신 15:3. 모든 빚의 면제: "네 형제에게 꾸인 것은 네 손에서 면제하라."

명령 #142. 신 15:3. 이방인에게 준 빚은 독촉될 수 있다: "이방인에게는 네가 독촉하려니와……"

금지 #230. 신 15:2. 일곱째 해 후에는 채무의 지불을 요구해서는 안된다: "무릇 그 이웃에게 꾸어준 채주는 그것을 면제하고……"

b. 가난한 자를 위한 도움*(15:7-11)*

그 땅에 가난한 자가 없는 것은 하나의 이상에 불과하다. 그러므로 모세는 가난한 사람이 있을 때 이스라엘 백성들은 자신들의 풍부함으로부터 그들에게 필요한 것을 관대하게 공급할 것을 분명히 한다. 모세의 관심은 항상 가난한 자가 있을 것이라는

14) Keil, *Pentateuch*, 3:370을 보라.

15) Driver, *Deutronomy*, 175를 보라.

11절의 교훈에 의해 동기유발된다. 어떤 사람의 축복으로부터 다른 사람들의 필요가 채워져야 하고, 그럼으로써 그 땅에 가난함이 없게 되어야 할 것이다.

명령 #195. 신 15:8. 가난한 자에게 주어라: "반드시 네 손을 그에게 펴서……"

금지 #232. 신 15:7. 가난한 자에 대한 도움을 거절하여서는 안된다: "그 가난한 형제에게 네 마음을 강퍅히 하지 말며……"

금지 #231. 신 15:9. 제 칠년이 가까와 오는 것으로 인하여 가난한 자에게 꾸어주는 것을 거절하여서는 안된다: "곧 이르기를 제 칠년 면제년이 가까왔다 하고 네 궁핍한 형제에게 악한 눈을 들고 아무 것도 주지 아니하면……"

c. 섬김의 율법*(15:12-18)*

레위기 25:39에 따를 때, 이스라엘 백성은 그가 빚을 갚을 수 없을 때 자신을 다른 이스라엘 사람에게 고용된 일꾼으로 팔 수 있었다. 이러한 규례에 비추어 그러한 섬김의 기간과 관련한 규칙이 필요하였다. 그러한 규칙이 약간의 설명과 함께 출애굽기 21:2-7로부터 반복된다. 섬김의 기간은 6년을 초과할 수 없었다. 출애굽기에서 그 율법은 오직 남자 종과 관련하여서만 언급되었던 반면, 여기 신명기에서 그 규례는 여자 종과 그들의 권리까지 포함하는 것으로 확대된다. 이와 같이 모세는 앞의 규례를 끌어내어 그것을 좀더 확대하여 적용하고 있는 것이다. (앞의 율법을 이와 같은 방식으로 다루는 것을 보기 위하여는 신 5:21에 대한 앞의 논의를 참조하라.)

명령 #196. 신 15:14. 자유로운 히브리 종에게는 필요한 것이 풍족히 주어져야 한다: "그에게 후히 줄지니……"

금지 #233. 신 15:13. 가난한 히브리 종을 빈 손으로 보내서는 안된다: "그를 놓아 자유하게 할 때에는 공수로 가게 하지 말고……"

6. 처음 난 짐승들(15:19-23)

처음 난 것과 관련한 율법들은 출애굽기 13:11-16, 22:29-30 그리고 민수기 18:15-18에 주어졌었다. 민수기 본문에서 처음 난 것들은 제사장에게 주어 그들로 먹도록 하여야 했다. 신명기 12:6-7에서, 처음난 것들은 중앙 예배처소에 드려지는 제물의 목록에 포함되어 즐거운 집회 가운데 먹었다. 현재의 본문은 소떼와 양떼 사이에서 처음 난 것들과 관련한 규례들을 상술한다. 그것들은 다른 짐승들처럼 일을 시키거나 털을 깎아서는 안되었다. 오직 흠없는 것들은 예배처소에 가져가서 모든 사람들이 먹도록 해야 했다. 그것들은 특별히 제사장들에게 주어졌기 때문에(민 18:15-19), 우리는 제사장들이 그것을 거기 있는 모든 사람들과 나누었던 것으로 추정할 수 있다.

금지 #113. 신 15:19. 성별된 짐승에게 일을 시켜서는 안된다: "네 소의 첫 새끼는 부리지 말고……"

금지 #114. 신 15:19. 성별된 짐승의 털을 깍아서는 안된다: "네 양의 첫 새끼의 털은 깍지 말고 ..."

7. 절기들(16:1-17)

모세는 이제 백성들이 중앙 예배처소에서 여호와 앞에 있을 동안의 절기들에 대해 논의한다.

a. 유월절*(16:1-8)*

유월절 절기에 관한 언급은 오경의 여러 곳에서 나타난다(출 12:1-49; 23:18; 34:25; 레 23:5; 민 9:1-14; 28:16 등을 보라). 이 절기 동안에는 몇가지 제물이 드려졌기 때문에, 모세는 일반적인 어투로 '네 우양으로부터의 짐승'을 희생으로 드릴 것을 언급한다. 유월절 자체의 제물은 오직 어린 양이었다(출 12:5). 그러나 유월절과 이어지는 7일 동안의 무교절 절기 동안 추가적인 제물들이 또한 드려져야 했다(민 28:19-25). 이러한 의무적인 제물들에 더하여 또 다른 제물들이 드려질 수 있었다. 예를 들어, 요시야의 시대에 그 왕은 유월절 절기를 위하여 자신의 소유로부터 삼천마리의 소를 제물로 드렸다(대하 35:7-8을 참조하라). 후대의 유대 관습 가운데, 절기를 위한 이러한 특별한 제물은 '절기 제물'이란 뜻의 '샤기가'(Chagigah)로 불려졌다.[16)]

본 구절에서 유월절의 또 다른 새로운 국면, 혹은 추가적인 특성이 주어진다고 통상 주장된다. 여기 신명기에서 여호와께 대한 예배가 한 장소에만 한정되고 있기 때문에(여기에서만 여섯번 반복된다; 2,6,7,11,15,16절), 유월절은 더 이상 각자 그리고 모든 집에서 기념될 수 없었고(출 12:46), 오직 중앙 예배처소에서만 기념될 수 있었다(신 16:5-6). 그러나 이러한 제한은 이미 출애굽기 40:17에서 예기되었다 - 성막은 광야에서 첫번째로 유월절을 기념할 때 완성되었다(출 40:17-33에 대한 주석을 보라).

신명기 16:7에 따를 때, 이스라엘 백성은 유월절에 그들의 제물을 '삶고' '그리고 먹어야' 했다. 16:7에 대한 NIV의 해석 '그것을 구워 먹다'는 히브리 본문이 여기에서 '굽다'가 아니라 '삶다'로 말하고 있는 사실을 감추어버린다. 이렇게 하여 여기의 가르침과 출애굽기 12:9의 가르침 사이에 상충을 야기시킨다: "그것〈유월절 어린 양〉을 삶지 말라." 유월절 어린 양은 삶을 것이 아니라 구워져야 하였다. 여기에 사용된 히브리 단어가 "요리하다"라는 일반적인 의미를 가질 수 있기 때문에, NIV의 해석이 옳을 수도 있다. 그러나 동일한 히브리 단어가 동일한 일련의 가르침 가운데 그렇게 다른 의미를 갖는다고 보는 것은 매우 어려워 보인다. 그러므로 본 구절에서 삶아야 했던 것은 유월절 어린 양이 아니라 2절에 언급된 다른 제물일 수 있다. 출애굽기에서처럼 유월절 어린 양은 '삶아서가 아니라 구워서' 먹어야 했다. 그리고 신명기 본문에 따를 때, 추가적인 제물들은 '삶아서 먹어야' 했다. 따라서 역대하 35:13에서, 요시야는 유월절 어린 양들을 '굽고' 또 '거룩한 제물들' - 즉, 그날을 위한 추가적인 제물들

16) Maimonides, *Korban Pesan*, 10.12를 보라.

- 을 '삶음'으로써 신명기와 출애굽기를 공히 따르고 있었던 것으로 나타난다.

금지 #199. 신 16:3. 니산월 제 14일의 중간(유월절 전날) 이후에는 누룩을 섞은 것을 먹어서는 안된다: "유교병을 그것과 아울러 먹지 말고……"

금지 #118. 신 16:4. 제 14일에 드려진 '샤기가'(절기제물)의 어떤 부분도 셋째 날까지 그대로 두어서는 안된다: "또 네가 첫날 해질 때에 제사드린 고기를 밤을 지내어 아침까지 두지 말 것이며……"

b. 칠칠절*(16:9-12)*

본 절기는 오경에서 여러번 언급된다. 그것은 또한 '맥추절'(출 23:16)로도 또 '초실절'(민 28:26)로도 불려진다. 신명기 16:9에 따를 때, 이 날은 "서있는 곡식에 낫을 대는" 것으로부터 일곱 주가 지나면서 시작된다. 특별한 날들로 말미암아 이 날은 다소 차이가 있을 수 있었다. 그러나 레위기 23:15에, 일곱 주 혹은 '오십 일'(Pentecost)을 계수하는 것은 안식일 '다음 날' 시작된다. 초기 전승은 이 날을 유월절 다음 날(Targum Jerusalmi); 즉 니산월 16일과 관련시킨다. 이 절기의 목적은 하나님께서 이스라엘을 애굽의 굴레로부터 구원하신 것을 기념하는 것이었다. 그것은 기억의 때(time of remembrance)였던 것이다. 사도행전 2장에 따를 때, '성령의 첫 열매'(롬 8:23)가 오순절(Pentecost)에 주어졌음을 주목하여야 한다.

c. 장막절 혹은 초막절*(16:13-15)*

본 절기는 또한 '수장절' 혹은 '숙곳'이라고도 불린다(출 23:16). 비록 여기 신명기에서는 설명되어 있지 않지만, 다른 곳(레 23:43)에서 그것은 이스라엘이 애굽에서 나왔을 때 그들이 살았던 초막을 기념하기 위한 것임이 언급된다. 다른 절기들에서와 마찬가지로, 이것 역시 큰 기쁨 가운데 '기억의 때'(time of remembrance)였던 것이다.

명령 #54. 신 16:14. 절기 동안 기뻐하여야 한다: "절기를 지킬 동안은…… 연락하되"

d.* 요약*(16:16-17)

본 요약은 출애굽기 23:17을 반복하는 것이다. 그러나 여기에서 모세는 신명기의 본 섹션의 주된 요점이 무엇인지를 분명히 밝힌다 - 절기들은 오직 중앙 예배처소에서 기념되어야만 한다.

B. 지도력에 관한 가르침(16:18-18:22)

1. 재판장(16:18-20)

신명기 1:9-15에서 모세는 각 지파의 지도자를 임명하는 것에 관하여 상술하였다. 이러한 지도자들은 여기에서 '재판장과 유사'(judges and officials)로 불려진다. 하나님의 백성들을 다스리는 일은 한 사람(모세)이 감당하기에는 너무 큰 일이었다. 따라서 이러한 재판장들은 각자의 지파와 가문들 안에서 모세의 일을 수행해야 하였다. 17:8-13에 따를 때, 이러한 사법적 유사(有司)들은 백성들의 호소를 위하여 하급과 상급으로 조직화되어야 했다. 따라서 그것은 오늘날의 사법 체계와 비슷하였다. 또한 이스라엘의 광야 기간 동안 이와 유사한 법 집행이 행하여졌다(출 18:21-23).

이어지는 구절에서 재판장의 필요성이 야기될 수 있는 일련의 경우들이 서술된다. 이것이 또한 신명기 17:9에 나타나는데, 여기에서 다양한 상황들이 열거되고 요약된 후 '판단'(재판, judgement)의 필요성이 제기된다. 이와 같이 재판관은 이후 열거되는 금지들을 이행하고 집행함에 있어 중요한 역할을 맡았던 것이다.

명령 #176. 신 16:18. 재판장과 유사들에 대한 임명: "네 하나님 여호와께서 네게 주시는 각 성에서 네 지파를 따라 재판장과 유사를 둘 것이요……"

2. 아세라 목상과 주상의 금지(16:21-22)

아세라 목상과 주상은 가나안의 예배장비로서 신명기 7:5에 언급되었다. 이스라엘이 그 땅에 들어갈 때, 그것들은 파괴되어야 하였다. 현 문맥에서 주된 관심은 중앙 예배처소가 어떠한 가나안 예배의 형적도 포함하지 않는다고 하는 사실이다.

금지 #13, 신 16:21, 성전 안에 나무를 세워서는 안된다: "네 하나님 여호와를 위하여 쌓은 단 곁에 아무 나무로든지 아세라 상을 세우지 말며……"

금지 #11, 신 16:22, 기둥을 세워서는 안된다: "자기를 위하여 주상을 세우지 말라."

3. 흠있는 제사의 금지(17:1)

흠있는 제사가 여기에서 여호와께 대하여 '가증한 것'으로 서술된다. 여기에 열거된 흠들은 레위기 1:3, 10 그리고 22:17-26을 요약한 것이다.

금지 #95, 신 17:1, 여호와께 흠있는 짐승을 희생제물로 드려서는 안된다(M.은 이것을 일시적인 흠으로 받아들인다): "무릇 흠이나 악질이 있는 우양은 네 하나님 여호와께 드리지 말지니……"

4. 다른 신들을 예배한 것에 대한 형벌(17:2-7)

다른 신들을 예배한 것에 대한 형벌이 이미 출애굽기 22:20에 주어졌었다: "여호와 외에 다른 신에게 희생을 드리는 자는 멸할지니라." 여기에서 그러한 형벌을 집행하는 것이 상세히 묘사되어 있고, 또 '어떤 남자 혹은 여자'에게 적용된다. 그 형벌은 다른 사람으로 하여금 우상에게 예배하도록 유혹한 자에게 대한 것과 동일하다(신 13:7-12).

5. 제사장과 재판장들에 대한 법률 사례들 (17:8-13)

여기에 묘사된 법집행 체계는 광야기간 동안 세워진 형태의 법률을 수행하는 것을 나타낸다(출 18:21-23; 신 1:16-17; 19:17-18). 그 땅 전반을 통하여 지방적 차원에서의 하급 재판장들이 있었고, 또한 중앙 예배처소에서의 고급 재판장들이 있었다. 율법에 대한 순종은 여기에서 하나님의 뜻에 대한 순종으로 나타난다. 반대로 율법을 위반하는 것은 하나님께 대한 반역으로 보여진다.

명령 #174, 신 17:11, 지도자들에게 순종하라: "곧 그들이 네게 가르치는 법률의 뜻대로 그들이 네게 고하는 판결대로 행할 것이요."

금지 #312, 신 17:11, 율법(M. 전승)을 가르치는 자들에 대하여 반역하지 말라: "그들이 네게 보이는 판결을 어기어서 좌로나 우로나 치우치지 말 것이니라."

6. 왕(17:14-20)

왕직(王職)은 오경 가운데 아브라함과 그의 씨에 대한 약속 이래로 예기(豫期)되어 왔다: "내가 그〈사라〉에게 복을 주어 그로 열국의 어미가 되게 하리니 민족의 열왕이 그에게서 나리라"(창 17:16), "왕들이 네게로부터 나올 것이라"(창 35:11; 참조 36:31). 이러한 왕이 유다지파로부터 올 것이란 것은 창세기 49:9-12로부터 분명하게 나타난다. 오경에 있어 핵심적인 언급들이 이러한 왕과 그가 이스라엘에 대한 하나님의 약속을 수행하는 가운데 맡을 역할 가운데 많이 나타난다(예컨대, 민 24:7; 신 33:5).

신명기 본문 가운데 제시되는 이상(ideal)은 하나님의 뜻에 순종하는 왕에 대한 것이다 - 그는 이것을 토라를 읽음으로부터 배운다(신 17:18-19). 그가 토라를 읽은 결과는 '여호와께 대한 경외'와 '겸손'이다(9b-20). 대부분의 왕들이 사실상 무지할 때에, 이스라엘은 토라의 사본(18b)을 만들어 그것을 매일 공부할 한 왕을 갖게 될 것이다. 그 왕은 서기관과 성경학자가 될 것이다.

시편의 저자인 다윗과 잠언의 저자인 솔로몬이 이러한 이상과 어느 정도 상응하는 인물이다.

신명기 본문은 한 왕이 이스라엘 위에 세워질 때를 예기(豫期)하면서, 그들이 갖게 될 종류의 왕을 규정한다. 왕에 관한 문제에 있어 핵심적인 것은 그가 여호와께서 친히 세우실 자라는 것이다(신 17:15). 이스라엘이 오직 하나님께서 선택하신 장소에서 하나님을 예배해야 했던 것과 마찬가지로 그들의 왕은 오직 하나님에 의해 선택되어야 했다. 이러한 말씀 가운데 다윗왕에 대한 예기(豫期)를 보는 것은 어렵지 않다(삼하 7:18-24; 시 78:70). 더욱이 왕권 가운데 내재된 위험과 관련하여 여기에 열거되어 있는 경고들(예컨대, "그는 많은 아내를 가져서는 안된다")은 쉽사리 다윗의 아들 솔로몬의 추락을 생각나게 한다("그는 700명의 아내와 300명의 첩을 가지고 있었다" 왕상 11:3).

이러한 경고들 배후에, 이스라엘은 궁극적으로 하나님을 자신들의 왕으로서 바라보아야 하며 따라서 그들의 신뢰를 다른 인간 존재에게 두어서는 안된다고 하는 보다 큰 논제가 있는 것이다. 다시 말해서 왕에 대한 그들의 요구가 여호와께 대한 희미한 믿음으로부터 야기되어서는 안되는 것이다. 여기에서 우리가 한 가지 주목할 것이 있는데, 그것은 이스라엘이 실제로 왕을 요구하였을 때 하나님과 그의 선지자 사무엘은 그들의 요구 속에서 하나님의 지도력을 배격하고자 하는 그들의 시도를 보았다는 사실이다(삼상 8:6-9). 여호와 자신이 이렇게 말씀하셨다, "그들이 나를 버려 자기들의 왕이 되지 못하게 함이니라"(삼상 8:7).

명령 #173. 왕의 임명: "너는 네 위에 왕을 세울 것이라."

명령 #17. 신 17:18. 왕은 자신을 위하여 율법의 사본을 써야 한다: "그가 왕위에 오르거든 레위 사람 제사장 앞에 보관한 이 율법서를 등사하여……"

금지 #362. 신 17:15. 왕은 이스라엘 집으로부터 말미암아야 한다: "네 위에 왕을 세우려면 네 형제 중에서 한 사람으로 할 것이요."

금지 #46. 신 17:16. 애굽으로 돌아가지 말아야 한다: "너희가 이후에는 그 길로 다시 돌아가지 말 것이라 하셨음이며……"

금지 #363. 신 17:16. 왕은 많은 말을 가져서는 안된다: "왕된 자는 말을 많이 두지 말 것이요……"

금지 #364. 신 17:17. 왕은 많은 아내를 가져서는 안된다: "아내를 많이 두어서 그 마음이 미혹되게 말 것이며……"

금지 #365. 신 17:17. 왕은 많은 부를 쌓아서는 안된다: "은금을 자기를 위하여 많이 쌓지 말 것이니라."

7. 제사장과 레위인을 위한 제물(18:1-8)

하나님에 의해 세워지고 그의 종으로 성별된 제사장의 역할이 여기에서 간단하게 요약된다. 그의 분깃은 규정된 몫의 여호와께 드려진 제물로부터 말미암았다. 드려진 짐승들로부터 그들은 어깨와 턱과 내장을 받았다. 그리고 나머지 제물들로부터 그들에게 첫 열매가 주어져야 하였다.

레위기 7:31-34에 따를 때, 제사장들에게 화목제의 일부, 즉 드려진 짐승의 가슴과 오른쪽 넓적다리가 주어져야 했다. 그러나 여기 신명기에서 제사장들을 위해 규정된 몫은 아마도 앞의 14장에 규정된 추가적인 제물들로부터 취하여진 것일 것이다. 이것들은 성막에서의 기념(celebration)을 수반하는 절기들을 위한 것이었다.[17]

명령 #143. 제물에 대한 제사장의 몫: "제사장이 백성에게서 받을 응식은 이러하니……"

명령 #126. 신 18:4. 거제를 가져오라: "또 너의 처음 된 곡식을 너는 그에게 줄 것이라."

명령 #144. 신 18:4. 제사장들을 위한 처음 깎은 양털: "너희 처음 깎은 양털을 네가 그에게 줄 것이니……"

명령 #36. 신 18:6-8. 제사장들은 교대로 그들의 의무를 이행하여야 한다: "만일 어떤 레위인이 어느 성읍으로부터 오면…… 그는 여호와 앞에 봉사하는 모든 동료 레위인들처럼 그의 하나님

---

17) Keil, *Pentateuch*, 3:390을 보라.

여호와의 이름으로 사역할 수 있다. 그는 그들의 응식을 똑같이 나눌 것이니라."

금지 #169. 신 18:1. 레위지파는 땅을 나눔에 있어 기업을 갖지 말아야 한다: "레위 사람 제사장과 레위의 온 지파는 이스라엘 중에 분깃도 없고 기업도 없을지니……"

금지 #170. 신 18:1. 레위지파는 전쟁의 탈취물을 나누는데 참여하여서는 안된다: "레위사람 제사장과 레위의 온 지파는 이스라엘 중에 분깃도 없고 기업도 없을지니……"

8. 가증한 행습들(18:9-14)

선지자직에 대한 언급으로 들어가기에 앞서, 모세는 여기에서 하나님의 뜻을 아는 다른 모든 수단들을 강조적으로 금한다. 이스라엘은 하나님의 뜻을 아는 수단으로서 선지자직을 가질 것이었다. 그러므로 이와 같은 다른 수단들은 그것(선지자직)에 맞서 사용되어서는 안되었다.

금지 #31. 신 18:10. 점(divination)을 쳐서는 안된다: "복술자를…… 너희 중에 용납하지 말라."

금지 #32. 신 18:10. 앞날을 예언(soothsaying)하여서는 안된다: "길흉을 말하는 자를…… 너희 중에 용납하지 말라."

금지 #33. 신 18:10-11. 점(divination)을 쳐서는 안된다: "복술자를…… 너희 중에 용납하지 말라."(#31 참조, 레 19:26)

금지 #34. 신 18:10-11. 마술(sorcery)을 행하여서는 안된다: "요술하는 자를…… 너희 가운데 용납하지 말라."

금지 #35. 신 18:10-11. 마력(charms)을 행하여서는 안된다: "무당을…… 너희 가운데 용납하지 말라."

금지 #36. 신 18:10-11. 영들과의 교제(consult spirits)를 행하여서는 안된다: "신접자를…… 너희 가운데 용납하지 말라."

금지 #37. 신 18:10-11. 친숙한 영들과의 교제(consult familiar spirits)를 행하여서는 안된다: "박수를…… 너희 가운데 용납하지 말라."

금지 #38. 신 18:10-11. 강신술(necromancy)을 행하여서는 안된다: "초혼자를…… 너희 가운데 용납하지 말라."

9. 선지자(18:15-22)

아브라함은 창세기 20:7에서 선지자로 불려지고 있으며, 선지자의 존재는 오경에 이미 전제되어 있다(출 7:1; 민 11:29; 12:6; 신 13:2-3). 그러나 선지자직을 처음으로 논의하는 곳은 바로 현 본문이다.

선지자직의 역사적 기초는 시내 산에서 이스라엘이 중보자를 요구한 것이다(출 19:16-19; 20:19-21). 하나님의 임재 앞에 서기를 두려워한 백성들은 모세에게 여호와 앞에 가서 자신들에게 하나님의 말씀을 전달해 달라고 요청하였다. 이와 같이 선지자는 '모세와 같을' 것이었다. 이것은 선지자직이 하나님께서 이스라엘을 다루시는 이후의 이스라엘 역사 가운데 중요한 역할을 맡게 될 것임을 암시한다. 실제로 구약 정경의 상당부분은 선지자들의 사역의 결과로 돌려진다(이사야 - 말라기). 선지자는 백성들에 대한 하나님의 대변자였다. 아론이 하나님의 말씀을 모세에게 말하고 선지자로 불렸던 것 같이(출 7:1), 여호와께서 장차 세우실 선지자(들)는 하나님을 대신하여 백성들에게 말할 것이다.

선지자가 하나님을 대신하여 말하기 때문에 그의 말은 최종적인 권위로서 받아들여져야 했다. 이런 이유로 거짓 선지자들이 백성 가운데 일어나 그들을 하나님으로부터 멀어지게 하지 못하도록 하기 위해서 엄격한 방책이 취하여졌다. 참 선지자를 가리기 위한 간단한 테스트는 그의 말이 이루어지는 여부로 가리는 것이었다. 이것은 선지자의 중요한 역할이 미래를 '미리 말하는' (foretelling) 것이었음을 암시한다.

신약에서 신명기 18:18의 특별한 구절은 메시야의 오심과 관련하여 읽혀진다(행 3:22-23). 심지어 구약 자체에서조차도 이 구절이 단순히 모세 이후에 일어날 선지자들의 계승이 아니라 특별한 한 개인을 언급하는 것으로 받아들여졌음을 주목할 필요가 있다. 예를 들어 신명기 34:10에서, 이 책의 마지막 말씀은 18:18의 모세의 약속을 상기시키면서 그것의 성취로서 단일의 개인을 바라본다. 이와 같이 신명기의 마지막 구절에 이르러 벌써, 신명기 18장의 구절들은 이미 종말론적이며 메시야론적으로 읽혀지고 있었던 것이다.

명령 #172. 신 18:19. 선지자에게 순종하라: "무릇 그가 내 이름으로 고하는 내 말을 듣지 아니하는 자는……"

금지 #26. 신 18:20. 우상의 이름으로 예언하여서는 안된다: "어떤 선지자가 만일 다른 신들의 이름으로 말하면 그 선지자는 죽임을 당하리라."

금지 #27. 신 18:20. 거짓되이 예언하여서는 안된다: "내가 고하라고 명하지 아니한 말을 어떤 선지자가 만일 방자히 내 이름으로 고하든지……"

금지 #29. 신 18:22. 거짓 선지자의 말을 두려워해서는 안된다: "너는 그를 두려워 말지니라."

C. 질서를 위한 가르침(19:1-23:14)

1. 도피성(19:1-3)

민수기 35:9-34에 따를 때, 이스라엘은 점증하는 피의 복수를 방지하고 살인 사건에 있어 공정한 재판을 위한 방편을 제공하기 위하여 여섯개의 '도피성'을 만들어야 하였다. 이 가운데 세개는 요단 동편에 있었고, 나머지 세개는 서편에 있었다. 신명기 4:41-43은 첫번째 그룹, 즉 요단 동편의 도시들을 세우는 것을 상술한다. 반면 현 본문은 오직 두번째 그룹, 즉 요단 서편의 세 도시 만을 바라본다.

8-9절은 세번째 그룹의 도시들을 계획하고 있는데, 그러나 그것들은 결코 현실화되지 못했다. 이스라엘의 계속된 불순종으로 말미암아 하나님은 그들의 경계를 영구히 확장시키지 않으셨다. 따라서 추가적인 도피성의 필요성이 없었던 것이다. 이러한 도시들이 이스라엘의 역사가 진행되는 동안 세워지지 않았기 때문에, 이러한 모세의 말의 성취의 문제가 기독교와 유대교 해석자

들 사이에서 많은 관심을 끌어왔다. 이러한 도시들이 세워지는 것은 오직 이스라엘의 순종을 조건으로 하는 것이었기 때문에 (19:8-9), 이러한 도시들은 오직 메시아가 올 때 세워질 것으로 종종 주장되었다.

명령 #182. 신 19:3. 여섯개의 도피성: "그 도로를 닦고……"

금지 #279. 신 19:13. 재판장은 정죄받은 자에 대해 자비를 가져서는 안된다: "네 눈이 그를 긍휼히 보지 말고……"

2. 경계표(19:14)

고대 세계에서 영토는 그것의 소유주를 밝히는 비문을 포함하고 있는 돌들을 수단으로 하여 경계가 표시되었다. 이러한 돌들은 상응하는 재산의 손실과 함께 쉽게 이동될 수 있었다. 따라서 이웃의 경계표를 은밀하게 혹은 강제적으로 옮기는 것은 배반과 반역을 뜻하는 것이 되었다(욥 24:1-2; 잠 22:28). 여기 신명기에서도 역시 이와 동일한 의미로 사용되었을 것이다. 즉 그것은 '선조들'에 의해 고정되었고 또 하나님에 의해 규정된 어떤 표준을 침범하는 것에 대한 경고인 것이다.

여기에서 언급된 '선조들'은 다양한 경계들을 위해 제비를 뽑은(수 13:6) 여호수아와 장로들이거나 혹은 아브라함(창 13:17)과 야곱(창 49장) 같은 족장들 - 창세기 설화들에서 여행과 진을 친 것을 통해, 이들은 이미 후손들을 위해 땅을 할당받았다 - 이다. 히브리어에서 '선조들'이란 용어는 심지어 모든 열방들에게 경계를 할당하는 하나님의 일에 대해 언급하는데에까지 사용될 정도로 일반적이었다: "지극히 높으신 자가 열국의 기업을 주실 때, 인종을 분정하실 때에 이스라엘 자손의 수효대로 민족들의 경계를 정하셨도다" (신 32:8; 참조 2:5, 9, 19). 심지어 이러한 경계들조차도 존중되고 지켜져야 한다.

금지 #246. 신 19:14. 경계표를 옮기지 말아야 한다: "네 하나님 여호와께서 네게 주어 얻게 하시는 땅 곧 네 기업 된 소유의 땅에서 선인의 정한 네 이웃의 경계표를 이동하지 말지니라."

3. 증인(19:15-21)

민수기 35:30과 신명기 17:6에 따를 때, 중한 범죄를 위하여는 한 사람 이상의 증인이 요구되었다. 본 구절(그리고 17:6)은 둘이나 혹 세 사람의 증인이면 충분한 것으로 설명된다. 그러나 이것은 또한 또 다른 문제를 야기시킨다. 증인이 거짓을 말한다면 어떻게 될 것인가? 이에 대해 모세는 앞에 언급된 규례에 호소한다(신 17:8-13). 어려운 사건들은 중앙 예배처소에 있는 재판장과 제사장들에게로 이관되어야 한다. 현재의 본문에 따를 때, 피고와 거짓 증인의 혐의를 받는 사람은 여호와 앞에 서야 했고 재판장들은 철저히 조사해야 했다. 본 구절은 어떻게 혹은 어째서 그 증인이 거짓 증인으로 의심되었는지에 대하여는 설명하지 않는다. 그러나 중요한 것은 단순히 증인들의 숫자를 세는 것을 본문은 허용하지 않는다는 사실이다. 만일 거기에 어떤 거짓의 혐의가 있다면 - 상호 모순되는 증언의 경우와 같이 - 단순히 증인들의 숫자를 늘이는 것보다 철저한 조사가 요구되었다. 이러한 본문의 주된 관심은 공모(共謀)를 막는 것이다.

명령 #180. 신 19:19. 거짓된 증인은 상응한 처벌을 받아야 한다: "그가 그 형제에게 행하려고 꾀한 대로 그에게 행하여 너희 중에서 악을 제하라."

금지 #288. 신 19:15. 한 사람의 증인으로 판결을 내려서는 안 된다: "사람이 아무 악이든지 무릇 범한 죄는 한 증인으로만 정할 것이 아니요……"

4. 전쟁(20:1-20)

전쟁의 수행과 관련한 이러한 규례들은 오경의 다른 곳에서는 발견되지 않는다. 그러나 흥미롭게도 아브라함이 전쟁을 수행할 때, 그는 이러한 규례들을 매우 세밀하게 따르고 있었던 것으로 나타난다(창 14장에 대한 주석을 참조하라). 더욱이 모세 자신

역시 신명기 2:24-3:11에서 이러한 규칙들을 따르고 있다. 이러한 규례들의 중심적인 목적은 이스라엘의 전쟁이 다른 나라를 침략하거나 혹은 개인의 부를 위해 의도된 것이 아니었음을 강조하는 것이다(창 14:21-24 참조).

이스라엘은 전쟁에 있어 두가지 표준을 따라야만 하였다. 하나는 '멀리 떨어져 있는' 나라들에 대한 것이고(신 20:10-15) 또 하나는 이스라엘이 기업으로 얻을 땅에 사는 나라들에 대한 것이다(20:16-20).

한편으로 '멀리 떨어져 있는' 다시 말해서 약속의 땅의 일부가 아닌 나라들에 대하여는, 이스라엘은 먼저 평화의 조건을 제시해야만 하였다. 전쟁의 원인이 정당할 때에야만 이스라엘은 도시를 파괴하는데 있어 정당성을 얻게 될 것이었다. 이와 같이 이스라엘은 다른 나라들을 공격함에 있어 자비롭게 행해야만 했다. 그러나 만일 평화의 조건이 받아들여지지 않을 때, 이스라엘은 전쟁을 벌이는 것이 정당화되었다. 이와 같이 본 구절은 '멀리 떨어져 있는' 나라들과의 정당한 전쟁(just war)을 허용하고 있는 것이지 그러한 전쟁을 위한 근거를 언급하고 있는 것이 아니다. 이러한 규례의 결과가 열왕기상 20:31에 나타나 있는데, 여기에서 이스라엘은 이웃나라들에 의해 전쟁에 있어 '자비로운' 백성으로 알려졌다.

다른 한 편으로 이스라엘은 하나님께서 주신 선물로서 약속의 땅을 취해야 했다. 이스라엘은 탈취물로 부를 얻어서는 안되었다. 모든 탈취물들은 '완전히 파괴되어야' 했다(20:17). 이렇게 함으로써 이스라엘은 전쟁으로부터 부를 얻을 수 없었고 또 가나안 족속들의 '가증한 우상숭배'를 배울 가능성을 차단할 수 있었다.

이러한 규례들은 이스라엘이 큰 규모의 군대를 가질 필요가 없음을 강조한다(신 17:16). 여호와께서 자기 백성을 위해 싸우실 것이고, 그들은 그분의 도우심을 신뢰하여야만 했다. 모든 군대는 여호와께 대한 완전한 신뢰를 가져야만 하였고 또 그분의 뜻에 완전히 순종해야만 하였다. 어떤 사람이 여호와께 전심으로 헌신되어 있는가 하는데 대해 어떤 의문이 있다면, 그는 전열에서 나와 집으로 돌아가도록 하였다.

이러한 사실이 여호와의 전투를 성공적으로 수행했던 아브라함의 실례를 돌아보는 것과 마찬가지로, 그것은 또한 '신실치 못하게 행동했던' 아간의 불순종을 예기한다(수 7:1-26).

명령 #191. 신 20:2. 제사장은 백성들에게 전쟁에 대해 가르쳐야 한다: "너희가 싸울 곳에 가까이 가거든 제사장은 백성에게 나아가서 고하여……"

명령 #190. 신 20:12. 나머지 나라들과의 전쟁 절차: "만일 너와 평화하기를 싫어하고 너를 대적하여 싸우려 하거든……"

명령 #187. 신 20:17. 가나안 일곱 나라들에 대한 파괴: "그들을 완전히 파괴하라."

금지 #49. 신 20:16. 가나안 족속들의 생명을 살려두어서는 안된다: "호흡있는 자를 하나도 살리지 말지니……"

금지 #57. 신 20:19. 전쟁 중 열매 맺는 나무를 파괴해서는 안된다: "도끼를 둘러 그곳의 나무를 작벌하지 말라."

5. 미결된 살인(21:1-9)

본 율법은 오경 가운데 다른 어디에서도 나타나지 않는다. 그것의 목적은 본문으로부터 분명하게 나타난다. 무죄한 피가 흘려질 때마다 그것은 공의를 수행하고 범죄자를 처벌해야 할 백성들의 책임이었다(19:1-14). 범죄자를 알 수 없는 사건에서 공의는 합당하게 만족될 수 없었고 따라서 백성들에게는 여전히 그 책임이 남아 있었다. 따라서 본 율법은 백성 전체가 미결된 살인사건을 수습할 수 있는 방편을 마련하는 것이었다.

명령 #181. 신 21:4. 송아지 목을 부러뜨리는 의식: "그 골짜기에서 그 송아지의 목을 꺾을 것이요."

금지 #309. 신 21:4. 붉은 송아지의 의식을 위하여 사용될 골짜기에서 씨를 뿌리거나 일을 하여서는 안된다: "쟁기질하거나 경작되지 않은 골짜기……"

6. 포로된 여인을 다루는 규례(21:10-14)

'멀리 떨어져 있는' 나라들과 전쟁하는 가운데 이스라엘 백성들은 여인들과 어린 아이들의 생명을 취하여서는 안되었다(20:14). 본 율법은 그들로 하여금 노예로 팔리는 것을 금함으로써 포로된 여인들의 복지를 보증한다. 그것은 또한 포로된 여인들로 하여금 이스라엘 남자들과 결혼함으로써 이스라엘 사회에 동화될 수 있는 길을 제공해 준다. 그러나 이러한 규례는 한가지 질문을 야기시키는데, 그것은 가나안 여인과의 결혼이 이미 명시적으로 금지되었기 때문이다(신 7:3).

본문은 이스라엘 집에 취하여 들여진 그러한 여인의 개인적인 믿음이나 종교에 대해서는 언급하지 않는다. 그러나 이방 여인들이 이스라엘을 우상숭배와 거짓 종교로 이끌어가는 위험성에 대한 준엄한 경고의 말씀에 비추어 볼 때(7:3-4), 그것이 그 여인들이 이스라엘의 언약 약정을 받아들이는것을 상정하고 있다고 결론내리는 것이 합당할 것이다. 이런 의미에서 본 율법은 여호수아가 살려줌으로써 나머지 인생을 '이스라엘 백성들 사이에서 살았던' 라합의 경우를 예기한다(수 6:25). 그러나 라합의 예는 엄격히 말할 때 이 경우에 해당되지 않는다. 왜냐하면 그녀는 '멀리 떨어져 있는' 나라 출신이 아니라, 가나안의 도시들 가운데 하나에 속했던 여인이었기 때문이다(여리고).

명령 #221. 신 21:11. 여자 포로를 다루는 규례: "네가 만일 그 포로 중의 아리따운 여자를 보고……"

금지 #263. 신 21:14. 여자 포로를 팔아서는 안된다: "결코 돈을 받고 팔지 말지라."

금지 #264. 여자 포로를 노예처럼 다루어서는 안된다: "네가 그를…… 종으로 여기지 말지니라."

7. 장자의 권리(21:15-17)

비록 '장자'의 권리가 오경 설화들 전체에 걸쳐 상정되고 있다 할지라도(예컨대, 창 25:31; 49:3), 본 율법은 오경의 어디에서도 언급되지 않는다. 본 율법은 합법적인 장자의 권리를 보호하기 위해 의도된 것이다 - 비록 그의 어머니가 사랑받지 못한 아내였다 할지라도. 본 율법을 통해 중혼(重婚, 일부다처제)이 정당화되고 있는 것은 아니다. 오히려 그것의 역효과를 줄이기 위한 것이다. 오경의 저자는 태초 이래로 단혼(單婚, 일부일처제)의 원리를 주창하여 왔다. 유산에 있어 두배의 몫이 장자에게 주어져야 하였다.

8. 패역한 아들(21:18-21)

레위기 20:9에 따를 때, 만일 어떤 아들이 그의 아버지나 어머니를 저주할 때 그는 죽음에 처하여져야 했다. 또한 출애굽기 21:15에서 자기 아버지나 어머니를 치는 자에게 동일한 형벌이 주어졌다. 본 율법은 부모에게 순종하기를 거부하고 완악한 태도를 견지하는 것까지를 포함시킴으로써 그러한 처벌을 확대시킨다. 그러나 신명기의 본 율법은 추가적인 보호장치를 제공한다. 부모는 자녀를 성읍의 장로들 앞에 데리고 갈 것이 요구되었다. 그 성읍 장로들이 - 부모가 아니라 - 사건을 결정하고 형벌을 집행할 것이 요구되었다.

본 율법의 분명한 목적은 이스라엘 백성들 사이에서 그런 아이들의 악한 영향을 배제하는 것이었다(신 21:21). 나아가서 그것은 또한 부모와 아이들에게 공히 불순종과 패역의 결과를 경고하기 위한 것이었다. 우리는 이와 같은 율법들이 오경의 독자들에게 어떻게 그들이 하나님께 순종하고 그분의 뜻을 행할 것인지에 대한 실례로서 제시되고 있지 않음을 기억해야 한다. 만일 우리가 이러한 율법들을 오경 구성에 있어서의 그것들의 문학적 역할(literary role)의 관점에서 본다면, 우리는 그것들이 하나님께서 시내 언약 하에서 이스라엘에게 대하여 요구하신 것의 실례로서 여기에 놓여진 것을 알게 된다. 우리는 오경의 저자가 이미 아브라함을 '율법을 지키는 것'에 대한 확실한 실례로서 제시하였음을 기억할 필요가 있다(창 26:5). 아브라함은 '율법을 지켰지만', 그러나 그는 시내 언약의 이러한 율법들을 자기 앞에 가지고 있지는 않았다(앞의 서론에서 논의한 것을 보라). 아브라함에게서 우리는 하나님께 대한 믿음과 신뢰가 율법을 지키는 문제에 대한 저자의 해답이라는 사실을 알게 된다. 시내 언약으로부터 이러한 율법들을 추출함으로써 오경의 저자는 독자들에게 시내 언약 하에서의 생명의 섬광을 제시하고자 의도하고 있는 것이다. 본문을 이와 같이 읽을 때 우리는 그러한 율법이 '종의 멍에'라고 하는 바울의 언급에 쉽사리 동의할 수 있다(갈 5:1). 심지어 구약시대에조차도 이와 같은 율법들은 실행하기에 무척 어려웠을 것이다.

9. 여러가지 율법들(21:22-22:12)

a. 나무에 다는 규례*(21:22-23)*

사형집행 후 그 육체는 불순종의 결과를 대중에게 보이기 위해 나무에 다는 것이 허용되었다. 그러나 그 육체는 밤새도록 나무에 달려 있어서는 안되었다. 그것은 당일에 적절히 매장되어야만 했다.

명령 #230. 신 21:22. 사형당한 자의 육체를 다는 규례: "사람이 만일 죽을 죄를 범하므로 네가 그를 죽여 나무 위에 달거든…"

명령 #231. 신 21:23. 나무에 달린 사람은 죽임을 당한 당일에 매장되어야 한다: "그 시체를 나무 위에 밤새도록 두지 말고…"

금지 #66. 신 21:23. 육체를 밤새도록 나무 위에 달려있도록 허용해서는 안된다: "그 시체를 나무 위에 밤새도록 두지 말고…"

b. 잃어버린 물건에 대한 책임*(22:1-4)*

다른 사람의 명백한 필요에 대해 눈을 돌려서는 안된다고 하는 가르침에 대한 일반적인 원리가 제시된다. 이웃이 잃어버린 물건을 돌보는 것은 사람의 의무(책임)이다. 동일한 책임이 출애굽기 23:4-5에 서술되었다.

명령 #204. 신 22:1. 잃어버린 짐승을 그 주인에게 돌려주어야

한다: "네 형제의 우양의 길 잃은 것을 보거든 못 본 체하지 말고 너는 반드시 끌어다가 네 형제에게 돌릴 것이요."

명령 #203. 신 22:4. 너는 사람이나 짐승이 짐을 지는 것을 도와야만 한다: "네 형제의 나귀나 소가 길에 넘어진 것을 보거든…"

금지 #269. 신 22:3. 이웃이 잃어버린 물건을 무시하지 말아야 한다: "못 본 체하지 말 것이며……"

c. 성의 구별*(22:5)*

오경 가운데 오직 여기에서만 나타나는 본 율법은 남자로 하여금 여자의 옷이나 장신구를 착용하는 것을 금하고 또 여자로 하여금 남자의 옷이나 장신구를 착용하는 것을 금하기에 충분할 만큼 일반적이다. 이러한 금지에 대해 본문이 제시하는 유일한 이유는 그러한 행위가 '여호와께 대해 가증한 것'이란 것이다.

금지 #39. 신 22:5. 여자는 남자의 옷을 입어서는 안된다: "여자는 남자의 의복을 입지 말 것이요……"

금지 #40. 신 22:5. 남자는 여자의 옷을 입어서는 안된다: "남자는 여자의 의복을 입지 말 것이라……"

d. 새의 둥지*(22:6-7)*

오경 가운데 오직 여기에서만 나타나는 본 율법을 대부분의 사람들은 하나님의 율법 가운데 내재한 휴머니티와 페어플레이 정신의 한 예로서 받아들인다. 이것은 또한 하나님께서 자신의 창조 가운데 지극히 작은 것들까지도 돌보신다고 하는 사실을 보여준다. 그는 이스라엘이 오직 이웃의 소유에 대하여서 만이 아니라 나아가서 자신의 모든 피조물까지도 돌볼 것을 원하신다.

명령 #148. 신 22:7. 둥지를 자유케하는 규례: "어미는 반드시 놓아 줄 것이요 새끼는 취하여도 가하니……"

금지 #306. 신 22:6. 새끼 새를 취할 때 어미 새도 함께 취하여서는 안된다: "어미 새와 새끼를 아울러 취하지 말라."

e. 난간*(22:8)*

오경에서 오직 여기에서만 발견되는 본 율법은 이웃을 돌보는 것에 대한 또 하나의 실례이다. 본 장의 앞의 예들에서와 마찬가지로, 그것은 또한 사소한 것처럼 보이는 것에 대한 하나님의 관심을 보여준다. 하나님께서 유심히 보지 않는 삶의 영역은 어디에도 존재하지 않는다. 그것이 의도하였든 의도하지 않았든, 그러한 율법들은 하나님의 뜻이 인간 존재의 모든 영역에 미친다고 하는 영원한 인상을 남긴다.

명령 #184. 신 22:8. 너의 거처로부터 위험을 제거하라: "네가 새 집을 건축할 때에 지붕에 난간을 만들어 사람으로 떨어지지 않게 하라."

금지 #298. 신 22:8. 집에 위험한 함정을 내버려 두어서는 안된다: "그 피흐른 죄가 네 집으로 돌아갈까 하노라."

f. 자연적인 구별을 혼합하는 것에 대한 금지*(22:9-11)*

소떼를 섞어서 기르는 것과 경작물을 혼합하여 파종하는 것, 그리고 실을 섞어서 짜는 것이 레위기 19:19에서 금지되었다. 마찬가지 방식으로, 한 과수원에 두 종류의 씨를 혼합하여 뿌리는 것과 소와 나귀로 쟁기질을 하는 것, 그리고 섞어 짠 옷을 입는 것이 여기 신명기에서 또한 금지되고 있다. 그러나 이러한 금지의 이유가 특별하게 설명되어 있는 곳은 어디에도 없다. 그렇지만 우리는 이러한 금지의 근거를 창세기 1장에 기록되어 있는 창조 이야기에서 찾을 수 있다 - 하나님께서 모든 것을 '종류대로' 지으셨고 따라서 창조질서를 혼합시키고자 하는 시도는 그분의 뜻을 범하는 것으로 보여진다.

금지 #193. 신 22:9. 혼합해서 재배한 것의 산물을 먹어서는 안된다: "네 포도원에 두 종자를 섞어 뿌리지 말라 그리하면 네가 뿌린 씨의 열매와 포도원의 소산이 다 빼앗김이 될까 하노라."

금지 #216. 신 22:9. 포도원에서 두 종류의 씨를 뿌려서는 안된다 (M. 포도원에서 곡식을 뿌리다): "네 포도원에 두 종자를 섞어 뿌리지 말라."

금지 #218. 신 22:10. 두 종류의 짐승들을 함께 일을 시켜서는 안된다: "너는 소와 나귀를 겨리하여 갈지 말며……"

금지 #42. 신 22:11. 양털과 베실을 혼합하여 만든 옷을 입어서는 안된다: "양털과 베실로 섞어 짠 것을 입지 말지니라."

g. 옷술*(22:12)*

술의 목적이 민수기 15:39에 설명되어 있다: "이 술은 너희로 보고 여호와의 모든 계명을 기억하여 준행하고 너희로 방종케하는 자기의 마음과 눈의 욕심을 좇지 않게 하기 위함이라."

10. 결혼, 간음, 그리고 강간(22:13-30 〈MT 22:13-23:1〉)

a. 처녀성의 증거*(22:13-21)*

자기 아내의 처녀성을 의심하는 자는 '성읍의 장로들'에게 공식적인 고소를 제기해야 했고, 그녀의 부모는 처녀성의 증거를 제시하여야 하였다. 이렇게 하여 아내는 남편으로부터의 터무니없는 행위로부터 보호를 받았다. 만일 그 고소가 거짓이었다면, 남편은 벌금을 지불하여야만 했다. 통상 부모가 결혼식 날 밤부터 가지고 있던 피묻은 옷이 증거로 사용되었던 것으로 생각된다. 그러나 본문은 증거의 정확한 성격에 대해 분명하게 이야기하지 않는다. 성경에 우리가 잘 알지 못하는 것이 매우 많다는 사실을 우리는 기억해야만 한다. 저자가 독자들에게 주고자 했던 것은 고대 이스라엘의 종교적 사회적 관습에 대한 충분한 설명이 아니라, 시내 언약 하의 삶에 있어 요구되었던 것들에 대한 전반적인 서술이었던 것이다. 이와 같은 구절은 오경이 율법의 교범으로서 의도된 것이 아니었음을 보여준다. 오경은 궁극적으로 옛 언약에 관한 것이기 보다 새 언약에 관한 것이다. 그것은 토라가 사람의 마음에 기록되고(렘 31:31-34 참조) 모든 사람이 믿음으로 그것에 순종할 때를 내다보는 것이다.

명령 #219. 신 22:18-19. 자기 아내를 불공정하게 고소한 자는 처벌을 받아야 한다: "그 성읍 장로들은 그 사람을 잡아 때리고…… 벌금으로 받아……"

금지 #359. 신 22:19. 자기 아내를 비방한 자는 아내와 이혼해서는 안된다: "그 여자로 그 남자의 평생에 버리지 못할 아내가 되게 하려니와……"

b. 간음*(22:22)*

비록 그 어법은 다소 다르다 할지라도 레위기 20:20에서 간음을 금하는 율법이 여기에 다시 언급되고 있다. 그것의 목적이 여기에서 언급되고 있는데, 그것은 '이스라엘 중에 악을 제하는' 것이다.

c. 강간*(22:23-29)*

강간에 대한 형벌을 결정하기 위한 여러가지 조건들이 주어진다. 첫번째 사례는 젊은 여자가 이미 '약혼한' 경우이다(23-27절). 이 경우 그 젊은 여자는 결혼한 여자로 간주되고 따라서 간음에 대한 형벌이 적용된다. 유일한 문제는 그 젊은 여자와 남자가 서로 동의했는가 하는 여부이다. 두번째 사례(28-29절)는 '약혼하지 않은' 젊은 여자에 대한 강간을 다룬다(출 22:15-16 참조). 이러한 율법은 분명히 젊은 여자를 보호하고 그녀의 복지를 보증하기 위한 것이다.

명령 #229. 신 22:24. 극형: "너희는 그들을 둘 다 성읍 문으로 끌어내고 그들을 돌로 쳐죽일 것이니 ..."

명령 #218. 신 22:29. 처녀를 범한 자는 그녀와 결혼해야 한다: "그 통간한 남자는…… 그 처녀로 아내를 삼을 것이라."

금지 #294. 신 22:26. 강제로 범죄를 행한 사람을 처벌해서는 안된다: "처녀에게는 아무 것도 행치 말 것은……"

금지 #358. 신 22:29. 어떤 여자를 강간함으로써 그녀와 결혼한 자는 그녀와 이혼해서는 안된다: "평생에 그를 버리지 못하리라."

d. 계모와의 결혼*(22:30 <MT 23:1>)*

레위기 18장은 다양한 형태의 친족간의 결혼을 금지한다. 현 본문은 오직 한가지를 반복한다: '자기 아버지의 아내'와의 결혼. 이것은 통상적으로 계모와의 결혼을 의미하는 것으로 받아들여지는데, 그것은 레위기 18:7-8에서 동일한 표현이 '어떤 사람의 어머니'와 상반되게 사용되고 있기 때문이다.

11. 이스라엘 총회로부터의 배제(23:1-8 〈MT 2-9〉)

'여호와의 총회에 들어올' 자격이 없는 몇가지 조건들이 열거되어 있다 - 거세한 자(23:1 〈MT 3〉), 금지된 결혼의 자손(2절 〈MT 3〉), 암몬과 모압의 자손(3-6절 〈MT 4-7절〉), 그리고 적은 범위에서 에돔과 애굽의 자손(7-8절 〈MT 8-9〉). 본문에서 '총회에 들어오는 것'이 무엇을 의미하는지 완전히 분명하지는 않다. 그것은 공적인 봉사나 이스라엘 가족과 결혼하는 것으로부터의 배제를 뜻하는 보다 제한적인 의미일 수 있다. 아니면 보다 일반적으로 그것은 이스라엘의 하나님과의 언약 관계로부터의 배제를 의미하는 것일 수 있다. 다른 성경 본문들이 외국인들도 이스라엘 백성들과 마찬가지로 이스라엘의 예배에 있어 동일한 특권을 향유해야 하는 것으로 분명하게 언급하고 있는 사실에 비추어(예컨대, 민 15:15), 보다 제한된 해석이 타당하다. 본문에서 언급된 것은 아마도 성전에서의 공적 예배에 참여하는 것(애 1:10)이나 혹은 이스라엘 백성과의 결혼을 금하는 것이다. 신명기 7:3은 이미 '외국인'과의 결혼의 위험성을 강조하였다: "그가 네 아들을 유혹하여 그로 여호와를 떠나고 다른 신들을 섬기게 하므로……" 여기에서의 논제는 이스라엘의 하나님 예배에 있어서의 이방의 영향이 미치는 위협으로 보인다. 이와 같이 비 이스라엘 백성들의 전적인 참여는 오직 그들이 하나님께 대한 참된 믿음을 나타낼 때에야만 받아들여졌다. 이사야 56:3-7은 스스로를 여호와께 결합시킨 거세된 자와 외국인이 성전에서의 예배에 자유롭게 나아갈 수 있었음을 분명하게 밝힌다. 룻기는 믿음을 가진 모압인이 이스라엘 회중에 들어와(룻 1:16) 유다 지파와 결혼하는 것이 허락되었음(룻 4:13)을 분명하게 보여준다.

포로 後 시대에 이러한 규례가 '이방인 아내들'을 이스라엘 공동체의 회원으로부터 배제하는 데에 사용되었다(느 13:1-3). 그러나 에스라 9:1-2과 느헤미야 13:23-27에 따를 때, 이러한 '이방인 아내들'이 배제된 것은 단지 그들의 민족적 혈통 때문이 아니라 그들이 이스라엘 백성들을 하나님으로부터 떠나 '죄 가운데'(느 13:26) '그들의 가증스러운 행습들'(스 9:1)을 따르게 했기 때문이었다.

금지 #360. 신 23:2(EVV 1). 거세된 자는 이스라엘 총회 가운데 결혼해서는 안된다: "신낭이 상한 자나 신을 베인 자는 여호와의 총회에 들어오지 못하리라."

금지 #354. 신 23:3(EVV 2). 금지된 결혼으로 말미암아 태어난 사람과 결혼하여서는 안된다: "사생자는 여호와의 총회에 들어오지 못하리니……"

금지 #53. 신 23:4.(EVV 3). 이스라엘 여인으로 하여금 암몬 족속이나 모압 족속과 결혼하는 것을 허락해서는 안된다: "암몬 사람과 모압 사람은 여호와의 총회에 들어오지 못하리니……"

금지 #56. 신 23:7.(EVV 6). 암몬 족속이나 모압 족속과 평화의 약정을 맺어서는 안된다: "너의 평생에 그들의 평안과 형통을 영영히 구하지 말지니라."

금지 #54. 신 23:8.(EVV 7). 에서의 씨와 인연을 끊어서는 안된다: "너는 에돔 사람을 미워하지 말라."

금지 #55. 신 23:8.(EVV 7). 애굽 사람과 인연을 끊어서는 안된다: "애굽 사람을 미워하지 말라."

12. 군대의 진의 부정함(23:9-14 〈MT 10-15〉)

민수기 5:1-4에서 이스라엘 진 전체의 정결을 유지하기 위한 가르침들이 주어졌다. 반면 여기에서의 관심은 전쟁하는 동안의 이스라엘 군대의 진에 관한 것이다.

명령 #192. 신 23:14. 군대 진의 위생시설: "너희 기구에 작은 삽을 더하여 밖에 나가서 대변을 통할 때에 그것으로 땅을 팔 것이요"

명령 #193. 신 23:14. 군사들은 필요한 장비를 가져야만 한다: "너희 기구에 작은 삽을 더하여 밖에 나가서 대변을 통할 때에 그것으로 땅을 팔것이요."

금지 #78. 신 23:11. 부정한 사람은 진에 남아 있어서는 안된다: "너희 중에 누가 밤에 몽설함으로 부정하거든 진 밖으로 나가고 진 안에 들어오지 아니하다가……"

D. 잡다한 율법들(23:15⟨MT 16⟩-25:19)

본 섹션 말미에 저자는 시내 언약 하에서 살아가는 백성들에게 요구되는 것들의 본질을 설명하기 위해 21 가지(7 x 3)의 율법들을 열거하였다.

1. 도망친 노예(23:15-16 ⟨MT 16-17⟩)는 그 주인에게 돌려져서는 안된다.

금지 #254. 신 23:16(EVV 15). 도망친 노예를 그의 주인에게 돌려서는 안된다: "종이 그 주인을 피하여 네게로 도망하거든 너는 그 주인에게로 돌리지 말고."

금지 #255. 신 23:17(EVV 16). 도피한 노예로 인하여 이득을 취해서는 안된다: "그가 너의 성읍 중에서 기뻐하는 곳을 택하는대로 너와 함께 네 가운데 거하게 하고 그를 압제하지 말지니라."

2. 매춘(23:17-18 ⟨ET 18-19⟩)은 금지된다.

금지 #355. 신 23:18(EVV 17). 창기가 되어서는 안된다: "이스라엘 여자 중에 창기가 있지 못할 것이요 이스라엘 남자 중에 미동이 있지 못할지라."

금지 #100. 신 23:19(EVV 18). 창기의 삯으로나 개의 값으로 받은 짐승을 드려서는 안된다: "창기의 번 돈과 개 같은 자의 소득은 아무 서원하는 일로든지 네 하나님 여호와의 전에 가져 오지 말라 이 둘은 다 네 하나님 여호와께 가증한 것임이니라."

3. 이스라엘 백성에게 이자를 받고 돈을 빌려주는 것(23:19-20 〈MT 20-21〉)은 금지된다. 그러나 타국인에 대하여는 허용된다(참조 출 22:25〈MT 24〉; 레 25:36-37).

명령 #198. 신 23:21(EVV 20). 타국인에게 이자를 받고 돈을 빌려주는 것: "타국인에게 네가 꾸이면 이식을 취하여도 가하거니와……"

금지 #236. 신 23:20(EVV 19). 다른 이스라엘 백성에게 이자를 받고 돈을 빌려주어서는 안된다: "네가 형제에게 꾸이거든 이식을 취하지 말지니……"

4. 비록 서원(23:21-23 〈EVV 22-24〉)이 자발적으로 이루어졌다 할지라도 일단 이루어진 것은 조속히 지켜져야 한다.

명령 #94. 신 23:24(EVV 23). 사람은 자기 말을 지켜야 한다: "네 입에서 낸 것은 그대로 실행하기를 주의하라."

금지 #155. 신 23:22(EVV 21). 제물을 드리는 것을 지체하여서는 안된다: "네 하나님 여호와께 서원하거든 갚기를 더디 하지 말라."

5. 농부들은 그 땅의 백성들과 더불어 소산을 나누어야 한다. 그러나 백성들은 농부의 관대함으로부터 수익을 취하여서는 안된다(23:24-25).

명령 #201. 신 23:25-26(EVV 24-25). 일꾼은 일하는 동안 소산을 먹는 것이 허락된다: "네 이웃의 포도원에 들어갈 때에……"

금지 #268. 신 23:25(EVV 24). 자기가 먹을 수 있는 것 이상으로 열매를 취하여서는 안된다: "네 이웃의 포도원에 들어갈 때에 마음대로 그 포도를 배불리 먹어도 가하니라 그러나 그릇에 담지 말 것이요."

금지 #267. 신 23:26(EVV 25). 이웃의 곡식을 거두어서는 안된다: "네 이웃의 곡식 밭에 들어갈 때에 네가 손으로 그 이삭을 따도 가하니라 그러나 네 이웃의 곡식 밭에 낫을 대지 말지니라."

6. 이혼(24:1-4)은 허용은 되지만 그러나 제한된다. 24:1-4의 진술은 두 부분으로 구성되어 있다. 첫째 부분(1-3절)은 둘째 부분(4절-판결)이 근거하는 조건을 언급한다. 세가지 주요한 조건은 다음과 같다: (1) 어떤 남자가 자기 아내와 합법적으로 이혼함(1절), (2) 그의 아내가 다른 사람과 결혼함(2절), (3) 새로운 남편이 그녀와 이혼하거나 죽음. 판결은 그녀가 자신의 첫번째 남편에게 돌아갈 수 없다는 것이다(4절). 이러한 금지의 이유는 자신의 전처를 취하는 것이 그가 '더럽혀진' 여자와 결혼함으로써 여호와께 대해 가증한 일을 행하는 것이 되기 때문이다. "나는 너희에게 이르노니 누구든지 음행한 연고 없이 아내를 버리면 이는 저로 간음하게 함이요 또 누구든지 버린 여자에게 장가드는 자도 간음함이니라(마 5:32)."[18)]

명령 #213. 신 24:1. 율법에 따라 결혼해야 한다: "사람이 아내를 취할 때……"

명령 #222. 신 24:1. 이혼증서: "이혼증서를 써서……"

금지 #356. 신 24:4. 이혼한 여자는 자신의 전 남편과 결혼하여서는 안된다: "그를 내어보낸 전부가 그를 다시 아내로 취하지 말지니."

7. 결혼 첫해 동안에 남자는 군 복무나 혹은 다른 의무를 지지 않았다(24:5). 그는 결혼 첫해를 '아내를 행복하게 해주는 일로' 보내야 하였다.

명령 #214. 신 24:5. 너희는 일년 동안 새로운 신부와 함께 거해야만 한다: "사람이 새로이 아내를 취하였거든 그를 군대로 내어 보내지 말 것이요 무슨 직무든지 그에게 맡기지 말 것이며……"

금지 #311. 신 24:5. 신랑에게 결혼 첫해 동안 군복무를 강요해서는 안된다: "그를 군대로 내어 보내지 말 것이요 무슨 직무든

18) Keil, *Pentateuch*, 3:418.

지 그에게 맡기지 말 것이며……"

8. 맷돌은 전당잡혀서는 안된다. 왜냐하면 매일의 생존이 그것에 근거하기 때문이다(24:6).

금지 #242. 신 24:6. 사람이 맷돌로 생계를 얻고 있을 때, 그것을 전당잡아서는 안된다: "사람이 맷돌의 전부나 그 윗짝 만으로 전집하지 말지니 이는 그 생명을 전집함이니라."

9. 유괴는 출애굽기 21:16에서 금지되었다. 그것이 여기에서 약간의 손질과 함께 반복되고 있다(신 24:7). 여기에서의 초점은 동료 이스라엘 사람을 유괴하고 파는 것에 맞추어져 있다. 본 율법의 어법은 형들에 의해 유괴되어 노예로 팔렸던 요셉의 이야기를 생각나게 한다(창 37:26-27; 40:15). 그 설화에서 요셉을 구하고자 했던 유다의 계획은 본 율법을 위반하는 것이었다(37:26-27). 그러나 그러한 거래가 이루어졌을 때(37:28) 본문이 실제로 요셉을 이스마엘 사람들에게 '판' 자에 대해 매우 모호함은 상당히 흥미로운 사실이다. 히브리 본문에 따를 때, 요셉을 판 것은 그의 형들이 아니라 미디안 족들(37:28, 36)과 이스마엘 사람들(39:1)이었다. 그러나 요셉이 그 이야기를 다시 언급할 때(40:5; 45:4), 그는 자기 형들을 분명하게 관련시킨다.

10. 이어서 문둥병과 관련한 짤막한 경고가 주어진다(신 24:8-9). 우리는 이러한 언급이 레위기 13-14장의 제사장에 대한 가르침과 관련하여 여기에 주어져 있음을 주목해야 한다. 신명기가 종종 그렇게 하고 있는 것과는 상반되게, 여기에서 레위기의 본문을 명확하게 하거나 혹은 그 내용을 새롭게 하고자 하는 시도가 나타나지 않는다. 저자는 단지 독자로 하여금 오경의 앞 섹션들을 되돌아보게 하는 것으로 만족하고 있는 듯이 보인다. 이것은 단순히 앞의 가르침들과 관련한 충고에 불과하다.

금지 #308. 신 24:8. 문둥병 상처를 제거하거나 감추어서는 안된다: "너희는 주의하여 행하라."

11. 특별히 물건을 빌려줄 때, 하나님의 백성들은 올바르게 행동해야 한다(24:10-13). 여기에서 의로운 채권자의 한 실례가 제시되어 있는데, 그는 강제로 정확한 지불을 요구하지 않고 또한 가난한 자로 하여금 그 전당물을 밤 동안에 가지고 있도록 허용하는 사람이다.

명령 #199. 신 24:10. 만일 그 주인이 필요로 하거든 전당물을 그 주인에게 돌려주어라: "네가 그 집에 들어가서 전집물을 취하지 말고."

금지 #239. 신 24:10. 강제로 전당물을 취하여서는 안된다: "네가 그 집에 들어가서 전집물을 취하지 말고."

금지 #240. 신 24:12. 만일 그가 필요로 할 때, 가난한 자의 전당물을 계속 가지고 있어서는 안된다: "그가 가난한 자여든 너는 그의 전집물을 가지고 자지 말고……"

12. 고용된 일꾼들에게 줄 임금은 즉시 주어져야 한다(24:14-15).

명령 #200. 신 24:15. 일꾼에게 임금을 제시간에 주어라: "그 품삯을 당일에 주고……"

13. 죄인에 대한 처벌은 오직 그 범죄자에게만 한정되어야 했다(24:16). 가족들이라 해서 그 책임을 물어서는 안되었다(겔 18:1-4을 참조하라). 이것은 신명기 5:9(출 20:5)과 모순되는 것으로 이해되어서는 안된다: "나 여호와 너의 하나님은 질투하는 하나님인즉 나를 미워하는 자의 죄를 갚되 아비로부터 아들에게로 삼 사대까지 이르게 하거니와……" 신명기 5:9이 말하는 바는 이것이다. "자녀들은 육체적 사회적 끈으로 부모들과 연결되어 있고 그것으로부터 자유로울 수 없다. 그러므로 자녀들은 아비의 죄로 인한 죄책 때문이 아니라 아비의 죄가 야기하는 수치와 불행 때문에 고통받게 되는 것이다."[19] 그럼에도 불구하고 신명기의 현 본문에서, "**사람의 행동**을 위한 한가지 법

19) driver, *Deutronomy*, 277.

칙이 규정되고 또 국가에 의한 정의의 집행에 있어서의 다음과 같은 한가지 원칙이 세워진다. 죄인의 가족은 법적으로 그와 함께 처벌되지 않는다.... 육체적 사회적 조건 때문에 아비의 죄로 말미암아 자녀들이 고통을 받는 것과 자신들이 저지르지 않은 범죄 때문에 처벌을 받는 것은 전혀 별개의 문제인 것이다."[20]

금지 #287. 신 24:16. 피고의 친척들로부터 증언을 받아서는 안된다: "이비는 그 자식들을 인하여 죽임을 당치 않을 것이요."

14. 법의 집행은 모두에게 공평하게 수행되어야 한다(24:17-18)

금지 #241. 신 24:17. 과부로부터 전당물을 잡아서는 안된다: "과부의 옷을 전집하지 말라."
금지 #280. 신 24:17. 재판관은 타국인이나 고아를 위한 정의를 굽게 해서는 안된다: "너는 객이나 고아의 송사를 억울하게 말며……"

15. 가난한 자로 하여금 밭에서 이삭줍기를 허락하는 규례(레 19:9; 23:22)가 여기에서 애굽에서의 이스라엘의 고된 노역을 기억하는 것에 근거되어 있다(신 24:19-22).

명령 #122. 신 24:19. 떨어진 이삭은 그대로 두어야 한다: "네가 밭에서 곡식을 벨 때에 그 한 뭇을 밭에 잊어버렸거든……"
금지 #214. 신 24:19. 떨어진 이삭을 취하기 위해 돌아서서는 안된다: "네가 밭에서 곡식을 벨 때에 그 한 뭇을 밭에 잊어버렸거든 다시 가서 취하지 말고 객과 고아와 과부를 위하여 버려두라."

16. 죄인을 처벌하는 것은 재판장 앞에서 공평하게 수행되어야 하며 때리는 것은 40대로 한정되어야 한다(25:1-3).

명령 #224. 신 25:2. 태형: "악인에게 태형이 합당하거든…"

---

20) Ibid., 277-78.

금지 #300. 신 25:2-33. 죄인을 때릴 때 그 죄에 합당하게 때릴 것이요 그 이상을 때려서는 안된다: "그 죄의 경중대로 여수히 자기 앞에서 때리게 하라."

17. 일반적인 원리를 예증하기 위한 한가지 구체적인 실례가 주어진다(신 25:4). 일꾼은 자기 노동의 열매를 즐기도록 허용되어야 한다. 바울은 이러한 원리를 고린도전서 9:9-10에서 기독교적 섬김에 적용시켰다.

금지 #219. 신 25:4. 짐승으로 하여금 일 가운데 먹는 것을 금지시켜서는 안된다: "곡식 떠는 소의 입에 망을 씌우지 말지니라."

18. 비록 앞의 설화들이 그것을 전제하고 있다 할지라도(예컨대 창 38:8), 형사취수제(兄死取嫂制, levirate)의 결혼이 서술되어 있는 곳은 오직 여기 뿐이다(신 25:5-10). 이것의 목적은 죽은 형의 이름을 보존하는 것이었다. 이러한 관습은 형제의 아내와 결혼하는 것을 금하는 일반적인 법칙에 대한 예외였다(레 18:16; 20:21).

명령 #216. 신 25:5. 형사취수제 결혼. "그 남편의 형제가 그에게로 들어가서 그를 취하여 아내를 삼아……"

명령 #217. 신 25:9. Halitzah(형제의 신을 벗기는 것): "그 형제의 아내가 장로들 앞에서 그에게 나아가서 그의 발에서 신을 벗기고."

금지 #357. 신 25:5. 과부는 다른 사람과 결혼해서는 안되고 오직 남편의 형제와 결혼해야 한다: "그 죽은 자의 아내는 나가서 타인에게 시집가지 말 것이요."

19. 신명기 25:11-12의 조심성 없는 행동에 대한 형벌은 오경에서 신체절단 형벌의 유일한 실례이다.[21)]

---

21) Carl Steuernagel, *Das Deuteronomium*, Handkommentat zum Alten Testament (Gottingen : Vandenhoeck & Ruprecht, 1900), 92를 보라.

명령 #247. 신 25:12. 어떤 희생을 치루고라고 고통 가운데 있는 자를 구해야 한다: "너는 그 여인의 손을 찍어 버릴 것이고 네 눈이 그를 불쌍히 보지 말지니라."

금지 #293. 신 25:12. 범죄자에 대하여 동정심을 가져서는 안된다: "네 눈이 그를 불쌍히 보지 말지니라."

20. 저울과 자는 정확해야 한다(25:13-16). 그것의 동기는 그 땅에서 장구한 생명을 누리는 축복 뿐만 아니라 "여호와 하나님께서 이러한 일들을 행하는 자를 미워하시는" 사실 때문이다(레 19:35 참조).

금지 #272. 신 25:13. 정확치 못한 저울을 가져서는 안된다: "너는 주머니에 같지 않은 저울 추 곧 큰 것과 작은 것을 넣지 말 것이며."

21. 아말렉이 행한 일을 기억하라는 충고가 새로운 세대에게 반복되고 있다(25:17-19) - 마치 그것이 애굽에서 나온 자들에게 반복되었던 것처럼(출 17:14). 오경에서 아말렉 족속의 운명에 대해 특별한 중요성이 부가되어져 있는데, 특별히 자신의 약속을 이룸에 있어서의 하나님의 신실하심에 대한 표적으로서 그러하다. 예를 들어 미래의 이스라엘 왕에 대한 발람의 신탁(민 24:1-19)에 이어 아말렉 족속의 멸망을 상기시키는 구절이 뒤따른다: "아말렉은 열방 가운데 첫째이나 그는 마침내 파멸에 이를 것이다"(민 24:20; 참조 대하 4:42-43).

명령 #189. 신 25:17. 아말렉이 이스라엘에게 행한 일을 기억하라: "아말렉이 네게 행한 일을 기억하라."

명령 #188. 신 25:19. 아말렉에 대한 기억을 없애라: "너는 아말렉의 이름을 천하에서 도말할지니라."

금지 #59. 신 25:19. 아말렉 족속에 의해 행해진 악을 잊어버려서는 안된다: "너는 아말렉의 이름을 천하에서 도말할지니라 너는 잊지 말지니라."

E. 두가지 기념 : 첫 열매와 십일조(26:1-15)

1. 첫 열매(26:1-11)

이스라엘 백성들은 그 땅의 첫 소산을 여호와께(출 23:9-14; 34:26; 레 27:30-33; 민 18:12-13), 즉 그들의 기업으로서 제사장들에게 드려야 하였다(신 18:3-8). 첫 열매는 오순절(출 34:22; 레 23:15-17; 민 28:26; 신 16:9-10)과 유월절(레 2:14; 23:10)에 드려졌다. 그러나 본문은 첫 열매의 일부가 바구니에 구별되어 하나님께서 좋은 땅을 주셨음을 감사하면서 제사장에게 드려지는 특별한 기념식(ceremony)을 처음으로 세운다. 또한 이 때 하나님께서 조상들을 은혜롭게 대하셨음에 대한 고백이 여호와 앞에서 드려졌다(신 26:5-9). 이와 같이 신명기에서 특별한 절기들의 목적이 '가르침과 교훈'을 포함하는 것으로 확대된다.

명령 #132. 신 26:5. 첫열매를 드림과 함께…… 선언되어야 한다: "너는 또 네 하나님 여호와 앞에 아뢰기를……"

2. 십일조(26:12-15)

신명기 14:28-29에 따를 때, 각 이스라엘 백성들은 '여호와를 경외하는 것을 가르치기 위해' '두번째 십일조'를 드려야만 하였다(신 14:23). 이러한 두번째 십일조는 첫번째 십일조가 레위인들에게 드려진 후에 그 나머지 소산으로부터 드려졌다. 레위인들을 포함하는 가족잔치(family celebration)가 이러한 두번째 십일조로부터 이루어졌다. 매 삼년마다 십일조는 가난한 자들에게 주어졌다(14:28-29을 보라). 본문은 이러한 십일조를 드릴 때 드려졌던 기도를 서술한다. 그 기도는 십일조를 드리는 것에 대한 감사 뿐만 아니라 여호와께 대한 일반적인 순종과 그의 축복에 대한 기대를 고백하는 것이다.

명령 #131. 신 26:13. 십일조와 함께…….선언되어야 한다: "그리할 때에 네 하나님 여호와 앞에 고하기를……"

금지 #150. 신 26:14. 부정한 상태에 있을 동안에는 두번째 십일조를 먹어서는 안된다: "부정한 몸으로 이를 떼어 두지 아니하였고……"

금지 #151. 신 26:14. 애곡하는 동안에는 두번째 십일조를 먹어서는 안된다: "내가 애곡하는 날에 이 성물을 먹지 아니하였고……"

금지 #152. 신 26:14. 먹고 마시는 것 이외에 어떤 것을 사기 위해 십일조를 사용해서는 안된다: "죽은 자를 위하여 이를 쓰지 아니하였고……".

F. 결론(26:16-19)

모세의 결론은 출애굽기 19:5-6의 시내 언약의 시초로 되돌아간다. 만일 이스라엘이 언약에 순종하면, 그들은 하나님의 소유가 될 것이고 하나님은 그들을 존귀하고 거룩한 나라로 만들 것이다.

Ⅷ. 모압에서의 언약의식 (27:1-28:68)

A. 에발 산에 돌과 제단을 세울 것에 대한 가르침 (27:1-10)

이스라엘 백성이 그 땅에 들어갈 때 그들은 에발 산에 큰 돌들을 세우고(1-4절) 희생제사와 화목제와 거룩한 식사를 위한 제단을 만들도록(5-8절) 가르침 받는다. 그러한 돌들은 석회를 바르고 글을 쓸 준비가 되어야 했다. 이것은 고대 가나안에서 공적인 기념비를 세우는 통상적인 방법이었다(참조 Deir Alla 본문).[22] 이러한 돌들은 제단을 위해 사용된 것과 동일한 돌인 것으로 보인다(8절). 글의 내용은 언급되어 있지 않다. 또 그것을 추측하는 것도 결코 쉬운 일이 아니다. 어떤 학자들은 그 돌들 위에 십계명이 기록되었을 것이라고 주장하였다. 다른 학자들은 거기에 27-28장의 축복과 저주가 기록되어졌을 것이라고 주장한다. 우리는 거기에 신명기 전체가 기록되어졌을 가능성을 또한 배제할 수 없다. 그러나 거기에 우리가 지금 가지고 있는 신명기 전체가 기록된 것 같지는 않다. 여호수아 8:32에서 이 명령이 수행되었을 때 여호수아는 돌들 위에 '율법의 사본'을 기록하였다. 신명기 17:18에 이와 동일한 표현이 사용되어 있는데, 그것은 왕이 제사장으로부터 '율법의 사본'을 취하는 것을 언급하는 것이다. 돌들 위에다가 기록하는 것의 목적은 백성들로 하여금 언약과 그 율법에 순종하는 것이 중요하다는 사실을 일깨워주기 위한 것이었다.

22) J. Hoftijzer and G. Van der Kooij, *Aramaic Texts from Deir Alla* (Leiden : Brill, 1976), 23-28.

본문에 서술된 의식은 출애굽기 24:4-8의 언약의식을 생각나게 한다. 거기에서 열두개의 돌기둥으로 제단이 세워지고 돌판들 위에 하나님의 말씀이 기록되고 모든 백성들 앞에서 읽혀졌다. 신명기 본문의 이러한 가르침은 여호수아 8:33-34에서 여호수아와 백성들에 의해 이행되었다.

B. 열두가지 저주(27:11-26)

백성들은 그 땅에 들어갔을 때 또 하나의 의식을 수행해야 했다. 그것은 세겜 근처 므낫세 지파의 북쪽 지역에서 행하여져야 했다. 거기에 두개의 산이 서 있었는데, 그것은 그리심 산과 에발 산이었다. 이스라엘 지파의 반은 언약의 축복을 낭송하기 위해 그리심 산에 서야 했고(시므온, 레위, 유다, 잇사갈, 요셉, 베냐민) 나머지 반은 저주를 낭송하기 위해 에발 산에 서야 했다(르우벤, 갓, 아셀, 스불론, 단, 납달리). 전부 열두가지의 첫번째 세트의 저주들이 27:14-26에 기록되었다. 반면 흥미롭게도 그리심 산에서 낭송되어졌던 '축복들'은 본문에 기록되지 않았다. 여기에서 축복이 빠진 것은 이스라엘이 언약에 순종치 않았고 그럼으로써 축복을 향유하지 못했음이 결국 입증되었기 때문이라고 통상 주장된다.

C. 축복과 저주(28:1-68)

언약의식에 대한 서술에 뒤이어 또 다른 목록의 축복과 저주가 언급된다(2-14절). 이것은 에발 산과 그리심 산에서 낭송되었던 단어들의 연장이 아니라, 언약 가운데 초래될 축복과 저주를 보다 다듬은 것이다. 그러나 여호수아 8:34은 이러한 축복과 저주가 또한 에발 산과 그리심 산에서 이스라엘 지파들에 의해 낭송되었음을 은연중 암시한다: "그 후에 여호수아가 무릇 율법책에 기록된대로 축복과 저주하는 율법의 모든 말씀을 낭독하였으니." 만일 여기의 '율법책'이 우리가 가지고 있는 오경과 동일한 것이라면, 그들이 그때 읽은 축복은 오직 28장에 기록된 것일 수밖에 없다. 왜냐하면 앞에서 살펴본 것처럼 27장에는 아무런 축복도 기록되지 않았기 때문이다.

27장의 의식에서 저주가 보다 두드러지게 부각되고 있는 것과 마찬가지로, 여기에서 언약에 대한 불순종으로 말미암아 초래되는 저주가 보다 충분하게 발전된다. 저자의 시각은 이스라엘이 언약에 신실한 것으로 드러나지 않을 것이며(신 31:16-18, 27 참조) 또 언약의 축복을 향유하지 못할 것이라는 것이다. 따라서 본 섹션에서는 축복 보다 저주에 훨씬 더 강렬한 초점이 맞추어지고 있는 것이다. 축복들이 28:1-14에, 그리고 두번째 세트의 저주들이 28:15-68에 기록되어 있다.

여기에 기록된 축복들의 성격은 에덴동산에서의 축복을 생각나게 한다 - 하나님의 좋은 땅을 향유하는 것(창 1:28: "생육하고 번성하여 땅에 충만하라"): "네 몸의 소생과 네 토지의 소산과 네 짐승의 새끼와 네 우양의 새끼가 복을 받을 것이며…… 여호와께서 명하사 네 창고와 네 손으로 하는 모든 일에 복을 내리시고 네 하나님 여호와께서 네게 주시는 땅에서 네게 복을 주실 것이며"(28:4, 8). 한편 저주에 대한 묘사는 창세기 설화에서 타락 이후의 저주를 생각나게 한다 - 고통과 궁극적으로 하나님의 땅에서 쫓겨남(신 28:36, 64-68). 저주에 대한 묘사는 또한 바벨론 포로 때의 이스라엘의 운명을 예기한다(렘 43:7; 52:1-27).

명령 #8. 신 28:9. 하나님을 본받아야 한다: "네가 네 하나님 여호와의 명령을 지켜 그 길로 행하면……"

Ⅸ. 새 언약(29:1〈MT28:69〉-34:12)

A. 서론(29:1 〈MT 28:69〉)

여기에서 언약의 '갱신'을 이야기하는 것은 전적으로 옳지는 않다. 그것은 모세가 지금 말하고 있는 언약이 '그가 그들과 호렙 〈시내 산〉에서 세운 언약에 부가된 것' 임을 매우 분명하게 언급한다. 이러한 말과 함께, 모세는 시내언약과 그가 미래의 이스라엘을 위해 마음에 품고 있는 언약을 신중하게 대조시키고 있다. 이스라엘이 언약을 지키고 하나님을 신뢰하는데 실패함으로써 과거는 끝났다. 그러나 미래에 대한 희망이 남아 있다. 모세가 지금 방향을 틀고 있는 곳은 바로 이러한 소망인 것이다. 이와 같이 다음 장의 내용은 새 언약의 주제에 그 초점이 분명하게 맞추어진다. 신약의 저자들이 여기에서 믿음과 그리스도의 오심에 관한 예언적 메시지를 발견하는 것은 결코 우연한 일이 아니다(예컨대 롬 10:6-13을 보라).

B. 언약과 관련한 경고들(29:2-28 〈MT 1-27〉)

언약을 지킴에 있어서의 이스라엘의 실패와 관련하여, 모세는 불순종의 결과에 대한 마지막 경고를 발한다. 여기에서 그러한 경고들은 이스라엘로 하여금 순종에로 부르기 보다는 그들의 반복된 실패에 대한 비극적인 결과를 제시하기 위한 것으로 보인다. 이것은 단지 또 하나의 순종에의 부르심이 아니다. 신명기는 이미 그러한 부름을 풍부하게 가지고 있다. 오히려 그것은 하나님의 새로운 일에 대한 토대인데, 이것은 아직 미래에 놓여진 것으로서 30장에서 서술될 것이다. 그것은 새 마음으로부터 흘러날 믿음과 순종의 일인 것이다(30:6).

모세는 자신들 가운데 펼쳐지는 하나님의 일을 알고 이해하는 것에 대한 이스라엘의 완전한 실패를 개관(概觀)함으로써 시작한다: "그러나 깨닫는 마음과 보는 눈과 듣는 귀는 오늘날까지 여호와께서 너희에게 주지 아니하셨느니라" (29:4 〈MT 3〉). 이러한 개관은 신명기 앞장들에서 제시된 교훈과 동일한 맥락이다. 그것은 애굽에서의 하나님의 일과 함께 시작하고 트랜스요르단의 정복으로 계속된다(2-8절 〈MT 1-7〉). 본 섹션에서 모세는 하나님의 일을 '조상 아브라함과 이삭과 야곱'에게 하신 약속 위에 근거시킨다(9-13절 〈MT 8-12〉). 이렇게 하여 그는 창세기 설화들의 교훈을 전제하는 것이다. 이에 대한 한가지 실례로서 모세는 소돔과 고모라의 이야기로 되돌아간다(23절 〈MT 22〉). 흥미롭게도 모세는 그 설화를 다룸에 있어 창세기에 나타나는 주제들을 반전시킨다. 창세기에서 소돔과 고모라를 멸망시키는 이야기는 이교 나라들의 사악함에 대한 하나님의 진노 뿐만 아니라 '의로운' 자들에 대한 그의 구원을 보여주고자 의도되었다. 그러한 하나님의 진노가 또한 자신의 불순종하는 백성들에게도 향하여질 수 있다는 것이 여기 오경 말미에 나타나는 놀라운 사상이다. 그것은 창세기 설화가 '의로운' 이란 어휘로 의미하고 있는 것을 再定意 내지는 분명히한다. 그것은 하나님의 백성이 되기에, 혹은 심지어 언약의 회원이 되기에 충분하지 않다. 여기에서 다른 무엇이 요구된다. 여기에서 처음으로 '다른 무엇'이 '그들이 다른 신들에게 가서 그것을 숭배했다'로서 부정적으로 묘사된다(27절 〈MT 26〉). 그러나 다음 장은 긍정적인 측면을 강조한다: "네 하나님 여호와께서 네 마음과 네 자손의 마음에 할례를 베푸사 너로 마음을 다하며 성품을 다하여 네 하나님 여호와를 사랑하게 하사 너로 생명을 얻게 하실 것이며……" (30:6).

C. 결론(29:29 〈MT 28〉)

모세는 하나님의 계시의 한계와 관련한 언급과 함께 자신의 말을 종결짓는다. 이러한 결론의 돌연성은 마지막 문장의 의미와 상응하는 것으로 보인다. 하나님의 계시는 한계를 가지고 있다. 하나님은 자신의 모든 지혜와 지식을 다 계시하지는 않으셨다. 오히려 그는 '이러한 율법의 말씀들'을 계시하셨고, 그것들은 모든 세대에게 주어졌다. 하나님의 '비밀스런 신비'는 그 끝이 없는 것이다. 그러나 모세는 여기에서 단순히 토라 가운데 자신의 뜻을 계시하심에 있어서의 하나님의 위대한 은혜의' 행동을 지적함으로써 이 모든 것을 종결짓는다.

어떤 학자들은 본문의 '비밀한 것들'(개역, '오묘한 일')을 '비밀한 죄들'로 이해하고, 그럼으로써 여기에서 사람이 스스로 판단해야 할 죄의 종류의 한계를 본다.[23] 그러나 본문은 다른 것을 제시한다. '계시된 것들'(개역, '나타난 일') 즉 성경과의 대조는 '비밀한 것들'이 단순히 하나님께서 성경 가운데 계시하지 않은 것을 암시하는 것이다.

D. 미래의 축복(30:1-20)

책 전체를 결말짓기에 앞서 모세는 이 백성들의 미래를 멀리 바라본다. 그는 이스라엘의 불순종이 그들로 이방땅의 포로로 이끌 때에 대해 말한다. 그는 이미 앞에서(예컨대 28:36, 64-68) 이스라엘의 미래에 대한 이러한 관점을 예기(豫期)하였다. 이제 그는 심판의 때의 멸망을 넘어 이스라엘의 회복과 구속의 보다 먼 때를 바라본다. 미래의 어떤 때 이스라엘이 열방 가운데 흩어졌을 때, 그들은 여호와께 돌아올 것이요 주님은 그들을 불쌍히 여기시고 그 땅으로 되돌아오게 할 것이다(30:1-5).

---

23) "Concealed acts concern the Lord our God" (*Tanakh : The Holy Scriptures* (Philaelphia : Jewish Publication society, 1988), 322. 이것은 또한 이븐 에즈라의 견해이기도 하다 (ad loc.)

그 때에 주님은 그들에게 새 마음, 곧 '할례받은 마음'(30:6; 참조 10:16)을 주실 것이고, 그들은 '마음을 다하고 성품을 다하여 그를 사랑하고 생명을 얻을' 것이다(30:6). 모세는 분명히 예레미야 31:31-34과 에스겔 36:22-28에 언급된 '새 언약'의 약속을 마음에 품고 있었다. 이러한 후대 선지자들에게 있어 백성들의 반복된 실패에도 불구하고 여전히 소망이 남아 있었던 것처럼, 조상들에 대한 하나님의 약속은 궁극적으로 성취될 것이고 또한 미래 어느 때 이스라엘은 그 땅과 언약에 있어 회복될 것이다.

바벨론 포로 이후의 때, 즉 이스라엘 백성들이 그 땅에 돌아오도록 허락될 때, 신명기 30장의 약속의 성취와 관련한 많은 기대들이 일어날 것이다. 예를 들어 느헤미야의 기도(느 9장)는 그 자신의 시대 곧 바벨론 포로 후에 약속이 성취될 것이란 소망을 반영한다. 그러나 느헤미야서가 계속해서 느헤미야의 소망이 실현되지 않았음을 보여주는 것처럼, 바벨론 포로로부터의 귀환이 바로 그것이 성취된 때였던 것은 아니다. 신약에서 시므온의 예(눅 2:25)는 그리스도가 오셨을 때에 경건한 이스라엘 백성들은 여전히 그것이 성취되는 때를 기다리고 있었음을 보여준다. 예수 자신은 신명기와 선지서의 이러한 본문들이 자신의 도래를 가리키는 것으로서 이해되어야 함을 매우 분명하게 하였다(예컨대, 눅 24:25-27)

이러한 장들에서 그가 마음에 품고 있었던 새 언약의 성격을 설명하는 가운데, 모세는 그것을 시내언약과 비교한다(신 30:11-14). 시내 산에서 주어진 언약에서 율법은 모세가 그것을 받기 위해 산에 올라가야만 하였고 또 백성들에게 선포하기 위해 가지고 내려와야 했던 돌판 위에 기록되었다. 이와 같이 그가 본

24) Targum Neofiti 1은 본 구절에 대해 우리가 제시하고 있는 것과 근접한 초기의 해석을 대표한다 : "그 율법은 하늘에 있는 어떤 사람이 말하는 것 같이 하늘에 올라가 그것을 가지고 올 모세와 같은 선지자가 우리에게 있어야 할 것인가……" *Neofiti 1*, ed. Alejandro Diez Macho (Madrid : Lansejo superior de Investigaciones cientificas, 1978), 5.255.

장(신 30장)에서 "내가 오늘날 네게 명한 이 명령은…… 하늘에 있는 것이 아니니 네가 이르기를 누가 우리를 위하여 하늘에 올라가서 그 명령을 우리에게로 가지고 와서 우리에게 들려 행하게 할꼬 할 것이 아니요" 라고 말할 때, 그는 새 언약에서 율법이 다시금 돌판위에 기록된 것으로 주어질 것이 아니라 할례받은 마음에 기록될 것임을 의미하는 것이다(겔 36:26 처럼). 모세가 율법을 받기 위해 '하늘로 올라' 갔다는 관점은 이미 신명기에서 표현되었다. 예를 들어 시내 산에서 하나님은 '하늘로부터' 백성들에게 직접 말씀하셨다(신 4:36). 나아가서 우리 하나님 여호와의 하시는 말씀을 다 듣고 우리 하나님 여호와의 당신에게 이르시는 것을 다 우리에게 전하소서 우리가 듣고 행하겠나이다" (5:27; 참조 출 20:18-21). 24) 또한 "〈그 명령〉을 얻기 위해 바다를 건너 가라"는 그의 언급(30:13) 역시 오경의 보다 큰 문맥 가운데 모세가 백성들을 홍해를 건너 시내산으로 데리고 간 것을 말하는 것으로 보인다. 이와 같이 시내 언약에서 율법을 주는 것과 대조하여 모세가 여기에서 말하고 있는 언약에서는 "그 말씀이 네게 심히 가까와서 네 입에 있고 네 마음에 있다" (14절). 이것 역시 새 언약과 관련한 예레미야의 관점과 매우 비슷한 것이다(렘 31:31). 바울 역시 오경의 관점의 연장선상에서 이러한 구절들을 그리스도의 오심과 새 언약 위에서, 다시 말해서 메시야적으로 이해한다(롬 10:6).

'오늘날'이라는 단어가 보여주는 것처럼(신 30:15), 여기에서 모세의 말의 관점과 초점은 더 이상 포로 이후의 미래의 때가 아니다. 이 단어는 우리로 하여금 막 그 땅으로 들어가려고 하고 있던 모세와 그 백성에게로 되돌아가게 한다. 모세는 하나님의 뜻이 계시되는 첫번째 사례; 즉 에덴동산에서의 아담의 사례를 몇가지로 언급함과 함께 본 섹션을 마무리한다. 그의 목적은 자기 백성들에게 '좋은 땅'을 제공하시는 하나님의 첫번째 일과 하나님의 좋은 땅에 다시금 들어갈 준비를 하고 있는 이스라엘의 상황 사이를 비교하는 것이다. 하나님께서 동산에서 첫 남자와 여자 앞에 '선악을 알게하는 나무'를 놓으셨던 것처럼(창 2:9) 그리고 그들에게 죽음의 고통(2:17) 곧 '생명 나무'로부터의 단절을 말씀하시면서 그것을 먹지 말라고 하셨던 것처럼(창 3:22-24), 이제 모세는 다시금 백성들에게 '선과 악' 그리고 '생명과 죽음'의 선택을 제시한다(신 30:16). 아담과 하와가 '선과 악'에 있어 하나님의 지식에 의존해야 했던 것처럼, 본 언약에서 백성들은 '선'에로 이르고 또 타락 때 잃어버렸던 '생명'(창 3:22-24)을 다시 얻는 방편으로서 하나님의 토라를 바라봐야 했다. 창세기 설화들 가운데 경건한 백성이 '하나님과 함께 동행했던' 자들로서 그려졌던 것처럼(3:8; 5:22-24; 6:9; 17:1), 여기에서도 마찬가지로 언약을 지키고 하나님의 축복을 향유하는 것은 '그의 길을 걷는' 것으로서 묘사된다(신 30:16). 이렇게 함으로 모세는 그것의 중심적인 주제들로 돌아옴으로써 자신의 책을 결말로 이끌고 있는 것이다. 이와 같이 그는 그가 시작한 것과 동일한 관점으로 끝맺고 있는 것이다. "네가 생존하며 번성할 것이요 또 네 하나님 여호와께서 네가 가서 얻을 땅에서 네게 복을 주실 것임이니라" (신 30:16) 와 "생육하고 번성하여 땅에 충만하라" (창 1:28) 를 비교하라.

이러한 마지막 소망의 말씀 속에 숨어 있는 비극은 다음 장에서 모세가 하나님 백성의 미래의 선택이 선이 아닐 것임을 보여줄 것이라는 것이다. 오히려 "그들은 〈여호와를〉 버리고 〈그분이〉 그들과 맺은 언약을 깨뜨릴 것이다…… 〈그리고〉 많은 재앙들과 〈악과〉 어려움들이 그들 위에 임할 것이다" (신 31:16-17). 이와 같이 그들의 행동은 에덴 동산에서의 아담과 하와의 행동 가운데 전조(前兆) 되었다(창 3:6-8). 거기에는 이러한 모든 소망의 표현들 뒤에 놓여있는 미래의 실패의 비극이 있는 것이다.

명령 #94. 신 30:3. 사람은 자기의 말을 지켜야 한다: "자기 입으로부터 나온 모든 것을 따라 그는 행할 것이라."

E. 모세의 지도력을 지속하기 위한 규례들(31:1-29)

모세의 사역은 그의 죽음 이후에도 다양한 방식으로 지속되고 계속될 것이었다. 주님 자신이 가나안 족속들과의 전투 때에 백성들 앞에서 나아갈 것이었고(31:3-6), 모세를 대신하여 여호수아가 그들의 지도자가 될 것이었다(31:1-8, 14-18, 23). 모세는 하나님께서 그들에게 주신 토라를 기록하여 그것을 제사장들에게 맡겨야 했다. 제사장들은 토라를 언약궤 속에 두어야 했고, 그것은 매 칠년 마다 장막절 동안 공적으로 읽혀져야 했다(신 31:9-13, 24-27).

> **명령** #16. 신 31:12. 토라를 읽는 것을 듣기 위해 매 칠년마다 모여야 한다: "곧 백성의 남녀와 유치와 네 성 안에 우거하는 타국인을 모으고……"

나아가서 모세는 토라의 메시지를 계속해서 일깨워줄 노래를 기록해야 하였다(19-22절; 31:30-32:47).

> **명령** #18. 신 31:19. 각 사람은 자기를 위하여 토라의 사본을 기록해야 한다: "그러므로 이제 너희는 이 노래를 써서……"

본 섹션은 백성들의 불순종과 실패를 반복해서 강조한다(16-18, 27-29). 31:29에 따를 때, 하나님께서 모세에게 그의 노래를 기록하라고 명령하신 것은 백성들의 실패 때문이었다. 그 노래는 '마지막 날에'(NIV, '도래할 날에') 재앙이 하나님의 백성들 위에 떨어질 것이라는 경고가 될 것이었다. 본 시(詩)의 서론이 그 문맥을 '마지막 날'로 두고 있는 것을 기억하는 것이 중요하다. 그것은 조속한 미래에 일어날 어떤 것에 대한 것이 아니라, '날들의 끝에'(באחרית הימים) 일어날 어떤 것에 대한 것이다. 그러므로 본 시가 어떤 특별한 역사적 사건들에 대하여 언급하고 있지 않은 것은 결코 놀랄 만한 일이 아니다. 이스라엘과 열방에 대한 하나님의 심판에 대한 묘사는 그 범위에 있어 묵시적이며 정도에 있어 세계적이다. 32장은 오경에서 시(詩)가 주요한 주제들을 가르치기 위해 사용된 또 다른 예이다. 창세기 49장에서 야곱의 시적인 '마지막 말들'은 역사 속에서의 하나님의 미래 사역(הימים באחרית)에 대한 유사한 파노라마적 관점을 제공해 주었다. 민수기 24장의 발람의 시 역시 또 하나의 예이다.

F. 모세의 노래(31:30-32:47)

본 시의 중심적인 주제는 이스라엘의 배교와 이에 대한 하나님의 심판의 위협이다. 짤막한 서론(1-7절)에 이어, 본 시는 하나님께서 이스라엘을 택하셨음을 묘사하고(8-9절), 이어서 광야 방랑의 때로부터(10-12절) 그 땅을 소유하고 그 축복을 향유하기 시작한 때(13-14절)까지 그들을 돌보신 것을 묘사한다. 그러나 본 시는 하나님의 선하심에 대한 이스라엘의 뻔뻔스러운 무시와 배교로 재빨리 되돌아 간다(15-21a). 다시 한번 그들의 마음을 하나님으로부터 돌이키게 한 것은 바로 우상숭배이다. 이스라엘의 배교를 묘사함에 있어 모세는 하나님께서 미래 자기 백성에게 진노를 쏟아 부으시고(21b-27절) 또 이스라엘은 그것에 직면하여서도 계속적인 눈멀음 가운데 있을 것에 대한 극적인 그림을 제시한다(28-33절). 이스라엘에 대한 하나님의 심판을 강조하는 것은 열방에 대한 하나님의 심판의 문제를 야기시킨다(34-38절). 이스라엘에 대하여 쌓여진 웅보(34절)는 모든 백성의 죄에 대한 하나님의 의로우신 변호(vindication)에 근거한다(35-42절). 그러나 결국 이스라엘과 열방에 대한 하나님의 심판은 하나님 백성의 개념에 대한 보다 넓은 이해로 이끈다 - 이스라엘 뿐만 아니라 열방까지도 "그의 백성"으로서 하나님을 찬양하도록 부름받았다(43절).[25)]

25) 히브리 본문은 "그의 백성 열방들아 기뻐하라" (Rejoice, O Nations, his people)로 읽는다. 그러므로 여기에서 '열방들'은 '그의 백성'으로 나타나고 있는 것이다. NIV와 다른 영어 역본들은 그 본문을 다음과 같이 수정하였다 : "열방들아 그의 백성과 함

모세는 백성들에게 그가 제시한 말씀들에 대해 주의를 기울이고 그것을 자녀들에게 가르칠 것을 일깨움으로써 자신의 노래를 종결짓는다(32:45-47). 이러한 말씀들은 중심적인 중요성을 갖는다. 그것들은 이제 약속의 땅에 들어가는 백성들의 생명 그 자체이다. 본문은 토라를 자기 백성들에 대한 하나님의 생명의 선물로서 묘사한다 - 마치 생명 나무가 에덴 동산 한가운데 놓여졌던 것과 똑같은 방식으로(창 2:8-17). 여호와의 명령에 순종하여 선악을 알게하는 나무의 열매를 먹지 않는 것이 생명 나무에 가까이 가는 열쇠였던 것처럼(창 2:16-17), 토라 가운데 하나님의 명령에 순종하는 것이 하나님께서 그들에게 예비하신 '땅에서 이스라엘이 길이 사는 것'에 대한 열쇠였던 것이다.

금지 #194. 신 32:38. 우상에게 드려진 포도주를 사용해서는 안된다: "전제의 술을 마시던 것들로 일어나서 너희를 돕게 하라."

G. 하나님께서 모세에게 느보 산에서 죽을 것을 가르치심(32:48-52)

모세에 대한 하나님의 가르침이 여기에서 두번째로 주어진다(민 27:12-14을 보라). 여기에서 가르침은 보다 세부적으로 주어진다. 모세에게 대한 하나님의 말씀을 반복하는 목적은 분명하지 않다 - 비록 우리가 그것이 일반적인 연대기적 전후관계를 재확립하려는 것이었다고 추정할 수 있다 할지라도. 이러한 방식으로 우리는 전체 신명기가 모세와 이스라엘 사이의 강화(講話)로서 읽혀지도록 의도되었음을 알 수 있다. 이리하여 여기 본서의 말미에서 일련의 사건들은 민수기 끝의 설화로 되돌아간다. 신명기의 본 섹션은 또한 모세의 죽음을 기록하는 마지막 장

께 기뻐하라" (Rejoice, O nations, with his people). 히브리 본문을 이와 같이 수정해야만 하는 어떤 본문상의 이유는 존재하지 않는다. '열방'이 하나님의 백성이라는 사상은 또한 성경의 다른 곳에서도 나타난다 (시 47:9과 사 19:24-25 참조).

을 예기한다. 모세의 죽음은 이와 같이 본문에서 언급된 하나님의 말씀이 성취되는 것이었다. 오경 전체에 대해 모세 저작권을 주장하는 학자들은 이러한 마지막 장들을 보충적인 추가물 (supplementary addition) 로서 받아들인다.[26)]

H. 모세의 축복(33:1-29)

백성들에 대한 모세의 마지막 말은 "축복"으로 소개된다. 그것은 간단한 서론(2-5절)으로 시작하여, 시므온을 제외한[27)] 이스라엘 각 지파를 위한 축복들을 열거한(6-25절) 후에, 요약과 함께 종결된다(26-29절).

1. 서론(33:1-5)

모세는 오경의 중심적인 주제로 되돌아 온다 - 시내 산에서 시작되고 광야 시절 전체를 통해 계속된 바, 하나님께서 자기 백성 가운데 나타나심. 이 때는 하나님께서 이스라엘에게 자신의 사랑을 보이시고 거룩한 천사들로 그들을 돌보셨던 때였다. 모세에 의해 그들에게 주어진 율법을 통해 이스라엘은 하나님의 가르침을 받았다. 여기에서의 **율법**(Law)은 시내 산에서 주어진 율법들(laws)이 아니라 모세가 기록하여 백성들에게 주었던 '율법책' (Book of the Law)을 언급하는 것이다(31:24-26). 현재의 본문은 아마도 전체로서의 오경에 부가된 것일 것이다. 그리고 그것의 목적은 하나님의 가르침으로서의 이 책의 중요성을 보여주는 것이었을 것이다. 이와 같이 레위 지파에 대한 축복은 레위기 31:9-31과 24-26절에 주어진 책임 곧 '율법책'을 보존하고 그것을 이스라엘에게 가르치는 책임을 강조한다(33:10). 이미 오경에서 시내 산에서 이스라엘에게 주어졌던 율법들(laws)과 오경

26) 예컨대 keil, *Pentateuch*, 3:492를 보라.

27) 본 목록에 레위지파가 포함되어 있기 때문에 열두 아들의 숫자를 유지하기 위하여 시므온 지파가 빠졌다. 또한 창 49:5-7에 대한 주석을 참조하라.

자체로서 대표되는 율법(Law) 혹은 토라 사이에 분명한 구별이 존재한다.

나아가서 여기에서 모세는 하나님의 백성들 사이에서 '왕'으로 그려진다. 비록 33:5의 '왕'이 하나님을 지칭하는 것이라고 주장하는 것이 가능하다 할지라도 전반적인 문맥은 그것이 모세를 지칭하는 것임을 강력하게 암시한다. 이것이 매우 중요한 것은 다음 장, 곧 신명기 34장에서 모세가 18:15에 약속된 도래하는 선지자의 원형(prototype)으로 그려지고 있는 사실 때문이다. 이와 같이 오경의 말미에서 본 서의 두가지 중심적인 메시야적 이상들 - 도래하는 왕의 이상(창 49:10; 민 24:7-9)과 선지자의 이상(신 18:15) - 이 선지자-왕(prophet-king)인 모세 안에서 결합되고 있다. 우리는 오경 전체를 통하여 모세가 또한 제사장의 책무를 수행함을 주목할 필요가 있다. 이와 같이 모세 안에서 오경은 선지자, 제사장, 왕의 직책을 결합시킬 수 있었다. 그러나 저자는 모세가 아론 가문의 제사장이 아니었음을 항상 주의깊게 주목한다. 아론의 제사장직은 모세의 직책 안에서 그려진 것과는 다른 질서의 것이다. 만일 우리가 오경의 다른 곳에서 모세에 대한 유비(類比, analogy)를 찾는다면, 우리는 살렘의 제사장-왕이(priest-king)었던 멜기세덱을 볼 필요가 있다. 이와 같이 제사장-왕 멜기세덱이 족장 설화들의 초두에 아브라함을 축복했던 것처럼 - "천지의 주재시요 지극히 높으신 하나님이여 아브라함에게 복을 주옵소서(창 14:19)" - 또한 여기에서 제사장-왕 모세는 이스라엘 백성들을 축복한다 - "그는 너를 돕는 방패(מגן)시요…… 네 대적이 네게 복종하리니(신 33:29)."

2. 축복들(33:6-25)

이스라엘 각 지파들에 대한 축복은 여러가지 측면에서 창세기 49:1-27의 야곱의 말과 비슷하다. 그러나 유다가 중심적인 인물로 등장하는 창세기 49장과는 달리, 신명기의 본문은 유다 지파에 대하여는 보다 덜 주의를 기울이는 대신 레위 지파와 요셉 지파의 중요성을 강조한다. 레위인들에게는 모든 이스라엘에게 토라를 가르치는 역할이 주어지고(신 33:8-11), 또 요셉 지파는 가장 풍성한 부분의 땅을 향유할 것으로 묘사된다(13-17절). 이러한 축복은 하나님의 축복 가운데 이스라엘 전체를 포함하는 것이다 - 요셉(에브라임과 므낫세, 33:17)으로 대표되는 북쪽 지파들과 다른 경우에 그 땅의 기업으로부터 배제되었던 레위의 집 제사장들까지 포함하여.

그러나 우리는 유다 지파의 중요성이 여기에서 감소되었다고 생각해서는 안된다. 반대로 이스라엘 지파들 사이에서 '왕'의 중심성에 초점을 맞춤으로써, 본 축복의 서론은 미래 하나님께서 이스라엘을 다루시는 가운데 유다의 역할을 강조했던 앞의 축복들의 정신을 그대로 이어받는다(창 49:10; 민 24:7-9).

3. 결론(33:26-29)

마지막 축복의 말들은 전체로서의 이스라엘에 대하여, 그리고 그 땅에 대한 하나님의 선하신 선물을 향유할 것에 대하여 이야기한다. 우리가 기대할 수 있는 바와 같이, 여기에서 모세는 이스라엘이 그 땅에 거하는 것을 아담과 하와가 에덴 동산에서 쫓겨나는 창세기 사건들을 역전시키는 것으로서 묘사한다. 하나님께서 한때 아담과 하와를 자신의 '좋은 땅'(창 3:23)에서 '쫓아내시고'(גרש) 그 입구를 지키기 위해 그룹들을 '두셨던'(שכן) 것처럼, 이제 그분은 다시금 대적들을 '좋은 땅'으로부터 '쫓아내고'(גרש, 신 33:27) 그 축복을 향유하도록 하기 위해 이스라엘을 그곳에 '두실'(שכן, 28절) 것이다. 다시 말해서 모세가 이스라엘 백성에 대해 마음에 품고 있었던 미래는 하나님께서 태초에 의도하셨던 것과 같은 것이었던 것이다.

I. 모세의 죽음(34:1-12)

모세의 죽음의 이야기는 이 사건이 있은 오랜 후에 오경의 끝에 덧붙여진 것으로 보인다. 신명기 마지막 장이 기록될 때에, 모세의 매장은 너무나 오래전 과거의 이야기여서 저자에게 있어 그의 무덤의 위치는 불확실한 것이었다: "오늘까지 그 묘를 아는 자 없으니라"(6절). 더욱이 선지자들이 계속해서 왔다가 사라졌고 그래서 저자는 이렇게 말할 수 있었다: "그 후에는 이스라엘에 모세와 같은 선지자가 일어나지 못하였나니"(10절). 비록 나중에 덧붙여졌다 할지라도, 본 장은 그 마지막 형태로서 오경을 해석함에 있어 주된 역할을 맡는다.

본 장은 여호와께서 모세로 하여금 약속의 땅에 들어가는 것을 허락하지 않은 것과 관련한 최종적인 언급을 제공해 준다. 이와 같이 그것은 오경의 중요한 주제와 연결된다. 율법 아래 살았던 모세가 하나님의 축복 가운데 들어가도록 허락되지 않은 것은 그가 '믿는데' 실패했기 때문이었다(민 20:12). 본 장에 따를 때 모세는 많은 나이로 죽지 않았다 - "모세의 죽을 때 나이 일백이십 세나 그 눈이 흐리지 아니하였고 기력이 쇠하지 아니하였더라"(신 34:7). 40년 동안 광야에서 죽었던 세대가 형벌을 받은 것이었던 것처럼, 그의 죽음은 형벌의 결과였던 것이다(민 14:22-23). 그가 120세였다는 것이 그가 늙은 나이로 죽었다는 인상을 줄 수 있으나, 타락 이후 사람의 생명의 한계로서 주어진 것이 바로 이 나이였음을 기억할 필요가 있다(창 6:3). 전체 오경의 관점으로부터 볼 때, 모세는 젊어서 죽은 것이다. 그는 홍수 이전의 초기 족장들 처럼 몇 세기를 살지 못했다. 이와 같이 오경 말미에서 모세의 삶은 아담과 하와의 타락의 결과에 대한 마지막 예가 되는 것이다. 그들과 마찬가지로 그 역시 하나님의 좋은 땅의 축복을 향유하는 것이 허락되지 않았다.

신명기의 마지막 장이 모세를 묘사하는 것과는 대조적으로, 그것은 또한 여호수아를 하나님의 명령에 순종하여 백성들을 약속의 땅으로 데리고 들어갈 준비가 되어 있고 또 들어갈 수 있는 새로운 지도자로서 묘사한다. 여기에서 강조되고 있는 것은 여호수아가 '지혜와 영으로 충만'하여(34:9) 하나님의 일을 할 수 있었다는 것이다. '하나님의 신'에 충만했던 요셉(창 41:37)과 브살렐(출 31:3) 처럼, 여호수아는 하나님의 일을 성공적으로 수행할 수 있었다. 이와 같이 오경의 마지막 장은 창세기 첫 장에서 이미 시작된 중심적인 주제로 되돌아 간다: "하나님의 신은 수면에 운행하시니라"(창 1:2). 하나님의 일을 수행하는 방편은 바로 하나님의 신이다. 심지어 하나님 자신조차도 창조의 일을 수행하실 때, 그것은 그의 신을 방편으로해서였다. 하나님의 신에 대한 그러한 강조는 새 언약에 대한 후대 선지자들의 관점에 있어 중심적인 것이었다(겔 36:26).

마지막으로, 신명기의 마지막 장은 모세 시대 이후로 오랫동안 '모세와 같은 선지자'가 아직 오지 않았음을 보여줌으로써(34:10) 이어지는 성경들과의 중요한 연결고리를 제공해 준다. 예를 들어, 그것이 아니었다면 여호수아서를 읽으면서 이스라엘에 대한 모든 약속들이 그의 지도력 하에서 그 땅을 성공적으로 정복하는 가운데 성취되었다고 결론내리는 것이 가능할 것이기 때문이다. 그러나 신명기 34장은 하나님의 약속이 아직 남아 있다는 사실을 우리에게 알려준다. 이러한 관점에서 그것은 여호수아의 지도 아래 이루어진 이스라엘의 처음 승리가 모세의 지도 아래 그러했던 것처럼 결국 실패로 끝났다고 하는 여호수아(예컨대, 수 23:15-16)와 사사기(삿 2:10-15)의 언급을 예기케 한다. 그러므로 우리는 이러한 사건들을 넘어 어떤 다른 사람 - 여호수아와도 같고 또 모세와도 같은 자 - 의 오심을 바라보도록 초대된다. 다시 말해서 오경의 마지막 장은 도래하는 메시야의 주제를 끌어내어, 우리의 시야를 즉각적인 역사적 사건들을 뛰어 넘어 조상들에게 대한 자신의 약속을 성취하시는 미래 하나님의 일로 돌리게 하는 것이다.

부 록
토라의 율법 목록에 대한 마이모니데스의 요약

주후 12세기에 활동한 유대 철학자요 해석가였던 마이모니데스(Maimonides)는 오경의 율법들에 대한 명확한 목록인 Sepher Mitzvoth(계명들의 책)을 출판했다.[1] 여기에서 마이모니데스는 오경 가운데 613 가지의 별개의 율법들을 열거하였다. 마이모니데스 이전에 오경의 율법들에 대한 전통적인 숫자는 611개로 받아들여졌다. 이러한 숫자는 '율법'에 대한 히브리 단어(תורה)의 gematria 수치와 같은 것이었다.[2] 마이모니데스는 613이라고 하는 숫자를 전통적인 숫자 611에다가 하나님의 존재를 믿으라고 하는 명령으로서 십계명의 첫번째 문장 "나는 너희 하나님 여호와로라"(출 20:1)와 하나님은 한분이심을 믿으라는 명령으로서 쉐마(신 6:4)를 더하여 얻었다. 이러한 613개의 율법들로부터, 마이모니데스는 이전의 전통을 따라 248개의 적극적인 명령들과 365개의 소극적인 금지를 구별하였다. 그는 사람의 몸에 248개의 구별되는 부분들이 있기 때문에 사람은 '자신의 모든 것'을 다하여 하나님의 적극적인 명령들에 순종할 것을 기억해야 하는 것으로, 또 일년은 365일로 이루어져 있기 때문에 사람은 매일의 나날을 하나님의 명령에 불순종

---

1) *Sepher Mitzvoth*, ed. Mordecai J. Lev (Jerusalem : Mossad Harav Kook, 1990). 율법들을 분류하기 위해 나는 "Commandments, the 613," in *Encyclopedia Judaica*에 의존했으며, 또 어떤 율법들을 해석하기 위하여는 Arias Montanus, *Liber Generationis et Regenerationis adam* (Antwerp, 1593)에 의존했다.

2) Gemetria는 히브리어 자음에 수치를 할당함으로써 단어와 그것의 의미를 비교하는 것을 말한다.

하지 말아야 함을 기억해야 하는 것으로 생각했다. 마이모니데스 이래로 율법에 대해 그가 계수한 613이란 숫자는 전통적인 숫자로 받아들여져 왔다.

마이모니데스의 율법 목록은 특별한 가치를 갖는데, 그것은 그것이 오경의 율법 모음 가운데 나타나는 원리들을 포괄적으로 언급하고자 한 것이었기 때문이다. 우리는 마이모니데스의 목록으로부터 오경 가운데 나타나는 다양한 율법들 속에 표현된 하나님의 전체적인 뜻을 파악하고자 하는 시도를 분명하게 볼 수 있다. 우리가 부록에 마이모니데스의 율법 목록을 포함시키고자 한 것도 바로 이런 이유 때문이다. 마이모니데스가 성경 본문 속에서 발견되는 정확한 원리를 공식화하는 것보다 후대의 전통적인 율법을 정당화하는데 더 초점을 맞춘 경우, 우리는 그 율법을 후대의 율법 보다 성경 본문에 언급된 표현으로 바꾸었다. 그런 경우 우리는 괄호 속에 마이모니데스의 해석을 포함시키고 그것에 'M'이란 표시를 하였다.

비록 오경 속에 있는 율법들의 의미에 대한 이러한 표현이 성경 본문을 둘러싸고 있는 전통(tradition)의 중요한 부분이라 할지라도, 어떤 특별한 신학적 혹은 해석학적 가치도 덧붙여지지 않는다. 그러나 그것은 본문에 대한 주의 깊고 예민한 독법을 나타낸다. 이러한 주석의 한 부분으로서 그것의 가치는 오경의 율법들이 유대주의와 기독교의 도덕적 양심을 형성했고 또 할 수 있는 방식을 주는 실례들 가운데 놓여 있다. 그리스도인들은 여러 세대를 통해 성경의 율법을 이해함에 있어 마이모니데스의 목록 속에 나타나는 특별한 진술들에 의해 근본적으로 영향을 받아왔다.[3)]

---

3) 오경의 율법들에 대한 마이모니데스의 해석이 기독교 신학과 해석에 미친 영향을 연구하기 위하여는 Aaron L. Katchen, *Christian Hebraists and Dutch Rabbis : Seventeenth Century apololgetics and the Study of Maimonides' Mishneh Torah*, Harvard University Center for Jewish Studies (Cambridge : Harvard Univ. Press, 1984)를 참조하라.

우리는 예수님과 신약의 저자들이 이러한 원리들을 취한 실례들을 지적하였다. 그것은 모든 것을 다 포함하는 것으로 의도되지 않았다. 또 신약에 대한 언급들이 결코 완전한 것도 아니다. 더우기 우리는 각 경우에 토라로부터의 이러한 특별한 계명들이 필연적으로 혹은 의식적으로 신약 저자들의 마음에 있었다고 주장하지도 않는다. 그러나 그것들을 세밀하게 읽을 때, 우리는 신약의 많은 도덕적 신학적 구조가 토라 안에 있는 모세의 가르침에 근거하고 있다는 사실을 분명하게 보게 될 것이다.

명 령

A. 하나님과의 관계와 관련한 명령들

1. 출 20:1, 사람은 하나님이 존재하심을 믿어야 한다: "나는 너희 하나님 여호와니라."(신 5:6)

- 히 11:6, "하나님께 나아가는 자는 반드시 그가 계신 것을 믿어야 할지니라."

2. 신 6:4, 하나님은 오직 한 분이심을 믿어야만 한다: "이스라엘아 들으라 우리 하나님 여호와는 오직 하나인 여호와시니 ……"

- 롬 3:29, "하나님은 홀로 유대인의 하나님 뿐이시뇨 또 이방인의 하나님은 아니시뇨 진실로 이방인의 하나님도 되시느니라."

3. 신 6:5, 하나님을 사랑해야 한다: "네 하나님 여호와를 사랑하라."

- 마 22:35-38, "그 중에 한 율법사가 예수를 시험하여 묻되 선생님이여 율법 중에 어느 계명이 크니이까 예수께서 가라사대 네 마음을 다하고 목숨을 다하고 뜻을 다하여 주 너의 하나님을 사랑하라 하셨으니 이것이 크고 첫째되는 계명이요."

4. 신 6:13, 하나님을 경외해야 한다: "네 하나님 여호와를 경외하며 .."

- 마 10:28-29, "몸은 죽여도 영혼은 능히 죽이지 못하는 자들을 두려워하지 말고 오직 몸과 영혼을 능히 지옥에 멸하시는 자를 두려워하라."

5. 출 23:25, 하나님을 경배하여야만 한다: "네 하나님 여호와를 섬기라."(참조 신 6:13, "네 하나님 여호와를 섬기며";

11:13, "마음을 다하고 성품을 다하여 섬기면"; 13:4, "그를 섬기며.")

- 마 4:10, "이에 예수께서 말씀하시되 사단아 물러가라 기록되었으되 주 너의 하나님께 경배하고 다만 그를 섬기라 하였느니라."

6. 신 10:20, 하나님께 붙어 있어야 한다: "그에게 친근히 하고 ...."

- 고전 6:17, "주와 합하는 자는 한 영이라."

7. 신 6:13, 하나님의 이름으로 맹세해야 한다: "그 이름으로 맹세할 것이니라."(신 10:20 참조.)

8. 신 28:9, 하나님을 본받아야 한다: "네가 네 하나님 여호와의 명령을 지켜 그 길로 행하면 ...."

- 엡 2:10, "우리는 그의 만드신 바라 그리스도 예수 안에서 선한 일을 위하여 지으심을 받은 자니 이 일은 하나님이 전에 예비하사 우리로 그 가운데서 행하게 하려 하심이니라."

9. 레 22:32, 사람은 하나님의 이름을 거룩되게 해야 한다: "나는 이스라엘 자손 중에서 거룩하게 함을 받을 것이니라."

- 벧전 3:15, "너희 마음에 그리스도를 주로 삼아 거룩하게 하고 너희 속에 있는 소망에 관한 이유를 묻는 자에게는 대답할 것을 항상 예비하되 온유와 두려움으로 하고."

B. 토라를 연구하는 것과 관련한 명령들

10. 신 6:7, 매일 아침 쉐마를 암송해야 한다: "너는 그것을 말할 것이요 ...."

11. 신 6:7, 토라를 가르쳐야 한다: "너는 그것을 네 자녀들에게 가르쳐야 한다."

- 골 3:16, "그리스도의 말씀이 너희 속에 풍성히 거하여 모든 지혜로 피차 가르치며 권면하고."

12. 신 6:8, 이마에 **테필린**을 부착해야 한다: "네 미간에 붙

여 표를 삼고 ...."

13. 신 6:8, 손에 **테필린**을 부착해야 한다: "또 그것을 네 손목에 매어 기호를 삼으며 ...."

14. 민 15:38, 자기 옷에 술을 달아야 한다: "너희는 너희 옷모퉁이에 술을 만들라."

15. 신 6:9, 문에다가 **메주자**를 고정시켜야 한다: "네 집 문설주에 기록할지니라."

16. 신 31:12, 토라를 읽는 것을 듣기 위해 매 칠년마다 모여야 한다: "곧 백성의 남녀와 유치와 네 성 안에 우거하는 타국인을 모으고 ...."

17. 신 17:18, 왕은 자신을 위하여 율법의 사본을 써야 한다.

18. 신 31:19, 각 사람은 자기를 위하여 토라의 사본을 기록해야 한다: "그러므로 이제 너희는 이 노래를 써서 ...."

19. 신 8:10, 음식을 먹은 후에 찬송을 하여야 한다: "네가 먹어서 배불리고 네 하나님 여호와께서 옥토로 네게 주셨음을 인하여 그를 찬송하리라."

- 눅 11:3, "우리에게 날마다 일용할을 양식을 주옵시고."

C. 성전과 관련한 명령들

20. 출 25:8, 성전을 건축하여야만 한다: "그들은 나를 위하여 성전을 지을 것이요 ...."

21. 성전을 경외(즉 공경)하여야만 한다: "내 성소를 공경하라."

- 마 21:12, "예수께서 성전에 들어가사 성전 안에서 매매하는 모든 자를 내어 쫓으시며 돈 바꾸는 자들의 상과 비둘기 파는 자들의 의자를 둘러 엎으시고."

22. 민 18:2, 제사장들은 항상 성전을 돌봐야 한다: "너와 네 아들들은 증거의 장막 앞에 있을 것이니라."

23. 민 18:23, 오직 레위인들 만이 성전에서 봉사해야 한다:

오직 레위인은 회막에서 봉사하며 ...."

24. 출 30:19, 제사장들은 성전에서 예배드리기에 앞서 씻어야만 한다: "아론과 그 아들들은 그 두멍에서 수족을 씻되 그들이 회막에 들어갈 때에 물로 씻어 ...."

25. 출 27:21, 제사장들은 성전의 촛대를 켜놓아야만 한다: "아론과 그 아들들로 회막안 증거궤 앞 휘장 밖에서 저녁부터 아침까지 항상 여호와 앞에 그 등불을 간검하게 하라."

26. 민 6:23, 제사장은 이스라엘을 축복해야 한다: "너희는 이스라엘 자손을 위하여 이렇게 축복하라."

27. 출 25:30, 제사장들은 진설병(임재의 떡)을 놓아야만 한다: "상 위에 진설병을 두어 항상 내 앞에 있게 할지니라."

28. 출 30:7, 제사장들은 그 금제단 위에서 향을 태워야만 한다: "아론이 아침마다 그 위에 향기로운 향을 사르되 등불을 정리할 때에 사를지며 ..."

29. 레 6:6(EVV 13), 단 위에서 불이 계속 타도록 하여야 한다: "불은 끊이지 않고 단 위에 피워 꺼지지 않게 할지니라."

30. 레 6:3(EVV 10), 제사장들은 매일 단으로부터 재를 치워야만 한다: "제사장은 세마포 긴 옷을 입고 세마포 고의로 하체를 가리우고 단 위에서 탄 번제의 재를 가져다가 단 곁에 두고 ...."

31. 민 5:2, 진으로부터 부정한 것을 제거하라: "모든 문둥병 환자와 유출병이 있는 자와 주검으로 부정케된 자를 다 진 밖으로 내어보내되 ...."

32. 레 21:8, 제사장들을 존귀히 여기라: "너는 그를 거룩하게 하라 그는 네 하나님의 식물을 드림이니라."

33. 출 28:22, 제사장들은 특별한 옷을 입어야 한다: "네 형 아론을 위하여 거룩한 옷을 지어서 영화롭게 하고 아름답게 할지니."

34. 민 7:9, 제사장들은 언약궤를 자신들의 어깨로 운반하여야 한다: "제사장들은 언약궤를 그 어깨로 운반할 것이라."

35. 출 30:31, 거룩한 기름이 준비되어야만 한다: "이것은 너희 대대로 내게 거룩한 관유니 ...."

36. 신 18:6-8, 제사장들은 교대로 그들의 의무를 이행하여야 한다: "만일 어떤 레위인이 어느 성읍으로부터 오면 .... 그는 여호와 앞에 봉사하는 모든 동료 레위인들처럼 그의 하나님 여호와의 이름으로 사역할 수 있다. 그는 그들의 응식을 똑같이 나눌 것이니라."

37. 레 21:2-3, 제사장은 어떤 가까운 친척들로 인하여 더럽혀질 수 있다: "그들로 인하여 그가 더럽혀질 수 있느니라."

38. 레 21:13, 대제사장은 처녀와 결혼하여야 한다: "그는 처녀를 취하여 아들을 삼을지니."

D. 희생제사를 다루는 명령들

39. 민 28:3, 일년된 두마리의 어린 양이 매일 여호와께 드려져야 한다(타미드): "너희가 여호와께 드릴 화제는 이러하니 일년 되고 흠 없는 수양을 매일 둘씩 상번제로 드리되 ...."

40. 레 6:13(EVV 20), 대제사장은 하루에 두번씩 소제를 드려야 한다: "아론과 그 자손이 기름부음을 받는 날에 여호와께 드릴 예물은 이러하니라 고운 가루 에바 십분 일을 항상 드리는 소제물로 삼아 그 절반은 아침에, 절반은 저녁에 드리되 ...."

41. 민 28:9, 매 안식일에 추가적인 제물이 드려져야 한다: "일년되고 흠없는 수양 둘"

42. 민 28:11, 매월 추가적인 제물이 드려져야 한다: "월삭에는 .... 여호와께 드리되"

43. 레 23:36, 유월절의 매 칠일 동안은 추가적인 헌물(musaf)이 드려져야 한다: "칠일 동안은 너희가 화제를 여호와께 드릴 것이요."

44. 레 23:10, 니산월 제 16일 곧 유월절 둘째 날에 곡식 한 단을 제물로 드리라: "너희는 곡식단을 가져갈 것이요."

45. 민 28:26-27, 단을 드리는 날로부터 50일째 되는 날, 즉 칠칠절에는 추가적인 제물이 드려져야 한다: "칠칠절 처음 열매 드리는 날에 ...."

46. 레 23:17, 요제로서 떡 두 덩어리를 가져와야 한다: "너희 처소에서 떡 두 덩이를 가져다가 흔들지니."

47. 민 29:1-2, Ros Hashanah(티스리월 첫날)에는 추가적인 제물이 드려져야 한다: "칠월에 이르러는 그 달 초일일에 성회로 모이고 .... 번제로 드릴 것이요"

48. 민 29:7-8, 속죄일(티스리월 10일)에는 추가적인 제물이 드려져야 한다: "칠월 십일에는 .... 여호와께 향기로운 번제로 드릴 것이며 ...."

49. 레 16:1이하, 속죄일의 예배(아보다). 이 날의 모든 의무들은 하나의 명령으로 간주된다.

50. 민 29:13, 숙곳(장막)절에는 추가적인 제물이 드려져야 한다: "너희 번제로 여호와께 향기로운 화제를 드리되 ...."

51. 민 29:36, 숙곳(장막)절 제 8일에는 추가적인 제물이 드려져야 한다: "번제로 여호와께 향기로운 화제를 드리되 ...."

52. 출 23:14, 일년에 세 차례 성전에 순례여행함: "너는 매년 삼차 내게 절기를 지킬지니라."

53. 출 34:23, 사람은 매년 세번씩 하나님 앞에 순례여행을 하여야 한다: "너희 모든 남자는 매년 세번씩 주 여호와 이스라엘의 하나님 앞에 보일지라"(신 16:16 참조).

54. 신 16:14, 절기 동안 기뻐하여야 한다: "절기를 지킬 동안은 .... 연락하되"

- 눅 13:10-17, "안식일에 한 회당에서 가르치실 때에 .... 온 무리는 그 하시는 모든 영광스러운 일을 기뻐하니라."

55. 출 12:6, 사람들은 니산월 제 14일에 유월절 어린 양을 잡아야 한다: "이 달 십사일까지 간직하였다가 해질 때에 이스라엘 회중이 그 양을 잡고.."

56. 출 12:8, 사람들은 니산월 제 15일 밤에 불에 구운 유월

절 어린 양을, 예컨대 한 집에서 무교병 및 쓴 나물과 함께 등 몇 가지 지침을 따라 먹어야 한다: "그 밤에 그 고기를 불에 구워 무교병과 쓴 나물과 아울러 먹되."

57. 민 9:11, 첫번째 유월절 양을 잡는 것이 금지된 사람은 두번째 유월절 양을 잡아야 한다: "이월 십사일 해질 때에 그것을 지켜서 .."

58. 민 9:11, 두번째 유월절의 고기는 이야르월 15일 밤에 무교병과 쓴 나물과 함께 먹어야 한다: "어린 양에 무교병과 쓴 나물을 아울러 먹을 것이요 ...."

59. 민 10:10, 나팔은 거룩한 시간에 제물과 함께 불려져야 한다: "또 너희 희락의 날과 너희 정한 절기와 월삭에는 번제물의 위에와 화목제물의 위에 나팔을 불라 그로 말미암아 너희 하나님이 너희를 기억하리라 나는 너희 하나님 여호와니라."

60. 레 22:27, 희생의 동물은 8일 혹은 그 이상이 되어야 한다: "칠일 동안 그 어미와 같이 있게 하라."

61. 레 22:21, 희생제사의 짐승은 흠이 없는 것이어야 한다: "열납되도록 아무 흠이 없는 온전한 것으로 할지니"

62. 레 2:13, 소제물에는 반드시 소금이 뿌려져야만 한다: "네 모든 예물에 소금을 드릴지니라."

63. 레 1:2, 번제의 절차: "너희 중에 누구든지 여호와께 예물을 드리려거든 ...."

64. 레 6:18(EVV 25), 속죄제의 절차: "속죄제의 규례는 이러하니라 ...."

65. 레 7:1, 속건제의 절차: "속건제의 규례는 이러하니라."

66. 레 3:1, 화목제의 절차: "만일 사람이 화목제의 희생을 예물로 드린다면 ...."

67. 레 2:1, 소제의 절차: "누구든지 소제의 예물을 여호와께 드리려거든 ...."

68. 레 4:13, 만일 이스라엘 공동체가 한 마음으로 범죄하면 그들은 제물을 가져와야 한다: "만일 이스라엘 온 회중이 여호

와의 금령 중 하나라도 그릇 범하여 ...."

69. 레 4:27, 만일 어떤 개인이 무심코 범죄하면 그는 속죄제물을 가져와야 한다: "만일 평민의 하나가 여호와의 금령 중 하나라도 부지중에 범하여 ...."

70. 레 5:17-18, 결정하기 어려운 속죄제물: "만일 어떤 사람이 범죄하거나 여호와의 계명 가운데 금지된 어떤 것을 행하거든..."

71. 레 5:15, 여러가지 죄를 위한 실제적인 속건제물: "어떤 사람이 부지중에 죄와 위반을 범할 때 ...."

72. 레 5:1-11, 다양한 가격의 제물들, "만일 힘이 어린 양에 미치지 못하거든 그 범과를 속하기 위하여 산비둘기 둘이나 집비둘기 새끼 둘을 여호와께로 가져가되 ...."

73. 민 5:6-7, 하나님 앞에서의 죄의 고백과 회개: "그 사람은 반드시 죄를 고백할지니라."

- 마 5:22-23, "그러므로 예물을 제단에 드리다가 거기서 네 형제에게 원망들을만한 일이 있는 줄 생각나거든 예물을 제단 앞에 두고 먼저 가서 형제와 화목하고 그 후에 와서 예물을 드리라."

- 눅 19:8-9, "삭개오가 서서 주께 여짜오되 주여 보시옵소서 내 소유의 절반을 가난한 자들에게 주겠사오며 만일 뉘 것을 토색한 일이 있으면 사 배나 갚겠나이다 예수께서 이르시되 오늘 구원이 이 집에 이르렀으니 이 사람도 아브라함의 자손임이로다."

74. 레 15:13-15, 유출병으로부터 깨끗해진 사람의 제물: "유출병 있는 자가 그 유출이 깨끗하여지거든 ..... 제 팔일에 산비둘기 둘이나 집비둘기 새끼 둘을 취하여 ...."

75. 레 15:28-29, 유출로부터 깨끗해진 여자의 제물: "그녀의 유출이 그치면 ...."

76. 레 12:6, 출산 이후의 제물: "자녀간 정결케 되는 기한이 차거든 그 여인은 번제를 위하여 일년된 어린 양을 취하고 ...."

77. 레 14:10, 깨끗케된 문둥병자의 제물: "제 팔일에 그는 흠 없는 어린 수양 둘과 .... 취할 것이요."

78. 레 27:32, 가축의 십일조: "소나 양의 십분 일은 ...."

79. 출 13:2, 초태생(firstborn)을 성별할 것: "초태생은 다 거룩히 구별하여 내게 돌리라."

80. 출 22:28(EVV 29), 장자의 구속: "너의 처음 난 아들을 내게 줄지며 ....."

81. 출 34:20, 나귀 첫새끼에 대한 구속: "나귀의 첫새끼는 어린 양으로 대속할 것이요 ...."

82. 출 13:13, 만일 나귀가 구속되지 않는다면 그 나귀의 목을 꺾어야만 한다: "나귀의 첫 새끼는 다 어린 양으로 대속할 것이요 그렇게 아니하려면 그 목을 꺾을 것이며."

83. 신 12:5, 제물로서 사용될 짐승들은 최초의 기회에 드려져야 한다: "너희가 그곳에 와서 거기에 그것들을 드릴 것이요 ...."

84. 신 12:14, 제물은 오직 성전에서만 드려져야 한다: "오직 너희의 한 지파 중에 여호와의 택하실 그곳에서 너는 번제를 드리고 또 내가 네게 명하는 모든 것을 거기서 행할지니라."

85. 신 12:26, 그 땅 밖으로부터의 제물들 역시 성전으로 가져가야 한다: "오직 네 성물과 서원물을 여호와께서 택하신 곳으로 가지고 가라."

86. 신 12:15, 성별된 것이 더렵혀졌을 때 그것을 구속하는 것: "네 하나님 여호와께서 네게 주신 복을 따라 각 성에서 네 마음에 즐기는대로 생축을 잡아 그 고기를 먹을 수 있나니 ...."

87. 레 27:33, 제물로 바꾸어진 짐승은 거룩하다: "바꾸면 둘 다 거룩하리니 ...."

88. 레 6:9(EVV 16), 제사장들은 소제의 나머지를 먹어야 한다: "그 나머지는 아론과 그 자손이 먹되 ...."

89. 출 29:33, 제사장들은 성별된 제물의 고기를 먹어야 한다: "속죄물 곧 그들을 위임하며 그들을 거룩하게 하는데 쓰는

것은 그들은 먹되 ...."

90. 레 7:19. 성별된 것이 더럽혀지면 그것은 불태워져야 한다: "그 고기가 부정한 물건에 접촉되었으면 먹지 말고 불사를 것이라."

91. 레 7:17. 제 삼일까지 남겨진 것은 불태워져야 한다: "그 희생의 고기가 제 삼일까지 남았으면 불사를지니 ...."

E. 서원(맹세)을 다루는 명령들

92. 민 6:5. 나실인은 자기 머리가 자라도록 내버려 두어야 한다: "삭도를 도무지 그 머리에 대지 말 것이라."

93. 민 6:13. 나실인은 서원이 끝날 때에 머리를 깎고 제물을 가져와야 한다: "자기 몸을 구별한 날이 차면 ...."(민 6:18 참조. "자기 몸을 구별한 나실인은 회막문에서 그 머리털을 밀고")

94. 신 23:24(EVV 23). 사람은 자기 말을 지켜야 한다: "네 입에서 낸 것은 그대로 실행하기를 주의하라."(참조 신 30:3. 사람은 자기 말을 지켜야 한다: "그의 입으로부터 나오는 모든 것을 따라 그는 행할 것이니라.")

- 마 5:33-37. "또 옛 사람에게 말한 바 헛 맹세를 하지 말고 네 맹세한 것을 주께 지키라 하였다는 것을 너희가 들었으나 나는 너희에게 이르노니 도무지 맹세하지 말지니 .... 오직 너희 말은 옳다 옳다 아니라 아니라 하라.")

95. 민 30:3(EVV 2). 서원을 깨뜨려서는 안된다: "사람이 여호와께 서원하였거나 마음을 제어하기로 서약하였거든 파약하지 말고 그 입에서 나온대로 다 행할 것이니라."(M. 오직 재판관 만이 율법과 합치되게 맹세를 무효화할 수 있다: "그리고 그는 자신의 말을 깨뜨리지 말아야 한다" - 재판관은 자신의 말을 깨뜨릴 수 있음을 의미하면서.)

F. 의식적 정결을 다루는 명령들

96. 레 11:8, 시체를 만진 사람은 부정하다: "너희는 .... 그 주검도 만지지 말라."

97. 레 11:29-31, 여덟가지 유형의 기어다니는 짐승들은 부정하다: "땅에 기는 바 기는 것 중에 네게 부정한 것은 이러하니 ...."

98. 레 11:34, 먹는 것과 마시는 것은 그것이 부정한 물건과 접촉되면 부정해진다: "먹을만한 축축한 식물이 거기 담겼으면 부정하여질 것이요 그같은 그릇의 마실만한 마실 것도 부정할 것이며."

99. 레 15:19, 월경 가운데 있는 여인은 부정하다: "어떤 여인이 유출을 하되 그 유출이 피면 칠일 동안 불결하니 ...."

100. 레 12:2, 금방 아이를 낳은 여자는 부정하다: "여인이 잉태하여 ....를 낳으면"

101. 레 13:3, 문둥병자는 부정하다: "이는 문둥병의 환처라."

102. 레 13:51, 문둥병자의 옷은 부정하다: "이는 악성 문둥병이라 그것이 부정하니 ...."

103. 레 14:44, 문둥병자의 집은 부정하다: "그 색점이 만일 집에 퍼졌으면 ...."

104. 레 15:2, 유출병을 가진 사람은 부정하다: "누구든지 몸에 유출병이 있으면 ...."

105. 레 15:16, 설정한 사람은 부정하다: "설정한 자는 전신을 물로 씻을 것이며 저녁까지 부정하리라."

106. 레 15:19, 유출이 있는 여인은 부정하다: "여자가 정기적인 피의 유출을 가지고 있을 때 ...."

107. 민 19:14, 시체는 부정하다: "장막에서 사람이 죽을 때의 법은 이러하니 ...."

108. 레 19:13, 정결케하는 물의 준수: "정결케하는 물이 그 위에 뿌려지지 않았기 때문에 그는 부정하다."(참조. 레 19:21.

"정결케하는 물을 만진 사람은 저녁까지 부정할 것이라.")

109. 레 15:16, 물로 씻는 규례: "그는 물로 씻을 것이며 ..."

110. 레 14:2, 문둥병을 깨끗케하는 절차: "문둥환자의 정결케되는 날의 규례는 이러하니 ...."(참조. 레 14:49, "집을 정결케하는 것.")

111. 레 14:9, 문둥병자의 머리를 깎음: "칠일 만에 그 모든 털을 밀되 ...."

112. 레 13:45, 문둥병자는 공적으로 알아볼 수 있도록 되어야 한다: "문둥병자는 옷을 찢고 머리를 풀고 ...."

113. 민 19:2-9, 붉은 암송아지의 절차: "여호와의 명하는 법의 율례를 이제 이르노니 ...."

G. 성전에 드리는 것을 다루는 명령들

114. 레 27:2-8, 개인의 가치와 동등한 것을 드리는 절차: "사람을 여호와께 드리기로 서원하였으면 ...."

115. 레 27:12, 짐승과 동등한 가치를 드리는 절차: "제사장은 그 우열간에 정가할지니 ...."

116. 레 27:14, 집의 가치와 동등한 것을 드리는 절차: "사람이 자기 집을 구별하여 여호와께 드리려면 ...."

117. 레 27:16, 밭의 가치와 동등한 것을 드리는 절차: "사람이 자기 기업 된 밭 얼마를 구별하여 여호와께 드리려면 ...."

118. 레 5:16, 책임을 게을리한 것에 대하여 성전에 드려야할 배상: "그는 자신이 행하지 않은 것에 대하여 반드시 배상을 하여야만 한다."

119. 레 19:24, 넷째 해의 열매는 여호와께 거룩하다: "제 사 년에는 그 모든 과실이 거룩하니"

120. 레 19:9, 밭의 모퉁이를 남겨두어야 한다: "너희 땅의 곡물을 벨 때에 밭 모퉁이까지 다 거두지 말고."

121. 레 19:9, 밭의 떨어진 이삭을 남겨두어야 한다: "너의 떨어진 이삭도 줍지 말며."

122. 신 24:19, 떨어진 이삭은 그대로 두어야 한다: "네가 밭에서 곡식을 벨 때에 그 한 뭇을 밭에 잊어버렸거든 ...."

123. 레 19:10, 포도원의 열매를 다 따지 말고 일부 남겨 두어야 한다: "너의 포도원 열매를 다 따지 말며."

124. 레 19:10, 떨어진 포도를 주워서는 안된다: "너의 포도원에 떨어진 열매도 줍지 말고."

125. 출 23:19, 첫 열매를 성전에 가져오라: "너희 토지에서 처음 익은 열매의 첫 것을 가져다가 너의 하나님 여호와의 전에 드릴지니라."

- 약 1:18, "그가 그 조물 중에 우리로 한 첫 열매가 되게 하시려고 자기의 뜻을 좇아 진리의 말씀으로 우리를 낳으셨느니라"(계 14:4 참조).

126. 신 18:4, 거제를 가져오라: "또 너의 처음 된 곡식을 너는 그에게 줄 것이라."

127. 레 27:30, 그 땅의 소산의 십일조를 레위인들에게 주라: "그 땅의 모든 십일조는 여호와께 속한다."(참조 민 18:24, "내가 레위인들에게 기업으로서 십일조를 주노라.")

- 마 23:23, "화 있을진저 외식하는 서기관들과 바리새인들이여 너희가 박하와 회향과 근채의 십일조를 드리되 율법의 더 중한 바 의와 인과 신은 버렸도다 그러나 이것도 행하고 저것도 버리지 말아야 할지니라."

128. 신 14:22, 두번째 십일조: "너는 마땅히 매년에 토지 소산의 십일조를 드릴 것이며 ...."

129. 민 18:26, 레위인은 제사장에게 십일조를 주어야 한다: "너는 레위인에게 고하여 그에게 이르라 내가 이스라엘 자손에게 취하여 너희에게 기업으로 준 십일조를 너희가 그들에게서 취할 때에."

130. 신 14:28, 세번째 해와 여섯번째 해의 가난한 자들을

위한 십일조: "매 삼년 끝에 그 해 소산의 십분 일을 다 내어 ...."

131. 신 26:13, 십일조와 함께 .....선언되어야 한다: "그리할 때에 네 하나님 여호와 앞에 고하기를 ...."

132. 신 26:5, 첫 열매를 드림과 함께 .... 선언되어야 한다: "너는 또 네 하나님 여호와 앞에 아뢰기를 ...."

133. 민 15:20, 첫번째 반죽으로 드리는 제물: "너희의 처음 익은 곡식가루 떡을 .... 드리라."

H. 안식년을 다루는 명령들

134. 출 23:11, 일곱째 해에 그 땅은 모든 사람들에게 속한다: "제 칠년에는 갈지 말고 묵혀 두어서 ....."

135. 출 34:21, 일곱째 해에 땅은 묵힌 채로 두어야 한다: "밭갈 때나 거둘 때도 쉴지며 ...."

136. 레 25:10, 50번째 해를 성별하라: "제 오십년을 거룩하게 하여 ...."

137. 레 25:9, 히브리 종들을 자유롭게 하기 위해 욤 키푸르에 쇼파르를 불 것: "너는 나팔소리를 내되 전국에서 나팔을 크게 불지며 ..."

138. 레 25:24, 50번째 해에는 재산이 반환되어야 한다: "너희 기업의 온 땅에서 그 토지모르기를 허락할지니 ...."

139. 레 25:29-30, 성벽으로 둘려진 도시에서 팔려진 재산에 대한 기업무르기: "성벽있는 성내의 가옥을 팔았으면 ...."

140. 레 25:8, 희년의 연수를 계수할 것(50번째 해): "너는 일곱 안식년을 계수할지니 ...."

141. 신 15:3, 모든 빚의 면제: "네 형제에게 꾸인 것은 네 손에서 면제하라."

142. 신 15:3, 이방인에게 준 빚은 독촉될 수 있다: "이방인에게는 네가 독촉하려니와 ...."

I. 짐승을 잡는 것을 다루는 명령들

143. 제물에 대한 제사장의 몫: "제사장이 백성에게서 받을 응식은 이러하니 ...."

144. 신 18:4, 제사장들을 위한 처음 깎은 양털: "너희 처음 깎은 양털을 네가 그에게 줄 것이니 ...."

145. 레 27:28, **헤렘**(특별한 맹세)의 특징: "오직 여호와께 아주 바친 모든 것은 ...."

146. 신 12:21, 짐승을 잡는 것: "너는 여호와의 주신 우양을 잡아 ...."

147. 레 17:13, 동물과 새의 피를 흙으로 덮음: "그 피를 흘리고 흙으로 덮을지니라."

148. 신 22:7, 둥지를 자유케하는 규례: "어미는 반드시 놓아 줄 것이요 새끼는 취하여도 가하니 ...."

149. 레 11:2, 짐승이 먹을만한지 조사하라: "너희가 먹을 짐승들은 이러하니라."

150. 신 14:11, 먹을 수 있는 새를 조사하는 것: "무릇 정한 새는 너희가 먹으려니와 ...."

151. 레 11:21, 메뚜기 종류가 먹을만한지 조사하라: "그 발에 뛰는 다리가 있어서 땅에서 뛰는 것은 너희가 먹을지니 ...."

152. 레 11:9, 물고기가 먹을만한지 조사하라: "물에 있는 모든 것 중 너희의 먹을만한 것은 이것이니 ...."

153. 출 12:2, 하나님을 예배하기 위하여 그 해의 달들을 성별하고 계산하라: "이 달로 너희에게 달의 시작 곧 해의 첫 달이 되게 하고"

J. 절기들을 다루는 명령들

154. 출 23:12, 안식일에는 쉬라: "제 칠일에는 쉬라."
- 막 2:27, "또 가라사대 안식일은 사람을 위하여 있는 것이요

사람이 안식일을 위하여 있는 것이 아니니."

155. 출 20:8, 안식일을 성별하라: "안식일을 기억하여 거룩히 지키라."

156. 출 12:15, 모든 누룩을 제거하라(니산월 제 14일에): "그 첫날에 누룩을 너희 집에서 제하라."

157. 출 13:8, 출애굽의 이야기를 자세히 설명하라: "너희는 그날에 너희 아들에게 선언할 것이라."

- 고전 10:1-6, "형제들아 너희가 알지 못하기를 내가 원치 아니하노니 우리 조상들이 다 구름아래 있고 바다 가운데로 지나며 모세에게 속하여 다 구름과 바다에서 세례를 받고 .... 그런 일은 우리의 거울이 되어 우리로 하여금 저희가 악을 즐겨한 것 같이 즐겨하는 자가 되지 않게 하려함이니."

158. 출 12:18, 니산월 제 15일 밤에 무교병을 먹으라: "저녁에 너희는 무교병을 먹을 것이요."

159. 출 12:16, 유월절의 첫째 날에 쉬어라: "너희에게 첫날에도 성회요..."

160. 출 12:16, 유월절의 일곱째 날에 쉬어라: "제 칠일에도 성회가 되리니...."

161. 레 23:15, 첫 단을 거둔 때로부터 49일을 계수하라: "안식일 이튿날로부터 세어서 칠 안식일의 수효를 채우고."

162. 레 23:21, 성일들에는 아무 일도 하지 말고 쉬라: "이날에 너희는 너희 중에 성회를 공포하고 아무 노동도 하지 말지니."

- 히 4:1-3, "그러므로 우리는 두려워할지니 그의 안식에 들어갈 약속이 남아 있을지라도 너희 중에 혹 미치지 못할 자가 있을까 함이라 .... 이미 믿는 우리들은 저 안식에 들어가는도다."

163. 레 23:24, 티스리월 첫째 날(Rosh Hashanah)에는 쉬라: "칠 월 곧 그 달 일 일로 안식일을 삼을지니."

164. 레 16:29, 티스리월 제 십일(욤 키푸르)의 금식: "칠월 곧 그 달 십일에 너희는 스스로 괴롭게하고."

165. 레 16:29, 티스리월 제 십일(욤 키푸르)의 안식: "아무 일도 하지 말되 ...."(레 16:31 참조, "이는 너희에게 큰 안식일인즉 ..")

166. 레 23:35, 초막절 첫 날은 쉬라: "첫날에는 성회가 있을지니 너희는 아무 노동도 하지 말지며."

167. 레 23:36, 장막절 제 팔일에는 쉬라: "제 팔일에도 너희에게 성회가 될 것이며 .... 너희는 아무 노동도 하지 말지니라."

168. 레 23:42, 장막절에는 칠일 동안 초막에서 거하라: "너희는 칠일 동안 초막에 거하되 ...."

169. 레 23:40, 열매를 취하여 칠일 동안 즐거워하라: "첫날에는 너희가 아름다운 나무 실과와 종려가지와 무성한 가지와 시내 버들을 취하여 ...."

170. 민 29:1, 티스리월 첫날(Rosh Hashanah)에는 "쇼파르"를 들어야 한다: "이는 너희가 나팔을 불 날이니라."

K. 공동체 내에서의 질서를 다루는 명령들

171. 출 30:12-13, 사람은 매년 반 세겔 씩 성전에 드려야만 한다: "각 사람은 그 생명의 속전을 여호와께 드릴지니 ...."

172. 신 18:19, 선지자에게 순종하라: "무릇 그가 내 이름으로 고하는 내 말을 듣지 아니하는 자는 ...."

- 눅 16:31, "가로되 모세와 선지자들에게 듣지 아니하면 비록 죽은 자 가운데서 살아나는 자가 있을지라도 권함을 받지 아니하리라 하였다 하시니라."

173. 왕의 임명: "너는 네 위에 왕을 세울 것이라."

- 계 19:11-16, "또 내가 하늘이 열린 것을 보니 보라 백마와 탄 자가 있으니 그 이름은 충신과 신실이라 .... 그 옷과 그 다리에 이름 쓴 것이 있으니 만왕의 왕이요 만주의 주라 하였더라."

174. 신 17:11, 지도자들에게 순종하라: "곧 그들이 네게 가

르치는 법률의 뜻대로 그들이 네게 고하는 판결대로 행할 것이요."

- 행 4:19, "베드로와 요한이 대답하여 가로되 하나님 앞에서 너희 말 듣는 것이 하나님 말씀 듣는 것보다 옳은가 판단하라."

175. 출 23:2, 다수를 따라 정의를 왜곡시키지 말라: "다수를 따라 악을 행하지 말며 ....."

- 마 27:24, "빌라도가 아무 효험도 없이 도리어 민란이 나려는 것을 보고 물을 가져다가 무리 앞에서 손을 씻으며 가로되 이 사람의 피에 대하여 나는 무죄하니 너희가 당하라 ."

176. 신 16:18, 재판장과 유사들에 대한 임명: "네 하나님 여호와께서 네게 주시는 각 성에서 네 지파를 따라 재판장과 유사를 둘 것이요 ...."

177. 레 19:15, 재판관은 공평해야 한다: "너희는 공의로 재판할지며."

- 약 2:9, "만일 너희가 외모로 사람을 취하면 죄를 짓는 것이니 율법이 너희를 범죄자로 정하리라."

- 딤전 5:21, "하나님과 그리스도 예수와 택하심을 받은 천사들 앞에서 내가 엄히 명하노니 너는 편견이 없이 이것들을 지켜 아무 일도 편벽되이 하지 말며."

178. 레 5:1, 증인은 증언하여야만 한다: "누구든지 증인이 되어 맹세시키는 소리를 듣고도 그 본 일이나 아는 일을 진술치 아니하면 죄가 있나니 그 허물이 그에게로 돌아갈 것이요 ...."

- 마 26:57-75, "예수를 잡은 자들이 끌고 대제사장 가야바에게로 가니 거기 서기관과 장로들이 모여있더라 베드로가 멀찌기 예수를 좇아 ..... 저〈베드로〉가 저주하며 맹세하여 가로되 내가 그 사람을 알지 못하노라."

- 약 4:17, "이러므로 사람이 선을 행할 줄 알고도 행치 아니하면 죄니라."

179. 신 13:15(EVV 14), 증인은 면밀히 검증되어야 한다: "너는 자세히 묻고 살펴보아서 ...."

- 요 7:52, "저희가 대답하여 가로되 너도 갈릴리에서 왔느냐 상고하여 보라 갈릴리에서는 선지자가 나지 못하느니라 하였더라."

180. 신 19:19, 거짓된 증인은 상응한 처벌을 받아야 한다: "그가 그 형제에게 행하려고 꾀한 대로 그에게 행하여 너희 중에서 악을 제하라."

181. 신 21:4, 송아지 목을 부러뜨리는 의식: "그 골짜기에서 그 송아지의 목을 꺾을 것이요."

182. 신 19:3, 여섯개의 도피성: "그 도로를 닦고 ...."

183. 민 35:2, 레위인의 도시들: "이스라엘 자손에게 명하여 그들의 얻은 기업에서 레위인에게 거할 성읍들을 주게하고 ...."

184. 신 22:8, 너의 거처로부터 위험을 제거하라: "네가 새 집을 건축할 때에 지붕에 난간을 만들어 사람으로 떨어지지 않게 하라."

L. 우상숭배와 관련한 명령들

185. 신 12:2, 너희들 가운데 우상숭배를 버리라: "그 모든 곳을 너희가 마땅히 파멸하며 ...."

- 고전 10:14, "그런즉 내 사랑하는 자들아 우상숭배하는 일을 피하라."

186. 신 13:17(EVV 16), 우상숭배하는 도시를 멸망시키라: "그 성읍을 불로 사르라."

187. 신 20:17, 가나안 일곱 나라들에 대한 파괴: "그들을 완전히 파괴하라."

188. 신 25:19, 아말렉에 대한 기억을 없애라: "너는 아말렉의 이름을 천하에서 도말할지니라."

189. 신 25:17, 아말렉이 이스라엘에게 행한 일을 기억하라: "아말렉이 네게 행한 일을 기억하라."

M. 전쟁을 다루는 명령들

190. 신 20:12, 나머지 나라들과의 전쟁 절차: "만일 너와 평화하기를 싫어하고 너를 대적하여 싸우려하거든 ...."

191. 신 20:2, 제사장은 백성들에게 전쟁에 대해 가르쳐야 한다: "너희가 싸울 곳에 가까이 가거든 제사장은 백성에게 나아가서 고하여"

192. 신 23:13, 군대 진의 위생시설: "너희 기구에 작은 삽을 더하여 밖에 나가서 대변을 통할 때에 그것으로 땅을 팔 것이요."

193. 신 23:13, 군사들은 필요한 장비를 가져야만 한다: "너희 기구에 작은 삽을 더하여 밖에 나가서 대변을 통할 때에 그것으로 땅을 팔 것이요."

N. 사회구조를 다루는 명령들

194. 레 5:23(EVV 6:4), 훔친 물건은 반드시 돌려줘야 한다: "그는 훔친 물건을 돌려보내되 ...."

195. 신 15:8, 가난한 자에게 주어라: "반드시 네 손을 그에게 펴서 ..."

- 마 19:21, "예수께서 가라사대 네가 온전하고자 할진대 가서 네 소유를 팔아 가난한 자들을 주라 그리하면 하늘에서 보화가 네게 있으리라 그리고 와서 나를 좇으라 하시니."

196. 신 15:14, 자유로운 히브리 종에게는 필요한 것이 풍족히 주어져야 한다: "그에게 후히 줄지니 ...."

197. 출 22:24(EVV 25), 가난한 자에게 이자 없이 빌려주라: "네가 만일 너와 함께 한 나의 백성 중 가난한 자에게 돈을 꾸이거든...."

198. 신 23:21(EVV 20), 타국인에게 이자를 받고 돈을 빌려주는 것: "타국인에게 네가 꾸이면 이식을 취하여도 가하거니

와 ...."

199. 신 24:10, 만일 그 주인이 필요로 하거든 전당물을 그 주인에게 돌려주어라: "네가 그 집에 들어가서 전집물을 취하지 말고."

200. 신 24:15, 일꾼에게 임금을 제시간에 주어라: "그 품삯을 당일에 주고 ...."

- 마 10:10, "이는 일꾼이 저 먹을 것 받는 것이 마땅함이니라."

201. 신 23:25-26(EVV 24-25), 일꾼은 일하는 동안 소산을 먹는 것이 허락된다: "네 이웃의 포도원에 들어갈 때에 ...."

- 마 12:1, "그 때에 예수께서 안식일에 밀밭 사이로 가실새 제자들이 시장하여 이삭을 잘라 먹으니."

202. 출 23:5, 너는 지나치게 많은 짐을 진 나귀를 도와야 한다: "네가 만일 너를 미워하는 자의 나귀가 짐을 싣고 엎드러짐을 보거든"

- 눅 14:5, "또 저희에게 이르시되 너희 중에 누가 그 아들이나 소나 우물에 빠졌으면 안식일에라도 곧 끌어내지 않겠느냐 하시니."

203. 신 22:4, 너는 사람이나 짐승이 짐을 지는 것을 도와야만 한다: "네 형제의 나귀나 소가 길에 넘어진 것을 보거든 ...."

- 마 12:11, "예수께서 가라사대 너희 중에 어느 사람이 양 한 마리가 있어 안식일에 구덩이에 빠졌으면 붙잡아 내지 않겠느냐."

204. 신 22:1, 잃어버린 짐승을 그 주인에게 돌려주어야 한다: "네 형제의 우양의 길 잃은 것을 보거든 못본체 하지 말고 너는 반드시 끌어다가 네 형제에게 돌릴 것이요."

205. 레 19:17, 너희는 죄인으로 하여금 올바른 사람이 되게 해야 한다: "이웃을 인하여 죄를 당치 않도록 그를 반드시 책선하라."

- 딛 1:13, "이 증거가 참되도다 그러므로 네가 저희를 엄히

꾸짖으라 이는 저희로 하여금 믿음을 온전케하고."

206. 레 19:18, 너희는 다른 사람을 너희 자신처럼 사랑하여야 한다: "이웃 사랑하기를 네 몸같이 하라."

- 갈 5:14, "온 율법은 네 이웃 사랑하기를 네 몸 같이 하라 하신 한 말씀에 이루었나니."

207. 신 10:19, 나그네를 사랑해야 한다: "너희는 나그네를 사랑하라."

- 벧전 4:9, "서로 대접하기를 원망없이 하고."

208. 레 19:36, 정확한 자와 척도를 사용하여야만 한다: "공평한 저울과 공평한 추와 공평한 에바와 공평한 힌을 사용하라."

O. 가족과 관련한 명령들

209. 레 19:32, 지혜로운 자를 공경하여야만 한다: "너는 센 머리 앞에 일어서고 노인의 얼굴을 공경하며 네 하나님을 경외하라."

- 딤전 5:1, "늙은 이를 꾸짖지 말고 권하되 아비에게 하듯 하며."

210. 출 20:12, 너희는 부모를 공경하여야 한다: "네 아버지와 어머니를 공경하라."

- 마 15:3-4, "대답하여 가라사대 너희는 어찌하여 너희 유전으로 하나님의 계명을 범하느뇨 하나님이 이르셨으되 네 부모를 공경하라 하시고 또 아비나 어미를 훼방하는 자는 반드시 죽으리라 하셨거늘."

- 엡 6:2, "네 아버지와 어머니를 공경하라."

211. 레 19:3, 어머니와 아버지를 공경하여야 한다: "너희 각 사람은 부모를 경외하라."

- 엡(5:21) 6:1, "자녀들아 너희 부모를 주 안에서 순종하라 이것이 옳으리라."

212. 창 1:28, 생육하고 번성해야 한다: "생육하고 번성하라."

- 행 17:26, "인류의 모든 족속을 한 혈통으로 만드사 온 땅에 거하게 하시고 저희의 연대를 정하시며 거주의 경계를 한하셨으니."

213. 신 24:1, 율법에 따라 결혼해야 한다: "사람이 아내를 취할 때 ..."

- 마 19:4-5, "예수께서 대답하여 가라사대 사람을 지으신 이가 본래 저희를 남자와 여자로 만드시고 말씀하시기를 이러므로 사람이 그 부모를 떠나서 아내에게 합하여 그 둘이 한 몸이 될지니라 하신 것을 읽지 못하였느냐."

214. 신 24:5, 너희는 일년 동안 새로운 신부와 함께 거해야 한다: "사람이 새로이 아내를 취하였거든 그를 군대로 내어 보내지 말 것이요 무슨 직무든지 그에게 맡기지 말 것이며 ...."

- 마 14:20, "내가 결혼했으니 가지 못하리라."

215. 창 17:10, 할례: "모든 남자에게 할례를 행하라."

216. 신 25:5, 형사취수제 결혼, "그 남편의 형제가 그에게로 들어가서 그를 취하여 아내를 삼아 ...."

217. 신 25:9, Halitzah(형제의 신을 벗기는 것): "그 형제의 아내가 장로들 앞에서 그에게 나아가서 그의 발에서 신을 벗기고."

218. 신 22:29, 처녀를 범한 자는 그녀와 결혼해야 한다: "그 통간한 남자는 .... 그 처녀로 아내를 삼을 것이라."

219. 신 22:18-19, 자기 아내를 불공정하게 고소한 자는 처벌을 받아야 한다: "그 성읍 장로들은 그 사람을 잡아 때리고 .... 벌금으로 받아 ...."

220. 출 22:15-23(EVV 16-24), 유혹자는 반드시 징벌받아야 한다: "사람이 정혼하지 아니한 처녀를 꾀어 ....."

221. 신 21:11, 여자 포로를 다루는 규례: "네가 만일 그 포로 중에 아리따운 여자를 보고 ...."

222. 신 24:1, 이혼증서: "이혼증서를 써서 ...."

223. 민 5:15-27, 간음의 의혹을 받는 여인을 시험하는 것: "그는 자기 아내를 데리고 제사장에게 갈 것이라."

P. 율법 집행을 다루는 명령들

224. 신 25:2, 태형: "악인에게 태형이 합당하거든 ...."

- 행 23:3, "바울이 가로되 회칠한 담이여 하나님이 너를 치시리로다 네가 나를 율법대로 판단한다고 앉아서 율법을 어기고 나를 치라 하느냐 하니."

225. 민 35:25, 우연히 사람을 죽인 자는 추방하여야 한다: "피를 보수하는 자의 손에서 살인자를 건져내어 ...."

226. 출 21:20, 사형: "그에게 보복이 가해져야 한다."

- 마 5:21, "누구든지 살인하면 심판을 받게 되리라."

227. 출 21:16, 사형: "그를 반드시 죽일지니라."

228. 레 20:14, 극형: "그와 그들을 함께 불사를지니"

229. 신 22:24, 극형: "너희는 그들을 둘 다 성읍 문으로 끌어내고 그들을 돌로 쳐죽일 것이니 ..."

230. 신 21:22, 사형당한 자의 육체를 다는 규례: "사람이 만일 죽을 죄를 범하므로 네가 그를 죽여 나무 위에 달거든 ...."

231. 신 21:23, 나무에 달린 사람은 죽임을 당한 당일에 매장되어야 한다: "그 시체를 나무 위에 밤새도록 두지 말고 ...."

Q. 종을 다루는 것과 관련한 명령들

232. 출 21:2, 히브리 종들을 다룸에 대하여: "만일 네가 히브리 종을 사면."

233. 출 21:8, 주인은 자신의 여자 히브리 종과 결혼해야 한다: "자신을 위하여 여종을 지명한 그녀의 주인은 ....."

234. 출 21:8, 주인은 자신의 여자 히브리 종을 구속해야만 한다: "주인은 여종이 구속되도록 하여야 한다"

235. 레 25:46, 이방인 종을 다룸: "너희는 그들을 너희 후손에게 기업으로 주어 소유가 되게 할 것이라."

R. 일반적인 명령들

236. 출 21:18, 사람에 의해 야기된 상해: "사람이 서로 싸우다가 하나가 돌이나 주먹으로 그 적수를 쳤으나 ....."

237. 출 21:28, 동물에 의해 야기된 상해: "만일 소가 남자나 여자를 받아서 죽이면 ....."

238. 출 21:33-34, 구덩이로 인해 야기된 상해: "사람이 구덩이를 열어두거나 덮지 아니함으로 ....."

239. 출 21:37-22:3(EVV 22:1-4), 도둑에 대한 징벌: "만일 사람이 소나 양을 도적질하면 ....."

240. 출 22:4(EVV 5), 침범에 대한 징벌: "만일 사람이 포도원에서 먹이다가 그 짐승을 놓아서 남의 밭에서 먹게 하면 ....."

241. 출 22:5(EVV 6), 방화에 대한 징벌: "만일 불이 나서"

242. 출 22:6-8(EVV 7-8), 물건을 훔친 보관인에 대한 징벌: "만일 사람이 돈이나 물품을 이웃에게 맡겨 지키게 하였다가 ....."

243. 출 22:9-12(EVV 10-13), 물건을 훔친 보관인에 대한 징벌: "사람이 나귀나 소나 양이나 다른 짐승을 이웃에게 맡겨 지키게 하였다가 ....."

244. 출 22:13(EVV 14), 빌린 물건을 잃어버린 경우의 징벌: "만일 이웃에게 빌어온 것이 그 임자가 함께 있지 아니할 때에 상하거나 죽으면 ...."

245. 레 25:14, 매매를 수반하는 판결들: "네 이웃에게 팔든지 네 이웃의 손에서 사거든 ...."

246. 출 22:8(EVV 9). 모든 종류의 물품과 관련한 판결들: "모든 경우의 불법적인 소유에 있어 ....."

247. 신 25:12. 어떤 희생을 치루고라고 고통 가운데 있는 자를 구해야 한다: "너는 그 여인의 손을 찍어 버릴 것이고 네 눈이 그를 불쌍히 보지 말지니라."

248. 민 27:8. 기업을 수반하는 판결: "사람이 죽고 아들이 없거든 ...."

금 지

A. 우상숭배 및 거짓 종교와 관련한 금지들

1. 출 20:3, 사람은 다른 신의 존재를 믿어서는 안된다: "너는 나 외는 다른 신들을 네게 있게 말지니라."

2. 출 20:4, 사람은 예배를 위한 형상들을 만들어서는 안된다: "너는 너를 위하여 우상을 만들지 말라."

- 행 15:20, "다만 우상의 더러운 것과 음행과 목매어 죽인 것과 피를 멀리 하라고 편지하는 것이 가하니."

- 요 4:24, "하나님은 영이시니 예배하는 자가 신령과 진정으로 예배할지니라."

3. 레 19:4, 우상을 만들어서는 안된다: "너희를 위하여 신상들을 부어 만들지 말라."

4. 출 20:23, 사람은 나무나 돌로부터 살아있는 피조물의 형상을 만들어서는 안된다: "은이나 금으로 신을 만들지 말라."

5. 출 20:5, 사람은 우상에게 절하여서는 안된다: "너는 그것들에게 절하지 말라."

6. 출 20:5, 사람은 우상을 섬겨서는 안된다: "너는 그것들에게 절하지 말라."

7. 레 18:21, 자녀를 몰렉에게 주어서는 안된다: "너는 결단코 자녀를 몰렉에게 주어 불로 통과케 말아서 네 하나님의 이름을 욕되게 하지 말라."

8. 레 19:31, 강신술을 행하여서는 안된다: "너희는 신접한 자에게로 돌아가지 말라."

9. 레 19:31, 다른 영들에게 물어서는 안된다: "박수를 믿지 말며"

10. 레 19:4, 우상숭배를 따라서는 안된다: "우상숭배에로 돌이키지 말라."

11. 신 16:22, 기둥을 세워서는 안된다: "자기를 위하여 주상을 세우지 말라."

12. 레 26:1, 우상숭배를 위하여 돌을 세워서는 안된다: "너희 땅에 조각한 석상을 세우고 그에게 경배하지 말라."

13. 신 16:21, 성전 안에 나무를 세워서는 안된다: "네 하나님 여호와를 위하여 쌓은 단 곁에 아무 나무로든지 아세라 상을 세우지 말며 ...."

14. 출 23:13, 사람은 우상으로 맹세해서는 안된다: "다른 신들의 이름을 부르지도 말며 ...."

15. 출 23:13, 사람은 다른 사람으로 하여금 우상을 따르도록 설득하고자 해서는 안된다: "네 입에서 들리게도 말지니라."

16. 신 13:12 (EVV 11), 다른 이스라엘 사람으로 하여금 우상을 따르도록 설득하고자 해서는 안된다: "그리하면 온 이스라엘이 듣고 두려워하여 이같은 악을 다시는 너희 중에서 행하지 못하리라."

17. 신 13:9 (EVV 8), 다른 사람으로 하여금 우상을 따르도록 추구하는 자를 동경하지 말라: "그를 좇지 말라."

18. 신 13:9 (EVV 8), 다른 사람으로 하여금 우상을 따르도록 추구하는 자를 듣지 말라: "그를 듣지 말라."

19. 신 13:9 (EVV 8), 다른 사람으로 하여금 우상을 따르도록 추구하는 자를 불쌍히 여기지 말라: "그를 긍휼히 보지 말라."

20. 신 13:9 (EVV 8), 다른 사람으로 하여금 우상을 따르도록 추구하는 자를 용서해서는 안된다: "그를 애석히 여기지 말라."

21. 신 13:9 (EVV 8), 다른 사람으로 하여금 우상을 따르도록 추구하는 자를 숨겨주어서는 안된다: "그를 숨겨주지 말라."

22. 신 7:25, 우상을 만드는데 사용된 값비싼 재료를 탐내서

는 안된다: "너는 그들의 조각한 신상들을 불사르고 그것에 입힌 금이나 은을 탐내지 말며 취하지 말라."

23. 신 13:17 (EVV 16), 우상숭배로 말미암아 무너진 것을 다시 건축하여서는 안된다: "그 성읍은 영영히 무더기가 되어 다시는 건축됨이 없을 것이니라."

24. 신 13:18 (EVV 17), 우상숭배로 말미암아 무너진 것으로부터 부를 얻어서는 안된다: "너는 이 진멸할 물건을 조금도 네 손에 대지 말라."

25. 신 7:26, 우상숭배와 관련된 물건을 사용해서는 안된다: "너는 가증한 것을 네 집에 들이지 말라."

26. 신 18:20, 우상의 이름으로 예언하여서는 안된다: "어떤 선지자가 만일 다른 신들의 이름으로 말하면 그 선지자는 죽임을 당하리라."

27. 신 18:20, 거짓되이 예언하여서는 안된다: "내가 고하라고 명하지 아니한 말을 어떤 선지자가 만일 방자히 내 이름으로 고하든지 ...."

28. 신 13:3-4 (EVV 2-3), 거짓 선지자의 말을 들어서는 안된다: "너는 그 선지자의 말을 청종하지 말라."

29. 신 18:22, 거짓 선지자의 말을 두려워해서는 안된다: "너는 그를 두려워 말지니라."

30. 레 20:23, 우상숭배자의 길을 걸어서는 안된다: "너희는 내가 너희 앞에서 쫓아내는 족속의 풍속을 좇지 말라."

31. 레 19:26, 점술(קסם)을 행하여서는 안된다: "복술을 하지 말며"

32. 신 18:10, 앞날을 예언(soothsaying)하여서는 안된다: "길흉을 말하는 자를 .... 너희 중에 용납하지 말라."

33. 신 18:10-11, 점(נחש)을 쳐서는 안된다: "복술자를 .... 너희 중에 용납하지 말라." (#31 참조, 레 19:26)

34. 신 18:10-11, 마술(sorcery)을 행하여서는 안된다: "요술하는 자를 .... 너희 가운데 용납하지 말라."

35. 신 18:10-11, 마력(charms)을 행하여서는 안된다: "무당을 .... 너희 가운데 용납하지 말라."

36. 신 18:10-11, 영들과의 교제(consult spirits)를 행하여서는 안된다: "신접자를 .... 너희 가운데 용납하지 말라."

37. 신 18:10-11, 친숙한 영들과의 교제(consult familiar spirits)를 행하여서는 안된다: "박수를 .... 너희 가운데 용납하지 말라."

38. 신 18:10-11, 강신술(necromancy)을 행하여서는 안된다: "초혼자를 .... 너희 가운데 용납하지 말라."

39. 신 22:5, 여자는 남자의 옷을 입어서는 안된다: "여자는 남자의 의복을 입지 말 것이요 ...."

40. 신 22:5, 남자는 여자의 옷을 입어서는 안된다: "남자는 여자의 의복을 입지 말 것이라 ...."

- 고전 11:14-15, "만일 남자가 긴 머리가 있으면 자기에게 욕되는 것을 본성이 너희에게 가르치지 아니하느냐 만일 여자가 긴 머리가 있으면 자기에게 영광이 되나니 긴 머리는 쓰는 것을 대신하여 주신 연고니라."

41. 레 19:28, 스스로 문신을 하여서는 안된다: "몸에 무늬를 놓지 말라"

42. 신 22:11, 양털과 베실을 혼합하여 만든 옷을 입어서는 안된다: "양털과 베실로 섞어 짠 것을 입지 말지니라."

43. 레 19:27, 네 머리 주위의 머리카락을 잘라서는 안된다: "머리 가를 둥글게 깎지 말며"

44. 레 19:27, 자신의 수염을 잘라서는 안된다: "수염 끝을 손상치 말며"

45. 신 14:1, 죽은 자를 위하여 자기 몸을 베지 말아야 한다: "죽은 자를 위하여 자기 몸을 베지 말며 ...."

B. 역사적 사건들과 관련한 금지들

46. 신 17:16, 애굽으로 돌아가지 말아야 한다: "너희가 이후에는 그 길로 다시 돌아가지 말 것이라 하셨음이며 ...."

47. 민 15:39, 불결한 생각과 시각을 가져서는 안된다: "너희 마음과 눈의 욕심을 따름으로써 스스로를 더럽게하지 말라."

- 마 5:28, "나는 너희에게 이르노니 여자를 보고 음욕을 품는 자마다 마음에 이미 간음하였느니라."

48. 출 23:32, 사람은 가나안 사람들과 더불어 언약을 하여서는 안된다: "너는 그들과 언약하지 말라."

49. 신 20:16, 가나안 족속들의 생명을 살려두어서는 안된다: "호흡있는 자를 하나도 살리지 말지니 ...."

50. 신 7:2, 우상숭배자들에 대해 자비를 베풀어서는 안된다: "그들을 불쌍히 여기지도 말 것이며 ...."

51. 출 23:33, 사람은 우상숭배자들을 그 땅에서 살도록 허용해서는 안된다: "그들이 네 땅에 머무르지 못할 것은 ....."

52. 신 7:3, 우상숭배자들과 통혼하여서는 안된다: "또 그들과 혼인하지 말지니 ...."

53. 신 23:4, (EVV 3), 이스라엘 여인으로 하여금 암몬 족속이나 모압 족속과 결혼하는 것을 허락해서는 안된다: "암몬 사람과 모압 사람은 여호와의 총회에 들어오지 못하리니 ...."

54. 신 23:8, (EVV 7), 에서의 씨와 인연을 끊어서는 안된다: "너는 에돔 사람을 미워하지 말라."

55. 신 23:8, (EVV 7), 애굽 사람과 인연을 끊어서는 안된다: "애굽 사람을 미워하지 말라."

56. 신 23:7, (EVV 6), 암몬 족속이나 모압 족속과 평화의 약정을 맺어서는 안된다: "너의 평생에 그들의 평안과 형통을 영영히 구하지 말지니라."

57. 신 20:19, 전쟁 중 열매 맺는 나무를 파괴해서는 안된다: "도끼를 둘러 그곳의 나무를 작벌하지 말라."

58. 신 7:21, 원수를 두려워해서는 안된다: "너는 그들을 두려워말라."

59. 신 25:19, 아말렉 족속에 의해 행해진 악을 잊어버려서는 안된다: "너는 아말렉의 이름을 천하에서 도말할지니라 너는 잊지 말지니라."

C. 신성모독과 관련한 금지들

60. 레 24:16, 하나님의 이름을 모독하여서는 안된다: "여호와의 이름을 훼방하면 그는 반드시 죽일지니."

- 마 12:36, "내가 너희에게 이르노니 사람이 무슨 무익한 말을 하든지 심판 날에 이에 대하여 심문을 받으리니."

61. 레 19:12, 하나님의 이름으로 한 맹세를 깨뜨려서는 안된다: "너희는 내 이름으로 거짓 맹세함으로 네 하나님의 이름을 욕되게 하지 말라."

62. 출 20:7, 사람은 하나님의 이름을 헛되이 취하여서는 안된다: "너는 너의 하나님 여호와의 이름을 망령되이 일컫지 말라."

63. 레 22:32, 사람은 주의 이름을 더럽혀서는 안된다: "너희는 나의 성호를 욕되게 말라."

64. 신 6:16, 여호와를 시험해서는 안된다: "네 하나님 여호와를 시험치 말라."

65. 신 12:4, 예배처소로부터 하나님의 이름을 지워서는 안된다: "너희 하나님 여호와에게는 너희가 그처럼 행하지 말고 ...."

66. 신 21:23, 육체를 밤새도록 나무 위에 달려있도록 허용해서는 안된다: "그 시체를 나무 위에 밤새도록 두지 말고 ...."

D. 성전과 관련한 금지들

67. 민 18:5, 성전을 돌봄에 있어 게을러서는 안된다: "레위

인과 너는 합동하여 장막의 모든 일과 회막의 직무를 지킬 것이요."

68. 레 16:2, 대제사장은 자의적으로 성소에 들어가서는 안된다: "네 형 아론에게 이르라 성소의 장 안 법궤 위 속죄소 앞에 무시로 들어오지 말아서 사망을 면하라."

69. 레 21:23, 육체에 흠을 가진 제사장은 성전에 들어가서는 안된다: "장 안에 들어가지 못할 것이요 단에 가까이 못할지니 이는 그가 흠이 있음이라."

70. 레 21:17, 육체에 흠을 가진 제사장은 성전에서 섬길 수 없다: "무릇 너의 대대 자손 중 육체에 흠이 있는 자는 그 하나님의 식물을 드리려고 가까이 나아오지 못할 것이라."

71. 레 21:18, 일시적으로 육체에 흠을 가진 제사장은 그 흠이 지나갈 때까지 성전에서 섬겨서는 안된다: "무릇 흠이 있는 자는 가까이 못할지니."

72. 민 18:3, 제사장과 레위인은 각자 상대방의 일을 하지 말아야 한다: "레위인은 네 직무와 장막의 모든 직무를 지키려니와 성소의 기구와 단에는 가까이 못하리니 두렵건대 그들과 너희가 죽을까 하노라."

73. 레 10:9-11, 술취한 상태에서 성전에 들어가서는 (M. 율법을 가르쳐서는) 안된다: "너나 네 자손들이 회막에 들어갈 때에는 포도주나 독주를 마시지 말아서 너희 사망을 면하라."

74. 민 18:4, 외인들은 성전에서 봉사할 수 없다: "외인은 너희에게 가까이 하지 못할 것이니라."

75. 레 22:2, 부정한 제사장은 성전에서 섬겨서는 안된다: "아론과 그 아들들에게 고하여 그들로 이스라엘 자손이 내게 드리는 성물에 대하여 스스로 구별하여 내 성호를 욕되게 함이 없게 하라."

76. 레 21:6, 제사장은 하나님의 이름을 더럽혀서는 안된다: "그 하나님의 이름을 욕되게 하지 말 것이며."

77. 민 5:3, 부정한 자는 진에 들어올 수 없다: "무론 남녀하

고 다 진 밖으로 내어 보내어 그들로 진을 더럽히게 말라." (M.은 '진'을 '하나님의 임재의 진' 곧 성전으로 읽는다. 그렇다면 이 율법은 **금지** #78, 신 23:11〈EVV10〉과는 다른 것이다.)

78. 신 23:10, 부정한 사람은 진에 남아 있어서는 안된다: "너희 중에 누가 밤에 몽설함으로 부정하거든 진 밖으로 나가고 진 안에 들어오지 아니하다가 ...."

79. 출 20:25, 사람은 깎은 돌로 제단을 만들어서는 안된다: "다듬은 돌로 쌓지 말라."

80. 출 20:26, 층계가 있는 제단을 만들어서는 안된다: "너는 층계로 내 단을 오르지 말라."

81. 레 6:6 (EVV 13), 단 위에 있는 불은 꺼져서는 안된다: "불은 끊이지 않고 단 위에 피워 꺼지지 않게 할지니라."

82. 출 30:9, 성전의 바로 이 금제단 위에서는 오직 전술한 향만이 태워져야 한다: "너희는 그 위에 다른 향을 사르지 말며 번제나 소제를 드리지 말며 전제의 술을 붓지 말며 ...."

83. 출 30:32, 사람은 그와 같은 기름을 만들어서는 안된다: "이 방법대로 이와 같은 것을 만들지 말라 ...."

84. 출 30:32, 그러한 기름은 오직 대제사장과 왕을 위한 것이다: "사람의 몸에 붓지 말며 ...."

85. 출 30:37, 사람들은 제단을 위한 향과 같은 다른 향을 만들어서는 안된다: "그 방법대로 너희를 위하여 만들지 말라."

86. 출 25:15, 언약궤로부터 그 장대들을 제거해서는 안된다: "채를 궤의 고리에 꿴대로 두고 빼어내지 말지며 ...."

87. 출 28:28, 에봇으로부터 흉패가 떨어져서는 안된다: "청색 끈으로 흉패 고리와 에봇 고리에 꿰어 흉패로 공교히 짠 에봇 띠 위에 붙여 떠나지 않게 하라."

88. 출 28:32, 대제사장의 옷은 찢어지지 않도록 하여야 한다: "그 주위에 갑옷 깃 같이 깃을 짜서 찢어지지 않게 하고."

E. 희생제사와 관련한 금지들

89. 신 12:13, 성전 이외의 다른 장소에서 희생을 드려서는 안된다: "너는 삼가서 네게 보이는 아무 곳에서든지 번제를 드리지 말고 ...."

90. 레 17:3-4, 누구든지 성전 밖에서 짐승을 잡아서는 안된다: "무릇 이스라엘 집의 누구든지 소나 어린 양이나 염소를 진 안에서 잡든지 진 밖에서 잡든지 먼저 회막문으로 끌어다가 여호와의 장막 앞에서 여호와께 예물로 드리지 아니하는 자는 피 흘린 자로 여길 것이라."

91. 레 22:20, 흠있는 짐승을 성별하여서는 안된다: "무릇 흠있는 것을 너희는 드리지 말 것은 그것이 열납되지 못할 것임이니라"

92. 레 22:22, 흠있는 짐승을 희생제물로 드려서는 안된다: "눈 먼 것을 여호와께 드리지 말라."

93. 레 22:24, 흠있는 짐승 위에 피를 뿌려서는 안된다: "너희는 불알이 상하였거나 치었거나 터졌거나 베임을 당한 것은 여호와께 드리지 말며"

94. 레 22:22, 흠있는 짐승을 불로 태워서는 안된다: "흠있는 것을 너희는 단 위에 화제로 여호와께 드리지 말라."

95. 신 17:1, 여호와께 흠있는 짐승을 희생제물로 드려서는 안된다 (M.은 이것을 일시적인 흠으로 받아들인다): "무릇 흠이나 악질이 있는 우양은 네 하나님 여호와께 드리지 말지니 ...."

96. 레 22:25, 외국인에 의해 드려진 것을 여호와께 제물로 드려서는 안된다: "너희는 외방인에게서도 이런 것을 받아 너희의 하나님의 식물로 드리지 말라."

97. 레 22:21, 희생제사로 드려지는 짐승에 흠을 야기시켜서는 안된다: "아무 흠이 없는 온전한 것으로 할지니"

98. 레 2:11, 제단에 누룩이나 꿀을 드려서는 안된다: "무릇 너희가 여호와께 드리는 소제물에는 모두 누룩을 넣지 말지니 너희가 누룩이나 꿀을 여호와께 화제로 드려 사르지 못할지니

라."

99. 레 2:13, 제단에 소금을 뿌리지 않은 것을 드려서는 안된다: "네 모든 소제물에 소금을 치라."

100. 신 23:19 (EVV 18), 창기의 삯으로나 개의 값으로 받은 짐승을 드려서는 안된다: "창기의 번 돈과 개 같은 자의 소득은 아무 서원하는 일로든지 네 하나님 여호와의 전에 가져 오지 말라 이 둘은 다 네 하나님 여호와께 가증한 것임이니라."

101. 레 22:28, 어떤 짐승과 그 새끼를 같은 날 잡아서는 안된다: "암소나 암양을 무론하고 어미와 새끼를 동일에 잡지 말지니라."

102. 레 5:11, 속죄제에 감람유를 사용하여서는 안된다: "이는 속죄제인즉 그 위에 기름을 붓지 말며 유향을 놓지 말고 ...."

103. 레 5:11, 속죄제에 향을 사용하여서는 안된다: "이는 속죄제인즉 그 위에 기름을 붓지 말며 유향을 놓지 말고 ...."

104. 민 5:15, 질투의 제물로서 감람유를 사용해서는 안된다: "그것에 기름을 붓지 말고 ...."

105. 민 5:15, 질투의 제물로서 향을 사용해서는 안된다: "그 유향도 두지말라."

106. 레 27:10, 희생제물을 바꾸어서는 안된다: "그것을 변개하여 우열간 바꾸지 못할 것이요 ...."

107. 레 27:26, 사람은 한가지 범주의 제물을 다른 것으로 대체할 수 없다: "우양을 물론하고 여호와의 것이니 누구든지 그것으로는 구별하여 드리지 못할 것이며 ...."

108. 민 18:17, 정결한 짐승의 첫 새끼는 구속할 필요가 없다: "오직 소의 처음 난 것이나 양의 처음 난 것이나 염소의 처음 난 것은 속하지 말지니 그것들은 거룩한즉 ...."

109. 레 27:32, 짐승의 십일조를 팔아서는 안된다: "소나 양의 십분 일은 .... 여호와의 거룩한 것이 되리니"

110. 레 27:28, 헌신된 물건을 팔아서는 안된다: "팔지도 못하고 ...."

111. 레 27:28, 헌신된 물건을 물러서는 안된다: "속하지도 못할지니 …."

112. 레 5:8, 제물로 드리는 새의 머리를 끊어내서는 안된다: "그 머리를 목에서 비틀되 아주 끊어내지는 말지며 …." (He is to wring its head from its neck, not severing it)

113. 신 15:19, 성별된 짐승에게 일을 시켜서는 안된다: "네 소의 첫 새끼는 부리지 말고 …."

114. 신 15:19, 성별된 짐승의 털을 깎아서는 안된다: "네 양의 첫 새끼의 털은 깎지 말고 …"

115. 유월절 어린 양을 누룩과 함께 잡아서는 안된다: "너는 내 희생의 피를 유교병과 함께 드리지 말며 …."

116. 출 23:18, 사람은 제물의 기름부위를 밤새도록 남겨두어서는 안된다: "내 절기 희생의 기름을 아침까지 남겨두지 말지니라."

117. 출 12:10, 유월절 어린 양의 고기는 아침까지 남겨서는 안된다: "아침까지 남겨두지 말며…."

118. 신 16:4, 제 14일에 드려진 "샤기가"(절기제물)의 어떤 부분도 셋째 날까지 그대로 두어서는 안된다: "또 네가 첫날 해질 때에 제사드린 고기를 밤을 지내어 아침까지 두지 말 것이며 …."

119. 민 9:13 (EVV 12), 두번째 유월절 양의 어떠한 부분도 다음날 아침까지 남겨두어서는 안된다: "아침까지 그것을 조금도 남겨 두지 말며 …."

120. 레 22:30, 감사제물의 어떤 부분도 다음 날 아침까지 남겨두어서는 안된다: "그 제물은 당일에 먹고 이날까지 두지 말라."

121. 출 12:46, 사람들은 유월절 어린 양의 뼈를 꺾어서는 안된다. "뼈도 꺾지 말지며 …."

122. 민 9:12, 두번째 유월절 양의 뼈를 꺾어서는 안된다:

"그 뼈를 하나도 꺾지 말아서 ...."

123. 출 12:46, 사람들은 유월절 어린 양의 고기를 먹던 집 밖으로 옮겨서는 안된다: "그 고기를 조금도 집 밖으로 내지 말며 ..."

124. 레 6:10 (EVV 17), 소제물의 나머지에 누룩이 첨가되어서는 안된다: "그것에 누룩을 넣어 굽지 말라."

125. 출 12:9, 사람들은 유월절 어린 양을 날 것으로나 혹은 삶아서 먹어서는 안된다: "날로나 물에 삶아서나 먹지 말고 그 머리와 정강이와 내장을 다 불에 구워 먹고...."

126. 출 12:45, 거류인에게 유월절 먹는 것이 허용되어서는 안된다, "거류인과 타국 품꾼은 먹지 못하리라."

127. 출 12:48, 할례받지 못한 사람은 유월절을 먹는 것이 허락되어서는 안된다: "너희와 함께 거하는 타국인이 여호와의 유월절을 지키고자 하거든 그 모든 남자는 할례를 받은 후에야 가까이 하여 지킬지니 곧 그는 본토인과 같이 될 것이나 할례받지 못한 자는 먹지 못할 것이니라."

128. 출 12:43, 이방인에게 유월절 먹는 것이 허용되어서는 안된다, "이방 사람은 먹지 못할 것이나...."

129. 레 12:4, 부정한 사람은 성물을 먹어서는 안된다: "기한이 차기 전에는 성물을 만지지도 말며 ...."

130. 레 7:19, 거룩한 것이 부정해진 것을 먹어서는 안된다: "그 고기가 부정한 물건에 접촉되었으면 먹지 말고 ...."

131. 레 19:6-8, 기한이 지난 남겨진 제물은 먹어서는 안된다: "그 제물은 드리는 날과 이튿날에 먹고 제 삼일까지 남았거든 불사르라 제 삼일에 조금이라도 먹으면 가증한 것이 되어 열납되지 못하고 그것을 먹는 자는 여호와의 성물 더럽힘을 인하여 죄를 당하리니."

132. 레 7:18, 제 3일에 화목제물의 고기를 먹어서는 안된다: "만일 그 화목제 희생의 고기를 제 삼일에 조금이라도 먹으면 그제사는 열납되지 않을 것이라."

133. 레 22:10, 제사장이 아닌 사람은 제물을 먹을 수 없다: "제사장의 가족 밖에 있는 사람은 거룩한 제물을 먹을 수 없다."

134. 레 22:10, 제사장의 객이나 고용된 일꾼은 제물을 먹을 수 없다: "제사장의 객이나 품꾼은 다 성물을 먹지 못할 것이니라."

135. 레 22:10, 할례받지 않은 사람은 제물을 먹어서는 안된다: 이것은 토라에 명시적으로 언급되어 있지는 않으나 논리적으로 유추되는 사실이다. 우리는 완전성을 위하여 그것을 여기에 포함시켰다.

136. 레 22:4, 부정한 제사장은 제물을 먹어서는 안된다: "아론의 자손 중 문둥병자나 유출병이 있는 자는 정하기 전에는 성물을 먹지 말 것이요."

137. 레 22:12, 제사장이 아닌 사람과 결혼한 제사장의 딸은 거룩한 제물(성물)을 먹을 수 없다: "제사장의 딸이 제사장 아닌 사람에게 출가하였으면 거제의 성물을 먹지 못하되"

138. 레 6:16 (EVV 23), 제사장의 소제물은 먹어서는 안된다: "무릇 제사장의 소제물은 온전히 불사르고 먹지 말지니라."

139. 레 6:23 (EVV 30), 속죄제의 고기는 먹어서는 안된다: "그러나 피를 가지고 회막에 들어가 성소에서 속하게 한 속죄제 희생의 고기는 먹지 못할지니 불사를지니라."

140. 신 14:3, 더러워진 것으로 구별된 짐승들: "너는 가증한 물건은 무엇이든지 먹지 말라."

141. 신 12:17, 예루살렘 밖에서 곡식의 두번째 십일조를 먹어서는 안된다: "너는 곡식의 십일조를 너의 각 성에서 먹지 말라."

142. 신 12:17, 예루살렘 밖에서 포도주의 두번째 십일조를 소비해서는 안된다: "너는 포도주의 십일조를 너의 각 성에서 먹지 말라."

143. 신 12:17, 예루살렘 밖에서 기름의 두번째 십일조를 소비해서는 안된다: "너는 기름의 십일조를 너의 각 성에서 먹지

말라."

144. 신 12:17, 예루살렘 밖에서 처음 낳은 것의 두번째 십일조를 먹어서는 안된다: "너는 처음 낳은 것의 십일조를 너의 각 성에서 먹지 말라."

145. 신 12:17, 제사장들은 성전 밖에서 (즉, 너의 각 성에서) 속죄제물와 속건제물을 먹어서는 안된다: "너는 너의 각 성에서 소떼와 양떼의 처음 낳은 것을 먹어서는 안된다." (M.은 '소떼와 양떼'가 성경에서 오직 속죄제물과 속건제물과 관련하여 언급되는 사실로부터 이러한 해석을 끌어낸다.)

146. 신 12:17, 제사장은 번제의 고기를 먹어서는 안된다: "너는 너의 각 성에서 .... 네가 주기로 서원한 것을 먹어서는 안된다." (M.은 서원으로부터 번제를 끌어낸다.)

147. 신 12:17, 제사장은 피가 흘려지기 전의 희생제물을 먹어서는 안된다: "너는 너의 각 성에서 .... 너의 낙헌제물을 먹어서는 안된다." (M.은 '낙헌제'로부터 '피가 흘려지기 전에'를 끌어낸다.)

148. 출 29:33, 제사장이 아닌 사람은 거룩한 제물을 먹어서는 안된다: "타인은 먹지 못할지니 이는 성물이 됨이며 ...."

149. 신 12:17, 제사장은 성전 밖에서 처음 낳은 것을 먹어서는 안된다: "너는 너의 각 성에서 .... 특별한 선물들을 먹어서는 안된다." (M.은 '특별한 선물들'로부터 '처음 낳은 것'을 끌어낸다.)

150. 신 26:14, 부정한 상태에 있을 동안에는 두번째 십일조를 먹어서는 안된다: "부정한 몸으로 이를 떼어 두지 아니하였고 ...."

151. 신 26:14, 애곡하는 동안에는 두번째 십일조를 먹어서는 안된다: "내가 애곡하는 날에 이 성물을 먹지 아니하였고 ...."

152. 신 26:14, 먹고 마시는 것 이외에 어떤 것을 사기 위해 십일조를 사용해서는 안된다: "죽은 자를 위하여 이를 쓰지 아

니하였고 .."

153. 레 22:15, 제사장은 백성들이 드린 성물을 더럽게하여서는 안된다: "이스라엘 자손이 여호와께 드리는 성물을 그들은 더럽히지 말지니."

154. 출 22:28 (EVV 29), 사람은 십일조를 떼어놓는 순서를 바꾸어서는 안된다: "너는 너의 추수한 것과 너의 짜낸 즙을 드리기에 더디게 말지며 ....."

155. 신 23:22 (EVV 21), 제물을 드리는 것을 지체하여서는 안된다: "네 하나님 여호와께 서원하거든 갚기를 더디 하지 말라."

156. 출 23:15, 사람은 제물을 가지지 않고 순례여행을 해서는 안된다: "빈 손으로 내게 보이지 말지니라."

157. 민 30:3 (EVV 2), 사람은 자신의 말을 깨뜨려서는 안된다: 그는 자신의 말을 깨뜨려서는 안된다."

F. 제사장과 관련한 금지들

158. 레 21:7, 제사장은 창녀와 결혼하여서는 안된다: "그들은 기생을 취하지 말 것이며."

159. 레 21:7, 제사장은 더럽혀진 여인과 결혼하여서는 안된다: "그들은 부정한 여인을 취하지 말 것이며."

160. 레 21:7, 제사장은 이혼한 여인과 결혼하여서는 안된다: "이혼 당한 여인을 취하지 말 것이며"

161. 레 21:14, 제사장은 과부와 결혼하여서는 안된다: "그는 과부와 결혼하지 말 것이요."

162. 레 21:15, 제사장은 과부를 첩으로 취하여서는 안된다 "이렇게 하여 그 자손으로 백성 중에 더럽히지 말지니."

163. 레 10:6, 제사장들은 풀어진 머리를 가지고 성전에 들어가서는 안된다: "너희는 머리를 풀지 말라."

164. 레 10:6, 제사장들은 찢어진 옷을 입고 성전에 들어가

서는 안된다: "너희는 옷을 찢지 말라."

165. 레 10:7, 세사장들은 성전예배가 진행되고 있는 동안 성전뜰을 떠나서는 안된다: "너희는 회막 문에 나가지 말아서 죽음을 면할지니라."

166. 레 21:1, 제사장은 죽은 자로 인하여 더럽혀져서는 안된다: "제사장은 백성 중의 죽은 자로 인하여 스스로 더럽히지 말려니와."

167. 레 21:11, 대제사장은 어떤 이유로도 더럽혀져서는 안된다: "그는 시체가 있는 장소에 들어거서는 안된다."

168. 레 21:11, 대제사장은 어떤 방식으로든 더럽혀져서는 안된다: "그는 스스로를 더럽혀지게 하지 말지니 부모로 인하여도 더러워지게 말며."

169. 신 18:1, 레위지파는 땅을 나눔에 있어 기업을 갖지 말아야 한다: "레위 사람 제사장과 레위의 온 지파는 이스라엘 중에 분깃도 없고 기업도 없을지니…"

170. 신 18:1, 레위지파는 전쟁의 탈취물을 나누는데 참여하여서는 안된다: "레위사람 제사장과 레위의 온 지파는 이스라엘 중에 분깃도 없고 기업도 없을지니…"

171. 신 14:1, 죽은 자를 위하여 머리를 밀지 말아야 한다: "죽은 자를 위하여 눈썹 사이 이마 위의 털을 밀지 말라."

G. 음식과 관련하 금지들

172. 신 14:7, 부정한 짐승을 먹어서는 안된다: "이것이 너희가 먹어서는 안되는 것이니라…"

173. 레 11:11, 부정한 물고기를 먹지 말라: "이들은 너희에게 가증한 것이니 너희는 그 고기를 먹지말고…"

174. 레 11:13, 부정한 날짐승을 먹지 말라: "새 중에 너희가 가증히 여길 것은 이것이라 이것들이 가증한즉 먹지 말리니…"

175: 신 14:19, 날기도 하고 기어다니기도 하는 것은 부정한

것으로서 먹어서는 안된다: "또 무릇 날기도 하고 기어다니기도 하는 것은 너희에게 부정하니 너희는 먹지 말 것이나…"

176. 레 11:41, 땅에 기는 것들 가운데 부정한 것은 먹지 말라: "땅에 기어다니는 모든 것은 가증한 즉 먹지 못할지니…"

177. 레 11:44, 땅에서 기어다니는 짐승을 먹지 말라: "땅에 기는 바 기어다니는 것으로 인하여 스스로 더럽히지 말라."

178. 레 11:42, 벌레를 먹어서는 안된다: "곧 땅에 기어다니는 모든 기는 것 중에 배로 밀어 다니는 것이나 네 발로 걷는 것이나 여러 발을 가진 것이라 너희가 먹지 말지니 이는 가증함이니라."

179. 레 11:43, 가증스러운 짐승을 먹지말라: "또한 그것을 인하여 스스로 더럽혀 부정하게 되지 말라."

180. 신 14:21, 자연적으로 죽은 짐승을 먹어서는 안된다: "무릇 스스로 죽은 것은 먹지 말 것이니."

181. 출 22:30, (EVV 31), 사람은 들에서 짐승에게 찢겨죽은 동물의 고기를 먹어서는 안된다: "들에서 짐승에게 찢긴 고기를 먹지말고…"

182. 신 12:23, 살아있는 짐승으로부터 몸뚱아리 부분을 먹어서는 안된다: "네가 그 생명을 고기와 아울러 먹지 못할지니…"

183. 창 32:33 (EVV 32), 넙적다리 힘줄을 먹어서는 안된다: "이스라엘 사람들이 지금까지 환도뼈 큰 힘줄을 먹지 아니하더라."

184. 레 7:26, 피를 먹어서는 안된다: "너희는 사는 모든 곳에서 무슨 피든지 새나 짐승의 피를 먹지말라."

185. 레 7:23, 소나 양이나 염소의 기름을 먹어서는 안된다: "너희는 소나 양이나 염소의 기름을 먹지 말라."

186. 출 23:19, 사람은 염소 새끼를 그 어미의 젖으로 삶아서는 안된다: "염소 새끼를 그 어미의 젖으로 삶지 말지니라."

187. 출 34:26, 어린 염소 를 그 어미의 젖으로 삶아 먹어서

는 안된다: "너는 염소 새끼를 그 어미의 젖으로 삶지 말지니라."

188. 출 21:28, 사람은 돌에 맞아 죽은 소를 먹어서는 안된다: "그 고기는 먹지 말 것이며…"

189. 레 23:14, 새 곡식으로 만든 빵을 먹어서는 안된다: "너희는 너희 하나님께 예물을 가져 오는 그 날까지 떡이든지… 먹지 말지니."

190. 레 23:14, 볶은 새 곡식으로 만든 빵을 먹어서는 안된다: "너희는 너희 하나님게 예물을 가져 오는 그 날까지… 볶은 곡식이든지… 먹지 말지니."

191. 레 23:14, 생 이삭을 먹어서는 안된다: "너희는 너희 하나님께 예물을 가져 오는 그 날까지… 생 이삭이든지 먹지 말지니."

192. 레 19:23, 할례받지 못한 열매를 먹어서는 안된다: "너희가 그 땅에 들어가 각종 과목을 심거든 그 열매는 아직 할례받지 못한 것으로 여기되 곧 삼년 동안 너희는 그것을 할례받지 못한 것으로 여겨 먹지 말 것이요."

193. 신 22:9, 혼합해서 재배한 것의 산물을 먹어서는 안된다: "네 포도원에 두 종자를 섞어서 뿌리지 말라 그리하면 네가 뿌린 씨의 열매와 포도원의 소산이 다 빼앗김이 될까 하노라."

194. 신 32:38, 우상에게 드려진 포도주를 사용해서는 안된다: "전제의 술을 마시던 것들로 일어나서 너희를 돕게 하라."

195. 레 19:26, 피 위에 고기를 먹어서는 안된다: "너희는 무엇이든지 피채 먹지말며"

196. 레 23:29, 속죄일에는 아무것도 먹어서는 안된다(금식): "이 날에 스스로 괴롭게 하지 아니하는 자는 그 백성 중에서 끊쳐질 것이라."

197. 출 13:3, 사람들은 유월절 날에 누룩을 먹어서는 안된다: "너희는 애굽에서 곧 종되었던 입에서 나온 그날을 기념하여 유교병을 먹지 말라."

198. 출 12:20, 유월절 날에는 누룩이 든 음식은 어떤 것이든 먹어서는 안된다, "너희는 아무 유교물이든 먹지 말고"

199. 신 16:3, 니산월 제 14일의 중간 (유월절 전날) 이후에는 누룩을 섞은 것을 먹어서는 안된다: "유교병을 그것과 아울러 먹지 말고…"

200. 출 13:7, 유월절을 기념하는 동안 어떠한 누룩도 눈에 띄여서는 안된다: "유교병을 너희 곳에 있게 하지 말며 네 지경 안에서 누룩을 네게 보이지도 말게 하며…"

201. 출 12:19, 유월절을 기념하는 동안 집에 어떠한 누룩도 없어야 한다: "칠일 동안은 누룩을 너희 집에 있지 않게 하라."

H. 나실인과 과련한 금지들

202. 민 6:3, 나실인은 포도주와 독주를 마시지 말아야 한다: "포도주와 독주를 멀리 하며 포도주의 초나 독주의 초를 마시지 말며…"

203. 민 6:3, 나실인은 생포도를 먹어서는 안된다: "생포도…도 먹지 말지니"

204. 민 6:3, 나실인은 건포도를 먹어서는 안된다: "건포도도 먹지 말지니"

205. 민 6:4, 나실인은 포도씨를 먹어서는 안된다: "포도나무 소산은 씨…도 먹지 말지며"

206. 민 6:4, 나실인은 포도껍질을 먹어서는 안된다: "포도나무 소산은 껍질도 먹지 말지며"

207. 민 6:7, 나실인은 시체로 인하여 부정하여져서는 안된다: "그 부모 형제 자매가 죽은 때라도 그로 인하여 몸을 더럽히지 말 것이니"

208. 민 6:6, 나실인은 시체가 있는 장막에 들어가서는 안된다: "시체를 가까이 하지 말 것이요"

209. 민 6:5, 나실인은 머리를 깎아서는 안된다: "삭도를 도

무지 그 머리에 대지 말 것이라"

I. 농업과 관련한 금지들

210. 레 23:22, 자기 밭의 모든 곡식을 다 거두어서는 안된다: "너희 땅의 곡물을 벨 때에 밭 모퉁이 까지 다 베지 말며."

211. 레 19:9, 추수하던 중 떨어진 곡물을 주워서는 안된다: "너의 떨어진 이삭도 줍지 말고."

212. 레 19:10, 포도원의 열매를 따기 위하여 두번째 가서는 안된다: "너희 포도원에 두번째 가지 말라."

213. 레 19:10, 수확 중에 떨어진 포도를 다시 주워서는 안된다: "너의 포도원에 떨어진 열매도 줍지말고."

214. 신 24:19, 떨어진 이삭을 취하기 위해 돌아서서는 안된다: "네가 받에서 곡식을 벨 때에 그 한 뭇을 밭에 잊어버렸거든 다시 가서 취하지 말고 객과 고아와 과부를 위하여 버려두라."

215. 레 19:19, 두 종류의 씨를 함께 뿌려서는 안된다: "네 밭에 두 종자를 섞어 뿌리지 말며."

216. 신 22:9, 포도원에서 두 종류의 씨를 뿌려서는 안된다 (M. 포도원에서 곡식을 뿌리다): "네 포도원에 두 종자를 섞어 뿌리지 말라."

217. 레 19:19, 두 종류의 동물을 교합시켜서는 안된다: "네 육축을 다른 종류와 교합시키지 말며"

218. 신 22:10, 두 종류의 짐승들을 함께 일을 시켜서는 안된다: "너는 소와 나귀를 겨리하여 갈지 말며…"

219. 신 25:4, 짐승으로 하여금 일 가운데 먹는 것을 금지시켜서는 안된다: "곡식 떠는 소의 입에 망을 씌우지 말지니라."

- 고전 9:9 - 10, "모세 율법에 곡식을 밟아 떠는 소에게 망을 씌우지 말라 기록하였으니 하나님께서 어찌 소들을 위하여 염려하심이냐 전혀 우리를 위하여 말씀하심이 아니냐 전혀 우리를 위하여 기록된 것이니 밭가는 자는 소망을 가지고 갈며 곡식 떠

는 자는 함께 얻을 소망을 가지고 떠는 것이라."

-딤전 5:17-18, "잘 다스리는 장로들을 배나 존경할 자로 알되 말씀과 가르침에 수고하는 이들을 더할 것이니라 성경에 일렀으되 곡식을 밟아 떠는 소의 입에 망을 씌우지 말라 하였고 또 일꾼이 그 삯을 받는 것이 마땅하다 하였느니라."

220. 레 25:4, 일곱번째 해에는 땅에 씨를 뿌려서는 안된다: "제 칠년에는 땅으로 쉬어 안식하게 할지니…너는 그 밭에 파종하지 말지니라"

221. 레 25:4, 일곱번째 해에는 가지치기를 해서는 안된다: "제 칠년에는 땅으로 쉬어 안식하게 할지니… 네 포도원의 가지치기를 하지 말라."

222. 레 25:5, 일곱번째 해에는 추수를 하여서는 안된다: "너의 곡물의 스스로 난 것을 거두지 말라."

223. 레 25:5, 일곱번째 해에는 포도를 거두어서는 안된다: "포도나무의 맺은 열매를 거두지 말라."

224. 레 25:11, 희년에는 땅을 갈아서는 안된다: "그 오십년은 너희의 희년이니 너희는 파종하지 말며…"

225. 레 25:11, 희년에는 스스로 자라는 것을 거두어서는 안된다: "스스로 난 것을 거두지 말며…"

226. 레 25:11, 희년에는 열매를 거두어서는 안된다: "다스리지 아니한 포도를 거두지 말라."

227. 레 25:23, 다른 사람의 기업을 팔아서는 안된다: "토지를 영영히 팔지 말 것은…"

228. 레 25:33, 레위인의 땅은 변경되어서는 안된다: "레위 사람이 만일 무르지 아니하면 그 기업된 성읍의 판 가옥은 희년에 돌려보낼지니…"

229. 신 12:19, 레위인들의 필요한 것을 저버려서는 안된다: "너는 삼가서 네 땅에 거하는 동안에 레위인을 저버리지 말지니라."

J. 상업과 관련한 금지들

230. 신 15:2, 일곱째 해 후에는 채무의 지불을 요구해서는 안된다: "무릇 그 이웃에게 꾸어준 채주는 그것을 면제하고…"

231. 신 15:9, 제 칠년이 가까와 오는 것으로 인하여 가난한 자에게 꾸어주는 것을 거절하여서는 안된다: "곧 이르기를 제 칠년 면제년이 가까왔다 하고 네 궁핍한 형제에게 악한 눈을 들고 아무 것도 주지 아니하면…"

232. 신 15:7, 가난한 자에 대한 도움을 거절하여서는 안된다: "그 가난한 형제에게 네 마음을 강퍅히 하지 말며…"

233. 신 15:13, 가난한 히브리 종을 빈 손으로 보내서는 안된다: "그를 놓아 자유하게 할 때에는 공수로 가게 하지 말고…"

234. 출 22:24 (EVV 25), 사람은 가난한 자에게 지나치게 가혹해서는 안된다: "네가 만일 너와 함께 한 나의 백성 중 가난한 자에게 돈을 꾸이거든 너는 구에게 채주같이 하지 말며…

235. 레 25:37, 같은 이스라엘 사람에게 이자를 받고 돈을 빌려주어서는 안된다: "너는 그에게 이식을 위하여 돈을 꾸이지 말고."

236. 신 23:20 (EVV 19), 다른 이스라엘 백성에게 이자를 받고 돈을 빌려주어서는 안된다: "네가 형제에게 꾸이거든 이식을 취하지 말지니…"

237. 출 22:24 (EVV 25), 사람은 가난한 자에게 이자를 받아서는 안된다: "변리를 받지 말 것이며…"

238. 레 19:13, 임금 지급을 지연하여서는 안된다: "품군의 삯을 아침까지 밤새도록 네게 두지 말며…"

– 마 20:8, "저물매 포도원 주인이 청지기에게 이르되 품군들을 불러 나중 온 자로부터 시작하여 먼저 온 자까지 삯을 주라 하니."

239. 신 24:10, 강제로 전당물을 취하여서는 안된다: " 네가 그 집에 들어 가서 전집물을 취하지 말고."

240. 신 24:12, 만일 그가 필요로 할 때, 가난한 자의 전당물

을 계속 가지고 있어서는 안된다: " 그가 가난한 자여든 너는 그의 전집물을 가지고 자지 말고…"

241. 신 24:17, 과부로부터 전당물을 잡아서는 안된다: "과부의 옷을 전집하지 말라."

242. 신 24:6, 사람이 맷돌로 생계를 얻고 있을 때, 그것을 전당잡아서는 안된다: "사람이 맷돌의 전부나 그 윗짝 만으로 전집하지 말지니 이는 그 생명을 전집함이니라."

243. 출 20:13, 훔치는 것(M. 유괴)은 금지된다: "도적질(M. 유괴)하지 말지니라."

– 마 19:18, "예수께서 가라사대… 도적질 하지 말라."

244. 레 19:11, 도둑질을 하여서는 안된다: "너희는 도적질하지 말며."

245. 레 19:13, 약탈 (M. 폭력으로)을 하여서는 안된다: "늑탈하지 말며(M. 폭력으로)."

246. 레 19:14, 경계표를 옮기지 말아야 한다: "네 하나님 여호와께서 네게 주어 얻게 하시는 땅 곧 네 기업 된 소유의 땅에서 선인의 정한 네 이웃의 경계표를 이동하지 말지니라."

247. 레 19:13, 다른 사람을 압제하여서는 안된다: "너는 네 이웃을 압제하지 말며."

– 막 10:19, "예수께서 대답하시되… 속여취하지 말라."

248. 레 19:11, 거짓말을 하여서는 안된다: "서로 거짓말 하지 말며."

– 골 3:9, "너희가 서로 거짓말을 말라."

249. 레 19:11, 다른 사람을 속여서는 안된다(M. 거짓으로 맹세하여서는 안된다): "속이지(거짓으로 맹세하지) 말며."

– 마 19:18, "예수께서 가라사대… 거짓 증거하지 말라."

250. 레 25:14, 상업거래에서 서로를 속여서는 안된다: "네 이웃에게 팔든지 네 이웃의 손에서 사거든 너희는 서로 속이지 말라."

– 엡 4:25, "그런즉 거짓을 버리고 각각 그 이웃으로 더불어

참된 것을 말하라."

251. 레 25:17, 다른 사람으로부터 이익을 취하여서는 안된다: "너희는 서로 속이지 말고…"

252. 출 22:20 (EVV 21), 이방인으로부터 이익을 취하여서는 안된다: "너희는 이방 나그네를 압제하지 말며…"

253. 출 22:20 (EVV 21), 이방인을 억압해서는 안된다: "그들을 학대하지 말라."

254. 신 23:16 (EVV 15), 도망친 노예를 그의 주인에게 돌려서는 안된다: "종이 그 주인을 피하여 네게로 도망하거든 너는 그 주인에게로 돌리지 말고."

– 몬 12–16, "네게 저〈오네시모〉를 돌려보내노니… 이후로는 종과 같이 아니하고 종에서 뛰어나 곧 사랑받는 형제로 둘 자라."

255. 신 23:16 (EVV 16), 도피한 노예로 인하여 이득을 취해서는 안된다: "그가 너의 성읍 중에서 기뻐하는 곳을 택하는대로 너와 함께 네 가운데 거하게 하고 그를 압제하지 말지니라."

256. 출 22:21 (EVV 22), 사람은 과부와 고아를 억압해서는 안된다: "너는 과부나 고아를 해롭게 하지 말라."

– 약 1:27, "하나님 아버지 앞에서 정결하고 더러움이 없는 경건은 곧 고아와 과부를 그 환란 중에 돌아보고 또 자기를 지켜 세속에 물들지 아니하는 이것이니라."

257. 레 25:39, 이스라엘 사람을 노예로서 일하게 해서는 안된다: "네 동족이 반한하게 된어 네게 몸이 팔리거든 너는 그를 종으로 부리지 말고…"

258. 레 25:42, 이스라엘 사람을 종으로 팔아서는 안된다: "종으로 팔리지 말 것이라."

259. 레 25:43, 이스라엘 사람인 일꾼을 잔인하게 다루어서는 안된다: "너는 그를 엄하게 부리지 말고…"

260. 레 25:53, 이방인으로 하여금 이스라엘 일꾼을 잔인하게 다루도록 허용해서는 안된다: "주인은 그를 매년의 삯군과 같

이 여기고 너의 목전에서 엄하게 부리지 못하리라."

261. 출 21:8, 사람은 자신의 히브리 여종을 팔아서는 안된다:"그는 여자로 구속되게 할 것이요, 그 여자를 외국인에게 팔 권리를 가지지 않는다."

262. 출 21:10, 만일 사람이 자신의 히브리 여종과 결혼하면, 그는 그녀의 음식과 의복 그리고 결혼상의 권리들을 빼앗지 못한다:"그의 의복과 음식과 동침하는 것을 끊지 못할 것이요."

263. 신 21:14, 여자 포로를 팔아서는 안된다:"결코 돈을 받고 팔지 말지라."

264. 여자 포로를 노예처럼 다루어서는 안된다:"네가 그를… 종으로 여기지 말지니라."

265. 출 20:17, 사람은 다른 사람의 소유를 탐내서는 안된다:"네 이웃의 집을 탐내지 말지니라."

–롬 13:9, "간음하지 말라, 살인하지 말라, 도적질하지 말라, 탐내지 말라 한 것과 그외에 다른 계명이 있을지라도 네 이웃을 네 자신과 같이 사랑하라 하신 그 말씀 가운데 다 들었느니라."

266. 신 5:18 (EVV 21), 다른 사람의 소유를 탐내서는 안된다:"네 이웃의 집을 탐내지 말지니라."

–눅 12:15, "삼가 모든 탐심을 물리치라 사람의 생명이 그 소유의 넉넉한 데 있지 아니하니라."

267. 신 23:26 (EVV 25), 이웃의 곡식을 거두어서는 안된다:"네 이웃의 곡식 밭에 들어갈 때에 네가 손으로 그 이삭을 따도 가하니라 그러나 네 이웃의 곡식 밭에 낫을 대지 말지니라."

268. 신 23:25 (EVV 24), 자기가 먹을 수 있는 것 이상으로 열매를 취하여서는 안된다:"네 이웃의 포도원에 들어갈 때에 마음대로 그 포도를 배불리 먹어도 가하니라 그러나 그릇에 담지 말 것이요."

269. 신 23:3, 이웃이 잃어버린 물건을 무시하지 말아야 한다:"못 본 체하지 말 것이며…"

– 눅 14:5, "너희 중에 누가 그 아들이나 소나 우물에 빠졌으

면 안식일에 라도 곧 끌어내지 않겠느냐."

270. 출 23:5, 사람은 무거운 짐 아래 깔린 사람이나 짐승을 돕는 것을 거절하여서는 안된다: "삼가 버려 두지 말고 그를 도와 그 짐을 부리지울지니라."

- 마 12:11, "너희 중에 어느 사람이 양 한 마리가 있어 안식일에 구덩이에 빠졌으면 붙잡아 내지 않겠느냐."

271. 레 19:35, 잘못된 저울과 자로 사람을 속여서는 안된다: "너희는 재판에든지 도량형에든지 불의를 행치 말고"

272. 신 25:13, 정확치 못한 저울을 가져서는 안된다: "너는 주머니에 같지 않은 저울 추 곧 큰 것과 작은 것을 넣지 말 것이며."

K. 공의의 집행과 관련한 금지들

273. 레 19:15, 공의를 왜곡하여서는 안된다: "너희는 공의를 왜곡하지 말라."

- 마 27:19, "총독이 재판자리에 앉았을 때에 그 아내가 사람을 보내어 가로되 저 옳은 사람에게 아무 상관도 하지 마옵소서."

274. 레 19:15, 재판장은 판결에 있어 뇌물을 받아서는 안된다: "너는 뇌물을 받지말라"

275. 레 19:15, 재판관은 편파적이어서는 안된다: "세력있는 자라고 두호하지 말고."

- 약 2:3, "너희가 아름다운 옷을 입은 자를 돌아보아 가로되 여기 좋은 자리에 앉으소서 하고 또 가난한 자에게 이르되 너는 거기 섰든지 내 발등상 아래 앉으라 하면."

276. 신 1:17, 재판하는 자는 사람을 두려워해서는 안된다: "사람의 낯을 두려워 말 것이며."

277. 레 19:15, 재판관은 가난한 자라고 호의를 보여서는 안된다: "가난한 자의 편을 들지 말고."

278. 출 23:6, 재판장은 가난한 자를 차별대우하여서는 안된다: "너는 가난한 자의 송사라고 공평치 않게 하지 말며."

279. 신 19:13, 재판장은 정죄 받은 자에 대해 자비를 가져서는 안된다: "네 눈이 그를 긍휼이 보지 말고…"

280. 신 24:17, 재판관은 타국인이나 고아를 위한 정의를 굽게 해서는 안된다: "너는 객이나 고아의 송사를 억울하게 말며…"

281. 출 23:1, 사람은 거짓된 보도들을 퍼뜨려서는 안된다(M. 상대방이 없는 상태에서 한쪽 소송당사자의 말을 듣는 것은 금지된다): "너는 허망한 풍설을 전파하지 말며…"

282. 출 23:2, 재판장은 다수의 무리에 의해 설득되어서는 안된다: "다수를 따라 악을 행하지 말며…"

- 마 27:24, "빌라도가 아무 효험도 없이 도리어 민란이 나려는 것을 보고 물을 가져다가 무리 앞에서 손을 씻으며 가로되 이 사람의 피에 대하여 나는 무죄하니 너희가 당하라."

283. 출 23:2, 재판장은 다수를 따라 기울므로써 정의를 왜곡하여서는 안된다: "송사에 다수를 따라 부정당한 증거를 하지 말며"

- 마 27:25-26, "백성이 다 대답하여 가로되 그 피를 우리와 우리 자손에게 돌릴지어다 하거늘 이에 바라바는 저희에게 놓아주고 예수는 채찍질하고 십자가에 못박히게 넘겨주니라."

284. 신 1:17, 재판하는 자는 재판에 있어 편파성을 보여서는 안된다(M. 토라에 숙달되지 않는 사람은 재판하는 자로서 임명되어서는 안된다): "재판에 있어 그 행한 것을 알기 전에 판결하느냐."

285. 출 20:16, 사람은 거짓된 증언을 하여서는 안된다: "네 이웃을 향하여 거짓 증거하지 말지니라."

- 행 6:13, "거짓 증인들을 세우니 가로되 이 사람이 이 거룩한 곳과 율법을 다스려 말하기를 마지 아니하는도다."

286. 출 23:1, 사람은 죄인을 위하여 거짓 증거를 제공하여

서는 안된다:"악인과 연합하여 무함하는 증인이 되지 말며…"

287. 신 24:16, 피고의 친척들로부터 증언을 받아서는 안된다:"아비는 그 자식들을 인하여 죽임을 당치 않을 것이요."

288. 신 19:15, 한 사람의 증인으로 판결을 내려서는 안된다:"사람이 아무 악이든지 무릇 범한 죄는 한 증인으로만 정할 터이니 두세 증인의 입으로 말마다 확정하리라."

- 고후 13:1, "내가 이제 세번째 너희에게 갈 터이니 두세 증인의 입으로 말마다 확정하리라."

- 딤전 5:21, "하나님과 그리스도 예수와 택하심을 받은 천사들 앞에서 내가 엄히 명하노니 너는 편견이 없이 이것들을 지켜 아무 일도 편벽이 되이 하지 말며."

289. 출 20:13, 사람은 다른 사람을 죽여서는 안된다:"살인하지 말지니라."

- 벧전 4:15, "너희 중에 누구든지 살인으로 고난을 받지 말려니와."

290. 출 23:7, 사람은 정직한 사람을 벌하여서는 안된다(M. 오직 상황의 증거에만 기초하여 판결하라):"무죄한 자와 의로운 자를 죽이지 말라."

- 마 27:22-23, "빌라도가 가로되 그러면 그리스도라 하는 예수를 내가 어떻게 하랴 저희가 다 가로되 십자가에 못박혀야 하겠나이다 빌라도가 가로되 어쩜이뇨 무슨 악한 일을 하였느냐 저희가 더욱 소리 질러 가로되 십자가에 못박혀야 하겠나이다 하는지라."

291. 민 35:30, 한 사람의 증인의 증거로 인하여 죽음에 넘겨져서는 안된다(M. 한명의 증인이 재판장으로 행동해서는 안된다): "증인의 증거만 따라서 죽이지 말 것이요."

- 마 26:60-61, "거짓 증인이 많이 왔으나 얻지 못하더니 후에 두 사람이 와서 가로되 이 사람의 말이 내가 하나님의 성전을 헐고 사흘을 지을 수 있다 하더라 하니."

292. 민 35:12, 재판 없이 사형당해서는 안된다: "살인자가

헐고 사흘을 지을 수 있다 하더라 하니."

292. 민 35:12, 재판 없이 사형당해서는 안된다: "살인자가 회중 앞에 서서 판결을 받기까지 죽지 않게 하기 위함이니라."

- 마 26:57, "예수를 잡은 자들이 끌고 대제사장 가야바에게로 가니 거기 서기관과 장도들이 모여 있더라."

293. 신 25:12, 범죄자에 대하여 동정심을 가져서는 안된다: "네 눈이 그를 불쌍히 보지 말지니라."

294. 신 22:26, 강제로 범죄를 행한 사람을 처벌해서는 안된다: "처녀에게는 아무 것도 행치 말 것은..."

295. 민 35:31, 살인자로부터 속전을 받아서는 안된다: "살인죄를 범한 고살자의 생명의 속전을 받지 말고..."

- 마 27:15, "명절을 당하면 총독이 무리의 소원대로 죄수 하나를 놓아 주는 전례가 있더니."

296. 민 35:32, 사람을 죽인 자로부터 속전을 받아서는 안된다: "또 도피성에 피한 자를 대제사장의 죽기 전에는 속전을 받고 그의 땅으로 돌아가 거하게 하지 말 것이니라."

297. 레 19:16, 다른 사람을 위험으로부터 구출하는 것을 거부하여서는 안된다: "너희는 너희 친구의 피 옆에 서 있지 말라"

- 눅 10:30-32, "예수께서 대답하여 가라사대 어떤 사람이 예루살렘에서 여리고로 내려가다가 강도를 만나매 강도들이 그 옷을 벗기고 때려 거반 죽은 것을 버리고 갔더라 마침 한 제사장이 그 길로 내려가다가 그를 보고 피하여 지나가고 또 이와 같이 한 레위인도..."

298. 신 22:8, 집에 위험한 함정을 내버려 두어서는 안된다: "그 피흐른 죄가 네 집으로 돌아갈까 하노라."

299. 레 19:14, 나쁜 충고로 다른 사람을 오도하여서는 안된다: "소경 앞에 장애물을 놓지 말며."

- 롬 14:13, "그런즉 우리가 다시는 서로 판단하지 말고 도리어 부딪힐 것이나 거칠 것으로 형제 앞에 두지 아니할 것을 주의하라."

300. 신 25:2-32, 죄인을 때릴 때 그 죄에 합당하게 때릴 것이요 그 이상을 때려서는 안된다: "그 죄의 경중대로 여수히 자기 앞에서 때리게 하라."

- 고후 **11:24**, "유대인들에게 사십에 하나 감한 매를 다섯 번 맞았으며,"

301. 레 19:16, 비방을 퍼뜨려서는 안된다: "너는 네 백성 중으로 돌아다니며 사람을 논단하지 말며."

- 롬 3:8, "또는 그러면 선을 이루기 위하여 악을 행하지 않겠느냐 어떤 이들이 이렇게 비방하여 우리가 이런 말을 한다고 하니 저희가 정죄받는 것이 옳으니라."

302. 레 19:17, 이웃에 대하여 마음 가운데 악의를 품어서는 안된다: "너는 네 형제를 마음으로 미워하지 말며."

- 마 18:15, "네 형제가 죄를 범하거든 가서 너와 그 사람과만 상대하여 권고하라 만일 들으면 네가 네 형제를 얻은 것이요."

303. 레 19:17, 이웃을 올바르게 하는데 실패하여서는 안된다: "이웃을 인하여 죄를 당치 않도록 그를 반드시 책선하라."

- 눅 17:3, " 너희는 스스로 조심하라 만일 네 형제가 범하거든 경계하고 회개하거든 용서하라."

304. 레 19:18, 보복하고자 추구하여서는 안된다: "원수를 갚지 말며."

- 롬 12:19, "내 사랑하는 자들아 너희가 친히 원수를 갚지 말고 진노하심에 맡기라 기록되었으되 원수 갚는 것이 내게 있으니 내가 갚으리라고 주께서 말씀하시니라."

305. 레 19:18, 원망하는 마음을 품어서는 안된다: "원망하지 말며."

306. 신 22:6, 새끼 새를 취할 때 어미 새도 함께 취하여서는 안된다: "어미 새와 새끼를 아울러 취하지 말라."

307. 레 13:33, 문둥병자의 환처를 깎아서는 안된다: "그는 모발을 밀되 환처는 밀지 말 것이요..."

308. 출 24:8, 문둥병 상처를 제거하거나 감추어서는 안된

다: "너희는 주의하여 행하라."

309. 신 21:4, 붉은 송아지의 의식을 위하여 사용될 골짜기에서 씨를 뿌리거나 일을 하여서는 안된다: "쟁기질하거나 경작되지 않은 골짜기..."

310. 출 22:17, 무당을 살려두어서는 안된다: "너는 무당을 살려두지 말지니라."

311. 신 24:5, 신랑에게 결혼 첫해 동안 군복무를 강요해서는 안된다: "그를 군대로 내어 보내지 말 것이요 무슨 직무든지 그에게 맡기지 말 것이며..."

312. 신 17:11, 율법(M. 전승)을 가르치는 자들에 대하여 반역하지 말라: "그들이 네게 보이는 판결을 어기어서 좌로나 우로나 치우치지 말 것이니라."

313. 신 13:1(EVV 12:32), 율법에 무엇을 더하여서는 안된다: "그것에 더하지 말라."

- 막 7:7, "사람의 계명으로 교훈을 삼아 가르치니 나를 헛되이 경배하는도다 하였느니라."

314. 신 13:1(EVV 12:32), 율법을 변화시켜서는 안된다: "그것에 더하지 말라."

- 마 5:18, "진실로 너희에게 이르노니 천지가 없어지기 전에는 율법의 일점 일획이라도 반드시 없어지지 아니하고 다 이루리라."

315. 출 22:27(EVV 28), 사람은 하나님(M. 재판장)을 저주해서는 안된다: "너는 하나님을 모독하지 말라."

- 딤전 6:1, "무릇 멍에 아래 있는 종들은 자기 상전들을 범사에 마땅히 공경할 자로 알지니 이는 하나님의 이름과 교훈으로 훼방을 받지 않게 하려함이라."

316. 출 22:27(EVV 28), 사람은 통치자를 저주해서는 안된다: "백성의 유사(有司)를 저주하지 말지니라."

- 행 23:4, "곁에 선 사람들이 말하되 하나님의 대제사장을 네가 욕하느냐 바울이 가로되 형제들아 나는 그가 대제사장인줄

알지 못하였노라 기록하였으되 너의 백성의 관원을 비방치 말라 하였느니라 하더라."

317. 레 19:14, 귀머거리를 저주하여서는 안된다: "너는 귀먹은 자를 저주하지 말며."

318. 출 21:17(EVV 18), 사람은 자신의 부모를 저주해서는 안된다: "그 아비나 어미를 저주하는 자는 반드시 죽일지니라."

- 롬 1:29-30, "부모를 거역하는 자요."

319. 출 21:15, 사람은 자신의 부모를 때려서는 안된다: "자기 아비나 어미를 치는 자는 반드시 죽일지니라."

320. 출 20:10, 사람은 안식일에 일하여서는 안된다: "아무 일도 하지 말라."

321. 출 16:29, 사람은 안식일에 여행하여서는 안된다: "너희는 각기 처소에 있고 제 칠일에는 아무도 그 처소에서 나오지 말찌니라."

322. 출 35:3, 사람들은 안식일에 불을 피워서는 안된다: "안식일에는 너희 모든 처소에서 불을 피우지 말지니라."

323. 출 12:16, 사람들은 유월절 첫날에 일하지 말하야 한다: "너희에게 첫날에도... 마무 일도 하지 말고."

324. 출 12:16, 사람들은 유월절 일곱째날에 일하지 말아야 한다: "제 칠일에도... 아무 일도 하지 말라"

325. 레 23:21, 칠칠절에는 일해서는 안된다: "이 날에 너희는 ... 아무 노동도 하지 말지니."

326. 레 23:25, 일년의 첫날(Rosh Hashanah)은 일해서는 안된다: "아무 노동도 하지 말고."

327. 레 23:35, 장막절 첫날에는 일해서는 안된다: "첫째날 성회가 있을지니 너희는 아무 노동도 하지 말며."

328. 레 23:36, 장막절 여덟번째 날에는 일해서는 안된다: "제 팔일에도 너희에게 성회가 될 것이며... 너희는 아무 노동도 하지 말지니라."

329. 레 23:28, 속죄일에는 일해서는 안된다: "이 날에는 아

무 일도 하지 말 것은..."

L. 가족 관계와 관련된 금지들

330. 레 18:7, 자기의 어머니와 성관계를 가져서는 안된다: "네 어미의 하체는 곧 네 아비의 하체니 너는 범치말라."

- 고전 5:1, "너희 중에 심지어 음행이 있다 함을 들으니 이런 음행은 이방인 중에라도 없는 것이라 누가 그 아비의 아내를 취하였다 하는도다."

- 고전 6:18, "음행을 피하라."

331. 레 18:8, 계모와 성관계를 가져서는 안된다: "너는 계모의 하체를 범치 말라."

332. 레 18:9, 자매(여자 형제)와 성관계를 가져서는 안된다: "너는 네 자매 곧 네 아비의 딸이나 네 어니의 딸이나 집에서나 타처에서 출생하였음을 물론하고 그들의 하체를 범치 말지니라."

333. 레 18:11, 자신의 이복 자매와 성관계를 가져서는 안된다: "네 계모가 네 아비에게 낳은 딸은 네 누이니 너는 그 하체를 범치 말지니라."

334. 레 18:10, 자신의 아들의 딸과 성관계를 가져서는 안된다: "너는 손녀의 하체를 범치말라."

335. 레 18:10, 자신의 딸의 딸과 성관계를 가져서는 안된다: "너는 외손녀의 하체를 범치말라."

336. 18:10(M. 자신의 딸의 딸과 성관계를 가져서는 안된다: 이것이 토라에 명백히 언급되어 있는 것은 아니지만, 그러나 딸의 딸과의 관계를 금하는 사실에서 은연중 암시됨을 알 수 있다.)

337. 레 18:17, 어떤 여자와 그의 딸을 함께 범해서는 안된다: "너는 여인과 그 여인의 딸을 아울러 범치말라."

338. 레 18:17, 어떤 여자와 그의 손녀를 함께 범해서는 안

된다: "또 그 여인의 손녀를 아울러 취하여 그 하체를 범치말라."

339. 레 18:17, 어떤 여자와 그의 외손녀를 함께 범해서는 안된다: "또 그 여인의 외손녀를 아울러 취하여 그 하체를 범치말라."

340. 레 18:12, 아버지의 자매와 성관계를 가져서는 안된다: "너는 고모의 하체를 범치말라."

341. 레 18:13, 어머니의 자매와 성관계를 가져서는 안된다: "너는 이모의 하체를 범치말라."

342. 레 18:14, 아버지의 형제의 부인과 성관계를 가져서는 안된다: "너는 네 아비의 형제의 아내를 가까이 하여 그 하체를 범치말라."

343. 레 18:15, 아들의 아내와 성관계를 가져서는 안된다: "너는 자부의 하체를 범치말라."

344. 레 18:16, 자기 형제의 아내가 성관계를 가져서는 안된다: "너는 형제의 아내의 하체를 범치말라."

345. 레 18:18, 자기의 아내가 살아 있는 동안 아내의 자매와 성관계를 가져서는 안된다: "너는 아내가 생존할 동안에 그 형제를 취하여 그 하체를 범하여 그로 투기케하지 말지니라."

346. 레 18:19, 월경중에 있는 여자와 성관계를 가져서는 안된다: "너는 여인의 경도로 불결할 동안에 그에게 가까이 하여 그 하체를 범치 말지니라."

347. 레 18:20, 다른 사람의 아내와 성관계를 가져서는 안된다: "네 이웃의 아내와 성관계를 갖지 말지니라." 참조 출 20:14; 신 5:17(EVV 18), "간음하지 말지니라."

- 마 5:28, "나는 너희에게 이르노니 여자를 보고 음욕을 품는 자마다 마음에 이미 간음하였느니라."

348. 레 18:23, 동물과 성관계를 가져서는 안된다: "너는 짐승과 교합하여 자기를 더럽히지 말며,"

349. 레 18:23, 여자는 동물과 성관계를 가져서는 안된다:

"여자가 된 자는 짐승 앞에 서서 그것과 교접하지 말라 이는 문란한 일이니라."

350. 레 18:22, 동성간에 성행위를 행하여서는 안된다: "너는 여자와 교합함 같이 남자와 교합하지 말라 이는 가증한 일이니라"

- 롬 1:26-27, "이를 인하여 하나님께서 저희를 부끄러운 욕심에 내어 버려 두셨으니 곧 저희 여인들도 순리대로 쓸것을 바꾸어 역리로 쓰며 이와 같이 남자들도 순리대로 여인쓰기를 버리고 서로 향하여 음욕이 불일듯하매 남자가 남자와 더불어 부끄러운 일을 행하매 하나님께서 저희를 그 상실한 마음대로 내어 버려두사 합당치 못한 일을 하게 하셨으니."

351. 레 18:7, 자기의 아버지와 동성 성관계를 범해서는 안된다: "네 아비의 벌거벗음을 벗기지 말라."

352. 레 18:14, 아버지의 형제와 동성 성관계를 범해서는 안된다: "네 아비의 형제의 벌거벗음을 벗기지 말라."

353. 레 18:6, 가까운 친척과 성관계를 가져서는 안된다: "너희는 골육지친을 가까이하여 그 하체를 범치말라."

354. 신 23:3(EVV 2), 금지된 결혼으로 말미암아 태어난 사람과 결혼하여서는 안된다: "사생자는 여호와의 총회에 들어오지 못하리니..."

355. 신 23:18(EVV 17), 창기가 되어서는 안된다: "이스라엘 여자중에 창기가 있지 못할 것이요 이스라엘 남자중에 미동이 있지 못할지니..."

356. 신 24:4, 이혼한 여자는 자신의 전 남편과 결혼하여서는 안된다: "그를 내어보낸 전부가 그를 다시 아내로 취하지 말지니."

- 눅 16:18, "무릇 그 아내를 버리고 다른데 장가드는 자도 간음함이요 무릇 버리운 이에게 장가드는 자도 간음함이니라."

357. 신 25:5, 과부는 다른 사람과 결혼해서는 안되고 오직 남편의 형제와 결혼해야 한다: "그 죽은 자의 아내는 나가서 타

인에게 시집가지 말 것이요."

358. 신 22:29, 어떤 여자를 강간함으로써 그녀와 결혼한 자는 그녀와 이혼해서는 안된다: "평생에 그를 버리지 못하리라."

359. 신 22:19, 자기 아내를 비방한 자는 아내와 이혼해서는 안된다: "그 여자로 그 남자의 평생에 버리지 못할 아내가 되게 하려니와..."

360. 신 23:2(EVV 1), 거세된 자는 이스라엘 총회 가운데 결혼해서는 안된다: "신낭이 상한 자나 신을 베인 자는 여호와의 총회에 들어오지 못하리라."

361. 레 22:24, 거세는 금지된다: "너희는 불알이 상하였거나 치었거나 터졌거나 베임을 당한 것은 여호와께 드리지 말며."

M. 왕과 관련된 금지들

362. 신 17:15, 왕은 이스라엘 집으로부터 말미암아야 한다: "네 위에 왕을 세우려면 네 형제 중에서 한 사람으로 할 것이요."

363. 신 17:16, 왕은 많은 말을 가져서는 안된다: "왕된 자는 말을 많이 두지 말 것이요..."

364. 신 17:17, 왕은 많은 아내를 가져서는 안된다: "아내를 많이 두어서 그 마음이 미혹되게 말 것이요..."

365. 신 17:17, 왕은 많은 부를 쌓아서는 안된다: "은금을 자기를 위하여 많이 쌓지 말 것이니라."

\- 끝 -

역자 / 김동진 목사

고려대학교문리대영문과 졸/ 합동신학원 졸/美트리니티 신학대학원(Th. M)/ 동대학원 Ph. D

역서 : 이스라엘의 선지자들(레온 우드 ; C.L.C)

'서술'로서의 모세오경 · 하

2005년 3월 25일 초판 발행
2006년 8월 25일 초판 2쇄

지은이 J.H. 세일해머
옮긴이 김동진 · 정충화
펴낸이 임 만 호
펴낸곳 도서출판 크리스찬서적

등 록 제10-22호(1979.9.13)
주 소 135-092 서울 강남구 삼성2동 38-13
전 화 02)544-3468~9
FAX 02)511-3920

Printed in Korea
ISBN: 89-478-0199-2 94230
89-478-0201-8(세트)

정 가 17,000원